Baedeker
Allianz ⑪ Reiseführer

1:43,28

W0060172

Russland
Europäischer Teil

www.baedeker.com

Verlag Karl Baedeker

TOP-REISEZIELE ★ ★

Natürlich sind Moskau und St. Petersburg die Top-Ziele in Russland. Doch das riesige Land hat weit mehr zu bieten: herrliche altrussische Städte am Goldenen Ring, orthodoxe Klöster in der Kälte des Nordens und Badeorte mit fast subtropischem Klima im Süden.

NORWEGEN

Barents-see

Inari-see

SCHWEDEN

FINNLAND

Weißes Meer

1 Solowezkij-Inseln

Bottnischer Meerbusen

Onegasee

2 Kischi-Insel

6 Wyborg

3 Welikij Ustjug

Ladogasee

Finnischer Meerbusen

Ostsee

4 Kirill-Beloserskij- und Ferapontow-Kloster bei Kirillow

5 Sankt Petersburg

ESTLAND

7 Welikij Nowgorod

Peipus-see

Kama-Stausee

Rybinsker Stausee

LETT-LAND

Jaroslawl

Uglitsch

Kostroma

Rostow Welikij

Pljos

Gorkijer Stausee

8 Kurische Nehrung

Pereslaw-Salesskij

Susdal

11 Kasan

LITAUEN

Sergijew Possad

9 Goldener Ring

Kuibyschewer Stausee

10 Moskau

250 km

© Baedeker

WEISS-RUSSLAND

POLEN

Wolgograder Stausee

UKRAINE

12 Mamajew-Hügel in Wolgograd

KASACH

MOLDAWIEN

Kachiwkaer Stausee

Zimljanser Stausee

RUMÄNIEN

14 Wolgadelta

Asowsches Meer

13 Taman-Halbinsel

Donau

16 Archys/Dombai/ Elbrus

15 Mineralnyje Wody

BULGARIEN

Schwarzes Meer

17 Sotschi

Kostroma
Wunderschön gelegen: das Ipatios-Kloster

DIE BESTEN BAEDEKER-TIPPS

Von allen Baedeker-Tipps in diesem Buch haben wir hier die interessantesten für Sie zusammengestellt. Erleben und genießen Sie Russland von seiner schönsten Seite!

▪ Wassermelonen probieren
Die Gegend um Astrachan ist für ihre saftigen Wassermelonen berühmt. An fast jeder Ecke türmen sich riesige Berge auf den Gehsteigen. Die Händler schlagen bis zum Herbst ihr Nachtquartier gleich daneben auf. ▶ Seite 212

▪ Echten Bernstein
... kauft man am besten an der Samlandküste. Aber wie erkennt man ihn?
▶ Seite 218

▪ Sabantui
Das bedeutendste tatarische Volksfest stammt noch aus der Zeit der Wolgabulgaren. Im Zentrum stehen traditionell sportliche Wettbewerbe: tatarischer Ringkampf, Pferderennen, Sackhüpfen, Säulenklettern. Üblicherweise findet das Fest erst in den Dörfern statt, das Hauptfest meist in der zweiten Junihälfte in Kasan. ▶ Seite 313

▪ Räucheraal
Wer die Kurische Nehrung besucht, sollte unbedingt ein Stück frisch geräucherten Aal probieren. ▶ Seite 339

▪ Porzellan aus Kislowodsk
Ein schönes Mitbringsel: Porzellan aus der Manufaktur von Kislowodsk. Besonders beliebt: Schnabeltassen (!).
▶ Seite 362

▪ Festival des Nordens
Höhepunkte des jährlich Ende März stattfindenden Festivals bei Murmansk sind das Rentierrennen und ein 54 km langer Skimarathon, aber auch Eishockey, Eiskunstlaufen, Biathlon und Eisschwimmen stehen auf dem Programm.
▶ Seite 403

Kosaken
präsentieren sich in voller Montur.

! Café Puschkin in Moskau

Speisen in klassischem Interieur, als würde der russische Nationaldichter gleich hinter einem Bücherregal hervorlugen und sich mit an den edel gedeckten Tisch setzen.
▶ **Seite 372**

! Orenburger Tücher

Die kuscheligen Schals, Tücher und Stolen (»Orenburgskij puchowyj platok«) werden aus dem Flaum der Orenburg-Ziege gehäkelt.   ▶ **Seite 415**

! Kosaken in voller Montur

.... kann man an Feiertagen u. a. in der Umgebung von Rostow am Don bewundern   ▶ **Seite 447**

! Deutsche Spuren

Samara gehörte in der zweiten Hälfte des 18. Jh.s zu den Siedlungszentren der Wolgadeutschen. Viele, die geblieben sind, treffen sich heute noch in der »kircha«.
▶ **Seite 458**

! Umsonst in die Eremitage

Jeden ersten Donnerstag im Monat ist der

Eintritt frei – das wissen allerdings auch die St. Petersburger und strömen hin. Früh dort sein!   ▶ **Seite 473**

! Am besten per Schiff

... nach Peterhof. Zwar teurer, aber unvergleichlich schöner als mit dem Zug.
▶ **Seite 484**

! Prokowskaja

Mit Gottes Segen im Mariä-Schutz-und-Fürbitten-Kloster in Susdal übernachten.
▶ **Seite 522**

! Post an Väterchen Frost

Aber wie adressiert man? Und wo steht der Briefkasten?   ▶ **Seite 559**

! Wologdaer Spitze

Die Spitzen von Wologda zeichnen sich durch gleichmäßige, klare Linien und symmetrische Windungen aus. Größter Hersteller ist »Sneschinka«.
▶ **Seite 582**

Nach Peterhof
am besten zu Wasser.

Väterchen Frost
bearbeitet seine Post.

70 Jahre lebten die Russen im Zeichen von Hammer und Sichel.
▸ **Seite 60**

HINTERGRUND

Preiskategorien

Hotels
Luxus: über 120 €
Komfortabel: 60 – 120 €
Günstig: bis 60 €
für zwei Personen im
Doppelzimmer
(gilt nicht für Moskau
und St. Petersburg!)

Restaurants
Fein & Teuer: über 25 €
Erschwinglich: 12 – 25 €
Preiswert: unter 12 €
Für drei Gänge
(gilt nicht für Moskau
und St. Petersburg!)

PRAKTISCHE INFORMATIONEN

Unterwegs im Ural
▶ **Seite 168**

REISEZIELE VON A bis Z

Ort der Weltliteratur: Schiwago-Haus in Perm
▶ **Seite 426**

Katharina die Große, Gründerin von Krasnodar
▶*Seite 337*

nachdenken · klimabewusst reisen
atmosfair

Hintergrund

RUSSLANDS WURZELN LIEGEN
IM EUROPÄISCHEN LANDESTEIL
WESTLICH DES URALS.
ALLE ÜBRIGEN GEBIETE SIND
ERST IM LAUF DER GESCHICHTE HINZU
GEKOMMEN – DURCH EROBERUNG, KRIEGE
UND ENTSPRECHENDE FRIEDENSSCHLÜSSE.

DAS GRÖSSTE LAND DER ERDE

Dreizehn Millionenstädte, elf Zeitzonen und fast 130 Völker – Russland, das größte Land der Erde, beeindruckt mit Superlativen und Kontrasten: geschäftige Moskauer Manager in glitzernden Wolkenkratzern, buddhistische Mönche in der Kalmückensteppe, Rentierhirten im hohen Norden prägen das ethnische Bild. Architektonisch macht das Land vielerorts einen Spagat zwischen dem Erbe der Zarenzeit und den tristen, oft auch gigantomanischen Hinterlassenschaften der Sowjetunion.

Wer Russland entdecken will, muss vor allem viel Zeit mitbringen, denn die schönsten Städte und Landschaften liegen oft weit auseinander. Die Größe des Landes zeigt sich auch im Empfinden von Zeit und Raum: So ist das 700 km von Moskau entfernte St. Petersburg für viele Russen »gleich nebenan« – und das ist keinesfalls abwegig, denn von Ost nach West breitet sich Russland von der Ostsee bis fast nach Alaska aus.

Ein Land – zwei Hauptstädte?

Der eigenwillige Puls des gigantischen Landes pocht in der Zehn-Millionen-Metropole Moskau, die niemals zur Ruhe kommt. Die Hauptstadt präsentiert sich urbanistisch-modern; Übernachtungspreise von 300 Euro scheinen hier niemanden aus der Fassung zu bringen, denn der Titel, eine der teuersten Städte der Welt zu sein, haftet Moskau schon seit Jahren beharrlich an. Die Fäden der Macht aber werden seit Jahrhunderten im altrussischen Herz Moskaus gezogen, im Kreml. Alles andere ist Provinz – fast, gäbe es da nicht die ungleiche Schwester, die zwar mehr als ein halbes Jahrtausend jünger ist, allerdings die Hauptstadtrolle über 200 Jahre lang übernahm: Das 1703 von Zar Peter dem Großen gegründete St. Petersburg präsentiert sich mit klassizistischen Straßenzügen und prunkvollen Zarenpalästen als das viel zitierte »Fenster nach Europa«, das große Touristenschwärme ansaugt. Beide Städte verbindet aber ein enorm reiches Kunst- und Kulturerbe mit weltberühmten Highlights: hier Kreml, Roter Platz und Bolschoj-Theater, dort Eremitage-Museum, Schloss Peterhof und Mariinskij-Theater.

Moskau
Im Kreml werden die Fäden der Macht gezogen.

Kernige Typen
Ob in Uniform oder zivil – die Russen sind ein sehr gastfreundlicher Menschenschlag.

Provinz
Außerhalb der Großstädte herrscht tiefe Provinz, von farbenfroh bis trist.

Religiosität
Die russisch-orthodoxe Kirche erlebt seit dem Ende der Sowjetunion eine ungeheuere Renaissance.

Sowjetsymbolik

Auch wenn die Sowjetunion längst Vergangenheit ist: Ihre Symbole begegnen überall – und nicht nur in Gestalt des obligatorischen Lenin-Denkmals.

Ländliches Idyll

Zwiebelkuppeln sind oftmals die einzige Erhebung weit und breit im flachen Russland.

Deftig

Russlands Küche ist nicht raffiniert, aber herzhaft. Räucherfisch und Tee gehören unbedingt dazu.

Moskau ist nicht Russland

Das eigentliche Russland beginnt aber dort, wo der Asphalt aufhört. Kaum lässt man den Großstadttrubel hinter sich, ziehen winzige Dörfer mit farbenfrohen Holzhäusern vorbei. In der Provinz wirken selbst manche Stadtkerne noch, als seien sie sogar von der Sowjetepoche verschont geblieben. Zu den beliebtesten Urlaubszielen der Einheimischen gehört die russische Schwarzmeerküste um Sotschi, wo, trotz subtropischem Klima, die Winterolympiade 2014 ausgetragen werden soll, denn im Hinterland erstrecken sich die Ausläufer des Kaukasus mit ihren schneebedeckten Berggipfeln. Mit schönen Sandstränden wartet auch die russische Exklave Kaliningrad an der Ostsee auf, wo viele Touristen auf den Spuren ihrer früheren ostpreußischen Heimat wandeln. Der Bädertourismus wird traditionell in den im Ausland weitgehend unbekannten Kurorten im nördlichen Kaukasus gepflegt.

Russlands Reichtum ist die Natur. Die Taiga mit ihren unendlich wirkenden, unberührten Flächen ist einzigartig auf der Welt. Wer die weitläufige Ebene nicht mag, die fast den gesamten europäischen Landesteil prägt, kommt im nördlichen Kaukasus auf seine Kosten, der mit Fünftausendern viele Bergsteiger anzieht. Der Ural ist eher eine Mittelgebirgslandschaft, die im Süden jedoch mit schönen Naturlandschaften lockt. Das Wasser ist hingegen nicht nur die Lebensader des Wolgadeltas, sondern auch der Karelischen Seenplatte, in der Angler, Wanderer und Kanufans ihr Auskommen finden.

Abseits der klassischen Touristenpfade

Fernab der Highlights gibt es viel Unbekanntes zu entdecken, was aber durchaus zu den Superlativen gehört, so der höchste Bahnhof und der tiefste Bunker der Welt in der Wolgastadt Samara. Die nördlichste Großstadt der Erde, Murmansk, präsentiert eine beeindruckende Hafenanlage. Und wer sich die – teils bizarr-erschütternde – Gigantomanie der Sowjetzeiten vor Augen führen will, sollte Magnitogorsk mit seinem riesigen Stahlwerk aufsuchen oder den Weißmeer-Kanal in Karelien, für den Zehntausende Zwangsarbeiter geopfert wurden. Diese Reiseziele sind alles andere als klassisch, doch sie tragen zu einem besseren Verständnis für die Vergangenheit des Landes und seiner Bewohner bei.

St. Petersburg
Moskaus Rivalin spielt politisch nur die zweite Geige – aber schöner ist sie doch, erst recht in den Weißen Nächten wenn sich die Brücken öffnen.

Fakten

Das Wichtigste über das größte Land der Erde: wo es am kältesten ist, was in seiner Erde steckt, wie manche seiner Bewohner steinreich werden konnten und viele bitterarm blieben – und wer das erste Lebewesen im Weltall war.

Naturraum

Das flächenmäßig größte Land der Erde, das mehr als ein Zehntel **Ausdehnung**
der Erdoberfläche einnimmt, hat gigantische Ausmaße: Vom Eismeer
im Norden bis zum Kaukasus im Süden beträgt die Entfernung
4500 km, während die Ost-West-Ausdehnung mehr als 9500 km
misst. Deutschland würde rein rechnerisch 50 Mal in die Größe des
heutigen Russland passen. Mehr als 1000 Städte werden im ganzen
Land gezählt, die meisten befinden sich im erheblich dichter
besiedelten **europäischen Landesteil**, der im Osten vom Ural begrenzt wird und **Gegenstand dieses Reiseführers** ist.
Die Russische Föderation hat auch im Hinblick auf ihre Grenzen einen Superlativ zu bieten: Mit 14 direkten Nachbarn kann weltweit
nur China mithalten. Im europäischen Landesteil teilt man sich die
Grenze mit Norwegen, Finnland, Estland, Lettland, Litauen, Polen,
Weißrussland, der Ukraine, Georgien, Aserbaidschan und Kasachstan. Ein Teil Russlands, die Exklave Kaliningrad (bis 1945 der nördliche Teil Ostpreußens um Königsberg), ist unterdessen vom übrigen
Territorium abgetrennt.

Auf das Erlebnis einer abwechslungsreichen Landschaft mit Ebenen, **Groß-**
Hügel und Mittelgebirgen wird man bei einer Bahnfahrt durch Russ- **landschaften**
land länger warten müssen, denn drei Viertel des gesamten Landes
werden von Ebenen bestimmt. Der Ural, wo Europa und Asien miteinander verschmelzen, teilt sie in die Osteuropäische (Russische) ◄ Osteuropäische
Tiefebene, deren Hauptstrom die Wolga ist, und in das Westsibiri- Tiefebene
sche Tiefland. An die Osteuropäische Tiefebene, wo nur wenige sanfte Hügellandschaften wie die Waldaihöhen oder die Schiguli-Berge
an der Wolga Abwechslung für das Auge bieten, schließt im Norden
der Baltische Schild mit Karelien und der Halbinsel Kola an. Im Süden steigt die Landschaft zum **Kaukasus** hinauf; östlich davon fällt
als Großlandschaft zum Kaspischen Meer in die **Kaspische Senke**
stellenweise bis unterhalb des Meeresspiegels ab.

Die rauen Polarwinde haben in Russland leichtes Spiel, um von Nor- **Gebirge**
den her recht weit ins Kernland vorzudringen und für (gemäßigt)
kontinentales Klima zu sorgen –
denn kaum eine Erhebung schützt
die Tiefebene im europäischen
Landesteil vor ihnen. Im Süden
zieht sich der **Große Kaukasus** von
der Halbinsel Abseron am Schwarzen Meer im Westen bis zur Halb-

 WUSSTEN SIE SCHON …?

■ Die höchste Erhebung im Land ist oft nur der
Kirchturm, pflegen die Russen zu scherzen.

insel Taman am Kaspischen Meer im Osten und schirmt die russische Schwarzmeerküste vor kühlen Winden ab. Ungefähr auf seiner

← *Was ist in Russland Vergangenheit, was Zukunft?*

Kammlinie verläuft die Grenze zu Georgien und Aserbaidschan. Hier findet sich zugleich, nahe der georgischen Grenze, die **höchste Erhebung Russlands und Europas**: der westliche Gipfel des Elbrus, der 5642 m ü.d.M. misst. Knapp 100 km südlich des Großen Kaukasus erstreckt sich über Georgien, Aserbaidschan und Armenien der Kleine Kaukasus.

Binnengewässer

Flüsse ▶

Russland ist das Land des Wassers: Mehr als 120 000 Flüsse, die länger als 10 km sind, schlängeln sich durch das Staatsgebiet. Würde man sie alle aneinander reihen, käme man auf eine Gesamtlänge von 2,3 Mio. km. Der Gigant unter den europäischen Flüssen ist »**Mütterchen Wolga**«: Auf ihrer 3531 km langen Reise von der Quelle in der Twerskaja oblast bis zur Mündung ins Kaspische Meer verschmilzt die Wolga noch mit ihren größten Zuflüssen Kama und Oka, bevor sie ihr Bett in einem weitläufigen Delta ausbreitet. In das Kaspische Meer entwässert auch der Terek, der eine wichtige Lebensader für den Nordkaukasus darstellt. **Don und Kuban** münden unterdessen ins Asowsche Meer. Ins Nordpolarmeer fließen als bedeutende Flüsse Petschora, Onega, Nördliche Dwina oder Mesen.

Russlands Fluss der Flüsse: die Wolga. Hier bei Jaroslawl.

Naturraum und Vegetationszonen Orientierung

Vegetations-
zonen
I Tundra
II Taiga
III Mischwald
IV Waldsteppe
V Steppe
VI Halbwüste
VII Wüste
VIII Gebirgs-
vegetation

250 km
©Baedeker

Zu Sowjetzeiten veränderte sich der Lauf vieler Flüsse: Riesige Staudämme an Wolga, Kama oder Don sollten die Bewässerung regulieren und Energie erzeugen. Überhaupt spielen Flüsse in Russland eine **deutlich andere Rolle** als in Westeuropa: Für viele Ortschaften, die nicht an Autostraßen angebunden sind, stellen die erstarrten Flüsse im Winter oft die einzige Verbindung zur Außenwelt dar. Dann sieht man Autos und Lkw auf der dicken Eisfläche fahren.

Seen ▶ Ob es nun zwei oder drei Millionen Seen sind, die das russische Festland durchziehen, darüber gehen die Meinungen der Lehrbücher und Lexika auseinander. In der nordwestrussischen **Seenlandschaft Karelien** reihen sich zahlreiche Gewässer nebeneinander. Hier erstrecken sich auch, als Relikte der Eiszeit, die beiden größten Seen des europäischen Landesteils: Der **Ladogasee** gilt als größter europäischer Binnensee; ihn speist der **Onegasee**. Eine Besonderheit in Südrussland ist der Baskuntschak-See (Astrachanskaja oblast) als Zentrum der russischen Salzgewinnung. Jährlich werden hier bis zu 5 Mio. t Salz gewonnen, was 80 % der landesweiten Nachfrage deckt.

Meere Die Meere, die den europäischen Teil Russlands umspülen, könnten kaum unterschiedlicher sein – zumindest im Hinblick auf ihre geografische Lage und die entsprechenden Temperaturen: Im Norden umschließen Barentssee und Weißes Meer die Kola-Halbinsel; der Finnische Meerbusen reicht fast bis nach St. Petersburg heran, während die Exklave Kaliningrad Anteil an der Ostseeküste hat. Im Süden spült das Asowsche Meer seine Wassermassen durch die enge Landzunge von Kertsch, die Russland und die Ukraine trennt, um ins Schwarze Meer überzugehen. Dieses wiederum gilt als die beliebteste »Badewanne« der russischen Urlauber.

Schließlich das Kaspische Meer, durch das die eurasische Grenze läuft: Ist es nun ein Meer oder »nur« weltgrößter See? Streng genommen müsste man es zu den Seen zählen, da es keine Verbindung zu einem Ozean hat. Doch aufgrund seiner enormen Ausdehnung von 371 000 km² – was die Fläche Deutschlands übersteigt – wird das salzige Gewässer zu den Meeren gezählt.

Klima im europäischen Russland

Kontinentalklima Das europäische Russland hat ein kontinentales Klima, das durch die Fernwirkung des Atlantiks leicht gemäßigt ist. Im Winter, wenn die Westwinde am stärksten sind, ist der maritime Einfluss am größten, im Sommer am geringsten. Einfallstore für die temperierten Luftmassen sind die Barentssee, die Ostsee und das Schwarze Meer. Mit der Entfernung zu die Weltmeeren steigt die Kontinentalität. Entsprechend nehmen die Niederschläge von Nordwesten nach Südosten ab und die jahreszeitlichen Temperaturgegensätze zu. Gleiches gilt für die Sonnenscheindauer, die bis zum Schwarzen und dem Kaspischen Meer auf mediterrane Werte ansteigt (Murmansk 1280 Std., Moskau 1830 Std., Sotschi 2200 Std., Astrachan 2400 Std.)

Russland Sechs regionaltypische Klimastationen

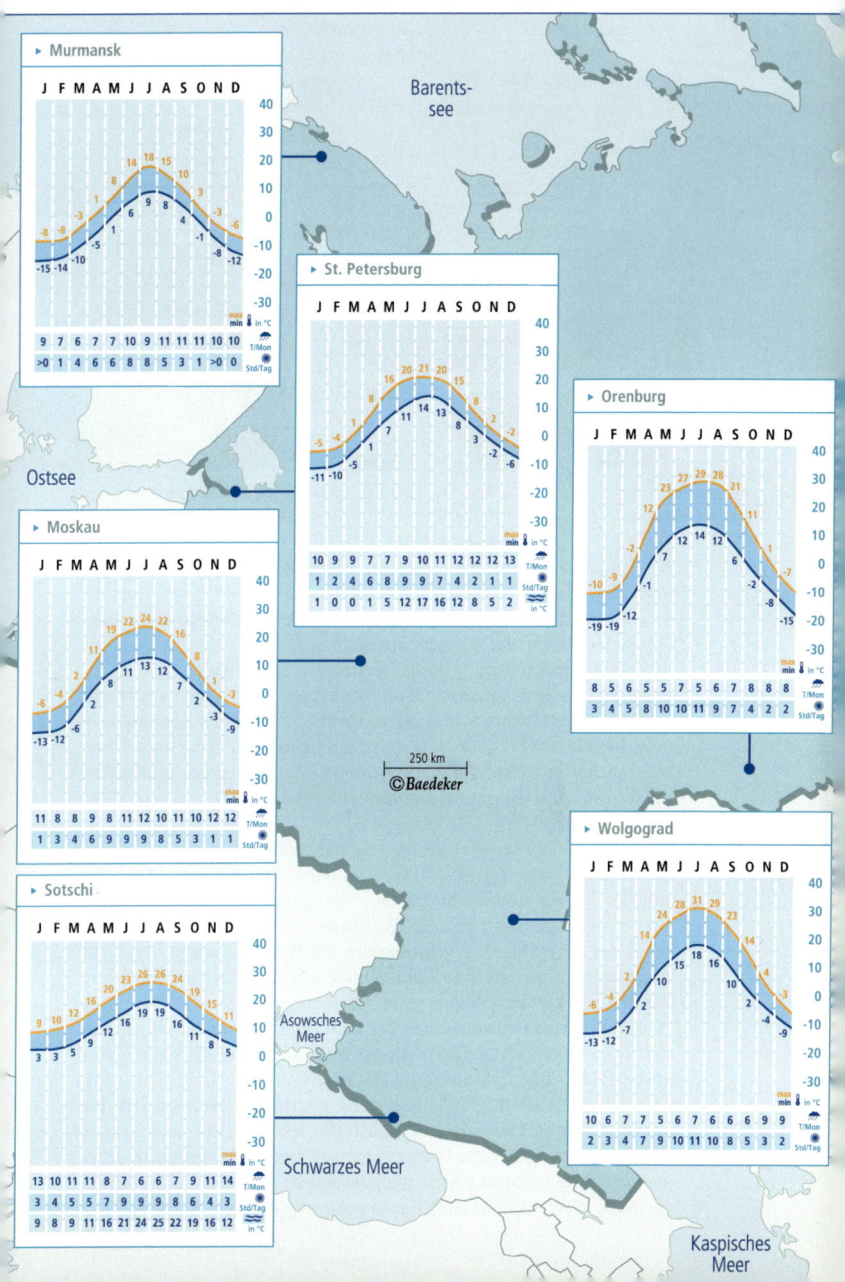

Wenn es richtig kalt wird, hilft ein Tee aus dem Samowar.

Vier Faktoren sind für die regionalen Klimaunterschiede von wesentlicher Bedeutung:
– die große Nord-Südausdehnung des Landes mit entsprechenden Unterschieden bei der Sonneneinstrahlung
– die jeweilige Entfernung zu den Feuchtigkeitsquellen der Meere
– das Fehlen einer großen Gebirgssperre, wodurch die Westwinde fast ungehindert ins osteuropäische Tiefland eindringen können
– ein subtropischer Einfluss, der sich am Schwarzen- und Kaspischen Meer durch ein eigenständiges Küstenklima mit einem schwachen Niederschlagsmaximum im Winter bemerkbar macht.

Extreme Jahreszeiten Sommer und Winter sind im kontinentalen Klima Russlands die dominierenden Jahreszeiten. Dagegen machen sich das kurze Frühjahr und der Herbst mit ihrem rasanten Temperaturanstieg bzw. -abfall nur wenig bemerkbar. Einzige Ausnahme ist die Schwarzmeerküste, wo durch die mäßigende Wirkung des Wassers alle Jahreszeiten recht ausgewogen sind. Der russische Winter mit seiner sprichwörtlichen **»sibirischen Kälte«** hat sich wohl am meisten eingeprägt. Sibirische Temperaturen im europäischen Russland gibt es aber nur, wenn das asiatische Kältehoch über der Mongolei seine Fühler bis nach Nordwestrussland ausstrecken kann. Dann strömt aus Nordosten arktische Kontinentalluft, die kälteste Luft überhaupt, besonders in die nordöstlichen Gebiete am Ural. Auch die anderen Regionen können von der grimmigen Kälte erfasst werden, wenn auch wesentlich seltener und in abgeschwächter Form. Insgesamt befindet sich auch der russische Winter durch die Klimaerwärmung **auf dem Rückzug**.

Die subarktischen Regionen an der Barentssee jenseits des Polarkreises werden geprägt vom markanten Wechsel zwischen dem Polarwinter und dem kurzen Polarsommer. Frühjahr und Herbst machen sich hier kaum noch bemerkbar. Entsprechend herrschen Frost und Schnee von Oktober bis Mai. Monatelang sind die Flüsse und Küsten dann vom Eis blockiert; nur die Nordküste der Kolahalbinsel bleibt selbst in strengen Wintern durch die Ausläufer des warmen Golfstromes eisfrei (Murmansk). Die Wintertemperaturen pendeln meistens zwischen -8 °C und -12 °C am Tag und -15 °C bis -20 °C in der Nacht. Bei Zufuhr milder Atlantikluft über das Nordmeer und die Barentssee sind selbst im Januar durchaus leichte Plusgrade möglich. Am anderen Ende der Skala stehen -40 °C und bis unter -50 °C am Ural. So hält das 150 km östlich von Archangelsk gelegene Koynas auch **den europäischen Kälterekord mit -55 °C**, aufgestellt am 31.12.1978, als auch Norddeutschland bei eisigem Ostwind unter meterhohen Schneeverwehungen versank. Im Polarsommer steigen die Tagestemperaturen von mittleren 15 °C bis 17 °C am Meer rasch auf über 20 °C im Binnenland an. Bei südöstlichen Winden aus dem heißen Kontinent sind weit über 30 °C möglich (abs. Max.: Murmansk mit 33 °C).

Da die polaren Luftmassen wenig Feuchtigkeit enthalten, fallen die Jahresniederschläge in der Tundra – trotz vieler Niederschlagstage – mit 350 bis 500 mm relativ bescheiden aus. August und September sind die feuchtesten Monate, während Winter und Frühjahr den geringsten Niederschlag bringen.

Tundren und nördliche Taiga

> **? WUSSTEN SIE SCHON …?**
>
> ■ ... dass der Begriff »Tundra« vom finnischen Wort »tunturi« abgeleitet ist, das soviel bedeutet wie »baumloser Hügel«?

Ein durchschnittlicher Sommertag ist in Moskau mit 22 °C bis 24 °C so warm wie in Deutschland, am Kaspischen Meer mit 32 °C heiß wie in Südspanien. Im Extremfall kann das Quecksilber in Moskau und St. Petersburg auf 35 °C klettern, in den Steppengebieten des Südens auf über 40 °C (abs. Max.: Wolgograd mit 43 °C). Der Winter beginnt am Ural schon im September mit ersten Nachtfrösten. Von Dezember bis Februar herrscht in der Regel starker bis strenger Dauerfrost bei -5 °C bis -10 °C am Tag und unter -15 °C in der Nacht. Westwärts, im Ostseeraum und im Bereich des Schwarzen Meers, fallen die Winter nicht ganz so streng aus. Bemerkenswert: Selbst im Hochwinter können Warmluftschübe vom Atlantik den Ural mit Tauwetter erreichen. Andererseits kann es bei sibirischen Kaltlufteinbrüchen in St. Petersburg -35 °C, in Moskau -38 °C und in Orenburg bis -44 °C kalt werden.

Die Niederschläge halten sich allgemein in Grenzen; nur im zentralen Teil des europäischen Russlands sind sie mit 600 bis 700 mm / Jahr ähnlich hoch wie in Mitteleuropa (Moskau 691 mm / Jahr). Nach Norden, Osten und Süden nehmen die Jahressummen konti-

Zentrale und südliche Taiga, Steppen und Halbwüsten

nuierlich ab (Murmansk 447 mm, Orenburg 374 mm, Wolgograd 318 mm). Im trockenen Süden fallen die geringen Mengen zudem noch sehr unregelmäßig, sodass **Dürreperioden** den Wassermangel erheblich verschärfen. Sommer und Frühherbst bringen allgemein die meisten, Winter und Frühjahr die geringsten Niederschläge. Im Sommer überwiegen Schauerniederschläge, die in zum Teil sehr heftigen Gewittern niedergehen. 25 bis über 50 l / m² in kurzer Zeit mit Überschwemmungen und Abspülung der fruchtbaren Ackerkrume sind keine Seltenheit.

Schwarzmeer-küste

Das Schwarze Meer ist berühmt für sein subtropisches Klima und die mediterrane Vegetation. 2300 Sonnenstunden im Jahr, Tagestemperaturen um 27 °C von Juni bis August, kaum Regen und dazu Wassertemperaturen bis 25 °C machen die Region **zum beliebtesten Urlaubsziel des Landes**. Aber auch wer im September kommt, hat noch gute Karten, denn sommerliche Wärme und Sonnenschein halten sich bis weit in den Oktober. Und selbst im Winter bleibt das Wetter vergleichsweise angenehm. Dafür sorgen die Höhenzüge des Kaukasus, die die eisigen Nordostwinde von der Küste fernhalten. Selbst im Januar sinken die Tagestemperaturen deshalb kaum unter 9 °C; Frost und Schnee sind selten. Regenreich ist die nordöstliche (russische) Schwarzmeerküste (Sotschi mit 1570 mm / Jahr), wo feuchte Meeresluft am Küstengebirge aufsteigt und besonders im Winter für häufige und reichliche Niederschläge sorgt.

Schnee-verhältnisse

Ein Fünftel bis zu einem Drittel der Niederschläge fallen in Russland als Schnee. In den Steppenregionen liegt an durchschnittlich 30 Tagen im Jahr eine geschlossene Schneedecke, im Raum Moskau etwa drei Monate lang, am nördlichen Ural über ein halbes Jahr. Durchschnittlich 10 cm hoch wird die Schneedecke im Süden, um 50 cm in der Region Moskau und bis zu einem Meter am nördlichen Ural. Hier herrschen winterliche Verhältnisse von Oktober bis Mai, zwischen Moskau und St. Petersburg von Mitte November bis Anfang April und im Süden bis März.

Besonderheiten

Starker Wind wird in den offenen Landschaften Osteuropas immer wieder zum Problem. Im Winter behindern Schneestürme mit erheblichen Verwehungen den Verkehr, während im Frühjahr und Sommer die Winderosion den fruchtbaren Schwarzerdeböden der Landwirtschaft zu schaffen macht. Fünf Staubstürme toben pro Jahr durch die Steppen des Kaukasusvorlandes und der Kaspischen Senke. Gefürchtet ist auch der **»Suchowei«**. Darunter versteht man eine Verschärfung des Dürrestress' durch die Kombination von extremer Sonneneinstrahlung, Hitze, geringer Luftfeuchtigkeit und trockenheißen Winden. In kürzester Zeit führt diese Situation zum Zusammenbruch der Wasserversorgung und zum Verdorren der Pflanzen.

Reisezeit ▶Praktische Informationen, S. 140

Herbst im Ural

Pflanzen und Tiere

Kein anderer Staat der Erde erstreckt sich über so vielfältige Land- **Vegetations-**
schaften und Klimazonen wie Russland. Sieben Vegetationsgürtel – **zonen**
von der arktischen Tundra im hohen Norden bis zur Wüste im Süden – begegnen auch im europäischen Teil.

Im europäischen Teil Russlands verläuft die Baumgrenze wenig nörd- ◀ Tundra
lich des Polarkreises. Hier gedeihen in einem ca. 50 km breiten Streifen zwischen der Baumgrenze und dem Übergang zur polaren Kälte-
wüste nur noch Moose, Flechtengewächse und Gräser – die typische,
anspruchslose Vegetation der Tundra. Südlich der Baumgrenze treten
in der ca. 100 km breiten Waldtundra ebenso anspruchslose Fichten,
Kiefern, Lärchen, Moor- und Zwergbirken auf, zunächst in Waldin-
seln und nach Süden zunehmend als zusammenhängende Wälder
mit offenen Tundren dazwischen.

Die flächenmäßig größte Vegetationszone, die Taiga (boreale Nadel- ◀ Taiga
waldzone), gilt als **typisch russische Landschaft**, bedeckt sie doch fast
zwei Drittel der Fläche der Russischen Föderation. Charakteristisch
sind die ausgedehnten Nadelwälder; hier wachsen auf nährstoffar-
men, sauren Böden (Bleicherde bzw. Ascheboden, russ. podsol) Lärchen, Fichten, Tannen, Kiefern und Föhren, aber auch Birken, Erlen
und Weiden. Annähernd zwei Drittel der Taiga gehören zur **Perma-
frostzone**. Dort taut selbst in der warmen Jahreszeit der Dauerfrost-
boden nur an der Oberfläche auf; dann kommt es über dem sumpfigen Gelände zur berüchtigten Mückenplage.

Sommerblumen im Mischwaldgürtel – im Hintergrund rauscht die Transsib vorbei.

Mischwaldgürtel ▶ Nach Süden geht die Taiga in den im europäischen Teil knapp 1000 km breiten Mischwaldgürtel über, wo Eiche, Buche, Ahorn, Esche, Linde und Fichte weit verbreitet sind. Hier sind die Böden weniger sauer als weiter nördlich, was immerhin eine – nicht sehr ertragreiche – Bewirtschaftung ermöglicht.

Waldsteppe ▶ Südlich an den Mischwaldgürtel schließt als Übergangszone zur Grassteppe die nördliche Wiesen- bzw. Waldsteppe an, in der einzelne Eichenwald-Inseln anzutreffen sind. Sie wird landwirtschaftlich genutzt; im europäischen Landesteil ist vor allem das **Schwarzerdegebiet** (russ. tschernosem) mit seinen humusreichen, außerordentlich fruchtbaren Böden bekannt.

Steppe ▶ Gräser und Sträucher dominieren diese Landschaft, die im Süden an die Waldsteppe anschließt und sich vom Kaukasus über das südliche Wolga- und Uralgebiet erstreckt. Auch hier kann erfolgreich Landwirtschaft betrieben werden, höchstens eingeschränkt durch das zunehmend trockne Klima, das an manchen Tagen mitunter recht trockne Winde über die Landschaft fegen lässt.

Halbwüste und Wüste ▶ Die Halbwüste als Übergangszone zwischen Steppe und Wüste zeichnet sich durch trockene Böden und heiße Winde aus. Trockenes, heißes Klima mit Windstürmen dominiert in der Wüstenregion zwischen Kaukasus, Kaspischer Senke und kasachischer Steppe. Mancherorts trocknen die Seen in den Sommermonaten komplett aus.

Rentiere werden auch gezüchtet: Auftrieb in Murmansk.

Ein kleiner Landstrich in der Gegend um Sotschi – zwischen Schwarzmeerküste und Kaukasus-Ausläufern – ist gemäßigt subtropisch geprägt. In der Kaukasus-Region sind über 6000 Blütenpflanzenarten nachgewiesen. ◄ Subtropen und Kaukasus

Die vielfältigen Landschaften und klimatischen Verhältnisse spiegeln sich auch in der Tierwelt wieder. Das ewige Eis entlang der arktischen Küste gehört nur wenigen Arten wie Eisbären, Seevögeln, Robben und Walrossen, die sich in der Kälte des hohen Nordens heimisch fühlen. **Fauna** ◄ Polarregion

Die Tundra bevölkern Lemminge, Rentiere, Elche, Schneehasen, Polarfüchse, Rentiere, Wölfe, Murmeltiere, Schneeeulen, Schneehühnerv und Seetaucher. Im Sommer machen hier auch Zugvögel wie Wildgänse, Schwäne oder Enten Rast, um zu brüten. In der weitläufigen Taiga sind Braunbär, Luchs, Wiesel, Elch und Wisent zu Hause. Zudem findet man dort Rotwild, Wildschweine, Maulwürfe, Füchse und Habichte, aber auch viele Waldvögel wie Haselhühner, Bartkäuze, Eulen und Spechte. ◄ Tundra und Taiga

Die Mischwälder sind das Zuhause vieler Arten, die auch in der Taiga vorkommen; hervorzuheben sind Wölfe, Biber, Nerze, Zobel und Vielfraß. Als Folge der Rodung der Wälder im Süden des Landes sind allerdings viele größere Wildtiere wie Braunbär, Elch oder Dachs vie- ◄ Mischwälder und Steppen lerorts verschwunden. Die Steppe gehört Adler, Hase, Zwerghamster, Blindmäusen, aber auch der Saiga-Antilope.

Kaukasus ▶ Ein besonders breit gefächertes Vorkommen an Reptilien – 75 Arten sind in Russland bekannt – wird im Kaukasus gezählt. Dazu gehören Echsen und Lurche, aber auch andere Arten, die sonst im mediterranen Raum anzutreffen sind. Überhaupt ist der Kaukasus für seine Artenvielfalt bekannt, die Steinadler, Schakale, Steinböcke, Braunbären und Gämsen umfasst. Erst 2003 wieder beobachtet wurde der **Kaukasische Leopard**.

Fische und Meerestiere ▶ Der Fluss Petschora im nördlichen Ural ist besonders bedeutsam für den Fischfang, vor allem Lachs wird hier gewonnen. Im Kaspischen Meer sind mehr als 100 Fischarten bekannt, darunter **größere Vorkommen von Stören**, die für die Kaviarproduktion bedeutend sind. Dort ist auch die Kaspirobbe zu Hause, die eine maximale Größe von 1,4 m erreicht und damit wesentlich kleiner als die Robbenarten in den Eismeergewässern ist.

Umwelt und Naturschutz

Theorie und Praxis Auf dem Papier klingt die russische Umweltpolitik vielversprechend: So wurde das Recht auf eine »gesunde Umwelt« bereits 1993 in die Verfassung aufgenommen. Dennoch klaffen Theorie und Praxis vielerorts auseinander. Mit der Unterzeichnung des Antarktis-Vertrags, der die Südpolregion als schutzbedürftig anerkennt, sowie des Klimaschutzabkommens von Kyoto zeigt Russland jedoch zunehmend Vernatwortungsbewusstsein für eine globale Umweltpolitik.

Im eigenen Land hat vor allem die **massenhafte Industrialisierung** im Ural, auf der Kola-Halbinsel und anderswo ihre Spuren hinterlassen. Ein erschreckendes Beispiel ist die Gegend um die nordwestrussische Kleinstadt Nikel (Murmanskaja oblast) an der norwegischen Grenze, wo der Abbau von regionalen Nickelvorkommen zu einem großflächigen Waldsterben geführt hat. Das neue Russland kämpft jedoch auch mit den **radioaktiven Altlasten der Sowjetunion**: So gilt die Doppelinsel Nowaja Semlja (Archangelskaja oblast), ein ehemaliges Versuchsgelände für Kernwaffen im Nordpolarmeer, als strahlenbelastet. Erhöhte Cäsiumwerte werden auch in den Fjorden um Murmansk, wo die Atom-U-Bootflotte liegt, gemessen. Eine der größten Reaktorkatastrophen in der Geschichte geschah bereits im September 1957 in der **Nuklearfabrik Majak im Südural**, wurde jedoch von den Machthabern jahrzehntelang bis zur Perestrojka vertuscht. Ein 300 km langer Landstrich gilt dort bis heute als stark belastet; wie hoch die Zahl der Todesopfer war, kann nur geschätzt werden. Ein weiterer Super-GAU erschütterte 1986 das Land: Die Reaktorkatastrophe von **Tschernobyl**, die bis heute – neben Weißrussland und der Ukraine – auch das grenznahe russische Gebiet um Brjansk herum radioaktiv belastet, in dem 2,7 Mio. Menschen leben.

Doch Russland schützt selbstverständlich seine Naturlandschaften vielerorts: Landesweit gibt es **35 Nationalparks** mit einer Fläche von

6,9 Mio. Hektar. Hinzu kommen Naturparks und Natur- oder Biosphären-Reservate, in denen Tourismus in der Regel nur zu Forschungszwecken erlaubt ist. In Zahlen: 2,4 % der gesamten Landesfläche stehen derzeit unter besonderem Schutz. Da die staatlichen Zuschüsse für Nationalparks knapp sind, hat hier ein Umdenken eingesetzt: Mit Wandertouren, Langlauf oder anderen sanften Freizeitaktivitäten versucht man, verstärkt Touristen anzulocken.

Bevölkerung · Politik · Wirtschaft

Bevölkerung

Im Vielvölkerstaat Russland mit seinen 142 Mio. Einwohnern macht das multiethnische Zusammenleben Schule: Fast **130 Nationen** sind hier zu Hause, die ihre eigenen Sprachen und Brauchtümer pflegen. Daher spielt die sprachliche Unterscheidung zwischen »Russkij« (Russe) und »Rossjanin« (Staatsbürger) – die im Deutschen nicht gemacht wird – eine nicht unbedeutende Rolle für das nationale Selbstbewusstsein. In Autonomen Gebieten oder Teilrepubliken, in denen die nationalen Minderheiten mehr oder weniger kompakt siedeln, gibt es entsprechende Schulen und Medien in den jeweiligen Nationalsprachen. **Russisch ist Lingua Franca** und wird als offizielle Staatssprache von (fast) allen Bewohnern verstanden. Im ganzen Land gibt es noch 80 weitere Literatursprachen mit eigenem Alphabet und Schrifttum. *Russkij und Rossjanin*

Vier von fünf Einwohnern der Russischen Föderation sind Russen, fast ein Zehntel machen unterdessen Turkvölker wie Tataren, Tschuwaschen, Baschkiren oder Mordwinen aus. Die Zahlenvielfalt relativiert sich jedoch bei näherem Hinsehen, denn 30 Völker haben weniger als 500 Angehörige. Das ethnische Bild Russlands hat sich zu Sowjetzeiten in Folge von Zwangsdeportationen, Industrialisierung und durch die Zuweisung von Arbeitsstellen markant verändert. Seit dem Zusammenbruch der Union und den Unruhen im Kaukasus sind zudem viele Flüchtlinge in anderen Landesteilen anzutreffen und stoßen dort häufig auf Vorurteile ihrer Mitbürger. So gilt das neue Russland als eines der wichtigsten Einwanderungsländer weltweit: Den Großteil der Immigranten stellen jedoch Russen, die in anderen ehemaligen Sowjetrepubliken lebten und nun – aus wirtschaftlichen Gründen oder unter dem Druck ethnischer Spannungen – nach Russland zurückkehren. ◀ Ethnisches Bild

Die Bevölkerung des Landes verteilt sich **höchst ungleichmäßig**. So leben 80 % aller Russen im europäischen Landesteil, während Sibirien, der Ferne Osten und der hohe Norden nur dünn besiedelt sind. Der Anteil der städtischen Bevölkerung liegt bei 73 Prozent. *Bevölkerungsverteilung*

*In Nowosibirsk erscheint die
»Sibirische Zeitung«.*

DIE WOLGADEUTSCHEN

Nicht selten heißen sie Eugen, Waldemar oder Heinrich – die Nachkommen der deutschen Siedler an der Wolga, die Zarin Katharina die Große ins Land holte.

Die Herrscherin, die selbst aus deutschem Hause stammte, hatte eine Vision: Sie wollte die unbewohnte russische Steppe entlang der Wolga urbar machen und nach Süden hin absichern. Zudem erhoffte sie sich einen wirtschaftlichen Aufschwung der Region. Um ihr Vorhaben zu verwirklichen, lud sie 1763 vor allem ihre ehemaligen Landsleute aus Deutschland ein, sich dort niederzulassen. Die Kolonisten bekamen **viele Vergünstigungen**: Sie mussten bis zu 30 Jahre keine Steuern zahlen und nicht in der Armee dienen, was auch viele Mormonen an die Wolga zog. Die ersten Siedler trafen 1764 aus Süddeutschland ein; Missernten und Hunger hatten sie in die Ferne getrieben. Die Kolonien der neuen Anwohner trugen dementsprechend Namen wie Katharinenstadt (heute Marx), aber auch Basel oder Zürich.

Ausgegrenzt und rehabilitiert

Die Zahl der Deutschen im Land war Mitte des 19. Jh. bereits auf 50 000 gestiegen. Obwohl zu dieser Zeit noch die Leibeigenschaft in Russland herrschte, waren die Wolgadeutschen frei. Sie genossen auch Religionsfrei-heit, weshalb 1885 bereits 120 deutsche Kirchen im Land gezählt wurden, die bis heute im russischen Volksmund »kircha« genannt werden. Einige dieser Bauten, die sich mit rotem Backstein und spitzen Glockentürmen meist recht ähnlich sahen, sind heute noch in Samara, Saratow und anderen Städten erhalten. Katholische und protestantische Siedler lebten nach ihrer Ankunft allerdings in getrennten Siedlungen. Zar Alexander III. schränkte die Privilegien ein, später wurden sie ganz aufgehoben. 1918 wurde eine eigene Autonome Sozialistische **Sowjetrepublik der Wolgadeutschen** eingerichtet mit Engels als Hauptstadt. Fast zwei Drittel der 600 000 Einwohner dort waren deutschstämmig, so die Statistik von 1939. Nach dem Überfall Hitlers auf die Sowjetunion ließ Stalin die Wolgarepublik auflösen. Die deutsche Bevölkerung galt als »Vaterlandsverräter« und die kollektiv Beschuldigten wurden nach Sibirien, Kasachstan und in die mittelasiatischen Steppengebiete zwangsdeportiert. Mehr als 1,2 Mio. Menschen mit deutschen Wurzeln wurden verschleppt, viele mussten in Bergwerken oder beim

Bau von Straßen und Kanälen körperliche Schwerstarbeit verrichten. Erst 1956 unter Chruschtschow wurden die Deutschen rehabilitiert und durften in ihre ursprünglichen Siedlungsgebiete zurückkehren. Viele waren jedoch bereits an ihren Deportationsorten sesshaft geworden.

Bleiben oder gehen?

Die Perestrojka ermöglichte den Deutschen in der Sowjetunion eine massenhafte Ausreise in die Bundesrepublik. Inzwischen sind die größten Zuwanderungswellen bereits abgeebbt und die Zahl der **Spätaussiedler** aus der ehemaligen UdSSR und ihrer Familienangehörigen liegt heute in Deutschland bei 2,5 Mio. Menschen. Trotz der massenhaften Übersiedelung sind nicht alle gegangen: Bei der letzten Volkszählung von 2002 erklärten sich noch 600 000 Bewohner Russlands als Deutsche. Sie betreiben

in Städten mit hohem deutschstämmigen Bevölkerungsanteil Begegnungsstätten, in denen deutsches Sprach- und Liedgut, Rezepte und Brauchtum gepflegt werden. Seit der Auflösung der Sowjetunion knüpfen auch wieder deutschsprachige Zeitungen in Moskau, Uljanowsk, St. Petersburg und anderen Orten – die unter den Kommunisten weitgehend verboten waren – an die frühere Tradition an. Zudem wurden wiederholt Stimmen laut, die Autonome Republik an der Wolga wieder herzustellen. Derlei Hoffnungen hatte der erste russische Präsident Boris Jelzin geschürt. Was allerdings an der Wolga gescheitert ist, wurde in Sibirien Realität: In der Nähe von Omsk machte der Deutsche Nationale Rajon Asowo Schule. Und im Altai wurde der Rajon Halbstadt errichtet, in dem zweisprachige Ortstafeln die Besucher auf Deutsch und Russisch begrüßen.

Bevölkerungs-entwicklung

Russische Demagogen schlagen Alarm: **Die Bevölkerungszahl schrumpft** alljährlich um eine halbe bis dreiviertel Million Einwohner. Dazu tragen die niedrigen Geburtsraten infolge von Zukunftsängsten, eine unzureichende Gesundheitsversorgung, aber auch die rapide angestiegenen Zahlen von HIV / AIDS-Opfern im Land bei. Übermäßiger Alkohol- und Nikotingenuss, Drogen und Mangelernährung tun ihr übriges, um die Einwohnerzahl von Jahr zu Jahr zu drosseln – und letztlich die Lebenserwartung rapide zu senken: So wird der russische Mann heute (Stand: 2007) durchschnittlich nur noch 58,9 Jahre alt, während Frauen ein Durchschnittsalter von 72,4 Jahren erreichen. Statistisch gesehen erleben russische Männer so nicht einmal das Rentenalter, das bei 60 Jahren liegt (Frauen: 55 Jahre). Setzt kein Gegentrend ein, könnte Russland bis 2050 ein Drittel seiner Bevölkerung verloren haben, schätzen Wissenschaftler.

Soziale Probleme

Alkohol ist zu einem nicht unbedeutenden sozialen Problem geworden. Jährlich sterben in Russland bis zu 40 000 Menschen durch eine Alkoholvergiftung, jedes fünfte Verbrechen wird infolge von Trunksucht begangen. Hinzu kommen 10 000 Drogentote pro Jahr. Die Zahl so genannter »sozialer Waisen« oder »Wodkawaisen« wird allein in Moskau auf 15 000 Kinder geschätzt. Diese Kinder haben zwar leibliche Eltern, leben jedoch größtenteils auf der Straße, da sich Mutter und Vater wegen ihrer eigenen Probleme nicht um ihren Nachwuchs kümmern.

Transformation und soziale Lage

Die **Auflösung der Sowjetunion** brachte für viele Menschen das Gefühl mit sich, nicht mehr Bürger einer Supermacht zu sein. Vor allem die Verlierer der Transformation können sich bis heute immer noch stärker mit der Sowjetunion identifizieren: Mit der Finanzkrise von 1998 verloren viele nicht nur über Nacht ihre Spareinlagen, sondern auch das Vertrauen in Staat und Währungspolitik und mussten wieder komplett **bei Null beginnen**. Mit dem früheren Vielvölkerstaat sind für die meisten aber vor allem Erwartungen an soziale Gleichheit und staatliche Fürsorge verbunden. Zu Sowjetzeiten galten Vergünstigungen für Kriegsveteranen und andere Bevölkerungsgruppen – z. B. freie Fahrten im öffentlichen Nahverkehr – als eine Art Wertschätzung, doch nach dem Wandel bekamen sie eine existenzielle Bedeutung für viele Bürger. Als die Regierung zu Beginn des Jahres 2005 die Leistungen in wesentlich niedrigere Geldzahlungen umwandeln wollte, blockierten allein in St. Petersburg 10 000 Rentner die Straßen – die ersten Massenproteste unter Präsident Putin.

Verlierer ... ▶

Die Verlierer sind vor allem in der älteren Bevölkerung, aber auch unter Arbeitern in ländlichen Gegenden zu suchen. Viele Pensionäre können sich keine teuren Arzneimittel leisten und sich nur mangelhaft ernähren. Charakteristisch für das neue Russland ist mittlerweile auch eine breite untere Mittelschicht, wobei Einkommen und Standard zwischen den Regionen und der Hauptstadt deutlich auseinander klaffen. Um sich ein Auskommen zu sichern, gehen viele Men-

Verlierer? Jugendliche vor einem Lebensmittelladen in der russischen Provinz.

schen einer **Zweit- oder Drittbeschäftigung** nach. Und nicht wenige halten sich mit dem Gemüseanbau auf der eigenen Datscha über Wasser. Der offiziellen Statistik zufolge leben **16 % aller Russen unter dem Existenzminimum**.

Zu den Gewinnern der Transformation gehören nicht nur die mächtigen Oligarchen und Neureichen, sondern auch die gut ausgebildete Mittelschicht in den Großstädten, die sich zunehmend herauskristallisiert und durch ansteigende Gehälter über mehr Kaufkraft verfügt.

◄ ... und Gewinner

Als mit der Einführung des Privateigentums 1992 eine Hyperinflation einsetzte, verkauften viele Russen ihr Vermögen – dazu gehörten auch die »Voucher«, mit denen sie Anteile an staatlichen Unternehmen hielten. Clevere Geschäftsmänner erwarben vor allem Anteilsscheine der Rohstoffindustrie wie etwa Oleg Deripaska (Russkij Aluminium), der heute als einer der reichsten Russen gilt; andere gründeten Banken. So sind es sind **kaum mehr als ein oder zwei Dutzend (meist) Männer**, die im Zuge der Transformation innerhalb kurzer Zeit zu enormem Reichtum gelangten und heute zu den Superreichen und Mächtigen gehören.

Oligarchen

Diese so genannten Oligarchen haben nicht nur wirtschaftlich das Ruder an sich gerissen, sie beeinflussen oft auch politische Entscheidungsprozesse. Unter Präsident Boris Jelzin hatten sie weitaus mehr Einfluss als heute, kontrollierten die Massenmedien und steuerten den Privatisierungsprozess – im Gegenzug verhalfen sie dem Staatschef zur Wiederwahl. Ex-Präsident Wladimir Putin beschnitt unterdessen die Narrenfreiheit der Oligarchen und schwächte dadurch ih-

Gewinner: Neureiche auf der Millionärsmesse in Moskau

ren politischen Einfluss (um aber selbst genug Druck auf die Medien auszuüben...). Einige der Superreichen sicherten sich jedoch ihre Macht durch die Wahl zum Gouverneur in einer Region, so z. B. der auch im Westen als Eigentümer des FC Chelsea bekannte Roman Arkadjewitsch Abramowitsch im fernöstlichen Tschukotka.

»Nowyje Russkije«: die Neureichen

Moskau ist die Stadt der Superreichen: Das US-Magazin »Forbes« hat dort 25 Dollar-Milliardäre ermittelt. Der Reichtum der so genannten »Nowyje Russkij« lässt sich nicht geheim halten – darauf legen vermutlich auch nur wenige von ihnen Wert. Understatement ist nicht deren Sache und wer es hat, zeigt sein Guthaben – sei es mit einer Luxusvilla an der noblen Moskauer Ausfallstraße Rubljowskoje schosse (kurz »Rubljowka«) oder auf der alljährlichen Millionärsmesse, wo Luxuskarossen und edelsteinbestückte Samoware präsentiert werden. Dem durchschnittlichen Russen sind diese Neureichen fremd, weshalb er sie gerne zum Gegenstand von Witzen und Anekdoten macht – auch eine Art, damit umzugehen.

Religion

Nach 70 Jahren Atheismus entdecken viele Russen ihren Glauben neu. Die meisten orientieren sich dabei an der Religion ihrer Vorfahren, einige wenden sich jedoch auch der Religion des Partners zu oder entscheiden sich für eine gänzlich andere. Ein Viertel der Bevölkerung glaubt allerdings überhaupt nicht an einen Gott.

Verlässliche Angaben über die Religionszugehörigkeit gibt es nicht, ◀ Christen
da keine staatliche Kirchensteuer erhoben wird. Schätzungen zufolge
bekennen sich heute jedoch zwei Drittel aller Einwohner zum **russisch-orthodoxen Christentum**, die Zahl der aktiven Kirchgänger beträgt jedoch nur einen Bruchteil davon. Mit **Katholizismus und Protestantismus** können sich etwa ein Prozent der Bevölkerung identifizieren, vor allem in den Städten, in denen viele Polen oder Deutsche leben. Die deutschsprachige evangelisch-lutherische Kirche umfasst mehr als 300 Gemeinden in ganz Russland.

Mindestens jeder zehnte Bewohner der Russischen Föderation wird ◀ Andere
dem **Islam** zugerechnet, vor allem im Nordkaukasus und in der Wol- Bekenntnisse
garegion ist der Glaube an Allah weit verbreitet. Der **Buddhismus** ist im europäischen Landesteil bei den Kalmücken im Süden gängig. Das **Judentum** hat mit etwa 0,5 Prozent der Gesamtbevölkerung zahlenmäßig eine gleich große Anhängerschaft; jüdische Gemeinden gibt es in den meisten größeren Städten. Vorchristliche **Naturreligionen und Schamanen** finden sich bei finno-ugrischen Völkern entlang von Wolga und Ural, aber auch bei den Völkern im hohen Norden.

Nach 70 Jahren Atheismus entdecken die Russen den Glauben wieder.

KIRCHE DES WAHREN WORTES

Seit der Auflösung der Sowjetunion erlebt die russisch-orthodoxe Kirche in Russland eine wahre Renaissance. Die »Kirche des wahren Wortes«" (russ. prawoslawnaja zerkow) hat heute ihre frühere starke Position, die durch die Sowjetmacht systematisch eingedämmt wurde, fast wieder zurück erobert.

Das Patriarchat von Moskau und ganz Russland gilt als autokephale (unabhängige) Kirche mit dem Patriarchen an der Spitze. Dieser hat seinen Sitz im Moskauer Danilow-Kloster. In der Hauptstadt steht auch die größte Kirche des Landes, die **Christ-Erlöser-Kathedrale**, das Symbol der Wiederauferstehung der russisch-orthodoxen Kirche: Unter Stalin musste sie einem Schwimmbad weichen, im neuen Russland wurde sie wieder originalgetreu aufgebaut. Liturgiesprache ist bis heute das Altkirchenslawische. Als Hauptfest der orthodoxen Kirche gilt das **Osterfest**, das nach dem Julianischen Kalender berechnet wird. Entsprechend selten fällt es daher mit dem westlichen Termin zusammen.

Späte Anerkennung

Dass Russland heute von der orthodoxen Kirche geprägt ist, verdankt es einem der frühen Herrscher der Kiewer Rus: **Großfürst Wladimir I.** ließ 988 zunächst sich, später auch sein Volk taufen, womit Fürstin Olga, die Heilige, die sich 957 hatte taufen lassen, zuvor gescheitert war. Die ersten Metropoliten kamen aus Bulgarien und Griechenland und nahmen ihren Sitz zunächst in Kiew und nach dem Zerfall der Kiewer Rus ab 1326 in Moskau. Das große morgenländische Schisma von 1054 brachte die römisch-katholische und die östlich-orthodoxen Kirchen hervor, die unter dem Einfluss des Patriarchen von Konstantinopel standen. Als die

*Das Oberhaupt der russisch-ortho-
doxen Kirche, Patriarch Alexej II.,
bei der Weihnachtsandacht*

russische Bischofssynode 1448 – ohne Einverständnis Konstantinopels – gewählt wurde, kam es zur Trennung von der Mutterkirche. Das neue Patriarchat in Moskau wurde jedoch erst 1590 von der ökumenischen Synode von Konstantinopel anerkannt. Mit der Eroberung Konstantinopels 1453 durch die Türken verlor die Orthodoxie ihr Glaubenszentrum und fortan sah sich das russisch-orthodoxe **Moskau als das »dritte Rom«**.

Unter Patriarch Nikon sollte der russisch-orthodoxe Ritus 1652 erstmals reformiert werden, da es bei der Abschrift der Original-Liturgie zu Abweichungen gekommen sei. Gegen eine Anpassung der russischen an die griechische Liturgie sprachen sich jedoch einige Widersacher aus, die sich nach dem Konzil von 1666 / 1667 schließlich von der russisch-orthodoxen Kirche abspalteten. Seither feiern die **Altgläubigen (Altorthodoxen)** nach altrussischem Ritus. Sie wurden im 17. Jh. massiv verfolgt und hingerichtet. Erst 1971 hob das Moskauer Patriarchat den Bann auf; die heutigen altgläubigen Gemeinden unterscheiden sich durch ihre Gemeindestruktur – mit oder ohne Priester. Zar Peter der Große ersetzte das Moskauer Patriarchat durch den Heiligen Synod, der einer weltlichen Kontrolle unterlag und stärkte dadurch den Einfluss des Staates auf die Kirche.

Verfolgung

Nach der Oktoberrevolution wurde das Amt des Patriarchen jedoch wieder eingeführt. Schon in der jungen Sowjetunion kam es zur Kirchenverfolgung. Von ehemals 48 000 Kirchen und Klöstern im Land wurden 85 % als Lager, Sporthallen oder Reparaturwerkstätten zweckentfremdet. Aus dem **Exil** übten viele gläubige Russen Kritik an der orthodoxen Kirche in der Sowjetunion, weil sie zu staatstreu und mit Informanten des KGB durchsetzt sei. Als Folge spaltete sich die russisch-orthodoxe Auslandskirche ab. Im Zweiten Weltkrieg waren die beiden Kirchen sogar so tief verfeindet, dass erst im Mai 2007 Auslandskirche und Moskauer Patriarchat wieder vereint worden sind. Im Zuge der Perestrojka wurde 1988, anlässlich der Tausendjahrfeier der Christianisierung Russlands, erstmals ein Gottesdienst im Staatsfernsehen übertragen. Im ganzen Land bekamen Gotteshäuser seither einen neuen Anstrich und goldene Kuppeln, vielerorts wurden zerstörte Kirchen wieder aufgebaut. Der letzte Zar Nikolaus II. wird seit 2000 von der russisch-orthodoxen Kirche als Heiliger verehrt. Allerdings hatte man darauf verzichtet, ihn auch zum Märtyrer zu erklären. Juristisch wurde die Zarenfamilie übrigens erst im Spätsommer 2008 rehabilitiert.

Politisches System

Präsidentieller Parlamentarismus

Staatsoberhaupt der Russischen Föderation ist der direkt vom Volk auf vier Jahre (und für max. zwei Amtsperioden) gewählte Präsident, dem die Verfassung weit reichende Machtbefugnisse einräumt. Er bestimmt die Innen- und Außenpolitik, ist Oberbefehlshaber der Streitkräfte und benennt u. a. die Kandidaten für das Richteramt an den obersten Gerichten, dabei unterstützt von einer ihm zuarbeitenden, mächtigen Präsidalverwaltung. Entsprechend schwach sind Position und Einfluss des Parlaments, zumal es vor allem **Wladimir Putin** während seiner Amtszeit verstanden hat, die Mehrheit in der Staatsduma mit seinen Gefolgsleuten zu besetzen. Insofern hat Russland – betrachtet man auch den rabiaten Umgang mit der Opposition und die unverhohlene Einschränkung der Pressefreiheit – noch einen weiten Weg zur echten Demokratie vor sich.

Staatsduma und Föderationsrat ▶

Russlands parlamentarisches System sieht ein Zwei-Kammer-System vor, bestehend aus der Staatsduma und dem Föderationsrat, der die 83 so genannten Föderationssubjekte (Federalnyj subjekt) vertritt.

Regierung ▶

Der Präsident schlägt auch den Ministerpräsidenten als Haupt der Regierung vor. Der Kandidat muss von der Staatsduma bestätigt werden. Sind Regierung bzw. Ministerpräsident unter Putin kaum über den Status der ausführenden Organe des präsidentiellen Willens hinausgekommen, bleibt abzuwarten, wie sich die Konstellation zwischen dem neuen (von Putin beförderten) Präsidenten **Dmitrij Medwjedew** und dem neuen Ministerpäsidenten (und alten Präsidenten) Putin entwickelt.

Staatsrat ▶

Um den Gouverneuren mehr Mitspracherecht einzuräumen, wurde 2000 der Staatsrat gegründet, der unter Leitung des Präsidenten zu aktuellen Themen und Gesetzesvorlagen tagt.

Föderationssubjekte

Die Föderationssubjekte entsprechen in etwa den deutschen Bundesländern und werden oft auch nur sehr allgemein als »Russische Regionen« bezeichnet. Sie lassen sich in **sieben Föderationskreise** (Federalnyj okrug) gruppieren, die eine zusätzliche administrative Einheit darstellen. Der entsprechende Bevollmächtigte dieser jeweiligen Föderationskreise, der vom Präsidenten persönlich bestellt wird, hat die Kontrolle über alle Gouverneure oder Präsidenten der einzelnen Föderationssubjekte. Die Verfassung gliedert die Föderationssubjekte in **sechs Kategorien**, die jeweils einen unterschiedlichen Grad an Autonomie besitzen: Derzeit gibt es landesweit 21 Teilrepubliken (respublika), neun Regionen (kraj), 45 Gebiete (oblast), zwei Städte von föderalem Rang (Moskau, St. Petersburg) und ein autonomes Gebiet (Jüdische Autonome oblast, Russisch-Fernost). Ungelöst bleibt der Konflikt um die nach Unabhängigkeit strebende Teilrepublik **Tschetschenien**.

Rajons

Die untere Verwaltungsebene sind die mit deutschen Landkreisen vergleichbaren Rajons (rajon) sowie die Stadtkreise (gorodskoj

Man ist wieder wer: Marinekadetten marschieren auf der Siegesparade am 9. Mai 2008 – der ersten seit 17 Jahren.

okrug). Eine weitere Grobeinteilung des Landes wurde in zwölf so genannte Wirtschaftsbezirke (Ekonomitscheskij rajon) vorgenommen.

Nach dem Zerfall der Sowjetunion nahm das außenpolitische Gewicht Russlands, der größten ehemaligen Sowjetrepublik, zunächst deutlich ab. Die ehemaligen Sowjetrepubliken fanden sich – bis auf die baltischen Staaten – 1991 / 1992 in der **Gemeinschaft Unabhängiger Staaten** (GUS) zusammen, deren politische Bedeutung aber seither deutlich zurückgegangen ist. Tragfähiger ist die Organisation des Vertrags über kollektive Sicherheit (OVKS), ein Verteidigungsbündnis mit Armenien, Kasachstan, Kirgisistan, Tadschikistan, Weißrussland und Usbekistan. Konflikte bestehen mit Georgien über die abwanderungswilligen, von Moskau unterstützten georgischen Regionen Abchasien und Südossetien (wo russische Truppen stehen; s. S. 67) und mit der Ukraine über die Nutzung ukrainischer Häfen durch die russische Schwarzmeerflotte. Ebenfalls ein heißes Thema zwischen Russland und der Ukraine ist die Lieferung russischen Gases und die dafür verlangten Preise.

Auf der Weltbühne hat sich Russland, **ständiges Mitglied im Weltsicherheitsrat** und Atommacht, unter Putin wieder mit großem Selbstbewusstsein zurückgemeldet. Insbesondere die Ausdehnung der Nato bis an die Grenzen Russlands und geplante US-Radarstationen

Außenpolitik
◄ ... mit den Nachfolgestaaten der Sowjetunion

◄ ... auf der Weltbühne

in Tschechien und Polen sorgen für Streit und demonstratives Muskelspiel: So hat Russland u. a. die Modernisierung seiner Atomstreitmacht angekündigt und den KSE-Vertrag über konventionelle Streitkräfte in Europa ausgesetzt. Ein Rückfall in Zeiten des Kalten Krieges ist indes wohl nicht zu befürchten, ist Russland doch über den Nato-Russland-Rat in Entscheidungen der Nato involviert.

Armee Russland, dessen Militärhaushalt sich 2006 auf 34,7 Mrd. US-Dollar (3,5 % des BIP) belief, beansprucht den Status einer Großmacht, was es durch die Stärke und Ausrüstung seiner Streitkräfte belegt: Ca. 1,2 Mio. Männer und Frauen stellen die Armee, davon sind ca. ein Viertel Wehrpflichtige, die ihren 12-monatigen Dienst ableisten. Hinzu kommen ca. 2,5 Mio. Reservisten. Allerdings leidet die Effizienz dieser Armee – der drittgrößten der Welt – unter Geldmangel, veraltetem Material, Schikanen durch Vorgesetzte und Disziplinproblemen. Als **Atommacht** agiert Russland weltweit, vor allem durch seine mit Interkontinentalraketen bestückte U-Bootflotte. Die russische Regierung will die Zahl ihrer Atomsprengköpfe aber von derzeit im Start-II-Vertrag festgelegten 3000–3500 weiter auf 1500–2000 (wesentlich modernere) reduzieren.

Bildungssystem Russlands Kinder müssen vom 6. bzw. 7. bis zum 15. Lebensjahr die Schulbank drücken. Der vierjährigen Grundschulphase folgt die fünfjährige Hauptschulphase. Hat man sie erfolgreich abgeschlossen, kann man in der zweijährigen Sekundarstufe II den dem deutschen Abitur vergleichbaren Abschluss machen; alternativ steht nach der Hauptschulphase im Rahmen der Berufsausbildung der Besuch einer beruflich-technischen Schule oder mittleren Fachschule bzw. Berufsoberschule an. Außer staatlichen Schulen bemüht sich mittlerweile auch eine Vielzahl privater Schulen um Schüler.

Wirtschaft

Wirtschaftliches Kernland Der europäische Teil Russlands mit seinen Industrie- und Ballungszentren ist das wirtschaftliche Zugpferd des Landes. Schon früh betrieben die altrussischen Städte Handel, was die oft zitierte Wendung »der Weg von den Warägern zu den Griechen« deutlich macht. Damit sind die Handelsfahrten der Wikinger nach Byzanz gemeint, die auch durch Welikij Nowgorod führten, das seinerseits Handel mit der Hanse betrieb. Der Ausbau der Häfen, Wasserwege und Flotten wurde durch Zar Peter I. maßgeblich vorangetrieben und dadurch neue Handelswege erschlossen. Ein weiterer wichtiger Impuls kam mit dem Bau der Eisenbahn im ausgehenden 19. Jh., die den Ural und Sibirien an den europäischen Landesteil anband. In der Sowjetunion wurde die Industrialisierung vorangetrieben und die staatliche Wirtschaft mittels Fünfjahresplänen gelenkt. Mit dem Zerfall der Sowjetunion öffnete sich ein neuer Markt für ausländische Investoren und Handelspartner, der ein **enormes Potenzial** hat.

Der Übergang der sowjetischen Planwirtschaft zu einer Marktwirt- **Marktwirtschaft**
schaft, mit der die Einführung von Privateigentum und damit wiederum die Entstehung privater Unternehmen einherging, war eine Geburt mit langen Wehen, die allerdings längst noch nicht abgeschlossen ist. Gerade die erste Umbruchphase der 1990er-Jahre bot viel
Spielraum für Monopole, Vetternwirtschaft und auch kriminelle Ma-
chenschaften. Der sichtbarste Reformerfolg der Transformation – die
Währungsstabilität – schmolz mit der Finanzkrise von 1998 über
Nacht dahin. In den Folgejahren wurden grundlegende Gesetze –
Zoll, Steuern, Grund- und Bodenrecht, Devisenrecht – internationalen Standards angepasst, was u. a. die Gründung von Unternehmen
erleichterte. Offiziell erkannte die Europäische Union Russland als
marktwirtschaftliches Land allerdings erst 2002 an.
Trotz Reformen und dem angestrebten Beitritt zur Welthandelsorganisation WTO kränkelt Russland immer noch an Korruption, wie internationale Erhebungen regelmäßig belegen und das Land auf die
hinteren Plätze solcher Rankings verweisen. Eine große Herausforderung ist auch die überalterte Infrastruktur, die vor allem im Energie-
und Transportbereich einige Investitionen fordert.

Der Reichtum des Landes schlummert unter der Erde: **Erdöl und** **Rohstoffe und**
Erdgas gelten als wichtigste Exportgüter und werden im europä- **Energiewirt-**
ischen Landesteil vor allem im Nordkaukasus, an der Wolga und im **schaft**

Russlands Reichtum kommt aus der Erde: Eisenerzgrube in der Region Belgorod

Verwaltungsgliederung Orientierung

Republiken, Regionen und Gebiete
1 Murmanskaja obl.
2 Respublika Karelija (Karelien)
3 Archangelskaja obl.
4 Respublika Komi
5 Leningradskaja obl.
6 Wologodskaja obl.
7 Kirowskaja obl.
8 Respublika Udmurtija (Udmurtien)
9 Permski krai
10 Swerdlowskaja obl.
11 Kaliningradskaja obl.
12 Pskowskaja obl.
13 Nowgorodskaja obl.
14 Twerskaja obl.
15 Jaroslawskaja obl.
16 Iwanowskaja obl.
17 Kostromskaja obl.
18 Nischegorodskaja obl.
19 Respublika Mari El
20 Smolenskaja obl.
21 Kaluschskaja obl.
22 Moskowskaja obl.
23 Tulskaja obl.
24 Wladimirskaja obl.
25 Rjasanskaja obl.
26 Respublika Mordowija (Mordwinien)
27 Respublika Tschuwaschija (Tschuwaschien)
28 Uljanowskaja obl.
29 Respublika Tatarstan
30 Samarskaja obl.
31 Orenburgskaja obl.
32 Respublika Baschkortostan (Baschkirien)
33 Tscheljabinskaja obl.
34 Brjanskaja obl.
35 Orlowskaja obl.
36 Lipezkaja obl.
37 Tambowskaja obl.
38 Pensenskaja obl.
39 Saratowskaja obl.
40 Kurskaja obl.
41 Belgorodskaja obl.
42 Woroneschskaja obl.
43 Wolgogradskaja obl.
44 Rostowskaja obl.
45 Respublika Kalmykija (Kalmückien)
46 Astrachanskaja obl.
47 Krasnojarski krai
48 Respublika Adygeja
49 Respublika Karatschajewo-Tscherkessija
50 Stawropolski krai
51 Respublika Kabardino-Balkarija
52 Respublika Sewernaja Ossetija-Alanija (Nord-Osstien)
53 Respublika Tschetschenskaja (Tschetschenien)
54 Respublika Inguschetija (Inguschetien)
55 Respublika Dagestan

Föderationskreise
I Nordwestrussland
II Ural
III Zentralrussland
IV Wolga
V Südrussland

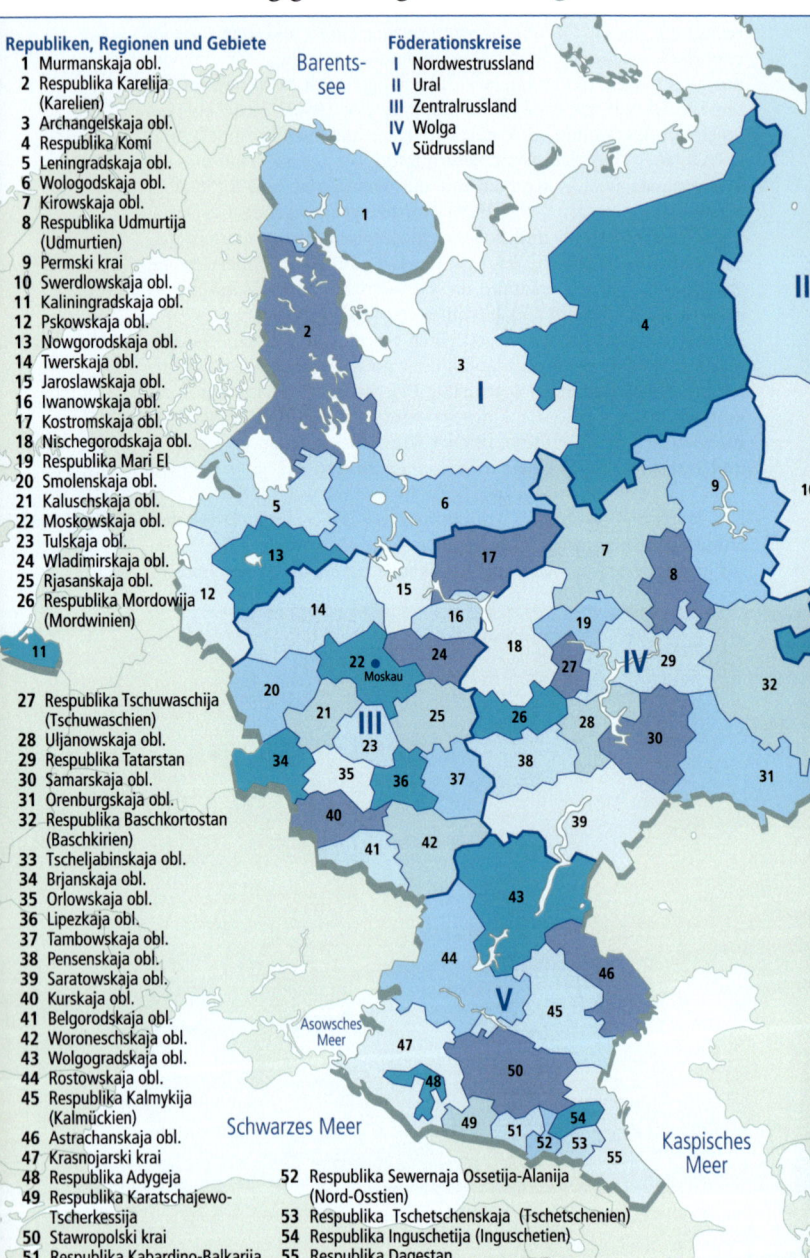

Zahlen und Fakten Russische Föderation (gesamt)

Russland
(Europäischer Teil)

(Asiatischer Teil)

● Moskau

Lage
► Von 19°38' östl. bis
   169° 40' westl. Länge und
   41° 10'bis 81° 49' nördl. Breite
► Nördlichster Punkt:
   Rudolfsinsel (Franz-Josef-Land)
► Südlichster Punkt: in Dagestan
► Östlichster Punkt:
   Kap Deschnjow, Beringstraße
► Westlichster Punkt:
   Danziger Bucht

Fläche
► 17,1 Mio. km²
   (76,6% der Fläche der UdSSR)

Küstenlänge
► 37653 km

Einwohnerzahl
► 142,2 Mio. (2008)

Bevölkerungsdichte
► 8,6 Einwohner pro km²

Bevölkerungsgruppen
► Russen: 81,5 %
► Tataren: 3,8 %
► Ukrainer: 3,0 %
► Tschuwaschen: 1,2 %
► Baschkiren: 0,9 %
► Weißrussen: 0,8 %
► Mordowen: 0,7 %
► Tschetschenen: 0,6 %
► Deutsche: 0,6 %

Größte Städte
► Moskau (10,5 Mio Einw.), St. Peters-
   burg (4,6 Mio Einw.), Nowosibirsk (1,4
   Mio Einw.), Nishnij Nowgorod (1,37
   Mio Einw.), Jekaterinburg (1,3 Mio
   Einw.)

Religion
► s. S. 34

Staat
► Offizieller Name: Russische Föderation
► Staatsoberhaupt: Präsident Dmitrij
   Medwedjew (seit 2008)
► Ministerpräsident: Wladimir Putin (seit
   2008)
► Parlament: gesetzgebende Staatsduma
   (450 Sitze) und Föderationsrat (166
   Sitze)

Wirtschaft (2007)
► Brutto-Inlandsprodukt (BIP):
   942 Mrd. €
► Reales Wachstum: 8,1 %
► Inflation: 11,9 %
► Wirtschaftswachstum: ca. 8 % (2008,
   geschätzt)
► Jährliches Pro-Kopf-Einkommen:
   5237 € (2006)
► Beschäftigungsstruktur:
   ca. 11% Landwirtschaft, ca. 29%
   Industrie,
   ca. 59% Dienstleistungen
► Arbeitslosenquote: ca. 6 %

Weizenernte in der Region Wolgograd

Ural gewonnen. Ein Drittel der weltweiten Gasreserven, 6,6 % der globalen Ölreserven sowie das zweitgrößte Kohlevorkommen machen Russland zu einem der bedeutendsten Energielieferanten weltweit und tragen 13,2 % zum Bruttoinlandsprodukt bei. Die Fäden von Gastransit und -export werden vom staatlichen Energieversorger **Gazprom** gezogen; nur 15% Erdgas fördern Privatunternehmen zutage. Im Ölsektor bestreiten die nichtstaatlichen Unternehmen wie **Rosneft** etwa die Hälfte des Aufkommens. Russland wird immer häufiger in den Ausbau transeuropäischer Energienetze mit einbezogen. Zu den größten internationalen Projekten gehören die South Stream Pipeline, die Erdgas unter dem Schwarzen Meer hindurch befördern soll und bis 2013 voraussichtlich 10 Mrd. € verschlingen wird. Die North Stream Pipe wird ab 2012 russisches Erdgas durch die Ostsee nach Deutschland transportieren.

Andere Energieträger ▶ 16 % des Energiebedarfs werden aus **Kernkraftwerken** gedeckt, womit Russland in Europa einen der hinteren Plätze einnimmt (eine Verdoppelung bis 2020 ist allerdings geplant). Nach wie vor gelten die russischen Kernkraftwerke als technisch veraltet und störanfällig; jedoch wil man mit dem Bau eines schwimmenden Kernkraftwerks Neuland beschreiten. Die vor allem in der Stalin-Ära getreu dem Lenin-Motto »Kommunismus ist Sowjetmacht plus Elektrifizierung« gebauten **Wasserkraftwerke** tragen 19 % zum Energiebedarf bei; hier wiederum belegt Russland den fünften Platz in der Welt.

Andere Bodenschätze ▶ Vor allem der Ural ist reich an Bodenschätzen: Kohle, Eisenerz, Platin, Gold, Nickel und andere Nichteisenmetalle werden hier gefördert. Weitere wichtige Lagerstätten im europäischen Teil finden sich im Kaukasus, wo vor allem Nichteisenmetalle gewonnen werden.

In sowjetischen Zeiten räumte die staatlich gelenkte Wirtschaft der **Industrie**
Schwer-, Chemie- und Rüstungsindustrie deutlichen Vorrang gegenüber der Leicht- und Konsumgüterindustrie ein. Organisiert war der
Industriesektor in Produktionskombinaten, großen räumlichen Einheiten, in denen sich die Produktion auf einen bestimmten Bereich
konzentrierte und alle dafür nötige Infrastruktur angesiedelt wurde.
In den 1960er- und 1970er-Jahren fasste man mehrere Industrie-
kombinate zu sog. Territorialen Produktionskomplexen zusammen,
wo auch die Rohstoffe für die Produktion gewonnen werden sollten.
Im europäischen Teil wurde so rund um das größte bekannte Eisen-
erzbecken der Welt das KMA Kursk geschaffen.

Mit dem Ende der Sowjetunion schlitterte die Industrie in eine **große Krise**, die 1998 ihren Tiefpunkt erreicht hatte. Musste man sich
bislang kaum einem Wettbewerb stellen – der Staat kaufte ja alle Produkte – und war ökonomisches Handeln und damit z.B. der verant-
wortungsvolle Umgang mit Rohstoffen und Materialien eher nicht
gefragt, sah man sich mit marktwirtschaftlichen Anforderungen und
internationaler Konkurrenz konfrontiert. Nach 1998 eingeleitete Reformen, etwa im Grunderwerbsrecht, erleichterten Firmengründun-
gen, sodass mittlerweile über 70 % des industriellen Bruttoinlands-
produkts aus privatwirtschaftlichen Betrieben kommen. Dabei sollte
aber nicht vergessen werden, das über ein Viertel aller Industrieun-
ternehmen den Oligarchen gehört (und ein Fünftel dem Staat), dass
der – international konkurrenzfähige – Energiesektor dominiert, dass
viele Industriesparten (Kraftfahrzeuge, Transportmittel, Landmaschi-
nen, Leicht- und Lebensmittelindustrie) technologisch hinterherhin-
ken und dass nach wie vor riesige Industriekomplexe bestehen wie
Ischmasch in Ischewsk, wo Motorräder, Autos (»Isch«), Geschütze
und Handfeuerwaffen, darunter die berühmte AK-47 »Kalaschnikow«, produziert werden. Überhaupt ist die Rüstungsindustrie der
erfolgreichste Zweig der russischen Wirtschaft: Russland ist mit einem Anteil von 25 % am Gesamtaufkommen nach den USA **zweit-
größter Waffenexporteur der Welt** und verkauft hochmoderne
Kampfflugzeuge, aber auch die schon erwähnte Kalaschnikow vor allem an Drittwelt- und Schwellenländer. Mittlerweile münden die Erfahrungen aus dieser Hightech-Industrie auch in zivile Projekte: So
hat der Rüstungsgigant Suchoj in Zusammenarbeit mit Boeing den
Superjet 100 vorgestellt, mit dem man auf dem Markt der Regional-
passagierflugzeuge mitmischen will.

In der Sowjetunion wurden selbstständige Bauernwirtschaften besei- **Landwirtschaft**
tigt und zu Kolchosen (Genossenschaftsgütern) und Sowchosen
(großen Staatsgütern) zusammengefasst. Die Kollektivierung der
Landwirtschaft, 1927 auf dem XV. Parteitag beschlossen, sollte soziale Unterschiede aufheben und eine Ertragssteigerung durch Großbetriebe mit sich bringen. Die Bauern protestierten, indem sie weniger
anbauten und einen Großteil des Viehs schlachteten. Die Folge: eine
Hungersnot in den 1930er-Jahren mit bis zu 10 Mio. Toten.

Im postsowjetischen Russland, zu dem Privateigentum gehört, trägt die Landwirtschaft 4,6% zum Bruttoinlandsprodukt bei, wovon 60 % auf Viehzucht und der Rest auf den Ackerbau entfallen. Fleisch- und Milchproduktion, dazu Kartoffelanbau, findet sich vor allem im Westen Russlands, wo die Ostsee für feuchtes Klima und damit für saftige Weiden sorgt. Östlich davon, bis zum Ural, wird gemischte Landwirtschaft betrieben mit Viehzucht (Schweine, Rinder, Geflügel) und dem Anbau von Kartoffeln, Roggen und Flachs. Südrussland ist die Kornkammer des Landes, denn von hier kommt der größte Teil der Weizen-, Gerste- und Maisproduktion, dazu Zuckerrüben. Ein bedeutender Teil der landwirtschaftlichen Erzeugnisse stammt aus der sog. **vorstädtischen Landwirtschaft** in der Peripherie großer Städte, wo auf privaten Datschen und Grundstücken Obst, Gemüse und Milch produziert wird, um es auf Märkten und an Straßenecken am Staatssäckel vorbei zu handeln. Wirtschaftlich genutzt werden auch Pelztiere wie Zobel, Nerz, Eichhörnchen, Polarfuchs oder Fuchs.

Außenhandel und ausländische Investitionen

Die Europäische Union nimmt eine Schlüsselposition im Handel mit Russland ein: Zum einen sorgen ihre Mitglieder für 60 % der ausländischen Direktinvestitionen, zum anderen entfällt etwa die Hälfte des russischen Außenhandelsumsatzes auf die EU. **Deutschland** gilt dabei als wichtigster Handelspartner: 2007 erreichte das beidseitige Handelsvolumen 57 Mrd. €. Aus Russland eingeführt werden vor allem Erdöl und -gas sowie Rohstoffe für die chemische und Metallindustrie; ganz oben auf der Liste deutscher Exporteure nach Russland stehen Kraftfahrzeuge, Anlagen- und Maschinenbau, Baumaterial, Möbel, Konsumgüter, aber auch landwirtschaftliche Produkte.

Die ausländischen Investitionen in Russland haben kräftig angezogen und liegen bei ca. 121 Mrd. US-Dollar (2007). Die Spitzenplätze nehmen Großbritannien, Zypern, die Niederlande, Luxemburg, Frankreich, die USA, Irland, die Schweiz sowie Deutschland ein. Ihr Augenmerk haben die Investoren dabei auf die verarbeitende Industrie, Handel sowie Wartung von Fahrzeugen und Elektrogeräten, aber auch die Förderung von Bodenschätzen, Immobilien, Verkehr sowie die Telekommunikationsbranche gerichtet.

Tourismus

Insgesamt reisten 2007 fast 23 Mio. Ausländer nach Russland, viele davon aus den anderen Nachfolgestaaten der Sowjetunion. Auch deutsche Besucher entdecken Russland zunehmend: Von den 614 000 Reisenden aus Deutschland sind mehr als die Hälfte mit einem Touristenvisum ins Land gekommen. Die bedeutendsten Tourismuszentren sind – neben der Schwarzmeerküste – Moskau und St. Petersburg. Entsprechend haben die Preise dort in den vergangenen Jahren empfindlich angezogen; andererseits wurden die Infrastruktur ausgebaut und zweisprachige Straßenschilder eingeführt. So gibt es heute offiziell 65 000 Betten in Moskau und 35 000 in St. Petersburg. Die meisten sowjetischen Hotels wurden zwischenzeitlich saniert oder abgerissen und zunehmend entstehen kleine Privathotels oder Pensionen auf europäischem Niveau.

Verkehr

Denkt man an Verkehr in Russland, fällt einem zuallererst die welt- **Bahnverkehr**
berühmte Transsibirische Eisenbahn ein. Und in der Tat ist die Bahn
noch immer **Verkehrsträger Nr. 1**
in dem riesigen Land, in dem 1837
der erste Zug – von Sankt Petersburg zur Zarenresidenz Zarskoje
Selo – fuhr. Heute umfasst das
Schienennetz der staatlichen Gesellschaft Rossijskije Schelesnyje
Dorogi (RŽD) ca. 85 500 km, wovon knapp die Hälfte elektrifiziert
ist. Im europäischen Landesteil ist
das Netz am dichtesten.

Im riesigen Russland spielt der
inländische **Flugverkehr** eine große
Rolle, insbesondere zur Anbindung
abseits gelegener Orte und Gebiete.
So war zu sowjetischen Zeiten die
Aeroflot die größte Fluggesellschaft
der Welt, die ihre Passagiere nicht
nur mit Flugzeugen, sondern auch

85 500 km Schienen erschließen das riesige Land.

mit einer großen Hubschrauberflotte beförderte. Nach dem Ende der
Sowjetunion verkleinerte sie sich. Internationalen Standard versucht
die Aeroflot heute durch den Kauf westlicher Flugzeuge zu erreichen,
während sie im Inland – wie auch die aus ihr hervorgegangenen regionalen Gesellschaften – mit teils veraltetem Gerät operiert.

Vor allem der private Autoverkehr spielt im Vergleich zum Westen – **Straßenverkehr**
noch – eine eher untergeordnete Rolle. Russlands Autofahrer können
sich auf über 530 000 km Straßen fortbewegen, wovon jedoch nur
ca. 360 000 km asphaltiert sind, überwiegend im europäischen Teil.
Erst seit 2003 gibt es eine durchgehende Straßenverbindung in den
Fernen Osten.

Nach wie vor ist die Binnenschifffahrt ein bedeutender Verkehrsträ- **Wasserstraßen**
ger: 72 000 km Wasserstraßen gibt es im europäischen Teil Russlands.
Die wichtigsten schiffbaren Flüsse dort sind Wolga (50 % des Ge-
samtaufkommens), Don, Kama mit ihrem Zufluss Wjatka und Oka.
Der 101 km lange Wolga-Don-Kanal stellt die Verbindung zwischen
Schwarzem und Kaspischem Meer her. Er wurde in den 1930er-Jah-
ren begonnen und 1952 fertiggestellt – zum Preis von über 10 000 an
Erschöpfung gestorbenen Gulag-Häftlingen und deutschen Kriegsge-
fangenen, die ihn zu bauen hatten. Auch der vor dem Zweiten Weltkrieg fertig gestellte Weißmeerkanal ist unter unmenschlichen Bedingungen von Gulag-Häftlingen gebaut worden.

Geschichte

Russland hat sich erst vor 300 Jahren wirklich nach Europa gewandt – und seither Höhen, Tiefen und gar Katastrophen erlebt wie kaum ein anderes Land. Die Hoffnungen heutzutage sind groß.

Bis zur Oktoberrevolution 1917 war in Russland der Julianische Kalender (»alte Zeitrechnung«) maßgeblich. Die Einführung des 13 Tage vordatierten Gregorianischen Kalenders (»neue Zeitrechnung«) geschah im Februar 1918. Das erklärt auch, weshalb die Oktoberrevolution nach »neuer Zeitrechnung« erst am 7. November stattfand und nicht am 25. Oktober. Die folgenden Daten werden bis zur Kalenderreform nach dem Julianischen Kalender angegeben. **Datierung**

Frühgeschichte

20 000 v. Chr.	Erste Spuren menschlicher Besiedlung
6. Jh. v. Chr. bis 10. Jh. n. Chr	Reiche der ostasiatischen Nomadenvölker
7.–9. Jh.	Slawische Landnahme

Einzelne Landstriche im europäischen Russland sind bereits seit der Steinzeit besiedelt: Im südrussischen Don-Gebiet haben Ausgrabungen ergeben, dass dort schon vor 20 000 Jahren Menschen lebten. **Steinzeit**

In die Gegend zwischen Ural und Kaspischem Meer dringen vor allem Nomadenvölker aus dem Osten vor und bauen ihre Reiche auf. Nördlich des Schwarzen Meers, zwischen Don und Kaukasus, wird um 550 v. Chr. das **Großbulgarische Reich** vermutet; ein Teil dieser Stämme zieht es auf den Balkan, ein anderer Teil unterwirft zwischen Wolga und Kama turkstämmige Völker. Die **Skythen** verlassen ihre angestammten Gebiete in der sibirischen und mongolischen Altai-Region, um sich etwa 500 v. Chr. in Südrussland niederzulassen. Sie werden im 3. Jh. v. Chr. von den **Sarmaten** abgelöst, denen wiederum **Hunnen, Awaren und Chasaren** folgen, aber auch turkstämmige Kaukasusvölker, die bis zum 10. Jh. n. Chr. das südrussische Gebiet zwischen Wolga und Don besiedeln. Unweit des heutigen Astrachan vermutet man für das 9. Jh. Itil, die Hauptstadt des versunkenen Chasarenreichs, das sich zu seiner Blütezeit sogar nördlich über das erst später entstandene Moskau ausdehnt. **Besiedlung aus dem Osten**

Im Norden leben unterdessen finnische und baltische Stämme. Zwischen dem 7. und 9. Jh. kommt es zur slawischen Landnahme in der Osteuropäischen Tiefebene: Die Slawen verlassen ihre ursprünglichen Siedlungsgebiete nördlich der Karpaten; die ostslawischen Stämme lassen sich in an Dnjepr, Düna, Oka und der oberen Wolga nieder. Zunächst sind dies kleine Stämme wie die Kriwitschen, die um Pskow und Smolensk herum siedeln. **Slawische Besiedlung**

← *Lenin spricht. Trotzkij·(rechts) wurde unter Stalin wegretuschiert.*

Kiewer Rus

862	Warägerfürst Rurik gründet Nowgorod: Geburtsstunde Russlands.
882	Gründung der Kiewer Rus
988	Wladimir I. führt das Christentum ein.

Die Waräger Die Waräger, schwedische Wikinger, dringen bereits seit dem 6. Jh. auf Dnjepr und Wolga in das ostslawische Siedlungsgebiet ein und errichten ab dem 8. Jh. Siedlungen auf den Flussufern. Warägerfürst **Rurik von Jütland** (Rjurik) gründet 862 Welikij Nowgorod und regiert von hier aus bis 879. Die Gründung Nowgorods gilt heute als die **Geburtsstunde Russlands**. Sein Nachfolger Oleg erobert 882 Kiew und vereinigt es mit Nowgorod zum ostslawischen Staatengebilde der »Kiewer Rus«, der **Keimzelle Russlands**, Weißrusslands und der Ukraine. *Kiew wurde die Mutter aller Städte der Rus*, heißt es in der altrussischen Nestorchronik, einer der wichtigsten Quellen der frühmittelalterlichen russischen Geschichtsschreibung.

Die Waräger sichern Handelswege und treiben Zölle und Tribute von der nicht-skandinavischen Bevölkerung ein. Bereits im 10. Jh. assimiliert sich diese skandinavische Oberschicht mit den Slawen. Innerhalb der Rus entwickeln sich wirtschaftlich stabile Feudalrepubliken wie Welikij Nowgorod, das über Jahrhunderte eine bedeutende Rolle für den Handel im gesamten Ostseeraum spielt. Diese Vormachtstellung wird nach der Abnabelung von Kiew 1136 weiter ausgebaut.

> *i* **»Rus«**
>
> ▪ ... stammt vermutlich von der finnischen Bezeichnung »Ruotsi« für die Schweden. Später wird der Begriff auf die slawische Bevölkerung und das Land ausgedehnt.

Christianisierung Großfürst **Wladimir I. der Heilige**, nimmt 988 das »Christentum byzantinischer Prägung« an und heiratet Prinzessin Ana, die Schwester des byzantinischen Kaisers. Der Handel mit Byzanz verschafft der Kiewer Rus großen Reichtum. Wladimirs Söhne **Boris und Gleb** werden im Streit um die Thronfolge vom älteren Bruder Swjatopolk erschlagen und seither von der russisch-orthodoxen Kirche als Nationalheilige verehrt.

Zerfall Die zerstrittenen Fürsten der Rus erleben zwar unter dem Regenten Wladimir II. Monomach (reg. 1113–1125) nochmals eine weitgehende Vereinigung, doch nach dessen Tod zerfällt die Rus in einzelne Fürstentümer. Die Streitigkeiten in Kiew führen auch zur Expansion nach Nordosten, wo Wladimir Monomach 1108 das **Fürstentum Rostow-Susdal** begründet. Sein Enkel Andrej Bogoljubskij verlegt 1169 gar den Fürstenthron nach Boboljubowo, unweit von Wladimir und Susdal.

Tatarenherrschaft

1240	Die Mongolen erobern Kiew.
1380	Dmitrij Donskoj besiegt die Tataren auf dem Schnepfenfeld.
1480	Ende des Tatarenjochs

Die Mongolen, von den Russen landläufig auch Tataren genannt, erobern im 13. Jh. die geschwächten russischen Teilfürstentümer. 1236 unterwirft **Batu Khan**, ein Enkel des legendären Dschingis Khan, mit seiner »Goldenen Horde« die Wolgabulgaren. Seine Reiter wüten um **Goldene Horde** 1237/1238 im ganzen Land, zerstören Kirchen, Klöster und Städte – nur die Einnahme von Nowgorod gelingt ihnen nicht. Doch die Vernichtung des Staatszentrums Kiew markiert 1240 das Ende der längst schon in viele bedeutungslose Teilfürstentümer zerfallenen Rus. Der **Moskauer Großfürst Dmitrij** besiegt die Goldene Horde erstmals 1380 auf dem Schnepfenfeld (Kulikowo polje) am Don südlich von Tula und schafft damit die Wende im Kampf gegen die Unterdrücker. Er erhält den Ehrennamen »Donskoj« (= vom Don). Eine weitere entscheidende Niederlage erlebt die Goldene Horde 1395, als der türkisch-mongolische Heerführer Tamerlan ihre Hauptstadt Saraj im Wolgadelta zerstört.

Mongolischer Sattelbeschlag aus dem 13 Jh. in der St. Petersburger Eremitage

Das Großfürstentum Moskau, hervorgegangen aus einer wohl um **Großfürstentum** 1080 gegründeten Siedlung und 1237 von den Tataren erobert, be **Moskau** treibt unterdessen unter Iwan I., Kalita (»der Geldsack«; reg. 1325–1341), den Ausbau seiner Vormachtstellung und eine zunehmende nationale Einigungspolitik: Einzelne Fürstentümer und Ländereien werden durch Kauf, aber auch durch Kriegszüge einverleibt, darunter 1375 Twer. Spätestens seit der Schlacht auf dem Schnepfenfeld ist Moskaus Aufstieg nicht mehr aufzuhalten. Unter **Zar Iwan III. der Große** trägt Moskau 1478 auch den Sieg über Nowgorod davon, was zur Schließung der Hansekontore führt. Zwei Jahre später steht sein Heer am litauischen Grenzfluss Ugra den Tataren unter Akhmat Khan gegenüber, die schließlich ohne größere Kämpfe abziehen. Damit gelingt die Befreiung des russischen Volks vom Tatarenjoch. Unter Wassilij III. (reg. 1505–1533) werden die Regionen Pskow und Smolensk einverleibt.

Zarenherrschaft

Iwan der Schreckliche und die Zeit der Wirren

1547 – 1584	Iwan der Schreckliche ist erster russischer Zar.
seit 1552	Expansion nach Osten
1582	Jermak erobert Sibirien.
1598 – 1605	Boris Godunow ist Zar.
1606 – 1613	Zeit der Wirren

Ende der Rurikiden-Dynastie

Iwan IV. der Schreckliche, seit 1533 bereits Großfürst von Moskau, lässt sich 1547 im Alter von 16 Jahren in Moskau zum Zaren krönen. Seine **Ehe mit der Bojarentochter Anastasija Romanowna** bereitet den Weg für die Romanow-Herrschaft, denn nach dem Tod des gemeinsamen Sohnes Fjodor endet die fast sieben Jahrhunderte während Dynastie der Rurikiden.

Eroberungen

Iwan beginnt alsbald mit der Expansion: Er unterwirft 1552 das Kasaner Khanat, das nie zur Kiewer Rus gehört hatte – ein Meilenstein des russischen Vordringens nach Osten. Nächster Schritt ist die Eroberung des Astrachaner Khanats 1556, wodurch sich Moskau einen **Zugang zum Kaspischen Meer** sichert. Im Westen versucht Iwan, sich einen Zugang zur Ostsee zu verschaffen und greift Livland an, was **Livländischer Krieg ►** den Livländischen Krieg mit Polen-Litauen und Schweden auslöst (1558 – 1583), in dem Iwan zunächst Erfolge verzeichnet, jedoch später zu Gunsten von Polen und Schweden auf alle eroberten Gebiete verzichten muss. 1582 bricht der **»Entdecker Sibiriens« Jermak Timofejewitsch** mit einem Kosakenheer über den Ural nach Osten auf, um weitere Regionen zu erschließen. Dabei wird er großzügig von der Stroganow-Kaufmannsdynastie unterstützt.

Schreckensherrschaft nach innen

1565 gründet Iwan seine **berüchtigte Leibgarde, die Opritschnina**. Sie geht gegen innere Feinde grausam vor, vor allem gegen die mit weitreichender Macht ausgestatteten adeligen Bojaren, die einen Rang unter den Fürsten stehen. Im Jähzorn erschlägt Iwan 1582 sogar seinen eigenen Sohn, den Thronanwärter. Als er zwei Jahre später vergiftet wird, hinterlässt er ein wirtschaftlich ruiniertes Land und einen geisteskranken Sohn, Fjodor. Es beginnt die »Zeit der Wirren« (Smuta). Fjodor kommt zwar an die Macht, die Amtsgeschäfte führt jedoch der Gutsbesitzersohn **Boris Godunow**. Nach dem Tod des kinderlosen Fjodor 1598 wählt die Ständeversammlung (Semskij sobor) Godunow zum Zaren.

Ein falscher Zarensohn...

1604 taucht der **»falsche Dmitrij« (Pseudodimitrij I.)** in Polen auf, ein Mönch, der sich als der 1591 verstorbene Sohn Iwans des

Gebietserweiterungen im 15. Jahrhundert

Schrecklichen ausgibt. Der junge Dmitrij war unter mysteriösen Umständen, bei denen auch Godunow seine Finger im Spiel gehabt haben soll, in Uglitsch ums Leben gekommen. Es gelingt dem Hochstapler, das polnisch-litauische Heer zu mobilisieren und bis Moskau vorzustoßen. Unerwartet stirbt Godunow im April 1605; sein Sohn und Nachfolger Fjodor II. wird bereits im Juni 1605 von den durch Pseudodimitrij I. aufgehetzten Bojaren ermordet. Das Moskauer Heer läuft zum »falschen Dmitrij« über, der zum Zaren gekrönt wird. Doch seine Heirat mit der katholischen Polin Marina ein Jahr darauf provoziert die Bojaren derart, dass sie ihn ermorden lassen. Einer ihrer Führer, Wassilij Schujskij, besteigt den Zarenthron.

Zur Überraschung aller taucht nun ein zweiter »falscher Dmitrij« (**Pseudodimitrij II.**) auf, der behauptet, der gerettete Pseudodimitrij I. zu sein. Vom Adel anerkannt, installiert er 1608 eine Gegenregierung. Schließlich holt Zar Wassilij IV. (Schujskij) die Schweden zu Hilfe. Der Hochstapler flieht und wird 1610 in Kaluga ermordet.

◄ ... kommt selten allein

Im selben Jahr dringt das polnisch-litauische Heer ein und erobert Moskau. Schujskij gerät in polnische Gefangenschaft und verstirbt 1612 – in dem Jahr, als die polnische Besatzung unter Führung des Nischnij Nowgoroder Kaufmanns Kusma Minin und des Fürsten Dmitrij Poscharskij beendet wird.

◄ Polnisch-litauische Invasion

Aufstieg zur Großmacht

1613 – 1645	Michail I. ist erster Zar der Romanow-Dynastie.
1667	Spaltung der russisch-orthodoxen Kirche
1682 – 1725	Zar Peter der Große
1762 – 1796	Zarin Katharina die Große
1773 – 1775	Bauernaufstände

Der erste Romanow Der 16-jährige Bojarensohn Michail Romanow wird 1613 vom Semskij sobor zum Zaren gewählt – erst die Oktoberrevolution wird 1917 die Herrschaft der Romanows beenden. Durch großzügige Schenkungen von Ländereien an den Dienstadel macht er **viele Menschen zu Leibeigenen**.

Alexej I. Sein Sohn Alexej I. (reg. 1645 – 1676) findet den Ausgleich mit den ukrainischen Kosaken, was ihm u. a. die Herrschaft über Kiew und Smolensk bringt; in seinem Auftrag dringt Jerofei Pawlowitsch Chabarow tief in den Fernen Osten bis zum Amur vor.

Kirchenspaltung ▶ Seit 1652 passt Patriarch Nikon Texte und Riten der russischen Kirche den griechisch-byzantinischen und südslawischen Gegebenheiten an. Die Traditionalisten (»raskolniki« = Abspalter) spalten sich daraufhin ab, was das Große Moskauer Konzil 1666 bestätigt (▶Baedeker Special S. 36).

Peter der Große Alexejs Sohn, Zar Peter I. (reg. 1682 – 1725), treibt die **Europäisierung des rückständigen Russland** vehement voran. Seinen Beinamen »der Große« verdankt er nicht nur seinen Reformen, sondern auch seiner Körpergröße von über 2 Metern. Er verbietet das Tragen langer Bärte – außer für Geistliche und Bauern – und führt »westliche« Kleidernormen ein. Als erster Zar unternimmt er Reisen ins Ausland. So lässt er sich in Holland in die Schiffsbaukunst einführen, um mit den gewonnenen Erkenntnissen die russische Flotte zu begründen, wofür er auch ausländische Meister ins Land holt. Es entstehen Werften, Waffenschmieden und Manufakturen, das Heer wird reformiert: Russland entwickelt sich zu einer **Großmacht**. Seinen Traum einer westlichen Stadt verwirklicht Peter, indem er von 1703 an **St. Petersburg** buchstäblich auf Morast erbauen lässt. Das »Fenster nach Europa« löst 1712 Moskau als Hauptstadt des Zarenreichs ab.

? WUSSTEN SIE SCHON …?

■ Zwar hielt sich Peter der Große nur eine Woche im holländischen Zaandam auf, um das Handwerk eines Schiffsbauers und Zimmermanns zu erlernen. Dennoch inspirierte der legendäre Aufenthalt Albert Lortzing zu seiner Oper »Zar und Zimmermann«.

Nordischer Krieg ▶ Der Erfolg Russlands im Nordischen Krieg (1700 – 1721) – insbesondere der Sieg über das schwedische Heer bei Poltawa 1708 und über die schwedische Flotte vor Hangö 1714 – ist nicht zuletzt auf Peters Reformen zurückzuführen. Am Ende des Kriegs hat sich Russland den **Zugang zur Ostsee** gesichert. Fast folgerichtig verleiht sich der Zar 1721 den Titel »Erster Kaiser des russischen Imperiums«.

Nach Peters Tod regiert zunächst dessen Frau **Katharina I.**, dann übernimmt Peter II. den Thron, der von Zarin Anna abgelöst wird. Erst Peters Tochter Elisabeth (reg. 1741–1761) gelingt es, das Reich zu stabilisieren. Sie führt Russland im Siebenjährigen Krieg an der Seite Österreichs gegen Preußen. Ihr Nachfolger und Neffe, Peter III., fällt bereits nach einem halben Jahr einem Staatsstreich zum Opfer, hinter dem seine vom Adel unterstützte Frau Katharina steckt, die

»Bärte ab!« hieß es unter Peter dem Großen.

beide seiner zunehmenden Eskapaden überdrüssig sind. Als Katharina II. übernimmt sie den Thron. Die umstrittene **Regentin aus deutschem Hause** (reg. 1762–1796) erwirbt sich durch Reformen im Zeichen eines aufgeklärten Absolutismus ihren Beinamen.

Nach zwei Kriegen gegen die Osmanen dehnt sie den russischen Machtbereich **bis ans Schwarze Meer** aus; sie zerschlägt das Krimkhanat, wodurch die Südukraine an Russland fällt und profitiert im Westen von den polnischen Teilungen. Zur Sicherung der unteren Wolgagebiete fördert sie die **Einwanderung aus Deutschland**. ◄ Vergrößerung und Konsolidierung des Reichs

Zur selben Zeit gibt sich der Donkosake Jemeljan Pugatschow als vermeintlich ermordeter Zar Peter III. aus. Die von ihm geführten **Bauernunruhen** (1773–1775) weiten sich auf große Landesteile entlang der Wolga und im Ural aus. Er wird im Januar 1775 in Moskau hingerichtet, seine Anhänger aber amnestiert. ◄ Wieder ein falscher Zar

Die großen Reformen

1807	Frieden von Tilsit
1812	»Vaterländischer Krieg« gegen Napoleon
1825	Dekabristenaufstand
1853–1856	Krimkrieg
1861	Abschaffung der Leibeigenschaft durch Zar Alexander II.

Paul I.

Nach dem plötzlichen Tod Katharinas der Großen 1796 besteigt ihr ungeliebter Sohn Paul I. den Thron – menschlich und politisch das genaue Gegenteil seiner Mutter. Er schließt sich außenpolitisch Frankreich an, was 1801 – vermutlich – zum Staatsstreich führt, bei dem er ermordet wird.

Alexander I. und Napoleon

Sein Nachfolger, Alexander I. (reg. 1801–1825), unterstützt Österreich (Schlacht von Austerlitz 1805) und 1806/1807 Preußen im Kampf gegen Napoleons Truppen. Nach der russischen Niederlage bei Preußisch Eylau treffen sich der Zar und der französische Kaiser am 25. Juni 1807 auf einem Floß im Grenzfluss Njemen; Ergebnis ist der Frieden von Tilsit mit der Aufteilung Osteuropas in eine russische und eine französische Einflusssphäre. Nur wenige Jahre später lässt Napoleon seine Grande Armée nach Moskau marschieren, das er nach der **Schlacht von Borodino** (26. August 1812) am 14. September erreicht. Doch die Hauptstadt ist leer und geht bald in Flammen auf. Auf dem Rückzug durch den russischen Winter wird die französische Armee vernichtet – die Kämpfe gehen als »Vaterländischer Krieg« in die russischen Geschichtsbücher ein. Auf dem Wiener Kongress 1814/1815 spielt Alexander I. eine führende Rolle.

Nach innen gilt er zunächst als reformfreudig. Er löst u. a. die Geheimpolizei auf und schafft in den baltischen Provinzen die Leibei-

Nach der verlorenen Schlacht von Borodino gab General Kutusow Russland dennoch nicht verloren.

genschaft ab, doch unter dem Einfluss von Metternichs Restaurationspolitik werden Zensur und Repressionsapparat wieder aufgebaut. Er vergrößert das russische Territorium im Krieg mit Schweden 1808 / 1809 um Finnland und geht ab 1817 im Kaukasus gegen die Tschetschenen vor, die aber erst 1864 unterworfen werden.

Die Streitigkeiten über die Thronfolge nach dem überraschenden Tod des Zaren 1825 nutzt der überwiegend adlige Geheimbund der Dekabristen (= Dezembristen), der eine europäische Verfassung und die Aufhebung der Leibeigenschaft fordert, zur Revolte, die jedoch der neue Zar **Nikolaus I.** (reg. 1825 – 1855) niederschlägt. Die Verschwörer werden hingerichtet oder nach Sibirien verbannt.

Dekabristen-aufstand

An der Südgrenze Russlands schwächelt das Osmanische Reich. Nikolaus I. sieht darin die Chance zur Expansion und lässt 1853 seine Armee marschieren. Damit löst er den Krimkrieg (1853 – 1856) aus, in dem Frankreich und Großbritannien den Osmanen zu Hilfe eilen. In diesem **ersten modernen Stellungskrieg der Geschichte** zeigt sich die technische Überlegenheit vor allem der Briten.
Alexander II. (reg. 1855 – 1881) zieht nach dem Pariser Frieden daraus u. a. den Schluss, durch weitere dringende Reformen die technologische, politische und gesellschaftliche Rückständigkeit seines Landes aufzuholen. Höhepunkt seines Reformwerks ist 1861 schließlich die Abschaffung der Leibeigenschaft – allerdings unter Beibehaltung der Eigentumsverhältnisse. Das wiederum hat die massenhafte Abwanderung mittellos gewordener Bauern in die Städte zur Folge, die sich dort als Industriearbeiter unter elenden Verhältnissen ihr Auskommen sichern müssen. Der Zar wird 1881 Opfer eines Sprengstoffattentats des anarchistischen »Geheimbunds Volkswille«. Angesichts der für die herrschenden bedrohlichen Stimmung nimmt sein Nachfolger **Alexander III.** (reg. 1881 – 1894) einige Reformfortschritte zurück und gründet zudem die Politische Polizei »Ochrana«.

Der Krimkrieg und die Folgen

◄ Abschaffung der Leibeigenschaft

Revolutionäre Jahre

1898	Gründung der Sozialdemokratischen Arbeiterpartei Russlands in Minsk
1905	Erster Versuch einer Revolution
1914 – 1918	Erster Weltkrieg
1917	Bildung einer provisorischen Regierung Oktoberrevolution
1918	Januar: Ausrufung der Sowjetrepublik März: Frieden von Brest-Litowsk Juli: Ermordung des letzten Zaren Nikolaus II. und seiner Familie
1918 – 1920	Bürgerkrieg

Die Arbeiter organisieren sich

Bereits im ausgehenden 19. Jh. bilden sich die ersten marxistischen Zirkel und formieren sich Arbeiterbünde, die jedoch von der Polizei zerschlagen werden, sodass sozialistisches Gedankengut und Literatur sich eher zögerlich in Russland verbreitet. Der 1895 in St. Petersburg von **Lenin** mitbegründete »Kampfbund zur Befreiung der Arbeiterklasse« allerdings wird zum Vorbild für die Gründung ähnlicher sozialdemokratischer Bünde in anderen Städten. 1898 treffen sich Vertreter sechs solcher Bünde in Minsk, um die **Sozialdemokratische Arbeiterpartei Russlands** ins Leben zu rufen (1918 in Kommunistische Partei umbenannt). Lenin, inzwischen im westeuropäischen Exil, fordert in seinem programmatischen Manifest **»Was tun?«** (1902) eine zentral geführte Partei von Berufsrevolutionären, die die gewaltsame Machteroberung anführen soll. Eine Auseinandersetzung um die Parteisatzung auf dem Parteikongress in Brüssel und London 1903 spaltet die Gruppe in die radikaleren **Bolschewiki (Mehrheitler)** um Lenin und in die Menschewiki (Minderheitler), die den Weg der repräsentativen und sozialistischen Demokratie beschreiten wollen; zu ihnen gehört auch **Lew Trotzkij**.

Revolution von 1905

Ein Streik der Belegschaft des Putilow-Werkes (heute Kirow-Werk) in St. Petersburg führt zu einem die ganze Stadt erfassenden Aufstand. Am 9. Januar, der in die Geschichte als **Blutiger Sonntag** eingeht, kommt es vor dem Winterpalais zu einer Massendemonstration von Arbeitern, die dem Zaren Nikolaus II. eine Bittschrift überreichen wollen. Sie werden zusammengeschossen; Hunderte von Toten sind zu beklagen. Im Lauf des Jahres schließen sich erst in St. Petersburg, dann auch in anderen Orten Streikkomitees zu Räten (russ. **Sowjets**) zusammen, die sich allmählich zu Organen der proletarischen Selbstverwaltung entwickeln.

Weltkrieg und Revolution

Als Verbündeter Serbiens kämpft Russland im Ersten Weltkrieg gegen Österreich und das Deutsche Reich. **Enorme Verluste** von schätzungsweise 1,7 Mio. Gefallenen, Lebensmittelknappheit und Inflation infolge der hohen Kriegskosten spitzen die soziale Lage weiter zu. In Petrograd, wie St. Petersburg seit Kriegsbeginn heißt, wird im Februar 1917 der Generalstreik ausgerufen und als auch die Petrograder Garnison meutert, ist die **Abdankung von Nikolaus II.** am 15. März unausweichlich. Es kommt zur Bildung einer provisorischen Regierung unter **Alexander Kerenskij**.

Februarrevolution ▶

Lenin kehrt zurück ▶

Mit Unterstützung der deutschen Regierung reist Lenin in einem verplombten Eisenbahnwaggon von seinem Exilort Zürich quer durch Deutschland nach Petrograd, wo er am 3. April 1917 eintrifft. In seinen einen Tag später verkündeten sog. Aprilthesen fordert er die Beendigung des Krieges und **»Alle Macht den Räten!«** Die Provisorische Regierung indes kann die Versorgungslage nicht verbessern und scheitert mit einer Offensive an der Front.

Oktoberrevolution und Kriegsende ▶

Vor allem die Kriegsmüdigkeit führt dazu, dass sich die von Lenin geführten Bolschewiki durchsetzen: In der Nacht vom 24. auf den

*Die Bolschewiki stürmen den Winterpalast
(nach einem Gemälde von Jermolajew).*

25. Oktober (6./7. November) 1917 besetzen sie die strategisch
wichtigsten Punkte Petrograds. Die Provisorische Regierung zieht
sich in das Winterpalais zurück. In der folgenden Nacht gibt der
Panzerkreuzer »Aurora« den Startschuss zum **Sturm auf das Winterpalais**. Die Mitglieder der Provisorischen Regierung werden verhaftet; die Macht übernimmt der Rat der Volkskommissare unter Lenins
Vorsitz. Im Dezember 1917 wird der Waffenstillstand an der russischen Front geschlossen und am 3. März 1918 der deutsch-russische
Frieden von Brest-Litowsk unterzeichnet.

Bereits im Januar 1918 haben die Bolschewiki die von den Sozialre-   **Bürgerkrieg**
volutionären beherrschte Nationalversammlung gewaltsam aufgelöst
und die **Russische Sozialistische Föderative Sowjetrepublik** (Rossijs-
kaja Sozialistischeskaja Federatiwnaja Sowjetskaja Respublika;
RSFSR) ausgerufen. Im daraufhin ausbrechenden Bürgerkrieg stehen
die Rotgardisten der jungen Sowjetmacht den sog. Weißen gegenüber, unter deren Banner sich die gemäßigten revolutionären Kräfte,
aber auch Monarchisten und nach Unabhängigkeit strebende Völker
des alten Zarenreichs sammeln. Im Sommer 1918 geht die Zaren-
herrschaft durch die Ermordung von Nikolaus II. und seiner Familie
in Jekaterinburg endgültig zu Ende. Beide Seiten üben in ihren Gebieten eine unvorstellbare Terrorherrschaft aus. Schließlich trägt die
von Lew Trotzkij seit 1918 aufgebaute **Rote Armee** den Sieg davon –
auf Kosten von 6,7 Mio. Toten vor allem unter der Zivilbevölkerung
und um den Verlust der baltischen Länder.

Eine unmittelbare Folge des Bürkerkriegs ist eine Hungerkatastrophe   ◄ Kriegs-
mit weiteren 5 Mio. Toten. Die Ursache ist in der bolschewistischen   kommunismus
Wirtschaftspolitik, dem sog. Kriegskommunismus zu suchen, der mit
Zwangsnationalisierungen von Betrieben, Zwangseintreibung von
Nahrungsmitteln aller Art und Verbot des Privathandels alle Res-
sourcen für den Krieg mobilisieren sollte.

Die Sowjetunion

Festigung der Sowjetmacht

1922	Gründung der Union der Sozialistischen Sowjetrepubliken
1924	Tod Lenins; sein Nachfolger wird Stalin.
ab 1928	Zwangskollektivierung der Landwirtschaft
1936–1938	Säuberungswelle und Scheinprozesse

Einparteienstaat Am 30. Dezember 1922 wird die Union der Sozialistischen Sowjetrepubliken (UdSSR) gegründet, formal ein föderaler Zusammenschluss unabhängiger Teilrepubliken, de facto **ein zentralistisch regierter Staat**, in dem die Kommunistische Partei (KPdSU) alles unter Kontrolle hat. Deren wichtigste Organe sind das Politbüro und dessen Wohlfahrtsausschuss sowie das Zentralkomitee, an dessen Spitze der Generalsekretär steht – bald der mächtigste Mann im »Arbeiter- und Bauernstaat«.

Alleinherrscher Stalin Diesen Posten bekleidet seit 1922 der aus Georgien stammende Josef Wissarionowitsch Dschugaschwili, genannt Stalin. Nach Lenins Tod am 21. Januar 1924 baut er seine Macht zur Alleinherrschaft aus, indem er alle potenziellen Rivalen wie etwa Trotzkij, Kamenew und Sinowjew ausschaltet.

Aufbau des Sozialismus... ▶ Unter Stalin festigt die kommunistische Partei ihre Herrschaft durch den Aufbau des Sozialismus mit teils brutalsten Mitteln. Es wird eine **Planwirtschaft** ohne Privateigentum an Markt- und Produktionsmitteln eingeführt, die ab 1928 in Fünfjahresplänen festgelegt ist. Stalin setzt die Kollektivierung der Landwirtschaft gewaltsam durch, baut die Schwer- und Produktionsmittelindustrie mit gigantischen Werken aus und nimmt dabei keine Rücksicht auf komplexe wirtschaftliche Zusammenhänge. Die Bauern wehren sich gegen die Zwangskollektivierung, indem sie nur das Notwendigste anbauen, was Millionen Hungertote und noch härtere Zwangsmaßnahmen zeitigt.

 WUSSTEN SIE SCHON ...?

■ Lenin hatte klare Vorstellungen, wer sein Nachfolger werden sollte: auf keinen Fall Stalin. In Briefen forderte er, Stalin sei »grob zu entfernen« und sprach sich für Trotzkij oder Bucharin aus. Bucharin wurde 1938 zum Tode verurteilt, Trotzkij 1940 im mexikanischen Exil ermordet ...

... und Terror ▶ Der Meuchelmord an Parteisekretär Sergej Kirow 1934 ist der **Auftakt zur Großen Säuberung** (»tschistka«), bei der Stalin mit allen möglichen innerparteilichen Gegnern abrechnet. Zwischen 1936 und 1938 werden zahllose Parteimitglieder verhaftet und in bizarren Schauprozessen in Moskau der Verschwörung angeklagt. Schätzungsweise eine Million Parteimitglieder sterben vor den Hinrichtungskommandos. Stalins Terrorregime überzieht das Land mit einem Netz von Arbeitslagern, dem berüchtigten **Archipel GULag** (Glawnoje Uprawljenje Lagerej = Hauptverwaltung der Besserungsarbeitslager). Bis 1950 kommen dort schätzungsweise 12 Mio. Menschen ums Leben.

Heißer und Kalter Krieg

1939	Deutsch-Sowjetischer Nichtangriffspakt
1941	Deutscher Überfall auf die Sowjetunion
1942 / 1943	Schlacht von Stalingrad
8. (9.) Mai 1945	Bedingungslose Kapitulation Hitlerdeutschlands
1949	Die Sowjetunion zündet ihre erste Atombombe.
1953	Tod Stalins
1956	Entstalinisierung unter Chruschtschow: »Tauwetter-Periode«
1957	Sputnik: Die Sowjetunion schickt den ersten Satelliten ins All.
1961	Jurij Gagarin als erster Mensch im All
1964 – 1982	Stagnation unter Breschnjew

Am 24. August 1939 unterzeichen der deutsche und der sowjetische Außenminister in Moskau einen Nichtangriffspakt (Hitler-Stalin-Pakt). Er hält Hitler zunächst den Rücken frei, um gegen Polen und im Westen Europas vorzugehen und ermöglicht der Sowjetunion, die im Ersten Weltkrieg verlorenen Gebiete im Baltikum und in Polen zu besetzen – die beidseitigen Interessensphären werden im berühmten **Geheimen Zusatzprotokoll** zugesichert.

Zweiter Weltkrieg

Doch am 22. Juni 1941 überfällt Deutschland die Sowjetunion. Dieser Vernichtungsfeldzug zur »Sicherung von Lebensraum im Osten« zielt vor allem auf das Industrie- und Landwirtschaftspotenzial der Sowjetunion ab. Industrieanlagen werden deshalb in den Ural umgesiedelt, um sie vor den bis kurz vor Moskau vordringenden deutschen Truppen in Sicherheit zu bringen. Leningrad, ehemals St. Petersburg, wird vom 8. September 1941 bis zum 27. Januar 1944 eingekesselt, was ca. eine Million Opfer fordert, von denen etwa 75 % verhungert sind. Die Niederlage der deutschen 6. Armee in der Schlacht von Stalingrad (▶Baedeker-Special S. 574) bringt die Wende zugunsten der Roten Armee, die nun, im von Stalin im bewussten Rückgriff auf die napoleonische Zeit so ausgerufenen **»Großen Vaterländischen Krieg«** die deutsche Wehrmacht an allen Fronten zurück-

◄ Belagerung von Leningrad

Bei der Siegesparade der Sowjetarmee 1945 werden die erbeuteten deutschen Fahnen und Standarten auf dem roten Platz vor dem Lenin-Mausoleum niedergelegt.

treibt. Als die Sowjetarmee im Januar 1945 nach Ostpreußen vordringt, fliehen 2 Mio. Menschen unter schlimmsten Bedingungen nach Westen. Der Krieg, der in der Sowjetunion **mehr als 20 Mio. Tote** fordert, endet mit der bedingungslosen Kapitulation Deutschlands am 8. Mai 1945 – für die UdSSR ist es der 9. Mai, denn die Sieger hatten in Berlin Moskauer Zeit eingeführt.

Potsdamer Konferenz ▶ Auf der Potsdamer Konferenz im Juli und August 1945 schaffen die Führer Großbritanniens, der USA und der Sowjetunion die Nachkriegsordnung in Europa – und legen den Keim des Kalten Kriegs.

Kalter Krieg und Entspannung Nach dem Zweiten Weltkrieg spitzen sich die Spannungen zwischen den einstigen Verbündeten zu: Hier der Westen unter den Leitbildern parlamentarische Demokratie und freie Wirtschaft, angeführt von den USA und seit 1949 zusammengeschlossen in der **NATO**, dort der »Ostblock« unter dem Banner kommunistischer Ideologie mit der Sowjetunion als Führungsmacht, die 1955 die Gründung des Militärbündnisses **Warschauer Pakt** initiiert – und beide Seiten atomar bis an die Zähne bewaffnet. Der von Misstrauen geschürte, vom **Wettrüsten** geprägte Ost-West-Konflikt bestimmt die sowjetische Außenpolitik der 1950er- und 1960er-Jahre. Eine vorsichtige Annäherung an die Westmächte wird durch den Bau der Berliner Mauer 1961 und die Kuba-Krise im selben Jahr wieder erschüttert; erst in den 1970er-Jahren verhandeln USA und UdSSR über Rüstunsgbeschränkungen, die in die SALT- und ABM-Verträge münden.

Ära Chruschtschow ▶ Stalin stirbt am 5. März 1953, Millionen Menschen trauern um den Diktator. Sein Nachfolger Nikita Chruschtschow läutet mit seiner **Geheimrede** vom 25. Februar 1956 auf dem XX. Parteitag der KPdSU, in der er das Stalinistische Terrorregime scharf verurteilt, eine außenpolitische Tauwetter-Periode und eine Zeit der politischen

Liberalisierung nach innen ein. Stalins Leichnam wird aus dem Mausoleum auf dem Roten Platz entfernt. Als großen Triumph feiert man 1957 den Start des ersten Erdsatelliten, der im Westen den **»Sputnik-Schock«** auslöst, dem 1961 das Staunen über Jurij Gagarin folgt, den ersten Mensch im Weltall. Doch die Chruschtschow-Ära leidet unter übereilten Reformen, der Vernachlässigung der Konsumgüterindustrie und dem Wettrüsten. Auch gelingt es ihm nicht, die Krise in der Landwirtschaft zu meistern, was letztlich zu seiner Absetzung am 14. Oktober 1964 führt.

Leonid Breschnew übernimmt die Parteiführung. Er sorgt für relative Stabilität innerhalb der Partei, aber auch für **Stagnation im Land**. Trotz Wirtschaftsreformen und anfänglicher Erfolge gelingt die nachhaltige Steigerung der industriellen und landwirtschaftlichen Produktivität nicht. Souveränitätsbestrebungen in den Satellitenstaaten, allen voran im sog. Prager Frühling 1968, werden unterdrückt. Andererseits: Der Deutsch-Sowjetische Vertrag von 1970 und der Sowjetisch-Amerikanische Gipfel im Mai 1972 ziehen eine **Zeit der friedlichen Koexistenz** nach sich. So können vermehrt ausländische Touristen ins Land reisen und fremdsprachige Radiosender tragen dazu bei, dass die Sowjetbürger mehr über das Leben im »feindlichen Ausland« erfahren. Doch mit dem sowjetischen **Einmarsch in Afghanistan** 1979 endet diese Phase. Ein gegenseitiger Boykott der Olympischen Sommerspiele in Moskau 1980 bzw. 1984 in Los Angeles ist die Quittung.

◀ Ära Breschnew

Das Ende der Sowjetmacht

1982	Tod Breschnews
1982 – 1985	Interimsperiode
1985	Michail Gorbatschow zum Generalsekretär gewählt
1991	Juli: Boris Jelzin wird Präsident der RSFSR. August: Putschversuch Dezember: Auflösung der Sowjetunion, Gründung der GUS und Umbenennung der RSFSR

Nach dem Tod Breschnews 1982 verschlechtert sich die wirtschaftliche Lage weiter. Seine Nachfolger Jurij Andropow (gest. 1984) und Konstantin Tschernenko (gest. 1985) sind nur Übergangsfiguren und Repräsentanten des Regimes der alten Männer.

Glasnost und Perestrojka

Mit der Wahl des reformfreudigen Michail Gorbatschow zum neuen Generalsekretär 1985 setzt die politische Öffnung ein: Marktwirtschaftliche Elemente werden eingeführt, Abrüstungsverträge unterzeichnet; Kirche, Medien und die Satellitenstaaten erhalten größere Handlungsspielräume und Freiheiten; 1988 ziehen sich die sowjetischen Truppen aus Afghanistan zurück. Die Schlagworte Glasnost (Offenheit) und Perestrojka (Umgestaltung) prägen die Ära Gorbat-

◀ Ära Gorbatschow

Michail Gorbatschow beschritt mit der Perestroika einen neuen Weg.

schows, der 1989 in den ersten freien Wahlen seit 1917 zum Präsidenten der Sowjetunion gewählt wird. 1990 trifft sich Gorbatschow im Nordkaukasus mit Bundeskanzler Helmut Kohl, um die **Wiedervereinigung Deutschlands** zu vereinbaren, wofür er noch im selben Jahr den Friedensnobelpreis erhält.

Am 10. Juli 1991 wird Boris Jelzin zum ersten Präsidenten der RSFSR gewählt. Bald darauf leitet der Putschversuch vom 19. August 1991 die **Auflösung der Sowjetunion** ein. Er richtet sich nicht nur gegen Gorbatschow, sondern auch gegen Jelzin, der mit Unterstützung von Bevölkerung und Teilen des Militärs die Putschisten zurückschlägt und seine Popularität festigt. Gorbatschow ist nun weitgehend entmachtet; als eine seiner letzten Amtshandlungen anerkennt er am 6. September 1991 die Unabhängigkeit der baltischen Staaten. Im November verkündet Jelzin das **Verbot der KPdSU auf dem Gebiet der RSFSR**; am 8. Dezember 1991 formieren sich auf Initiative Jelzins Russland, Weißrussland und die Ukraine zur **Gemeinschaft Unabhängiger Staaten** (GUS), der wenige Tage später die meisten anderen Noch-Teilrepubliken der Sowjetunion beitreten, die damit faktisch aufhört zu existieren. Am 12. Dezember 1991 finden die ersten freien Wahlen zur Föderationsversammlung statt, ein Referendum bestätigt die neue russische Verfassung. Die RSFSR wird am 25. / 26.12. 1991 in Russische Föderation umbenannt.
Gleichzeitig tritt Gorbatschow als Präsident der UdSSR zurück. Er genießt heute im Ausland mehr Popularität als in Russland.

Das neue Russland

1993	Verfassungskrise und Revolte
1994	Truppenabzug aus Deutschland
1994–1996	Erster Tschetschenienkrieg
1998	Finanzkrise
1999	Zweiter Tschetschenienkrieg
2000	Wladimir Putin wird Präsident.
2008	Dmitrij Medwedjew löst Putin ab. Krieg mit Georgien

Jelzin sieht sich vor der immensen Aufgabe, das bisherige gesellschaftliche System radikal zu verändern. 1993 mündet die Auseinandersetzung um eine neue Verfassung, in deren Verlauf Jelzin eigenmächtig das Parlament auflöst, in eine **bewaffnete Revolte** der von Parlamentspräsident Ruslan Chasbulatow und Vizepräsident Alexander Ruzkoj angeführten Jelzin-Gegner, die in Moskau 120 Menschenleben fordert. Politisch und wirtschaftlich nähert man sich Europa an: Russland wird am 28. Februar 1996 Mitglied des Europarats und unterzeichnet am 1. Dezember 1997 das Partnerschafts- und Kooperationsabkommen mit der Europäischen Union.

Ära Jelzin

Die Wirtschaftpolitik ist ein Desaster: Die Korruption blüht, die Oligarchen erleben goldene Zeiten (▶ S. 33). Am 17. August 1998 gibt die Regierung den Kurs des Rubels frei, der danach innerhalb weniger Stunden mehr als die Hälfte seines Werts verliert. Viele Banken müssen Insolvenz anmelden, die Ersparnisse der Bürger verpuffen vollständig oder zumindest teilweise.

◀ **Finanzkrise**

Die Unzufriedenheit der Bevölkerung bekommen auch die Kommunisten zu spüren, die bei der Wahl zur Duma am 19. Dezember 1999 zwar stärkste Partei bleiben, jedoch nur noch ein Drittel aller Abgeordneten stellen. In seiner Neujahrsansprache 1999 überrumpelt der gesundheitlich schwer angeschlagene Jelzin in seiner typisch unberechenbaren Manier das Volk mit seinem **Rücktritt** und übergibt die Amtsge-

> ## *i* Umbenennungen
>
> ■ Nach dem Ende der Sowjetunion erhielten viele Städte, Straßen, Plätze oder Metrostationen ihre alten Namen zurück. Die Regionen um die Städte behielten unterdessen oftmals ihren früheren Namen bei. So heißt das ehemalige Leningrad zwar wieder St. Petersburg, die Rgeion allerdings nach wie vor Leningradskaja oblast. Auch die Russischen Staatsbahnen leben oft noch in der Vergangenheit: Wer nach Nischnij Nowgorod fahren will, kauft sich ein Ticket nach Gorkij, und wer nach Jekaterinburg will, kommt bis heute in Swerdlowsk an.

schäfte im selben Atemzug seinem Premier Wladimir Putin. Dieser wird am 26. März 2000 offiziell zum Präsidenten gewählt.

Putin rückt den Oligarchen zu Leibe und richtet sein Augenmerk darauf, die ehemalige Supermacht zumindest wieder zu einer Großmacht zu machen. Er setzt die Kräfte des Landes pragmatisch ein, wozu auch die Einbindung Russlands in internationale Wirtschafts- und Finanzorganisationen wie den IWF, die Weltbank und die angestrebte Aufnahme in die Welthandelsorganisation WTO gehören. 2004 wird Putin im Amt bestätigt. Da die Verfassung nur zwei Amtsperioden erlaubt, bestimmt er Dmitrij Medwedjew zu seinem Nachfolger, der im März 2008 mit großer Mehrheit gewählt wird. Als Chef der Partei »Einiges Russland« und neuer Ministerpräsident wird Putin aber weiterhin die Politik des Landes deutlich mitbestimmen.

Von Putin zu Medwedjew

Manch russische Teilrepublik strebt nach mehr Autonomie. Am weitesten geht Tschetschenien, dass den Föderationsvertrag von 1991

Tschetschenienkrieg

nicht unterzeichnet und sich für unabhängig erklärt. Daraufhin kommt es zur Massenflucht der nicht-tschetschenischen Bevölkerung. Im Dezember 1994 befiehlt Jelzin die militärische Intervention in die abtrünnige Kaukasusrepublik, die zum ersten Tschetschenienkrieg eskaliert.

Terror im Land ▶ Im September 1999 schwappt eine von tschetschenischen Separatisten inszenierte Gewaltwelle über Russland. In mehreren Städten zerstören Sprengstoffdetonationen Hochhäuser, eine Autobombe in Dagestan fordert 64 Tote; nur wenige Tage später kommen bei Anschlägen auf Wohnhäuser in Moskau 212 Menschen ums Leben, eine weitere Autobombe in der Rostowskaja oblast fordert 17 Todesopfer. Offiziell werden tschetschenische Terroristen dafür verantwortlich gemacht, Verschwörungstheorien bringen allerdings den russischen Geheimdienst FSB damit in Verbindung, da Russland eine Legitimation für den zweiten Tschetschenienkrieg sucht, der 1999 ausbricht. Nun wird der Terror noch schrecklicher: Tschetschenische Terroristen nehmen am 23. Oktober 2002 850 Zuschauer im **Moskauer Dubrowka-Theater** als Geiseln und fordern die sofortige Beendigung des Krieges. Als das Theater am 26. Oktober 2002 gestürmt wird, sterben 132 Menschen. Am 1. September 2004 besetzen tschetschenische Terroristen die Mittelschule Nr. 1 in **Beslan**, in der rund 1300

Der Konflikt mit Georgien löste auf beiden Seiten eine Flüchtlingswelle aus.

Eltern, Lehrer und Kinder den Schuljahresbeginn feiern. Zwei Tage
später stürmen Sondereinheiten das Gebäude: Die offiziellen Zahlen
sprechen von 331 Toten.

Im Sommer 2008 eskaliert der Konflikt mit Georgien. Georgische **Konflikt mit**
Truppen marschieren am 8. August in die »abtrünnige« Republik **Georgien**
Süd-Ossetien ein. Russland antwortet mit massivem Miliäreinsatz,
bombardiert u. a. Ziele in ganz Georgien und dringt tief ins georgische Kernland ein. Auch in Abchasien wird geschossen. Am 10. August ziehen sich die Georgier wieder aus Süd-Ossetien zurück; am
16. August unterzeichnen die Kontrahenten einen von der EU ver-
mittelten Friedensplan. Am 25. August erkennt Russland Süd-Ossetien und Abchasien an, die sich kurz zuvor für unabhängig erklärt
hatten.

Kunst und Kultur

Auch künstlerisch ist Russland seinen eigenen Weg gegangen: keine Spur von Gotik und Romanik, dafür Zwiebeltürme und Kokoschniki. Peter der Große allerdings brach Barock und Klassizismus die Bahn. Konstruktivismus und Sowjetkunst wiederum entsprangen dem russischen Geist.

Kunst und Architektur

Architektur

Holz ist traditionell das typische Baumaterial in Russland. Erst ab dem 17. Jh., als Sibirien und andere Regionen erschlossen sind, verfügt man über größere Mengen an Steinen. Typisch für die Baukunst sind **Wohnhäuser in Blockbauweise** (isba), die man heute noch auf den Dörfern, aber auch zwischen funktionalen Plattenbauten in den Städten antrifft. Sie sind meist in blauen oder grünen Farbtönen gestrichen; phantasievoll geschnitzte, meist weiße Fensterrahmen verleihen ihnen einen märchenhaften Stich. Blau und Grün als Farben der Orthodoxie sollen zudem böse Geister fernhalten.

Baumaterial

Die altrussische Epoche umfasst mehrere Strömungen. Nach der Annahme des Christentums 988 hielt **der byzantinische Sakralbau** Einzug in der Kiewer Rus. Die Form der griechischen Kreuzkuppelkirche wurde zunächst unverändert übernommen, es schälte sich jedoch ein eigener russischer Stil für diesen Kirchentypus heraus. Als eine der ersten Kirchen steht dafür die Kiewer Sophienkathedrale mit 13 Kuppeln, die das Vorbild für die Sophienkathedrale von Welikij Nowgorod (1045–1050) gab, die sich jedoch mit einer Haupt- und vier Nebenkuppeln über drei Schiffen sowie einer recht schmucklosen Fassade mit tief liegenden Fenstern begnügt. Markant für den russisch-orthodoxen Kirchentypus sind auch **Zwiebeltürme und Kokoschniki**, dekorative Strukturelemente aus halbkreisförmig übereinander angeordneten Bögen, die meist die zentrale Trommel

Altrussische Epoche (10.–17. Jh.)

◀ Kathedralbauweise

❓ WUSSTEN SIE SCHON …?

■ Kuppeln russisch-orthodoxer Kirchen haben eine besondere Symbolik: drei stehen bildhaft für die Dreieinigkeit, die am häufigsten vorkommenden fünf Kuppeln symbolisieren Christus und die vier Evangelisten. Die Säulen und Pfeiler im Kirchenraum stehen für Engel und Heilige.

umgeben. Zu den schönsten altrussischen Kirchen gehören die Mariä-Schutz-und-Fürbitten-Kirche an der Nerl (1165) und die Dmitrij-Kathedrale in Wladimir (1194–1197), die mit reichem Reliefschmuck beeindruckt.

Die kirchengeschichtliche Idee, dass Moskau als Machtzentrum ein »drittes Rom« symbolisiert, schlägt sich auch architektonisch nieder. Im 16. Jh. kristallisiert sich ein Stil heraus, für den Dekor wie **glasierte Kacheln und Ziegelmuster**, aber auch malerische Silhouetten charakteristisch sind. Als schönstes Baudenkmal des 16. Jh.s, geradezu märchenhaft-verspielt, gilt die **Moskauer Basilius-Kathedrale** (▶ 3D S. 72), die Iwan der Schreckliche 1555 bis 1561 nach der Einnahme von Kasan als erste Kirche außerhalb der Kremlmauern er-

◀ Bauen für das dritte Rom

← *Schnitzkunst an einer farbenfrohen Hausfassade in Susdal*

richten ließ. Parallel dazu entwickelt sich im 16. Jh. die Steinkirche mit hohem Zeltdach, die erstmals in der Christi-Himmelfahrts-Kirche in Kolomenskoje bei Moskau (1530 – 1532) erscheint. Im 17. Jh. setzt sich ein recht einheitlicher Baustil der Klöster durch, der neben einer Zeltdachkirche auch Refektorium, Kapellen und Hauptkirche umfasst.

Renaissance-Einflüsse ▶ In die altrussische Zeit fallen auch Renaissance-Einflüsse, die sich besonders markant im **Facettenpalast des Moskauer Kreml** (1487 bis 1491) wiederspiegeln.

Barock Um 1700 hält der Barock in Zentralrussland Einzug und verschmilzt auf charakteristische Weise mit russischen Architekturelementen. Der als **Moskauer Barock oder Naryschkin-Barock** – die ersten Häuser entstanden auf dem Gut der Naryschkins, aus deren Geschlecht die Mutter Peter des Großen hervorging – bekannt gewordene Stil ist besonders anschaulich in der Mariä-Schutz-und-Fürbitten-Kirche im Moskauer Stadtteil Fili zu sehen. Neuartig ist, dass der Glockenturm nicht mehr freistehend, sondern in das Gebäude integriert ist.

St. Petersburg ▶ Die Gründung von St. Petersburg 1703 setzt neue Maßstäbe in der Architektur: Es herrscht natürlich der Barock vor, der mit Baumeistern aus Italien, Holland, Deutschland oder Frankreich in die Newa-Metropole kommt, jedoch seine eigene Note erhält. Als erster ausländische Baumeister gilt der aus der italienischen Schweiz stammende **Domenico Trezzini**, der u. a. die Peter-Paul-Festung als herausragendes Baudenkmal erbaut. **Bartolomeo Franceso Rastrelli** prägt die Stadt mit vielen Bauten wie dem Smolnyj-Kloster mit Auferstehungs-Kathedrale (1748 – 1754) oder dem Winterpalais (1754 – 1762), das als eines der Prunkstücke des russischen Barocks gilt.

Vom Klassizismus zum Historismus (Mitte 18. bis Ende 19. Jh.) Charakteristisch für den Klassizismus sind repräsentative Bauten in Anlehnung an die Antike mit einem Säulenportikus in der Mitte und einem Dreiecksgiebel darüber. Große Teile des Stadtzentrums von St. Petersburg werden vom Italiener **Carlo Rossi** gestaltet. Auch der Adel lässt sich neue Herrensitze klassizistisch bauen.

Historismus ▶ Der Historismus mit seinen stilisierten altrussischen Einflüssen erscheint in der St. Petersburger Isaak-Kathedrale von August de Montferrand. Der deutsch-russische Architekt Konstantin Thon legt 1832 einen Entwurf für die Christ-Erlöser-Kathedrale in Moskau vor. Die 1883 geweihte Kathedrale gilt als zentrales Gotteshaus der russisch-orthodoxen Kirche und ist im pseudorussischen Stil errichtet, der altrussische Elemente mit byzantinischer Architektur verbindet und Moskau im ausgehenden 19. Jh. prägt. Dazu gehören auch der Kasaner Bahnhof oder der Altbau der Tretjakow-Galerie, wo solche Tendenzen gut zu beobachten sind.

Vom Jugendstil zum Konstruktivismus (1900 bis 1920er-Jahre) Fjodor Schechtel entwirft mit dem **Jaroslawler Bahnhof in Moskau** (1902 – 1904) ein herausragendes Beispiel des russischen Jugendstils, der in Russland **»Stil modern«** heißt. Später lässt sich Schechtel vom Konstruktivismus inspirieren.

Dieser Stil, der wirtschaftliche, funktionale und rationale Prinzipien mit schlichten geometrischen Formen verfolgt, dominiert nach der Oktoberrevolution. Als herausragende Vertreter gelten **Wladimir Tatlin**, dessen 400 m hoher, utopisch anmutender Tatlin-Turm (1920) zwar nie gebaut wurde, jedoch als konzeptionelle Meisterleistung gilt: Die Konstruktion aus Stahl, Glas und Spanndraht anlässlich der III. Internationale sollte den Eiffelturm übertreffen. Noch andere Entwürfe dieser Zeit bleiben unverwirklicht, so der Wolkenbügel (1924), ein Verwaltungsgebäude auf drei Türmen von **El Lissitzky**. **Konstantin Melnikow**, einer der wichtigsten Köpfe der russischen Avantgarde, hat mit seinem Melnikow-Haus (1927–1929) im Zentrum Moskaus ein futuristisch anmutendes Atelierhaus mit zwei zylindrischen Türmen und 38 sechseckigen Fensterchen hinterlassen, aber auch Arbeiterklubs wie den Moskauer Russakow-Klub mit seinen Zahnrad-Elementen. Das **Lenin-Mausoleum** aus Labradorstein und Granit von Alexej Schtschussew (1924–1930) zeigt weniger Progressivität, sondern geht bereits zum schlichten Monumentalstil über.

◄ Konstruktivismus

Unter Stalin finden die avantgardistischen Tendenzen ein jähes Ende. Stattdessen erleben neoklassizistische Bauten im **»Zuckerbäckerstil«** ihre Blütezeit, für die Monumentalismus und Präsenz im öffentlichen Raum charakteristisch sind. Eindringliches Beispiel sind die in den 1940er- und 1950er-Jahren errichteten sieben Hochhäuser von Moskau, zu denen die Lomonossow-Universität, das Außenministerium oder das Hotel Ukraina gehören und die den Sozialismus in der Architektur manifestieren sollten. Unter dem Motto »Unterirdi-

Stalinistischer Monumentalstil

Ein »Palast für die proletarischen Massen«: Metro-Station in Moskau

BASILIUSKATHEDRALE

Die Moskauer Basiliuskathedrale ist der Prototyp der märchenhaft-verspielten, reich und bunt dekorierten russisch-orthodoxen Kirche. Sie wurde 1553 von Iwan dem Schrecklichen nach der Eroberung von Kasan gestiftet. Ihr auf dem Achteck fußender Aufbau bezieht sich auf dieses Ereignis, denn Kasan wurde acht Tage lang belagert und am neunten Tag erobert, weshalb die Kathedrale neun Kuppeln besitzt.

🕐 Öffnungszeiten:
tgl. 11.00–18.00 Uhr

① Mariä-Schutz-Kapelle

(Hauptkapelle)
Durch die Fenster des 20 m hohen Zeltdachs in der Mitte der Kathedrale fällt Licht ins Innere.

② Kapelle des Einzugs Christi in Jerusalem

Durch sie zog der Patriarch jedes Jahr am Palmsonntag vom Kreml auf einem als Esel verkleideten Pferd in die Basiliuskathedrale ein.

③ Galerie

Die Galerie verbindet die Hauptkapelle mit den acht weiteren Kapellen. Ende des 17. Jh.s überdacht, schmückte man Ende des 18. Jh.s die Wände und Decken mit floral gemusterten Kacheln.

④ Zyprianskapelle

Sie erinnert an die Eroberung von Kasan durch Iwan den Schrecklichen – der letzte Angriff fand einen Tag vor dem Fest des heiligen Zyprian statt.

⑤ Basiliuskapelle

Sie überwölbt das Grab des Gottesnarren Basilius (Wassilij): Er gehörte zu den sog. Gottesnarren, die als Wandermönche in der Nachfolge Christi durchs Land zogen und – meist ungestraft – Wahrheiten aussprechen konnten. Basilius, 1552 gestorben, prangerte ohne Vorbehalte die Terrorherrschaft Iwans des Schrecklichen an. Der Volksglaube sah in den Gottesnarren die biblischen Worte »Selig sind die geistig Armen« verkörpert.

Moskau Basiliuskathedrale

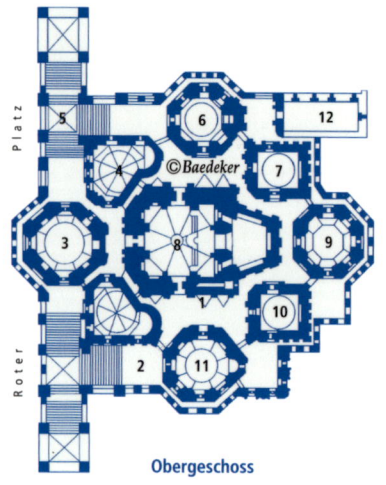

Platz

©Baedeker

Roter

1 Galerie
2 Kapelle des Bischofs Grigori
3 Zyprianskapelle
4 Kapelle der drei Patriarchen
5 Basiliuskapelle
6 Dreifaltigkeitskapelle
7 Kirche Gregor des Armeniers
8 Mariä-Schutz-Kapelle
9 Nikolauskapelle
10 Kapelle des heiligen Warlaam von Chutynski
11 Kapelle des Einzugs Christi nach Jerusalem
12 Glockenturm

10 m
N

Obergeschoss

Die barocke Ikonostase in der zentralen Kapelle stammt aus dem 19. Jh.; einige Ikonen darin sind aber weitaus älter.

Bis zum Ende des 16. Jh.s waren helmförmige Kuppeln aufgesetzt; nach einem Brand erhielten sie ihre jetzigen Formen. Die Farbenpracht der Kuppeln stammt aus dem 17. Jh.; zuvor war die Kathedrale weiß und hatte goldene Kuppeln.

Vor der Kathedrale stehen in Bronze gegossen Minin und Poscharskij, die Befreier Moskaus von der polnisch-litauischen Besatzung.

Typische Kokoschniki – halbrunde Zierbögen – umlaufen die einzelnen Kapellen.

© Baedeker

sche Paläste für die proletarischen Massen« wird bereits 1935 die **erste Moskauer Metrostrecke** eingeweiht.

Sowjetbauweise Chruschtschow beendet den monumentalen Stil. Funktionale und sachliche Bauten entstehen, der Wohnungsbau wird angekurbelt: Bis heute prägen die massenhaft errichteten, fünfgeschossigen **Plattenbauten (»Chruschtschowkij«)** das Land. Auch die Ära Breschnjew erlaubt mit montonen Einheitswohnklötzen keine kreativen Freiräume. Für St. Petersburg sind Gemeinschaftswohnungen (Kommunalka) charakteristisch, in der sich Familien Küche und Bad teilen. Wer solch eine »kommunale« Wohneinheit bekommt, zählt meist zu den Bessergestellten. Heute sind solche Zwangsgemeinschaften, in denen ganze Familien in nur einem Zimmer leben, am Verschwinden – dennoch nennen immer noch 15 % der Petersburger solche Wohnungen ihr Zuhause.

Postsowjetische Epoche Die zeitgenössische Architektur hat die historischen Vorbilder wieder entdeckt, was sich in oft kitschigen Vorstadtvillen mit Elementen der Antike und Renaissance äußert. Auffallend ist auch, dass Kirchen und Klöster, die zu Sowjetzeiten zweckentfremdet worden waren, wieder aufgebaut wurden und werden.

Bauboom in Moskau ► Ein Bauboom setzte 2000 in der russischen Hauptstadt ein. Vor allem die zu Geld Gekommenen oder Ausländer finden Gefallen am Landhausstil mit luxuriösen »Cottages« (russ.: kotedsch). Oft verfügen solche Vorortsiedlungen über eine besondere Infrastruktur, zu der etwa private Kindergärten oder Schulen gehören. Plattenbauten werden vielfach abgerissen – so wurde auch das 1967 entstandene Moskauer Hotel Rossija in der Nähe des Roten Platzes kurzerhand abgetragen. Bis zu seiner Schließung am 1. Januar 2006 galt es als größtes Hotel Europas, nun entsteht dort ein multifunktionaler Komplex mit der Jelzin-Bibliothek. Die Wohnungspreise haben kräftig angezogen: 5000 Dollar sind keine Seltenheit für einen Quadratmeter Wohnfläche. Als Mammut-Bauprojekt gilt **Moscow City**, ein Geschäftsviertel mit 20 Wolkenkratzern, dessen höchster – der Russia Tower vom britischen Star-Architekten Sir Noman Foster – einmal grandiose 612 m Höhe erreichen wird und 2012 fertig sein soll.

St. Petersburg ► In St. Petersburg setzt sich die Energiebranche mit Gazprom City am rechten Newa-Ufer ein Denkmal. Die Fertigstellung des ersten Abschnitts dieses Geschäftsviertels wird für 2010 erwartet; die 300 m hohen Wolkenkratzer könnten die Unesco auf den Plan rufen, beeinflussen sie doch den Anblick der geschützten Innenstadt.

Malerei und Bildhauerei

Altrussische Periode (10.–17. Jh.) Wie in der Architektur verstärkt sich mit der Annahme des Christentums der byzantinische Einfluss auch in der bildenden Kunst. Charakteristisch sind **Fresken und Ikonen** (Heiligentafeln), die in russischen Gotteshäusern schon bald ihre eigene Ausprägung erfahren. Der kirchlichen Freskenmalerei liegt eine gewisse Weltordnung zugrunde: So stellt die Hauptkuppel das Himmelsgewölbe dar, während in der Apsis die Muttergottes das Bindeglied zwischen Gott und Menschheit symbolisiert. An der westlichen Wand dominiert meist die Abbildung des Jüngsten Gerichts.

Bis ins 16. Jh. hinein bleibt die **Ikonenmalerei** weitgehend anonym, wie überhaupt aus vormongolischer Zeit nur wenige Werke erhalten sind – am ehesten noch in Welikij Nowgorod, das von der Tatarenherrschaft weitgehend verschont blieb. Zur Blüte der Ikone – Abbild des göttlichen Urbilds – trägt vor allem **Feofan Grek** (Theo-

»Jesus im Tempel«. Ikone aus der Rjublow-Schule (15. Jh.)

phanes der Grieche) bei, der sich auch mit der Ausschmückung von Kirchenwänden in Welikij Nowgorod ein Denkmal setzt. **Andrej Rubljows Dreifaltigkeitsikone** (um 1411), die unter dem Einfluss byzantinischer Vorbilder entsteht, gilt bis heute als eines der vollkommensten Werke dieses Genres. Sein Schüler Dionissij (Dionysos) beeindruckt mit seinen 600 m² messenden Fresken, die in der zweiten Hälfte des 15. Jh.s im Ferapontow-Kloster in Nordwestrussland entstehen. Der strenge Bildkanon verändert sich: Details und komplizertere Strukturen, aber auch phantastische Motive halten Einzug. Als der bedeutendste Vertreter der neueren Form gilt in der zweiten Hälfte des 17. Jh.s **Simon Uschakow**.

Die verschiedenen Ikonenschulen unterscheiden sich jeweils in Hinblick auf Größe, Farbintensität und andere Charakteristika. Für die ◀ Ikonenschulen traditionell geprägte Stroganow-Schule der gleichnamigen Grafen sind besonders kleinformatige Heiligenbilder typisch. Die Nowgoroder Schule ist unterdessen für scharfe Silhouetten, einfachen Bildaufbau und kräftiges Dunkelrot als Hintergrund bekannt, während die

? **WUSSTEN SIE SCHON ...?**

■ .. weshalb manche Ikonen mit Messing- oder Silberblech beschlagen sind? Sie sind zum Kuss ausgestellt.

Moskauer Schule eher ausgefeilten Kompositionen und harmonischen Farben verhaftet ist.

Ikonen sind fester Bestandteil der orthodoxen Liturgie. Sie sollen ◀ Ikonostase Ehrfurcht erwecken, aber auch eine Beziehung zur abgebildeten Person darstellen und dienen vorrangig nicht der Ausschmückung. Der

Ikonostase *Schematischer Aufbau*

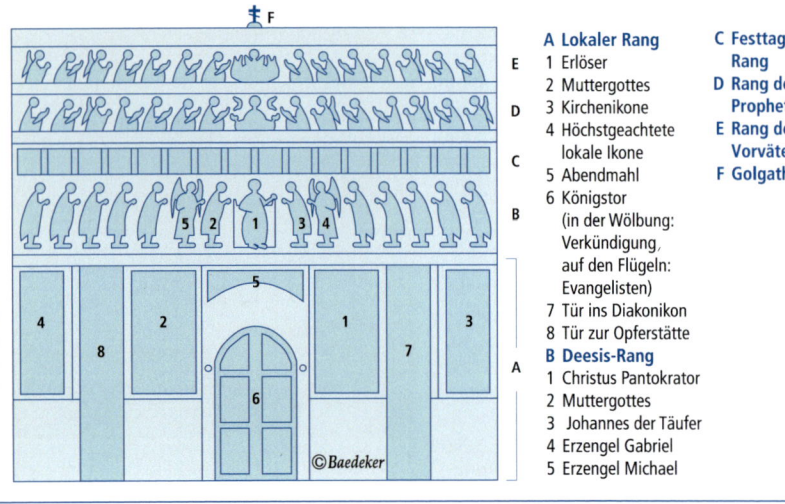

A Lokaler Rang
1 Erlöser
2 Muttergottes
3 Kirchenikone
4 Höchstgeachtete
  lokale Ikone
5 Abendmahl
6 Königstor
  (in der Wölbung:
  Verkündigung,
  auf den Flügeln:
  Evangelisten)
7 Tür ins Diakonikon
8 Tür zur Opferstätte
B Deesis-Rang
1 Christus Pantokrator
2 Muttergottes
3 Johannes der Täufer
4 Erzengel Gabriel
5 Erzengel Michael
**C Festtags-
  Rang**
**D Rang der
  Propheten**
**E Rang der
  Vorväter**
F Golgatha

©Baedeker

Aufbau einer Ikonostase, einer mit Ikonen geschmückten Wand, unterliegt bestimmten idealtypischen Normen (s. Grafik oben).

**Europäische
Periode
(18.–19. Jh.** Unter Peter dem Großen öffnet sich Ende des 17. Jh.s auch die Kunst für Neues – Landschaftsbilder und Stillleben lösen die Sakralmalerei sanft ab; die von Peter gegründete **Petersburger Akademie** fördert die Historienmalerei. Im 18. Jh. setzt sich das Porträt durch, zunächst in der Darstellung von Herrschern und Adligen. Mit Wassilij Tropinin »liberalisiert« sich das Genre und auch Kleinbürger finden ihr Konterfei verewigt, während Alexej Wenezijanow auch Bauern porträtiert. Auf nahezu allen Gebieten inklusive Wandmalereien macht sich **Karl Brüllow**, einer der bedeutendsten Maler

Romantik ▶ der Romantik in Russland, in der ersten Hälfte des 19. Jh.s einen Namen, vor allem mit der »Gottesmutter in Ruhm« in der Hauptkuppel der St. Petersburger Isaakskathedrale.

Realismus ▶ Die romantisch verklärten Motive werden von kritischen, realistischen Sujets abgelöst. 1870 formiert sich eine Gruppe von Wandermalern (**»Peredwischniki«**), die in realistischen Landschaften und monumentalen Schlachtenszenen philosophischen Fragen nachgeht und soziale Missstände anprangert. Zu ihnen gehören Iwan Aiwasowskij, Alexej Sawrassow und Isaak Lewitan mit gefühlsdurchströmten Landschaften, während Wassilij Werestschagin Kriegsszenerien mit viel Blut recht realistisch darstellt. Als einer der bedeutendsten Vertreter der Peredwischniki-Strömung gilt Wasiliji Surikow, der das großformatige Historienbild pflegt. **Ilja Repin** (1844 – 1930; »Die Wolgatreidler«, Russisches Museum St. Petersburg, ▶ Abb. S. 460)

»Suprematismus« – Entwurf für einen Bühnenvorhang von
Kasimir Malewtisch und El Lissitzky

thematisiert die sozialen Missstände. Seine Themen und Stile gelten als vielfältig, die soziale Kritik Repins inspiriert jedoch auch den sozialistischen Realismus, der in der Sowjetunion zum Dogma wird. Die Peredwischniki fördert vor allem der **Kunstmäzen Pawel Tretjakow**, dessen Sammlung 1892 den Grundstock für die Moskauer Tretjakow-Galerie bildet.

Die russische Kunst ist in den ersten beiden Jahrzehnten des 20. Jh.s von der revolutionären Aufbruchstimmung geprägt. Auf der Suche nach neuen Formen bilden sich Künstlervereinigungen und experimentelle Strömungen heraus wie der Futurismus und der Neoprimitivismus, die traditionelle Formen und Motive teils radikal ablehnen. Die Künstler finden sich in Gruppen wie der **»Welt der Kunst«** (Mir iskusstwa), die 1898 von Alexander Benois und Leon Bakst u. a. gegründet wird, auch eine Zeitschrift herausgibt und ihre Blütezeit zwischen 1900 und 1904 erlebt. Mit ihr eng verbunden ist Nikolaus Roerich, der die Fresken und das Jesus-Mosaik in der Künstlerkolonie Talaschkino (bei Smolensk) entwirft. Die philosophisch orientierte **»Hellblaue Rose«** (Golubaja rosa) um Pawel Kusnezow und Viktor Borissow-Mussatow macht 1907 mit einer ersten Ausstellung von sich reden. Religiöse Motive halten Einzug, etwa bei Michail Wrubel, Michail Nesterow und Kusma Petrow-Wodkin. **Rayonismus** (Natalja Gontscharowa, Michail Larionow), **analytische Kunst** (Pawel Filonow), **Suprematismus** (Kasimir Malewitsch) und **Konstruktivismus** (Wladimir Tatlin) kristallisieren sich in dieser Aufbruchsperiode ebenfalls heraus. Der Maler, Architekt und Grafiker El Lissitzky, der auch in Darmstadt studierte, zählt zu den Begründern des Konstruktivismus, ist aber stark vom Suprematismus beeinflusst.

Moderne

◄ Künstlervereinigungen und Strömungen

Chagall, Kandinsky, Jawlensky ▶

Marc Chagall wurde mit seiner symbolischen Gestaltungskraft weltberühmt. Wassilij Kandinsky gilt als herausragender gegenstandsloser Maler und gründet mit Alexej von Jawlensky die Neue Münchner Malerei – heute sind Werke dieses Dreigestirns eher in internationalen Kunstmetropolen als in Russland anzutreffen.

Sozialistischer Realismus

Der Sozialistische Realismus ist ab den 1930er-Jahren die **einzig anerkannte Kunstrichtung**. Für Experimente bleibt kein Raum; schließlich lässt Stalin die freien Künstlerverbände verbieten. Obwohl in ein staatliches Korsett gezwängt und isoliert, bringt die Sowjetkunst bedeutende Maler wie Kusma Petrow-Wodkin, Robert Falk, Pawel Korin und andere hervor. Auch wenn sich unter Chruschtschow eine vorsichtige Liberalisierung ankündigt, zwingt gerade dessen offene Kritik an der »degenerierten Kunst« viele in den Untergrund, etwa die Moskauer Konzeptualisten. »Nichtsowjetische« Bilder können oftmals nur in Privatwohnungen ausgestellt werden. Doch wer die Norm bricht, wird verhaftet oder ausgewiesen.

Zeitgenössische Kunst

Viele russische Gegenwartskünstler gehören weder einer Strömung noch einer Gruppierung an. Einerseits überwiegen traditionelle und realistische Sujets, andererseits bietet die neue Freiheit eine Spielwiese für allerlei Richtungen. Obwohl sich das Kulturleben oft stark auf Moskau und St. Petersburg konzentriert, haben sich in der Provinz eigene Schulen herausgebildet, so Nischnij Nowgorod, Jekaterinburg oder Ufa. International bekannt sind **die provokativen »Blauen Nasen«**, die von Staat und Kirche schon gerügt werden.

Bildhauerei 19. Jahrhundert ▶

In der altrussischen Epoche haben Skulpturen noch keinen Platz, denn oftmals werden sie mit ketzerischen Götzenbildern gleichgesetzt. Im 18. Jh. tauchen allmählich Plastiken und Grabfiguren auf; doch erst im 19. Jh. bekommt St. Petersburg das Reiterstandbild von Zar Nikolaus I. und in Moskau ehrt man die Bezwinger des polnischen Heeres im Jahr 1612, Minin und Poscharskij, mit einem Monument. Das **Milleniumsdenkmal in Welikij Nowgorod** (1859) des Hofbildhauers Michail Mikeschin gilt mit seinen Detaildarstellungen heute noch als herausragendes Beispiel der Bildhauerkunst.

Zu Sowjetzeiten war die schöpferische Freiheit von Meistern wie Vera Muchina oder Sergej Konjokow stark eingeschränkt. Die nonkonformistischen Plastiken eines der

? WUSSTEN SIE SCHON …?

■ Als die teuersten Ostereier der Welt gelten die zwischen 1887 und 1917 in der St. Petersburger Werkstatt von Carl Peter Fabergé entstandenen, fiigranen Fabergé-Eier. Auftraggeber der aus Gold und Edelsteinen zusammengesetzten Pretiosen waren zunächst der Zarenhof, dann auch Nicht-Adlige. Die Werkstatt wurde unter Lenin geschlossen. Heute ist der Verbleib von noch 42 Fabergé-Eiern bekannt, die bei Auktionen schwindelerregende Preise erzielen. Die Tradition wird heute weltweit einzig von der Schmuckfirma Victor Mayer in Pforzheim aufrecht erhalten, die den Fabergé-Stempel führen darf.

prominentesten russischen Bildhauer des 20. Jh.s, **Wadim Sidur**, werden im eigenen Land erst nach der Perestrojka anerkannt. Seine Anti-Kriegsplastiken stehen heute in vielen deutschen Städten, so »Treblinka« (Berlin-Charlottenburg) oder »Den Opfern der Gewalt« (Kassel). Als einer der herausragenden Bildhauer der Gegenwart gilt der georgisch-russische Künstler **Surab Zereteli**, der vermutlich die meisten Staatsaufträge bekommt. Seine monumentalen Statuen stehen in Moskau (Denkmal Peters des Großen an der Moskwa), aber auch in London und New York. Der 1976 emigrierte **Ernest Neiswestny** lebt heute in den USA. Seine Werke wurden auch von den Vatikanischen Museen erworben.

Literatur

Die Christianisierung bringt viele Schriften aus der byzantinischen Kultursphäre in die Kiewer Rus. Sie sind zunächst in **Altkirchenslawisch** gehalten, das die beiden Slawenapostel Kirill und Method entwickelt hatten und umfassen religiöse Texte wie »Die Belehrung des Wladimir Monomach« (11. Jh.), das Ostromir-Evangelium (um 1056), oder die weit verbreiteten Heiligenviten. Ein anderer Schwerpunkt sind Chroniken wie die **Nestorchronik**, in der der Mönch Nestor die Geschichte der Ostslawen im frühen 12. Jh. aufzeichnet. Als ältestes Zeugnis im engeren literarischen Sinne wird das **Igorlied** (1185–1187) gesehen, ein anonymes Heldenepos, das zu den wichtigsten Bylinen (mittelalterliches russisches Heldenlied) zählt. Die Reisebeschreibung hat meist religiösen Charakter (»Die Pilgerfahrt des Igumen Daniil ins Heilige Land«, 1004–1007). Daneben existiert eine reiche Volksdichtung, die sich in den Bylinen niederschlägt. Im 14. und 15. Jh., unter dem Tatarenjoch, stagniert die literarische Entwicklung weitgehend, doch ragt aus dieser Zeit die Sadonschtschina (1393) heraus, die den Sieg des Moskauer Großfürsten Dmitrij Donskoj über die Tataren auf dem Schnepfenfeld beschreibt.

Altrussische Literatur

Im 17. Jh. entwickelt sich aus der Heiligenvita die erste Autobiografie: »Das Leben des Protopopen Awwakum« (1672/1673), das dessen Verbannung an die Eismeerküste zum Inhalt hat. Zunehmend machen sich auch volkssprachliche Einflüsse im Kirchenslawischen bemerkbar. Peter der Große gründet die **Russische Akademie der Wissenschaften** und bewilligt 1724 die erste **Sprachreform**, die das kyrillische Alphabet dem Lateinischen anpasst – was nicht überall auf Gegenliebe stößt, sodass einige Autoren am kirchenslawischen Alphabet festhalten. Die »Europäisierung« bringt den Einfluss der deutschen und französischen Literaturtheorie mit sich. Der Zarenhof beauftragt den Universalgelehrten **Michail Lomonossow** mit dem Verfassen von Dramen, der gemeinsam mit Wassilij Tredjakowskij, der

Neuere Literatur

als Hofpoet und Begründer des Klassizismus in der russischen Literatur gilt, auch Verslehren zusammenstellt. Nikolaj Karamsin, Begründer des russischen Sentimentalismus (»Arme Lisa«, 1792), erneuert die Literatursprache. Mit seinen empfindsamen Novellen gilt er als bedeutendster russischer Schriftsteller vor Alexander Puschkin.

Goldenes Zeitalter Das 19. Jh. ist das »Goldene Zeitalter« der russischen Literatur. Als bis heute bedeutendster russischer Poet gilt **Alexander Puschkin**, der mit vollendeter Lyrik seit 1820 für Aufsehen sorgt, später jedoch auch mit Novellen, Dramen, Märchen und Romanen weitgehend alle Gattungen abdeckt. Die gesellschaftskritische und satirische Verskomödie »Verstand schafft Leiden« (1816–1824) seines Weggefährten **Alexander Gribojedow** wird bis heute häufig auf der Bühne aufgeführt. **Michail Lermontow**, der wie Puschkin dem Erbadel angehört, wird mit seinem Kaukasus-Roman »Ein Held unserer Zeit« (1837–1840) gefeiert. **Nikolaj Gogol** (»Die toten Seelen«; 1842, »Der Revisor«, 1835) gilt als Meister der Groteske, übt jedoch auch Kritik an der korrupten Adelsgesellschaft.

Realistischer Roman ▶ In den 1840er-Jahren prägen zunehmend soziale Themen die Literatur, vor allem angesichts der Reformen Alexanders II. Die Form dafür ist der Roman. **Lew Tolstoj** greift solche Missstände auf. Sein Romanepos »Anna Karenina« thematisiert Ehe und Moral in der Aristokratie (1873–1878), während er in »Krieg und Frieden« (1868/1869) Russland in den napoleonischen Kriegen umfassend darstellt

»Krieg und Frieden« ▶ und sich damit seinen Platz in der Weltliteratur sichert. Auch **Fjodor Dostojewskij** (»Die Brüder Karamasow«, 1878–1880; »Schuld und Sühne«, 1866) beeinflusst zum einen die Entwicklung des Romans, zum anderen die Hinwendung der Literatur zu philosophischen Fragestellungen. **Iwan Gontscharow** schildert eine von Langeweile geprägte Gesellschaft in Gestalt eines Gutsbesitzers, dessen Lebensmittelpunkt das Bett ist (»Oblomow«, 1859), während **Iwan Turgenjew** auch die Nöte eines zerfallenden russischen Adelsstands aufgreift »Väter und Söhne«, 1861; »Ein Adelsnest«, 1859).

Fjodor Dostojewskij

Der kritische Realismus wird im ausgehenden 19. Jh. abgelöst: **Anton Tschechow** macht in seinen herausragenden **Dramen** (»Die Möwe«, Uraufführung 1896; »Drei Schwestern«, 1901) jedoch mit der Darstellung empfindsamer innerer Stimmungen auf sich aufmerksam. Er gilt als Begründer des impressionistischen Dramas.

Das Silberne Zeitalter Das 20. Jh. läutet das »Silberne Zeitalter« ein. Symbolisten wie **Dmitrij Mereschowskij** und dessen Frau **Sinaida Gippius** nehmen sich **Symbolismus** ▶ philosophisch-religiöser Fragen an, **Andrej Bely** schreibt mit »Petersburg« einen Großstadtroman und gilt mit dem Lyriker **Alexander Blok** als der maßgeblichste Vertreter dieser Richtung.

Zu den bedeutendsten Lyrikerinnen gehört **Anna Achmatowa**, die ab ◄ Akmeismus
1912 fünf Gedichtbände veröffentlicht, zwischen 1922 und 1958 allerdings Publikationsverbot erhält.
Sie prägt gemeinsam mit ihrem ersten Ehemann Nikolaj Gumiljow und Ossip Mandelstam den Akmeismus (von griech. akme = Gipfel), der zwischen 1910 und 1920 aufkommt, sich vom Mystischen lossagt und klare Elemente bevorzugt. Den **Imaginismus** prägt der volkstümliche **Sergej Jessenin** mit seinen lyrischen Bildern. Die **Futuristen** mit **Welimir Chlebnikow**

? WUSSTEN SIE SCHON …?

■ Lew Tolstoj engagierte sich für die Errichtung von Dorfschulen, war überzeugter Vegetarier und mit der deutschstämmigen Sofie Bers verheiratet, mit der 13 Kinder zeugte. Er starb 1910 in der Bahnstation Astapowo bei Jelez, wo heute noch die Zeiger der Bahnhofsuhr auf seiner Todesstunde stehen.

und **Wladimir Majakowskij** veröffentlichen ihr Programm »Eine Ohrfeige für den öffentlichen Geschmack« 1912.

Die literarische Avantgarde hat keinen Platz in der Sowjetunion, viele ◄ Exilliteratur
Schriftsteller emigrieren, so **Iwan Bunin**, (»Der Herr aus San Francisco«, 1916; »Dunkle Alleen«, 1959), der 1933 als erster russischer Schriftsteller den Literaturnobelpreis erhält, was auch als Hommage an die russische Exildichtung zu werten ist. Auch **Wladimir Nabokow** (»Lolita«, 1955) und die Lyrikerin **Marina Zwetajewa** verlassen bereits mit der ersten Emigrationswelle nach der Oktober- revolution das Land. Zwetajewa kehrt später zurück, begeht aber Selbstmord. Wer unter Stalin im Land bleibt, geht oft in die »innere Emigration«. **Maxim Gorkij** jedoch wird dank seiner sozialanalytischen Schauspiele (»Nachtasyl«, 1901) und Romane (»Die Mutter«, 1906) auch von der Sowjetregierung hochgehalten.

Mit der Gründung des Schriftstellerverbands 1934 wird nur noch **Sowjetliteratur**
der sozialistische Realismus gefördert. Viele Autoren, so **Michail Bulgakow** (»Meister und Margarita«, 1928 – 1940) erscheinen zensiert – das herausgekürzte Zehntel seines bekanntesten Romans wird heimlich vervielfältigt. Stalins Säuberungsaktionen machen auch vor Schriftstellern nicht halt: Der Meister des Absurden, **Daniil Charms** (»Fälle«), verhungert 1942 in der Leningrader Gefängnispsychatrie während der deutschen Blockade. Zwar wird er 1956 rehabilitiert, er bleibt in der Sowjetunion jedoch weiter auf dem Index. Den Repressionen fallen auch **Isaak Babel** (»Geschichten aus Odessa«, 1921 – 1924) und der Akmeist Ossip Mandelstam zum Opfer.

Chruschtschows Liberalisierungsperiode ist dann nach dem Roman ◄ Liberalisierung?
»Tauwetter« (1956) von Ilja Ehrenburg benannt und macht zunächst Hoffnung: **Alexander Solschenizyn**s (1918 – 2008) erschütternder Lagerroman »Ein Tag im Leben des Iwan Denissowitsch« (1962) wird sogar in der Moskauer Literaturzeitschrift »Nowyj mir« publiziert. Doch die Liberalisierung überschattet der erzwungene Verzicht von **Boris Pasternak** auf den Literaturnobelpreis 1958 für sein 1957 in Italien erschienenes Monumentalwerk »Doktor Schiwago«: Er lehnt

Auch Staatspräsident Medwedjew nahm Abschied von Alexander Solschenizyn.

die Auszeichnung ab, um nicht aus der Sowjetunion gewiesen zu werden. Das Buch wird erst 1987 in der UdSSR gedruckt. Die Verleihung eines weiteren Nobelpreises an **Michail Scholochow** (»Der stille Don«), der 1965 eigentlich für Konstantin Paustowskij bestimmt war, zeigt den Einfluss der Staatsmacht – Schlochow gilt als linientreuer. Unter Breschnjew kommt es zu einer weiteren Ausreisewelle; auch Solschenizyn verlässt das Land. Der spätere Nobelpreisträger **Josif Brodsky** wird 1972 ausgewiesen, der Germanist und Schriftsteller **Lew Kopeljew** und der Kurzgeschichtenverfasser **Sergej Dowlatow** finden ebenfalls im Westen eine neue Heimat.

Inoffizielle Literatur ▶ Werke, die nicht ins offizielle sozrealistische Korsett passen, erscheinen im Selbstverlag (**samisdat**) oder im Ausland (**tamisdat**). Dazu gehören die Romane des in russischer Sprache schreibenden Kirgisen **Tschingis Aitmatow**, dem die Liebesgeschichte »Dshamilja« (1958) Weltruhm einbringt. **Alexej Tolstoj**s Propagandaerzählung »Aelita« (1923) transportiert die Revolution auf den Mars. Der Märchen- und Kinderbuchautor **Kornej Tschukowskij** fällt mit seinem Versbuch »Der Riesenkakerlak« (1923) – das als politische Schmähschrift interpretiert wird – in Ungnade, wird unter Chruschtschow jedoch rehabilitiert. **Walentin Rasputin** genießt mit seiner Dorfprosa in den 1970er-Jahren großes Ansehen; **Ljudmila Petruschewskaja** macht sich mit schonungslosen urbanen Erzählungen und Dramen, in der Alkoholiker und Selbstmörder Platz finden, einen Namen.

Die Perestrojka bringt vieles ans Licht, was zu Sowjetzeiten für die Schublade geschrieben worden war. Untergrundautoren wie **Viktor Jewrofejew** (»Die Moskauer Schönheit«, 1990) und **Tatjana Tolstaja**, die Urgroßnichte von Lew Tolstoj (»Kys«, 2000), betreten die Bühne. Tabuthemen, Sex, Alkohol und die Groteske halten Einzug. **Viktor Pelewin** (»Generation P«, 1999) verknüpft Gegenwart und Surreales. Eine Gruppe postmoderner Autoren um **Wladimir Sorokin**, der mit seinem Utopieroman »Der himmelblaue Speck« (1999) ebensoviel Kritik wie Anerkennung erfährt, macht schon zu Sowjetzeiten mit fiktiven Erzählungen von sich reden. Neben Sorokin gehört der 2007 verstorbene **Dmitrij Prigow** (»Lebt in Moskau«, 2003) zu den bedeutendsten Vertretern des Moskauer Konzeptualismus. **Ljudmila Ulizkaja** wird mit ihrer Erzählung »Sonetschka« 1992 in viele Sprachen übersetzt. Die in Perm lebende **Nina Gorlanowa** siedelt ihre Kurzgeschichten über die russische Intelligenz in der Provinz zumeist in ihrer Heimatstadt an. **Andrej Kurkow** (»Picknick auf dem Eis«, 1996), in der Ukraine lebend, belebt in seinen Romanen die postsowjetische Wirklichkeit mit geistreicher Ironie und surrealen Momenten. In jüngster Zeit hat sich eine Autorengeneration herausgebildet, die nicht vom Sowjetregime geprägt ist. Zu den international bekannten gehören die 1981 geborene **Irina Deneschkina** (»Komm!«) oder **Ilja Stogoff** (»Machos weinen nicht«), die beide den Alltag einer vom Kapitalismus geprägten Jugend beschreiben.

Seit der Auflösung der Sowjetunion hat sich der Krimi als Genre neu etabliert. Als Bestseller-Autorinnen gelten **Alexandra Marina** mit ihren Detektivgeschichten und Daria Donzowa mit fast 100 Titeln. **Boris Akunin** hat mit seinen historischen Kriminalromanen eine feste Fangemeinde.

Postsowjetische Literatur

◄ Krimis

Bräuche und Feste

Weihnachten wird **erst nach Neujahr** gefeiert, entsprechend der »alten« Zeitrechnung der orthodoxen Kirche. Nach der Oktoberrevolution wurde das Weihnachtsfest wie alle christlichen Feste ganz abgeschafft. Erst seit 1991 ist der 7. Januar wieder offizieller Feiertag. Heilig Abend (6. Januar), in Russland **Koljadki** genannt, begeht man mit einem feierlichen Gottesdienst, der meist mehrere Stunden dauert. An diesem Tag kommt traditionell Kutja auf den Tisch, eine süße Getreidespeise mit Mandeln und Mohn.

Weihnachten

Zu Sowjetzeiten nahm das Neujahrsfest den Platz von Weihnachten ein und noch heute beschenkt man sich an diesem Tag. Da die orthodoxe Kirche an der alten Zeitrechnung festhält, feiern die Russen am 13. / 14. Januar das »alte neue Jahr«, zu dem man sich Freunde ins Haus lädt.

Neujahr

Segnung der Osterkuchen

Masleniza Karneval wird in Russland ein wenig anders gefeiert. Im ganzen Land verbreitet ist die Masleniza, die **Butterwoche**, mit der der Winter ausgetrieben wird. Zu den Festen gehören Schneeballschlachten, Folkloregesang und natürlich Blini – Masleniza ist unvorstellbar ohne die dampfenden, lockeren Buchweizenpfannkuchen,

Fastenzeit Mit der Verbrennung der Masleniza-Strohpuppe beginnt die Fastenzeit, die bis zum Osterfest dauert. 40 Tage lang werden Wein, Fleisch, Fett, aber auch zorniges Verhalten aus dem Alltag verbannt, um sich würdig auf die Auferstehung Christi vorzubereiten. In der Karwoche wird besonders streng gefastet, dann kommt bei vielen gläubigen Familien oft nur Grütze auf den Tisch. Diese besonders strikte Fastenperiode wird auch die »Große Woche« genannt.

Ostern Das Osterfest gilt traditionell als **höchstes Fest der russisch-orthodoxen Kirche**. Kulinarisch bereitet man sich mit dem Färben von Eiern darauf vor, wobei das Rot das Blut Christi symbolisiert. Der Osterhase ist unbekannt – westliche Schokoladenhasen haben jedoch Einzug gehalten, werden aber auch im Sommer verkauft. Am »Großen Donnerstag« (Gründonnerstag) wird traditionell das Osterbrot (kulitsch)

gebacken, ein hoher Hefekuchen, meist mit Zuckerguss oder Puder-
zucker verziert, der hohe Ansprüche an den Bäcker stellt: Gelingt der
Kulitsch wird alles gut in der Familie, so glaubt man. Typisch ist
auch **Pascha**, ein reiner Quarkkuchen in Pyramidenform und mit einem Kreuz verziert. Auf Ostereiern oder Kuchen findet sich das Kür-
zel »XB«, die kyrillische Abkürzung der russischen Wendung »Chris-
tos woskres« für »Christus ist auferstanden«. Mit diesen Worten begrüßt man sich auch an Ostern und beschenkt sich mit Eiern.

Die Speisen werden am Karsamstag in der Kirche geweiht. Abends   ◀ Ostertage
beginnt die Osterprozession, die symbolische drei Mal um die Kirche
zieht. Der Ostergottesdienst dauert fast die ganze Nacht hindurch –
Stehvermögen ist gefragt, denn orthodoxe Kirchen haben keine Sitzbänke. Nach dem Gottesdienst erwarten viele Gemeindemitglieder
den Sonnenaufgang gemeinsam und treffen sich zum Frühstück und
Fastenbrechen. Ein Überbleibsel aus Sowjetzeiten – von der Kirche
abgelehnt, jedoch weit verbreitet – ist der Brauch, dass man am Os-
tersonntag am Grab der Verstorbenen isst und trinkt sowie Speisen
niederlegt.

Die meisten Russen heiraten sehr früh, allerdings wird jede zweite   **Hochzeit**
Ehe dann auch wieder geschieden. Nach der Trauung legt das Paar
oft Blumen an Ehrenmälern ab und lässt sich dort mit der ganzen
Hochzeitsgesellschaft fotografieren. Auf dem Festtagstisch findet sich
traditionell Geflügel, das ein glückliches Familienleben symbolisieren
soll. Der **Kurnik**, der Hochzeitskuchen, ist dagegen mit Fleisch, Pilzen
oder Reis gefüllt. Bei der Ankunft der Braut im Haus der Eltern wird
diese mit Salz und Brot begrüßt – ein weit verbreiteter Brauch bei jeder Ankunft – und wer die größere Brotkante abbricht, wird künftig
das Sagen im Haus haben.

Berühmte Persönlichkeiten

Wie kam Iwan der Schreckliche zu seinem Beinamen? Was konnte Lew Jaschin noch außer Fußball spielen? Wer unternahm den ersten Weltraumspaziergang? Wo wurde Rudolf Nurejew geboren? Kleine Denkmäler für Menschen, die eng mit Russland verbunden sind.

Iwan IV. der Schreckliche (1530 – 1584)

Der 1547 zum ersten russischen Zaren gekrönte Iwan, Sohn des **Erster russischer** Moskauer Großfürsten Wassilij, gelangte durch seinen Beinamen **Zar** »der Schreckliche« (wobei das russische »grosnyj« wörtlich »der Strenge« bedeutet) zu fragwürdiger Berühmtheit – so ließ er die Einwohner von Welikij Nowgorod, die 1569 die Schweden aus Angst vor ihm zu Hilfe riefen, in den Fluss Wolchow werfen, verbrennen oder niedermetzeln. Zeigte sich der junge Herrscher anfänglich als tief religiöser, empfindsamer Mensch, entwickelte er sich im Lauf der Zeit zu einem von krankhaftem Misstrauen getriebenen Despoten, der überall nur Verrat witterte. Konsequenterweise gründete er 1565 seine berüchtigte Leibgarde, die Opritschnina. Die bald 15 000 Opritschniki fungierten darüberhinaus als Spitzel, Geheimpolizei, Folterknechte und Henker. Das Misstrauen Iwans ging so weit, dass er in seinem eigenen Sohn Dmitrij einen Hochstapler vermutete und ihn 1581 im Jähzorn erschlug.

Seinen Platz in der politischen Geschichte Russlands hat Iwan durch die Entmachtung der Bojaren und die Förderung des Dienstadels, mit der aber auch die allmähliche rechtliche Fixierung der Leibeigenschaft der Bauern einherging. Er eroberte die Khanate Kasan (1552) und Astrachan (1556); als jedoch der Zugriff auf die Ostsee im Livländischen Krieg (1558 – 1582 / 1583) scheiterte, war Russland machtpolitisch und wirtschaftlich ruiniert.

Lew Jaschin (1929 – 1990)

Wahren Fußballkennern ist er ein Begriff: Lew Jaschin, geboren am **Torwartlegende** 22. Oktober 1929 in der Nähe von Moskau und bekannt als der »Schwarze Panther«, hütete von 1949 bis 1971 das Tor von Dynamo Moskau, nahm als Nationaltorwart zwischen 1958 und 1970 an vier Weltmeisterschaften teil, wurde 1956 Olympiasieger und 1960 Europameister – und erwarb sich so den Ruf einer Legende. Sein Markenzeichen waren seine Schiebermütze und sein schwarzer Dress; fußballerisch kreierte er den Typus

? WUSSTEN SIE SCHON …?

■ Lew Jaschin hatte noch andere Talente: Als Eishockey-Torwart wurde er sowjetischer Vizemeister und war zudem ein begnadeter Schachspieler.

des »spielenden Torwarts«. Bis heute ist er der einzige Torwart, der je Europas Fußballer des Jahres wurde (1963); zu Beginn des 21. Jh.s wählte man ihm zum Welttorhüter des 20. Jahrhunderts. Seit 1994 erhält der beste Towart eines WM-Endturniers die Lew-Jaschin-Trophäe. Lew Jaschin, »der beste Torhüter aller Zeiten und Völker« (Eusébio), starb am 20. März 1990 in Moskau an den Folgen einer Beinamputation.

← *Eine Legende: Lew Jaschin*

Michail Kalaschnikow (geb. 1919)

Waffen-konstrukteur

Sein Name ist auf der ganzen Welt bekannt, denn die am meisten verbreitete Handfeuerwaffe – geschätzte 100 Mio. Stück – ist nach ihm benannt: Michail Kalaschnikow, geboren am 10. November 1919 im Altai (Sibirien), war (und ist) der führende Waffeningenieur der UdSSR und lebt nach wie vor in Ischewsk (Teilrepublik Udmurtien), wo er von 1944 an die heute legendäre »AK-47« in der Ischmasch-Waffenfabrik ausgetüftelt hat. Hinter der Abkürzung verbirgt sich das Geburtsjahr der »Awtomatitscheskaja Kalaschnikow«, die 1947 erstmals präsentiert und seither in ungezählten Varianten und Lizenzen produziert wurde. Vor allem in der russischen Armee und in Entwicklungsländern ist seine Waffe in Gebrauch. Kalaschnikow, der bis heute hohe Auszeichnungen erhält, betonte international mehrfach, dass er es bedauere, wie viel Leid seine Waffen in der Welt angerichtet hätten.

Wassilij Kandinsky (1866 – 1944)

Künstler

Wassily Kandinsky, am 4. Dezember 1866 in Moskau geboren, gehört zu den herausragenden russischen Expressionisten und gilt als **Schöpfer des ersten abstrakten Gemäldes**. Er studierte Wirtschaft, Jura und Volkskunde, doch in seiner Freizeit malte er. 1896 zog es ihn nach München. Dort gründete er die Kunstgruppe Phalanx und lebte mit seiner Geliebten Gabriele Münter im bayerischen Murnau. Mit Alexej von Jawlensky und anderen formierte er 1909 die Neue Künstlervereinigung München, doch als sein Werk dieser Gruppe zu abstrakt wurde, trat er aus und gründete 1911 u. a. mit Franz Marc die Vereinigung **Blauer Reiter**. Nach Ausbruch des Ersten Weltkriegs kehrte er über die Schweiz nach Russland zurück, doch folgte er 1921 einer Einladung von Walter Gropius und lehrte bis 1933 am Bauhaus in Dessau, bevor er vor den Nazis nach Frankreich floh. Dort starb er am 13. Dezember 1944 in Neuilly-sur-Seine. Wassily Kandinsky verfolgte das Prinzip der Synästhesie, indem er den Farben Sinneseindrücken wie »scharf« oder »weich« zuordnete, aber auch mit Formen (z. B. Rot = Quadrat) in Verbindung brachte. Zudem wandte er beim Malen musikalische Prinzipien wie Improvisation, Impression und Komposition an. Durch die Bekanntschaft mit Solomon R. Guggenheim ist die überwiegende Zahl seiner Werke heute im New Yorker Guggenheim Museum zu sehen; in russischen Museen finden sich meist nur vereinzelte Stücke.

Katharina die Große (1729 – 1796)

Zarin

Katharina die Große gehört zu den umstrittenen Persönlichkeiten der Geschichte. Die Urteile über sie reichen vom »Muster einer Regentin« über »Lustweib auf dem Zarenthron« bis zum »Nonplusultra eines bösen Weibs«.

Geboren wurde **Sophie Auguste Friederike von Anhalt-Zerbst** am 2. Mai 1729 in Stettin. Mit 15 Jahren kam sie nach St. Petersburg, um mit dem russischen Thronfolger verheiratet zu werden. Nach ihrem Übertritt zur russisch-orthodoxen Kirche nannte man sie Katharina Alexejewna. Die Ehe erwies sich alles andere als glücklich, denn Zar Peter III. interessierte sich mehr für Puppen und Soldatenspiele als für sie. Im Juli 1762 wurde Peter zur Abdankung gezwungen; Katharina billigte seine spätere Ermordung. Die nunmehrige Alleinherrscherin präsentierte sich der Welt gern als gebildete, von der Aufklärung beeinflusste Persönlichkeit. Sie berief 1767 eine Gesetzgebende Kommission ein, die über umfassende Reformen zu beraten hatte. Doch keine der liberalen Überlegungen wurde auch nur ansatzweise verwirklicht, dagegen bot die Kommission der Zarin den Titel »die Große« an. In-

nenpolitisch verschärften sich die sozialen Gegensätze: Während sich die Lage der leibeigenen Bauern zunehmend verschlechterte, erhielt der Adel weitere Privilegien. Ihren Ausdruck fand die allgemeine Unzufriedenheit im **Pugatschow-Aufstand** 1773 / 1774, auf den die Zarin mit gewohnter Härte reagierte. Auf dem militärischen Feld konnte Katharina eindrucksvolle Erfolge vorweisen: Zwei Kriege gegen das Osmanische Reich brachten Russland die Krim und weite Landstriche bis hin zum Schwarzen Meer, ferner wurde Polen eingenommen und Schweden geschlagen.

Großen Raum nimmt in ihren Memoiren und in den zahlreichen Biografien ihr Liebesleben ein. Tatsächlich hatte sie bis ins hohe Alter zahlreiche amouröse Abenteuer und einige langjährige Geliebte, darunter den Grafen **Orlow**, dem sie u.a. das Lustschloss Gatschina schenkte, und den Fürsten **Potjomkin**. Letzterer blieb bis zu seinem Tod 1791 auch ihr enger politischer Berater. Am 6. November 1796 starb Katharina unerwartet an einem Schlaganfall; die Nachfolge trat ihr ungeliebter Sohn Paul I. an.

Kosmonauten

Jurij Gagarin aus dem Dorf Kluschino, ausgebildeter Jagdflieger, stieß 1960 zur frisch gegründeten Kosmonautentruppe der Sowjetunion. Er wurde ausgewählt, um mit dem Raumschiff »Wostok 1« am 12. April 1961 **als erster Mensch ins Weltall** zu starten. Nach 108 Minuten landete er wieder und war fortan Legende, Held der Sowjetunion und auf zahlreichen Auslandsreisen Good-Will-Botschafter seines Landes während der Chruschtschowschen Tauwetterperiode. Ins Weltall ist er nie wieder geflogen. Er stürzte am 27. März 1968 mit einem Militärflugzeug tödlich ab. Seine Urne befindet sich in der Kremlmauer auf dem Roten Platz in Moskau.

Jurij Gagarin (1934 – 1968)

Kosmonautentreff: Walerij Bykowski, Walentina Tereschkowa und Jurij Gagarin

Walentina Tereschkowa (geb. 1937)

Sie war die **erste Frau im Weltall**: Walentina Tereschkowa aus Jaroslawl hob am 16. Juni 1963 mit »Wostok 6« zu einer 48-maligen Erdumrundung ab (im All begleitete sie **Walerij Bykowski** mit »Wostok 5«). Das war ihr nicht in der Wiege gelegt: Als Halbwaise aufgewachsen, arbeitete sie in einer Reifenfabrik und als Zuschneiderin und Büglerin, bildete sich aber an der Abendschule zur Technikerin weiter. Aus Bewunderung für Gagarin bewarb sie sich bei den Kosmonauten – und wurde 1962 genommen. Erst 1982 startete mit Swetlana Sawizkaja die zweite Frau ins All.

Alexeij Leonow (geb. 1934)

Als Alexeij Leonow am 18. März 1965 mit »Woschod 2« startete, waren Raumflüge fast schon Routine. Doch auch er sorgte für eine Premiere: Er unternahm den **ersten Weltraumspaziergang**. 24 Minuten lang flog er in 500 km Höhe außerhalb des Raumschiffs über die Erde – und kehrte fast nicht mehr zurück, denn sein Raumanzug hatte sich so aufgebläht, dass er sich nur mit größter Mühe wieder durch die Luke zwängen konnte.

Laika

Auch sie hat einen Ehrenplatz unter Russlands Kosmonauten: Die zweijährige Mischlingshündin Laika. Die Sowjetunion schickte sie am 4. November 1957 an Bord von »Sputnik 2« **als erstes Lebewesen ins Weltall**. Doch der Flug endete in einem Fiasko: Die Propaganda verkündete, dass Laika aufgrund Sauerstoffmangels nach einigen Tagen friedlich entschlafen sei – doch tatsächlich war sie schon wenige Stunden nach dem Start an Überhitzung verendet, weil die Kühlaggregate versagt hatten. Fünf Monate kreiste der Satellit um die Erde, bevor er verglühte. Laikas Nachfolgerinnen Strelka und Belka überlebten 1960 ihren Flug mit »Sputnik V«.

Wladimir Iljitsch Lenin (1870–1924)

Lenin hat durch die **Schaffung Sowjetrusslands** wie niemand sonst die Weichen für die Weltpolitik des 20. Jh.s gestellt. Er wurde am 10. April 1870 als Wladimir Iljitsch Uljanow im Gouvernement Simbirsk als Sohn eines Volksschulinspektors geboren; den Decknamen »Lenin« nahm er in der sibirischen Verbannung an. Nach dem Studium betätigte er sich als Rechtsanwaltsgehilfe in St. Petersburg, widmete sich aber in erster Linie seiner politischen Arbeit. Auf einer Reise durch Deutschland, Frankreich und die Schweiz ergaben sich 1895 Kontakte zu russischen Emigranten und noch im Herbst desselben Jahres gründete er den »Petersburger Kampfbund zur Befreiung der Arbeiterklasse«. Die Verhaftung folgte auf dem Fuße: 1897 bis 1900 verbrachte Lenin in der sibirischen Verbannung, wo er im Juli 1898 **Nadeschda Krupskaja** heiratete.

Revolutionär

Lenins erste Emigration nach Westeuropa fiel in die Jahre 1900 bis 1905. 1902 erschien in Stuttgart seine **Schrift »Was tun?«**, in der er eine Organisation von Berufsrevolutionären forderte; die Partei solle als Vorhut der Arbeiterklasse fungieren, das sozialistische Bewusstsein müsse von außen in die Massen hineingetragen werden. Nach der Spaltung der Sozialdemokratischen Arbeiterpartei Russlands in die Bolschewiki und die Menschewiki wurde Lenin mit Unterstützung der Bolschewiki de facto Parteiführer. Auf den Russlandaufenthalt im Anschluss an die Revolution von 1905 folgte 1907 bis 1917 die zweite Emigration. Nach dem Ausbruch der Februarrevolution kehrte Lenin aus der Schweiz mit offizieller deutscher Hilfe über Finnland nach Russland zurück und traf am 3. (16.) April 1917 in Petrograd (St. Petersburg) ein, wo er im Triumph empfangen wurde. Im selben Monat veröffentlichte er seine »**Aprilthesen**«, denen zufolge die Russische Revolution als Prolog zur Weltrevolution anzusehen sei. Unter seiner Führung rissen die Bolschewiki am 25. Oktober (7. November) die Macht an sich und als Vorsitzender des Rats der Volkskommissare trat er an die Spitze des Staats. Bis zu seinem Tod hatte er die Parteiführung inne, obwohl ihn zwei Schlaganfälle (1922 und 1923) handlungsunfähig machten. Er starb am 21. Januar 1924; sein einbalsamierter Leichnam kann im Lenin-Mausoleum auf dem Roten Platz in Moskau besichtigt werden.

Michail Lomonossow (1711–1765)

Der herausragende Universalgelehrte – Naturwissenschaftler, Sprachreformer und Dichter in einer Person – wurde am 19. November 1711 als Bauernsohn in einem Dorf am Weißen Meer südlich von

Universalgelehrter

Archangelsk geboren (heute Lomonossowo bei Cholmogory). Bereits als Junge machte sich der spätere Mitbegründer der heute nach ihm benannten Moskauer Lomonossow-Universität auf den Weg in die Metropole, wo er an der Geistlichen Akademie zugelassen wurde. Später wechselte er auf das Akademische Gymnasium nach St. Petersburg, von wo es ihn nach Deutschland zog, zunächst nach Marburg, später ins sächsische Freiberg. Er schrieb sich in Naturwissenschaften und Philosophie, in Sachsen in Hüttenwesen, Bergbau und Literatur ein. Nach fünf Jahren kehrte er nach St. Petersburg zurück und arbeitete fortan an der Akademie der Wissenschaften. Als erster Russe erhielt Lomonossow 1745 den Professorentitel für Chemie. Daneben beschäftigte er sich intensiv mit Physik, Astronomie und der russischen Grammatik und Literatur. Mit seinen Schriften zur Rhetorik und Poetik legte er die stilistischen Normen einer neuen russischen Literatursprache fest. Seine **»Russische Grammatik«** (1755) gilt als epochale Leistung. Er starb am 15. April 1765 in St. Petersburg.

Afanassi Nikitin (um 1433 – 1472)

Kaufmann und Reisender Der russische Kaufmann aus Twer gilt als erster Europäer, der eine Reise nach Indien unternahm und sie aufzeichnete. Sein Werk **»Die Reise über die drei Meere«** gilt als erste Beschreibung einer Handelsreise in der russischen Literatur, nachdem zuvor meist Pilgerfahrten niedergeschrieben wurden. Von Nischnyj Nowgorod segelte er 1466 die Wolga hinab und über das Kaspische Meer. Unterwegs von Tataren überfallen, machte er in Derbent Halt, der Hauptstadt der heutigen russischen Teilrepublik Dagestan, später in Baku und in Persien und hielt sich dann drei Jahre in Indien auf. Fast noch ein größeres Abenteuer war sein Rückweg: Von Indien segelte er nach Somalia, dann weiter nach Maskat auf der Arabischen Halbinsel, von dort auf dem Landweg ans Schwarze Meer, bis er 1472 schließlich auf der Krim ankam. Kurz bevor er seine Heimat Twer erreichte, starb Nikitin in der Nähe von Smolensk.

Rudolf Nurejew (1938 – 1993)

Tänzer Die genaue Angabe des Geburtsorts von Rudolf Nurejew ist schwer: Er kam am 17. März 1938 in einem Waggon der Transsibirischen Eisenbahn in der Nähe des sibirischen Irkutsk zur Welt. Nach seiner Ausbildung als Tänzer in Leningrad wurde er Ende der 1950er-Jahre bald zum Star des Kirow-Balletts, mit dem er auch Auslandsreisen unternehmen durfte. Da er als exzentrisch galt, hatte die Staatsmacht immer ein wachsames Auge auf ihn und ließ ihn 1961 nur zähneknirschend auf Tournee nach Paris reisen. Nurejew setzte sich dort von seiner Truppe ab und startete zu einer kometenhaften internationalen Karriere, die ihn bald zum **Inbegriff des klassischen Balletttänzers** werden ließ, insbesondere auch durch seine Zusammenarbeit mit

Rudolf Nurejew und Margot Fonteyn, das Traumpaar des Balletts

Margot Fonteyn am Royal Ballet in London. Seit 1964 österreichischer Staatsbürger, übernahm er 1983 die Leitung des Balletts der Pariser Oper. Er starb am 6. Januar 1993 in der Nähe von Paris an den Folgen der Immunschwächekrankheit AIDS.

Peter der Große (1672 – 1725)

Wegen seiner persönlichen Eigenschaften kann man Peter schwerlich als »den Großen« bezeichnen, wohl aber wegen der tiefgreifenden Veränderungen, die er bewirkte: Er brachte Russland einen entscheidenden Schritt voran auf dem Weg vom unbedeutenden Agrarstaat zur international anerkannten und wirtschaftlich vergleichsweise starken Adels- und Beamtenmonarchie des 18. Jahrhunderts. **Zar**

Wenig Aufmerksamkeit wurde seiner Ausbildung geschenkt, dafür widmete er sich um so intensiver dem Soldatenspielen und der Seefahrt. 1682 wurden ihm gemeinsam mit seinem schwachsinnigen Halbbruder Iwan V. die Thronrechte zugesprochen, doch die Regentschaft übte bis 1689 beider Schwester Sofija aus. Mit dem Tod Iwans V. 1696 wurde Peter Alleinherrscher. Wichtig für seine persönliche Entwicklung war eine **Auslandsreise**, die ihn 1697 / 1698 inkognito u. a. nach Riga, Amsterdam und Wien brachte. Danach versuchte er, Russlands Rückständigkeit zu bekämpfen und die politische Gleichberechtigung mit anderen europäischen Ländern zu erreichen. Alle in seiner Regierungszeit erlassenen ca. 3000 Ukase entsprangen aber keinem Reformprogramm, sondern waren eher den wechselnden Erfordernissen angepasst. Trotz seiner Fähigkeiten als Staats-

mann und Oberbefehlshaber ist die Einschätzung seiner Persönlichkeit schweirig. Vor allem im eigenen Umfeld konnte er überaus grausam reagieren: Seinen Sohn Alexej verurteilte er zum Tod (er starb allerdings schon vor der Vollstreckung), seiner Frau Katharina I. präsentierte er einmal den Kopf eines ihrer Liebhaber in Spiritus.

Alexander S. Puschkin (1799–1837)

Vermutlich gibt es kaum eine Stadt in Russland, die Alexander **Dichter** Puschkin nicht mit einem Denkmal ehrt. Puschkin, am 26. Mai 1799 als Angehöriger des Erbadels in Moskau geboren, prägte die russische Literatur wie kein anderer vor ihm. Zunächst im klassizistischen Stil verwurzelt, entwickelte er sich zu einem der bedeutendsten Vertreter der Romantik, während sein Spätwerk realistische Züge enthält. Sein Schwerpunkt war die Lyrik, doch hat er auch etliche Dramen verfasst und sich vor allem nach 1830 der Prosa gewidmet.
Von 1811 bis 1817 besuchte er in Zarskoje Selo das Lyzeum, die berühmteste Eliteschule des Zarenreichs. Seine vielfach satirischen und politischen Gedichte führten dazu, dass er 1820 St. Petersburg verlassen musste. Er hielt sich mehrere Jahre im Süden auf, darunter auch in den Kaukasus-Heilbädern, ehe es ihn für zwei Jahre auf das Landgut seiner Eltern, Michailowskoje bei Pskow, zog. Dort verfasste er über hundert Gedichte. Nach 1826 lebte er vorwiegend in Moskau und St. Petersburg. Er unterstand der persönlichen Zensur des Zaren, sodass seine Arbeiten nur verzögert erscheinen konnten, weswegen er sich ständig in Geldnöten befand. Diese verschärften sich durch seinen Lebenswandel und so wechselten sich Phasen tiefer Depression mit Perioden ausschweifender Lebensfreude ab – die Zahl seiner Geliebten ist Legion. 1831 heiratete er Natalja Gontscharowa. Das Paar wohnte zunächst in Zarskoje Selo, später meist in St. Petersburg. Angriffe auf die Ehre seiner Frau, einer nicht zuletzt von Zar Nikolaus I. viel bewunderten Schönheit, zwangen Puschkin am 27. Januar 1837 zu einem Duell, das für ihn tödliche Folgen hatte. Er starb zwei Tage später in seiner Petersburger Wohnung; sein Leichnam wurde heimlich im Kloster Swjatogorsk beigesetzt.

Grigorij Jefimowitsch Rasputin (1869–1916)

Eine der schillerndsten und mysteriösesten Figuren der russischen **Wandermönch** Geschichte ist der Wandermönch Grigorij Jefimowitsch Rasputin. Der im Ural geborene Bauernsohn kam 1903 nach St. Petersburg, wo er, gefördert vom einflussreichen Geistlichen Johann von Kronstadt und der Hofdame Anna Wyrubowa, bald in höchsten gesellschaftlichen Kreisen verkehrte und als Wunderheiler populär wurde. Als 1907 die Ärzte den dreijährigen Zarensohn Alexej nach einem Unfall

← Kein russischer Zar veränderte sein Land derartig wie Peter der Große.

aufgegeben hatten – er war Bluter, – holte die Zarenfamilie Rasputin zu Hilfe und tatsächlich genas das Kind. Als Gerüchte über Rasputins sexuelle Ausschweifungen die Runde machten, stellte der Zar – offiziell – die Begegnungen ein; er hielt aber Kontakt mit ihm, vor allem durch seine Frau Alexandra, die sich weiterhin mit ihm bei der Wyrubowa traf. Dies heizte erneut die Gerüchteküche an, die Rasputin einen verhängnisvollen Einfluss auf die Zarenfamilie unterstellte. Der Mönch war **zum Politikum geworden**.

Als der Zar im Herbst 1911 einen Vertrauten Rasputins zum Bischof von Tobolsk ernannte, präsentierte der unterlegene Kandidat im Januar 1912 einen Brief der Zarin an Rasputin als Beleg für die (auch sexuelle) Hörigkeit Alexandras. Ostern 1912 musste der Mönch auf Anordnung des Zaren St. Petersburg verlassen. Doch im Herbst telegrafierte ihm die Zarin dringend – der Zarewitsch blutete wieder und angebliche Gebete Rasputins heilten ihn. Rasputin kehrte zurück auf die Bühne und mischte sich bald direkt in die Polititk ein, was zu scharfen Kontroversen führte. Zugleich sorgte er durch immer heftigere alkoholische und (angebliche) sexuelle Ausschweifungen für Skandale. Als Russland im Ersten Weltkrieg, vor dem er gewarnt hatte, in die Defensive geriet, war Rasputin der willkommene Sündenbock. Als der Zar seine Ausweisung aus Petersburg ablehnte, wurde Rasputin am 17. Dezember 1916 ermordet. Die Haupttäter kamen aus höchsten Kreisen: Felix Jussupow, verheiratet mit einer Nichte des Zaren, Zarenneffe Großfürst Dimitrij Pawlowitsch und der Dumaabgeordnete Wladimir Purischkewitsch. Sie wurden nicht belangt.

Rasputin im Kreise seiner (fast ausschließlich) weiblichen Verehrer

Mstislaw Rostropowitsch (1927 – 2007)

Der in Baku geborene Rostropowitsch gilt dank seiner meisterhaften **Cellist** Technik als einer der begnadetsten Cellisten aller Zeiten und machte sich darüber hinaus einen Namen als Dirigent und Pianist. Er genoss eine klassische Musikausbildung am Moskauer Konservatorium, wo Schostakowitsch und Prokofjew zu seinen Lehrern zählten. Nachdem er sich für den Literaturnobelpreisträger Alexander Solschenizyn eingesetzt und ihm seine Datscha vier Jahre als Wohnung überlassen hatte, belegte ihn die Sowjetregierung 1971 mit einem Ausreiseverbot. Mit seiner Gattin, der bekannten Sopranistin Galina Wischnjewskaja, verließ er drei Jahre später das Land. Er trat in vielen seiner Konzerte weltweit für Demokratie und Menschenrechte ein, sodass ihm 1978 die Sowjetregierung die Staatsbürgerschaft sowie sämtliche Auszeichnungen und Ehrentitel aberkannte. Rostropowitsch wurde Schweizer Staatsbürger und kehrte erst im August 1991 nach Russland zurück. Wenige Wochen vor seinem Tod erhielt er die höchste russische Auszeichnung, das Verdienstkreuz erster Klasse.

Fjodor Schaljapin (1873 – 1938)

Mit seinem kraftvollen Bass und einer dramatischen Klangtiefe eroberte er die Herzen eines weltweiten Publikums: Fjodor Schaljapin, **Opernsänger** der in einer Bauernfamilie in Kasan aufwuchs und im Kirchenchor seine musikalische Ausbildung genoss, gilt als der berühmteste russische Opernsänger des 20. Jahrhunderts. Seinen ersten Solo-Auftritt feierte er 1890 als Sarezkij in der Oper »Eugen Onegin« in Kasan, es folgten Engagements in Ufa und Tiflis. 1895 trat er im St. Petersburger Mariinskij-Theater und in den Folgejahren in Moskau auf, wo er u. a. den »Boris Godunow« sang. Zu Beginn des 20. Jh.s zog es Schaljapin zunächst ins Ausland: u. a. an die Mailänder Scala, nach New York und nach Paris. Seinen internationalen Durchbruch erlebte er 1921 an der Metropolitan Opera in New York, bevor er 1926 zur Covent Garden Opera in London ging.

Der Sowjetmacht war der internationale Opernstar ein Dorn im Auge. Als Schaljapin Konzerteinnahmen für Emigrantenkinder zur Verfügung gestellt hatte, bezichtigte man ihn antisowjetischer Einstellung und entzog ihm 1928 den Titel »Volkskünstler« (den er erst 1991 posthum zurück erhielt). Schaljapin starb 1938 an Leukämie in Paris; erst 1984 wurde er mit einer Gedenkfeier auf dem Neujungfrauen-Friedhof in Moskau geehrt.

Praktische Informationen

MANCHES IST DOCH ANDERS IN DIESEM RIESIGEN LAND! ZUR VORBEREITUNG LESEN SIE AM BESTEN ZU HAUSE IN RUHE NACH, WAS MAN DENN IN RUSSLAND SO ALLES BEACHTEN SOLLTE.

Anreise · Reiseplanung

Mit dem Auto

Nach Kaliningrad

Von Deutschland aus gelangt man auf der E10 und E22 über Nordpolen und die Grenzübergänge Mamonowo, Bagrationowsk und Goldap ins Gebiet Kaliningrad. An manchen Übergängen kann es allerdings zu stundenlangen Wartezeiten kommen.

Nach St. Petersburg via Kaliningrad

Ab Kaliningrad geht es auf der E77 via Litauen, Lettland und Estland zur russischen Grenze bei Pskow; von hier aus sind es noch 280 km auf der E95 bzw. M20 bis nach St. Petersburg. Nicht vergessen: Für diese Route benötigt man ein **Zweifachvisum**, da man zwei Mal russisches Territorium betritt.

Nach St. Petersburg via Finnland

Von Helsinki aus geht es auf der E18 über den Grenzübergang Vaalima/Torfjanowka nach St. Petersburg. Zwischen Finnland und der Russischen Föderation gibt es zudem sechs weitere Grenzposten für den Straßen- sowie einen für den Eisenbahnverkehr.

Auf die Kola-Halbinsel/ Murmansk

Norwegen und Russland trennt eine 196 km lange Grenze. Die R10 führt über den Grenzposten Storskog zum Petschora-Kloster; weiter geht's auf der E105 bzw. A138 bis nach Murmansk.

Nach Westrussland/Smolensk/ Moskau

Wer auf dem Landweg nach Westrussland fährt, erreicht über Warschau – Brest – Minsk die russische Grenze; von hier aus führt die E30 bzw. M1 weiter über Smolensk nach Moskau.
Für die Fahrt durch Weißrussland muss vorab ein **Transitvisum** besorgt werden. Die Route ist zwar die kürzeste, der Zustand der Straßen allerdings schlecht; zudem wird immer wieder von Willkür durch Grenzbeamte und langen Wartezeiten an den Grenzen berichtet.

Mit der Bahn

Lange unterwegs

Ab Berlin-Hauptbahnhof gibt es **Direktverbindungen** via Warschau und Minsk nach Moskau; für die Fahrt müssen mindestens 30 Stunden eingeplant werden. Wer von Berlin nach St. Petersburg will, muss mindestens einmal (in Brest) umsteigen und mit ca. 37 Stunden Reisezeit rechnen. Direktverbindungen zwischen Berlin-Lichtenberg und Kaliningrad führen in gut 15 Stunden ans Ziel.

Mit dem Bus

Linienbusse

Das Linienbusnetz zwischen Deutschland und Russland ist recht gut erschlossen, wird aber fast nur von Russen und Russlanddeutschen genutzt. Die Busse sind für russische Verhältnisse recht modern, oft handelt es sich um ausgemusterte Fahrzeuge aus dem Westen. Die Fahrt von Berlin nach Moskau dauert knapp zwei Tage; an der Grenze muss mit mehrstündigen Wartezeiten gerechnet werden.

Mit der Fähre

Autofahrer kommen am bequemsten von Sassnitz-Mukran auf Rügen mit der Fähre »Vilnius« **nach Kaliningrad**. Die Route zum Hafen Baltijsk bei Kaliningrad wird derzeit einmal wöchentlich vom »Lisco Baltic Service« bedient, die Fahrzeit beträgt ca. 16 Stunden.

Mit und ohne Auto

Von Sassnitz-Mukran **nach St. Petersburg** muss man 48 Stunden einplanen. Wer bereits in Lübeck an Bord geht, muss eine weitere Nachtfahrt hinzurechnen.

Von Rostock **nach Helsinki** (Finnland) bringt »Tallink Silja« Autofahrer in 24 Stunden, von dort geht es auf dem Landweg nach Karelien. Eine Alternative ist die Fährüberfahrt von Rostock **nach Tallinn**, für die man 27 Stunden benötigt.

Mit dem Flugzeug

Die nationale russische Fluggesellschaft Aeroflot verbindet mehrere Städte im deutschsprachigen Raum mit Russland und ist federführend im innerrussischen Streckennetz. Auch kleinere Fluggesellschaften wie »Transaero«, »S 7«, »Krasair« oder »Rossija«, die allerdings meist über 30 Jahre alte Maschinen einsetzen, bieten Flüge nach Moskau von Berlin, Frankfurt/M., München oder Wien aus an.

In wenigen Stunden am Ziel

Auch die Aeroflot fliegt mit modernem westlichen Gerät wie dem Airbus A-319.

INFORMATIONEN ANREISE

BAHN

► **Deutsche Bahn**
Tel. 11 861
(Auskunft und Buchung)
www.bahn.de
(Die Schreibweise russischer
Städtenamen auf der Website der
Deutschen Bahn ist manchmal in
englischer Umschrift angegeben,
z. B. heißt es dort Nevyansk statt
Newjansk.)

► **Russische Staatsbahnen**
www.eng.rzd.ru (engl.)
Die Website zeigt u. a. nationale
und internationale Fahrpläne der
Russischen Staatsbahnen (mit
Entfernungsangaben); Tickets
können online gebucht und mit
Kreditkarte bezahlt werden, dabei
wird eine Gebühr von derzeit 143
Rubel je Platz fällig.

BUS

► **Deutsche Touring Gesellschaft**
Am Römerhof 17
D-60486 Frankfurt am Main
Tel. (069) 790 35 01
www.touring.de
Ab vielen deutschen Städten nach
Moskau und St. Petersburg.

► **Miller Reisen**
Austr. 17
D-74613 Öhringen
Tel. (07941) 39 87 51
www.miller-reisen.net
Busreisen ab Deutschland bis in
den Südural.

► **Reichert-Reisen**
Neue Kantstr. 11, D-14057 Berlin
Tel. (030) 55 49 37 42
www.reichert.ru
Busreisen an den Don, an die
Wolga und nach Sibirien.

FÄHRE

► **Tallink Silja GmbH**
Zeißstr. 6
D-23560 Lübeck
Tel. (0451) 589 92 22
www.tallinksilja.com/de

► **Lisco Baltic Service**
Ostuferhafen 15
D-24149 Kiel
Tel. (0431) 20 97 64 20
www.dfdslisco.com

► **Schnieder Reisen –
Cara Tours GmbH**
Hellbrookkamp 29
D-22177 Hamburg
Tel. (040) 380 20 60
www.baltikum24.de
Fährverbindungen, Radwande-
rungen im Gebiet Kaliningrad
u. a.

FLUGZEUG

► **Aeroflot**
www.aeroflot.com
Ab Moskau erreicht man im
europäischen Teil Russlands z. B.
Sotschi, Archangelsk, Jekaterin-
burg, Krasnodar, Mineralnyje
Wody, Murmansk, Narjan-Mar,
Nischnij Nowgorod, Rostow am
Don, Samara oder Wolgograd.

► **Air Berlin**
www.airberlin.com
Von vielen deutschen Städten fliegt
Air Berlin Moskau-Domodjedowo
und St. Petersburg (Flughafen
Pulkowo 1) an.

► **Austrian Airlines**
www.aua.com
Direktflüge von Wien nach Jekaterinburg, Krasnodar, Moskau,
St. Petersburg und Samara.

► Bluewings
www.bluewings.com
Mehrmals wöchentlich von
Düsseldorf nach Moskau und
St. Petersburg.

► CSA Czech Airlines (CSA)
www.czechairlines.de
Via Prag nach Moskau, St. Petersburg und Jekaterinburg; ab Karlovy Vary (Karlsbad) nach Moskau
und St. Petersburg.

► Germanwings
www.germanwings.com
U. a. ab Berlin, Köln/Bonn und
Stuttgart nach Moskau und
St. Petersburg.

► KD Avia
www.kdavia.de
Ab Berlin, Düsseldorf, Hamburg,
Hannover und München via Kaliningrad u. a. nach Moskau, Jekaterinburg und St. Petersburg.

► Krasair
www.krasair.ru
Neben innerrussischen Flügen
werden Verbindungen nach
Frankfurt/M., Hannover und
Salzburg angeboten.

► LOT
www.lot.com
Via Warschau geht es täglich von
verschiedenen deutschen Städten
zu Zielen in Russland.

► Lufthansa
www.lufthansa.com
Direktflüge nach Moskau, St. Petersburg, Jekaterinburg, Samara,
Nischnyj Nowgorod, Kasan und
Perm.

► Polet Airlines
www.polet.ru

Direktflüge ab München, Frankfurt/M. und Zürich nach Woronesch.

► Rossija
www.rossiya-airlines.ru/de
Rossija fliegt ab Berlin, Düsseldorf,
Frankfurt/M., Hamburg, Hannover, München, Wien und Zürich
zahlreiche russische Städte an.

► Sky Express
www.skyexpress.ru
Die innerrussische Low-Cost-Airline verbindet Moskau mit Jekaterinburg, Kasan, Murmansk,
Perm, Rostow am Don, St. Petersburg, Sotschi und Sibirien.

► Swiss International Airlines
www.swiss.com
Nach Moskau und St. Petersburg
ab Zürich.

► S 7
www.s7.ru/de
Abflugorte der sibirischen Fluggesellschaft sind Düsseldorf, Frankfurt/M., Hannover, München und
Zürich.

► Transaero
www.transaero.ru
Ab Berlin, Frankfurt, München
nach Moskau und St. Petersburg.

VISUMBESCHAFFUNG IN DEUTSCHLAND

► Botschaft der Russischen Föderation
  ► Auskunft

► Vostok Reisen
Weinbergsweg 2, D-10119 Berlin
Tel. (030) 30 87 10 20
www.vostok.de
Reiseveranstalter mit Visa-Service
(auch per Postversand).

▶ **Reise Service Russland**
Taubenstr. 20
D-10117 Berlin
Tel. (030) 20 64 77 71
www.reiseservice-russland.de

▶ **Visum Centrale**
Koblenzer Str. 64
D-53173 Bonn
Tel. (0228) 36 78 70
www.visum-centrale.de

IN ÖSTERREICH

Über die Russische Botschaft,
Konsulate oder Reisebüros

IN DER SCHWEIZ

▶ **Atlas Reisen**
Weinbergstr. 22

CH-8001 Zürich
Tel. (0900) 44 77 33
(gebührenpflichtige Hotline)
www.visarussland.ch

▶ **Sibiriak Reisen**
Postfach 442
CH-3000 Bern 25
Tel. (031) 920 02 05
www.russlandvisum.ch

VERMITTLUNG KFZ-HAFT-PFLICHTVERSICHERUNG FÜR RUSSLAND

▶ **Philipp Reisedienst**
Stedenhof 15
D-57319 Bad Berleburg-Arfeld
Tel. (02755) 22 44 45
www.philipp-reisedienst.de

Wer nicht auf besseren Komfort verzichten möchte und bereit ist, ein wenig mehr für diesen Service zu bezahlen, kann zwischen westeuropäischen Gesellschaften wie »Lufthansa«, »Austrian Airlines« und »Swiss« wählen. Diese Anbieter führen u. a. Direktflüge nach Moskau, St. Petersburg, Sotschi, Jekaterinburg, Krasnodar, Samara oder Nischnij Nowgorod im Angebot.

Eine Alternative – oft jedoch nicht die preisgünstigste – sind Flüge mit ostmitteleuropäischen Fluggesellschaften wie der polnischen Airline »LOT« via Warschau oder »Czech Airlines« (CSA) via Prag. Seit einigen Jahren fliegen auch mehrere Low-Cost-Airlines wie »Germanwings« oder »Air Berlin« Moskau und St. Petersburg an.

Reisedokumente

Personalpapiere
Deutsche, österreichische und Schweizer Staatsbürger benötigen für die Einreise in die Russische Föderation einen **Reisepass** und ein **Visum**. Prüfen Sie rechtzeitig, ob Ihr Reisedokument noch mindestens drei Monate nach der geplanten Ausreise gültig ist und über zwei freie Seiten verfügt!

Kinder unter 16 Jahre benötigen einen Kinderausweis mit Passfoto oder einen Kinderreisepass. Für Kinder bis 4 Jahre reicht ein Eintrag im Elternpass.

Erforderliche Unterlagen
Für alle Visaarten müssen Original-Reisepass, ein ausgefüllter Visumsantrag, ein Beleg über die bezahlten Visa-Gebühren, ein Passfoto sowie der Nachweis einer privaten Auslandskrankenversicherung

eingereicht werden. Diese muss von der Russischen Föderation anerkannt sein; ▶ Auskunft erteilen die Konsulate.

Wer ein **Touristenvisum** möchte, muss den Hotel- oder Reisegutschein (»Voucher«) eines russischen Reiseunternehmens sowie eine förmliche Bestätigung (»Visa support letter«) vorlegen. Dieser kann bei den Hotels direkt oder von den Visa-Agenturen besorgt werden. **Geschäftsreisende** benötigen die Einladung eines Partnerunternehmens in Russland. Zudem gibt es **Transitvisa**, z. B. für Reisende der Transsibirischen Eisenbahn, für die Russland nur ein Durchreiseland ist.

> **!** *Baedeker* TIPP
>
> **Visum per Agentur**
>
> Am einfachsten ist es, ein Reisebüro oder eine spezielle Agentur mit der Visa-Beschaffung zu beauftragen, um Zeit und Nerven zu sparen. Dafür sollte man allerdings mindestens zwei Wochen Vorlaufzeit einplanen, innerhalb einer kürzeren Frist wird es entsprechend teurer. Die Antragstellung per Post direkt bei den zuständigen russischen Konsulaten ist nicht mehr möglich.

Einfach-, Zweifach- und Dauervisum

Einfache Touristenvisa sind bis zu 30 Tage gültig und gestatten die **einmalige Einreise** nach Russland. Wer hingegen nach Kaliningrad und anschließend ins russische Kernland reisen möchte, muss ein Zweifachvisum beantragen. Das gilt auch für kombinierte Transsib-Reisen – z. B. Russland – Mongolei – Russland bzw. Russland – China – Russland –, wenn man wieder durch Russland zurück nach Westeuropa fährt. Wer zu humanitären Zwecken einreist, darf sich nur 90 Tage innerhalb eines Zeitraums von 180 Tagen in Russland aufhalten. Ansonsten muss ein Arbeitsvisum beantragt werden.

Visa-erleichterungen

Seit 2007 gilt für bestimmte Personengruppen (Geschäftsleute, Studenten, Journalisten, enge Verwandte, Besucher von Soldaten- oder zivilen Gräbern oder Teilnehmer an Sportwettkämpfen) ein neues Abkommen zwischen der EU und Russland, das ein erleichtertes Visaverfahren und den Wegfall der Antragsgebühren (nicht jedoch der Visagebühren!) vorsieht. Nähere Informationen gibt es auf der Website der deutschen Botschaft in Moskau (▶S. 109).

Migrationskarte

Bei der Einreise nach Russland muss eine Migrationskarte (Migrazionnaja karta) ausgefüllt werden. Die Formulare werden meist schon im Flugzeug ausgeteilt. Achten Sie unbedingt darauf, dass die Angaben mit jenen in Ihrem Visum übereinstimmen. Die Karte wird an der Grenze abgestempelt, ein Teil verbleibt dort, der andere bleibt im Pass und wird zur Registrierung benötigt; er **muss ständig mitgeführt** und bei der Ausreise wieder abgeben werden.

Registrierung vor Ort

Eine **polizeiliche Anmeldung** bei der örtlichen Meldestelle (OWIR) ist innerhalb von drei Werktagen vorgeschrieben. Bei Pauschalreisen übernehmen dies in der Regel die Veranstalter. Wer individuell unterwegs ist, sollte sich an die »einladende Organisation« wenden, die im Visum angegeben ist und gesetzlich für die Registrierung aufkommen muss. Wer den im Visum angegebenen Aufenthaltsort mindestens drei Tage verlässt, muss sich ab- und in der neuen Stadt entsprechend wieder anmelden. Dieses Verfahren ist seit 2007 auch per Post möglich, aber vergleichsweise kompliziert (nähere Informationen: www.auswaertiges-amt.de).

Wer sich nicht länger als drei Tage an einem Ort aufhält, sollte unbedingt Hotelquittungen und Fahrscheine aufbewahren, um dies bei einer **Polizeikontrolle** nachweisen zu können. Kontrollen sind vor allem an Metrostationen, Bahnhöfen und Flughäfen recht häufig. Wer keinen Stempel hat, riskiert eine Geldstrafe, die zwischen 2000 und 5000 Rubel betragen kann.

i Dokumentkopien

■ Empfehlenswert ist es, mindestens eine Kopie von Reisepass und Visum mitzunehmen. Sollten die Dokumente abhanden kommen, geht die Wiederbeschaffung erheblich einfacher. Solche Kopien ersetzen das Original jedoch nicht, falls die Miliz auf der Straße die Dokumente kontrollieren sollte.

Ausreise ohne Visum Die Ausreise ohne Visum ist **nur in begründeten Ausnahmefällen** wie z. B. Passverlust möglich. In diesem Fall benötigt man jedoch ein Ersatzdokument der diplomatischen Vertretung seines Heimatlandes sowie das Protokoll der russischen Miliz. Visaverlängerungen vor Ort sind in der Regel nur in besonderen Fällen wie z. B. Erkrankung möglich (dafür benötigt man ein ärztliches Attest; informieren Sie am besten Ihren Reiseveranstalter oder die einladende Organisation).

Fahrzeugpapiere Wer mit dem Auto anreist, muss bereits im Visumantrag Typ, Farbe und Kennzeichen des Fahrzeugs angeben. An der Grenze müssen der nationale Führerschein und der Fahrzeugschein in russischer Sprache vorgezeigt werden. Kostenpflichtige Übersetzungen sind meist auch vor Ort möglich. Empfohlen wird ein internationaler Führerschein, der alle Angaben in russischer Sprache enthält.

Haftpflichtversicherung ▶ Bei der Einreise muss eine **Haftpflichtversicherung bei einem russischen Versicherungsunternehmen** abgeschlossen werden; je nach Autotyp und Aufenthaltsdauer kann diese bis zu 150 Euro kosten. Das Auswärtige Amt empfiehlt dringend eine **Vollkasko-Versicherung**, weil die Deckungssummen der Haftpflichtversicherungen relativ niedrig sind. Wer an der Grenze Zeit und Nerven sparen möchte, kann z. B. bei »Philip Reisedienst« (S. 104) vorab eine Kfz-Haftpflichtversicherung des russischen Versicherers »Reso Garantia« abschließen.

Zolleinfuhrerklärung ▶ Bei der Einreise in die Russische Föderation muss eine Zolleinfuhrerklärung ausgefüllt werden, die ständig mitzuführen ist und mit dem sich der Fahrzeughalter bzw. der Fahrer verpflichtet, den Wagen wieder auszuführen. Ohne eine gültige Einfuhrerklärung ist die Wiederausfuhr des Autos nicht möglich! Wer im Land ohne gültige Zollpapiere angetroffen wird, muss mit hohen Geldstrafen rechnen (ca.

Fahrzeugwert!). Der Gültigkeitszeitraum bei der Zolleinfuhrerklärung sollte beachtet werden. Das Dokument muss als Duplikat bei der Ausreise zurückgegeben werden. Pflicht ist das ovale Nationalitätenkennzeichen am Auto!

Wer Hunde und Katzen nach Russland mitnehmen möchte, muss den EU-Heimtierausweis mit Kennzeichnung und ein amtsärztliches Gesundheitszeugnis vorlegen, das allerdings **nicht älter als zehn Tage** sein darf! Eine Tollwutimpfung muss mindestens einen, höchstens zwölf Monate vor Grenzübertritt erfolgt sein.   **Haustiere**

Impfungen sind nicht vorgeschrieben; empfohlen wird ein Impfschutz gegen Tetanus, Diphtherie und Hepatitis A, Tollwut und FSME, bei längerem Aufenthalt auch gegen Hepatitis B. Zeckenregionen sind u. a. einige Gebiete um St. Petersburg und Karelien (nördlich des Ladogasees).   **Impfungen**

Zollbestimmungen

Aktuelle Details für die Ein- und Ausfuhr von Waren und Währung sollten auf jeden Fall **bei den Botschaften** erfragt werden. Derzeit dürfen bis zu 50 000 Rubel (knapp 1500 €) ein- bzw. ausgeführt werden. Handys, Laptops und Fotoapparate für den persönlichen Gebrauch müssen bei der Einreise deklariert werden. Geschenke sind bis zu einem Wert von 10 000 US-Dollar zollfrei, die Zollbeamten können aber Geschenke, auch gebrauchte Dinge, als zollpflichtige Ware einstufen und entsprechende Abgaben berechnen.   **Einfuhr in die Russische Föderation**
Zollfrei eingeführt werden dürfen 400 Zigaretten oder 200 Zigarillos oder 50 Zigarren oder 500 g Tabak (Personen über 18 Jahre), 2 l alkoholische Getränke (Personen über 21 Jahre) und Parfüm für den persönlichen Gebrauch sowie Reiseproviant in Konserven oder Vakuumverpackung. Frische Lebensmittel (Obst, Gemüse, Fleisch, Fleischwaren), Pflanzen und Saatgut dürfen nicht eingeführt werden.

Ohne Sondergenehmigung des russischen Kulturministeriums ist die **Ausfuhr von Kunstgegenständen und Antiquitäten verboten**, die aus der Zeit vor 1945 stammen. Daran sollte man auch beim Schlendern über Flohmärkte denken, auf denen z. B. Medaillen oder alte Geldscheine angeboten werden. Im Zweifel den russischen Zoll fragen, denn die Strafen sind drakonisch. Auch Pelze und Edelsteine unterliegen Exportbeschränkungen. Zollgrenzen gelten außerdem für »typisch russische« Mitbringsel, so dürfen z. B. nur 125 g Kaviar ausgeführt werden (und nur Ware mit CITES-Artenschutzetikett!).   **Wiedereinreise in EU-Länder**
Nach Deutschland, Österreich und in die Schweiz dürfen zollfrei eingeführt werden: von Personen über 15 Jahre 500 g Kaffee oder 200 g Pulverkaffee und 100 g Tee oder 40 g Teeauszüge, 50 g Parfüm oder 0,25 l Eau de Toilette, von Personen über 17 Jahre zusätzlich 1 l Spirituosen mit einem Alkoholgehalt von mehr als 22 % (Schweiz: über

15 %) oder 2 l mit weniger als 22 % (Schweiz: unter 15 %) oder 2 l Wein, 200 Zigaretten oder 100 Zigarillos oder 50 Zigarren oder 250 g Tabak. Zollfrei sind auch Souvenirs bis zu einem Wert von 300 € (Einreise mit Auto / Bahn) bzw. 430€ (Einreise mit Schiff / Flugzeug).

Auskunft

Kein Fremden-verkehrsamt Russland betreibt in Deutschland, Österreich und der Schweiz keine Fremdenverkehrszentralen. Auskunft erteilen die **Reiseveranstalter** oder **Online-Portale**. Tipps zu Exkursionen, Ausflügen oder Theaterkarten bekommt man oft vor Ort in den Hotels. In Großstädten wie Moskau, St. Petersburg, Kaliningrad oder Jekaterinburg gibt es Broschüren mit Veranstaltungstipps auf Englisch.

▶ INFORMATIONSADRESSEN

▶ **Federalnoje agentstwo po turisme Rossijskoj Federazii (Föderale Tourismus-Agentur der Russischen Föderation)**
ul. Mjasnizkaja 47
107084 Moskau
Tel. (495) 607 78 97
www.russiatourism.ru
(Die englischsprachige Website befindet sich z.Z. noch im Aufbau.)

▶ **Ost-West Kontaktservice**
Newskij prospekt 105
191036 St. Petersburg
Tel. (812) 327 34 16
www.ostwest.com/de

Filiale:
Tschistoprudnyj bulwar 2
101000 Moskau

Das Reisebüro unter deutschem Management vermittelt u. a. Unterkünfte und Stadtführungen in St. Petersburg und anderen Städten. 2007 wurde eine Zweigstelle in Moskau eröffnet, die auch touristische Auskünfte erteilt.

DIPLOMATISCHE VERTRETUNGEN DER RUSSISCHEN FÖDERATION IN DEUTSCHLAND

▶ **Botschaft der Russischen Föderation**
Unter den Linden 63
D-10117 Berlin
Tel. (030) 229 11 10
www.russische-botschaft.de
Aktuelle Visa- und Einreisebestimmungen für die Russische Föderation, Antragsformulare zum Downloaden auf der Website.

▶ **Konsularabteilung der Russischen Botschaft**
Behrenstr. 66
D-10117 Berlin
Tel. (030) 22 65 11 84
www.russisches-konsulat.de
Konsularbezirk: Berlin, Brandenburg, Sachsen-Anhalt, Mecklenburg-Vorpommern

▶ **Generalkonsulat Bonn**
Waldstr. 42
D-53177 Bonn

Tel. (0228) 386 79 30 (Visastelle)
www.ruskonsulatbonn.de
Konsularbezirk: Nordrhein-Westfalen, Rheinland-Pfalz, Saarland

► **Generalkonsulat
Frankfurt am Main**
Öderweg 16
D-60318 Frankfurt/M.
Tel. (069) 59 67 45 03
www.ruskonsulatfrankfurt.de
Konsularbezirk: Baden-Württem-
berg, Hessen

► **Generalkonsulat Hamburg**
Am Feenteich 20
D-22085 Hamburg
Tel. (040) 229 52 01
www.generalkonsulat-rus-
hamburg.de
Konsularbezirk: Bremen, Ham-
burg, Niedersachsen, Schleswig-
Holstein

► **Generalkonsulat Leipzig**
Turmgutstr. 1
D-04105 Leipzig
Tel. (0341) 585 18 76
www.russische-botschaft.de
Konsularbezirk: Sachsen, Thürin-
gen

► **Generalkonsulat München**
Seidlstr. 28
D-80335 München
Tel. (089) 59 25 03
www.ruskonsmchn.mid.ru
Konsularbezirk: Bayern

IN ÖSTERREICH
► **Botschaft der
Russischen Föderation**
Reisnerstr. 45
A-1030 Wien
Tel. (01) 712 12 29
www.rusemb.at
Konsularbezirk: Wien, Niederö-
sterreich, Burgenland, Steiermark

► **Generalkonsulat Salzburg**
Bürglsteinstr. 2
A-5020 Salzburg
Tel. (0662) 62 41 84
www.rusemb.at
Konsularbezirk: Salzburg, Tirol,
Oberösterreich, Kärnten, Vor-
arlberg

IN DER SCHWEIZ
► **Botschaft der
Russischen Föderation**
Brunnadernrain 37
CH-3006 Bern
Tel. (031) 352 05 66
www.switzerland.mid.ru

► **Konsularabteilung Bern**
Brunnadernstr. 53
CH-3006 Bern
Tel. (031) 352 05 67
www.consulrussia.ch

► **Generalkonsulat Genf**
24, rue Schaub
CH-1202 Genf
Tel. (022) 734 79 55
www.switzerland.mid.ru

DEUTSCHE VERTRETUNGEN IN RUSSLAND
► **Deutsche Botschaft**
ul. Mosfilmowskaja 56
119285 Moskau
Tel. (495) 937 95 00
(auch Notruf, 24 Stunden besetzt)
www.moskau.diplo.de

► **Konsularische
Abteilung Moskau**
Leninskij prospekt 95a
119313 Moskau
Tel. (495) 36 24 01
Fax (495) 936 21 43

► **Generalkonsulat St. Petersburg**
ul. Furschtatskaja 39
191123 St. Petersburg

Tel. (812) 320 24 00
www.sankt-petersburg.diplo.de

► **Generalkonsulat
Jekaterinburg**
World Trade Centre
ul. Kujbyschewa 44
620026 Jekaterinburg
Tel. (343) 359 63 99
www.jekaterinburg.diplo.de

► **Generalkonsulat Kaliningrad**
ul. Leningradskaja 4
236008 Kaliningrad
Tel. (4012) 92 02 30
www.kaliningrad.diplo.de

ÖSTERR. VERTRETUNGEN IN RUSSLAND

► **Österreichische Botschaft**
Starokonjuschennyj pereulok 1
119034 Moskau
Tel. (495) 502 95 12
Notruf: Tel. (495) 767 03 96
www.austrianembassy.ru

► **Österreichisches
Honorarkonsulat**
ul. Furschtatskaja 43
191123 St. Petersburg
Tel. (812) 275 05 02
Fax 275 11 70

SCHWEIZER VERTRETUNGEN IN RUSSLAND

► **Schweizerische Botschaft**
pereulok Ogorodnoj slobody 2/5
107140 Moskau
Tel. (495) 258 38 30
www.eda.admin.ch/moscow

► **Schweizerisches
Generalkonsulat**
Tschernyschewskogo prospekt 17
191123 St. Petersburg
Tel. (812) 327 08 17
www.eda.admin.ch/stpetersburg

INTERNET

► **http://russia.rin.ru**
Wissenswertes über Russland:
Zahlen, Fakten und Reiseregionen
(engl.)

► **www.all-hotels.ru**
Weitgehend vollständiges Hotel-
verzeichnis für Russland (engl.)

► **www.kulturportal-russland.de**
Veranstaltungshinweise, Buchre-
zensionen und Neuerscheinungen
bietet die Website des Deutsch-
Russischen Forums.

► **www.nachrussland.de**
Deutschsprachige Website mit
praktischen Tipps und Links für
Pauschal- und Individualreisende.

► **www.poezdka.de**
Deutschsprachige Website mit
vielen Infos und Tipps über Land
und Leute, über Moskau und
St. Petersburg und verschiedene
Regionen des Landes.

► **www.regionen.ru**
Die deutschsprachige Website lässt
(fast) keine Frage zu den russischen Regionen offen.

► **www.russia-travel.ws**
Umfangreiche Informationen über
einzelne Regionen des Landes
(engl.)

► **www.visitrussia.org.uk**
Das Russische Fremdenverkehr-
samt in Großbritannien hält einige
Infos über das Land parat.

► **www.whererussia.com**
Das Portal des »Where«-Magazins,
das u. a. in St. Petersburg erscheint, gibt Russland-Reisenden
einen ersten Überblick (engl.).

Mit Behinderung in Russland

In Russland ist man kaum auf Menschen mit Körperbehinderungen eingestellt: Öffentliche Nahverkehrsmittel sind oft ebenso wenig barrierefrei wie die meisten Hotels, Restaurants und Museen. Am besten erkundigt man sich vor der Buchung der Unterkunft danach.

Entwicklungsfähig

Die Russischen Staatsbahnen haben inzwischen zahlreiche Waggons auf vielen Strecken (z. B. Moskau – Perm oder Moskau – Warschau) eingesetzt, die den Ansprüchen von Rollstuhlfahrern gerecht werden. Zusätzliche Gefahren für Personen, die auf einen Rollstuhl angewiesen sind, stellen die vielen Schlaglöcher auf russischen Gehsteigen, die oft recht hohen Bordsteinkanten und die Zebrastreifen dar, an denen kaum ein Autofahrer anhält. Menschen mit geistiger Behinderung wiederum werden in Russland oft vom öffentlichen Leben ausgegrenzt. Auskünfte erteilt »Perspektiwa«, die größte Behindertenvereinigung in Moskau.

HILFREICHE ADRESSEN

▶ **Regionalnaja obschtschestwennaja organisazija inwalidow »Perspektiwa« (Regionale Behindertenvereinigung »Perspektiwa«)**
ul. 2-aja Frunsenskaja 8
119146 Moskau
Tel. (495) 245 68 79
http://eng.perspektiva-inva.ru
(engl.)

▶ **BSK-Reise-Service**
Altkrautheimer Str. 20
D-74236 Krautheim
Tel. (062 94) 42 810
www.bsk-ev.org

▶ **Bundesarbeitsgemeinschaft der Clubs Behinderter und ihrer Freunde e.V.**
Langenmarckweg 21
D-51465 Bergisch Gladbach
Tel. (022 02) 989 98 11
www.bagcbf.de

▶ **Verband aller Körperbehinderten Österreichs**
Schottenfeldgasse 28
A-1070 Wien, Tel. (01) 914 55 62
www.sonnengarten.at

▶ **Mobility International Schweiz**
Froburgstr. 4, CH-4600 Olten
Tel. (062) 206 88 35
www.mis-ch.ch

Elektrizität

Die Stromspannung beträgt 220 Volt, in Badezimmern 110 Volt. Gängige Europanorm-Gerätestecker passen manchmal nicht in russische Steckdosen, vor allem in älteren Gebäuden. Daher empfiehlt es sich, einen **Universaladapter** mitzunehmen.

Essen und Trinken

Der Tisch ist reich gedeckt

Die traditionelle russische Küche ist **üppig und deftig**. Wenn Russen zum Fest einladen, wird oft stundenlang gekocht und westliche Gäste sind dann nicht selten über die Vielfalt und die Menge der Speisen überrascht, die ihnen ihr Gastgeber auftischt. Traditionell wird drei Mal täglich warm gegessen, allerdings lässt sich dieser Brauch in vielen Familien nicht mehr in Einklang mit dem modernen Lebensstil bringen.

Mahlzeiten

Der Tag beginnt in Russland herzhaft und reichhaltig: Zum **Frühstück** werden Bratkartoffeln, Omelett, die allgegenwärtige Buchweizengrütze (kascha), Würstchen und oft Hackfleischbuletten, Käse, Wurst und Marmelade aufgetischt. Viele Hotels haben sich mit Müsli und Säften auf ausländische Gäste eingestellt.

Das **Mittagessen** besteht meist aus drei oder vier Gängen, und je nachdem, wie üppig zu Mittag aufgetischt wurde, fällt das **Abendessen** entsprechend bescheidener aus. **Brot** gehört immer zum Essen. Besonders aromatisch schmeckt Schwarzbrot mit Koriandersamen, das man an seiner charakteristischen Kastenform erkennt.

Vorspeisen

Die russische Küche ist berühmt für ihre **Sakuski**, ein recht üppiger Vorspeisentisch, der verschiedene Salate, Auberginenpüree, kalte Platten mit Wurst, Sülze, Zunge, Hering, Salzgurken, marinierte To-

Platz ist in der engsten Küche: Auch in der Transsib wird gut gekocht.

maten und eingelegte Pilze umfasst. Am berühmtesten sind vermutlich **Blini**, luftige Buchweizenpfannkuchen, die gerne mit Kaviar garniert werden. Beliebt ist auch »Hering unter dem Pelz« (seld pod schuboj), der, in feine Streifen geschnitten, unter einer Schicht Rote Bete, Kartoffeln und Mayonnaise zum Vorschein kommt. Bei Salaten überwiegen Zutaten wie Rote Bete, Kartoffeln, Erbsen oder Eier, die mit reichlich Mayonnaise vermengt werden. Nichts für Kalorienzähler!

Im Sommer wird gern Rohkostsalat mit Tomate, Gurke und Dill gereicht. Als Vorspeise oder Zwischenmahlzeit sind **Piroggen** (pirogy oder piroschki) beliebt: Die Pasteten können mit allem Erdenklichen gefüllt sein – weit verbreitet sind Weißkohl, Kartoffeln oder Hackfleisch.

Wurst und Käse

Seit Sowjetzeiten ungebrochen populär ist Fleischwurst der Marke »Doktorskaja«. Auch Jagdwurst, Bockwurst, Knoblauchwurst und die im Kaukasus beliebte Pferdewurst »Sudschuk« werden oft aufgetischt.

Beim Streifzug über den Bauernmarkt empfehlen sich vor allem kaukasische Käsearten wie »Suluguni«, ein georgischer Schnittkäse in Salzlake, der gelegentlich auch geräuchert angeboten wird. Hausgemachter Weichkäse aus dem Kaukasus wird manchmal mit Nüssen oder Kräutern gefüllt und zu einer Rolle geformt. Weit verbreitet ist auch industriell hergestellter Feta-Käse (bzw. Ersatz). Auch der »Tilsiter«, der inzwischen wieder im Gebiet Kaliningrad hergestellt wird, ist recht weit verbreitet.

Suppen

Russland ist ein Paradies für Suppenliebhaber. Zu den bekanntesten gehört die Rote-Bete-Suppe **Borschtsch**, für die es vermutlich so viele Rezepte wie Köchinnen gibt. Grundlage für **Schtschi** ist Weißkohl, der in feine Streifen geschnitten wird. In eine echte **Soljanka** gehören gekochtes oder gebratenes Fleisch – manchmal durch Fisch ersetzt –, Salzgurken, Zwiebeln, Tomatenpüree und Oliven. **Rassolnik** ist eine kräftige Rinderbrühe, in der Gemüse und Nieren gekocht werden. In der warmen Jahreszeit kommt vielerorts **Okroschka** auf den Tisch, eine kalte Frühlingssuppe auf der Grundlage von Kwas (►S. 115), Kartoffeln, Rettich, Schnittlauch und manchmal auch Fleisch. **Ucha** ist eine traditionelle Fischsuppe, für die es regional unterschiedliche Rezepte gibt. Zu Suppe wird immer Brot gegessen; gerne werden die Portionen auch mit einem Klecks Sauerrahm (smetana) und Dill verfeinert.

Fleischgerichte

Das bekannteste russische Fleischgericht dürfte vermutlich **bef stroganoff** sein: dünn geschnittenes Rindfleisch mit Zwiebeln, Pilzen und saurer Sahne. Weit verbreitet ist Hackfleisch, vor allem in Form von Buletten oder als Kohlroulade (golubzy), bei der das Fleisch mit Reis vermengt wird. Aus dem Kaukasus stammt das berühmte **Schaschlik**, das zum Grillausflug einfach dazugehört.

Kaviar
Russland ist berühmt für die Produktion der teuersten Eier der Welt: Der gesalzene Rogen stammt v. a. von Stör-Arten aus dem Kaspischen, Schwarzen und Asowschen Meer. Die Königin unter den Kaviar-Sorten ist **Beluga**, andere Stör-Arten liefern **Ossjotr** und **Sewruga**. Dazu werden Champagner und trockener Weißwein ausgeschenkt, die den zarten Geschmack optimal zur Geltung bringen. Kaviar wird nur mit Löffelchen aus Perlmutt, Horn oder Elfenbein gegessen!

Fisch und Meeresfrüchte
Traditionell werden Krabben meist nur in Salzwasser gekocht (otwarnyje krewetky) und ungeschält zu Bier geknabbert. Trockener Salzfisch, meist die grätenreichen Plötzen, und Tintenfisch werden gerne zu alkoholischen Getränken angeboten. In vielen Salaten finden sich »Surimi« wieder, Krabbenfleisch-Stäbchen, kleingehackt und mit Mayonnaise serviert. Zander (sudak) wird mit Gemüse, Käse und saurer Sahne gratiniert. Der Sterlet (sterljad), die kleinste Störart, gilt als König unter den Fischen und ist entsprechend teuer. Auch andere Störarten findet man oft als Schaschlik an Grillständen. An der Schwarzmeerküste bekommt man frischen Meeresfisch oder Forellen aus Gebirgsbächen serviert.

Teigwaren
Zu den bekanntesten russischen Mehlspeisen gehören **Wareniki** und **Pelmeni**, die aus Nudelteig hergestellt werden und in ihrer Form an Ravioli und Tortellini erinnern. Wareniki sind mit Quark, Kartoffeln, Pilzen, Weißkohl oder Fruchtmus gefüllt, Pelmeni in der Regel mit Fleisch. Die größere Variante heißt Manty, eine Art Maultaschen aus Zentralasien.

Vegetarisches
Die traditionelle russische Küche kennt viele vegetarische Gerichte. Das hängt mit religiösen Traditionen wie der **Fastenzeit** zusammen, denn im orthodoxen Kirchenkalender waren an 200 Tagen im Jahr Fleisch, Eier und Milch verboten! Allerdings nehmen Restaurants fleischlose Gerichte nur zögerlich in ihre Speisekarten auf, denn die heutige russische Küche ist ausgesprochen fleischorientiert. Wer in der Provinz unterwegs ist, sollte sich an Sakuski (Vorspeisen) und Salate halten.

40 Tage vor Ostern und Weihnachten führen die meisten Restaurants eine **Speisekarte mit Fastengerichten**, die viele Köstlichkeiten für Vegetarier aufführt. Einfach nach dem »postnoje menju« (Fastenkarte) fragen.

> ! **Baedeker TIPP**
>
> **Peter Brang: Ein unbekanntes Russland**
>
> Kulturgeschichte vegetarischer Lebensweisen von den Anfängen bis zur Gegenwart (Böhlau 2002). Auf 471 Seiten gibt der emeritierte Züricher Slawistikprofessor Einblicke in eine fleischlose Lebenskultur in Russland, wo es schon vor über einem Jahrhundert Vegetariervereine in den Metropolen gab!

Desserts
Zum Abschluss eines opulenten Mahls werden Kompott, Obst oder eingedickter Fruchtsaft (kisel) serviert. Zu Kaffee oder Schwarztee

werden Gebäck, Pralinen, Honig, Konfitüre (warenje) oder gezucker-te Kondensmilch (sguschtschjonnoje moloko) gereicht. Traditionell verbreitet ist Kringelgebäck (suschki) mit leichtem Salz- oder Vanil-legeschmack, das oft mit Mohn bestreut ist.

Russische Torten schmecken für westliche Gaumen oft ein wenig zu süß. Beliebt sind vor allem Kremtorten mit Zuckerguss, Biskuitkar-toffeln (piroschenoje kartoschka) oder Soufflé-Torte »Vogelmilch« (ptitschje moloko). In Kaffeehäusern isst man gerne »Tschiskejk« (Käsekuchen). Naschkatzen sollten unbedingt Quark-Riegel (syrok) mit Nüssen und Rosinen, umhüllt von Bitterschokolade, probieren. Diese Snacks gibt es fast überall zu kaufen. Köstlich schmeckt auch der Frischquark auf den Märkten, der in vielen Variationen – etwa mit Kokos oder Rum – angeboten wird. Und: Die Russen lieben **Eis**! Sogar bei klirrender Kälte bieten Stände das legendäre Vanilleeis »Plombir« im Waffelbecher an.

Russland ist ein Vielvölkerstaat, was sich auch in den Kochtöpfen wiederspiegelt. Wer in **Karelien** unterwegs ist, kann Rentierfleisch, Wildbret und schmackhafte Fischgerichte oder Süßspeisen aus den nordischen Moosbeeren probieren. In der fruchtbaren südrussischen **Kuban-Region** kommt mehr Gemüse als anderswo auf den Tisch. Es lohnt sich auf jeden Fall, nach regionalen Spezialitäten zu fragen.

Ethnische und regionale Küchen

Zum orthodoxen Osterfest gehören **Pascha** (sprich: Pas-cha), eine abgestumpfte Pyramide aus gepresstem Quark mit Rosinen, sowie der **Kulitsch**, ein hoher Hefekuchen. Die gefärbten Eier dürfen auf der Festtafel ebenfalls nicht fehlen.

Vor dem Verzehr werdem die Speisen oft zur Segnung in die Kirche gebracht. In der Osternacht nach dem Gottesdienst treffen sich viele Gläubige zum gemeinsamen üppigen Frühstück, das nach 40 Tagen Fastenzeit naturgemäß großen Anklang findet. Traditionell wird dabei **Kutja** serviert, ein Getreidebrei, der Hoffnung und Unsterblich-keit symbolisieren soll. Gegessen wird Kutja gemeinsam aus einer Schüssel in der Mitte des Tisches.

Ostergerichte

Ein erfrischender Durstlöscher ist **Kwas**: Vergorenes Schwarzbrot wird mit Hefe und Rosinen zu einer Limonade gebraut. Sanddorn (oblepicha) wird gern zu Sirup verarbeitet, der mit Wasser verdünnt getrunken wird. **Mors**, ein aus Moosbeeren oder Blaubeeren herge-stellter Fruchtsaft, wird in Tetrapacks abgefüllt und überall vertrie-ben. Weit verbreitet ist auch Kefir, ein vergorenes, leicht alkoholhalti-ges Milchgetränk. Im Ural wird gern **Kumys** getrunken, ein vitamin-reiches, erfrischendes Getränk, das aus vergorener Stutenmilch hergestellt wird.

Getränke

Tschaj ist das **Nationalgetränk** der Russen! Am liebsten wird er schwarz und kräftig getrunken, meist mit gezuckerter Kondensmilch, dazu gibt es Konfitüre. In den Cafés und Restaurants hat sich in den letzten Jahren allerdings auch grüner Tee durchgesetzt.

◄ Tee

DAS WÄSSERCHEN

Die Russen mögen ihn: Wodka, das »Wässerchen«, so die wörtliche Übersetzung für das hochprozentige Getränk, das bereits seit dem 11. Jh. bekannt ist und zunächst aus Korn und seit dem 17. Jh. aus Kartoffeln gebrannt wird.

Eisgekühlt schmeckt ein guter Tropfen sehr weich und rein und brennt kaum. Guter Wodka macht auch keinen schweren Kopf, da alle Fremdstoffe herausgefiltert wurden. Inzwischen gibt es allerdings eine breite Palette an Zusätzen von Anis bis Zitrone, wobei diese geschmacklich nicht dominieren dürfen. Wer es exotisch mag, kann ukrainischen Nemirnoff mit Peperoni und Honig probieren – zunächst recht süß, brennt er jedoch auf der Zunge nach.

Vielfältig gebraucht

Wodka wird in Russland oft aus Wassergläsern getrunken, in Einheiten zu »sto gram« (100 Gramm). In feineren Gesellschaften schenkt man auch in Schnapsgläser ein. Da man nicht nippt, sondern auf einen Zug austrinkt, empfiehlt sich Wasser zwischendurch. Sakuski (Vorspeisen) wie Salzgurken, Speck, Sülze und Salate schaffen eine gute Grundlage für den Wodka. Wer zu einer Feier zu spät kommt, muss ein Glas zur Strafe austrinken, damit er gegenüber anderen Gästen alkoholmäßig nicht ins Hintertreffen gerät. Das »Wässer-chen« ist zugleich Allheilmittel: Mit Pfeffer oder Honig vermischt, hilft es gegen Erkältungen.

Nicht zuletzt spielt Wodka eine wirtschaftliche Rolle: Die Hälfte der weltweit produzierten Menge soll in Russland verbraucht werden, woran der Staat kräftig verdient, denn er kontrolliert Handel und Herstellung von Alkohol. Wodka ist günstig, die Qualität schwankt allerdings. Am besten sind Marken mit Export-Qualität wie »Russkij Standard« oder »Diplomat«.

Literaturtipps

Ian Wisniewski erzählt in »Wodka: Kultur & Genuss« alles Wissenswerte über Wodka (Geschichte, Sorten, Herstellung) und stellt Cocktails, aber auch Gerichte vor, zu denen Wodka herrlich mundet (Hädecke 2005). Schlicht »Das Wodka-Kochbuch« heißt ein recht opulenter Titel von John Rose, der die besten Rezepte mit dem feinen Destillat enthält (Christian 2005). Roland Bathon gibt in »Wodka« (Books on Demand 2007) Einblicke in die Traditionen des Wodkas und seine Rolle in der russischen Gesellschaft.

Direkt vom Tank zu den Durstigen: Kwas-Verkauf in Petschory bei Pskow

Der Samowar ist nur noch in wenigen Haushalten in Betrieb, längst haben auch in Russland moderne Wasserkocher Einzug gehalten. Während man im Restaurant oft Teebeutel oder losen Tee serviert bekommt, brühen viele Russen ihren Tee zu Hause aus einem Sud auf. Dazu zieht der Tee längere Zeit und wird je nach Bedarf einfach mit heißem Wasser direkt in der Tasse aufgegossen. Wer zu Gast in einem russischen Haushalt ist und keinen Tee mehr möchte, sollte seine Tasse auf der Untertasse umstülpen – man signalisiert dadurch, dass man keinen Durst mehr hat.

In allen Großstädten gibt es inzwischen westliche Kaffeehäuser, in denen auch »Coffee to go« angeboten wird. In kleineren Ortschaften sollte man hingegen nicht zu viel erwarten: Nicht nur an Imbissständen, sondern auch in Restaurants wird hier in der Regel Pulverkaffee serviert. ◄ Kaffee

Hochprozentigen Alkohol, insbesondere **Wodka**, sollte man in Supermärkten oder firmeneigenen Verkaufsstellen kaufen, da andernorts auch gepanschte Ware in Umlauf ist. **Alkoholische Getränke**

Bier oder Bier-Mixgetränke in Dosen haben inzwischen überall die gleiche Qualität. Beliebt ist das St. Petersburger Bier »Baltika«, jedoch werden auch internationale Biere wie das amerikanische »Miller Lager« in Russland gebraut. »Klinskoje« aus Klin gehört ebenfalls zu den populären Sorten und »Sibirskaja korona« – die »Sibirische Kro- ◄ Bier ne« – findet man nicht nur östlich des Urals. Die St. Petersburger Brauerei Tinkoff hat sich inzwischen in vielen russischen Städten mit einer Restaurantkette niedergelassen, verkauft ihre Spezialitäten wie Bier mit Räuchergeschmack (s dymkoj) aber auch im Supermarkt.

Sowjetskoje schampanskoje ▶ Was wäre eine russische Feier ohne **Sekt**, »Sowjetskoje Schampanskoje«? Das perlende Getränk ist in mehreren Varianten erhältlich. Westlichen Geschmäckern dürfte »suchoje« (trocken) oder »brjut« (sehr trocken/brut) am ehesten zusagen. Bei Russen sind allerdings die süßlichen Sorten wie »slatkoje« (sehr süß) beliebter.

Essen im Restaurant In den letzten Jahren hat sich die Restaurantszene in den großen Städten deutlich gewandelt. Inzwischen gibt es neben Restaurants, die regionale Gerichte anbieten, auch viele mit französischer, italienischer oder asiatischer Küche. Allerdings muss man sich dort meist auf recht hohe Preise einstellen.

Das Mittagessen, oft ein sogenanntes Business Lunch, wird in Restaurants in der Regel zwischen 12.00 und 16.00 Uhr serviert. Beim Abendessen lässt man sich Zeit. Ab 19.00 Uhr sind die Restaurants in der Regel gefüllt, eine **Reservierung** ist daher **empfehlenswert**. Die Bedienung ist meist inbegriffen, doch freut sich jeder aufmerksame Kellner – wie hierzulande auch – über ein **Trinkgeld**; rund 10 Prozent der Rechnungssumme sind angemessen.

> ## ⓘ Preiskategorien Restaurants
>
> - Fein & teuer: ab 25 €
> - Erschwinglich: 12 – 25 €
> - Preiswert: bis 12 €
>   (für ein Menü mit Vor-, Haupt- und Nachspeise; ohne Getränke)

Feiertage, Feste und Events

Arbeitsfreier Montag Fällt ein offizieller Feiertag auf einen Samstag oder Sonntag, ist der darauffolgende Montag arbeitsfrei. Ist der Feiertag hingegen ein Freitag, ruht die Arbeit meist auch am Samstag. Oft wird der Brückentag zu einem späteren Zeitpunkt kompensiert.

Gedenktage Gedenktage herausragender Persönlichkeiten werden in Russland ganz besonders gepflegt: So hat der Nationaldichter **Alexander Puschkin** »seinen« Feiertag am 6. Juni, dem Tag, an dem er geboren wurde. Und der Tag des ersten Weltraumflugs durch **Jurij Gagarin**, der 12. April, gilt als »Tag der Kosmonauten«. Der 22. August ist der Tag der Staatsflagge der Russischen Förderation.

Berufsspezifische Feiertage Aus sozialistischer Zeit sind noch viele berufsspezifische Feiertage erhalten geblieben: So gehört der erste Aprilsonntag den Geologen, der letzte Septembersonntag den Maschinenbauern und der 20. Dezember den Mitarbeitern des Geheimdienstes (früher KGB, heute FSB).

FESTKALENDER

OFFIZIELLE FEIERTAGE

► 1. Januar: Neujahr

Zu Sowjetzeiten ersetzte Silvester teilweise das christliche Weihnachtsfest, ein Brauch, der bis heute weitgehend beibehalten wird. So schmückt man die »Jolka«, den Tannenbaum, zum Jahreswechsel. Gefeiert wird mit reichlich Essen und Trinken, kurz vor Mitternacht ist Bescherung!

► 2. – 5. Januar: Neujahrsfeiertage

Das ist neu in Russland: Kurzerhand wurden 2005 einige Brückentage eingeführt, die so genannten »Neujahrsfeiertage« – gestrichen wurden stattdessen einige andere arbeitsfreie Tage im Jahr.

► 7. Januar: Russisch-orthodoxes Weihnachtsfest

Das orthodoxe Weihnachtsfest, das sich nach dem Julianischen Kalender richtet, wurde erst 1991, nach dem Zusammenbruch der Sowjetunion, wieder eingeführt.

► 23. Februar: Tag der Russischen Armee/Tag des Vaterlandverteidigers

Am früheren »Tag der Sowjetarmee« ruht die Arbeit; inoffiziell gilt der Tag auch als »Männertag«. Am 23. Februar 1918 verzeichnete die neu formierte Rote Armee erstmals Erfolge gegen deutsche Truppen bei Pskow (an der Grenze zu Estland).

► 8. März: Internationaler Frauentag

Ein schönes Überbleibsel aus der Sowjetära! Im Westen ist der Internationale Frauentag, an dem alle Frauen geehrt werden, bis heute wenig beachtet. Russische Frauen hingegen erhalten ein kleines Präsent, meist Pralinen oder Blumen.

► 1. Mai: Tag des Frühlings und der Arbeit

Im ganzen Land finden Maikundgebungen statt. Seit 2005 ist der 2. Mai, der Tag des Frühlings, zugunsten der Neujahrsfeiertage nicht mehr arbeitsfrei.

► 9. Mai: Tag des Sieges

Am 9. Mai 1945 trat die bedingungslose Kapitulation Deutschlands in Kraft. Den Sieg im »Großen Vaterländischen Krieg«, wie die Russen den Zweiten Weltkrieg nennen, begeht man allerorts mit Veteranentreffen, Kundgebungen und Militärparaden, deren größte auf dem Moskauer Roten Platz stattfindet.

► 12. Juni: Tag Russlands (Nationalfeiertag)

Am 12. Juni 1991 erklärte Russland seine Unabhängigkeit.

► 4. November: Tag der Einheit des Volkes

An diesem Tag wurde Moskau 1612 von den polnischen Besatzern befreit.
Bis 2005 wurde der »Tag der Eintracht und Versöhnung« am 7. November gefeiert, der zu Sowjetzeiten »Tag der Oktoberrevolution« hieß und der der Machtübernahme der Bolschewiken von 1918 gedachte. Mit seiner Abschaffung ist die Erinnerung an diese Epoche ein Stück

weit mehr in die Geschichtsbücher eingegangen und aus dem öffentlichen Bewusstsein verschwunden. Vor allem Kommunisten halten jedoch mit Kundgebungen weiterhin am 7. November fest.

FESTE & EVENTS IM JANUAR

▶ **14. Januar: Altes Neujahr**
Wer feiert schon zweimal im Jahr Neujahr? Die Russen tun es, da zwischen dem seit 1918 gültigen Gregorianischen und dem Julianischen Kalender, an dem die Kirche festhält, 13 Tage Differenz liegen. Doppelt arbeitsfrei gibt es allerdings nicht.

▶ **25. Januar: Tatjanas Tag (Studentenfeiertag)**
Studenten feiern ausgelassen den Tag der Gründung der Moskauer Universität im Jahr 1755.

IM FEBRUAR

▶ **14. Februar: Valentinstag**
Der Feiertag aller Verliebten hat in den letzten Jahren viele Anhänger in Russland gefunden. Wer an diesem Tag ins Restaurant möchte, muss lange vorher reservieren.

IM FEBRUAR / MÄRZ

▶ **Masleniza**
Landesweit wird Masleniza, die russische »Butterwoche« vor Beginn der Fastenzeit, gefeiert. Mit Musik, Folklore und Unmengen goldgelb ausgebackener Blini – die die strahlende Sonne symbolisieren – wird das Ende des Winters markiert. Wer gerade in Moskau ist, sollte im Kolomenskoje-Park vorbeischauen. Kommerzieller geht es unterdessen auf dem Roten Platz zu, wo Blini schon mal weltrekordverdächtig am laufenden Meter gebacken werden.

IM MÄRZ

▶ **Murmansk und Umgebung: Festival des Nordens**
Mit Biathlon, Eissegeln, Skimarathon und Schlittenrennen liefert man sich in der nördlichsten Großstadt der Welt spannende Wettbewerbe.

IM MÄRZ/APRIL

▶ **Ostern**
Das orthodoxe Osterfest findet i.d.R. zwei Wochen später als unser Ostern statt. Es ist nicht arbeitsfrei, allerdings ziehen viele Familien mit Wodka und gefärbten Eiern auf die Friedhöfe, um mit ihren Verstorbenen zu picknicken – ein Brauch, der zu Sowjetzeiten den Kirchenbesuch ersetzte und weitgehend beibehalten wurde. Immer mehr Menschen strömen jedoch auch in der Osternacht in die Kirchen; der Gottesdienst mit prunkvoller Prozession dauert oft bis in die frühen Morgenstunden.

IM MAI

▶ **Segnung der Wolgaquelle**
Im winzigen Dörfchen Wolgowerchowje nimmt der mächtige Strom seinen Anfang und alljährlich Ende Mai strömen Tausende von Pilgern zur Segnung der Wolgaquelle hierher.

▶ **Graduiertentag**
Am 25. Mai endet das Schuljahr, was Schulabgänger mit Paraden durch die Stadt feiern.

IM MAI/JUNI

▶ **Glinka-Festival**
In Smolensk, der Heimatstadt des Komponisten Michail Glinka (1804 – 1857), wird vom 1. bis 10. Juni mit vielen Konzerten seiner gedacht.

▶ St. Petersburg: Kulturfestival »Weiße Nächte«

Wenn es nachts an der Newa kaum dunkel wird, ist die richtige Zeit für viele Konzerte, Folkore-Darbietungen und Ballettaufführungen. Zwischen Mitte Mai und Mitte Juli lockt vor allem das Mariinskij teatr mit vielen Kulturveranstaltungen (rechtzeitig Hotel reservieren!)

▶ Michailowskoje: Puschkin-Festival

Der Kult um Russlands Nationaldichter Alexander Puschkin wird alljährlich am ersten Juni-Wochenende auf seinem Gut Michailowskoje südlich von Pskow mit Lesungen und historischen Kostümen gepflegt.

▶ Tatarstan: Sabantui

Mit Ringerwettkämpfen und Reiterspielen feiern die Tataren an Sabantui, dem »Fest des Pfluges«, das Ende der Aussaat und bitten um eine gute Ernte.

▶ Moskauer Internationales Filmfestival (MIFF)

Auf dem MIFF treffen sich internationale Stars und Sternchen. Infos über das aktuelle Programm unter www.moscowfilmfestival.ru/eng.

▶ Staraja Ladoga: Mittelalter-Festival

Die historische Festung bietet alljährlich am letzten Juni-Wochenende eine optimale Kulisse für Ritterkämpfe.

IM JULI

▶ Landesweit: Iwan-Kupala-Fest

Die russische Sonnwendfeier am 7. Juli geht auf heidnische Bräuche zurück; bedeutende Symbole sind Feuer und Wasser: Während ein Lagerfeuer lodert, gehen viele Menschen nachts baden und bringen Iwan Kupala, dem Gott der Bodenfrüchte, ein Opfer dar.

▶ Susdal: Gurkenfest

Sattgrün und knackig muss sie sein, die optimale Gurke. In Susdal feiert man das populäre Gemüse alljährlich am dritten Juli-Wochenende.

▶ Baltijsk (Kaliningrad): Tag der Flotte

Es geht auch ohne Passierschein: Am letzten Sonntag im Juli, dem »Tag der Russischen Flotte«, öffnet die ansonsten geschlossene Ostseestadt ihre Pforten für alle und präsentiert sich mit einer Flottenparade.

IM SEPTEMBER

▶ Moskau: Stadtfest

Jede russische Stadt hat ihren eigenen Tag, den sie begeht. Moskau feiert am ersten September-Wochenende – und seine Tanzaufführungen und Konzerte sowie das abschließende Feuerwerk sind besonders pompös.

▶ Schlacht von Borodino

Am ersten September-Wochenende marschieren Historienklubs aus ganz Russland zu einem der größten Volksfeste vor den Toren Moskaus auf und erinnern an den 7. September 1812, den Tag, an dem Napoleon den Kreml einnehmen wollte – und letztlich grandios scheiterte.

IM OKTOBER

▶ In vielen Städten: Oktoberfest

Wer glaubt, dass nur die Bayern an

dieser Tradition festhalten, irrt. Längst schon locken russische Bierlokale mit Namen wie »Bavaria« (Moskau) oder »Frau Marta« (Tula) mit Blasmusik, Maßkrügen und »deutschen Würstchen«. Zur Gaudi wird schon mal ein Wetttrinken oder Krug-Stemmen auf der Bühne veranstaltet.

IM DEZEMBER

▶ **Moskau: Deutsches Filmfestival**
Wer Heimweh nach deutschen zeitgenössischen Filmen bekommen hat, kann sich tagelang die besten Streifen anschauen. Aktuelle Infos liefert das Goethe-Institut Moskau unter www.goethe.de/moskau

▶ **Silvester**
Die größte Silvesterfeier findet auf dem Roten Platz statt. Traditionell feiern die Russen daheim mit allerlei gutem Essen und Trinken.

Zu der Feier gehört der sowjetische Kult-Film »Ironija sudby« (»Ironie des Schicksals«) ebenso dazu wie das »Dinner for One« auf deutschen Bildschirmen. Und gegen Mitternacht ist die Neujahrsansprache des Präsidenten im TV für viele ein Muss, bevor man sich ausgelassen zuprostet und beschenkt.

IM DEZEMBER / JANUAR

▶ **Moskau, St. Petersburg, Goldener Ring und andere Regionen: »Russischer Winter«**
In der kalten Jahreszeit lässt sich fast jede Stadt etwas einfallen – sei es ein Eisskulpturen-Festival, eine Trojka-Schlittenfahrt oder Folklore-Darbietungen. Im Moskauer Ismailowo-Park begrüßen alljährlich »Väterchen Frost« und seine Enkelin »Snegurotschka« die Besucher mit dampfendem Tee, Blini und Folklore.

Flusskreuzfahrten

Wachsende Beliebtheit
Flusskreuzfahrten erfreuen sich steigender Beliebtheit. Viele Anbieter haben sich auf deutschsprachige Touristen eingestellt. Zu den am häufigsten befahrenen Routen im europäischen Teil Russlands gehören Fahrten zwischen Moskau und St. Petersburg (Moskau-Wolga-Kanal, Wolga), auf der Wolga von Moskau nach Astrachan oder von Rostow am Don auf dem Wolga-Don-Kanal und der Wolga nach Norden. Auf dem Programm stehen auch Landausflüge und Stadtbesichtigungen.

▶ VERANSTALTER

▶ **Lernidee**
Eisenacher Str. 11
D-10777 Berlin
Tel. (030) 786 00 00

www.lernidee.de
Ural, Wolga und andere Flusskreuzfahrten im Angebot

▶ nicko tours GmbH
Mittlerer Pfad 2
D-70499 Stuttgart
Tel. (0711) 248 98 00
www.nicko-tours.de
Der erfahrene Veranstalter orga-
nisiert Fahrten auf der Wolga und
dem Dnjepr.

▶ Olympia Reisen
Siegburger Str. 49
D-53229 Bonn
Tel. (0228) 40 00 30
www.olympiareisen.de
Wolga, Don, Karelien und andere
Routen

▶ Paradeast.com
Adlerweg 6a
D-92637 Weiden
Tel. (0961) 634 41 68
www.paradeast.com

Mehrere Routen entlang von
Wolga, Don und anderen Strecken
in ganz Russland

▶ Turflot
Bolschaja Ordynka 21
115035 Moskau
Tel. (495) 963 94 52
www.turflot.ru
Einer der führenden Anbieter
liefert auf seiner Website Infos zu
Routen und Preisen auch auf
Deutsch.

▶ Vogtland-Reisen
Rädelstr. 2
D-08523 Plauen
Tel. (03 765) 211 72
www.russland-
flusskreuzfahrten.de
Kreuzfahrten in Karelien, auf der
Wolga und dem Don

Abfahrt in Rostow am Don

Fotografieren

Vorher fragen Das Fotografieren von Militäranlagen, Bahnhöfen, Brücken und anderen strategischen Objekten ist **verboten**, auch wenn manche Milizionäre bei Touristen ein Auge zudrücken. Verzichten Sie lieber darauf, zwielichtig wirkende Zeitgenossen und Polizisten abzulichten, um nicht in Schwierigkeiten zu geraten. Wer Personen auf der Straße fotografieren möchte, sollte zuvor mit einem Handzeichen um Erlaubnis »fragen«. In Museen muss in der Regel eine **Fotoerlaubnis** erworben werden, die oft nicht ganz billig ist. In Kirchen wird Blitzlicht meist nicht toleriert.

Film- und Fotomaterial ▶ Gängiges Film- und Fotomaterial inkl. Speicherchips gibt es fast überall zu kaufen, Diafilme meist nur in Spezialgeschäften. Inzwischen kann man auch in kleineren Städten im Internetcafé seine digitalen Bilder auf CD brennen, um so wieder Platz auf dem Speicherchip zu schaffen.

Geld

Währung Die Landeswährung ist der **Rubel** (Rbl.). Im Umlauf sind Banknoten im Wert von 10, 50, 100, 500, 1000 und 5000 Rubel und Münzen im Wert von 1, 2 und 5 Rubel. Ein Rubel entspricht 100 **Kopeken**, die als Münzen im Wert von 1, 5, 10 und 50 Kopeken ausgegeben werden. Banknoten, die vor 1998 im Umlauf waren, sind nicht mehr gültig. Damals wurden infolge der Inflation die letzten drei Nullen weggestrichen.

i **Wechselkurse**

- 1 Euro = 36,61 Rubel
  1 CHF = 23,24 Rubel
  100 Rubel = 2,73 Euro
  100 Rubel = 4,30 CHF

  Aktuelle Kurse unter
  www.oanda.com

Offiziell darf nur mit **Rubel** bezahlt werden. An Orten mit vielen Ausländern werden die Preise jedoch oft in **US-Dollar** angegeben. Zu lesen ist meist die Abkürzung »U.E.« in kyrillischer Schrift (У.Е.), was »uslownaja jediniza« (»fixierte Einheit«) bedeutet. Die »U.E.« sind i.d.R. an den US-Dollar gebunden (1US$ = 1UE).

Devisen-
bestimmungen Bis zu 50 000 Rubel dürfen ein- oder ausgeführt werden. Bei der Ein- und Ausreise müssen Devisen im Gegenwert ab 10 000 US-Dollar deklariert werden. In diesem Fall muss man den roten Zollkorridor ansteuern, ansonsten den grünen. Bei der Ausreise sind Devisen im Wert von bis zu 3000 US-Dollar deklarierungsfrei, im Wert von 3000 bis 10 000 US-Dollar reicht eine einfache Zollerklärung aus (auch hier durch den roten Zollkorridor).

Empfehlenswert ist die Mitnahme von Euro in kleinen Stückelungen.   **Bargeld,**
Die Banknoten sollten möglichst neu sein, da einige Wechselstellen   **Geldwechsel**
Abzüge für eingerissene Scheine vornehmen oder deren Annahme
verweigern. In Großstädten gibt es an fast jeder Straßenecke Wech-
selbuden (»bmen waljuty«). Wer in Banken und Hotels tauscht, muss
mit einem schlechteren Kurs rechnen, auch in der Provinz ist es oftmals weniger lohnenswert als in Moskau und St. Petersburg. Nicht
selten muss beim Wechseln der Reisepass vorgelegt werden. **Auf keinen Fall schwarz wechseln** auf der Straße! Denn die Kurse dürften
kaum besser sein, da die Verkäufer auf Profit aus sind; man läuft Gefahr, mit Blüten betrogen zu werden – außerdem ist es illegal!
In den Großstädten kann man in den Wechselstuben oft durchge-   ◄ Öffnungs-
hend Geld tauschen, während die **Banken** meist von 9.00 bis 18.00   zeiten
Uhr geöffnet haben; mit einer Mittagspause muss gerechnet werden.

Bargeld mit der Bankkarte abzuheben ist auch in kleineren Städten   **Geldautomaten**
kein Problem mehr, allerdings gibt es oft **Tageshöchstsätze**. Das Kon-
to im Heimatland wird zudem mit mehreren Euro Gebühr belastet,
wobei die Höhe von der jeweiligen Bank abhängig ist.
Geldautomaten findet man in vielen Metrostationen, großen Hotels
und bei Banken. Manche Geldautomaten (»bankomat«) haben auch
englische oder deutsche Bedienungsanweisungen. Obwohl die Aus-
drucks- und Schreibweise gelegentlich abenteuerlich ist, versteht
man in der Regel, was gemeint ist. Rechnen Sie jedoch immer damit,
dass der Geldautomat nicht funktioniert, gerade kein Geld zur Verfügung hat – oder zugefroren ist!
Auch in Russland kommt es immer wieder zum **Missbrauch von
Bankkarten**. Achten Sie daher auf Manipulationen an der Eingabetas-
tatur und am Einzugsmechanismus
sowie auf eine verdeckte Eingabe
ihrer Geheimzahl.

i **Kartenverlust**

■ Bei Diebstahl oder Verlust von Bank-, Kredit-
oder Handykarten kann man diese unter der
rund um die Uhr besetzten, gebührenpflichti-
gen Service-Nummer 8 10 49 116 116 sperren
lassen (Infos unter www.116116.eu).

Kreditkarten haben sich in den
letzten Jahren auch in der Provinz
zunehmend durchgesetzt, zumindest in besseren Restaurants, Hotels und Geschäften. Doch nicht
immer funktionieren die Lesegerä-
te, auch wenn das Kreditkarten-Zeichen an der Tür angebracht ist.
Daher sollte man immer eine kleinere Menge Bargeld für den Notfall
mit sich führen. Zu den gängigsten Kreditkarten gehören American
Express, Diners, Eurocard, Mastercard und Visa.

Reiseschecks sind weitaus sicherer als Bargeld, allerdings eine recht   **Reiseschecks**
komplizierte Zahlungsmethode in Russland. Vor allem in kleineren
Bankfilialen muss man sich auf längere Bearbeitungszeiten einstellen,
da die Schecknummer oft erst von der Zentrale freigeschaltet werden
muss. Zudem werden Reiseschecks nur von wenigen Banken akzeptiert.

GELDTRANSFER

▸ **ReiseBank AG**
Hotline in Deutschland: (0180)
522 58 22
www.reisebank.de

▸ **Postbank**
Hotline in Deutschland: (0180)
303 03 30
www.postbank.de

Geldtransfer nach Russland

Verschiedene Banken führen den Transfer von Bargeld problemlos und schnell durch; eine Auszahlung der Beträge ist auch in Euro und US-Dollar möglich. Dies sollte aber aufgrund der **hohen Gebühren** eher eine Ausnahme für Notfälle bleiben, wenn Bankkarten oder Reisekasse abhanden gekommen sind.

Gepäckaufbewahrung

Pausenzeiten beachten

An den meisten Bahnhöfen und in Hotels kann man sein Gepäck zur Aufbewahrung abgeben. An größeren Haltestellen hat die »Kamera chranjenja« im Prinzip rund um die Uhr geöffnet, allerdings oft mit Pausenzeiten, die strikt eingehalten werden. Wer kurz vor Abfahrt des Zuges kommt, kann schon mal vor verschlossenen Türen stehen. Erkundigen Sie sich daher rechtzeitig nach den Pausenzeiten. Meist muss man bei der Gepäckabgabe den Pass vorzeigen. Kleinere Busbahnhöfe haben oft keine Gepäckaufbewahrungsstellen. **Schließfächer** sind eher **selten**, und wenn es welche gibt, muss meist ein Jeton am Gepäckaufbewahrungsschalter gekauft werden.

Gesundheit

Kranken-versicherung

Zwischen Deutschland und Russland besteht **kein Sozialversicherungsabkommen**. Eine private Auslandskrankenversicherung, die einen Rücktransport einschließt, ist daher Pflicht. Diese muss zudem bereits bei der Visabeschaffung dokumentiert werden.

Gesundheitliche Risiken

In den letzten Jahren ist es zu einem dramatischen Anstieg von sexuell übertragbaren Krankheiten wie **HIV** gekommen. Dies hängt mit zunehmendem Drogenmissbrauch, Prostitution und vereinzelt auch mit kontaminierten Blutkonserven zusammen. **Lungentuberkulose** verzeichnet weiterhin einen Anstieg in Russland. In Karelien und anderen wasserreichen Gebieten kann es im Sommer oft zu einer **Mückenplage** kommen, entsprechende Schutzlotionen sollten daher immer mitgeführt werden. In einigen Gebieten ist die Gefahr der Über-

▶ MEDIZINISCHE ZENTREN

MOSKAU

▶ **American Clinic**
Grocholskij pereulok 31
129090 Moskau
Tel. (495) 937 57 57
www.americanclinic.ru
Rund um die Uhr medizinische
Betreuung in englischer Sprache

▶ **European Dental Centre (EDC)**
1-yj Nikoloschtschepowskij
pereulok 6
121099 Moskau
Tel. (495) 933 00 02
www.emcmos.ru
Mo. – Fr. 9.00 – 20.00,
Sa. 9.00 – 16.00 Uhr
Wer Zahnschmerzen hat, wird hier
von internationalen Spezialisten
behandelt.

▶ **European Medical
Centre (EMC)**
Spiridonnowskij pereulok 5
Gebäude 1
123104 Moskau
Tel. (495) 933 66 55

www.emcmos.ru
Ein internationales Ärzteteam
bietet rund um die Uhr Versorgung auf westlichem Niveau
(Englisch und Französisch).

ST. PETERSBURG

▶ **American Medical Clinic**
nabereschnaja reki Mojki 78
190000 St. Petersburg
Tel. (812) 740 20 90
www.amclinic.ru
Rund-um-die-Uhr-Service: Allge-
meinmedizin, Zahnmedizin und
Apotheke

▶ **Euromed Clinic**
Suworowskij prospekt 60
191124 St. Petersburg
Tel. (812) 327 03 01
www.euromed.ru
Durchgehende medizinische Be-
treuung; die meisten russischen
Ärzte wurden im Ausland ausge-
bildet und sprechen zumindest
Englisch.

tragung von Borreliose durch **Zecken** groß (► Anreise, Impfungen).
Kaufen Sie keinen preisgünstigen **Wodka** in den kleinen Kiosken am
Straßenrand. Er könnte mit Kerosin hergestellt und damit lebensge-
fährlich sein!
Nicht abgekochtes **Leitungswasser** sollte in Russland auf keinen Fall
getrunken werden, da es mit Bakterien verunreinigt sein könnte. Zu-
dem ist es oft mit Schwermetallen belastet, wozu auch veraltete
Rohrsysteme beitragen. Zähneputzen ist möglich.

Das medizinische Niveau im Land klafft weit auseinander: In Groß-   **Ärztliche**
städten gibt es Privatpraxen oder auf Ausländer spezialisierte medizi-   **Versorgung**
nische Zentren mit westlichem Standard. Diese stellen aber auch
entsprechend **hohe Rechnungen** aus. Außerhalb von Großstädten
kann keine medizinische Versorgung auf westeuropäischem Niveau
erwartet werden, zudem sind hier russische Sprachkenntnisse sehr

empfehlenswert. Arztkosten müssen in der Regel sofort beglichen werden, die Rechnung wird von der entsprechenden Versicherungsgesellschaft zurückerstattet, manchmal unter Abzug eines Selbstkostenanteils. Bei stationären Behandlungen in allgemeinen Krankenhäusern ist nicht immer eine optimale Hygiene gewährleistet. Vor größeren medizinischen Eingriffen ist es ratsam, soweit möglich, vorher Kontakt zur Krankenversicherung aufzunehmen und eine Kostenübernahme zu klären.

Apotheken In allen Städten gibt es Apotheken, die auch die gängigsten westlichen Medikamente führen. Wer **spezielle Medikamente** benötigt, sollte sie aus dem Heimatland mitbringen. In Russland hergestellte Medikamente wie Kohle- oder Schmerztabletten kosten oft nur wenige Rubel. Bestimmte Arzneien sind rezeptpflichtig, allerdings wird in den Apotheken oft kein Rezept für beispielsweise Antibiotika verlangt. In den Städten gibt es in der Regel mindestens eine diensthabende Apotheke, die rund um die Uhr geöffnet ist. Örtliche Tageszeitungen, aber auch Taxifahrer oder Angestellte der Hotels vor Ort wissen darüber oft Bescheid. Vom **Medikamentenkauf am Kiosk** ist abzuraten, da in Russland auch gefälschte Präparate in Umlauf sind.

Homosexualität

Zurückhaltung ist besser Wer homosexuell ist, sollte das in Russland nicht herauskehren, denn die meisten Russen sind diesbezüglich bei weitem nicht so tolerant wie viele Westeuropäer. Zu Sowjetzeiten stand Homosexualität unter Strafe, erst seit 1999 wird sie von russischen Psychiatern nicht mehr als »mentale Krankheit« behandelt. Heute gibt es zwar Klubs und Treffpunkte in den Großstädten, dennoch wurde die Moskauer »Gay Pride« 2008 erneut verboten. Ein Umdenken findet nur sehr zögerlich statt, **Vorurteile** sind an der Tagesordnung. Adressen, Tipps und Klubs für Homosexuelle findet man unter www.gayrussia.ru/en bzw. http://english.gay.ru.

Mit Kindern unterwegs

Gute Unterhaltung Individualreisen in Russland sind aufgrund der weiten Entfernungen oftmals sehr anstrengend und Städtereisen stoßen bei den meisten Kindern nicht auf ungeteilte Begeisterung. Wer dennoch mit seinem Nachwuchs in Russland unterwegs ist, findet nicht nur in den Metropolen hervorragende Unterhaltungsmöglichkeiten: In fast jeder größeren Stadt gibt es Zirkus, Puppentheater, Planetarium und Zoo. Und im WDNCH-Ausstellungszentrum von Moskau bietet das **größte Riesenrad Europas** einen tollen Ausblick.

Auch Erwachsene schätzen einen Besuch in einem **Aquapark**, den es in vielen großen Städten gibt. Spaß bereitet dem Nachwuchs ebenso wie den Eltern eine Bootsfahrt auf einem Fluss: So kann man in St. Petersburg zur Zarenresidenz Peterhof hinausfahren und in Moskau am Ufer der Moskwa in ein Ausflugsschiff einsteigen oder direkt beim Kreml in Pskow an Bord gehen.

Anapa war schon zu Sowjetzeiten sehr beliebt bei Familien mit kleinen Kindern, insbesondere wegen der flachen Sandstrände, die sich hervorragend zum Burgenbauen eignen! In vielen Hotels dort gibt es zudem einen Babysitterservice. Nicht nur an der Küste locken vielerorts Rummelplätze, wo man Kettenkarussell fahren und Zuckerwatte essen kann. Originell sind auch die vielen kleinen Privatmuseen in Russland, die den Nachwuchs erfreuen dürften, etwa das Bügeleisenoder Teekessel-Museum in Pereslawl-Salesskij. ◀ Schwarzes Meer

Generell gelten Russen als kinderfreundlich, daher wird sich in Restaurants auch niemand daran stören, wenn das Kind mal ein wenig lauter »kräht« als sonst. ◀ Im Restaurant

Knigge

Dass der Kunde König ist, hat sich noch nicht in allen Geschäften herumgesprochen. Oft kommt einem das Verhalten vieler Verkäuferinnen recht ruppig und unterkühlt vor. Doch das ändert sich allmählich: In vielen modernen Läden und Dienstleistungszentren gehört heute ein freundliches Lächeln zur Geschäftspraxis. **Freundlichkeit**

Ist man bei Russen zum Essen eingeladen, gehört es zum guten Ton, den Gastgebern ein **Geschenk** mitzubringen, Blumen oder Pralinen für die Damen, eine Flasche Hochprozentiges für den Herrn, gerne auch ausländische Erzeugnisse, denn die sind zwar erhältlich, aber für Durchschnittsfamilien praktisch unerschwinglich. Allerdings bitte keine ungerade Zahl an Blumen mitbringen, denn das wird als Zeichen von Trauer gedeutet. Beim Betreten der Wohnung nie die Hand in der Türschwelle reichen, denn das bringt in Russland Unglück – also immer erst eintreten. Und wenn man dann drin ist in der guten Stube – raus aus den Schuhen, rein in die Pantoffeln, die der Gastgeber vermutlich schon bereit gestellt hat. Beim Essen gehört gewöhnlich ein **Trinkspruch** hinzu, selbst ausländische Gäste sollten diese Zeremonie nicht ablehnen, da dies als unhöflich empfunden wird. **Zu Gast bei Russen**

Gäste werden in Russland traditionell mit Brot und Salz willkommen geheißen. Oft küsst man sich zur Begrüßung dreimal auf die Wange – dies soll die Dreieinigkeit zwischen Vater, Sohn und Heiligem Geist symbolisieren. Russische Frauen sind es andererseits kaum gewohnt, die Hand zur Begrüßung zu reichen. **Anrede und Begrüßung**

Allgegenwärtig: Gedenken an den »Großen Vaterländischen Krieg«

Üblicherweise redet man sich beim Vor- und Vatersnamen an: So wird aus einem Wladimir, dessen Vater ebenfalls Wladimir hieß, im Russischen ein »Wladimir Wladimirowitsch«. Das gleiche gilt für Frauen, so heißt Wladimirs Tochter Olga »Olga Wladimirowna«. Ältere Generationen verwenden in der Regel nur Vor- und Vatersnamen, unter Jüngeren wird dies inzwischen lockerer praktiziert.

Der »Towarisch« (Genosse) gehört in die Geschichtsbücher, hingegen hat sich die Anrede »gospodin« (Herr) bzw. »gosposcha« (Frau) in den letzten Jahren vor allem im geschäftlichen Bereich durchgesetzt. Will man unbekannte Menschen auf der Straße ansprechen, weil sie beispielsweise etwas verloren haben, dann am besten mit einem neutralen »molodoj tschelowjek« (junger Mann) oder »djewuschka« (Fräulein) bzw. »schenschtschina« (Frau).

Beim **Telefonieren** ist es in Privathaushalten üblich, sich nur mit »Allo« (Hallo) zu melden. An russischen Türklingeln fehlt übrigens der Name, hier muss man die Wohnungsnummer wissen, um an der richtigen Stelle zu läuten.

Diskussionen Jedes Volk hat seine **Tabuthemen**, die man vor allem als Ausländer lieber nicht aufgreifen sollte. Ein besonderes Feingefühl sollte man für Politisches, vor allem im Hinblick auf den Tschetschenien-Krieg oder den Zweiten Weltkrieg, an den Tag legen. Vor allem bei älteren Menschen sind direkte Gespräche über Sexualität geradezu verpönt. Vollkommen legitim ist es hingegen, direkt nach der Miete, Gesundheit, Familie oder dem Verdienst zu fragen.

Oft wundern sich Ausländer über den großen Patriotismus der Russen und die Superlative, die im Hinblick auf bestimmte Schriftsteller oder Städte verwendet werden – selbst wenn diese aus unserer Sicht nur Mittelmaß sind. Und es gibt wohl kaum einen Russen, der nicht den Nationaldichter Alexander Puschkin aus dem Stegreif rezitieren könnte.

Patriotismus

Der **Stolz auf das Land** und seine Errungenschaften wird gern zur Schau gestellt, auch pflegt man eine deutlich andere **Erinnerungskultur an den Zweiten Weltkrieg** als

> **? WUSSTEN SIE SCHON …?**
>
> ■ Bevor jemand auf Reisen geht, setzen sich Freunde und Verwandte zu Hause oder spätestens am Bahnsteig für eine Minute stillschweigend auf die Koffer. Dieses Ritual soll eine gute Reise bescheren.

im Westen. Und selbst wenn ein Russe über sein Heimatland wettert, sollte man als Ausländer zurückhaltend reagieren und sich abfällige Bemerkungen über Land und Leute verkneifen. Auch stößt man in Russland auf Unverständnis, wenn man sein eigenes Land massiv kritisiert.

Russische Frauen kleiden sich meist feminin und achten sehr auf ein **gepflegtes Äußeres**. Sogar im ärgsten Winter sind kurze Röcke – zu Stiefeln und Pelzmantel – keine Seltenheit auf den Straßen. Während ältere Menschen eher konservativ und meist unauffällig angezogen sind, folgen Jugendliche gern dem westlichen Modestil. Kurze Hosen sind bei Männern selbst im Hochsommer verpönt. Im Winter ist es üblich, mit Stiefeln auf die Straße zu gehen; jedoch werden im Büro die Schuhe gewechselt..

Kleidung

Wer vorhat, das Nachtleben in Moskau und St. Petersburg zu erkunden, sollte **etwas Elegantes** in den Koffer packen – denn nicht nur im Konzert wird angemessene Kleidung erwartet. Gerade in angesagten Szene-Treffs könnte man mit ausgelatschten Turnschuhen an den oft strengen Türstehern scheitern.

◀ Ausgehen

Frauen sollten für Kirchenbesuche ein leichtes Tuch in der Handtasche mitführen. Nicht überall ist es gerne gesehen, wenn man ohne **Kopftuch** ein Gotteshaus oder Kloster betritt. Das gleiche gilt auch für kurze Röcke oder Hosen, die in Kirchen tabu sind.

◀ Kirchen

Der Zweite Weltkrieg, für die Russen der **»Große Vaterländische Krieg«** (Bolschaja otetschestwennaja wojna; in Anlehnung an den »Vaterländischen Krieg« gegen Napoleon), wird in russischen Gedenkstätten zuweilen sehr pathetisch dargestellt, mit viel sowjetischer Rhetorik und entsprechenden Symbolen. Die Erinnerungskultur mag daher auf Ausländer ein wenig befremdlich wirken, sollte jedoch respektiert werden. Am »Tag des Sieges« (Den pobjedy), der am 9. Mai in Gedenken an das Kriegsende 1945 begangen wird, finden heute noch pompöse Militärparaden statt, bei denen ordensbehangene Veteranen auftreten. Sie genießen nach wie vor Vergünstigungen und großes Ansehen.

Der Umgang mit dem Zweiten Weltkrieg

Literaturempfehlungen

Sachbücher

Büscher, Wolfgang: Berlin-Moskau. Eine Reise zu Fuß, Rowohlt Verlag 2003.
82 Tage dauerte der abenteuerliche Fußmarsch von Berlin nach Moskau, den der preisgekrönte Autor in einer sehr feinfühligen Sprache beschreibt.

Dönhoff, Gräfin Marion von: Kindheit in Ostpreußen, Spiegel-Verlag 2006.
Unsentimental und nüchtern beschreibt die Gräfin ihre Erinnerung an die Welt des alten Landadels in Ostpreußen und an die verlorene Heimat. Eine gute Einstimmung für Kaliningrad-Reisende, die auf den Spuren ihrer eigenen Vergangenheit wandeln möchten.

Herberstein, Siegmund von: Das alte Russland, Manesse-Verlag (nur noch antiquarisch).
Die Aufzeichnungen des österreichischen kaiserlichen Rats und Gesandten am Russischen Hof gehören zu den besten kulturhistorischen Quellen über Russland im 16. Jahrhundert.

lonely planet: Sprachführer Russisch. Mairdumont 2008
Auf russischen Hinterhöfen und Studentenpartys mitreden können: Ein kleines Büchlein mit einem Sprachschatz, der nicht im Wörterbuch steht.

Metz, Andreas: Kosmonaut in Kaliningrad, Westkreuz Verlag 2005.
Spannende, farbig illustrierte Reportagen über Kaliningrad, St. Petersburg, Moskau, Jekaterinburg, Kasan und Nischnij Nowgorod.

Belletristik

Lachauer, Ulla: Ritas Leute. Eine deutsch-russische Familiengeschichte, Rowohlt Verlag 2002.
Die weitverzweigte Familie der jungen Russlanddeutschen Rita Paul, die seit 1989 in Deutschland lebt, wird hier auf behutsame Art und Weise porträtiert.

Bulgakow, Michail: Der Meister und Margarita, Luchterhand Literaturverlag 2006.
Eine der besten satirischen Erzählungen des 20. Jhs., die sich leidenschaftlich gegen den sowjetischen Atheismus richtet – mit raffinierten Handlungssträngen und surrealen Momenten. Ein Muss für Moskau-Reisende, die die Schauplätze an den Patriarchenteichen aufsuchen sollten!

Charms, Daniil: Zwischenfälle, Luchterhand Literaturverlag 2003.
Den Klassiker der russischen Avantgarde prägt ein grotesker schwarzer Humor, gepaart mit genialen Wortspielen.

Dursthoff, Galina: Rußland. 21 Erzählungen, dtv 2003.
Der Band versammelt Texte zeitgenössischer russischer Autoren, die man vielleicht noch nicht kennt, aber kennen sollte.

Jewrofejew, Wenedikt: Die Reise nach Petuschki. Ein Poem, Piper Verlag 2004.
Alkoholiker-Kultroman, der zu Sowjetzeiten auf dem Index stand – nicht nur aufgrund seiner zum Teil derben Sprache.

Pasternak, Boris: Doktor Schiwago. Fischer 2002.
Wer in Perm unterwegs ist, sollte die monumentale Beschreibung von Bürgerkrieg, Revolution und menschlicher Schicksale im Gepäck haben – denn Pasternak beschreibt in dem Band ein Haus, das die Permer sofort als »ihres« wiedererkannten.

Scholochow, Michail: Der stille Don, dtv 2000.
Ein Nobelpreis-Klassiker und Garant für die richtige Einstimmung für eine Reise in die Kosakendörfer am Don. Auch wenn das Buch in Verruf kam, ein Plagiat zu sein: Spannend ist es allemal.

! Baedeker TIPP

Sympathie-Magazin
Kein Reiseführer, sondern eine gute Einführung in die Geschichte und Kultur des Landes ist die Broschüre »Russland verstehen«. Herausgegeben wird die Sympathie-Magazin-Reihe vom Studienkreis für Tourismus, Kapellenweg 3, D-82541 Ammerland. Eine Bestellung für 3,60 € ist auch auf der Homepage www.studienkreis.org möglich.

Schulze, Ingo: 33 Augenblicke des Glücks, Berlin-Verlag 1995.
Mehrfach preisgekröntes Erstlingswerk mit 33 Geschichten, die allesamt in St. Petersburg spielen.

Tschechow, Anton: Die Dame mit dem Hündchen. Späte Erzählungen 1898 – 1903, Insel Verlag 2005.
Kurschatten auf russische Art: Eine junge Dame mit Hündchen bringt die Gefühlswelt des Protagonisten Gurow komplett durcheinander, da er sie auch nach dem Urlaub nicht vergessen kann und in ihrer Alltagswelt aufsucht. Tschechow inspirierte zu dieser Geschichte die Promenade von Kislowodsk im Kaukasus, auch wenn die Handlung selbst in Jalta angesiedelt ist.

Akunin, Boris: Der Tod des Achilles, Aufbau Verlag 2002.
Ob man Krimis mag oder nicht, an Boris Akunin kommt keiner vorbei. Der Bestseller-Autor setzt seine Reihe mit Detektiv Erast Fandorin, dem »russischen James Bond des 19. Jh.s«, fort, mit ungewöhnlichem Aufbau und Einblicken in die russische Seele.

Krimis

Blundy, Anna: Wodka pur, Marion von Schröder Verlag 2007.
Die trinkfeste Faith Zanetti beginnt ihren Job als Korrespondentin in Moskau. Da gerät sie unter Mordverdacht ...

Daschkowa, Polina: Klub Kalaschnikow, Aufbau Verlag 2003.
Die Kult-Autorin schickt in ihrem Krimi eine Primaballerina auf die Suche nach den Mördern ihres halbseidenen Ehemannes in die Welt der Moskauer Neureichen. Eine spannende und leichte Reiselektüre.

Cruz Smith, Martin: Stalins Geist. Bertelsmann 2007.
Spätestens seit »Gorki Park« gehört Arkadi Renko zu den bekanntesten Ermittlern der Thrillerszene. Mit seinem neuesten Fall im Moskau der Raubtierkapitalisten und korrupten Eliten stürmt Renko erneut die Bestsellerlisten.

Bildband | **HB Bildatlas St. Petersburg,** HB Verlag 2006.
Der Fotograf Martin Sasse weckt mit seinen Bildern die Lust, einmal in das »Venedig des Nordens« zu reisen.

Maße und Gewichte

Metrisches System | In Russland gilt das metrische System. In Restaurants und Bars erfährt man immer ganz genau, wie viel Gramm von welcher Beilage oder Hauptspeise man serviert bekommt. Diese Angaben stehen nämlich neben den Preisen in einer gesonderten Spalte. Übrigens: Auch Wodka wird in Gramm bestellt, die kleinste Mengeneinheit ist 50 Gramm, gängiger ist es jedoch, 100 Gramm zu ordern (▶Baedeker Special S. 116).

Medien

Fremdsprachige Zeitungen in Russland | In Moskau und St. Petersburg ist es unproblematisch, an fremdsprachige Neuigkeiten zu kommen. In besseren Hotels, Restaurants und an Orten, die gewöhnlich von vielen Ausländern frequentiert werden, findet man vor Ort erscheinende englisch- oder deutschsprachige Tages- und Wochenzeitungen. Die großen Tageszeitung von daheim treffen meist mit eintägiger Verspätung ein.

Fernsehen | In vielen Hotels kann man russische und ausländische Sender via Satellit empfangen. Ausländische Spielfilme und Serien sind in der Regel nicht mit Untertiteln versehen, aber auch nicht richtig synchronisiert, sondern werden von einem einzigen Sprecher gesprochen – egal ob es sich um männliche oder weibliche Schauspieler handelt –, was zuweilen recht monoton klingt.
Die Mehrheit an den führenden landesweiten Sendern »Perwy Kanal« sowie »Rossija« hält der Staat; seit der Übernahme des dritten nationalen Senders NTW durch die Ölgesellschaft Gazprom 2007 ist dieser ebenfalls in staatlicher Hand. Infos über den ersten englisch-

sprachigen (und regierungstreuen) TV-Sender des Landes, »Russia Today«, gibt es im Internet unter www.russiatoday.ru.

Radiosender

Neben dem staatlichen »Radio Rossii« gibt es zahlreiche Privatsender im ganzen Land. Als regierungskritisch gilt vor allem der Moskauer Sender »Echo Moskwy«. Wer sich vor der Reise schon mal online einhören will, welche Musik in Russland gerade angesagt ist, kann dies im Internet tun: www.rusradio.ru.

 INFORMATIONEN

DEUTSCHSPRACHIGE ZEITUNGEN

► **Königsberger Express**
www.koenigsberger-express.com
Auch in der russischen Exklave gibt es eine Monatszeitung in deutscher Sprache.

► **Moskauer Deutsche Zeitung**
www.mdz-moskau.eu
Die traditionsreiche deutschsprachige Zeitung aus dem 19. Jh. wurde 1998 wieder ins Leben gerufen und erscheint zwei Mal monatlich, mit Ausgehtipps in der Beilage.

► **St. Petersburgische Zeitung**
www.petersburg.aktuell.ru/petersburg/spz/
Die 1727 gegründete deutschsprachige Zeitung wird seit 1991 monatlich herausgegeben, mit Veranstaltungstipps.

ENGLISCHSPRACHIGE ZEITUNGEN

► **Moscow News**
www.mnweekly.ru
Wöchentliche englischsprachige Ausgabe; zu Zeiten der Perestrojka federführend, jetzt schwächer

► **Moscow Times**
www.moscowtimes.ru
Die führende englischsprachige

Tageszeitung in Moskau gibt es kostenlos in Hotels und Restaurants.

► **St. Petersburg Times**
www.sptimes.ru
Die kleine Schwester der Moscow Times liegt zwei Mal wöchentlich in den Restaurants und Hotels der Newa-Metropole aus.

DEUTSCHSPRACHIGE ONLINEPORTALE

► **www.aktuell.ru**
Sehr aktuelle deutschsprachige Online-Zeitung für Russland, mit Stadtausgaben für Moskau, St. Petersburg und Kaliningrad.

► **www.russland.ru**
Online über das Tagesgeschehen in Russland informiert bleiben.

► **http://de.rian.ru**
Die staatliche Nachrichtenagentur RIA Nowosti informiert auch in deutscher Sprache über aktuelle Ereignisse.

ENGLISCHSPRACHIGE ONLINEPORTALE

► **Kommersant**
www.kommersant.com
Englisches Nachrichtenportal der einflussreichen russischen Tageszeitung.

Museen

Besonderheiten Die meisten Museen in Russland haben zwischen 10.00 und 17.00 Uhr geöffnet, Montag ist in der Regel Ruhetag. An einem bestimmten Tag im Monat bleiben viele Häuser geschlossen, weil dann Großputz (»Sanitarnyj djen«) gemacht wird.

In vielen Museen müssen Ausländer höhere Eintrittspreise zahlen; aufgrund der niedrigen russischen Löhne sollte man dies jedoch respektieren. **Foto- und Videolizenzen** müssen gesondert zur Eintrittskarte erworben werden und sind meist nicht ganz billig.

 INFORMATIONEN

▶ **www.museum.ru**
Einen guten Überblick über die meisten russischen Museen gibt es auch auf Englisch.

▶ **www.amr-museum.ru**
Website der Vereinigung russischer Museen (nur auf Russisch).

Notrufe

WICHTIGE RUFNUMMERN

▶ **Feuerwehr**
Tel. 01

▶ **Ambulanz**
Tel. 03

▶ **Polizei**
Tel. 02

Post und Telekommunikation

Postsendungen Wer einen Brief oder eine Postkarte nach Deutschland schickt, muss sich in Geduld üben. Vier Tage muss man ab St. Petersburg mindestens einplanen, zwei Wochen oder noch länger sind auch nichts Ungewöhnliches – selbst wenn die Post auf dem Luftweg befördert wird. Wenn es schneller und sicherer gehen soll: In den größeren Städten bieten **private Kurierdienste** ihre Dienstleistungen an, sie sind jedoch um ein Vielfaches teurer.

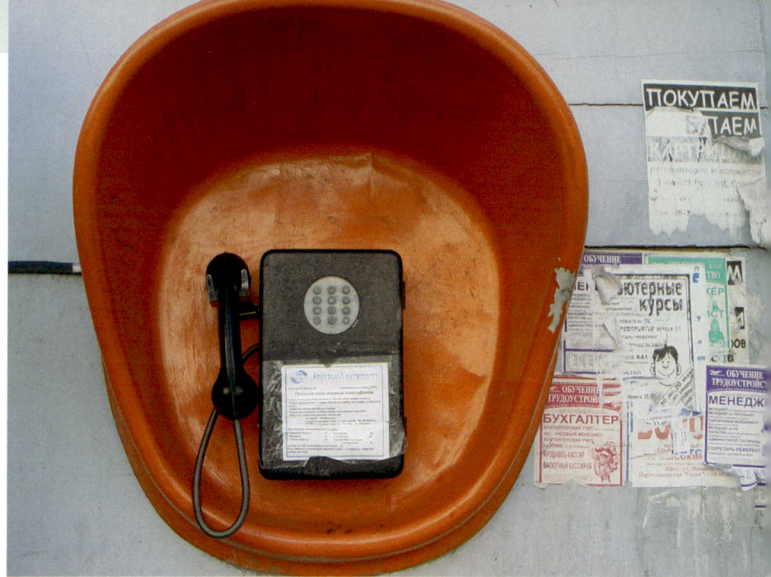

Hauptsache, es funktioniert.

Geöffnet sind die großen Postämter in der Regel Montag bis Freitag von 8.00 bis 20.00 oder 21.00 Uhr, in Großstädten ist meist eines durchgehend geöffnet. ◄ Öffnungszeiten

Briefmarken sind in Postämtern, aber auch in Hotels und an Zeitungskiosken erhältlich. Die Briefkästen sind in der Regel blau mit der weißen Aufschrift »почта« (potschta). ◄ Briefmarken, Briefkästen

Telefonieren

Telefonate innerhalb von Großstädten sind von privaten Anschlüssen aus (noch) gebührenfrei; daher sind die **Leitungen oft überlastet**. Die Hotels hingegen berechnen selbst für Ortsgespräche meist hohe Gebühren. Es lohnt sich daher, **Telefonkarten** für öffentliche Fernsprecher bei der Post, am Zeitungskiosk oder an den Metro-Kassen in Großstädten zu besorgen. In manchen Städten gibt es allerdings immer noch öffentliche Telefonapparate, die nicht für Auslandsgespräche geeignet sind. Bis spät in die Abendstunden kann man auch in den Telefonämtern der Post (peregowornyj punkt) telefonieren.

Russland hat in den vergangenen Jahren die **Vorwahlen** in vielen Regionen **umgestellt**. Keine Vorwahl beginnt mehr mit einer »0«; so hatte Moskau früher die Orts-

> **! Baedeker TIPP**
>
> **Richtig adressieren**
>
> Wer Briefe an Empfänger in Russland schickt, sollte die Adresse aus deutscher Sicht »verkehrt herum« schreiben:
> - Land
> - Postleitzahl – ggf. Bezirk/Republik – Stadt
> - Straße – Hausnummer – ggf. Nummer des Hauseingangs – Wohnungsnummer
> - Nachname – ggf. Vatersname – Vorname

vorwahl »095«, die durch »495« bzw. »499« ersetzt wurde. Viele Hotels und Einrichtungen haben diese Änderungen allerdings noch nicht im Internet oder auf ihren Visitenkarten nachgetragen.

In manchen Provinzstädten wurde zwischen Vorwahl und eigentlicher Rufnummer noch eine weitere Zahl eingeschoben, um so auf eine zehnstellige Rufnummer zu kommen. Oftmals ist es die »2«. Einfach probieren, wenn Sie eine alte Nummer vorliegen haben.

Wer innerhalb Russlands **in andere Städte oder ins Ausland** telefoniert, muss zunächst die »8« vorwählen, das Freizeichen abwarten, eine »10« und erst dann die Landes- und Stadtvorwahl (ohne »0«) eingeben. Das gilt aber nicht für Gespräche vom Handy aus.

Mobiltelefon Für Vieltelefonierer kann es sich lohnen, eine **Prepaid-Karte** für die Aufenthaltsdauer in Russland zu kaufen. Die beste Abdeckung landesweit haben die Anbieter MTS und Bee-Line. Wer sich allerdings in Moskau eine SIM-Karte kauft, zahlt beim Aufenthalt in anderen Städten Roaming-Gebühren, selbst wenn er sich im gleichen Netz aufhält. Prepaid-Karten sind **an speziellen Kiosken oder in Telekommunikationsläden**, die in den letzten Jahren überall buchstäblich wie Pilze aus dem Boden geschossen sind, erhältlich. Die günstigste Karte kostet umgerechnet etwa 5 €, oft muss beim Kauf jedoch ein fester Wohnsitz in Russland nachgewiesen werden. Das Prepaid-Guthaben kann überall durch den Kauf von Karten oder Bareinzahlung aufgeladen werden.

Roaming ausländischer Handy-Anbieter Wer die Netzkarte seines Anbieters aus dem Heimatland verwendet, muss mit **wesentlich höheren Gesprächsgebühren** rechnen – auch wenn die horrenden Preise von mehreren Euro pro Minute zwischenzeitlich abgeschafft wurden. Vor der Abreise sollte man die Freischaltung für Roamingverbindungen beim Anbieter prüfen, denn einige ausländische Prepaid-Karten funktionieren in Russland nicht.

 ## WICHTIGE TELEFONNUMMERN

VORWAHLEN

▶ **Vorwahl für Deutschland**
8 (Freizeichen abwarten) 10 49

▶ **Vorwahl für Österreich**
8 (Freizeichen abwarten) 10 43

▶ **Vorwahl für die Schweiz**
8 (Freizeichen abwarten) 10 41

▶ **Vorwahl für Russland**
007

▶ **Vorwahlen vom Mobiltelefon**
für Deutschland: 049
für Österreich: 043
für die Schweiz: 041

R-GESPRÄCH

Der Angerufene trägt die Kosten für das Gespräch, nachdem er zuvor der Vermittlung sein Einverständnis gegeben hat. Für Gespräche nach Deutschland:
8 (Freizeichen abwarten) 10 800 130 10 495.

Preise

Die Preise in Russland klaffen weit auseinander: In Großstädten **Große** muss für Restaurants und Hotels mit westeuropäischen oder noch **Bandbreite** höheren Preisen gerechnet werden. In der Provinz kommt man hingegen oft mit einem Bruchteil dessen über die Runden. Lassen Sie sich von den geringen Löhnen im Land nicht täuschen: **Moskau gehört zu den teuersten Städten der Welt**: In angesagten Klubs für Neureiche können Männer schon mal 1000 US-Dollar Eintritt hinblättern (für Frauen ist der Eintritt oft niedriger oder gar umsonst). Auch St. Petersburg ist in den letzten Jahren auf der Liste der teuren Länder recht weit nach vorne gewandert. Generell gilt, dass importierte West-Produkte oftmals mehr als im Heimatland kosten. Billiger als in Westeuropa sind dagegen öffentliche Verkehrsmittel, Taxifahrten und Sprit.

Ausländer zahlen in Museen, bei Bootsfahrten, im Theater oder bei **Höhere Preise** Konzerten oft mehr als Russen. Wer ein Arbeits- oder Studienvisum **für Ausländer** und eine entsprechende Langzeit-Registrierung besitzt, kommt meist mit »russischen« Preisen davon. Rabatt wird oft auch mit dem internationalen Studentenausweis ISIC gewährt, daher lohnt es sich, auf dieses Zeichen in Läden, Museen, Hotels und Reisebüros zu achten!

Vor allem in touristischen Zentren ist es üblich geworden, Trinkgeld **Trinkgeld** zu geben – darüber freuen sich nicht nur Kellner, sondern auch Taxifahrer oder Garderoben- und Hotelpersonal. Die Höhe richtet sich nach Zufriedenheit und erbrachter Leistung und liegt für Kellner und Taxifahrer etwa bei zehn Prozent der Rechnungssumme.

▶ WAS KOSTET WIE VIEL?

Einfaches Doppelzimmer ab 1300 Rubel/ 35 Euro

1 Glas russisches Bier ab 50 Rubel/ 1,35 Euro

1 Tasse Tee ab 20 Rubel/ 60 Cent

Einfache Mahlzeit ab 100 Rubel/ 2,70 Euro

Drei-Gänge-Menü ab 300 Rubel/ 8,10 Euro

Öffentlicher Nahverkehr ab 7 Rubel/ 20 Cent

Reisezeit

Klima ▶S. 20

Jahreszeiten Optimal für eine Russland-Entdeckungstour ist die Zeit von **Ende Mai bis Ende Juni**. Dann ist es bereits warm, aber noch nicht allzu heiß. In diesem Zeitraum fallen die legendären »Weißen Nächte« in Russlands Norden, wenn die Sonne nur wenige Stunden hinter dem Horizont verschwindet. Im September kann man mit ein wenig Glück noch einen schönen Altweibersommer erleben. Entgegen aller Klischees ist es vor allem im Juli und August fast überall in Russland recht heiß.

März und April ist vielerorts die Zeit der Schneeschmelze, verbunden mit tiefen Pfützen und einer tristen Landschaft, die sich nur zögerlich in ein grünes Gewand hüllt. Aufgrund des unbeständigen Wetters sind diese beiden Monate am wenigsten zu empfehlen. Auch Oktober und November sind von häufigen Regenfällen und kalten Winden geprägt. Der russische Winter hat ebenfalls seinen Reiz, im Januar erreichen die Temperaturen allerdings einen für Westeuropäer eher ungewohnten Tiefpunkt.

Regionale Besonderheiten In den Großstädten kann es im Juli und August mitunter recht schwül und stickig werden, oft legt sich eine Smogglocke über die Stadt. In St. Petersburg ist diese Zeit ein wenig erträglicher, da hier immer eine leichte Brise weht. Die Kehrseite der Medaille: Im Winter fühlt sich die Temperatur in der Newa-Stadt aufgrund dieser Feuchtigkeit kälter an. Im hohen Norden kann es selbst im Sommer empfindlich kühl werden, verbunden mit ordentlichen Niederschlägen. Wer eine Wolgafahrt einplant, kann ab Anfang Mai an Bord gehen – dann ist der Fluss frei von Eisschollen.

Beste Reisezeiten Beste Reisezeit für den hohen Norden ist der kurze **Polarsommer**, insbesondere die sechs wärmsten Wochen von Anfang Juli bis Mitte August. Für einen Besuch von St. Petersburg und Moskau bietet sich das **Sommerhalbjahr** an, auch wenn man im April und im Oktober bei der Wärme einige Abstriche hinnehmen muss. Den strahlendsten Sonnenschein, die angenehmsten Temperaturen und den geringsten Niederschlag haben beide Metropolen im Mai und Juni zu verzeichnen. Bei Sommerreisen in den Süden sollte man den heißen Juli möglichst meiden. Anders sieht die Sache am Schwarzen Meer aus, wo die Monate Juni bis September mit 24 bis 28, Sonne satt und Wassertemperaturen bis zu 25 °C ideal für einen Urlaub sind.

? **WUSSTEN SIE SCHON …?**

■ …dass die Kaspische Senke – zusammen mit dem Küstenbereich von Almería (Südostspanien) – die trockenste Region Europas ist (Jahresniederschlag Astrakhan: 215 mm)?

Shopping

Es gibt kaum etwas, das man in Russland nicht kaufen könnte – zu entsprechenden Preisen in den Supermärkten, die für die meisten Russen unerschwinglich sind. Sie versorgen sich stattdessen in kleinen Geschäften, Kiosken oder in den Großstädten an Ständen in den Metrounterführungen. Zuweilen ist das Angebot in modernen Super- oder Hypermärkten so »global« wie in Westeuropa: Müsli aus Australien, Fruchtsäfte aus den USA und Kräcker aus Großbritannien stehen im Regal eines gut sortierten Supermarkts.

Lebensmittel-versorgung

Nicht wegzudenken sind die Gemüse- und Obstmärkte bzw. -hallen in den Städten, viele werden direkt aus dem Kaukasus oder Zentralasien beliefert. Die Preise schwanken stark, am besten ist es – wie überall –, saisonabhängig einzukaufen. Unbedingt probieren sollte man die selbstgemachten Käse- und Quarksorten! Fleischabteilungen sind zuweilen gewöhnungsbedürftig, denn nicht selten hängen dort Tierhälften an den Haken.

Märkte

Beliebt: Gegenstände aus lackiertem Holz

**Mindesthaltbar-
keitsdatum**

Ein wenig verwirrend für Westeuropäer ist, dass auf russischen Produkten in der Regel das **Herstellungsdatum** und nicht die Mindesthaltbarkeitsdauer angegeben ist.

**Sozialistische
Relikte**

Längst schon haben westliche Selbstbedienungs-Supermärkte auch in der Provinz Einzug gehalten. In allen übrigen Geschäften kann das Einkaufen mitunter ein wenig anstrengend sein und ein gutes Zahlen-Gedächtnis (sowie Russischkenntnisse!) erfordern. Oft muss man sich den Preis des gewünschten Produkts und die entsprechende Abteilung merken und diese beiden Angaben an einer separaten Kasse nennen. Nach der Bezahlung erhält man einen Beleg, den man in der entsprechenden Abteilung vorlegen muss, erst danach wird das gewünschte Produkt ausgehändigt. Dieses System ist noch in Lebensmittel- oder Schreibwarengeschäften verbreitet. Wer kein Russisch spricht, sollte Stift und Papier dabeihaben, um die Summe zu notieren und vorzulegen.

? WUSSTEN SIE SCHON …?

■ …dass man in manchen Geschäften noch einen Abakus neben der Kasse findet? Diese mechanischen »Rechenmaschinen« gehören in Russland längst noch nicht ins Museum!

Öffnungszeiten

Ein Ladenschlussgesetz gibt es nicht; die Öffnungszeiten sind weitaus flexibler als in Westeuropa. Supermärkte sind meist von 9.00 bis 20.00 Uhr geöffnet, einige auch rund um die Uhr. Viele Geschäfte, Blumenläden, Restaurants und vor allem Kioske, die es in fast jedem Stadtviertel gibt, haben die ganze Nacht hindurch geöffnet.

Souvenirs

In jeder Region gibt es typische Mitbringsel: Während der Kaukasus für Wildhonig, Käse und Kräutertee bekannt ist, bringt man aus Astrachan am besten Kaviar oder Trockenfisch mit. Kaliningrad gilt als Bernstein-Paradies, edle Schmuckstücke kosten hier oft nur einen Bruchteil der Moskauer Preise. Im Ural kann man schöne Ringe oder Ketten aus Malachit erwerben. Wer nach Kasan reist, sollte eine Packung der Süßspeise »Tschak-Tschak« mitnehmen. In Orenburg kauft man am besten wärmende Schals aus Ziegenwolle und in Palech die berühmten Lackschatullen mit Märchenmotiven.

Matrjoschka ▶

Überall verbreitet sind die farbenfrohen Matrjoschka-Schachtelpuppen. Deren Geschichte begann im ausgehenden 19. Jh. in Moskau. Später galt Sergijew Possad als eines der Hauptzentren; dort wurden vor allem Matrjoschkas aus Lindenholz gefertigt. Inzwischen produziert man die bauchigen Holzpuppen auch anderswo, und längst schon variiert ihre Bemalung: So finden sich nicht nur Politiker darauf, sondern auch Sport- und Popstars.

Kunst und
Kunsthandwerk ▶

Bekannt ist das charakteristisch blau-weiße Gschel-Porzellan. Bei den Löffeln und Schalen aus Chochloma dominieren gold-schwarz-rote Farbtöne und die charakteristischen Vogelbeeren. In vielen Städten lohnt es sich, einen Blick darauf zu werfen, was Künstler an zentralen Plätzen verkaufen.

Sicherheit

Kriminalität

Allen Klischees zum Trotz – die Kriminalität in russischen Großstädten ist nicht höher als in entsprechenden westeuropäischen Städten. Und die berüchtigten Mafiabosse haben es nicht auf gewöhnliche Touristen abgesehen, sondern rechnen mit ihresgleichen ab.

An stark frequentierten Orten wie Sehenswürdigkeiten oder Märkten und im Gewühl öffentlicher Verkehrsmittel sollten Sie sich vor Taschendieben schützen; es kann vorkommen, dass einem die Handtasche entrissen wird. Ein beliebtes Revier für Langfinger ist der **Newskij prospekt in St. Petersburg**, wo sich ganze Banden auf Touristen spezialisiert haben. Generell sollten Sie an viel frequentierten Orten wie der Metro, auf Märkten oder in Bahnhöfen erhöhte Vorsicht walten lassen, Wertgegenstände daher nie offen zur Schau tragen und teuren Schmuck am besten gleich ganz zu Hause lassen. Vorsicht vor **Zufallsbekanntschaften** in Bars; es kann vorkommen, dass Getränke mit Betäubungsmittel versetzt werden, um das Opfer später zu berauben.

Sicherheit

Zu den größten Sicherheitsrisiken in Russland gehört im Alltag der Straßenverkehr: Russische Autofahrer fahren oft recht **rücksichtslos** und vor Zebrastreifen wird nicht abgebremst. Ein Manko für Fußgänger sind auch die vielen Schlaglöcher auf den Gehsteigen: Treten Sie daher bei Regenwetter möglichst nicht in eine Pfütze, denn man weiß nicht, wie tief sie wirklich ist! *(Straßenverkehr/ Schlaglöcher)*

Wer mit dem Auto unterwegs ist, sollte nur auf bewachten Parkplätzen parken – vor allem nachts –, um unliebsame Überraschungen zu vermeiden. Lassen Sie zudem nie Wertsachen im Auto liegen. *(Autodiebstähle)*

Öffentliche Verkehrsmittel sind relativ ungefährlich, wenn man von Taschendieben absieht. Vor allem in der Metro sind auch spät am Abend noch viele Menschen unterwegs und in jeder Station gibt es einen Polizeiposten. *(Öffentliche Verkehrsmittel)*

Frauen ohne Begleitung können sich generell problemlos bewegen, allerdings sollten die auch in Westeuropa geltenden Vorsichtsmaßnahmen beachtet werden. Dies gilt besonders in Südrussland und im Kaukasus, wo die Gesellschaft noch ein wenig traditioneller ist als anderswo in Russland. *(Allein reisende Frauen)*

Immer wieder kommt es zu fremdenfeindlichen Übergriffen. Opfer werden vor allem Kaukasier, aber zunehmend auch afrikanische und *(Rechtsextremismus, Fremdenfeindlichkeit)* asiatische Studierende – die zu kommunistischen Zeiten mit offenen Armen empfangen worden waren. Oft verfolge die russische Justiz solche Fälle nur schleppend, kritisieren Menschenrechtsorganisationen. Eine Skinhead-Szene mit mehreren Tausend Angehörigen gibt es in St. Petersburg, die meist in den Vororten aktiv sind.

Terroranschläge, Kriege Das Sicherheitsrisiko in den Kaukasus-Republiken **Dagestan, Inguschetien und Nordossetien** ist sehr hoch. Von Reisen in diese Republiken wird dringend abgeraten. Generell herrscht hier eine erhöhte Anschlagsgefahr, in **Tschetschenien** tobt zudem seit Jahren ein Guerillakrieg. Vereinzelt ist es in einigen Gegenden zu Lösegeld-Entführungen gekommen, bei denen vor allem Mitarbeiter ausländischer Hilfsorganisationen Opfer waren.

Als risikoreich stuft die deutsche Botschaft auch Reisen nach **Kabardino-Balkarien (inklusive Elbrus), Kalmückien und Karatschai-Tscherkessien** ein. Eine erhöhte Anschlagsgefahr besteht auch in Moskau; vor allem Orte mit großen Menschenansammlungen wie die Metro gelten als bevorzugtes Ziel. Am besten informiert man sich bei der Reiseplanung auf der Homepage des Auswärtigen Amtes (www.auswaertiges-amt.de) über die neuesten Entwicklungen.

Soldatenfriedhöfe

Der Volksbund Deutsche Kriegsgräberfürsorge engagiert sich seit dem Zerfall der Sowjetunion auch in Russland für die Einrichtung von Gedenkstätten, Soldaten- und Sammelfriedhöfen im ganzen Land. Oftmals liegen die letzten Ruhestätten für deutsche und sowjetische Gefallene sehr nahe beieinander.

Mehr als 2,2 Mio. Opfer werden auf deutscher Seite beklagt, davon sind 1,88 Mio. Kriegstote namentlich erfasst. In den letzten Jahren wurden in der ehemaligen UdSSR mehr als 100 Kriegsgefangenen- und Interniertenfriedhöfe wieder hergerichtet. Bei dem Dorf Sologubowka, 60 km südöstlich von Petersburg, befindet sich der größte Friedhof für deutsche Gefallene. Weitere Informationen finden sich auf der **Homepage des Volksbunds Deutsche Kriegsgräberfürsorge e. V.: www.volksbund.de**.

Sperrgebiete und Grenzregionen

Wer in Grenzgebiete reist, sollte sich vorher genau informieren, ob und wie weit ein Zugang überhaupt möglich ist, und sich vorab über einen Reiseveranstalter einen Passierschein besorgen. Auskünfte erteilen in der Regel auch die Hotels. Zu solchen Gegenden gehören etwa die **Elbrus-Region** im Kaukasus, **Iwangorod** an der estnischen

Grenze, aber auch **Kaliningrad** (mit Ausnahme der Badeorte) und grenznahe Gebiete auf der **Kola-Halbinsel** bei Murmansk. Einige Flottenstützpunkte wie **Sjeweromorsk** bei Archangelsk oder **Baltijsk** im Gebiet Kaliningrad sind militärisches Sperrgebiet; auch hier benötigen Ausländer spezielle Passierscheine, die von den Reisebüros besorgt werden können.

Sprache

Russisch wird von mehr als **240 Mio. Menschen** rund um den Globus gesprochen, wenn man die Zweitsprachler hinzu zählt. Allein in Deutschland wird die Zahl der russischen Muttersprachler auf fast 3 Mio. geschätzt.   ◀ **Weltsprache**

Gemeinsam mit dem Ukrainischen und Weißrussischen gehört das Russische zur ostslawischen Untergruppe der slawischen Sprachen. Geschrieben wird in kyrillischer Schrift, die bestimmte russische Besonderheiten aufweist. Trotz der Größe des Landes sind Dialekte weit weniger ausgeprägt als anderswo. Generell unterscheidet man drei große Gruppen von Mundarten: **Nord-, Mittel- und Südrussisch**, die Unterschiede betreffen oft nur die Betonung und Härte einzelner Buchstaben.   ◀ **Slawisch**

In manchen Teilrepubliken gibt es neben dem Russischen noch eine zweite Amtssprache wie das Tatarische in der Republik Tatarstan oder das Baschkirische in der Republik Baschkortostan.   ◀ **Weitere Amtssprachen**

Wundern Sie sich nicht, wenn Sie manche Wörter verstehen – denn die russische Sprache ist reich an Entlehnungen. Aus dem deutschen Sprachraum wurden Wörter wie »buterbrod« (Butterbrot, in Russland allerdings meist ohne Butter, dafür mit Käse oder Wurst belegt), »schlagbaum« (Schlagbaum, Grenzposten), »landschaft« (Landschaft), »gorn« (Horn, im Russischen wird der Buchstabe »h« aus Fremdwörtern oft als »g« übernommen) oder »galstuk« (Krawatte, von »Halstuch« abgeleitet). Im Gegenzug wurde einiges aus dem Russischen in den »DDR-Wortschatz« übernommen: Datsche (Russisch: datscha; Ferienhaus) oder Subbotnik (Russisch: subotnik, von »subota« für Samstag; freiwilliger Arbeitseinsatz am Samstag).   ◀ **Lehnwörter**

In besseren Hotels dürfte es kein Problem sein, sich auf Deutsch oder Englisch zu verständigen. Außerhalb beginnen jedoch schon die Schwierigkeiten: Straßennamen sind bislang fast nur in Moskau und St. Petersburg in lateinischen und kyrillischen Buchstaben ausgeschildert, anderswo sollte man sich zumindest **Grundlagen der russischen Schrift** und einige wichtige Phrasen aneignen – sofern man keinen Dolmetscher oder Reiseleiter dabei hat. Auch sprechen viele junge Menschen mittlerweile Englisch, gelegentlich sogar Deutsch oder Französisch.   **Fremdsprachen**

SPRACHFÜHRER RUSSISCH

Alphabet und Umschrift

Kyrillischer Buchstabe	Transkription	Transliteration	Kyrillischer Buchstabe	Transkription	Transliteration
А а	a		Р р	r	
Б б	b		С с	s	
В в	w	v	Т т	t	
Г г	g		У у	u	
Д д	d		Ф ф	f	
Е е	e / je		Х х	ch	h
Ё ё	jo		Ц ц	z	
Ж ж	sch	ž	Ч ч	tsch	č
З з	s	z	Ш ш	sch	š
И и	i		Щ щ	schtsch	šč
Й й	j		Ъ ъ	»harte Aussprache«	
К к	k		Ы ы	y	
Л л	l		Ь ь	»weiche Aussprache«	
М м	m		Э э	e	
Н н	n		Ю ю	ju	
О о	o		Я я	ja	
П п	p				

Auf einen Blick

Deutsch	Transkription	Russisch
Ja.	da.	Да.
Nein.	njet.	Нет.
Bitte.	paschálsta.	Пожáлуйста.
Danke.	spassíba.	Спасибо.
Verzeihung!	prastítje!	Простите!
Wie bitte?	iswinítje, kak wy skasáli?	Извините, как Вы сказали?
Ich verstehe Sie nicht.	ja was ni-panimáju.	Я Вас не понимáю.
wenig ...	nimnóga...	немнóго...
Können Sie mir bitte helfen?	wy móschytje pamótsch mnje?	Вы мóжете помóчь мне?
Ich möchte	ja chatschú....	Я хочý...
Haben Sie ...?	u-was jest...?	У Вас есть...?
Wie viel kostet es?	skólka éta stóit?	Скóлько это стóит?
Wie viel Uhr ist es?	katóry tschas?	Котóрый час?

Kennenlernen

Deutsch	Transkription	Russisch
Guten Morgen!	dóbraje útra!	Дóброе ýтро!
Guten Tag!	dóbry djen!	Дóбрый день!

Guten Abend!	dóbry wjétschir!	Дóбрый вéчер!
Seien Sie gegrüßt!	sdrástwujtje!	Здрáвствуйте!
Willkommen!	dabró paschálawat!	Добró пожáловать!
Wie geht es Ihnen?	kak u-was dilá?	Как у Вас делá?
Wie geht es dir?	kak u-tibjá dilá?	Как у тебя делá?
Danke.	spassíba.	Спасибо.
Und Ihnen/dir?	a u-was/u-tibjá?	А у Вас/у тебя?
Auf Wiedersehen!	da-swidánija!	До свидáния!

Unterwegs

links/rechts	naljéwa/napráwa	налéво/напрáво
geradeaus	prjáma	прямо
nah/weit	blíska/dalekó	близко/далекó
Bitte, wo ist ...?	skaschýtje, paschálsta, gdje...?	Скажите, пожáлуйста, где...?
Wo ist hier die Toilette?	gdje sdjes tualét?	Где здесь туалéт?
Gehen Sie über... ... die Straße.	pirijdítje... ...úlizu.	Перейдите... ...улицу.
Wie weit ist das?	kak éta dalikó?	Как это далекó?
Hilfe!	pamagítje!	Помогите!
Achtung!	wnimánije!	Внимáние!
Rufen Sie bitte schnell ...	wýsawitje býstra...	Вызовите быстро...
... einen Krankenwagen.	...skóruju pómaschtsch.	...скóрую пóмощь.
... die Polizei.	...milízyju.	...милицию.
... die Feuerwehr.	...paschárnuju kamándu.	...пожáрную комáнду.

Essen und Trinken

Wo gibt es hier ein gutes Restaurant?	gdje sdjes charóschy ristarán?	Где здесь хорóший ресторáн?
Wo gibt es hier ein nicht zu teures Restaurant?	gdje sdjes nidaragój ristarán?	Где здесь недорогóй ресторáн?
Gibt es hier eine gemütliche Kneipe?	jest sdjes ujútnaje kafjé?	Есть здесь уютное кафé?
Reservieren Sie für heute abend einen Tisch für vier Personen, bitte.	sarisirwírujtje nam na-siwódnischnij wjétschir stol na-tschityrjóch tschilawjék, paschálsta.	Зарезервируйте нам на сегóдняшний вéчер стол на четырёх человéк, пожáлуйста.
Auf Ihr Wohl!	sa-wásche sdarówje!	За Вáше здорóвье!
Bezahlen, bitte.	raschtschitájtis sa-mnoj, paschálsta.	Рассчитáйтесь со мной, пожáлуйста.
Hat es geschmeckt?	fkússna býla?	Вкýсно было?
	wam panráwilas?	Вам понрáвилось?
Es war ausgezeichnet.	býla priwaßchódna.	Было превосхóдно.

Mineralwasser	minerálnaja wodá	Минеральная вода
Kaffee	kófe	Кофе
Tee	tschai	Чай
Saft	sok	Сок
Milch	molokó	Молоко
Wein	winó	Вино
Sekt	schampánskoje	Шампанское
Brot	chleb	Хлеб
Ei	jaízo	Яйцо
Honig	mjod	Мёд
Zucker	sáchar	Сахар
Marmelade	warénje/dschem	Варенье/Джем
Butter	máslo	Масло
Käse	syr	Сыр
Wurst	kolbassá	Колбаса
Vorspeise	sakúski	Закуски
Suppe	sup	Суп
Nachspeise	dessért	Десерт
Salz	sol	Соль
Pfeffer	pérez	Перец
Fisch	ryba	Рыба
Fleisch	mjáso	Мясо
Kaviar	ikrá	Икра
Huhn	kuríza	Курица
Salat	salát	Салат
Würstchen	sossíski	Сосиски
Gefüllte Teigtaschen	waréniki/pelméni	Вареники/Пельмени

Übernachten

Können sie mir ein gutes Hotel empfehlen?	wy ni-passawjétujutje mnje charóschuju gastínizu?	Вы не посоветуете мне хорóшую гостиницу?
Können Sie mir eine Pension empfehlen?	wy ni-passawjétujutje mnje tschássny panssión?	Вы не посоветуете мне чáстный пансиóн?
Haben Sie noch Zimmer frei?	u-was jest swabódnyje namirá?	У Вас есть свобóдные номерá?
Ein Einzelzimmer	adnamjéssny nómir	Одномéстный нóмер
Ein Zweibettzimmer	dwuchmjéssny nómir	Двухмéстный нóмер
mit Bad	s-wánnaj	с вáнной
für eine Nacht	na-adnú notsch	на однý ночь
für eine Woche	na-nidjélju	на недéлю
Was kostet das Zimmer?	skólka stóit nómir?	Скóлько стóит нóмер?
mit Frühstück?	s-sáftrakam?	с зáвтраком
mit Halbpension?	s-sáftrakam i úschynam?	с зáвтраком и ýжином?

Praktische Informationen

Können sie mir einen	wy móschytje	Вы мо́жете
guten Arzt empfehlen? ...	passawjétawat mnje	посове́товать мне
....	charóschywa wratschá? ...	хоро́шего врача́?
Ich habe hier Schmerzen.	sdjes u-minjá balít.	Здезь у меня болит.
Wo ist hier eine Bank/ ...	gdje sdjes bank/	Где здезь банк/
eine Wechselstube?	punkt abmjéna waljúty? ..	пункт обме́на
		валюты?
Ich möchte ... (Betrag) ...	ja chatschú abminját...	Я хочу обменять...
... Euro/	...jéwra/	...е́вро/
... Schweizer Franken/	...schwijzárskich fránkaf/ .	...швейца́рских
		фра́нков/
... Dollar	...dóllaraf	...до́лларов
... in Rubel wechseln.	...na-rublí.	...на рубли.
Was kostet...	skólka stóit atpráwit...	Ско́лько сто́ит...
		...отпра́вить
...ein Brief/	...pissmó/	...письмо́/
...eine Postkarte	...atkrýtku	...откры́тку
...nach Deutschland?	...w-girmániju?	...в Герма́нию?

Zahlen

0	nol	ноль
1	adín (m)/adná (f)/	один/одна́/одно́
	adnó (n)	
2	dwa (m/n), dwjä (f)	два/две
3	tri	три
4	tschtýrje	четыре
5	pjat	пять
6	schest	шесть
7	sjem	семь
8	wóssim	во́семь
9	djéwit	де́вять
10	djéssit	де́сять
11	adínazat	одиннадцать
12	dwinázat	двена́дцать
13	trinázat	трина́дцать
14	tschitýrnazat	четырнадцать
15	pitnázat	пятнадцать
16	schyssnázat	шестна́дцать
17	simnázat	се́мнадцать
18	wassimnázat	восемна́дцать
19	diwitnázat	девятна́дцать
20	dwázat	два́цать
30	trízat	трицать
40	sórak	со́рок
50	pidissját	пятьдесят

60	schysdissját	шестьдесят
70	sjémdissit	семьдесят
80	wóssimdissit	восемдесят
90	diwinósta	девяносто
100	sto	сто
200	dwjésti	двести
300	trísta	триста
1000	týssitscha	тысяча
2000	dwjä týssitschi	две тысячи
10000	djéssit týssitsch	десять тысяч
1/2	palawína	половина
1/4	tschétwirt (f)	четверть

Sprachkurse Staatliche russische **Universitäten** bieten Sprachkurse für Ausländer an. Der Deutsche Akademische Austauschdienst (DAAD) vermittelt im Rahmen seines Programms »Go East« **Sommersprachkurse** in Moskau, Woronesch, Smolensk und anderen Städten. Oft haben die Kurse einen thematischen oder fachlichen Schwerpunkt.Daneben mühen sich zahlreiche **private Sprachschulen** um ausländische Schülerinnen und Schüler. Wer bei einer russischen Gastfamilie unterkommt, kann nicht nur seine Sprachkenntnisse gleich vor Ort anwenden, sondern bekommt auch **Einblicke in den russischen Alltag**. Solche Pakete, die Kurs und Unterkunft in Gastfamilien umfassen, bieten z. B. »Vostok Reisen« oder »Liden & Denz« für Moskau und St. Petersburg an.

▶ INFOS SPRACHREISEN

Kommunikation ist heutzutage alles.

▶ **Deutscher Akademischer Austauschdienst (DAAD)**
Kennedyallee 50, D-53175 Bonn
Tel. (0228) 88 20
http://goeast.daad.de

▶ **Liden & Denz Sprachzentren**
Transportnyj pereulok 11
191119 St. Petersburg
Tel. (812) 334 07 88
www.lidenz.ru

▶ **Vostok Reisen**
Weinbergsweg 2, D-10119 Berlin
Tel. (030) 30 87 10 20
www.vostok.de

Toiletten

In Hotels und Restaurants gibt es in der Regel saubere, moderne Toiletten. Öffentliche WCs in Bahnhöfen oder Raststätten sind meist weit unter westlichem Standard und kosten in der Regel einige Rubel für die Nutzung, dafür gibt es bei den Bediensteten Toilettenpapier. In den Kabinen ist meist kein separates Papier vorzufinden, es muss also direkt am Eingang mitgenommen werden oder liegt auch schon oft portioniert auf einem Tisch ausgebreitet. Seife und Papierhandtücher sind längst nicht überall anzutreffen. Gewöhnungsbedürftig ist, dass es nicht immer Türen an den Kabinen, sondern nur Zwischenwände gibt – auch auf den Damentoiletten! Entlang von Schnellstraßen wurden oft einfache Holzbuden um ein Plumpsklo herum errichtet – eine **Herausforderung für Ausländer**!

> ## ℹ Toiletten
>
> - Toiletten (туалеты) erkennt man in Russland an folgenden Zeichen:
>   Ж = Damentoilette
>   М = Herrentoilette

Übernachten

Hotels

Moderne Häuser in der Kategorie vier oder fünf Sterne gibt es inzwischen auch in der Provinz. Und das nicht nur in Orten, die besonders viele Touristen anlocken – wie etwa die Schwarzmeerküste –, sondern auch in relativ gesichtslosen Industriestädten wie Togliatti oder Tscheljabinsk, die vor allem von Geschäftsleuten besucht werden. Preislich liegen dort selbst luxuriöse Häuser oft unter den Mittelklasse-Hotels in Moskau oder St. Petersburg.   **Standard**

Die meisten Sowjet-Hotels wurden zwischenzeitlich saniert, doch gibt es in vielen Häusern noch unsanierte Zimmer »bes udobstw« (ohne Komfort), die sehr günstig sind. Allerdings liegt die Ausstattung solcher Zimmer weit unter westlichen Erwartungen; oft verfügen sie nur über gemeinschaftlich genutzte Duschen und WCs auf dem Gang. Wer hingegen »so udobstwamy« (mit Komfort) bucht, dürfte selbst in sowjetisch angehauchten Hotels zumindest einigermaßen komfortabel übernachten.   ◀ Mit und ohne Komfort

Russische Hotels haben oftmals eine **Etagenfrau** (deschurnaja), bei der Sie den Schlüssel abgeben oder sich ein Taxi rufen lassen können; hier sind ein paar Brocken Russisch sehr von Vorteil.   ◀ Deschurnaja

Meist stehen die Vermieter mit entsprechenden Schildern an den Bahnhöfen. Die Übernachtungs-Preise beginnen oft schon weit unter   **Privatzimmer** zehn Euro, allerdings sollte man nicht allzu viel Komfort erwarten. Manchmal kann es passieren, dass man mit einem anderen Gast ein Zimmer teilen muss. Die meisten Anbieter sind seriös, allerdings birgt solch eine Form der Übernachtung ein gewisses Risiko und ist nur zu empfehlen, **wenn man sich verständigen kann**.

i Etagenzählung

■ Nicht verwirren lassen: Das Erdgeschoss gilt in Russland als erstes Stockwerk. Entsprechend ist die 2. Etage in Russland eigentlich die erste. Wer im Hotel also den Ausgang sucht, muss die »1« im Lift drücken, um wieder auf die Straße zu gelangen.

Ferienwohnungen sind nicht billiger als Hotels, aber in Großstädten sind Appartements, die tageweise **über Agenturen** angemietet werden können, eine gute Alternative.

Jugendherbergen
Private Hostels, preisgünstige Unterkünfte in Mehrbettzimmern für junge Reisende, gibt es hauptsächlich in Moskau und St. Petersburg.

Mini-Hotels
Sog. »Mini-Hotels« sind privat geführte Pensionen und meist noch recht neu. Die Vermieter organisieren oft Ausflüge und bieten (gegen Aufpreis) selbst gekochte Mahlzeiten an. Besonders viele Mini-Hotels (»tschasnaja gostiniza«; privates Hotel) gibt es entlang der Schwarzmeerküste, aber auch in St. Petersburg.

Camping
Offizielle Campingplätze sind in Russland wenig bekannt. Wildes Zelten wird allerdings geduldet, sofern keine Hinweisschilder etwas Gegenteiliges besagen. Am besten ist es, den Eigentümer des Grundstücks ausfindig zu machen, auf dem man sein Zelt aufschlagen will.

Turbasa
Diese einfachen **Bungalows** aus Sowjetzeiten stehen in Anlagen, die an Campingplätze erinnern; sie haben in der Regel von Juni bis September (Sommerferiensaison) geöffnet. Die Ausstattung ist in der Regel unter westlichem Niveau – oft befinden sich die Sanitäranlagen außerhalb der Häuser –, dafür sind solche Unterkünfte sehr günstig. Jedoch nehmen nicht alle Anlagen Ausländer auf!

Sanatorien
Vor allem in Kurorten, aber auch am Schwarzen Meer sind Sanatorien weit verbreitet. Der **Standard** ist **höchst unterschiedlich**, liegt jedoch meist nicht auf westlichem Niveau. In der Regel können hier nur Pauschalarrangements mit Unterkunft, Verpflegung und ggf. Anwendungen oder Therapien gebucht werden.

Ruheräume
Bahnhöfe in größeren Städten verfügen über Ruheräume, die **stundenweise oder halbtags** gemietet werden können. Sie sind preisgünstig und daher meist ausgebucht. Der Standard ist sehr einfach, die Sauberkeit gelegentlich zweifelhaft. Manchmal sind Ausländer nicht zugelassen (z. B. in Welikij Nowgorod), häufig muss das Zugticket vorgelegt werden. Einfach der Beschilderung »комната отдыха« (komnata otdycha) im Bahnhofsgebäude folgen.

NÜTZLICHE ADRESSEN

PREISKATEGORIEN

Luxus: ab 120 €
Komfortabel: 60 – 120 €
Günstig: bis 60 €
Für eine Übernachtung von zwei
Personen im DZ (mit Frühstück)

HOTELRESERVIERUNGEN

► **www.lodging.ru**
Hotel-Reservierungen in vielen
Städten des Landes (engl.)

FERIENWOHNUNGEN

► **Apartments Moscow**
Leninskij prospekt 29

Wohnung 401
117912 Moskau
Tel. (495) 956 44 22
www.apartmentsmoscow.com
Vermittlung komfortabler Ferienwohnungen in Moskau, St. Petersburg und Jekaterinburg

JUGENDHERBERGEN

► **www.hostelworld.com**
Internationaler Buchungsservice
für Hostels (engl.)

Urlaub aktiv

Traditionell **weit verbreitet** ist das Angeln im Sommer, das in Russ-   **Angeln**
land einen viel höheren Stellenwert besitzt als etwa in Deutschland.
Kenner schätzen den atlantischen Lachs im hohen Norden. Sehr beliebt sind die Fischgründe in der Seenplatte in Karelien und im Wolgadelta, wo u. a. der berühmte »Kaviar-Lieferant« Stör zu Hause ist.
Geführte Angeltouren sind allerdings oft horrend teuer. Wer sich
zum Angeln aufmacht, sollte sich vorher bei den lokalen Autoritäten
über etwaige Vorschriften und Beschränkungen kundig machen.
Im Winter warten die Eisangler an der Küste stundenlang vor einem   ◄ Eisangeln
Eisloch auf Beute, was nicht ganz ungefährlich ist: Schon viele Angler
sind auf ihrer Eisscholle aufs offene Meer abgetrieben.

In der Regel gilt: Alle Städte an einem Fluss haben einen Badestrand;   **Baden**
selbst in Metropolen wie St. Petersburg kann man Wasserratten in-   ◄ Binnenland
mitten der Großstadt in der Newa sichten. Entlang der Wolga finden
sich einige schöne Strände, die mit Sand aufgeschüttet wurden. Allerdings ist die Wasserqualität, insbesondere wenn der Fluss schon
mehrere Städte passiert hat, gelegentlich sehr zweifelhaft!
Ladoga- und Onegasee im Nordwesten sind beliebte Ausflugsziele;
im Sommer kann die Wassertemperatur hier durchaus auf 25 Grad
Celsius klettern. Ein Aufenthalt am Seligersee in der Twerskaja oblast
kann mit dem Besuch der Wolgaquelle kombiniert werden.
Populär ist die **Ostsee** bei Kaliningrad, wo selbst im Hochsommer   ◄ Meer
eine frische Brise weht und die Hitze dadurch erträglicher ist. Auf

der Kurischen Nehrung erstreckt sich kurz hinter Lesnoj ein schöner Badestrand. Die russische **Schwarzmeerküste** war schon zu Sowjetzeiten ein sehr beliebtes Reiseziel. Hier kann man zwischen Mai und Oktober baden, allerdings sind in der Vor- bzw. Nachsaison die Strände nicht so überlaufen. Das **Asowsche Meer** wird aufgrund seiner relativ geringen Wassertiefe im Sommer recht warm.

Banja

Wenn die Kälte draußen klirrt, gibt es kaum etwas Besseres als einen Besuch in einer echten russischen Banja (Sauna). Der Ort dient nicht nur der Körperhygiene, zumal es noch immer nicht in allen Wohnungen ein Bad gibt, sondern auch dem Plausch mit Freunden. Die Blutzirkulation wird durch leichtes Peitschen des Körpers mit eingeweichten Birkenzweigen angeregt, die meist vor der Banja verkauft werden. Frauen und Männer saunieren in der Regel getrennt. Viele Hotels bieten moderne Banjas, die stundenweise von Gruppen gemietet werden können, oft auch rund um die Uhr.

Bergsteigen und Wandern

Die Gipfel des **Ural** und des **Kaukasus** sind eine Herausforderung für jeden Bergsteiger und seine Ausrüstung, allerdings sollte man sich immer von ortskundigen Führern begleiten lassen. Am beliebtesten sind der Elbrus, dem mit 5642 Metern höchsten Berg Europas, und der 4046 m hohe Dombai, auch wenn die touristische Infrastruktur dort erst noch im Aufbau begriffen und die Sicherheitslage zweifelhaft ist. Dafür wird man mit schroffen Steilwänden, tiefen Schluchten und sonnigen Lichtungen belohnt. Im südlichen Ural gibt es einige schöne Schutzgebiete, die Wanderer anlocken. Das Chibiny-Gebirge auf der Kola-Halbinsel hingegen ist ein Stück herrliche, aber noch unberührte Natur, daher nur für erfahrene Outdoorfreaks geeignet.

? WUSSTEN SIE SCHON …?

■ Das geringe Durchschnittsalter russischer Männer machte der Regierung unter Ex-Präsident Wladimir Putin Sorgen. Prompt ließ dieser den Fernsehsender »Sport« einführen und hoffte, seine Landsleute dadurch zu mehr Bewegung zu animieren.

Fahrrad fahren

Vor allem der Ostseeraum wird auch von westeuropäischen Radfahrern entdeckt. Man sollte aber ein ausgesprochen **robustes Rad** und die wichtigsten Ersatzteile dabei haben, da die Straßen oft Schlaglöcher haben oder geschottert sind. Ein großes Problem stellt auch die unorthodoxe Fahrweise vieler Autofahrer dar, die definitiv nicht auf Radfahrer auf der Straße eingestellt sind. Fahrradwege gibt es selbst in russischen Großstädten faktisch noch nicht, Ersatzteile und Fahrradläden sind selten.

Wassersport

Die besten Locations sind am **Schwarzen und Asowschen Meer**, wo sich mehrere Anbieter und Klubs niedergelassen haben, die ein breites Spektrum an Wassersportarten anbieten. Für Taucher ist Anapa ein guter Treffpunkt; Wasserski ist an der gesamten Schwarzmeerküs-

SPORT-ADRESSEN

AUSKUNFT & INFOS

► **www.infosport.ru**
Diese staatliche Website informiert über Sport und sportliche Ereignisse (nur auf Russisch).

BADEN

► **Troika Reisen**
Wenewskaj 1–36
117042 Moskau
Tel. (495) 716 59 32
www.troikareisen.de
Der in Moskau ansässige Anbieter (deutsche Website) vermittelt u. a. Badeurlaub in Sotschi oder am Seligersee.

BERGSTEIGEN UND WANDERN

► **Intakt-Reisen**
Bartningallee 27
D-10117 Berlin
Tel. (030) 20 61 64 880
www.intakt-reisen.de

Trekking-Touren auf den Elbrus, Wandern und Skifahren in Karelien.

► **Wikinger Reisen**
Kölner Str. 20
58135 Hagen
Tel. (02331) 90 47 41
www.wikinger-reisen.de
Das deutsche Reisebüro führt Elbrus-Besteigungen im Programm.

FAHRRAD FAHREN

► **Rossiskij klub weloputeschtscheswij (Russischer Klub für Radwanderungen)**
Bolschoj Trechswjatiteljskij pereulok 1
109028 Moskau
Tel. (495) 916 88 94
(Di. u. Do. ab 19.00 Uhr)
www.rctc.ru/de

Gelobt sei, was hart macht: Eisbaden ist vielleicht nur etwas für Einheimische.

Organisiert mehrtägige Radwanderungen.

WASSERSPORT

▶ **Poljarnyj krug**
ul. Suworowskaja 19a
107023 Moskau
Tel. (495) 925 77 99
www.ice-diving.ru
Exotisch: Tauchkurse am Polarkreis (Website auch auf Englisch).

▶ **Sapowednik wetra na Pleschejewom oserje**
http://plesheevo.ru
Nicht nur Sommerkurse auf dem Pleschejewosee: Auch bei Schnee stehen Kitesurfing-Kurse auf dem Programm.

▶ **Sport- und Klubhotel Aquatorija leta**
ul. Pljaschnaja 2/3,
Jejsk
Tel. (86 132) 351 01
www.aqualeto.ru

Die Kurse für Wind- oder Kitesurfing am Asowschen Meer sind im Übernachtungspreis bereits enthalten.

WINTERSPORT

▶ **Chibiny-Infoportal**
www.hibiny.ru
Umfassende Informationen übers Skifahren in der Murmanskaja oblast (auch auf Englisch).

▶ **Elbrus-Tourservice**
ul. Lenina 53
360000 Naltschik
www.elbrustourservice.com
Skifahren und Wandern auf dem höchsten Berg Europas.

▶ **Sportpark Volen**
ul. Troizkaja 1
141840 Jachoma
Tel. (495) 993 95 40
www.volen.ru
Nördlich von Moskau gelegene, sehr beliebte Anlage.

te verbreitet, und in Jejsk am Asowschen Meer findet jährlich ein Windsurfing-Wettbewerb statt.

Doch auch in Pereslawl-Salesskij am Goldenen Ring kann man Kite- oder Windsurfen lernen, falls man ausreichend Russisch spricht, denn die Kurse auf dem Pleschejewo-See werden nur in der Landessprache gegeben. Tauchen ist in Russland nicht nur ein Sommersport am Weißen Meer (Kola-Halbinsel) oder im Ladogasee: Zwischen Februar und April kann man hier auch unter die Eisoberfläche abtauchen! Karelien, vor allem der Fluss Schuja, ist (noch) ein Geheimtipp für Rafting-Fans. Kanufahren lohnt sich besonders im Wolgadelta mit seiner interessanten Fauna und Flora.

Eisbaden ▶ Russland ist berühmt für seine »tapferen« Männer, die im Winter zum Eisbaden gehen. Die sog. Walrösser (Morschi) schwimmen in Eislöchern und scheinen sich dabei pudelwohl zu fühlen, während die Luft vor Frost klirrt.

Wintersport Eines gibt es in der kalten Jahreszeit in Russland **garantiert: Schnee**. In den vergangenen Jahren sind überall im Land moderne Ski-Anlagen entstanden, die durchaus westlichen Standard haben. Zu den bevorzugten Orten gehört Krasnaja Poljana im Hinterland der Schwarzmeerküste. Hier treffen sich auch viele Freerider, die abseits der Pisten hinabsausen. Im Ural wurden die Anlagen in Absakowo und Bannoje vom Metallkombinat Magnitka auf modernes Niveau gebracht und ausgebaut. Und spätestens seit der passionierte Skifahrer Wladimir Putin in Absakowo die Piste hinabfegte, geht es mit dem Ort aufwärts. Nördlich von Moskau erinnert das Ski-Ressort »Volen« mit zünftigem Holzhaus-Hotel ein wenig an die Alpen. Im hohen Norden ist das Chibiny-Gebirge bei Kirowsk eine gute Adresse für Skifahrer.

Gut gespurte Loipen findet man nur in ausgewiesenen Skizentren; dafür kann man oft einfach querfeldein losziehen. Bei Murmansk findet alljährlich – als Abschluss des »Festivals des Nordens« – ein Langlauf-Marathon über 50 km statt.

◀ Langlauf

Die Russen lieben Fußball und verfügen über Spieler, die auch im Ausland eine gute Figur machen, wie man bei der Europameisterschaft 2008 feststellen konnte. Auch im Eishockey gibt es hervorragende Klubs, die außerhalb Russlands bekannt sind. Beliebt sind darüber hinaus Handball, Basketball und Tennis; herausragende Spitzensportler gibt es vor allem in den Bereichen Turnen, Leichtathletik und Gewichtheben. Und die russischen Schach-Großmeister genießen weltweit einen guten Ruf.

Zuschauersport

Für die Olympischen Winterspiele 2014 hat Russland den Zuschlag erhalten – derzeit laufen die Vorbereitungen in ▶Sotschi und Umgebung auf Hochtouren.

◀ Olympiade in Russland

Verkehr

Öffentlicher Nahverkehr

Das Nahverkehrsnetz in Russland ist in allen Städten gut ausgebaut. Oft wird es allerdings eng, da viele Menschen die öffentlichen Verkehrsmittel nutzen. Die Preise sind für westeuropäische Verhältnisse sehr niedrig.

Nahverkehrsnetz

Vor allem in der Provinz begegnet man nicht selten verschlissenen Bussen, die in Deutschland oder der Schweiz ausrangiert wurden – die Reklame für Banken oder Optiker klebt noch an vielen Außenwänden. In älteren russischen Modellen gefrieren die Scheiben im Winter, während man sich im Sommer bei geschlossenem Fenster und ohne Lüftung wie in einer Sauna fühlt.

Bus, Trolleybus, Straßenbahn

Einheitliche Regeln, wo die Fahrkarten gekauft werden, **gibt es nicht**, denn die Systeme variieren – wie in Deutschland – von Stadt zu Stadt. In der Regel werden Fahrscheine entweder beim Fahrer oder

◀ Fahrscheine

Entfernungen in km

beim Fahrkartenkontrolleur gelöst. In Moskau kann man verbilligte Tickets in Kiosken oder den Metro-Kassen kaufen, sie müssen im Bus lediglich abgestempelt werden. Manche moderne Busse verfügen über Lesegeräte, in die das Ticket eingeführt werden muss, damit man überhaupt einsteigen kann. Beim Umsteigen auf eine andere Linie muss jeweils ein neuer Fahrschein gelöst werden. Wer beim Schwarzfahren erwischt wird, muss die Strafe sofort begleichen.

Ein beliebtes Transportmittel im Stadtverkehr sind Trolleybusse. Es kann jedoch vorkommen, dass der Busfahrer einen Stopp einlegen muss, um die Oberleitung wieder zu befestigen. Ansonsten gilt das Gleiche wie für Busse und Straßenbahnen – neu und bequem sind die Transportmittel meist nicht, dafür billig.

? WUSSTEN SIE SCHON …?

■ …dass selbst einige russische Großstädte nicht ans Straßennetz angeschlossen sind? So erreichen Reisende Workuta im nördlichen Ural auf dem Landweg nur mit der Bahn: 40 Stunden dauert die Fahrt ab Moskau. Dennoch hat die Stadt einen eigenen Motorradklub. Von langen Überlandfahrten jenseits des Straßenrings um die Stadt können die Motorradfans allerdings nur träumen, und bei 67 frostfreien Tagen im Jahr dauert die Biker-Saison auch nicht gerade lange!

Metro

In Großstädten wie Moskau, St. Petersburg oder Kasan ist die Metro ein wahrer Segen. Sie ist **extrem schnell** und die Züge verkehren in kurzen Zeitintervallen. An allen Haltestellen werden Jetons verkauft; wer länger in einer Stadt bleibt, sollte sich Mehrfachkarten kaufen. Eine zeitliche Begrenzung in der Metro gibt es nicht, man kann beliebig lange fahren und umsteigen.

Sammeltaxi (Marschrutka)

Marschrutki sind Kleinbusse, die auf bestimmten Strecken verkehren. Sie halten nicht nur an Bushaltestellen, sondern auch anderswo entlang ihrer Strecken und kosten ein wenig mehr als Busse. Wer eine Marschrutka stoppen möchte, streckt einfach den Arm aus; Ziel und Start sind meist angeschrieben. Beim Einsteigen bezahlt man beim Fahrer.

Taxi

Eine Taxifahrt ist für westliche Verhältnisse recht günstig, allerdings funktionieren die Taxameter nur selten. Den **Fahrpreis** sollte man daher **vorher vereinbaren**. Wer kein Russisch spricht, muss mit höheren Beträgen rechnen. Vor allem an den internationalen Flughäfen werden Ausländer von Taxifahrern empfindlich zur Kasse gebeten. Alternative: Vor der Reise einen individuellen Transfer buchen, das ist immer noch billiger als ein offizielles Taxi.

Inoffizielle Taxis

Inoffizielle Taxis – Privatwagen, die als Taxis eingesetzt werden – sind ein häufig genutztes Verkehrsmittel: Man hält sie einfach mit ausgestrecktem Arm an. Vor Abfahrt verhandelt man mit dem Fahrer den Preis, der oft erheblich unter den offiziellen Taxipreisen liegt. Die Nutzung von Privattaxen ist in der Regel völlig ungefährlich, zusteigen sollte man allerdings **nur tagsüber** und wenn der Fahrer allein ist und vertrauenswürdig wirkt.

Vorortzug (Elektritschka) Elektritschki verkehren auch entlang der Fernstrecken. Sie sind zwar günstig, halten jedoch oft an. Der Fahrschein muss vor der Abfahrt gekauft werden. In Moskau und anderen Metropolen gibt es zwischenzeitlich Schranken mit Lesegeräten; dennoch werden weiterhin Fahrscheinkontrollen durchgeführt.

Linienbus Touristen nutzen die Linienbusse in Russland kaum; diese haben jedoch den Vorteil, dass sie **günstiger** sind **als Züge**. Die Karten sind am Schalter erhältlich, nicht beim Busfahrer.
Qualität und Ausstattung der Fahrzeuge schwanken beträchtlich, v. a. in der Provinz sind ausgemusterte Busse aus dem Westen unterwegs oder russische Ikarus-Busse, die schmutzig, schlecht gewartet und nicht klimatisiert sind.

Bahnreisen

Zugreisen Zugreisen sind die bequemste Art, sich in Russland fortzubewegen. Jeder Waggon hat einen eigenen Zugbegleiter, der Fahrkarten kontrolliert, Bettwäsche ausgibt und Kleinigkeiten wie Teebeutel verkauft. Zudem reist meist die Miliz mit. **Faustregel**: Die Zugnummern signalisieren die Qualität des Zuges; je kleiner die Nummer, desto besser.

Fahrkarten Tickets können **nur am Schalter** gekauft werden. Achtung: Manche sind nur für Vorortzüge, an anderen werden nur Armeeangehörige oder Rentner bedient. Beim Fahrkartenkauf muss der Reisepass vorgelegt werden.

1., 2. oder 3. Klasse? Ein Coupé (»kupe«) ist ein geschlossenes Zugabteil für vier Reisende, das sich von innen verriegeln lässt und der 2. Klasse in Russland entspricht. Um auf Nummer sicher zu gehen, sollte man das Gepäck in einem aufklappbaren Kasten unter den unteren Liegen verstauen.
Teurer und komfortabler ist die 1. Klasse (»luks«), in der man zu zweit in einem Abteil reist. In manchen Zügen umfasst der Fahrpreis auch das Frühstück. Die Waggons sind **klimatisiert**, daher lassen sich die Fenster nicht öffnen. Da Männer und Frauen gemeinsam reisen, ist es höflich, kurz vor der Nachtruhe das Abteil zu verlassen, damit sich die Mitreisenden umziehen können.
Erheblich günstiger ist die Fahrt in der 3. Klasse, einem offenen Großraumwaggon, der auf Russisch »plazkartnyj« genannt wird. Sol-

i **Moskauer Zeit**

■ In ganz Russland orientieren sich die Fahrpläne in den Bahnhöfen an der Moskauer Zeit. Auch die Bahnhofsuhren ticken nach der Metropole – auch wenn es in der Stadt schon längst später ist.

che Waggons sind in Sechsereinheiten gegliedert, wobei zwei Liegen an der Längsseite des Gangs angebracht sind. Allerdings sind die Pritschen in Großraumwaggons oft zu kurz für größere Mitreisende, zudem ist hier die Diebstahlgefahr größer. Plätze in der Nähe der Toiletten sollte man unbedingt meiden, falls man nachts ein Auge zumachen möchte.

Kommen Sie rechtzeitig! Russische Züge sind oft mehrere hundert Meter lang und der Einstieg ist meist nur in dem Waggon möglich, in dem man einen Platz gebucht hat. Am Eingang kontrollieren Zugbegleiter Ticket und Pass, die zusammen vorgezeigt werden müssen.

Vor der Abfahrt

Die Fahrkarten werden bei Fahrtantritt meist eingesammelt und erst kurz vor der Ankunft wieder zurückgegeben. Die Bettwäsche ist oftmals im Preis inbegriffen, aber nicht immer. Das Entgelt dafür wird vom Zugbegleiter des jeweiligen Waggons bei der Abfahrt kassiert. In besseren Zügen sind die Liegen schon bezogen. Dort kann man die Bettwäsche auch liegen lassen und muss sie bei der Ankunft nicht dem Zugbegleiter aushändigen.

> **? WUSSTEN SIE SCHON …?**
>
> ■ … warum russische Züge selbst nach drei Tagen Fahrt auf die Minute pünktlich im Zielbahnhof ankommen? Die Antwort ist einfach: Die Fahrzeiten sind großzügig kalkuliert, und wenn der Zug doch zu früh eintreffen sollte, wird einfach kurz vor der Einfahrt in den Bahnhof noch einmal gestoppt – um dann pünktlich einzulaufen.

Am Waggonende gibt es Toiletten, die allerdings zugeschlossen werden, wenn der Zug durch Städte fährt. Das Papier ist oft schnell verbraucht, Seife nicht immer vorhanden.

Sanitäranlagen

Die Züge verfügen über einen **Speisewagen**, und an den meisten Bahnhöfen wird Selbstgemachtes wie gekochte Kartoffeln, Hühnchen, aber auch Bier und Kuchen oder Toilettenpapier verkauft. Hochprozentiges darf in Zügen eigentlich nicht konsumiert werden, wird jedoch geduldet, solange man die Flaschen nicht offen herumstehen lässt. Sollten angetrunkene Fahrgäste allzu leutselig werden, ist die Miliz meist schnell zur Stelle. Im Vorraum steht ein Samowar, Tassen und Teebeutel gibt's beim Zugbegleiter. Geraucht werden darf nur im Restaurantwagen oder im Bereich zwischen den Waggons.

Verpflegung

Die **längste Eisenbahntrasse der Welt** verbindet Moskau mit Wladiwostok auf einer Strecke von 9297 km. Mit dem Bau wurde 1891 auf zwei Seiten begonnen: in Wladiwostok am Pazifik und in Tscheljabinsk im Ural. Der europäische Teil der Strecke umfasst die Trasse Moskau – Jekaterinburg, für die mindestens 25 Stunden einkalkuliert werden müssen. In Sonder- und Luxuszügen sind auch Duschen vorhanden, zudem werden die Betten täglich von den Zugbegleitern gemacht.

Transsibirische Eisenbahn

▶ WICHTIGE ADRESSEN

PANNENHILFE

▶ **ACE-Notrufzentrale**
Tel. 8 1049 1802 34 35 36
(rund um die Uhr besetzt)

▶ **ADAC-Notrufzentrale**
Tel. 8 1049 89 22 22 22
(rund um die Uhr besetzt)

▶ **Wsjerossijskoje obschtschestwo
awtomobilistow
(Russischer Automobilklub)**
Leontjewskij pereulok 23
125009 Moskau
Tel. (495) 229 75 40
www.voa.ru (nur auf Russisch)

MIETWAGEN

▶ **Avis**
Station Moskau
Tel. (495)744 07 33
http://avis-moscow.ru/en

▶ **Europcar**
www.europcar.ru/eng
Mietwagen in Moskau,
St. Petersburg und Jekaterinburg.

▶ **Sixt**
www.sixt-rent.ru/en
Autoverleih an drei Moskauer
Flughäfen und im Zentrum.

▶ **Hertz**
Station Moskau
Flughafen Scheremetjewo-2
Tel. (495) 755 83 33
www.hertz.ru
Abholung/Rückgabe in Moskau,
St. Petersburg, Jekaterinburg,
Tscheljabinsk, Ufa, Samara, To-
gliatti, Nischnyj Nowgorod, Ros-
tow am Don, Krasnodar und
Sotschi.

TRANSSIBIRISCHE EISENBAHN

▶ **Lernidee**
Eisenacher Str. 11
D-10777 Berlin
Tel. (030) 786 00 00
www.lernidee.de
Im Sonderzug »Zarengold« unter-
wegs auf der Transsibirischen
Magistrale.

▶ **Trans-Sib.ch**
Ober Emmenweid 38
CH-6020 Emmenbrücke
Tel. (041) 280 90 07
www.trans-sib.ch
Organisiert individuelle Transsib-
Reisen und vermittelt Gastfami-
lien.

Bahnhöfe In den meisten Großstädten gibt es mehrere Bahnhöfe – in Moskau sind es insgesamt neun! Wer hier umsteigen muss, sollte ausreichend Zeit für die Fahrt von einem Bahnhof zum nächsten einplanen. Erkundigen Sie sich bereits beim Fahrkartenkauf, auf welchem Bahnhof ihr Zug abfährt.
Russische Bahnhöfe verfügen in der Regel über Gepäckaufbewahrung, Toiletten, Kioske und Cafés. Oftmals gibt es VIP-Aufenthaltsbereiche, zu denen der Zugang gebührenpflichtig ist; dafür geht es dort ruhiger zu.
Wer kein gültiges Ticket hat, muss meist eine Bahnsteigkarte lösen, um seine Bekannten bis zum Zug begleiten zu können.

Straßenverkehr

Russische **Fernstraßen** sind gebührenfrei, ihr Zustand ist allerdings höchst unterschiedlich. Um die Metropolen St. Petersburg und Moskau wurde in den vergangenen Jahren viel gebaut, daher kann man hier mit guten, ausreichend markierten Straßen rechnen. In der Provinz dagegen sind die Straßen z. T. sehr schlecht, Schlaglöcher können hier extrem tief sein. Wegen der sehr unterschiedlichen Straßenverhältnisse rät das Auswärtige Amt davon ab, nachts zu fahren. ▷ **Straßenzustand**

Kontrollen durch die russische Verkehrspolizei DPS kommen gerade auf Fernstraßen häufig vor, vor allem an der Einfahrt in die Städte. Das Einkommen der Polizisten ist recht gering, weshalb nicht wenige sich ein »Zubrot« auf den Straßen verdienen. Am einfachsten ist es, im Falle eines Verkehrsverstoßes direkt vor Ort zu bezahlen. Auch sollte man **auf ein offizielles Protokoll verzichten**, da man sonst das Bußgeld zuerst bei einer Bank einzahlen muss, ehe man sein Fahrzeug wieder abholen darf. ◁ **Verkehrskontrollen**

Einfach und mehr noch doppelt **durchgezogene Linien** auf der Fahrbahn sollte man auf alle Fälle respektieren, denn hier kennt die Polizei keine Gnade. Für solch ein Vergehen kann man mit bis zu 50 Euro zur Kasse gebeten werden. **Verkehrsregeln**

In Russland herrscht **Gurtpflicht**, doch kaum ein Autofahrer hält sich daran. Manche Fahrer fühlen sich sogar in ihren Fahrkünsten verletzt, wenn sich die Mitfahrer anschnallen.

Die **Höchstgeschwindigkeiten** betragen innerorts: 60 km/h, außerorts: 90 km/h, auf Fernstraßen: 110 km/h. Wer seinen Führerschein weniger als zwei Jahre hat, darf höchstens 70 km/h fahren.

Die **Promillegrenze** liegt bei 0,3. Wer mit mehr Alkohol im Blut erwischt wird, ist in der Regel den Führerschein zwei Wochen lang los oder er wird sogar erst bei der Ausreise an der Grenze wieder zurückgegeben. Manchmal kann man sich »vor Ort« mit den Polizisten einigen: In solchen Fällen müssen Sie allerdings bis zu 150 Euro einkalkulieren – ohne Quittung, versteht sich, und auch nur dann, wenn niemand verletzt wurde.

Telefonieren mit dem Handy während der Fahrt wird zwar oft praktiziert, ist jedoch verboten. Mitgeführt werden muss immer ein **Feuerlöscher**, ein Verbandskasten und ein Warndreieck.

Meist gibt es keine Haltelinie; dann empfiehlt es sich, bis zur Sichtlinie vorzufahren. Russische Ampeln wechseln nach der Grünphase zu Rot und Orange, bevor es endgültig rot wird. **Ampeln**

Rufen Sie in jedem Fall die Polizei und unterschreiben Sie keine Dokumente, die Sie nicht lesen können! Da die Deckungssummen der russischen Kfz-Versicherungen nicht sehr hoch sind (ca. 10 000 US-Dollar für Person- und Sachschäden insgesamt), empfiehlt es sich, für die Dauer der Reise eine Vollkasko-Versicherung abzuschließen. **Unfälle**

Zeitzonen

Ansonsten könnten Sie nach einem Unfall auf einem Teil der Kosten sitzen bleiben, selbst wenn Sie nicht schuld waren.

An den Tankstellen gibt es gewöhnlich Diesel (ДТ/DT), dessen Qualität allerdings je nach Anbieter schwankt; Normalbenzin (92 Oktan) und Superbenzin (95 Oktan). Kraftstoff ist **praktisch immer bleifrei**; gelegentlich wird bleifreies Superbenzin mit »95E« bezeichnet. **Kraftstoff**

Die führenden internationalen Verleiher haben sich bislang nur in den russischen Großstädten niedergelassen; ihre Preise sind recht hoch. Wer auf Nummer sicher gehen will, bucht ein Fahrzeug mit Chauffeur. **Mietwagen**

Was man aus Westeuropa nicht kennt: Die großen Flüsse sind oft monatelang dick zugefroren und dienen dann als Straße. Wundern Sie sich also nicht, wenn Sie beispielsweise auf der Wolga Autos und Lastwagen fahren sehen. Das Eis ist, fahrtechnisch gesehen, oft in einem besseren Zustand als so manche Straße. Man sollte sich allerdings mit den speziellen Tücken dieses Untergrunds vertraut machen, bevor man sich (mit Schneeketten) selbst auf die Piste begibt. **Der Fluss als Straße**

Zeit

Wer ganz Russland durchquert, gelangt durch **elf Zeitzonen**. Allerdings sind im Land selbst nicht die Weltzeitzonen maßgebend, sondern die **Moskauer Zeit**, definiert als **MEZ + 2 Stunden**. Diese gilt für den größten Teil des europäischen Russlands (s. Karte S. 164). Fahrpläne (und ebenso die Bahnhofsuhren), der Flug- und der Schiffsverkehr und sogar die TV-Programme sind in ganz Russland immer in Moskauer Zeit angegeben! **Zeitzonen**

Von April bis Oktober gilt die Sommerzeit: Am letzten Sonntag im März wird die Uhr eine Stunde vorgestellt, entsprechend Ende Oktober wieder eine Stunde zurückgedreht. **◄ Sommer- und Winterzeit**

Touren

FÜNF VORSCHLÄGE FÜR TOUREN DURCH EIN RIESIGES LAND: MIT DER BAHN; MIT DEM AUTO; MIT DEM FLUGZEUG, MIT DEM SCHIFF UND BIS AN DIE GRENZE ZWI-SCHEN ASIEN UND EUROPA.

TOUREN DURCH RUSSLAND

TOUR 1 · **Moskau und der Goldene Ring**
Altrussische Kirchen und Klöster entlang eines weitläufigen Städterings nordwestlich der Hauptstadt zeichnen die wechselvolle Geschichte des Landes nach. ▶ **Seite 171**

TOUR 2 · **Der hohe Norden**
Märchenhafte Klosterinseln und Seen, die sich wie Perlen an einer Kette aneinander reihen, prägen die Naturlandschaft im russischen Nordwesten.
▶ **Seite 174**

TOUR 3 · **Russlands Exklave Kaliningrad**
Nicht nur für Nostalgietouristen spannend: Ostpreußens Vergangenheit lässt sich anhand von Baudenkmälern und alten Seebädern auch auf eigene Faust erkunden. ▶ **Seite 176**

TOUR 4 · **Unterwegs auf Don und Wolga**
Auf Don und »Mütterchen Wolga« die Spuren von Donkosaken und deutschen Siedlern entdecken. ▶ **Seite 178**

TOUR 5 · **Über den Ural**
Am Ural verschmelzen die Kontinente miteinander, Industrialisierung und unberührte Landschaften wechseln sich ab. ▶ **Seite 182**

Unterwegs im Ural

Unterwegs in Russland

Kein einfaches Reiseland

Russland ist **auf Individualtouristen wenig vorbereitet**. Wer kein Russisch spricht, ist vor allem in der Provinz oftmals verloren: Straßenschilder, Stadtpläne und Speisekarten werden meist zum kryptischen Geheimnis und oft bleiben auch Zugfahrpläne oder der Weg zur Gepäckaufbewahrung ein sprichwörtliches Buch mit sieben Siegeln – wenn man nicht zumindest **Grundlagen des Russischen und das kyrillische Alphabet** beherrscht. Und billiger kommt man allemal weg, wenn man mit dem Taxifahrer oder Souvenirverkäufer in seiner Sprache verhandelt.

Mit dem Auto?

Wer nicht zumindest rudimentär Russisch kann, sollte auch lieber von einer Autofahrt absehen, denn obwohl die Beschilderung an den Fernstraßen auch in lateinischer Schrift erfolgt, helfen z. B. Englischkenntnisse beim Verhandeln mit dem Verkehrspolizisten meist nicht viel weiter – und das kann teuer werden! Hinzu kommt, dass oft halsbrecherisch tiefe **Schlaglöcher** die Straßen übersäen, was vor allem bei Dunkelheit ein hohes Risiko darstellt. Das gilt leider auch für die meisten Fernstraßen, von Dorfstraßen ganz zu schweigen. Autobahnen wie den berühmten Moskauer MKAD-Ring (»Moskowskaja kolzewaja awtodoroga«) findet man nur rund um die Großstädte. Wer nicht schon einmal selbst durch Mailand, Rom oder andere – für Westeuropäer zuweilen recht hektisch anmutende Städte – gefahren ist, sollte von einer Jungfernfahrt durch Moskau erst recht absehen, denn hier übt man sich in gefährlichen Disziplinen wie Slalomfahren und Drängeln auf dreispurigen Ausfallstraßen (wenn gerade kein Megastau ist) und oft genug herrscht das Recht des Stärkeren. Weitere Argumente gegen das Reisen per Auto sind natürlich die **großen Entfernungen** zwischen den Städten und erst recht die lange Anfahrt – kaum jemand wird mit dem Auto von Berlin in den Ural fahren, nach Kaliningrad hingegen schon. Mietwagen vor Ort sind wiederum recht teuer, vor allem, wenn zusätzlich Kilometergeld im größten Land der Erde anfällt. Ein Plus allerdings sind **die günstigen Spritpreise**. Bleifrei kann problemlos überall getankt werden, das Tankstellennetz ist recht dicht ausgebaut.

Bahn, Flugzeug, Bus oder Schiff

Empfehlenswert sind Zugreisen: Die Preise sind für westeuropäische Verhältnisse günstig und **die Bahn ist sehr zuverlässig**. Zudem bekommt man Kontakt zu einheimischen Mitreisenden und immer einen duftenden Schwarztee serviert. Auch Flugreisen sind im weitläufigen Russland kein Luxus, sondern sparen viel Zeit und Nerven. Oft sind sie nicht viel teurer als die Erste Klasse in der Bahn. Schiffsreisen sind in der eisfreien Zeit bei Ausländern sehr beliebt und entsprechen westlichem Standard.

Oder doch mit dem Bus? ▸

Reisen mit dem Bus, auch für die Anfahrt, sollte man sich genau überlegen. Zwar gibt es von vielen deutsche Städten Verbindungen nach Russland, die Fahrten auf den schlechten Straßen sind jedoch oft beschwerlich und zudem kann es zu stundenlangen Wartezeiten an den Grenzen kommen. Überlandbusse im innerrussischen Verkehr sind hingegen **nur etwas für Abenteurer mit Sitzfleisch**: Die Busse sind oft veraltet und ohne Klimaanlage, zudem sind die Hygieneverhältnisse an den Raststätten oft katastrophal.

Tour 1 Moskau und der Goldene Ring

Start und Ziel: Moskau
Verkehrsmittel: Mietwagen

Entfernung: 940 km (mit Ausflügen weitere 650 km)

Nirgendwo sonst stehen so viele altrussische Kirchen und Klöster auf solch engem Raum wie hier: Der Goldene Ring, eine weitläufige Rundreise um Moskau, gehört zu den touristischen Highlights einer Russland-Reise. Geschichte ist hier allgegenwärtig.

Schon in ❶ ✶ ✶ **Moskau** kann man sich perfekt auf diese Tour einstimmen: Roter Platz, Basilius-Kathedrale und die Zwiebelkuppeln im Kreml geben einen prächtigen Vorgeschmack. Dann lässt man auf der Jaroslawskoje schosse in Richtung Nordosten die Großstadt hinter sich. Die M 7 führt ostwärts nach ❷ ✶ ✶ **Wladimir**, einer mittelgroßen Provinzstadt mit mittelalterlichem Stadttor, Wall und Denkmälern der altrussischen Kir-

> ### *i* Auto, Zug oder organisiert?
>
> ■ Diese Tour wird von vielen Veranstaltern angeboten, doch werden meist nicht alle Städte angesteuert. Mit dem Mietwagen ist man flexibler, zudem sind die Straßen teils recht gut ausgebaut und die Entfernungen stehen in einem vernünftigen Maß zueinander. Bahnfahrer müssen in Kauf nehmen, dass einer der schönsten Orte, Susdal, nicht ans Schienennetz angeschlossen ist.

chenbaukunst, allen voran die Mariä-Himmelfahrts-Kathedrale mit Fresken von Andrej Rubljow und Daniil Tschjornyj.

Waldimir (oder auch Susdal, wo das Hotelangebot besser ist) bietet sich als Standort für Ausflüge an. 70 km südlich liegt die »Kristallstadt« ❸ **Gus-Chrustalnyj**, wo man sich im Laden des Kristallmuseums eine Vase gönnen kann. Zweite Ausflugsmöglichkeit: Richtung Südosten in die Heimat des altrussischen Sagenhelden Ilja Muromez, ❹ ✶ ✶ **Murom**, dessen Kunstmuseum als »Kleine Eremitage« gelobt wird. Wer ganz viel Zeit mitbringt, kann der M 7 auch noch einmal 150 km weiter nach Osten folgen und sich die Kirchen und Klöster von ❺ ✶ **Gorochowez** anschauen.

Ausflüge von Wladimir

Die Hauptroute führt von Wladimir ins nördlich gelegene Susdal. Unterwegs sollte man unbedingt einen Stopp in ❻ ✶ ✶ **Bogoljubo-**

Museumsstädtchen Susdal

wo einplanen und sich das schöne Kloster ebenso anschauen wie die berühmte Mariä-Schutz-und-Fürbitten-Kirche an der Nerl. Im kleinen Museumsstädtchen ❼ ✶✶ **Susdal** scheint die Zeit stehen geblieben zu sein mit seinen hölzernen Kirchen, goldenen Kuppeln und weißen Klostermauern – was liegt näher, als sich hier mit Gottes Segen zu betten und im Mariä-Schutz-und-Fürbitten-Kloster einzuquartieren, zumal in dem heiligen Gemäuer auch traditionell russisch gekocht wird?.

Von Iwanowo nach Kostroma

Weiter führt die gut ausgebaute A 113 nach ❽ ✶ **Iwanowo**, dem »Russischen Manchester«, in dem traditionell mehr Frauen als Männer leben, denn sie wurden von der blühenden Textilindustrie aus

Kostroma
Wunderbare Aussicht auf das Ipatios-Kloster in der nördlichsten Stadt des Goldenen Rings

Jaroslawl
Spaziergang auf der Wolgapromenade

dem ganzen Land angelockt – davon erzählen die Museen der Stadt. Auf dem Weg Richtung Kostroma sollte man einen Abstecher nach ❾ ✶✶ **Pljos** einplanen, etwa 18 km von der A 113. Hier ließ sich schon der berühmte Landschaftsmaler Isaak Lewitan von den malerischen Holzhäusern an der Wolga inspirieren. Wieder zurück auf der Hauptstraße, führt diese über die Wolga nach ❿ ✶✶ **Kostroma**. In der nördlichsten Stadt des Goldenen Rings, mit Kirchen, Handelsreihen und Holzhäusern, findet man gleich zwei Hotels, die bei ausländischen Reisegruppen sehr beliebt sind, eines davon mit beeindruckendem Wolga-Blick.

Die A 113 biegt bei Kostroma nach ⓫ ✶✶ **Jaroslawl** Richtung Westen ab. Die dortige touristische Infrastruktur kann sich mit westlichen Hotels und Restaurants durchaus vergleichen lassen, so dass man außer ausreichend Zeit für die Klöster und Kirchen der Altstadt und für einen Spaziergang entlang von Wolga und Kostroslawl am besten gleich noch eine Übernachtung einplanen sollte. Für das nächste Ziel ⓬ ✶ **Tutajew**, wo Schafs- und Bankenmuseum einen Besuch lohnen, nimmt man die P 151, auf der man die Wolga immer rechts von sich hat – rechtzeitig einfädeln, denn vor Tutajew gibt es keine Brücke!

Über die Dörfer

Weiter der Wolga folgend, erreicht man ⓭ **Rybinsk**, das zwar nicht zum Goldenen Ring gehört, allerdings an einem imposanten Wolga-Stausee liegt, der sich nördlich der Stadt wie ein mächtiges Meer ausbreitet. Nun geht es auf der kleinen P 153 nach Süden, vorbei an ⓮ ✶✶ **Myschkin**, wo eine stattliche Zahl skurriler Museen wie Filzstiefel- und Mäusemuseum lockt, vorbei an ⓯ ✶✶ **Uglitsch** mit seinem Kreml über der Wolga und etwas weiter am ⓰ ✶ **Boris- und Gleb-Kloster** in Borisoglebskij nach ⓱ ✶✶ **Rostow Welikij** am malerischen Nero-See, in dem sich die vielen Zwiebelkuppeln der Kirchen und Klöster spiegeln.

Ab Rostow Welikij bewegt man sich auf der M 8 wieder Richtung Moskau, doch ist noch lange nichts von der Hektik der russischen Metropole zu spüren. Denn der erste Stop, ⓲ ✶✶ **Pereslawl-Salesskij**, beeindruckt mit romantischen Zwiebeltürmchen und dem tiefblauen Pleschtschejewo-See, auf dem Peter der Große seine Flotten-Experimente abhielt. Wer den Goldenen Ring komplett sehen möchte, zweigt hier ostwärts nach ⓳ ✶ **Jurjew Polskij** ab (69 km), um dann über eine schlechtere Straße via ⓴ **Alexandrow** zurück auf die M 8 zu gelangen. Wer sich die Schlaglöcher ersparen möchte, steuert von Pereslawl-Salesskij direkt ㉑ ✶✶ **Sergijew Possad** an (65 km), eines der Zentren der russischen Orthodoxie, dessen blaue Zwiebeltürmchen mit den goldenen Sternchen als einer der Höhepunkte des Goldenen Rings gelten. Von Sergijew Possad sind es noch knapp 70 km ins Moskauer Zentrum; zweigt man von der M 8 nach 30 km ab, kann man der im 19. Jh. bekannten Künstlerkolonie ㉒ **Abramzewo** noch einen Besuch abstatten.

Schlussetappe

Murmansk
Russlands eisfreier Nordmeerhafen

Kischi-Insel
Ohne einen einzigen Nagel gebaut: die Holzkirchen auf den Kischi-Inseln

Tour 2 Der hohe Norden

Start und Ziel: St. Petersburg   **Dauer:** mindestens 10 Tage
Verkehrsmittel: Bahn, Schiff, Flugzeug

Märchenhafte Klosterinseln und Seen, die sich wie Perlen auf einer Kette aneinander reihen, prägen die Naturlandschaft im russischen Nordwesten.

In die Hauptstadt Kareliens
Die erste Etappe auf dem Weg in den hohen Norden gestaltet sich etwas schwierig, denn der einzige Zug von ❶ ✶✶ **St. Petersburg** nach ❷ **Sortawala** (vom Ladogskii-Bahnhof) fährt erst gegen 19.00 Uhr abends ab und trifft knappe fünf Stunden später am Zielort ein. Auch der Bus ist keine Alternative, er fährt gerade mal eine Stunde

früher los. Auslassen sollte man das skandinavisch wirkende Städtchen aber nicht, denn dort steht ein Tagesausflug mit dem Tragflügelboot auf die berühmte ❸ ✷✷ **Klosterinsel Walaam** im Ladogasee an. Wer anschließend den Nachtzug nach ❹ ✷ **Petrosawodsk** nimmt, ist schon in gut acht Stunden ohne Umsteigen am Ziel. Und wer gleich nach der Ankunft im Hotel eincheckt, erwischt noch die morgendlichen Tragflügelboote, die auf dem Onegasee zur nicht weniger berühmte

✔ NICHT VERSÄUMEN

- Klosterinseln: Walaam, Kischi und Solowezkij sind einzigartige Zeugnisse altrussischer Klosterkultur.
- Murmansk: die nördlichste Großstadt der Welt und Russlands eisfreier Zugang zum Nordmeer

❺ ✷✷ **Klosterinsel Kischi** mit ihren märchenhaften Holzkirchen und Bauernhäusern fahren. Am späten Nachmittag zurück in Petrosawodsk, empfiehlt sich in der Hauptstadt Kareliens ein Spaziergang entlang der gepflegten Seepromenade.

Am nächsten Vormittag geht es mit dem D-Zug von Petrosawodsk bis zur Station Kondopoga in Richtung Norden. Von hier aus fährt man mit Bus oder Taxi zu den ❻ ✷ **Kiwatsch-Wasserfällen**, die mit einer Höhe von immerhin 10,7 m als zweithöchste Flachwasserfälle Europas (nach dem Rheinfall bei Schaffhausen) gelten. In der Gegend ist die Karelische Birke heimisch, deren Holz wegen seiner schönen Maserung sehr gefragt ist. Von Kondopoga nimmt man dann wieder den Zug nach ❼ **Belomorsk**, Ausgangspunkt für den Ausflug auf die ❽ ✷✷ **Solowezkij-Klosterinseln** im Weißen Meer. Das ist allerdings nur im Sommer möglich, weshalb Individualreisende genau planen und sich beim Karelischen Fremdenverkehrsamt (www.ticrk.ru) zuvor erkundigen sollten. Nach dem Ausflug in die imposante Inselwelt im Weißen Meer, die zugleich die schreckliche Geschichte des GULag-Lagersystems widerspiegelt, sollte man auch die prähistorischen Felszeichnungen von Belomorsk nicht auslassen

Zum Weißen Meer

Nach einer Stunde Zugfahrt von Belomorsk erreicht man ❾ **Kem** – alternative Ablegestelle für eine Exkursion auf die Solowezkij-Inseln – und schließlich die Hafen- und Industriestadt ❿ **Kandalakscha** und nimmt dort ein Taxi zur Nikolauskirche im ⓫ ✷ **Pomorendörfchen Kowda**, die ohne einen einzigen Nagel errichtet wurde. Im Naturreservat Kandalakscha kann man auch sehr schön wandern – nur 4 km von der Stadt entfernt lässt sich ein mysteriöses Steinlabyrinth erkunden. Nächster und letzter Halt auf der Fahrt in Russlands hohen Norden, vorbei an immer niedriger werdenden Birken, ist die Hafenstadt ⓬ **Murmansk**, die mit einem imposanten Hafengelände fasziniert. Vom Plateau des monumentalen Aljoscha-Denkmals hat man einen schönen Blick auf die Stadt und die Bucht – bevor es mit dem Flugzeug in weniger als 2 Stunden wieder zurück nach St. Petersburg geht.

Nach Murmansk

Tour 3 Kaliningradskaja oblast und Kurische Nehrung

Start und Ziel: Goldap bzw. Gussew **Dauer:** 10 Tage
Verkehrsmittel: Pkw / Mietwagen

Für die einen ist dies eine Rückkehr in die verlorene Heimat, für alle anderen ein Ausflug in den westlichsten Teil Russlands, der sich gut auf eigene Faust erkunden lässt. Am Ende steht ein kurzer Trip nach Litauen.

Über den polnisch-russischen Grenzübergang ❶ **Goldap** erreicht man die Kleinstadt ❷ **Gussew** (Gumbinnen) als erste Station im Kaliningrader Gebiet – dort einen Blick auf den Gumbinner Elch werfen. Die A 229 (E 28) führt dann Richtung Westen nach ❸ **Tschernjachowsk** (Insterburg), wo Ännchen-Stein, Schloss, katholische und reformierte Kirche noch ein wenig an das alte Ostpreußen erinnern. Nur wenige Kilometer nordwestlich der Stadt liegt Majowka, das ehemalige Georgenburg, das sich als eines der bedeutendsten ostpreußischen Pferdegestüte einen Namen machte – heute wird an diese Tradition wieder angeknüpft.

✓ NICHT VERSÄUMEN

- Kaliningrad: Einige Erinnerungen an das alte Königsberg sind geblieben.
- Swetlogorsk und Selenogradsk: Hier spürt man noch einen Hauch mondäner Seebad-Vergangenheit.
- Kurische Nehrung: eine in Europa einmalige Landschaft. Ein Ausflug nach Litauen gehört auch dazu.

Über ❹ ✳ **Gwardejsk** (Tapiau), in dem recht viel alte Bausubstanz erhalten geblieben ist, fährt man dann nach ❺ ✳ **Kaliningrad**. Das alte Königsberg ist in manchen Winkeln der Stadt noch lebendig: Vor allem die Stadttore, der Dom mit Kant-Museum und Grabstätte des berühmten Philosophen, das Schillerdenkmal, aber auch das Villenviertel Amalienau erinnern an vergangene Zeiten. Und das Bernsteinmuseum im Dohnaturm lohnt auf jeden Fall.

An der Samlandküste Auf der A 193 geht es dann in die westlichste Stadt Russlands, nach ❻ **Baltijsk** (Pillau), Stützpunkt der Baltischen Flotte – unbedingt einen Passierschein besorgen! Hier erinnern Zitadelle, das alte Amtsgericht und andere Gebäude an das alte Ostpreußen. Über Primorsk führt die A 192, zunächst parallel zur Küste nach ❼ **Jantarnyj** (Palmnicken), wo das berühmte »Gold der Ostsee« im Bernsteinkombinat gefördert wird (Besichtigung möglich). Nächste Station ist ❽ ✳ **Swetlogorsk** an der Samlandküste, wo noch etwas vom mondänen Seebad Rauschen zu spüren ist: Eine Strandpromenade und alte Villen laden zu Spaziergängen ein. Auch das folgende ❾ ✳ **Selenogradsk**, einst Cranz, ist ein Seebad mit Tradition.

Jantarnyi
*Hier wird Bern-
stein im Tagebau
gefördert.*

11 **✷ ✷ Palanga**

20 km

10 **✷ Klaipeda**

90 km

Kurische Nehrung   108 km

✷ **Swetlogorsk**
7   8   9
Jantarnyi
28 km   29 km

24 km

✷ **Selenogradsk**

12 **✷ Sowjetsk**

6
54 km   5   58 km   ✷ **Gwardejsk**
Baltijsk   4   49 km   **Tschernjachowsk**
✷ **Kaliningrad**   3   26 km

60 km

2   **Gussew**

38 km

Kaliningrad / Königsberg
Die Stadt Immanuel Kants

1   **Goldap**

In Selenogradsk beginnt die Fahrt auf der P 515 über die rund 100 km lange **✷ ✷ Kurische Nehrung**, die sich Russland und Litauen teilen. Gleich nach der Tankstelle markiert ein Stein den Kilometer Null – zur leichteren Orientierung auf der dünnen Landbrücke zwischen Ostsee und Haff. Durch lichte Kiefern und Birkenwälder führt die einzige Straße bei Kilometer 2,0 am Schlagbaum vorbei, wo eine Gebühr für Auto und Insassen entrichtet werden muss, nach Lesnoj, dem früheren Sarkau. Bei Kilometer 15 lohnt ein Stopp im Nehrungsmuseum, in dem die Geschichte der Siedler nachgezeichnet ist. Vorbei an der Vogelwarte (Kilometer 34) im Dorf Rybatschyj (Rossitten), lädt dann die wildromantische Dünenlandschaft zu einer Wanderung ein. Bei Kilometer 42 kann man das Auto auf dem Parkplatz abstellen, zur Aussichtsplattform Altdorfer Berg / Epha-Düne gehen und den Ausblick genießen.

**Über die
Kurische
Nehrung**

Nach der Grenze erreicht man Nida (Nidden), berühmt als Sommerferienort von Thomas Mann, dessen Haus natürlich das Highlight des Besuchs darstellt. Weiter geht es in Litauens wichtigste Hafenstadt ❿ **✷ Klaipeda** (Memel) mit seiner restaurierten Altstadt und dem Meeresmuseum in der Festung Kopgalis. In ⓫ **✷ ✷ Palan-**

**Durch Litauen
zurück**

ga, 20 km weiter nördlich auf der A 13, wartet der Schlosspark mit dem wirklich beeindruckenden Bernsteinmuseum. Durch Litauen führt die Route dann auf A 13 und A 1 (E 271) auf die A 12 (E 77) zurück in die Kaliningradskaja oblast. Unweit der Grenze liegt ⑫ ✳ **Sowjetsk**, das frühere Tilsit, wo die Königin-Luise-Brücke Russland und Litauen über die Memel hinweg miteinander verbindet. Hier zeugt noch die ehemalige Hohe Straße mit dem Amtsgericht von ostpreußischer Bautradition. Die A 216 (E 77) führt nach Südosten, um bei Talpaki als A 229 (E 77) nach Kaliningrad bzw. nach Tschernjachowsk und Gussew abzuzweigen.

Tour 4 Unterwegs auf Don und Wolga

Start: Rostow am Don
Ziel: Moskau

Dauer: ca. 12 Tage

Die schönste Art, den sonnigen Süden Russlands, die altrussischen Zwiebelkuppelstädte an der Wolga und die pulsierende Hauptstadt Moskau miteinander zu kombinieren, bietet eine Schiffsreise von Rostow am Don nach Moskau.

Von Rostow am Don oder von Astrachan
Die Veranstalter von Flusskreuzfahrten (►Praktische Informationen, S. 122) bieten verschiedene Routen und Arrangements an. Welche man wählt, ist nicht nur Geschmackssache, sondern auch eine Zeit- und Geldfrage. Startpunkt ist entweder Rostow am Don oder Astrachan im Wolgadelta. Wer in Rostow startet, kommt in den Genuss der 13 mächtigen Staustufen des Wolga-Don-Kanals. Anbieter ab Rostow haben auch Abstecher ins Wolgadelta südlich von Astrachan im Programm und nehmen dann ab Wolgograd die gewöhnliche Route wieder auf. Die Anreise in den Südwesten Russlands erfolgt am besten mit dem Flugzeug.

Das Schiff
Je nach Reederei tragen die Schiffe kulturgewichtige Namen wie »MS Michail Scholochow« oder »MS Anton Tschechow«. Oft handelt es sich um Schwesterschiffe, die in deutschen oder österreichischen Werften hergestellt oder zumindest saniert wurden. Alle Schiffe – unabhängig von der jeweiligen Ausstattung – verfügen über Sonnendeck, Restaurants, Bars, Geschäfte, Ambulanz, Friseur und andere Dienstleister. Ein Showprogramm mit russischen Folklore- und Tanzabenden gehört ebenso dazu, oft kann man auch Schnupperstunden in russischer Sprache nehmen. Das Personal an Deck spricht meist Deutsch. Nicht vergessen: Angemessene Kleidung mitnehmen für den Empfang des Kapitäns, zu dem an einem Abend der Reise eingeladen wird.

** Uglitsch **14** **13** **12**

** Kostroma

** ** Jaroslawl **11** ** ** Pljos

1 ** ** Moskau

Tscheboksary

10 **9** **8** ** ** Kasan

** Nishnij Nowgorod

Uljanowsk **7**

** Samara **6**

Wolgograd
Erinnerung an die schrecklichste Schlacht des Zweiten Weltkriegs: Stalingrad

** Saratow **5**

** Wolgograd **4**

** Rostow **2** **3** ** ** Starotscherkassk

Rostow am Don
Hier geht man an Bord.

Die Einschiffung in ❷ ✶ **Rostow am Don** erinnert oft an einen Volksauflauf inklusive bunten Luftballons und Tränen des Personals – vor allem zur ersten Saisonfahrt Anfang Mai, denn die Besatzung ist nun mehrere Monate an Bord und nimmt Abschied von Familie und Freunden. Schon nach wenigen Stunden ist der erste Landgang angesagt: ❸ ✶ ✶ **Starotscherkassk**, wo die Passagiere mit reichlich

Von Rostow nach Wolgograd

Folklore und Gesang im Kosakenmuseum empfangen werden. Wieder an Bord, kann man sich bequem auf die Nacht vorbereiten, denn stromaufwärts schippert das Schiff fast zwei Tage lang bis Wolgograd – zum Höhepunkt werden die Staustufen des imposanten Wolga-Don-Kanals., dessen Geschichte allerdings engstens mit dem traurigen Schicksal unzähliger Zwangsarbeiter verbunden ist, die bei dem gigantischen Projekt ums Leben kamen. Die Vergangenheit ist ebenso in ❹ ✶ **Wolgograd** allgegenwärtig, dem ehemaligen Stalingrad, vor allem beim Besuch der gigantischen Gedenkstätte auf dem Mamajew-Hügel. Je nach Aufenthaltsdauer bieten manche Veranstalter auch einen Besuch des Soldatenfriedhofs Rossoschka an. Auch ein Ausflug in die ehemalige deutsche Kolonie Sarepta (1 Std.) empfiehlt sich, wird dort doch der berühmte Saraptaer Senf hergestellt – nach einem Rezept, das von deutschen Siedlern stammen soll.

Von Wolgograd nach Kasan

Auch der nächste Stopp stromaufwärts – ❺ ✶ **Saratow** – war einst ein Siedlungszentrum der Wolgadeutschen; hier eröffnet sich von den Falkenbergen ein schöner Ausblick auf den mächtigen Fluss. Am nächsten Tag macht das Schiff in ❻ ✶ **Samara** fest. Auch hier gibt es viele deutsche Spuren zu entdecken; zudem ist die Strandpromenade besonders schön, wo man sein Handtuch zu Bier und Hot-Dogs im Sand ausbreiten und sich vom Schaukeln des Schiffs erholen kann. Hinter Samara verwandelt sich die Wolga in ein Meer: der gigantische Kujbyschewer Stausee liefert einem riesigen Kraftwerk Energie. Am Ufer erstrecken sich malerisch die Schiguljow-Hügel und man erreicht ❼ **Uljanowsk**, die Geburtsstadt von Weltrevolutionsführer Wladimir Iljitsch Uljanow – besser bekannt als Lenin. Am hohen Wolgaufer erkennt man den sowjetisch-tristen Memorialkomplex. Immer noch fährt das Schiff durch den Kujbyschewer Stausee weiter, passiert den Zufluss der Kama und macht am nächsten Tag in ❽ ✶✶ **Kasan** fest, der Hauptstadt der Tataren: eine multikulturelle Großstadt mit einem Kreml, in dem auch eine Moschee thront.

Nach Moskau

Bei Kasan dreht sich die Wolga nach Westen. Viele Veranstalter machen in ❾ **Tscheboksary** halt, der Hauptstadt der Republik Udmurtien. Deutlich sehenswerter ist allerdings die alte Handels- und Messestadt ❿ ✶ **Nischnij Nowgorod** mit ihrem Unesco-geschützten Kreml über der Wolga. Weiter geht die vergnügliche Schiffsreise nach ⓫ ✶✶ **Pljos**, das mit seinen Holzhäusern wie aus einer anderen Zeit entsprungen wirkt. Von hier aus sind es nur etwa drei Stunden Fahrt bis ⓬ ✶✶ **Kostroma**, wo ein Besuch des berühmten Ipatios-Klosters auf dem Programm steht. Einen Tag später legt das Schiff in ⓭ ✶✶ **Jaroslawl** an: Kirchen und Klöster zu besichtigen, originelle Museen und eine schöne Uferpromenade. ⓮ ✶✶ **Uglitsch**, wo schmucke Zwiebeltürmchen im Kreml auf der Agenda stehen, heißt der letzte Halt, bevor der Kapitän die Wolga verlässt und das Schiff auf den Wolga-Moskau-Kanal steuert, auf dem die Fahrt im Flusshafen der Hauptstadt ❶ ✶✶ **Moskau** zu Ende geht.

Karibik? Spanien? Nein – Sotschi am Schwarzen Meer.

WOHIN AM SCHWARZEN MEER?

Weltenbummler haben die Qual der Wahl: Jeder Urlaubsort an der russischen Schwarzmeerküste hat seinen eigenen Charme.

Favoriten sind **Anapa** im Norden mit Mittelmeer-Klima und das subtropisch geprägte **Sotschi** im Süden. Serpentinenstraßen verbinden die beiden Touristen-Hochburgen, die 360 km voneinander getrennt liegen. Während Anapa als besonders kinderfreundlich gilt, sonnt sich Sotschi gerne in seinem Ruf als mondänes Seebad und kann mit einigen eleganten Hotels und traditionellen Erholungsheimen aufwarten. Doch der vornehme Ruf schlägt sich in Sotschi auch entsprechend preislich nieder. **Noworossijsk** und **Tuapse** sind dagegen Hafen- und Industriestädte, die zwar einen Besuch lohnen, doch wer badet schon gerne in der Nähe von Frachtschiffen im trüben Wasser? In **Gelendschik** mit seiner autofreien langen Strandpromenade geht es wiederum schon ein wenig ruhiger zu, ebenso wie in den Vororten der Küstenstädte. Auch das Ausflugsangebot erleichtert die Entscheidung für den kommenden Urlaub: Von jedem Küstenstädtchen aus werden Exkursionen in die übrigen Ferienorte organisiert. Wer in Anapa unterkommt, bucht einfach einen Ausflug nach Gelendschik – oder umgekehrt.

Mit dem Flieger ans Schwarze Meer?

Urlaub in Anapa hat einen großen Vorteil: Der Flughafen liegt nur gut 15 km von der Innenstadt entfernt, sodass man mit dem Sammeltaxi recht preisgünstig ins Hotel kommt. Überhaupt gibt es an der russischen Schwarzmeerküste nur zwei Flughäfen: Außer bei Anapa wird noch einen Flughafen 35 km östlich von Sotschi angesteuert, allerdings nahe der Grenze zu Abchasien. Einige Ferienflieger landen auch in Krasnodar im Hinterland, 160 km nördlich von Anapa. Ein weiterer Flughafen soll in Kürze im Badeort Gelendschik in Betrieb genommen werden.

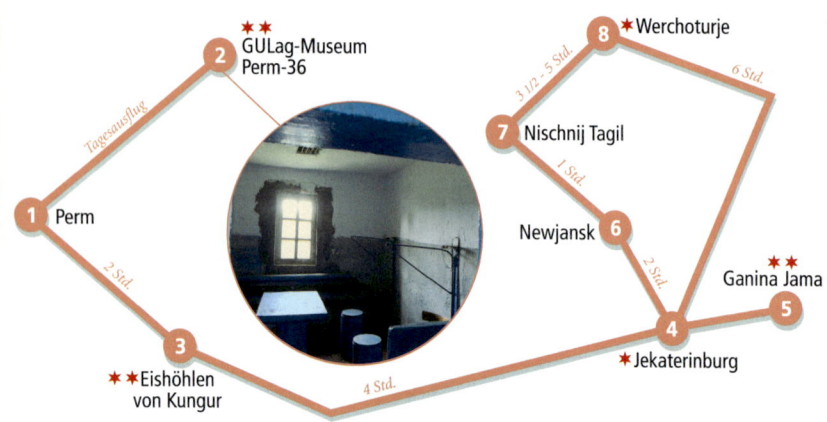

Tour 5 Über den Ural

Start und Ziel: Perm   **Dauer:** 1 Woche
Verkehrsmittel: Bahn

Am Ural verschmelzen die Kontinente miteinander, hier begegnen sich Europa und Asien.

In Perm Die Tour beginnt in ❶ **Perm**, einer Millionenstadt, die für ihre Balletttradition bekannt ist und einige sehenswerte Museen und Galerien besitzt. Außerdem wirkt ihre Lage an der weitläufigen Kama vor allem bei Sonnenuntergang recht malerisch. Ein Tagesausflug führt ins 120 km nordöstlich entfernte ❷ ✶✶ **GULag-Museum Perm-36** im Dörfchen Kutschino. Am einfachsten ist es, eine Exkursion direkt beim Museum zu buchen und am Abend bequem nach Perm zurückzukehren (www.gulagmuseum.ru).

Auf den Spuren der Zarenfamilie Im Bahnhof Perm-II beginnt dann die eigentliche Reise am nächsten Tag: In weniger als 2 Stunden erreicht der Zug das verschlafene Provinzstädtchen Kungur, das für seine kilometerlangen ❸ ✶✶ **Eishöhlen** im ganzen Land bekannt ist. Weiter geht die Reise in die inoffizielle Hauptstadt des Ural: ❹ ✶ **Jekaterinburg**, bis 1991 Swerdlowsk – das gilt es zu beachten, denn wer auf eigene Faust unterwegs ist, muss ein Zugticket nach Swerdlowsk verlangen, da die Russischen Staatsbahnen den alten Stationsnamen beibehalten haben. Direkt vor dem Bahnhof werden Stadtrundfahrten angeboten. Dort kann man auch eine Tour nach ❺ ✶✶ **Ganina Jama** buchen, was eigentlich die einzige Möglichkeit ist, dorthin zu kommen, da bislang noch keine öffentlichen Verkehrsmittel verkehren. Der Ort, an den die Leichen der letzten Zarenfamilie 1918 von Jekaterinburg gebracht und vermutlich eingeäschert wurden, ist heute eine Klosteranlage mit mehreren hölzernen Gotteshäusern. In Jekaterinburg selbst gehört ein Besuch der Blutskathedrale, die an Stelle des Ipatjew-Hauses – dem

✔ **NICHT VERSÄUMEN**

- Perm-36: etwas weitab, dafür eine eindringliche Erfahrung im ehemaligen GULag-Lager
- Eishöhlen von Kungur: hinab in die Tiefen des Urals
- Jekaterinburg: fast schon Kult um die ermordete Zarenfamilie

Hinrichtungsort von Zar Nikolaus und seiner Familie – errichtet wurde, zum Pflichtprogramm. Und natürlich der Ausflug zum alten Grenzstein Europa-Asien: 45 Minuten mit der Elektrischka bis Perwouralsk, von dort 2 km zu Fuß oder mit dem Taxi.

Nach ❻ **Newjansk** benötigt der Zug von Jekaterinburg knapp zwei Stunden. Die Reise lohnt vor allem wegen des Newjansk-Turms, der ebenso schräg wie sein Vorbild in Pisa in den Himmel ragt – allerdings absichtlich so erbaut wurde. Nächster Stopp ist die 50 km nördlich gelegene Industriestadt ❼**Nischnij Tagil**, wo das Museum für Bergbau die Erschließung der Bodenschätze des Ural darstellt; wen es in die freie Natur zieht, sollte sich ein Taxi zum 15 km nördlich gelegenen Bärenfelsen nehmen, der über den Fluss Tagil aufragt. Der einzige Kreml im Ural steht in ❽ ✶ **Werchoturje**. Das einst bedeutende religiöse Zentrum zieht mit seinen Kirchen heute erneut viele Pilger an. Wer nach Jekaterinburg zurückfährt, sollte durchschnittlich sechs Stunden Fahrzeit einplanen. Noch einmal sechs Stunden sind es dann wieder nach Perm.

Rundreise durch den Ural

Reiseziele von A bis Z

WEIT MEHR ALS MOSKAU
UND ST. PETERSBURG:
EINE REISE DURCH DAS
EUROPÄISCHE RUSSLAND
BRINGT UNGEAHNTE
ENTDECKUNGEN.

Alexandrow (Alexandrov)

De 17

Region: Wladimirskaja oblast
Einwohnerzahl: 68 000

Höhe: 175 m ü.d.M.
Kyrillisch: Александров

← Die Kuppeln von Sergijew Possad

Dass Alexandrow einmal die Hauptstadt des Russischen Reiches war, kann man sich beim Anblick der abgeblätterten Fassaden und holprigen Straßen kaum vorstellen. Zar Iwan der Schreckliche (1530 – 1584) zog von hier aus fast zwei Jahrzehnte lang die Fäden. An die einstige Bedeutung der Stadt am Goldenen Ring erinnert noch der eindrucksvolle Kreml.

Stadt der Intellektuellen

Die Nähe zu Moskau ist Fluch und Segen zugleich: Einerseits wirbt die gut 100 km südlich gelegene Metropole junge Arbeitskräfte mit besseren Gehältern und Möglichkeiten ab, andererseits war es genau diese Entfernung, von der Alexandrow zu Sowjetzeiten profitierte: Unter Stalin war es bestimmten Personengruppen verboten, sich näher als 100 km von Moskau niederzulassen – so siedelten sich viele Künstler und Andersdenkende in Alexandrow an, das bis heute als Stadt der Intellektuellen gilt.

Geschichte

Die Gründung der Alexandrowskaja Sloboda, wie die »Alexander-Siedlung« zunächst hieß, hing mit der Jagdlust der Herrscher zusammen. Der Flecken lag günstig als Rastplatz auf halbem Weg von Moskau zum Goldenen Ring. Bereits der Moskauer Großfürst Dmitrij Donskoj (1350 – 1389) ließ sich ein Jagdschlösschen errichten, das unter Großfürst Wassilij III. (1479 – 1533) zur Residenz ausgebaut wurde. 1564 ließ sich hier dessen Sohn Iwan der Schreckliche nieder und rief hier ein Jahr später **die berüchtigte Leibgarde Opritschnina** ins Leben. In Alexandrow empfing der Regent Botschafter, hier wurden Verträge besiegelt, Bücher gedruckt und das erste russische Konservatorium gegründet. Nach 17 Jahren verließ Iwan der Schreckliche Alexandrow, nachdem er seinen Sohn Iwan im Jähzorn getötet hatte. Seither fristet die Stadt ein provinzielles Schattendasein.

Sehenswertes in Alexandrow

✱
Kreml

Das Herz der Stadt bildet der trutzig wirkende Kreml, der von einer mächtigen Backsteinmauer aus dem 18. Jh. und vier Rundtürmen geschützt wird. Nachdem Iwan der Schreckliche Alexandrow verlassen hatte, diente der Kreml als Kloster. Eine Ausstellung dokumentiert die Geschichte der Anlage (Öffnungszeiten: Di. – So. 10.00 bis 17.00 Uhr; www.kreml.aleksandrov.ru).

✱
Dreifaltigkeits-kathedrale ►

Das markanteste Gebäude des Kreml stammt aus dem 16. Jh. und wird von massiven Außenwänden getragen. Als besonders wertvoll gelten die beiden goldbeschlagenen Kupfertore, die Iwan der

▶ ALEXANDROW ERLEBEN

AUSKUNFT

www.aleksandrov.ru

ESSEN

▶ Erschwinglich

Sowjetskij Sojus
ul. Basunowa 26
Tel. (4 92 44) 9 59 02
tgl. 12.00–24.00 Uhr, Fr. u. Sa. bis
2.00 Uhr
Back to the USSR: Mit Hühner- und
Schweinefleisch »nach Art der
Völkerfreundschaft« und Wodka-
Cocktail »Sowjetskij Sojus« feiert man
zu sowjetischen Schlagern ab.

ÜBERNACHTEN

▶ Günstig

Larsen
ul. Koroljowa 1
601655 Alexandrow
Tel. (4 92 44) 6 47 28
www.grc-larsen.ru
Modernes Haus mit 14 gemütlichen
Zimmern und Fitnessraum. Die
Küche bietet leckere Salate und mehrere Varianten von »Tschiskejk«
(Käsekuchen auf russische Art). Auch
hier wird am Wochenende gern
gefeiert.

Schreckliche als Kriegsbeute mitgebracht hatte: Das Portal an der
Westseite verschloss bis 1569 die Kathedrale von Twer, während das
südliche Basiliustor Teil der berühmten Sophienkathedrale im Kreml
von Welikij Nowgorod war. Biblische Szenen schmücken die Zellen
der Portale. Die Wandmalereien stammen noch aus der Entstehungszeit. Der Glockenturm ragt 56 m hoch auf (Troizkij sobor).

Dieses Gotteshaus ist mit Refektorium und Glockenturm zu einer
baulichen Einheit verschmolzen. Auffällig ist das große Kellerge-
schoss, in dem Iwan der Schreckliche seine »Mitbringsel« lagerte.
Der Zar hatte das Gotteshaus 1570 nach seinem Feldzug gegen Nowgorod und Pskow erbauen lassen (Uspenskaja zerkow).

◄ Kirche Mariä
Himmelfahrt

Im 17. Jh. verwandelte die orthodoxe Geistlichkeit den ehemaligen
Palast des Zaren in ein Gotteshaus mit Refektorium und mehrge-
schossigem Glockenturm. Die Wandmalereien sind teilweise noch erhalten (Musejnyj projesd 20; (Pokrowskaja zerkow) .

◄ Mariä-Schutz-
und-Fürbitten-Kirche

1988 und somit während der Perestrojka wurde in diesem Holzhaus
aus dem 19. Jh. das erste private Museum des Landes eingerichtet. Es
ehrt **Marina Zwetajewa** (1892 bis
1941), eine der bedeutendsten russischen Dichterinnen des 20. Jh.s sowie deren jüngere Schwester Anastasia. Auch über andere Weggefährten
des »silbernen Zeitalters der russischen Literatur« erfährt man Interessantes (ul. Wojennaja 2; Öffnungszeiten: Mi.–So. 9.30–17.00 Uhr).

**Zwetajewa-
Museum**

? WUSSTEN SIE SCHON …?

■ Im Gründungsjahr des Museums nannten
zwei Astrophysiker einen neu entdeckten
Planeten »Zwetajewa«, um der zu Sowjetzeiten kaum beachteten Schriftstellerin eine
späte Ehre zuteil werden zu lassen.

✱ Anapa

Dd 23

Region: Krasnodarskij kraj
Einwohnerzahl: 55 000

Höhe: 32 m ü. d. M.
Kyrillisch: Анапа

Der Badeort mit seinen feinen Sandstränden rühmt sich der längsten Sonnenscheindauer an der russischen Schwarzmeerküste: An 280 Tagen im Jahr soll hier die Sonne lachen, versprechen die Reiseprospekte. Bei Familien steht er ganz oben in der Gunst, gibt es doch genügend Angebote, damit beim Nachwuchs keine Langeweile aufkommt. Mehr als eine Million Touristen drängen sich jeden Sommer an den Stränden.

Geschichte Die Lage des Orts an der nordöstlichen Schwarzmeerküste unweit des Kanals von Ker (Einfahrt ins Asowsche Meer) zog schon im 6. Jh. v. Chr. griechische Kolonisten an. Im Lauf der Jahrhunderte hinterließen Skythen, Römer, Goten, Alanen, Hunnen, Mongolen, Tataren, Osmanen, Russen und andere Völker ihre Spuren. Mit der Einnahme der Stadt durch die Türken 1475 tauchte der Name Anapa, der im Tscherkessischen »Tischrand« bedeutet und somit auf die geografische Randlage hinweist, erstmals auf. Jahrhunderte lang trachtete das Russische Reich nach einem Zugang zum Schwarzen Meer, lieferte sich mit den Osmanen erbitterte Kämpfe und belagerte Anapa zwischen 1787 und 1791 mehrmals. Doch erst 1829, im Vertrag von Adrianopel, kam der Ort an Russland. 1846 erhielt Anapa das Stadtrecht und zwei Jahrzehnte später den Ehrentitel »Kurort«. Mineralquellen, Heilschlamm, das Meer und das milde Klima führten im ausgehenden 19. Jh. zum Bau von Hotels und Sanatorien. Im Zweiten Weltkrieg wurde Anapa weitgehend zerstört; in den 1950er-Jahren begann man mit dem Wiederaufbau und es entstanden neue Hotels und Erholungsheime von Industriebetrieben.

Sehenswertes in Anapa

Stadtrundgang Die auf schachbrettartigem Grundriss erbaute Innenstadt von Anapa erstreckt sich vom Busterminal bis zum Leuchtturm und ist gut zu Fuß zu erkunden. Entlang der **ul. Krimskaja** stehen einige für Anapa ganz typische einstöckige Wohnhäuser aus Stein auf fast quadratischem Grundriss. In der ganzen Stadt gibt es Freiluftstände, an denen Weine aus Eichenfässern ausgeschenkt werden – so auch in der **ul. Krasnoarmejskaja**. Die zentrale **ul. Gorkogo** verwandelt sich im

> ❗ *Baedeker* TIPP
>
> **Ausflüge zu Schnäppchenpreisen**
>
> Entlang der ul. Gorkogo und der ul. Grebenskaja bieten zahlreiche kleine Reisebüros Ausflüge auf die ▶Taman-Halbinsel und nach ▶Sotschi sowie diverse Aktiv-Programme (Weinproben, Ausritte etc.) zu günstigen Preisen an.

▶ ANAPA ERLEBEN

AUSKUNFT

www.anapa.ru (nur auf Russisch)
www.anapa-region.ru (nur auf Russisch)

ESSEN

► Erschwinglich

Fort Utrisch
Bolschoj Utrisch
in Strandnähe
Tel. (8 61 33) 933 22
tgl. ab 11.00 Uhr
Frischer Fisch schmeckt in den kleinen Pavillons mit Blick aufs Meer noch viel besser. Das Hauptgebäude teilen sich Restaurant und Mini-Hotel. Die Besitzer organisieren auch Ausflüge.

Kowtscheg
prospekt Rewoljuzii 1
Tel. (8 61 33) 4 57 87
Der kulinarische Klassiker: Im Sommer sitzt man im Grünen nahe des Steilufers und lässt sich leckere Grillteller mit frischem Salat und Wein auftischen.

Parochod
ul. Nabereschnaja 25
(Strandpromenade)
tgl. ab 10 Uhr
Immer mit Blick aufs Meer: Auf dem Schiff wird Kaukasisch gegrillt und nachts zu Live-Musik getanzt.

ÜBERNACHTEN

► Luxus

Grand-Hotel Valentina
ul. Terskaja 103
353445 Anapa
Tel. (8 61 33) 3 98 28
www.grandvalentina.ru
49 Z. Nicht ganz billig, dafür in bester Tradition eines Fünf-Sterne-Hotels, zeitlos-elegantes Interieur.

► Komfortabel / Luxus

Park-Hotel
ul. Nabereschnaja 8
353440 Anapa
Tel. (8 61 33) 5 83 22
www.park-hotel-anapa.com
52 Z. Allein der Blick aufs Meer und die Strandpromenade zu Füßen des Hotels lohnen einen Aufenthalt. Swimming-Pool, Babysitter-Service. Im schicken Restaurant »Egoist« wird elegante internationale Küche serviert.

► Komfortabel

Hotel Raffaelo Slavonti
ul. Noworossijskaja 89
353440 Anapa
Tel. (8 61 33) 3 98 08
www.rs-hotel.ru
44 Z. Hinter dem verführerischen Namen, der an eine Praline erinnert, verbirgt sich ein komfortables neues Hotel mit raffinierter Küche, in der Wraps oder Auberginenröllchen auf den Tisch kommen.

Heliopark Bospor
ul. Krepostnaja 1a
353440 Anapa
Tel. (8 61 33) 4 39 59
www.bospor.heliopark.ru
51 Z. Moderne Zimmer mit Blick aufs Meer. Businesszentrum und Babysitter-Service, üppiges Frühstücksbüfett.

BADEN

Anapa lockt mit mehreren Kilometern Sandstrand. Die ersten 50 bis 100 m fallen überall recht flach ins Wasser ab, was vor allem Familien mit Kleinkindern schätzen. Wer es aktiver mag, steigt aufs Banana-Boot oder mietet ein Surfbrett in der Kleinen Bucht (Malaja buchta). Rettungsschwimmer wachen am Hauptstrand (Zentralnyj pljasch) über die Badegäste. Östlich des Hafens (Morskoj woksal) wird der Strand immer grober, mit Kieseln und Steinen. Badesaison: Mitte Mai – Mitte Oktober.

VERGNÜGUNGSPARKS

Luna Park

Dieser Dauer-Rummelplatz erstreckt sich vom örtlichen Verwaltungsgebäude in Richtung Küste und entlang der Uferpromenade. Die Hauptallee säumen Karussells, Hüpfburgen, Autoscooter, ein Riesenrad und Cafés, in denen im Sommer bis spät in die Nacht gelacht und getanzt wird.

Aquapark Goldstrand (Akwapark Solotoj pljasch)

ul. Grebenskaja 1
Öffnungszeiten: tgl. 9.00 – 14.00 u. 15.00 – 20.00, in der Hochsaison auch 21.00 – 24.00 Uhr
Mehrere Riesenrutschen, Wasserpilze sowie Schwimm- und Planschbecken.

NACHTLEBEN

Sabotage

ul. Krepostnaja 70
Tel. (8 61 33) 4 53 33
tgl. 22.00 – 6.00 Uhr
Nachtklub mit Show, Stars, Sternchen und einem bewährten Restaurant.

Sommer in eine stark frequentierte Flaniermeile. Zahlreiche Souvenirstände verkaufen Spielzeug und Schmuck aus China sowie Muschelschalen. Auf dem **Fischmarkt** können sich Selbstversorger mit Meeresfrüchten eindecken.

Der ul. Gorkogo weiter folgend erreicht man den **Zentralplatz** der Stadt, der meist in ein farbenfrohes Blumenmeer getaucht ist. Dahinter beginnt der **Leninpark**, von dem es dann nur noch wenige Meter bis zur autofreien **Strandpromenade** sind, auf der im Sommer zu jeder Tages- und Nachtzeit Hochbetrieb herrscht. Vom Hauptstrand zweigt die **ul. Grebenskaja** ab, wo bis spät nachts zahlreiche kleine Cafés offen haben. Von hier aus kommt man am Sportstadion vorbei zurück zur ul. Gorkogo.

✱
Freilichtmuseum
Gorgippia
⏲
Öffnungszeiten:
Di. – So.
9.00 – 18.00

Von Anapas antiker Vorgängerin Gorgippia, einer florierenden Handelsstadt des Bosporusreichs, die sich hier vor über 2000 Jahren ausbreitete, sind einige Mauer- und Gewölbereste sowie Straßenabschnitte erhalten. Eine Ausstellung auf dem Ruinenfeld zeigt Skulpturen aus Bronze oder Marmor, Münzen, Glas, Terracotta-Gefäße, Sarkophage, Schmuck und Arbeitsgerät aus griechischer und römischer Zeit. Eine Inschriftentafel aus dem 2. Jh. v. Chr. ehrt König Neoklos (Kopie; Original im Moskauer Puschkin-Museum).

Eine kleine Ausstellung ist der aus Anapa stammenden Sozialrevolutionärin **Jelisaweta Pilenko** (1891 – 1945) gewidmet. Als Nonne half sie während des Zweiten Weltkriegs russischen Emigranten in Frankreich. Wenige Wochen vor Kriegsende wurde sie von der Gestapo verhaftet und im Konzentrationslager Ravensbrück ermordet (Archeologitscheskij musej-sapowednik Gorgippija, ul. Nabereschnaja 4)

Gleich neben den Ausgrabungen erhebt sich das Russische Tor als **Russisches Tor**
einziges Überbleibsel einer türkischen Festung von 1783. Hinter dem
Tor beginnt der schattige Park, der anlässlich des 30. Jahrestags des
Endes des Zweiten Weltkrieges angelegt wurde und zum zentralen
Platz führt (Russkije worota).

Ganz in der Nähe kann man allerlei Meeresgetier aus dem Schwarzen **Meeresaquarium**
Meer aus nächster Nähe beobachten (ul. Protapowa 1; Öffnungszei-
ten: tgl. 9.00 – 17.00 Uhr).

Direkt neben dem »Majak«, dem ersten Sanatorium der Stadt, das **Leuchtturm**
1900 im modernistischen Stil erbaut wurde, erreicht man am östlichen Ende der Promenade den schwarz-weiß gestreiften Leuchtturm
von Anapa. Unterhalb liegt eine kleine Badebucht (ul. Kirowa 2).

Fast schon nostalgische Sowjetatmosphäre verbreitet der berühmte **prospekt**
prospekt Pionerskij : Auf 10 km Länge reiht sich hier ein Erholungs- **Pionerskij**
heim neben das andere. Hier findet sich alles, vom betriebseigenen
Sanatorium bis hin zur einfachen »Turbasa« mit Toiletten im Außenbereich. Im Sommer ist der Strand allerdings ziemlich überlaufen.

Nördlich schließt die Ferienhaussiedlung Witjas an, nach einem Ma- **Witjas**
jor aus dem Russisch-Türkischen Krieg von 1809 benannt. Wo heute **Витязь**
Zimmer an Urlauber vermietet werden, hatten griechische Kolonisten bereits im alten Bosporusreich eine Siedlung gegründet.

Umgebung von Anapa

Wem die Strände in Anapa zu überlaufen sind, findet im knapp **Sukko**
20 km südlich gelegenen Sukko mehr Beschaulichkeit; zudem ist hier **Сукко**
das Wasser sauberer. In dem für seine **guten Weine** bekannten Hinterland schlängelt sich das Flüsschen Sukko durch das 7 km lange
malerische Tal **Dolina Sukko**.

Eine Schifffahrt von Anapa nach Bolschoj Utrisch dauert ca. 20 Mi- **Bolschoj Utrisch**
nuten; der Linienbus folgt dem windungsreichen Küstensträßchen **Большой**
und braucht fast doppelt so lang in den gut 20 km südlich von Ana- **Утриш**
pa gelegenen Ort.
Auf der winzigen Landzunge warnt ein Leuchtturm die vorbeifahrenden Schiffe. Namenstafeln erinnern an die im Zweiten Weltkrieg gefallenen Soldaten und Fischer. In einem kleinen Naturschutzgebiet
beeindrucken **Jahrhunderte alte Wacholderbüsche**. Seelöwen und ◀ Delfinarium
Delfine erobern im Delfinarium (Delfinaij) mit ihren Kunststücken
die Herzen der Besucher (Vorführungen: Sommer tgl. 11.00, 15.00,
17.30 Uhr). Gleich nebenan kann man die artenreiche Unterwasser- ◀ Aquarium
Tierwelt des Schwarzen Meeres bestaunen, etwa schlanke Seenadeln, (Akwarium)
Beluga-Störe, Muscheln, Flundern, Seeigel (Öffnungszeiten: Mai bis
Okt. Di. – So. 10.00 – 13.00 u. 14.00 – 19.00 Uhr).

Archangelsk (Arhangelsk)

Df 13

Region: Archangelskaja oblast
Einwohnerzahl: 364 000

Höhe: 6 – 10 m ü. d. M.
Kyrillisch: Архангельск

Die »Stadt der Erzengel« ist kein klassischer Touristenmagnet, lohnt jedoch aufgrund ihrer Lage an der Mündung der Nördlichen Dwina ins Weiße Meer den Besuch. Vor allem während der »Weißen Nächte« geht es an der Uferpromenade recht quirlig zu – fast wie im Süden.

Stadt der Erzengel

Für die meisten Touristen ist Archangelsk nur das »Sprungbrett« auf dem Weg zur berühmten ► Solowezkij-Klosterinsel. Zu Unrecht, denn auch in der Stadt, die sich über 40 km am rechten Dwina-Ufer erstreckt, gibt es einiges zu entdecken: Der Puls von Archangelsk pocht rund um die Flusspromenade, die mit alten Handelshäusern, interessanten Museen und natürlich einem faszinierenden Blick auf den Fluss lockt, der sich wenige Kilometer entfernt ins Weiße Meer ergießt. So idyllisch der Sommer aber sein mag: Im Winter fegt an manchen Tagen ein eisiger Polarwind von der offenen See durch die Stadt. Und wer um die Wintersonnwende herum Urlaub macht, dürfte sein Frühstück um 10.00 Uhr morgens noch in fast völliger Dunkelheit einnehmen.

Von der Klostersiedlung zur Hafen- und Handelsstadt

Namensgeber ist ein Kloster zu Ehren von Erzengel (»Archangel«) Michael aus dem 12. Jh., das Nowgoroder Mönche an diesem Platz errichtet hatten. Die Stadt entstand erst ab 1584 unter Iwan dem Schrecklichen und hieß bis 1613 Nowocholmogory. Mit ihrem Hafen erhielt Russland erstmals einen Zugang zum offenen Meer, was viele Kaufleute anlockte, so dass Archangelsk schon im 17. Jh. ein bedeutender Warenumschlagsplatz war. Unter Peter dem Großen wurden hier Handels- und Kriegsschiffe für die junge russische Flotte gebaut. Das 1703 gegründete St. Petersburg machte Archangelsk allerdings die Rolle als »Fenster nach Europa« streitig – die Stadt verlor im hohen Norden an Bedeutung. Im Ersten und Zweiten Weltkrieg spielte Archangelsk eine wichtige Rolle als Zielhafen von Lieferungen der Alliierten. In den 1950er-Jahren wurde hier die größte Eisbrecherflotte des Landes stationiert, die seither den nördlichen Seeweg frei hält. Die wichtigsten Wirtschaftszweige sind heute die Holz- und Papierindustrie, der Fischfang und die Lomonossow-Diamantenmine.

Das Volk der Nenzen

Die gut 40 000 Nenzen betreiben traditionell Fischfang, Jagd und Rentierzucht. Zu Sowjetzeiten wurden die meisten Angehörigen dieses Volkes allerdings sesshaft gemacht. Nur noch 5000 gelten als Nomaden, die mit ihren Rentierherden auf der nordwestsibirischen Halbinsel Jamal leben, doch werden die traditionellen Weidegebiete durch die Erschließung von Erdgasfeldern zunehmend bedroht. Die

Archangelsk Orientierung

Essen
① Sabi
② Pomorskij

Übernachten
① Pur Nawolok
② Dwina
③ Malye karely

Sprache der Nenzen gilt als einzige samojedische Schriftsprache. Missionare schufen im ausgehenden 19. Jh. Schrift, Grammatik und Fibel. Im nördlichen Teil der Archangelskaja oblast ist das Volk eine so genannte Titularnation im Autonomen Kreis der Nenzen. Viele leben auch im Autonomen Kreis der Jamal-Nenzen und dem früheren Autonomen Kreis Tajmyr (heute Krasnojarskij kraj, Sibirien).

ARCHANGELSK ERLEBEN

AUSKUNFT

***Touristen- und
Informationszentrum***
ul. Swobody 8
163000 Archangelsk
Tel. (81 82) 21 40 82
http://pomorland.info (auch auf
Deutsch)

ESSEN

▶ Erschwinglich

① ***Sabi***
ul. Karla Marksa 15
Tel. (81 82) 47 41 41
www.sabibar.ru
Hier gibt es Sushi, Sashimi & Co. in
minimalistischem Japan-Interieur mit
roten Lederpolstern.

② ***Pomorskij***
ul. Pomorskaja 7 (2. Stock)
Tel. (81 82) 26 81 58
Lachsforelle und Fischsuppe
schmecken im Schiffsinterieur gleich
viel authentischer. Im Haus befinden
sich auch das gemütliche »Café Polina« sowie die Bierkneipe »Holsten«.

ÜBERNACHTEN

▶ Komfortabel

① ***Pur Nawolok***
nabereschnaja Sjewernoj Dwiny 88
163000 Archangelsk

Tel. (81 82) 21 72 06
www.purnavolok.ru
234 Z.. Modernes gepflegtes Hotel
direkt an der Uferpromenade mit
großem hellem Restaurant;

③ ***Malye Karely***
163502 Malye Karely
www.karely.ru
Gemütliche Holzhäuser im Landhaus-
Stil bieten Platz für mehrere Familien;
Ski- und Schlittenverleih. Das behagliche Restaurant ist einer Bauernhütte
nachempfunden.

▶ Komfortabel / Günstig

② ***Dwina***
Troizkij prospekt 52
163061 Archangelsk
Tel. (81 82) 28 88 88
Fax (81 82) 28 70 11
www.hoteldvina.ru
237 Z. Die »graue Eminenz« wurde
2005 komplett saniert. Im Restaurant
»Le Petit« wird vorzügliche französische Küche geboten.

ANGELTOUREN

Die seenreiche Umgebung von Archangelsk ist ein Paradies für Hobby-
angler, die hier u. a. Hechte, Barsche,
Maränen, Zander, Brassen und natürlich auch Lachse fangen können.

Sehenswertes in Archangelsk

Orientierung   In Archangelsk geht es auch ohne Stadtplan: Die wichtigsten Straßen
führen fächerförmig vom Fluss weg. Die Querstraßen verlaufen pa-
rallel zueinander.

**ploschtschad
Lenina**   Zu Lenins Füßen schlägt das architektonisch wenig reizvoll gestaltete
Herz der Stadt: Den in sowjetischer Manier weitläufigen zentralen
Platz säumen Verwaltungsgebäude und zwei sehenswerte Museen.

Blick auf den Hafen und die Promenade an der Dwina

Dieses Museum (Archangelskij oblastnoj musej isobrasitelnych iskusstw) ist eines der größten seiner Art in Russland. Es zeigt eine umfangreiche Sammlung wertvoller Holzskulpturen, die aus dem gesamten russischen Norden zusammen getragen wurden. Sowjetkunst hat hier ebenso ihren Platz wie zeitgenössische Malerei aus der Region. Beachtung verdienen auch die mit Perlen aufwendig bestickten **Trachten der russischen Pomoren** und anderer Völker des hohen Nordens sowie die Schnitzereien aus Walross-Elfenbein.

★
◄ Museum der Bildenden Künste

Im Archangelskij oblastnoj krajewedscheskij musej gewinnt man Einblicke in das Leben im hohen Norden Russlands. Gezeigt werden archäologische Funde und ethnologische Schaustücke wie Trachten und Gebrauchsgegenstände. Viel Raum wird der Erforschung der Arktis und dem Schiffsbau gewidmet (Öffnungszeiten für beide Museen: Di. – So. 10.00 – 18.00 Uhr).

◄ Regionalmuseum

🕐

Die autofreie Uferpromenade (nabereschnaja Sjewernoj Dwiny) folgt der Dwina auf 6 km Länge. Im Sommer verwandelt sie sich in einen Laufsteg, auf dem russische Schönheiten kokett flanieren; im Winter rodeln Kinder die Böschung zum Fluss hinunter, der monatelang zugefroren ist. Einen Spaziergang von Süd nach Nord sollte man am besten am Hafen beginnen.

★
Dwina-Promenade

Zu den schönsten Gebäuden entlang der Promenade gehören das **Haus des Erzbischofs** mit einem klassizistischen Säulenportikus von 1819 (Hausnr. 23). Die **Makarow-Bäder** (Nr. 68) entstanden um 1900 im typisch russischen Stil. Ganz in der Nähe ist die **Nikolaus-Wundertäter-Kirche** als letztes Relikt einer früheren Klosteranlage erhalten (Nr. 75). An den früheren Vorhof der Solowezkij-Klosterinsel erinnert heute nur noch dessen alte Hauskirche (Nr. 77). Das klassizistische **Bankkontor** (Nr. 79) entstand 1786.

✱
Museum für
Nordische
Meereskunde

Ein Muss für alle Hobby-Seefahrer ist das Gosudarstwenny Sjewernyj morskoj musej, wo sich alles um die seit dem 12. Jh. dokumentierte Seefahrt im hohen Norden dreht. Stolz der Ausstellung sind 80 Modelle von Schiffen, Eisbrechern, Segelbooten und Lastschiffen. Ausführlich erörtert werden die sowjetischen Expeditionen in die arktischen Gewässer. Weniger rühmlich sind allerdings die Atomtests, die die Sowjetunion auf der zur Archangelskaja oblast gehörenden Inselgruppe Nowaja Semlja (Neues Land) durchführte (nabereschnaja Sjewernoj Dwiny 80; derzeit Sanierung, Wiedereröffnung voraussichtlich 2009; Tel. 8182 20-55-16).

! **Baedeker** TIPP

Mitbringsel aus Archangelsk

Zu den beliebtesten Souvenirs gehören kleine Vögel aus dünnem Spanholz mit charakteristisch fächerförmig aufgeschlagenem Schwanz, die so genannten Glücksvögel (Ptizy stschastja). Ganz typisch: bunte Lebkuchen (Kosuli), meist in Form von Tieren, Menschen oder Glücksmotiven gebacken und mit buntem Zuckerguss aufwendig verziert – der farbenfrohe Schmuck unterscheidet die Lebkuchen aus Archangelsk von ihrer viel berühmteren Konkurrenz aus Tula.

Im Park gleich hinter dem Museum ehrt ein Bronzedenkmal (Pamjatnik Zaru Petru Pjerwomu) von 1782 Zar Peter den Großen, der den

Denkmal für
Zar Peter
den Großen

Schiffsbau in Archangelsk massiv vorangetrieben hatte. Diese Skulptur kennt heute in Russland fast jedes Kind, denn sie ist **auf dem 500-Rubel-Schein abgebildet**. Die Rückseite des Scheins ist übrigens mit der Solowezkij-Klosterinsel im Weißen Meer bedruckt.

Handelsreihen

Die ehemaligen Handelsreihen (Gostinyj Dwor) erheben sich mächtig über der Uferpromenade. Zum Zeitpunkt ihrer Entstehung Anfang des 18. Jh.s galten sie als größte Handelsgebäude im ganzen Land, bis wenige Jahre später der Gostinyj Dwor von St. Petersburg entstand. Hier waren die Börse und eine Zollstation untergebracht. Bei einem Umbau erhielt der Gebäudekomplex die klassizistische Säulenfassade.

Lomonossow-
Gewölbesaal ▸

Der Lomonossow-Gewölbesaal (nabereschnaja Sjewernoj Dwiny 86) beherbergt eine kleine Ausstellung über den Universalgelehrten **Michail Lomonossow** (▸Berühmte Persönlichkeiten).

Lutherische
Kirche

Die Ljuteranskaja kircha (ul. Karla Marksa 3) wurde 1768 eingeweiht und erinnert mit ihrem spitzen Glockenturm stark an die westeuropäische Sakralbaukunst. Mehrmals durch Brände beschädigt, sind von den barocken Ornamenten an der Fassade heute nur noch spärliche Reste erhalten.

Luftfahrtmuseum
🕐
Öffnungszeiten:
Mo.–Fr.
10.00–16.30

Das Musej Awiazii Sjewera auf dem Flughafen nordöstlich außerhalb beschreibt die Geschichte der zivilen Luftfahrt im Nordwesten Russlands. Ein Schwerpunkt ist die russische Raumfahrt, denn schließlich liegt das Raumfahrtszentrum Plessezk in der Region (Aeroport, Archangelsk 53).

Umgebung von Archangelsk

Eine Zeitreise ins alte Russland beginnt 25 km südöstlich von Archangelsk: In einem der landesweit größten Freilichtmuseen sind **über 100 Holzbauten aus dem 16. bis frühen 20. Jh.** aufgestellt. Sie stammen aus verschiedenen Regionen des hohen Nordens und spiegeln die typische alte Holzbaukunst facettenreich wieder. Ein Glockenturm aus dem 16. Jh. gilt als ältester seiner Art in ganz Russland; imposant ist auch die Kirche des Hl. Georg (Georgijewskaja zerkow) von 1672, die mitsamt Holzkreuz auf eine stattliche Höhe von 36 m kommt. Die sieben Windmühlen auf dem Gelände bilden besonders im Winter einen schönen Kontrast zur weißen Pracht. Die kalte Jahreszeit wird hier während der sog. **Butterwoche** (Masleniza) besonders ausgelassen gefeiert: Bei dampfendem Tee aus dem Samowar kann man in einer Bauernstube wieder zu Kräften kommen, während draußen ein Schneesturm fegt. Vor dem Eingang verkaufen Händler typische Lebkuchen aus Archangelsk)..

★ ★
Freilichtmuseum
Malye Karely
Малые Карелы
🕐
Öffnungszeiten:
Sommer tgl.
10.00 – 17.00,
Winter tgl.
10.00 – 15.00

Der Universalgelehrte Michail Lomonossow kam 75 km südöstlich von Archangelsk in Denisovka (heute Lomonossow) zur Welt. Das Geburtshaus auf dem einstigen Anwesen der Familie ist zwar nicht mehr erhalten, dafür wurde an dieser Stelle 1892 eine Schule errichtet, in der heute das Lomonossow-Museum (Istoriko-memorijalnyj musej imeni M. W. Lomonossowa) untergebracht ist. Es erinnert nicht nur an den großen Wissenschaftler, sondern zeigt auch einige Dutzend alte Handschriften und Bücher aus dem 18. Jahrhundert. Eine weitere Ausstellung führt an die Elfenbein-Schnitzkunst heran, die in diesem Hause einst gelehrt wurde.

★
Lomonossow-
Museum in
Lomonossow
Ломоносов
🕐
Öffnungszeiten:
tgl. außer Fr.
9.00 – 17.00

★ ★ Archys · Dombai · Elbrus

De – Dg 24

Region: Karatschajewo-Tscherkesskaja Respublika

Der russische Hochkaukasus hat das Zeug zum exzellenten Feriengebiet für Wintersportler, Wanderer, Bergsteiger und Outdoor-Anhänger – wäre da nicht die Krisenanfälligkeit der Region. Drei Gebiete – von West nach Ost Archys, Dombai und schließlich der Elbrus – bieten jedenfalls beste Voraussetzungen für großartige Naturerlebnisse.

Die Feriengebiete im Kaukasus mussten einen massiven Einbruch der Besucherzahlen hinnehmen. Viele potenzielle Gäste, vor allem aus dem Ausland, fürchten die **Nähe zu den Krisengebieten**. Vor Reisen in die Region sollte man die Reise- und Sicherheitshinweise des Auswärtigen Amts konsultieren (www.auswaertiges-amt.de).

Sicherheit

► ARCHYS ERLEBEN

AUSKUNFT

www.arkhyz.info (nur auf Russisch)

AKTIVITÄTEN

Wintersport

Zwar kann sich die Wintersport-Infrastruktur kaum mit den anderen bekannteren Skigebieten des Kaukasus messen, wer aber »jungfräuliche« Pisten schätzt, ist hier gut aufgehoben. Am beliebtesten sind die Skigebiete Sofijskaja Pschischskaja und Abischira-Achuba.

Fun- und Abenteuersport

In den letzten Jahren haben sich Sportarten wie Rafting, Mountainbiking, Bergsteigen und Wanderreiten etablieren können.

Reisebüro Marchroute

ul. Jesenina 5b, office 58h
194354 St. Petersburg
Tel. / Fax.: (812) 331-64-76
www.marchroute.com
Russischer Anbieter für Trekking- und Skitouren im Kaukasus

ÜBERNACHTEN / ESSEN

► Günstig

Berghotel Andromeda

Nischnij Archys
Tel. (909) 4 99 23 13
E-Mail: esb@dombayinfo.ru
Geöffnet: Mitte März – Mitte Oktober
10 Zimmer. Berghotel auf 2000 m ü. d. M. mit Panorama-Ausblick ins Flusstal des Großen Sepentschuk und auf die Hochgebirgsbarriere des Kaukasus. Gemütlicher Aufenthaltsraum mit Kamin. Gute regionale und auch vegetarische Küche mit leckeren Kaukasus-Spezialitäten, sehr freundlicher Service.

Pension Krasnaja Skala

Archys
Tel. (909) 4 99 23 13
E-Mail: esb@dombayinfo.ru
Familiäres Haus, zweckmäßige Zimmer, gute Küche, direkt am Fluss Selentschuk auf 1400 m ü.d.M.

✳ ✳ Archys (Архыз)

Ein kleiner Ort schreibt Weltgeschichte

Archys (1450 m ü.d.M.) steht zwar im Schatten der viel bekannteren Kaukasus-Bergregionen Elbrus und Dombai, dennoch kann das 600-Einwohner-Dorf mit atemberaubenden Gipfeln und schroffen Felswänden aufwarten. Zudem scheint hier die Sonne an bis zu 280 Tagen im Jahr und man kann sich an heilkräftigem jodhaltigem Mineralwasser laben. Die Gegend um Archys wird vom Kamm des Abischira-Achuba abgeschirmt, was für relativ milde Winter sorgt: Im Januar liegt die Durchschnittstemperatur bei + 5,5 °C, im Juli bei angenehmen 15 °C. Der erste Schnee fällt meist schon Mitte November. Altadygeische Stämme haben bereits im 2. Jt. v. Chr. ihre Spuren in der Gegend hinterlassen. Der Handelsweg, der die nördliche Kaukasus-Region mit dem Schwarzen Meer verband und Teil der Seidenstraße war, führte durch das Gebiet hindurch. Das Dorf Archys gibt es allerdings erst 1923. Im Zweiten Weltkrieg tobten hier erbitterte Kämpfe um die Einnahme des Hauptkamms des Kaukasus. 1943 ließ Stalin die Bewohner der Region, die Karatschajewer, nach Zentralasien deportieren. Sie wurden erst 1957 rehabilitiert. Und 1990 hielt die Weltgeschichte Einzug in Archys, denn hier handelten **Michail Gorbatschow und Helmut Kohl** die Wiedervereinigung Deutschlands aus.

Wandern

Eine wunderschöne Wanderung (hin und zurück 36 km; 2 Tage) führt vom Mineralwasser-Abfüllbetrieb »Wisma« beim Dorf Archys am Fluss Dukka entlang und zunächst durch einen Kiefernwald mit bis zu 170 Jahre alten Bäumen. Nach dem Zusammenfluss von Psysch und Archys steigt man hinunter zu einer Brücke über den Fluss Archys. Ein Stück weiter erreicht man die sog. Griechische Lichtung (Gretscheskaja poljana), von der aus man einen tollen Blick auf die **Gora Orjol** (Adlerberge), das Wahrzeichen von Archys, genießen kann. Später rückt dann die weiße Felswand des Abischira-Achuba ins Blickfeld. Nach etwa 10 km erreicht man die 1650 m ü. d. M. errichtete einfache Berghütte »Romantika«. Bei der Lunnaja poljana (»Mondlichtung«) beginnen die Skipisten. Schließlich erreicht man die Stelle, an der das Dukka-Flusstal jäh abfällt.

> **!** *Baedeker* TIPP
>
> **Blick in die Sterne**
>
> Ca. 400 m vom Berghotel Andromeda betreibt die Akademie der Wissenschaften eine Forschungsstation mit einem der größten Teleskope Eurasiens mit 6-m-Diameter-Spiegel, Zeiss-1000-Objektiv (Spiegel 1 m) und Zeiss-600 (Spiegel 0,6 m).

✹ ✹ Dombai (Домбай)

Wintersportplatz mit Tradition

Die nahe der Grenze zu Georgien gelegene Hochgebirgsregion Dombai (1600 – 4047 m ü. d. M.) zählt mit ihren atemberaubenden Schluchten und spektakulären Wasserfällen zu den landschaftlich eindrucksvollsten Gegenden des russischen Kaukasus. Ihr Öko-System gilt noch als weitgehend intakt. Dombai ist im Sommer ein Paradies für Bergwanderer und Bergsteiger; in der kalten Jahreszeit tummeln sich Skiläufer auf gut ausgebauten Pisten.

Dombai gehört zu den ältesten Wintersportgebieten in Russland. Die natürlichen Voraussetzungen sind mit relativ milden, aber dennoch sehr schneereichen Wintern ideal. Bereits in den 1920er-Jahren begann die Entwicklung zum winterlichen Massentourismus, doch der Zweite Weltkrieg setzte dem ein jähes Ende, als 1942 / 1943 deutsche Gebirgsjäger die Region besetzten. In den 1960er-Jahren beschloss die Regierung der UdSSR den weiteren Ausbau der Infrastruktur. Heute gibt es hier oben über 2000 Gästebetten in etwa zwei Dutzend Berghotels und -hütten. Und längst haben auch Aktivitäten wie Heli-skiing und Freeride Einzug gehalten. Hochsaison herrscht zwischen Dezember und April.

DOMBAI ERLEBEN

AUSKUNFT

www.dombai.info
(Russisch, teils Englisch)
www.dombayinfo.ru
(nur Russisch)

ESSEN

▶ **Preiswert**

Edelweiß
Dombai
Das Lokal ist bekannt für seine
knusprig gegrillten Schaschliks.

ÜBERNACHTEN

▶ **Komfortabel**

Hotel Foton
Dombai
Tel. (84 42) 50 00 75
www.dombai.ru
20 Zimmer. Das erste Drei-Sterne-
Hotel der Kaukasusrepublik mit Café
und Sauna wurde 2005 eingeweiht.
Einige Zimmer bieten Panorama-Aus-
blicke. Skilift in der Nähe. Verleih von
Ausrüstung für Skiläufer und Bergsteiger.

▶ **Günstig**

Tarelka
Dombai
www.dombai.info/hot_tarelka.shtml
(nur Russisch)
Berghütte für 6 – 12 Personen
Übernachten in einem Ufo? Das Peak-

Inn-Hotel vermietet eine Unterkunft
auf 2400 m Höhe, die aussieht wie ein
außerirdisches Flugobjekt. Gemütlicher Aufenthaltsraum, enge Schlaf-
kabinen – dafür ein atemberaubender
Ausblick!

AKTIVITÄTEN

Bergsteigen
Örtliche Veranstalter führen Bergstei-
gergruppen auf die Kaukasus-Gipfel.
Der Klassiker ist der 4047 m hohe
Dombai-Ulgen, die höchste Erhebung
in der Region; beliebt auch der
Sulachat (3409 m ü.d.M.) – er soll an
eine schlafende Frau erinnern, so
zumindest die Übersetzung. Ein empfehlenswerter Veranstalter ist:
Trekking Russia
Tel. (918) 7 78 76 30
www.trekkingrussia.org (Englisch),
ein Zusammenschluss erfahrener Al-
pinisten und Bergführer, die mehrtägige Wandertouren rund um Dombai,
Elbrus und Archys in englischer
Sprache anbieten und bei der Visumbeschaffung helfen.

Skifahren
Die Pisten am 3021 m hohen Mussa-
Atschitara sind für wagemutige Ski-
fahrer eine wahre Herausforderung.
Vier Sessellifte und eine Seilbahn
erschließen das Gebiet.

Geschichte Bereits vor 3000 Jahren war die Kolchiskultur im Süden der Region
bekannt: Waffen, Keramik und Bronzegerät zeugen noch von der
vorchristlichen Besiedelung. Im Norden ließ sich das Reitervolk der
Sarmaten nieder, deren Nachfahren heute noch in der Kaukasusrepublik Ossetien leben. Zwischen dem 4. und 8. Jh. n. Chr. hinterließen abchasische und alanische Stämme in den Talsenken ihre Spuren. Die Invasion der Tataren beendete aber das Gemeinwesen der
Alanen. Im nördlichen Kaukasus ansässige Volksgruppen wurden

Auch so kommt man in höhere Lagen: Skilift der etwas anderen Art in der Dombai-Region.

weiter ins Gebirge vertrieben. In der heutigen Republik Karatschaje-wo-Tscherkessien, auf deren Territorium Dombai liegt, leben heute größtenteils Russen. Die Titularnation bilden die rund 150 000 Karatschaj, ein muslimisch-turko-tatarisches Volk, das größtenteils in den Bergen östlich von Teberda siedelt.

Die Route (Hin- und Rückweg ca. 16 km; 5–6 Std.) zu einem der beliebtesten Ausflugsziele in der Dombai-Region beginnt hinter dem Sessellift Nr. 1. Von hier windet sich der Pfad zu den Tschutschchur-Wasserfällen zunächst **durch das Flusstal des Dombai-Ulgen**, um später in einen etwas ebeneren Wanderweg überzugehen. Von der Russkaja Poljana (Russische Lichtung) sind es noch 5 km zu den Wasserfällen, die dramatisch in die Tiefe stürzen. Der Weg setzt sich steil hinauf fort zum Tschutschchur-Gletscher. Bis zum Pytsch-Gipfel dauert es nochmals eine weitere Stunde.

Der Höhenzug Mussa-Atschitara (Pferdedieb) verläuft parallel zum Großen Kaukasus. Wer den 3021 m hohen Gipfel erklimmt, wird mit einem wundervollen Panorama belohnt. Ein Großteil der Strecke lässt sich mit dem Lift zurücklegen, der in der Nähe des Hotels Krokus beginnt. Für die restlichen 400 Höhenmeter braucht man noch eine gute Stunde. Wer die ganze, mitunter recht steile Strecke zu Fuß bewältigt, kommt durch duftende Wälder und über blühende alpine Matten und wird mit herrlichen Ausblicken belohnt.

Lohnende Bergtouren ★

◀ Tschutschchur-Wasserfälle und Ptysch-Gipfel

◀ Mussa-Atschitara

Alibek-Gletscher ► Der 9 km von Dombai entfernte Alibek-Gletscher streckt seine weiße Zunge bis auf 2000 Höhenmeter hinunter. Mit einer Fläche von 10 km² gilt er als der größte im Teberdinskij-Naturreservat. Von der Alibek-Berghütte (Zufahrtsstraße) führt ein Pfad zu den Alibek-Wasserfällen, von dort geht es weiter über eine kleine Brücke. Linkerhand zweigt der Weg zum Turie-See hinauf ab, am Gletscher vorbei. Man sollte mindestens sechs Stunden Zeit einplanen.

Teberdinsk-
Naturpark ►

Das Teberda-Tal liegt an der Mündung des Flusses Teberda in den Kuban, etwa 20 km nördlich von Dombai. Der Ort ist eher unspektakulär, eignet sich allerdings gut als Basis für Wanderungen. Ein Schlagbaum markiert den Eingang in den Naturpark (Teberdinskij sapowednik), der sich auf einer Fläche von 85 000 ha auf dem Nordhang des Kaukasus-Hauptkamms erstreckt. Durch den Park strömt der Fluss Teberda bis Archys. Hier ist der **Kaukasus-Steinbock** zu Hause, dessen Hörner stolze 1 m lang werden können.

✶ ✶ Elbrus / Prielbrusje (Приэльбрусье)

Der höchste Berg Europas?
Bei klarem Wetter ist er bereits aus Hunderten von Kilometern Entfernung sichtbar: der 11 km nördlich der georgischen Grenze aufragende Elbrus, ein vulkanischer Kegel, dessen letzter Ausbruch allerdings schon 2000 Jahre zurückliegt. Von der vulkanischen Aktivität zeugen heute noch ein 250 m breiter Krater auf dem Ostgipfel und heiße Thermalquellen. Der Elbrus hat **zwei Gipfel**, wobei der westliche ein wenig höher als der östliche ist (5642 m bzw. 5621 m ü.d.M.). Ist der Elbrus wirklich der höchste Berg Europas? Seine geografische Zugehörigkeit ist umstritten: Während die einen die Ansicht vertreten, dass die Grenzziehung zwischen Europa und Asien durch den Kaukasus-Gebirgszug markiert wird und damit der Elbrus europäisch ist, sehen andere die Manytsch-Niederung nördlich des Kaukasus als südöstliche Grenze Europas an – dann wäre der Elbrus asiatisch.

Der Kaukasus und seine Fünftausender

■ Der Elbrus ist nicht der einzige Fünftausender des Großen Kaukasus-Höhenzugs. Auch Dschangitau (5058 m ü.d.M.), Mischugri (5025 m), Puschkin-Gipfel (5033 m), Schchara (5068 m), Dychtau (5204 m) und Koschtanau (5152 m) übersteigen die 5000er-Marke. Während der Kasbek (5033 m) in Georgien liegt, gehören die übrigen Fünftausender zumindest teilweise zum Territorium der russischen Teilrepublik Kabardino-Balkarien. Zum Vergleich: Der Montblanc ist 4807 m hoch!

Geschichte Der Name stammt vermutlich aus dem Arabischen und bedeutet »Windwirbel« (el = Wind, brus = Wirbel), einer anderen Theorie zufolge leitet er sich aus dem Georgischen ab und bezeichnet einen kegelförmigen Berg. Die **Erstbesteigung des Ostgipfels** schaffte 1829 der kabardinische Hirte Killar Kaschirow. Den **Westgipfel** bezwang 1874 eine englische Expedition um Frederick Gardiner, Horace Walker, Florence Crauford Grove und den Schweizer Expeditionsleiter

Peter Knubel. 1890 und 1896 erstellte der Bergsteiger Pastuchow die erste physikalische Karte des Elbrus. Im August 1942 bestiegen 21 deutsche Gebirgsjäger den Westgipfel des Elbrus und hissten dort die Reichskriegsflagge, was die NS-Propaganda ausführlichst feierte. Bis Januar 1943 blieb die Elbrus-Hütte besetzt.

Touristische Infrastruktur

Im Elbrus-Vorland finden sich 30 Erholungsheime, Herbergen und Schutzhütten, die bis zu 3000 Touristen aufnehmen können. Hinzu kommen noch die meist komfortableren Mini-Hotels und Privatunterkünfte. Touristisch ist die Region allerdings weniger gut als das Dombai-Gebiet erschlossen. In den beiden wichtigsten Touristenregionen **Tscheget** und rund um den **Asau-Lift** gibt es viele Cafés, Imbissbuden, Gasthäuser und Souvenirstände. Zwischen den Hotels und Seilbahnen verkehren Shuttle-Zubringer und Taxis. Hier ist es im Sommer und im Winter sehr belebt.

Elbrus-Bergtour

Die Besteigung (nur organisiert!) ist für einigermaßen geübte Bergsteiger kein größeres Problem. Viele unterschätzen jedoch die Höhe des Berges, die wechselhaften Wetterverhältnisse und die manchmal recht starken Winde. Die Hochlagen sind von stellenweise bis zu 200 m dicken Gletschern bedeckt.

Vom Elbrus-Gipfel aus liegt der Kaukasus zu Füßen.

► ELBRUS ERLEBEN

AUSKUNFT
s. S. 198

TOURVORBEREITUNG, SICHERHEIT

Aufenthaltserlaubnis
Die Region Elbrus liegt im Grenzbereich zu Georgien Für den Aufenthalt wird eine Erlaubnis benötigt, die von den Reiseveranstaltern besorgt wird. Zusätzlich wird noch eine geringe Nationalparkgebühr fällig.

Reiseveranstalter
Trekking Russia, s. S. 198

ÜBERNACHTEN/ESSEN

► Günstig
Hotel Balkaria
Poljana Asau
Elbrusskij rajon

Tel. (8 66 38) 7 12 57
www.balkaria.com
Nur 100 m vom Asau-Lift entfernt steht dieses moderne, 2005 eröffnete Hotel mit 19 Zimmern, Restaurant, Disco und Sauna.

AKTIVITÄTEN

Skifahren
Sechs Skigebiete erstrecken sich über eine Region von 100 km², das Gesamtnetz der Seilbahnen auf Elbrus und Tscheget ist 12 km lang. Alle Trassen sind markiert, die längste zieht sich 2,5 km zwischen den beiden Stationen Asau und Staryj Krugosor. Saison von Dezember bis April sowie in den Hochlagen auch von Juni bis August, Schnee fällt im Winter garantiert.

Bis Gara Bashi ► Die klassische Route beginnt bei der Lichtung Asau (2350 m ü. d. M.). Von hier kommt man per Seilbahn hinauf zur Station Mir (3470 m ü. d. M.) und von dort per Sessellift weiter hinauf zur höchsten Station Gara Bashi (3 850 m ü. d. M.). Hier fegen selbst im Sommer Snowboarder durch Halfpipes. Einige Container auf 4000 m Höhe bieten jeweils bis zu fünf Schlafplätze. Der Anstieg mit der Seilbahn dauert etwa eine Stunde.

Zuflucht der Elf ► Von Gara Bashi geht es zu Fuß weiter. Die auf 4160 m ü. d. M. gelegene Berghütte mit dem beziehungsreichen Namen »Prijut 11« (»Zuflucht der Elf«) ist eine der klassischen Schutzhütten für Elbrus-Besteiger. Ihr Name geht auf elf Wissenschaftler zurück, die sie 1929 anlegten. Die Herberge wurde im Zweiten Weltkrieg abwechselnd von deutschen und sowjetischen Truppen genutzt. Die »Zuflucht der Elf« brannte 1998 aus, ist aber inzwischen wiederhergestellt. In der Nähe entstand 2001 die sog. Dieselhütte, die mit ihren Bullaugen wie eine Weltraumkapsel aussieht.

Abstecher zum Pastuchow-Felsen ► Von der »Zuflucht der Elf« kann man weiter zum Pastuchow-Felsen (4460 m ü. d. M.) aufsteigen (Aufstieg ca. 3 Std., Abstieg ca. 1 Std.). Viele Veranstalter bieten diese Route zur Akklimatisierung an, bevor die Gruppe den eigentlichen Aufstieg zum Gipfel in Angriff nimmt. Die Strecke gilt als nicht allzu schwierig.

Vom Pastuchow-Felsen geht es über den Sedlowina-Sattel auf eine Höhe von 5376 m. Hier kann man sich an einer ausrangierten Biwakschachtel stärken, bevor man zum Gipfelsturm übergeht. Danach wird es richtig steil mit Neigungswinkeln von bis zu 45 Grad. Für die Strecke sollte man 8 Std. einplanen, während der Abstieg in weniger als der halben Zeit machbar ist.

◀ Elbrus-Gipfeltour

Eine der bekanntesten Schluchten des Großen Kaukasus, die Baksanskoje uschtschelje, liegt direkt zu Füßen des Elbrus. Die Wanderung führt entlang der Ortschaften Janchoteko und Laschkuty; vertikale Kalksteinwände hängen hier über dem Baksan-Fluss. Nach dem Dorf Tyrnjaus bedecken dichte Kiefernwälder die Landschaft und dunkler Quarzstein schimmert hindurch. Der Weg führt direkt ins Dorf Terskol, Ausgangspunkt für die Besteigung des Elbrus. Von der Baskan-Schlucht aus gelangt man allerdings auch zu den Schluchten Adyl-Su oder Schchelda.

✳ Baksan-Schlucht

Das Tal des Flusses Irik gilt als eines der schönsten in der Region. Es liegt zwischen den südöstlichen und östlichen Ausläufern des Elbrus eingebettet.
Die Wanderung beginnt nördlich des Dorfs Elbrus auf einer Höhe von 1770 m und führt über eine kleine Brücke in etwa einer halben Stunde zu einer Lichtung. Gut 50 m unterhalb ist eine Mineralquelle. Linkerhand des hohen Ufers des Irik erreicht man eine weitere Lichtung. Vom Dorf Elbrus bis zur Gletscherzunge Irik auf einer Höhe von 2600 m dauert die Wanderung etwa fünf Stunden. In weiteren zwei bis drei Stunden gelangt man zur Irik-Schlucht, in der man sein Zelt aufschlagen kann.

Irik-Tschat (Dolina Irik)

✳ Astrachan (Astrahan)

Dj 22

Region: Astrachanskaja oblast **Höhe:** 23 m ü. d. M.
Einwohnerzahl: 490 000 **Kyrillisch:** Астрахань

Das am Südostrand Europas gelegene Astrachan gilt als Mikrokosmos der Nationen: Neben der orthodoxen Kirche ruft der Muezzin zum Gebet, mehr als ein Dutzend Religionen und über 100 verschiedene Volksgruppen verleihen der Stadt vor allem auf den Märkten ein exotisches Flair. Und der Kaviar hat Astrachan zu Weltruhm verholfen.

Astrachan, am Rande der Steppe im Wolgadelta gelegen, erstreckt sich über vier Hügel und elf Inseln. Entsprechend prägen mehr als 30 Brücken das Zentrum, weshalb die Einwohner ihre Stadt gerne das »russische Venedig« oder das »Venedig an der Wolga« nennen. Die wichtigsten Wirtschaftszweige der Stadt sind heute die Lebens-

Venedig an der Wolga

ASTRACHAN ERLEBEN

AUSKUNFT

www.astrgorod.ru
(nur Russisch)

ESSEN

▶ **Erschwinglich**

① *Akweduk*
ul. Swerdlowa 24
Tel. (85 12) 22 07 64
Eines der besten Lokale der Stadt.
Traditionelle russische Küche genießt
man in mittelalterlichem Ambiente.

② *Kapitan Klub*
Ecke ul. Poljakowa/Kujbyschewa
Tel. (85 12) 54 60 67
Kapitän »Seebär« lädt zum Fischessen
ein! Zander und Lachs gehören zu den
Spezialitäten des Hauses. Wer keinen
Fisch mag: Auch internationale
Gerichte werden serviert.

ÜBERNACHTEN

▶ **Komfortabel**

① *Azimut*
ul. Kremljowskaja 4
414000 Astrachan
Tel. (85 12) 22 95 00
www.azimuthotels.ru
213 Z. Frisch renoviertes Touristenhotel am Flusshafen mit
hübschem Blick auf die Wolga und
den Kreml. Frühstücksbüfett, gemütliches Café, durchgehend geöffnete
Bar.

② *Korwet*
ul. Bojewaja 50a
414000 Astrachan
Tel. (495) 6 60 90 90
www.besteastern.com
14 Z. Modernisierter gemütlicher
Hotelbetrieb in altem Gemäuer. Gute
russische Küche.

③ *Victoria Palace*
Krasnaja nabereschnaja 3
414000 Astrachan
Tel. (495) 3 63 25 49
www.besteastern.com
56 Z. Komfortables Business-Hotel
mit Lobby-Bar, Nachtklub und Konferenzsaal.

AUSFLÜGE INS WOLGADELTA

Reisebüro Tintour
ul. Burogo 14
414000 Astrachan
Tel. (85 12) 39 56 65, www.tintour.ru
Organisation von Ausflügen ins Wolgadelta, besonders zur Blütezeit von
Seerose und Lotos.

NACHTLEBEN

① *6th Element, Saterjannyj mir*
ul. Wolodarskogo 13
tgl. 22.00–6.00 Uhr
Zwei Discos in einem Haus, in denen
angesagte DJs sowohl House und
Techno als auch eher Herkömmliches
auflegen.

mittelindustrie inklusive Fischverarbeitung sowie die Ölindustrie
und der Schiffbau. Im Umland spielt der Bewässerungsfeldbau (bes.
Melonen) eine große Rolle.

Geschichte Unweit des heutigen Astrachan vermutet man **Itil**, die Hauptstadt
des versunkenen Chasarenreiches im 9. Jahrhundert. Die offizielle
Stadtgründung wird mit der Besiedelung durch die Mongolen im

Astrachan Orientierung

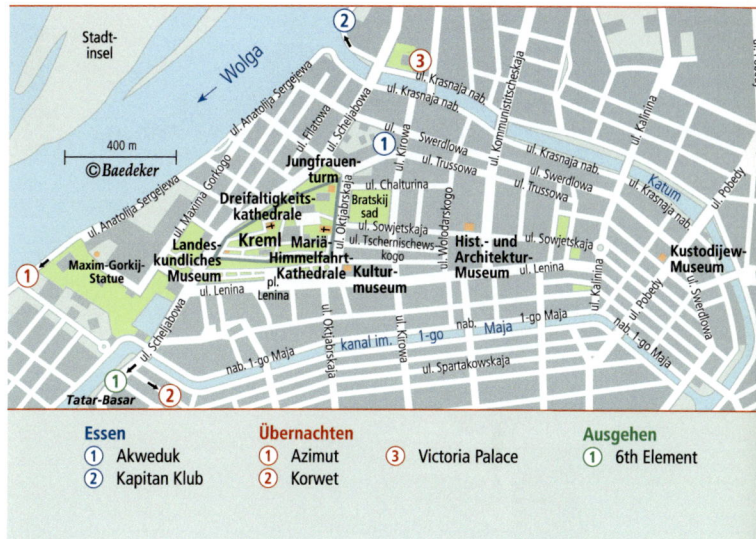

Essen
1 Akweduk
2 Kapitan Klub

Übernachten
1 Azimut
2 Korwet
3 Victoria Palace

Ausgehen
1 6th Element

Jahr 1242 angesetzt, als Khan Batu, Enkel des legendären Dschingis Khan, das nach ihm benannte **Saraj Batu** errichten ließ. Die Stadt lag am Beginn zweier wichtiger Handelsrouten: der Wolga und einem nördlichen Ast der Seidenstraße. Nach dem Zerfall der Goldenen Horde entwickelte sich das Astrachaner Khanat, das Tamerlan 1395 weitgehend zerstörte. 1556 fiel die Stadt an das Russische Reich, das nun Zugang zum Kaspischen Meer hatte. Dadurch konnte der Handel mit Zentral- und Ostasien weiter angekurbelt werden.

Zar Peter der Große gründete hier 1722 die Kaspische Flotte. Neben dem Handel spielte jetzt auch der Schiffbau eine große Rolle. Im Russischen Bürgerkrieg (1918–1920) hatte Astrachan sehr zu leiden. Im Zweiten Weltkrieg gelang es der deutschen Wehrmacht nicht, die Stadt einzunehmen, obwohl sie 1942 schon nahe herangerückt war.

Sehenswertes in Astrachan

Eine Statue des Schriftstellers Maxim Gorkij grüßt nahe am Flusshafen. Die Uferpromenade lädt zu einem beschaulichen Spaziergang ein. Besonders malerisch ist die Szenerie im Herbst, wenn sich das Laub entlang der Promenade und auf der Stadtinsel (Gorodskoj ostrow) leuchtend-bunt verfärbt. Vom Flusshafen führt ein im Sommer üppig blühender Park in die Altstadt hinauf. Die massive, silberfarbene Lenin-Statue bietet eine gute Orientierung. Vom ploschtschad Lenina sind es nur noch wenige Schritte bis zum Kreml.

Flusshafen, Uferpromenade

Kreml-Turm und Mariä-Himmelfahrts-Kathedrale dominieren das Wolgaufer in Astrachan.

★ ★
Kreml

Ganz in Weiß erstrahlt der mit großem Aufwand sanierte Kreml auf einer kleinen Anhöhe in der Altstadt. Er wurde von 1558 an nach der Eroberung der Stadt durch das Russische Reich zunächst aus Holzund im ausgehenden 16. Jh. schließlich aus Stein erbaut. Die mächtigen Mauern mit Schießscharten werden von sieben Wehr- und Tortürmen bewacht: Das **Pretschistenskij-Tor** mit seinem 1912 fertig gestellten 80 m hohen Glockenturm führt vom Belyj Gorod in den Kreml, von der Wolga aus gelangt man durch das **Krasnyj-Tor** (Schönes Tor) und das **Nikoljskij-Tor** in die Anlage.

★ ★
Mariä-Himmel-
fahrts-Kathedrale ▶

Höchst imposant zeigt sich die Mariä-Himmelfahrts-Kathedrale (Uspenskij sobor). Das 64 m hohe Gotteshaus mit seinen fünf Kuppeln ist von 1698 bis 1710 auf quadratischem Grundriss erbaut worden und zeichnet sich durch seine mit Ornamenten reich geschmückte Fassade aus. Eine offene Bogengalerie umfasst den gesamten Sakralbau. Im Inneren bilden die Wandmalereien mit den kräftig-roten Umrahmungen einen satten Kontrast zum hellblauen Untergrund. Neben der Kathedrale steht das ehemalige **Haus des Erzpriesters** (Archierejskij dom; 16. Jh.) als ältestes Bauwerk des Kreml.

Dreifaltigkeits-
kathedrale ▶

Die um 1700 errichtete, weiß strahlende Dreifaltigkeitskathedrale (Troizkij sobor) besitzt ebenfalls fünf Kuppeln, die auf sehr schlanken, ornamental verzierten Trommeln sitzen.

Im Artillerie-Turm (Artilerijskaja baschnja; auch »Schöner Turm«) dokumentieren Skizzen und Fotografien die Geschichte der Wehranlage. Kaum ein Brautpaar in der Stadt, das sich hier nicht ablichten lässt, vor allem an Wochenenden (ul. Tretjakowskogo 2; Öffnungszeiten: Di. – So. 10.00 – 17.00 Uhr).

◀ Artillerie-Turm

🕐

Westlich an die Kremlmauern schließt sich ein kleiner Park mit einem Ehrenmal für die Gefallenen (bratskaja mogila) des Russischen Bürgerkriegs und des Großen Vaterländischen Krieges an. Alljährlich am Tag des Sieges (9. Mai) erinnern sich hier ordenbehangene Veteranen an das Ende des Zweiten Weltkriegs.

◀ Gefallenenehrenmal

Gleich nebenan ist das Kriegsmuseum (Musej bojewoj slawy) in einem historischen Gebäude von 1906 untergebracht (ul. Chalturina 7; Öffnungszeiten: tgl. außer Do. 10.00 – 17.00 Uhr).

◀ Kriegsmuseum

Vom Kreml sind es wenige Schritte bis zu einem typisch südrussischen Wohnhaus (18. Jh.) mit Holzveranda und weinumranktem Hof. Hier ist ein Museum eingerichtet, das sich mit der kulturellen Vergangenheit der Stadt befasst und Künstler aus der Region vorstellt (Musej kultury Astrachani, ul. Tschernyschewskogo).

Kulturmuseum
🕐
Öffnungszeiten:
Di. – Sa.
10.00 – 18.00

Vom Kreml strahlt die Hauptverkehrsader der Stadt nach Osten aus. Im Haus Nr. 5 lebte zunächst der Gouverneur, später, während des Bürgerkriegs, zog hier das Revolutionskomitee ein. Im Haus Nr. 28 befindet sich das renommierte Kirow-Dramentheater.

ul. Sowjetskaja

Um Heimatgeschichte im weitesten Sinne geht es im »Gosudarstwennyj objedinjonnyj istoriko-architekturnyj musej-sapowednik i krajewedtscheskij musej«. Münzen, Porzellan und Glas, Gold und Silber der **Skythen** aus dem 1. Jt. v. Chr. sind hier zu sehen. Ein Publikumsmagnet ist das Skelett eines über 3 m hohen Mammuts (ul. Sowjetskaja 15; Öffnungszeiten: tgl. außer Fr. 10.00 – 17.00 Uhr).

◀ Historisches und Architektur-Museum

🕐

Der bunte Basar am Ufer des Katum-Kanals, der die Altstadt umfließt, bietet eine üppige Auswahl an Obst, Gemüse und frischen Fischen. Hier spürt man **das multi-ethnische Flair der Stadt**. Viele Händler aus dem Kaukasus und Zentralasien prägen das Bild und verkaufen duftendes Fladenbrot, selbstgemachtes Halva, Baklava-Honiggebäck, getrocknete Aprikosen und große Wassermelonen (pl. Swobody, am Kanal im. 1-go Maja).

★
Tatar-Basar

Der in Astrachan geborene Landschafts- und Theatermaler **Boris Kustodijew** (1878 – 1927) war ein Schüler des berühmten Ilja Repin. Die Ausstellung zeigt eine stattliche Sammlung seiner üppig leuchtenden Gemälde und einige Grafiken. Ferner werden in der Galerie Kunstwerke aus dem 18. und 19. Jahrhundert präsentiert, darunter Arbeiten von Lewitan, Nesterow und anderen russischen Malern sowie die Avantgarde-Kollektion aus dem frühen 20. Jahrhundert (Gosudarstwennaja kartinnaja galereja imeni B. M. Kustodijewa, ul. Swerdlowa 81).

★
Kustodijew-Kunstmuseum
🕐
Öffnungszeiten:
Di. – So.
10.00 – 18.00

Stilecht: Kaviar auf Blini

FRISCH AUS DEM DELTA

Über 70 Fischarten leben im Delta der Wolga. Das sind wunderbare Voraussetzungen für gute Fischgerichte – und natürlich für den berühmten russischen Kaviar.

Wobla (**getrockneter Salzfisch**) aus Astrachan, für den meist Kaspischer Rochen verarbeitet wird, gilt als einer der besten im Land. Auf den Märkten Astrachans wird eine bemerkenswerte Auswahl geboten; den besten Trockenfisch gibt es auf den »Selenskije Sady« zu kaufen. Bier oder Wodka sind ein Muss zu dieser Spezialität, die für westeuropäische Gaumen zunächst gewöhnungsbedürftig sein mag. Als Kaiser unter Astrachans Fischen gilt der **Stör**: Fünf Arten des Knorpelfisches kommen hier vor. Größter ist der Hausen, russisch Beluga, von dem einige Exemplare mehr als 1000 kg (!) auf die Waage gebracht haben sollen. Die kleinste Störart ist der Sterlet mit seiner schnabelartigen Spitzschnauze, der gerne in Edelrestaurants serviert wird.

Sewruga, Osetrowa oder Beluga?

Der weibliche Stör ist zugleich Lieferant von **Kaviar** – gesalzenem, rohem Fischrogen. Die Tiere werden in Zuchtanlagen rund um Astrachan gehalten und sind ein bedeutender Wirtschaftsfaktor für die Region. Zunehmend geht man allerdings dazu über, die Fische nicht zu töten, sondern den Rogen aus ihnen herauszupressen. Der beste stammt vom sog. Sternhausen, Stör oder Hausen; »Pajusnaja« gilt als minderwertig. Sterlet liefert selten Rogen. Am feinkörnigsten ist der grünlich-schwarz schimmernde Sewruga, ein wenig größer Osetrowa-Kaviar, während der grauschwarze Beluga als der gröbste und zugleich edelste gilt. Fischwilderei, Staudammbau und Düngemittel im Wolgadelta gefährden allerdings die Laichplätze – die russische Kaviarproduktion kriselt.

✷ ✷ Wolgadelta

Einzigartige amphibische Landschaft

Europas längster und wasserreichster Strom verästelt sich in der Umgebung von Astrachan in mehrere Hundert Flussarme und Kanäle, um sich schließlich 28 m unter Normalnull ins Kaspische Meer zu ergießen. Die einzigartige Wasserlandschaft erstreckt sich über eine Länge von 120 km und eine Breite von 200 km. Noch verbindet das pfeilschnelle Tragflächenboot »Raketa« Astrachan mit den Dörfern im Wolgadelta. Doch schon jetzt ist die Schifffahrt gefährdet, denn der Wasserspiegel im Kaspischen Meer ist in den vergangenen Jahren um zwei Meter gesunken. Umweltschützer schlagen Alarm: Die Flusshäfen einiger Dörfer liegen heute schon auf dem Trockenen.

Pflanzen- und Tierwelt

Dank des Artenreichtums der Pflanzen- und Tierwelt hat die UNESCO das Biosphären-Reservat, das einen Teil des Wolgadeltas einnimmt, 1985 zum Weltnaturerbe erklärt. Während der Zugzeiten rasten Millionen von Vögeln auf den Schilfinseln und in den Auenwäldern. Zu den häufigsten Spezies gehören Höckerschwan, Graugans, Kolben- sowie Stockenten. Alljährlich brüten auch 30 000 Kormorane, auch Seeadler und Pelikane werden vom reichen Fischbestand angelockt. Eine Beobachtungswarte für Vögel gibt es in der Nähe des Dorfes Damtschik. Die Auenwälder müssen im Frühjahr massiven Überflutungen standhalten: Robuste Silberweiden sind am häufigsten anzutreffen, dazu Silberpappel, Schwarzpappel und vereinzelt Eschen.

Halbwüsten und Trockensteppen

Größer könnte der Kontrast kaum sein: Während das Wolgadelta einer grünen Oase gleicht, erstrecken sich beiderseits davon Halbwüsten und Trockensteppen mit Wanderdünen. Hier lebt noch – in der Kalmückensteppe westlich von Astrachan in einigen Reservaten – die **Saiga-Antilope**, die sich von den Steppengräsern und Wermutsträuchern ernährt. Die Landschaft eignet sich fast nur zur Zucht von Schafen, Rindern, Kamelen und Pferden. Ackerbau ist aufgrund der Trockenheit kaum lohnend, stellenweise unkontrollierte Anbauversuche in der Vergangenheit führten zur Entstehung weitläufiger Dünenlandschaften. Riesige Salzvorkommen bergen die 700 Seen und 1300 Sumpfgebiete, deren Salzgehalt bei mindestens vier Gramm pro Liter liegt. Im Sommer trocknen viele dieser oft sehr flachen Seen aus, dann erinnern nur noch weiße Ränder an die ursprüngliche Größe der Gewässer. Viele Vorkommen werden gewerblich genutzt, so dass **fast 80 % der Salzproduktion in Russland** auf diese Region entfällt.

! **Baedeker** TIPP

Wassermelonen probieren

Die Gegend um Astrachan ist für ihre saftigen Wassermelonen berühmt. An fast jeder Ecke türmen sich riesige Berge auf den Gehsteigen. Die Händler schlagen bis zum Herbst ihr Nachtquartier daneben auf, meist im Auto. In der Kleinstadt Kamysjak, 35 km südlich von Astrachan, befindet sich sogar ein Forschungszentrum für den Melonenanbau.

Baltijsk · Pillau

Ce 18

Region: Kaliningradskaja oblast
Einwohnerzahl: 34 000

Höhe: 0 – 35 m ü. d. M.
Kyrillisch: Балтийск

Am Kontrollposten kommt keiner vorbei: Die am Ausgang des Frischen Haffs in die Ostsee gelegene westlichste Stadt Russlands ist immer noch militärisches Sperrgebiet, da hier die Baltische Flotte ihren Stützpunkt hat. Der Passierschein für Touristen könnte jedoch schon bald abgeschafft werden, denn der Hafen wird zum »Tor nach Europa« ausgebaut.

Urkundlich tauchte »Pilen« (preußisch: Festung) 1430 erstmals auf. **Geschichte**
Die Siedlung wurde zur Hafenstadt ausgebaut, nachdem schwere Sturmfluten in den Jahren 1479 und 1510 den Ausgang des Frischen Haffs erweitert und der vorgelagerten Frischen Nehrung stark zugesetzt hatten. 1626 landete Schwedenkönig Gustav Adolf mit seiner Flotte in Pillau und begann mit dem Bau einer Festung. Nach dem Abzug der Schweden ließ Friedrich Wilhelm I. von Brandenburg

▶ BALTIJSK / PILLAU ERLEBEN

AUSKUNFT

Reisebüro Solotaja orchideja
ul. Lenina 32
238520 Baltijsk
Tel. (909) 7 75 56 89 (deutsch)
www.enet.ru/~goldorch
Organisiert Passierscheine für Baltijsk
und die Frische Nehrung und betreibt
ein kleines Gästehaus.

ÜBERNACHTEN / ESSEN

▶ **Günstig**
Solotoj Jakor
Morskoj Bulvar 6, 238520 Baltijsk
Tel. (4 01 45) 2 00 58
33 Zimmer. Erstes Haus am Platz ist
das in einem historischen Gebäude
eingerichtete Hotel »Goldener
Anker«, das innen jedoch ein wenig
bescheiden anmutet. Das Restaurant
im Haus hat den beziehungsreichen
Namen »Na kraju Rossiji« (dt. = »Am
Rande Russlands«).

*Rund um Baltijsk wird an der Samlandküste
Bernstein gewonnen – ein schönes Souvenir.*

(der »Große Kurfürst«) den Ort zum Militär- und Handelsstützpunkt ausbauen. 1725 erhielt Pillau, nunmehr preußisch, das Stadtrecht und entwickelte sich zum umtriebigen **Vorhafen von Königsberg**. Ab den 1840er-Jahren erlebte Pillau einen beachtlichen Aufschwung. Der Hafen wurde beträchtlich erweitert, eine große Kaserne entstand und auch eine erste Badeanstalt. 1865 wurde die neue Eisenbahnverbindung mit Königsberg eröffnet.

Im Zweiten Weltkrieg spielte Pillau als **deutscher Marinestützpunkt** eine wichtige Rolle. Gegen Ende des Krieges verließen weit über 600 000 Flüchtlinge aus Ostpreußen ihre Heimat über den Hafen Pillau. Am 25. April 1945 nahm die Rote Armee Pillau als letzte Stadt in Ostpreußen ein. Die bislang noch verbliebene deutsche Bevölkerung wurde bald darauf vertrieben. 1946 wurde Pillau in Baltijsk umbenannt und zum wichtigsten Hafen der sowjetischen Baltischen Flotte ausgebaut. Außerdem siedelte man Neubürger aus Weißrussland und dem Wolgagebiet an. Bis zur Auflösung der UdSSR im Dezember 1991 war Baltijsk militärisches Sperrgebiet, nicht nur für Ausländer, sondern auch für die eigenen Landsleute.

Sehenswertes in Baltijsk

Das Wasser prägt die Altstadt, die Ostsee, Kanal, Vor- und Binnenhafen an drei Seiten umspülen. Ein guter Orientierungspunkt ist der rot-weiße Leuchtturm auf dem Morskoj bulwar unweit des zentralen Platzes ploschtschad Baltijskoj Slawy.

Das Zarendenkmal entstand für Baltijsk, der Leuchtturm für Pillau.

Hafen Der Hafen(Port) ist das Herz der Stadt. Kriegsschiffe aller Klassen flößen Respekt ein. Durch den Seekanal laufen Hochseeschiffe in den

Kaliningrader Vorhafen oder in den Binnenhafen von Baltijsk ein, der sich nordöstlich der Altstadt erstreckt. Jüngste Attraktion ist das 2006 fertiggestellte Fährterminal Wostotschnyj (Ost), wo auch Fähren aus Sassnitz / Rügen anlegen.

Ein Leuchtturm wie aus dem Bilderbuch: Rot und weiß, frisch renoviert, bringt er alle Schiffe, die Kaliningrad (Königsberg) über den Seekanal ansteuern, auf den richtigen Kurs. Der 32 m hohe Turm wurde 1813 nach Plänen von Karl Friedrich Schinkel auf der Landzunge zwischen Vor- und Binnenhafen (heute: Morskoj bulwar) erbaut und verrichtet bis heute seinen Dienst. Wer die 116 Stufen nach oben steigt, wird mit einem grandiosen Ausblick belohnt.

★
◄ Leuchtturm
(Majak)

Das 5,50 m hohe Denkmal zu Ehren von Zar Peter dem Großen (Pamjatnik Petru Pjerwomu) am Morskoj bulwar nahe beim Leuchtturm ist 1998 enthüllt worden. Der Zar war Gast des Preußenkönigs Friedrich Wilhelm I. im Pillauer Zeughaus.

◄ Denkmal für
Zar Peter
den Großen

Dieses Museum (Musej Baltijskogo flota) westlich des Leuchtturms im 1903 erbauten ehemaligen Amtsgericht von Pillau erläutert ausführlich Geschichte und Bedeutung der sowjetischen bzw. heute russischen Baltischen Flotte (ul. Admirala Golowko 1; Öffnungszeiten: Mi.–Sa. 9.30–12.00 u. 14.00–17.00 Uhr).

**Museum der
Baltischen Flotte**

⏱

Die »Reformistskaja kircha« – ohne Turm – diente in sowjetischer Zeit als Warenlager und später als Kino. Heute gehört der ziegelrote Sakralbau in der Nähe des Bahnhofs der russisch-orthodoxen Kirche, die sie dem Hl. Georg weihte. Zugleich dient das neugotische Bauwerk von 1866 als Kathedrale der Baltischen Flotte (ul. Flotskaja 7).

**Reformierte
Kirche**

Die mächtige, zwischen 1626 und 1632 errichtete sternförmige »Zitadela kreposti« am Seekanal bzw. an der ul. Krasnoj Armii wird bis heute militärisch genutzt und ist daher gesperrt. Die fünf Bastionen trugen blaublütige Namen: Albrecht, Preußen, König, Königin und Kronprinz. Es gibt Pläne, die Wehranlage künftig als Freilichtmuseum herzurichten. Schon heute werden aber gelegentlich Führungen angeboten, die das Museum der Baltischen Flotte (s.o.) organisiert.

Zitadelle

? WUSSTEN SIE SCHON …?

■ … dass das Denkmal zu Ehren von Zarin Elisabeth eine der ganz wenigen Skulpturen in Europa ist, die eine Frau hoch zu Ross zeigen?

Die Nordermole (Sjewernyj Mol) zieht sich über 2 km entlang des Seekanals, der von der Ostsee bis nach Kaliningrad führt. Vom Molenkopf aus wirken der Leuchtturm und der Lotsenturm an der Hafeneinfahrt besonders malerisch.

Nordermole

Das 6,30 m hohe, von Georgij Franguljan geschaffene Reiterdenkmal zu Ehren von Zarin Elisabeth (1709–1762) erinnert seit seiner Aufstellung 2003 an den Siebenjährigen Krieg (1756–1763), als sich Pillau in russischer Hand befand. Die Einwohner von Baltijsk nennen

★
◄ Denkmal für
Zarin Elisabeth

das Denkmal bereits »Freiheitsstatue«, da es analog zu seiner amerikanischen Schwester in New York in den Hafen einlaufende Schiffe empfängt.

Internationale Kriegsgräberstätte

In den Dünen an der Nordermole wurde im Jahr 2000 eine Kriegsgräberstätte für mehrere Tausend im Zweiten Weltkrieg im Raum Königsberg-Pillau ums Leben gekommene Zivilisten und Soldaten eingeweiht. Unter ihnen befinden sich auch die sterblichen Überreste von 204 Passagieren des Flüchtlingsschiffs **»Wilhelm Gustloff«**, das am 30. Januar 1945 vor der Küste Pommerns von einem sowjetischen U-Boot versenkt worden war. Der Friedhof in den Dünen war bereits Anfang 1945 für zivile Kriegstote und für die auf Verwundetentransporten verstorbenen deutschen Soldaten angelegt worden.

Umgebung von Baltijsk

★
**Frische Nehrung
Baltijskaja kosa
Балтийская
коса**
Kosa ▶

Die schmale und sandige Landzunge trennt das Frische Haff von der Ostsee. Während der polnische Teil der Nehrung von Badegästen, Bernsteinsuchern und sonstigen Touristen besucht werden kann, ist der russische Teil (800 Bewohner) immer noch militärisches Sperrgebiet. Nur die ersten beiden Kilometer dürfen – mit Passierschein – betreten werden. Dort liegt die kleine Siedlung Kosa (Neutief). Per Fähre gelangt man über den hier nur 200 m breiten Seekanal. Bei Kosa gibt es noch einige Festungsreste aus der Zeit des Schwedenkönigs Gustav Adolf (1594 – 1632).

**Pawlowo/
Lochstädt
Павлово**

Von der einstigen **Burg Lochstädt**, die in der Nähe des Kontrollpostens bei der Einfahrt nach Baltijsk stand, zeugen heute nur noch Mauerreste. Zum Zeitpunkt ihrer Erbauung (1270) war sie eine der bedeutendsten Festungsanlagen des Deutschen Ordens. Preußenkönig Friedrich I. ließ große Teile abtragen, um die Zitadelle von Pillau zu erweitern. 1944 waren hier Kunstschätze, Archive und Bibliotheken eingelagert, darunter auch Bernsteinarbeiten aus dem Königsberger Prussia-Museum; entsprechend vermuteten Archäologen hier Teile des legendären Bernsteinzimmers – ohne Erfolg.

**Jantarnyi/
Palmnicken
Янтарный**

Der als »Gold der Ostsee« gerühmte Bernstein (russ. »Jantar«) prägt Wirtschaft und Alltag im früheren Jantarnyi (Palmnicken) an der Küste des Samlands knapp 30 km nördlich von Baltijsk – schließlich werden hier **über 90 Prozent der Weltfördermenge an Bernstein** im Tagebau gewonnen. Der Ort geht auf den vom Deutschen Orden seit 1234 verwalteten Gutshof Palmnicken zurück.

Massaker
von Palmnicken ▶

Zum Ende des Zweiten Weltkriegs kam es hier zu einem der letzten grausamen Massaker: Die ostpreußischen Außenstellen des Konzentrationslagers Stutthof wurden im Januar 1945 aufgelöst und die Insassen von Königsberg nach Palmnicken getrieben, was nur 3000 von 7000 Häftlingen überlebten. Diese wollte die SS in das Bernsteinbergwerk Anna einmauern, was der Werkdirektor verhinderte. Die

Vor der Bearbeitung wird der Bernstein von Jantaruyi sortiert.

SS trieb die Gefangenen daraufhin unter Gewehrfeuer in die eisige Ostsee – nur 21 Menschen überlebten das Massaker (Gedenkstein bei der Grube). Zwischen 1947 und 1953 betrieben die Sowjets im nunmehrigen Jantarnyj ein Internierungslager, dessen bis zu 2700 Insassen bei der Bernsteinförderung eingesetzt wurden.

Im Laden an der Hauptstraße ul. Sowjetskaja. Nr. 76 kann man wunderschönen Bernsteinschmuck zu annehmbaren Preisen kaufen. Die frühere evangelische Feldsteinkirche, 1892 für die Grubenarbeiter errichtet, ist seit 1990 russisch-orthodox (ul. Sowjetskaja 46). ◄ Hauptstraße

Der Tagebau von Jantarnyj gilt als einziger weltweit, der das fossile Harz fördert (jährlich bis zu 600 t), wäscht, schneidet, schleift und zu Schmuckstücken verarbeitet. Die Grube, in der maritimer Rohbernstein mit Baggern geschürft wird, wird streng bewacht. Die Einheimischen fischen den Bernstein in der Nähe von Abwasserrohren, was eigentlich nicht gestattet ist. **Exkursionen** für Gruppen oder Individualreisende (auch deutschsprachig möglich) ab ►Kaliningrad vermittelt das Reisebüro Baltma, Prospekt Mira 94, 236000 Kaliningrad, www.baltma.ru, Tel. (04012) 93 19 31, (2 Std. An- und Abreise, 2 Std. Aufenthalt in Jantarnyj). Auskunft erteilt auch die Fremdenverkehrszentrale in ►Kaliningrad.

★ ◄ Bernstein- Tagebau (Karjer jantarja)

Der Zweite Weltkrieg hat allein im Gebiet Kaliningrad mehr als 55 000 deutsche Kriegsopfer gefordert. Der größte Soldatenfriedhof des Volksbunds Deutsche Kriegsgräberfürsorge befindet sich bei Russkoje

Russkoje/ Germau Русскойе

(Germau), 6 km südöstlich von Jantarnyj. Nach und nach sollen die Kriegstoten der Region hierher umgebettet werden. Einige Mauerreste direkt neben dem Gräberfeld sind das einzige Überbleibsel einer lutherischen Ordenskirche von 1270. Gegenüber dem deutschen Soldatenfriedhof steht eine Gedenkstätte für die russischen Kriegstoten.

✳ Swetlogorsk / Rauschen (Светлогорск)

Das alte Seebad auf dem Nordwestzipfel der Samlandküste (13 000 Einw.) 34 km nördlich von Baltijsk hat sich Fachwerk und historische Gebäude aus preußischen Zeiten bewahren können. Rauschen wurde bereits 1258 urkundlich erwähnt. Ab 1810 setzte der **Bädertourismus** ein, zehn Jahre später erhielt die Siedlung den offiziellen Status eines Kurortes. Wie das Seebad Cranz, heute Selenogradsk (▶ S. 342), wuchs auch Rauschen zu einem beliebten Kurort mit mondänen Villen, Badehäusern und einer Promenade heran und hatte das Glück, im Zweiten Weltkrieg verhältnismäßig wenig beschädigt zu werden. In den letzten Jahren entstanden zahlreiche Restaurants, Hotels, Souvenirgeschäfte, so dass an heißen Tagen heute Massen von Kurzurlaubern in den in Swetlogorsk (Svetlogorsk) umbenannten Ort strömen. Die Drahtseilbahn mit ihren bunten Gondeln (Start in Bahnhofsnähe) bringt die Besucher von der höher gelegenen Altstadt hinunter zum Meer. Den Stillen See im Zentrum erreicht man vom Bahnhof Swetlogorsk-II auf der ul. Karla Marksa.

> ! **Baedeker** TIPP
>
> **Echten Bernstein...**
> ... erkennt man, wenn man ihn mit einem Wolltuch reibt und er sich dabei elektrostatisch auflädt – er zieht dann z. B. leichte Papierschnipsel an. Vor dem Kauf daran denken!

✳ **Strand-promenade**
Die etwa 1,5 km lange Promenade (Morskoj promenad) ist vor allem an den Wochenenden, wenn sich die Kaliningrader auf dem Weg nach Swetlogorsk machen, übervölkert. Zu den Hauptattraktionen gehört eine riesige Sonnenuhr mit Sternzeichenmosaiken. Auf der Promenade steht das Nymphendenkmal von Hermann Brachert (1890–1972), dem bekanntesten ostpreußischen Bildhauer.

✳ **Wasserturm**
Der 25 m hohe, von dichtem Efeu umrankte Turm des Jugendstil-Thermalbads gilt als **Visitenkarte der Stadt**. Zum Ensemble gehört auch das Schlammbad in einem runden Pavillon, dessen mandelförmige Fenster an Augen erinnern (ul. Oktjabrskaja 1).

Brachert-Wohnungs-museum ⏱
Der von den Nazis mit Berufsverbot belegte Bildhauer Hermann Brachert (1890–1972) lebte von 1933 bis 1945 in Georgenswalde, heute Otradnoje, 2 km westlich von Swetlogorsk (Dom-musej Bracherta, ul. Tokarjewa 7, Odradnoje; Öffnungszeiten: tgl. außer Mo. 11.00 bis 17.00 Uhr).

SWETLOGORSK ERLEBEN

AUSKUNFT

www.svetlogorsk-admin.ru
http://svetlogorsk.nm.ru
(nur Russisch)

ESSEN

► **Erschwinglich**

Seestern
ul. Morskaja 11, Tel. (4 01 53) 3 33 83
Die besten Königsberger Klopse der
Stadt werden in diesem russland-
deutschen Restaurant direkt an der
Promenade serviert!

ÜBERNACHTEN

► **Luxus**

Grand Palace
Beregowoj pereulok 2
238560 Swetlogorsk
Tel. (495) 3 63 25 49
www.besteastern.com
Klassisches Haus (32 Z.) in wunderschöner Strandlage; wurde 2005 im
historischen Grand-Hotel-Stil errichtet.

Rus
ul. Wereschtschagina 10
238560 Swetlogorsk
Tel. (495) 3 63 25 49
www.besteastern.com
Im »Rus« (40 Z.) steigt Russlands

Prominenz ab: mitten im Wald und
nur 200 m vom Meer entfernt.
Abends rollt die Kugel im Casino, die
Nachmittage verbringt man im Win-
tergarten oder Wellnesszentrum.

► **Günstig**

Staryj Doktor
ul. Gagarina 12, 238560 Swetlogorsk
Tel. (4 01 53) 2 13 62
www.alter-doctor.ru
Im »Alten Doktor« (24 Z.) im ehemaligen Lerchenpark herrscht rustikal-
gemütliche Atmosphäre, bis zur Ostsee
sind es nur 500 Meter. Das stilvolle Café
Mozart gilt fast noch als Geheimtipp!

BADEN

Der Strand ist nicht ganz so feinsan-
dig wie in Selenogradsk. Am Nachmittag verschwindet die Sonne recht
zeitig hinter der Steilküste!

BERNSTEIN

In Swetlogorsk wird überall Bernstein
verkauft, vor allem an der Strandpromenade und auf dem Weg in die
Innenstadt. Das Angebot ist wirklich
bemerkenswert, die Preise günstig für
westliche Touristen – wenn zuvor
gefeilscht wird!

Belgorod

Dd 20

Region: Belgorodskaja oblast	**Höhe:** 175 m ü. d. M.
Einwohnerzahl: 350 000	**Kyrillisch:** Белгород

**Die rund 700 km südlich von ►Moskau nahe der Grenze zur Ukraine
gelegene »Weiße Stadt« verdankt ihren Namen den hell leuchtenden Kreidekalkfelsen in ihrer Umgebung. Parkartige Wälder und
ein Stausee, an dessen Gestaden hübsche Villen stehen, machen
die Stadt am Oberlauf des Nördlichen Donez zum beliebten Etap-
penziel auf dem Weg in die nahe Ukraine.**

Einst ukrainisch Die Stadt im Südwesten Russlands hat heute Bedeutung als Verwaltungszentrum und Hochschulstandort. Die **fruchtbaren Schwarzerdeböden** bringen reiche Kartoffel-, Getreide- und Apfelernten hervor. Die Zementindustrie findet ihren Rohstoff in den Kreidekalkformationen der Umgebung.

Die Region war bereits im 10. Jh. besiedelt, doch urkundlich erwähnt wird Belgorod erst 1237. Eine Wallanlage bot damals Schutz vor den Mongoleneinfällen. Offiziell wird 1596 als Gründungsjahr angesetzt, als Zar Fjodor den Auftrag gab, eine Festung gegen die Krim-Tataren zu bauen. Der Bau der Bahnlinie von Kursk ins ukrainische Charkow in der zweiten Hälfte des 19. Jh.s brachte einen Entwicklungsschub. Nach der Oktoberrevolution wurde Belgorod der ukrainischen Sowjetrepublik zugeschlagen, ehe es 1954 im Austausch mit der Krim wieder zu Russland kam. Im Oktober 1941 von der deutschen Wehrmacht besetzt, befreite die Rote Armee Belgorod im August 1943. Bei den Kämpfen wurde die Stadt fast völlig zerstört.

BELGOROD ERLEBEN

AUSKUNFT
www.beladm.ru, www.belcity.ru
(nur Russisch)

ESSEN

▶ **Fein & teuer**
Schischka
Stadtteil Sosnowka
ul. Boltschanskaja 292 b
Tel. (47 22) 50 05 55
Romantisch am Waldrand gelegenes Lokal mit anerkannt guter russischer und internationaler Küche.

▶ **Preiswert**
Petschki-Lawotschki
prospekt Slawy 44 a
Tel. (47 22) 33 84 20
Leckere Blini, hausgemachte Kohlsuppe nach Bojaren-Art, Borschtsch und eingesalzenes Gemüse wird in rustikal-gemütlicher Atmosphäre serviert.

ÜBERNACHTEN

▶ **Komfortabel**
Belgorod
Sobornaja ploschtschad 1
308000 Belgorod
Tel. (47 22) 32 14 46
www.belotel.ru
Elegantes Hotel im klassischen Stil; Restaurant mit umfangreicher Weinkarte.

Belogorje
ul. Pestschanaja 1 a
308000 Belgorod
Tel. (47 22) 21 53 01
www.hotel-belogorie.ru
30 Z. Erholung pur: modernes kleines Hotel in ruhiger Lage am Stausee mit Wellness-Zentrum, gepflegtem Restaurant und Terrasse.

FEST

Stadtfest
Der 5. August ist in Belgorod arbeitsfrei. Mit einem Großfeuerwerk, Tanz und Gesang wird die Befreiung der Stadt von der deutschen Besatzung am 5. August 1943 gefeiert.

Sehenswertes in Belgorod

Belgorod wirkt auf den ersten Blick wie viele russische Provinzstädte, als habe es den Sprung in die neue Ära noch nicht ganz geschafft. Sie wurde nach dem Zweiten Weltkrieg in bester sowjetischer Manier mit weitläufigen Plätzen und Straßen wieder aufgebaut. Im Zentrum thront Lenin auf dem früheren Revolutionsplatz, der heute wieder Kathedralenplatz heißt (Sobornaja ploschtschad).

Kathedralenplatz

Die gesamte Stirnseite dieses Platzes nimmt ein Verwaltungsgebäude (Sdanje administrazii) im monumentalen stalinistischen Architektur-stil ein. Links daneben steht das Hotel Belgorod (Gostinitschnyj kompleks Belgorod), die erste Adresse der Stadt. Gegenüber vom Verwaltungsgebäude fällt das Schtschepkin-Dramentheater (Drama-titscheskij teatr imeni M. W. Schtschepkina) ins Auge, dessen Architektur und gelb-weiße Farbgebung mit dem Hotel Belgorod harmoniert. Das Haus ist nach dem Schauspieler Michail Schtschepkin (1788–1863) benannt, der aus der Nähe von Belgorod stammt und als einer der Gründerväter des russischen Theaters gilt. Ein Denkmal auf dem Kathedralenplatz ehrt den Künstler.

◄ Schtschepkin-Dramentheater

Samstags herrscht im Hochzeitspalast (Dworjez brakosotschetanija; ul. Popowa 14) Hochbetrieb, wenn sich Paare und ihre Familien zum Trauungsakt (auf Russisch nüchtern »Registrazija«) einfinden.

Hochzeitspalast

Der sichelförmige Betonbau (Diorama »Ognenaja duga«) nahe der Donezbrücke birgt ein höchst eindrucksvolles, 67 m langes und 15 m hohes Panoramagemälde, das die Panzerschlacht bei Prochorowka (►S.222) zeigt. Martialisch anmutende Klanginszenierungen machen den Besuch dieses Museums sehr eindringlich. Das monumentale Panoramabild wurde von einer Gruppe der Grekow-Kunstschule geschaffen. Eine mehrere Meter lange Skizze von Nikolaj But zeigt die ursprünglich geplante Version von 1985. Fotos, Orden, Uniformen, Waffen, Helme und Geschosshülsen ergänzen die Ausstellung (ul. Popowa 2). In der Parkanlage gegenüber dem Museum sind die Büsten verdienter sowjetischer Soldaten aufgestellt.

★
Diorama »Feuerbogen«
🕐
Öffnungszeiten:
Di.–So.
10.00–17.30

◄ Allee der Helden (Alleja Gerojew)

Das 2001 am Donezufer erbaute Gotteshaus (chram Archangela Gawriila) dient als Universitätskirche. Der gelb getünchte Sakralbau mit weiß leuchtenden Friesen und Ornamenten hat ein dunkelblaues Dach, auf dem sich eine schlanke zweigeschossige Trommel mit einer goldenen Kuppel erhebt (Universitetskaja ploschtschad 1).

Erzengel-Gabriel-Kirche

Die grün-weiße Fassade der Kathedrale (Preobraschenskij kafedralnyj sobor) fällt sofort ins Auge. Das Gotteshaus wurde 1813 nach Plänen des Charkower Architekten Jewgenij Wasiljew errichtet. Vier wuchtige Kuppeln sitzen rund um die zentrale Kuppel auf eckigen Trommeln, der Glockenturm ist mit dem Kirchenschiff verbunden. Eine neue Ikonostase stammt von örtlichen Malern (ul. Preobraschenskaja 63 b).

★
Verklärungs-kathedrale

Umgebung von Belgorod

Stausee Außerhalb der Stadt ist der Donez aufgestaut. Das von den Einheimischen »Belgoroder Meer« genannte Gewässer bietet viele malerische Plätzchen und ist umrahmt von parkartigen Kiefern- und Buchenwäldern. Die schönsten Stellen allerdings haben längst schon Neureiche für sich entdeckt – die prunkvollen Villen und spektakulären Neubauten am Seeufer werden immer zahlreicher.

✳ **Schlachtfeld von Prochorowka Прохоровка** Die **größte Panzerschlacht des Zweiten Weltkriegs** fand am 12. Juli 1943 ca. 60 km nördlich von Belgorod bei Prochorowka statt, als – im Rahmen des Unternehmens »Zitadelle« (Schlacht im Kursker Bogen), der letzten deutschen Großoffensive an der Ostfront. über 1000 deutsche und sowjetische Panzer hier aufeinander trafen. Die Schlacht hatte keinen klaren Ausgang, doch waren die deutschen Verluste so hoch (und die sowjetischen viel höher!), dass die Wehrmacht endgültig ihre Initiativkraft und materielle Überlegenheit an der Ostfront verlor. Am Tag darauf stellte die deutsche Seite die Operationen ein, am 15. Juli startete die Rote Armee die Gegenoffensive, die zur Befreiung Belgorods führte.

Sowjetische Truppen in der Panzerschlacht von Prochowka

1995 wurde auf diesem Schlachtfeld, das eines der bedeutendsten in der russischen Erinnerungskultur darstellt, eine monumentale Gedenkstätte eingeweiht. Sie umfasst ein Kriegsmuseum, das die Schlacht schildert und u. a. sowjetisches und deutsches Kriegsgerät ausstellt. Der Glockenturm der einkuppeligen Hl.-Apostel-Peter- und-Paul-Kirche zeigt Motive der Schlacht und deren sowjetischer Teilnehmer. In der weitläufigen Parkanlage stehen mehrere eindrucksvolle Skulpturen und einige Panzer (Öffnungszeiten: Di. – So. 10.00 – 17.00 Uhr).

◄ Kriegsmuseum

◄ Hl.-Apostel-Peter- und-Paul-Kirche

🕐

Belomorsk

Dc 13

Region: Respublika Karelija
Einwohnerzahl: 13 000

Höhe: 13 m ü. d. M.
Kyrillisch: Беломорск

Fast noch ein Geheimtipp: In der Gegend um das karelische Städtchen Belomorsk, das sehr malerisch auf mehreren größeren und kleineren Inseln am Westufer der Onega-Bucht des Weißen Meeres liegt, gibt es jahrtausendealte Steingravuren zu entdecken!

Die meisten Reisenden, die in Belomorsk ankommen, haben einen praktischen Grund: Die Fährverbindung zur ► Solowezkij-Klosterinsel. Dabei lohnt das junge Städtchen selbst einen Aufenthalt.
Soroka, so sein alter Name, war im ausgehenden 19. Jh. Zentrum der Holzverarbeitung in Karelien, das durch den Anschluss der Stadt an die Murman-Bahn, die Murmansk mit St. Petersburg verbindet, ab 1916 weiter ausgebaut wurde. Zwischen 1941 und 1945 war Belomorsk Hauptstadt der Karelisch-Finnischen Sowjetrepublik. Die wichtigsten Arbeitgeber sind heute die Holz- und Papierindustrie sowie die Fischverarbeitung.

Mehr als eine Etappe

Sehenswertes in Belomorsk und Umgebung

Hauptattraktion dieser Ausstellung sind Felszeichnungen aus dem 3. – 1. Jt. v. Chr., die man an drei Plätzen in der Umgebung von Belomorsk entdeckt hat und die Menschen, Tiere und Jagdszenen zeigen. Ferner befasst sich das Museum mit der Geschichte der russischen Pomoren, die schon relativ früh Handel mit den Küstenbewohnern Norwegens getrieben haben. Neben karelischen Trachten sind hier auch Navigationshilfen und Ausrüstungsgegenstände aus dem 17. – 19. Jh. ausgestellt. Von Mitte Mai bis September bietet das Regionalmuseum **Exkursionen zu den Felszeichnungen** im Fluss Wyg an (Krajewedtscheskij musej »Belomorskije petroglify«, ul. Oktjabrskaja 5 a; Auskunft für Exkursionen: Tel. 8 14 37 / 5 26 05, E-Mail: zalavruga@onego.ru).

✱
Regional- und Petroglyphen- museum
🕐
Öffnungszeiten: Mo. – Fr. 9.00 – 17.00

▶ BELOMORSK ERLEBEN

AUSKUNFT
www.belomorsk.karelia.info
(nur Russisch)
www.ticrk.ru/en (auch auf Englisch)

Reisebüro Belomorje
ul. Woronina 8, 86502 Belomorsk
Tel. (8 14 37) 5 42 00
www.belomorye.onego.ru
Hier kann man sich mit Landkarten
ausstatten und eine Exkursion zu den
Felszeichnungen vereinbaren. Ein Mini-
Hotel mit 5 Zimmern ist angeschlossen.

ÜBERNACHTEN / ESSEN
▶ **Günstig**
Gandwik
ul. Perwomajskaja 18

186502 Belomorsk
Tel. (8 14 37) 5 25 69
www.gandvik-hotel.ru
45 Z. Das 2007 komplett sanierte Hotel
kann auch mit einem »Spa« samt
Solarium aufwarten. Das Restaurant ist
bei Busreisegruppen sehr beliebt.

BE Schiffshotel Brandwachta
Wygostrow
(9 km von Belomorsk entfernt)
Tel. (911) 4 10 67 19, www.turkarelia.ru
Das schwimmende Hotel mit Kajüten
für bis zu vier Personen ist nahe der 16.
Schleuse im Weißmeer-Ostsee-Kanal
vertäut. Der freundliche Besitzer organisiert Angeltouren. Boots- und Ski-
verleih.

Felszeichnungen von Belomorsk Die einzigartigen »Belomorskije petroglify« sind außerhalb Russlands noch kaum bekannt. Dabei gehören diese bis zu 5000 Jahre al-
ten Felszeichnungen zu den bedeutendsten prähistorischen Kulturzeugnissen Europas. Besonders eindrucksvolle Beispiele hat man auf
der **Schojrukscha-Insel im Fluss Wyg** 8 km westlich von Belomorsk
entdeckt. Hier sieht man etwa 300 Steingravuren, darunter im unteren Teil einer Felspartie Fußstapfen, die zu einer Gestalt mit halbem
Gesicht, übergroßem Phallus, Fuß und ausgestreckter Hand führen.
Diese Zeichnung wurde 1926 entdeckt und ist heute als »Dämonen-
spuren« (Besowyje sledkji) bekannt. Manche Forscher interpretieren
sie als Wassergottheit, weil neben Elchen und Rentieren als typische
Vertreter der karelischen Tierwelt auch Motive von Meerestieren ein-
geritzt sind. Eine zweiter interessanter Bereich zeigt menschliche Gestalten und abermals Rentier und Elch, aber auch ein Dämon tritt
hier in Erscheinung. Die Bedeutung der Felszeichnungen ist bis heute nicht eindeutig geklärt. Das Museum von Belogorsk hat am Fluss
eine Dependance eingerichtet.

Petroglyphen von Salawruga **Залавруга** In der knapp 2 km abseits gelegenen Ortschaft Salawruga sind 1936
weitere Felszeichnungen entdeckt worden. Zu sehen sind Rentiere
und andere Tiere des Nordens, Walfang-Szenen sowie **Schneeschuh-
läufer** – die älteste derartige Darstellung überhaupt. Auf der nicht
weit von hier gelegenen Erpin-Pudas-Insel sind ebenfalls spektakulä-
re Felszeichnungen zu sehen.

Der 227 km lange Belomorsko-Baltijskij kanal verbindet das Weiße
Meer mit der Ostsee. Diese Wasserstraße, die in Belomorsk ins Weiße
Meer einmündet, ist 1931 bis 1933 quer durch Seen- und Sumpfgebiete und dichte Wälder gegraben worden. Um Höhenunterschiede
bis zu 100 m zu überwinden, mussten 19 Schleusenanlagen gebaut
werden. Der neue Kanal, von dem bereits Zar Peter der Große ge-
träumt hatte, sollte den Seeweg von St. Petersburg ins Weiße Meer
um einige Tausend Kilometer verkürzen. Doch das Projekt stalinistischer Gigantomanie entpuppte sich als Fiasko, denn kein Hochsee-
schiff konnte den neuen Kanal nutzen und nur kleine flache Schuten
ohne eigenen Antrieb waren als Frachttransporter einsetzbar. Dennoch wurden zu Sowjetzeiten auf dem Kanal planmäßig Güter transportiert. Heute wird er als weitge-
hend unrentabel betrachtet.

✳
**Weißmeer-
Ostsee-Kanal**

Beim Bau des Kanals sollen **über
15 000 Menschen ums Leben gekommen** sein. Sie gehörten zu den
ca. 100 000 Insassen karelischer
GULags, die für dieses irrwitzige
Projekt eingesetzt waren. Eisige
Temperaturen von bis zu -30 °C,
Hunger, Krankheit, Erschöpfung
und Schikanen rafften die Zwangsarbeiter hinweg, unter denen außer
Kriminellen auch Geistliche, Revo-
lutionsgegner, politische Andersdenkende und Offiziere der Weißen Armee waren.

> ❗ *Baedeker* **TIPP**
>
> **Zum Nachlesen**
> Der polnische Fotograf Tomasz Kizny hat eine der
> umfangreichsten Dokumentationen über das
> sowjetische GULag-Wesen veröffentlicht, in der
> auch der Bau des Weißmeer-Ostsee-Kanals
> festgehalten ist (Tomasz Kizny: Gulag. Ham-
> burger Edition, Hamburg 2004).
> Auch Alexander Solschenizyn beschreibt in
> seinem Lagerroman »Archipel Gulag« die Ent-
> stehung des Stalin-Kanals, der erst 1961 in
> Weißmeer-Ostsee-Kanal umbenannt wurde.

Die alte Pomorensiedlung Wirma liegt ca. 30 km südöstlich von Belomorsk an der Onega-Bucht. Idyllische Holzhäuser, alte Fischerboo-
te und ein hölzerner Anlegesteg versetzen in eine frühere Zeit. Malerisch zwischen Wald und Meer liegt die **Peter-und-Paul-Kirche**, ein
Holzbau, der um 1635 entstand. Die Ikonostase zeigt Heiligenbilder
lokaler Meister aus dem 16. bis 18. Jahrhundert. 1909 wurde noch
ein Refektorium angebaut, das größer als die Kirche selbst ist.

✳
**Wirma
Вирма**

Beloersk (Belozersk)

Dd 15

Region: Wologodskaja oblast	**Höhe:** 131 m ü. d. M.
Einwohnerzahl: 11 500	**Kyrillisch:** Белозёрск

**Am Südufer des Weißen Sees lassen ein altes Kloster und geduckte
Holzhäuser längst vergangene Zeiten wieder lebendig werden. Alljährlich im Juli kommt Leben in die Stadt, denn dann ist die malerische Altstadt Kulisse für Open-Air-Konzerte.**

Alte und neue Hansestadt Die etwa halbwegs zwischen dem Onegasee im Nordwesten und der Bezirkshauptstadt ▶Vologda im Südosten gelegene alte Kaufmannsstadt erinnert mancherorts noch an ihre Blütezeit im Mittelalter, als man regen Handel mit der Hanse betrieb. Heute knüpft die Stadt erneut an diese Tradition an und ist seit 2001 Mitglied der »Neuen Hanse«, die sich die Förderung von Handel und Tourismus in den alten Niederlassungen der Hanse auf die Fahnen geschrieben hat.

Geschichte Beloosero, so der alte Name, gilt als **eine der ältesten russischen Städte** überhaupt und wird bereits in der Nestorchronik von 862 erwähnt. Bis 1396 lag sie jedoch am gegenüberliegenden Seeufer. Die günstige Lage am Beloje osero (dt. »Weißer See«) sorgte für schwunghaften Handel mit Waren aus Welikij Nowgorod und Twer. Nach der Gründung von ▶Archangelsk am Weißen Meer im ausgehenden 16. Jh. wurde die Haupthandelsroute jedoch weiter nach Osten verlagert und Beloosero geriet zunehmend ins Abseits. 1778 wurde Beloosero Kreisstadt, erhielt seinen heutigen Namen und eine planmäßig angelegte Innenstadt. Der im 19. Jh. entstandene Belosjorsk-Kanal kurbelte die Wirtschaft erneut an. Heute lebt das Städtchen vor allem von der Holz- und Nahrungsmittelindustrie.

 BELOSERSK

ÜBERNACHTEN / ESSEN

▶ **Günstig**

Rus
ul. Dserschinskogo 18 a
161200 Belosjorsk
Tel. (8 17 56) 2 17 31
Familiäres Hotel in zentraler Lage mit 14 zweckmäßig eingerichteten Zimmern. Gute russische Küche.

Sehenswertes in Belosersk

✳ **Kreml** Zar Iwan III. ließ 1487 einen 30 m hohen, von einem Graben umgebenen **Erdwall** errichten, dazu einen hölzernen Wehrbau mit acht Wehrtürmen, die allerdings nicht mehr erhalten sind. Vom Wall aus hat man heute einen schönen Ausblick auf die Stadt und den See. Innerhalb der Befestigungsanlage ist die in den 1670er-Jahren **Erlöser-Verklärungs-Kirche** ▶ erbaute Erlöser-Verklärungs-Kirche (Spasso-Preobraschenskij sobor) vor allem wegen ihrer Ikonostase mit Barockrahmen interessant (ul. Gorodskoj Wal 8).

✳ **Mariä-Himmel-fahrt-Kirche** Der erste Steinbau der Stadt, die 1553 errichtete Bischofskirche (Uspenskaja zerkow), thront mitsamt Glockenturm auf einer kleinen Anhöhe im städtischen Park. Die Ikonenwand aus dem 18. Jh. ist mit Heiligenbildnissen aus dem 16. Jahrhundert bestückt, die Meister aus Rostow Welikij angefertigt haben. Ihr Glanzstück, die **Ikone der Gottesmutter von Belosersk** (Ikona Bogomateri Beloserskoj) stammt aus dem 13. Jahrhundert; die Glocke wurde im 16. Jahrhundert in Pskow gegossen.

Gemeinsam mit der benachbarten, 1787 entstandenen Kirche Christi Erscheinen (zerkow Bogojawljenja) bildet die Mariä-Himmelfahrt-Kirche ein harmonisches Ensemble (ul. Karla Marksa 43).

◄ Kirche Christi Erscheinen

Brjansk

Dc 19

Region: Brjanskaja oblast
Einwohnerzahl: 450 000

Höhe: 179 m ü. d. M.
Kyrillisch: Брянск

Das knapp 400 km südwestlich von ►Moskau gelegene Brjansk gehört zu jenen russischen Städten, in denen die Erinnerung an den »Großen Vaterländischen Krieg« (Zweiter Weltkrieg) mit Panzer- und Heldendenkmälern auf den Straßen gepflegt wird. Literatur- und Naturliebhaber können auf dem idyllischen Landsitz des Dichters Fjodor Tjuttschew die von ihm beschriebene Natur erleben.

Wer durch das Land nahe der Grenze zu Weißrussland und zur Ukraine reist, nimmt eine malerische Naturlandschaft mit Birkenhainen, Mischwäldern und saftigen Wiesen wahr. Doch der Schein trügt: Die Region wurde durch die Katastrophe im 300 km entfernten Kernkraftwerkskomplex von Tschernobyl Ende April 1986 durch radioaktive Niederschläge stark betroffen. Die Spätfolgen der nuklearen Havarie sind noch heute auf mehr als 35 000 km² Fläche spürbar – es erkranken hier überproportional viele Menschen an Krebs und die Gesundheitsbehörden warnen regelmäßig vor dem Verzehr von Beeren, Pilzen und Wildbret. Im Zentrum von Brjansk erscheint die aktuelle radioaktive Belastung auf einer Anzeigetafel. Dort erinnert seit 2006 auch ein gespaltener Globus als Mahnmal an die Opfer einer der bislang schlimmsten Umweltkatastrophen überhaupt.

Trügerische Idylle – die Folgen von Tschernobyl

Die dichten Mischwälder gaben den Namen: »Debrjansk« wurde 1146 erstmals in der Ipatios-Chronik erwähnt und lässt sich mit »Dickicht« übersetzen (russisch: debry). Archäologen und Historiker gehen allerdings davon aus, dass der Kiewer Großfürst Wladimir hier bereits 985 eine Missions- und Verteidigungssiedlung errichten ließ. Nach dem Mongolenjoch Mitte des 13. Jh.s wurde die Stadt Zentrum eines Fürstentums und Bischofssitz. Um 1500 gelang es den Truppen von Zar Iwan III., die Stadt endgültig Russland einzuverleiben. Peter der Große ließ 1737 eine Werft anlegen, auf der Schiffe für den Kampf gegen die Türken gebaut wurden. Begünstigt durch den Eisenbahnbau entwickelte sich Brjansk bereits im 19. Jh. zu einem wichtigen Industriezentrum. Im Zweiten Weltkrieg wurde die von Herbst 1941 bis Herbst 1943 von der deutschen Wehrmacht besetzte Stadt fast vollständig zerstört, später de facto wieder neu aufgebaut. Zu Sowjetzeiten war die Industriestadt für Ausländer gesperrt. Heute spielt vor allem der Maschinenbau eine wichtige Rolle.

Geschichte

▶ BRJANSK ERLEBEN

ESSEN

▶ Preiswert

Chelsea
ul. Moskowskaja 518
Tel. (48 32) 4 17 383
Europa im Kleinen: In stilvoller altenglischer Atmosphäre werden russische, französische und italienische Gerichte serviert. Wer einen romantischen Abend verbringen möchte, bucht einen Tisch am Kamin. Hin und wieder gibt es Live-Musik.

La Veranda
ploschtschad Karla Marksa 7
(neben Hotel Tschernigow)
Tel. (48 32) 66 06 94
Im Italienischen Saal plätschert ein Springbrunnen zu Pasta & Co., Liebhaber heimischer Kost fühlen sich im Russischen Saal (nur tagsüber geöffnet) wohl.

ÜBERNACHTEN

▶ Komfortabel

Hotel Baschnja
ul. Nekrasowa 1
241007 Brjansk
Tel. (48 32) 64 33 73
www.btower.ru
18 Z. Englischer Stil dominiert im 2007 eröffneten Hotel mit romantischen Türmchen.

▶ Günstig

Tschernigow
ploschtschad Karla Marksa 7
241050 Brjansk
Tel./Fax (48 32) 74 05 34
www.chernigov.4br.ru
26 funktional eingerichtete und saubere Zimmer in einem 1957 erbauten Haus mit Säulenfassade.

NACHTLEBEN

Navigator
Nabereschnaja
Fr. u. Sa. 23.00 – 5.30,
So. 23.00 – 3.00 Uhr
Angesagter Tanztempel mit Sushi-Bar im Konzerthaus.

Sehenswertes in Brjansk und Umgebung

Orientierung

Durch das Stadtgebiet winden sich die drei Flüsse Desna, Bolwa und Sneschet. Das abwechslungsreiche Relief lässt das von Sowjetarchitektur geprägte Stadtbild ein wenig freundlicher erscheinen, zumal relativ viel Grün die tristen sozialistischen Wohnklötze auflockert. Eine gute Orientierung bietet der zentrale **Leninskaja ploschtschad** (Leninplatz) in der Mitte des 1,5 km langen Leninskij prospekt, der sich schnurgerade durch die Innenstadt zieht.

Stadtmuseum

🕐 Öffnungszeiten:
Di. – So.
10.00 – 17.00

Das Schicksal der Stadt im Zweiten Weltkrieg dokumentiert das Stadtmuseum: Über 90 Prozent der Gebäude wurden damals zerstört; in den Wäldern der Umgebung versteckten sich ca. 60 000 Partisanen, die gegen die Wehrmacht kämpften. An sie erinnert das Partisanendenkmal vor dem Museum. Den ursprünglichen Fundus des

Museums bildete Sakralkunst, die 1921 aus den von den Sowjets geschlossenen Kirchen und Klöstern der Umgebung zusammengetragen wurde. Diese Exponate wurden 1943 geplündert.

Stolz werden auch die beiden aus dem Gebiet Brjansk stammenden Schriftsteller **Fjodor Tjuttschew und Alexej Tolstoj** vorgestellt. Persönliche Gegenstände, Skizzen und Fotos zeichnen ihr Wirken nach (Gosudarstwennyj objedinjonny krajewedscheskij musej, ploschtschad Partisan 6).

Den bei Kindern sehr beliebten Park (Park imeni A. K. Tolstogo) erreicht man in westlicher Richtung über den bulwar Gagarina, der den Leninplatz durchschneidet. Hier gefallen 25 phantasievolle Holzskulpturen, die seit den 1960er-Jahren von jungen Pionieren geschnitzt worden sind. Ein Denkmal erinnert an den Dichter und Dramaturgen Alexej Konstantinowitsch Tolstoj (1817–1875), einen Cousin von Leo Tolstoj.

Alexej-Tolstoj-Park

25 km nordwestlich von Brjansk liegt die kleine Ortschaft Owstug. Eine überdimensionale Betonharfe weist auf das Anwesen eines der bedeutendsten russischen Lyriker hin: **Fjodor Iwanowitsch Tjuttschew** (1803–1873). Berühmt ist sein Bonmot über den russischen Nationalcharakter: »Verstehen kann man Russland nicht und auch nicht messen mit Verstand. Es hat sein eigenes Gesicht. Nur glauben kann man an das Land.«

✴ Tjuttschew-Literaturmuseum in Owstug Овстуг

Die Folgen von Tschernobyl sind heute noch im Gebiet von Brjansk zu sehen: verfallenes Haus bei Swjatsk.

Das Anwesen umfasst ein Herrenhaus, das 1820 im späten Bieder-meier-Stil errichtet worden war und nach seiner Zerstörung fast ein Jh. später aus denselben Steinen erneut aufgebaut wurde. Fotos, Briefe, Skizzen und persönliche Gegenstände spiegeln das Leben Tjuttschews wieder. Einige Ausgaben von Goethe, Schiller und Heine, die Tjuttschew aus dem Deutschen ins Russische übersetzt hat, werden ebenfalls gezeigt. Ein Raum ist der diplomatischen Mission gewidmet, die den Dichter nach München und Turin geführt hatte (Literaturnyj musej F. I. Tjuttschewa).

> ## ! *Baedeker* TIPP
>
> ### Tjuttschew live
>
> Alljährlich um den 12. Juni, den Geburtstag von Fjodor Tjuttschew, wähnt man sich auf seinem Anwesen in einer anderen Epoche. Schauspielerinnen und Schauspieler wandeln in aufgeplusterten Brokat-Reifröcken und Rokoko-Perücken mit Zierlocken im Park umher und rezitieren Tjuttschews Gedichte auf der Balkonbrüstung.

Mariä-Himmel-fahrt-Kirche Gegenüber dem Tjuttschew-Landsitz ist 2003 die im Zweiten Weltkrieg von der deutschen Wehrmacht zerstörte Mariä-Himmelfahrt-Kirche (Uspenskij sobor) mit tatkräftiger Unterstützung eines deutschen Baustoffkonzerns wiederaufgebaut worden.

Elista

Dh 22

Region: Respublika Kalmykia	**Höhe:** 49 – 119 m ü. d. M.
Einwohnerzahl: 105 000	**Kyrillisch:** Элиста

Elista ist erfrischend anders: Hier thront Lenin neben Buddha, tibetische Pagoden und Laternen mit buddhistischen Ornamenten beleuchten die Straßen dieser inmitten der südrussischen Kalmücken-Steppe gelegenen Stadt. Und Schach ist hier nicht nur Volkssport, sondern auch Pflichtfach für Schulkinder!

Buddhistische Metropole Die Stadt am gleichnamigen Fluss hätte nach dem Zusammenbruch der Sowjetunion weiterhin ein tristes Provinzdasein fristen können, mit grauen Häuserblocks und staubigen Straßen, durch die der Steppenwind fegt. Stattdessen besann man sich auf die buddhistischen Traditionen, die fast die Hälfte der Bevölkerung in der autonomen Teilrepublik Kalmückien hat und holte mit der Errichtung buddhistischer Denkmäler und Tempel rasant auf – seit 1991 war der Dalai Lama bereits drei Mal in der kleinen Republik zu Gast.

Ein schriller Präsident Angekurbelt wurde der Bauboom durch Präsident **Kirsan Iljumschinow**, der seit 1993 die Machtfäden fest in seiner Hand hält. Sein autoritärer Führungsstil mag umstritten sein und sorgt auch in der westlichen Presse gelegentlich für Schlagzeilen, in der Schachwelt hat

► ELISTA ERLEBEN

AUSKUNFT

www.gorod-elista.ru
(nur Russisch)
www.kalm.ru/en/elista.html
(Englisch)

ESSEN

► Erschwinglich

Eldorado
ul. Otschirowa 14
Tel. (8 47 22) 2 46 91
Kalmückische und internationale
Gerichte kommen in der Nähe des
Goldenen Tores auf den Tisch.

**Chanskaja ochota
(Die Jagd des Khan)**
6. mikrorajon 23 b
Tel. (961) 5 49 96 99
tgl. 18.00 – 4.00 Uhr
Kalmückische Küche genießt man in
einem Saal mit halboffenen Separée-
Tischen und DJ-Musik.

ÜBERNACHTEN

► Komfortabel

Hotel City Chess
Rajon Uralan
City-Chess Hall
358014 Elista
Tel. (8 47 22) 6 25 70
www.citychesshotel.ru
Dieses preisgekrönte Haus zählt mit-
tlerweile zu den besten Hotels in
Osteuropa.

Belyj lotos
ul. Choninowa 7
358000 Elista
Tel. (8 47 22) 34 4 16
www.hotel-elista.ru
Modernes City-Hotel mit 20 teils in
warmen Rottönen gehaltenen Zimmern. Gutes Restaurant, Sauna,
Schwimmbecken und Tennis.

er sich jedoch längst seinen Rang gesichert, denn seit 1995 ist er Präsident des Weltschachverbands FIDE. Iljumschinow investierte aus
eigener Tasche Millionenbeträge in den Brettsport, holte die Schach-
Weltmeisterschaft 1998 nach Elista und führte **Schach als Pflichtfach
in Kalmückiens Schulen** ein (zwei Wochenstunden); auch eine
Schach-Fachschule gibt es. Während die Bevölkerung als bitterarm
gilt, fährt der 1961 geborene Iljumschinow Rolls Royce, gilt als enger
Freund von Wladimir Putin und des 14. Dalai Lama. Zu Geld soll er
durch den Automobilhandel gekommen sein. Kalmückien ist reich
an Bodenschätzen und so versprach der schrille Präsident, aus der
Republik ein neues Kuwait zu machen.

Elista, »die Sandige«, wurde 1865 inmitten der kargen kalmückischen   **Geschichte**
Steppe gegründet – 15 Gehöfte. 1912 kam das erste Telegrafennetz,
für eine Eisenbahnanbindung reichte es allerdings nie. 1930 erhielt
Elista das Stadtrecht. Im Dezember 1942 befreite die Rote Armee die
Stadt, dabei kam es zu erheblichen Verwüstungen. Zu Sowjetzeiten
entwickelte sich Elista ab den 1960er-Jahren zu einem regionalen
Kulturzentrum mit Hochschulen.

Sehenswertes in Elista

Lenin-Platz Der knapp 10 m hohe Lenin überblickte einst von der Mitte aus den nach ihm benannten Platz (ploschtschad Lenina). Nach dem Zerfall der Sowjetunion rückte man das Denkmal an den Rand neben das in bester sozialistischer Baumanier errichtete Regierungsgebäude.

Sieben-Tage-Pagode ▶ Seit der Modernisierung des Leninplatzes 2006 blickt der Revolutionsführer auf die Sieben-Tage-Pagode (Pagoda sem dnej), deren Dachaufbau aus sieben Reihen besteht, die jeweils einen Wochentag symbolisieren. Die Gebetstrommeln aus Indien enthalten zahllose Mantren (heilige Sätze bzw. Formeln), die auf kleine Zettel geschrieben sind. Zum Ensemble gehört ein moderner Springbrunnen mit dem beziehungsreichen Namen »Drei Lotosblüten«. Die Parkbänke und Laternen sind in traditionell-buddhistischem Rot und Gelb gehalten. Abends ist der Platz in ein unwirkliches Licht getaucht und wirkt mit Lenins Schatten im Hintergrund recht surreal.

? WUSSTEN SIE SCHON …?

■ … dass die Kalmücken Lenin als eine Art Landsmann betrachten? Seine Großmutter soll Kalmückin gewesen sein.

Pagode ▶ Die »Pagoda« ist eines der Wahrzeichen von Elista. Der kleine, mit Ornamenten in alter kalmückischer Tradition verzierte Pavillon mit sechs roten Säulen und grünem Dach schützt die aus weißem Marmor gefertigte Statue des Religionsgründers Buddha Shakyamuni (Siddhartha Gautama). Die Figur wurde am 6. Juli 1995 anlässlich des 60. Geburtstags des 14. Dalai Lama eingeweiht.

Schachbrett ▶ Da Elista den Anspruch erhebt, Schach-Metropole zu sein, darf ein entsprechendes Spielbrett aus schwarzem und hellem Granit auf dem Leninplatz nicht fehlen. Vor ihrem legendären Zusammentreffen im Herbst 2006, das die Rivalität zwischen dem Welt-Schachbund FIDE und der von Gari Kasparow gegründeten PCA beendete, standen sich hier die beiden Schachweltmeister Kramik und Topalow quasi zum Aufwärmen gegenüber.

✳
Goldenes Tor Nicht weit vom Leninplatz steht das 15 m hohe, in traditioneller buddhistischer Bauweise errichtete Goldene Tor (Altn Bosch). Seine roten Säulen tragen einstöckige Pagodendächer, die kalmückische Künstler mit 28 Motiven verzierten. Wer das Tor durchschreitet, vollzieht eine geistige Reinigung und darf Wünsche aussprechen.

✳ ✳
Goldener Tempel Eine recht neue Sehenswürdigkeit ist der Goldene Tempel (Solotaja obitelj Buddy) an der ul. Kwikowa südlich des Stadtzentrums. Er wurde am 27. Dezember 2005 eingeweiht im Gedenken an die Deportation der Kalmücken unter Stalin. Zu dem imposanten Bauwerk mit Freitreppe gelangt man durch ein rot-goldenes Tor zur derzeit größten Buddha-Statue Europas: Sie ist 9 m hoch und mit Blattgold überzogen. Die Einrichtung folgt dem buddhistischen Kanon. Aufbewahrt werden Mantren, Gebete und Reliquien, darunter auch Erde

Die größte Buddha-Statue Europas steht im Goldenen Tempel von Elista.

aus allen Teilen der autonomen Teilrepublik Kalmückien. Im Obergeschoss haben der Präsident der Teilrepublik sowie das Oberhaupt der buddhistischen Kalmücken ihre Büros. Im Stockwerk darüber ist eine Residenz für den Besuch des 14. Dalai Lama eingerichtet.
Der Tempel beherbergt auch eine kleine Ausstellung von Zen-Masken sowie eine modern ausgestattete Bibliothek.

Am östlichen Stadtrand hat man 1998 für die Teilnehmer der 33. Schach-Olympiade – Schachspieler aus 120 Ländern – die Siedlung »City-Chess« (Gorod schachmat) angelegt. Die farbenfrohen rosa-weißen Reihen- und Terrassenhäuser mit grünen Dächern wirken allerdings ein wenig deplatziert inmitten der Steppenlandschaft; inzwischen stehen auch viele Apartments leer. Kritisiert wurden die enormen Baukosten in Höhe von 50 Mio. US-Dollar, während viele Bewohner von Elista kaum ein Auskommen haben. In City-Chess finden auch heute noch häufig Schachturniere statt. Der Kulturpalast beherbergt zudem ein kleines **Schachmuseum**.

City-Chess

Das wichtigste Gebäude dieser kleinen buddhistischen Klosteranlage südöstlich der Innenstadt ist der am 6. Oktober 1996 eingeweihte Churul (Tempel) »Sjakus Sjume«. Der 6. Oktober ist seither Nationalfeiertag in Kalmückien. Der 14. Dalai Lama segnete den Tempel bei seinem Besuch im Jahre 2004. Das weiß-rote Bauwerk ist 20 m hoch, 24 m lang und 19 m breit. Der untere Gebäudeabschnitt ist im typisch tibetischen Baustil gehalten. Eine Treppe führt hinauf zum dreiteiligen roten Hauptportal; innen erwartet eine 3,5 m hohe, mit Blattgold überzogene Buddha-Statue die Gläubigen. Die Wände sind mit kanonischen Tempelzeichnungen verziert.

**★
Kloster »Geden
Scheddup Choi
Corling«**

Gagarin

Dc 18

Region: Smolenskaja Oblast
Einwohnerzahl: 28 000

Höhe: 194 m ü. d. M.
Kyrillisch: Гагарин

Wer sich überhaupt nicht für Jurij Gagarin oder die Raumfahrt interessiert, braucht sich nicht erst auf den Weg in dieses Städtchen östlich von Moskau zu machen. Bis heute wandeln Weltraum-Fans in den örtlichen Museen auf den Spuren des ersten Menschen im Weltall und treffen sich hier am »Tag der Kosmonauten« (12. April).

Heimat von Jurij Gagarin

In Gschatsk, wie die 1705 gegründete Stadt bis zum Tod des Kosmonauten (1968) hieß, ist der Name Programm: Hier dreht sich (fast) alles um die Raumfahrt. Auf dem zentralen Platz steht eine Gagarin-Skulptur auf schlankem Sockel, der einer Rakete nachempfunden ist; hinter dem Haus der Kosmonauten fällt eine Büste des Weltraumpioniers ins Auge. Natürlich trägt die Hauptstraße seinen Namen und im 2006 angelegten Park pflegt man ebenfalls die Erinnerung an Jurij Gagarin (▶S. 89).

🕐 Öffnungszeiten:
für alle Gagarin-Stätten: Di. – So.
10.00 – 17.00 Uhr

Sehenswertes in Gagarin und Umgebung

Gagarin-Haus

Nach Gagarins erfolgreichem Flug am 12. April 1961 schenkte der Staat dessen Eltern Alexej und Anna Gagarin ein kleines Haus, das

Russlands Präsident Medwedjew beehrt das Gagarin-Museum.

heutige Dom-musej Alexeja i Anny Gagarinych. Vater Alexej erlebte hier noch zehn, Mutter Anna 20 Jahre. Es war der letzte Ort in der Stadt, den Jurij Gagarin vor seinem Tod besucht hatte. Zu sehen sind das Arbeitszimmer des Kosmonauten, der alte Fernsehapparat der Familie und auch der gepflegte schwarze »Wolga«.

Neben dem Gagarin-Haus wurde 1983 das Haus der Kosmonauten (Dom Kosmonawtow) errichtet. In den Räumlichkeiten sind per-sönliche Utensilien von Jurij Gaga-rin sowie zahlreiche Präsente und Briefe ausgestellt, die der Kosmo-naut nach seinem Flug erhalten hat. Glanzstück der Ausstellung ist der orangefarbene Weltrauman-zug, in dem Gagarin für seinen Weltraumflug ab 1960 trainiert hat.

✳ **Haus der Kosmonauten**

 GAGARIN

AUSKUNFT

Internet
www.museum.ru/gagarin

ÜBERNACHTEN / ESSEN

▶ **Günstig**
Wostok
ul. Gagarina 58
215010 Gagarin
Tel. (4 81 35) 4 14 65
Fax (4 81 35) 4 20 48
48 Zimmer. Das Haus ist vor noch nicht allzu langer Zeit renoviert wor-den.

In diesem kleinen **Museum** (Djets-kij musej-klub igry Jurija Gagari-na) ist **Spielzeug** ausgestellt, mit dem sich der kleine Jurij in den 1930er- und 1940er-Jahren be-schäftigt hat.

Im 10 km weiter nordöstlich gele-genen Dorf Kljuschino steht das einfache Holzhaus, in dem der Kosmonaut 1934 zur Welt kam (Dom-musej Gagarina). Es verschafft Eindrücke vom kargen Leben einer Arbeiter- und Bauernfamilie zu Sowjetzeiten – vom Vater selbst gezimmerte Möbel, die alte Nähmaschine der Mutter und ei-ne Erdbehausung, in der die Familie im Zweiten Weltkrieg Schutz suchte.

Geburtshaus von Jurij Gagarin in Kljuschino Клушино

✳ # Gelendschik (Gelendik)

De 23

Region: Krasnodarskij kraj
Einwohnerzahl: 51 000

Höhe: 30 – 60 m ü. d. M.
Kyrillisch: Геленджик

Der Ferienort am Schwarzen Meer lockt nicht nur Badegäste an sei-nen Strand und auf seine malerische Seepromenade, sondern auch esoterisch angehauchte Pilger, die sich in der Umgebung auf die Spur geheimnisvoller Dolmen begeben, inspiriert von einer um-strittenen Esoterik-Buchreihe.

WOSTOK 1

Am 12 April 1961 um 9:07 Uhr Moskauer Zeit verließ das Raumschiff »Wostok 1« (»Osten«) die Erdoberfläche. Kosmonaut Jurij Gagarin wurde der erste Mensch im Weltraum. Der historische Flug verlief wie geplant. Von der Bodenstation gesteuert, umrundete »Wostok 1« die Erde und landete nach 1h 48 min Flug (= 41 000 km) 26 km südwestlich der Stadt Engels.

① Landekapsel
Gagarins Arbeitsplatz in der kugelförmigen, 2,3 m durchmessenden Landekapsel bot ihm ein Raumvolumen von 1,6 m³. Sie wog 2,46 t. Eine bis zu 18 cm dicke Asbestschicht bildete den Hitzeschild.

② Luken
Die Kapsel besaß drei 1,2 m durchmessende Luken für Einstieg, Geräteeinbau und – für den Schleudersitz. Bei der Landung stieg Gagarin in 7000 m Höhe aus, um sich nicht den Beschleunigungskräften auszusetzen, die sich auf der ballistischen Flugbahn der Kugel entwickelten.

③ Gasbehälter
14 Gasbehälter enthielten Sauerstoff, Stickstoff und Atemluft für Jurij Gagarin. US-Astronauten wurden später mit reinem Sauerstoff versorgt.

④ Geräteteil
Im kegelförmigen, 2,27 t schweren und 2,25 m langen Geräteteil waren u. a. die Energieversorgungsanlage (chemische Batterien), das Messwertübertragungssystem und das Bremstriebwerk eingebaut. Vier elastische Bänder verbanden es mit der Landekapsel.

Leonid Breschnjew ehrt den ersten Menschen im Weltall.

⑤ »Block E«
Die »Wostok« wurde mit einer Weiterentwicklung der militärischen Interkontinental-Rakete »R 7« ins All geschossen. Wegen der größeren Nutzlast wurde die »R-7« um eine dritte Stufe erweitert, den sog. Block E. Die Wostok-Rakete war 38,2 m hoch und wog 287 t. Bis heute ist die »R-7«, mehrfach modifiziert, das Haupttransportvehikel der russischen Raumfahrt (▶Abb. S. 238).

⑥ Kommunikationsantennen
Mithilfe der Kommunikationsantennen hielt Jurij Gagarin die ganze Zeit Kontakt mit der Leitstelle.

Weitere Wostok-Flüge nach Wostok 1
Nach Gagarins Flug wurden noch fünf Flüge mit der Wostok-Kapsel durchgeführt, bevor sie von Woschod abgelöst wurde.
Wostok 2: German Titow am 6. August 1961, 17 Erdumkreisungen
Wostok 3: Andrijan Nikolajew am 11. August 1962, 64 Erdumkreisungen
Wostok 4: Pawel Popowitsch am 12. August 1962, 48 Erdumkreisungen, Annäherung auf 6,5 km an Wostok 3
Wostok 5: Waleri Bykowski am 14. Juni 1963, 81 Erdumkreisungen
Wostok 6: Walentina Tereschkowa am 16. Juni 1963, 48 Erdumkreisungen, Annäherung auf 5 km an Wostok 5.

12. April 1961: Jurij Gagarin winkt noch
einmal, bevor er »Wostok 1« besteigt.

1,6 m³ mussten reichen:
Gagarin in der Landekapsel.

Nach 1 h 48 min. Flug landete die Kapsel
in der Nähe von Engels. Gagarin war
bereits in 7000 m Höhe mit dem
Fallschirm ausgestiegen.

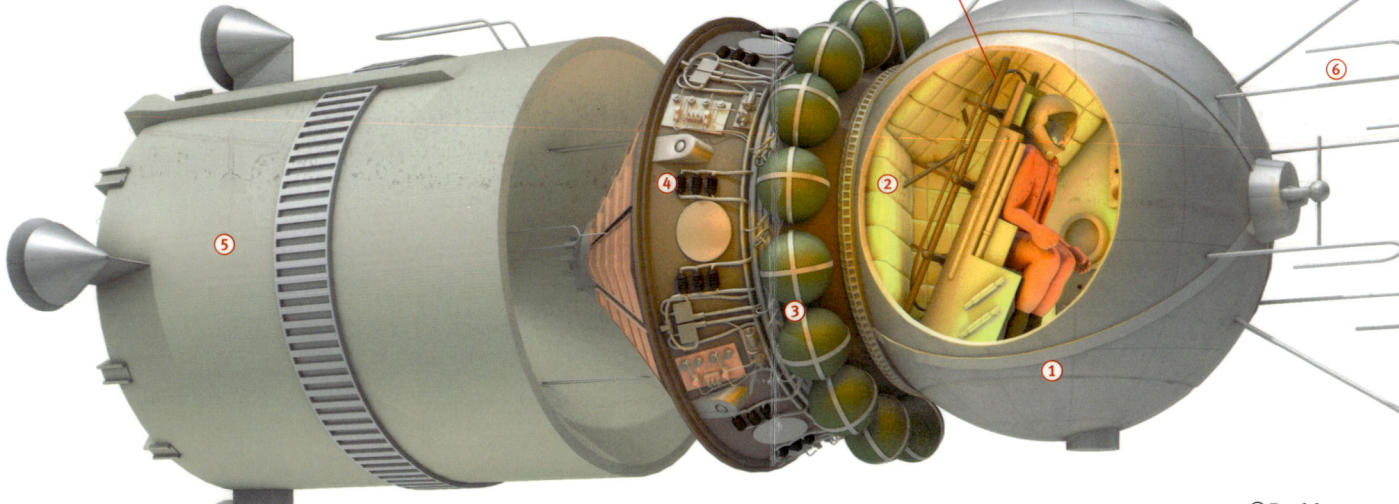

© Baedeker

Wie Esoterik den Tourismus ankurbelt

Diese heißt »Anastasia« und stammt von Wladimir Megre. Die Protagonistin Anastasia lebt (tatsächlich) in einem sibirischen Wald mit zwei Kindern und Großvater im Einklang mit der Natur. Der Autor hat sie auf einer Geschäftsreise kennengelernt, sich in sie verliebt und agiert seither als der Verkünder ihrer Weisheiten. »Anastasia« ist eine Mischung aus spiritueller Lebenshilfe und Science-Fiction; ihre umstrittenen Prophezeiungen wurden auch ins Deutsche übersetzt. Reiseveranstalter organisieren Anastasia-Touren. Eines der wichtigen Ziele ist Gelendschik, in dessen Umgebung etwa 70 bis 100 Dolmen vermutet werden – Pilgerziel von Esoterikern, die den Steinen spirituelle Kräfte nachsagen.

▶ GELENDSCHIK ERLEBEN

AUSKUNFT

www.sea.ru
(nur auf Russisch)

Dolmen-Exkursionen
Reisebüro Swetotsch
ul. Chersona 2
353470 Gelendschik
Tel. (8 61 41) 2 60 11
www.sea.ru/~svetoch

ESSEN

▶ Erschwinglich
Akropol
ul. Kirowa 47
Tel. (8 61 41) 4 71 14
Griechische Küche wird hier besonders schmackhaft zubereitet.

Melniza
ul. Rewoluzijonnaja 17-6
In der »Mühle« wird Stör- oder Forellenschaschlik vor den Augen der Gäste gegrillt und abends gibt es Tanzmusik.

ÜBERNACHTEN

▶ Komfortabel
Sosnowaja roschtscha
ul. Majatschnaja 9
353460 Gelendschik
Tel. (495) 3 63 25 94
www.besteastern.com

395 Z. Ordentlich sanierte Bettenburg; viele Zimmer mit Balkon und Meerblick.

▶ Günstig
Otdych u Alexandra
ul. Kolchosnaja 19
Tel. (8 61 41) 5 41 37
353460 Gelendschik
www.aleksandr.net.ru
Das Mini-Hotel namens »Erholung bei Alexander« besteht aus drei Häusern mit bis zu zehn Zimmern. Es herrscht eine recht familiäre Atmosphäre; nur fünf Gehminuten vom Strand entfernt. Fahrradverleih, Flughafen-Abholdienst.

BADEN

Der größtenteils künstlich aufgeschüttete Strand von Gelendschik ist an manchen Stellen recht steinig.

FEST

Eröffnung der Badesaison
Fröhliches Treiben herrscht alljährlich am ersten Sonntag im Juni anlässlich der Eröffnung der Badesaison. Nach einem bunten Umzug wird bis spät in die Nacht musiziert, getanzt und gefeiert. Auch ein Feuerwerk wird abgebrannt.

Bei aller Esoterik aber: Gelendschik ist vor allem Seebad und gehört mit rund 2 Mio. Gästen im Jahr zu den beliebtesten Urlaubszielen an der russischen Schwarzmeerküste. Es liegt wunderschön an einer halbmondförmigen Bucht, die vom »Dicken« und vom »Dünnen« Kap (Tolstyj i Tonkyj mys) eingefasst wird. Mächtige Ausläufer des Kaukasus halten die kühlen Winde aus Norden und Osten ab. Saison ist von Mai bis Oktober.

Beliebter Urlaubsort

Bereits vor 4000 Jahren schätzten erste Siedler das milde Klima. Dann entstand die griechische Siedlung **Tropikos**, später ließen sich nacheinander Römer, Hunnen, Byzantiner, Genueser und Adygeer an der Bucht nieder. Im Adygeischen bedeutet Gelendschik »Weiße Braut«, denn vom damaligen Sklavenmarkt wurden Frauen in die islamische Welt verschickt. Nachdem Russland 1831 die Siedlung Kelençik vom Osmanischen Reich erobert hatte, siedelte man Kosaken an. Noch vor dem Ersten Weltkrieg begann die Entwicklung zum Kurort; während des Zweiten Weltkriegs war Gelendschik Lazarettstandort der Roten Armee. Nach dem Krieg begann der Aufstieg zum Seebad.

Geschichte

Sehenswertes in Gelendschik

Platanen, Pizunda-Kiefern und Farnstauden säumen die Seepromenade (promenad). Beliebter Treffpunkt ist das **Denkmal für Michail Lermontow** (1814–1841), den bedeutendsten russischen Romantiker. Er kam 1837 als Kriegsteilnehmer nach Gelendschik und soll sich besonders gern an diesem Platz aufgehalten haben. Hinter einem weißen Torbogen öffnet sich der nach ihm benannte Boulevard. Am Ende der Promenade steht der **älteste noch in Betrieb befindliche Leuchtturm der russischen Schwarzmeerküste**, 1897 errichtet.

★
Seepromenade

»Solotaja buchta«, einer der größten Aquaparks am Schwarzen Meer, verspricht mit Riesenrutschen und sonstigen Gerätschaften spritzige Abenteuer. Allerdings wird es in der Hauptsaison manchmal recht eng – dann tummeln sich hier pro Tag bis zu 5000 Wasserratten (ul. Turistitscheskaja 23; Öffnungszeiten: tgl. 9.00–19.00 Uhr).

Aquapark »Goldene Bucht«

🕐

Geradezu halsbrecherische Fahrvergnügen bietet der »Park attrakzionow Admiral Wrungel«. Die in ein historisches Arboretum eingefügte Anlage ist nach einem russischen Kinderbuch-Helden benannt und thematisch nach dessen Abenteuern aufgebaut. Vom 80 m hohen Riesenrad hat man einen tollen Blick auf das Seebad und die Bucht (ul. Lunatscharskogo 131; Öffnungszeiten: Mai–Okt. tgl. ab 10.00 Uhr bis spät in die Nacht; www.vrungel.org).

Vergnügungspark »Admiral Wrungel«

🕐

Im »Delfinarij« zeigen nicht nur Delfine, sondern auch Pinguine, Seehunde und Seelöwen ihre Kunststücke (ul. Lunatscharskogo 130; im Sommer mehrmals täglich einstündige Show-Programme).

Delfinarium

Museum für Geschichte und Naturkunde

🕐

Antike Münzen aus vorchristlicher Zeit, alte Grabfunde aus dem 11. Jh. sowie Alltagsgegenstände der Adygeer gehören zu den interessantesten Exponaten im »Gelendschikskij istoriko-kraewedtscheskij musej«. Ein Schaubild gibt Aufschluss über das Leben unter der Wasseroberfläche (ul. Lenina 23; Öffnungszeiten: tgl. außer feiertags 9.00 – 18.00 Uhr).

Admiral-Nachimow-Denkmal

An der Spitze des Kap Doob, beim westlich gelegenen Vorort Kabardinka, erinnert ein Denkmal an die **Tragödie der »russischen Titanic«**. Das Kreuzfahrtschiff »Admiral Nachimow« war am 31. August 1986 in Noworossijsk ausgelaufen und bereits nach wenigen Seemeilen mit einem Frachter kollidiert. 398 Menschen ertranken nahe des Kaps; ihre Namen sind auf dem Denkmal verzeichnet. Das Wrack liegt in 40 m Tiefe und ist Ziel von Tauchexkursionen.

ℹ **MS »Admiral Nachimow«**

■ Die »Admiral Nachimow« ist 1925 auf der Bremer Vulkanwerft als »Berlin III« gebaut worden. Im Zweiten Weltkrieg war sie als Lazarett- und Flüchtlingsschiff im Einsatz und sank am 31. Januar 1945 nach Kollision mit einer Mine vor Swinemünde. 326 Menschen kamen ums Leben. 1948 / 1949 wurde sie gehoben und auf der Warnemünder Werft als Passagierschiff wiederhergestellt. Als Teil der Reparationen, die von der DDR zu leisten waren, wurde das nunmehr nach dem russischen Admiral des Krimkriegs benannte Schiff den Sowjets übergeben.

Umgebung von Gelendschik

Im Hinterland von Gelendschik steigt die bis zu 561 m hohe **Markchotsk-Bergkette** (Markchotskij chrebt) auf. Von ihrem Kamm, zu erreichen mit zwei Sesselliften, hat man einen herrlichen Blick auf die Bucht von Gelendschik. Auf halber Höhe gibt es einige gern besuchte Cafés und Restaurants.

Freizeitpark »Olimp« ▶

Zu Fuß oder per Sessellift erreicht man diesen Park, der mit Aussichtsplattform, schönen Spazierwegen, großem Kinderspielplatz und gastronomischen Einrichtungen lockt. Im Winter tummeln sich hier oben Skiläufer.

✴

Schane-Tal (Dolina Schane)

Etwa 10 km nordöstlich von Gelendschik hat das Flüsschen Schane ein malerisches Tal geschaffen. Ein besonderer Anziehungspunkt sind die **Smaragd-Wasserfälle** (Isumrudnyj wodopad), in deren »Pool« das ganze Jahr über Einheimische baden, die sich vom kalten Wasser eiserne Gesundheit versprechen. Die Gegend wird auch »Tal der 1000 Kurgane« genannt: Tatsächlich soll es dort etwa 500 dieser typischen Grabhügel geben, die ab dem 11. Jh. entstanden sind. Im Schane-Tal sind drei imposante Steinanlagen im Halbkreis einander zugeordnet; sie stammen vermutlich aus der Bronzezeit.

✴

Pschada-Tal

Einer der größten Dolmen des westlichen Kaukasus findet sich im waldigen Tal des Flusses Pschada. Er wurde 1818 entdeckt und stammt wohl ebenfalls aus der Bronzezeit. Im Tal kann man aber

Per Seilbahn kommt man von der Schwarzmeerküste auf die Markchotsk-Berge.

nicht nur Dutzende Dolmen, sondern auch **rund 100 zauberhafte Wasserfälle** entdecken. Exkursionen werden von örtlichen Veranstaltern angeboten.

Knapp 20 km südöstlich von Gelendschik ragt bei der Siedlung Dschanchot dieser Sandsteinfelsen vor dem Steilufer aus dem Meer – 25 m lang und bis zu 30 m hoch, aber nur rund 1 m breit! Ob das kreisrunde Loch im Felsen ein Ergebnis der Erosion oder aber einer Legende zufolge durch Artilleriebeschuss entstanden ist, konnte bislang nicht endgültig geklärt werden.

Parusfelsen (Skala Parus)

Sie gilt als Denkmal einer unglücklichen Liebe: die Natascha-Quelle in der Michailowskoje-Schlucht (20 km südlich von Gelendschik, erreichbar via M 4). Einer Überlieferung zufolge soll hier ein Mädchen aus Kummer über seine unerfüllte Liebe zu Stein erstarrt sein und seither strömt das Wasser aus dem Krug, den es auf seinen Schultern

Natascha-Quelle

trug, die Felswand hinab. Der Bereich um die Quelle, an der sich besonders gern Brautpaare fotografieren lassen, ist heute ein touristischer Rummelplatz mit Restaurants, fliegenden Händlern, Forellenzucht und obligatorischer kleiner Kapelle.

★ Gorochowez (Gorohovec)

Dg 17

Region: Wladimirskaja oblast
Einwohnerzahl: 14 000

Höhe: 94 m ü. d. M.
Kyrillisch: Гороховец

Wunderschöne altrussische Kirchen und Klöster spiegeln sich im Wasser des Flusses Kljasma wider und verleihen Gorochowez einen fast märchenhaften Charme.

Ruhiges Provinzstädtchen

Bereits vor der slawischen Besiedelung im 11. Jh. war die Gegend vom finno-ugrischen Stamm der Merja bevölkert. Fürst Andrej Bogoljubskij soll hier Mitte des 12. Jahrhunderts eine Festung errichtet haben, die allerdings 1239 durch die Mongolo-Tataren zerstört wurde. Als Kasaner Tataren die Stadt 1539 in Brand stecken wollten, soll ein mächtiger Geist mit einem Schwert in der Hand erschienen sein, woraufhin die Angreifer in Panik flüchteten. Bis heute heißt diese Stelle Puschalowa gora (Furcht einflößende Erhebung). Ihr »goldenes Zeitalter« erlebte die Stadt am Steilufer des Flusses Kljasma im ausgehenden 17. Jh., als es ein belebter Handelsplatz zwischen Moskau und Nischnyj Nowgorod war. Reiche Kaufleute stifteten damals Kirchen. Heute ist Gorochowez ein ruhiges Provinzstädtchen mit alten Kirchen und Holzhäusern.

? WUSSTEN SIE SCHON …?

■ Gorochowez gilt als Heimatstadt des fiktiven sowjetischen Pendants von James Bond. Der östliche Kult-Held namens **Maxim Maximowitsch Isajew alias Max Otto von Stirlitz** trinkt gerne Cognac, fährt Mercedes und spioniert im nazistischen Deutschland, wo er Offizier der deutschen Abwehr ist. Der populäre Roman »17 Augenblicke des Frühlings« von Wjatscheslaw Tichonow wurde in den 1970er-Jahren u. a. in Berlin gedreht und lief als TV-Serie in der UdSSR und auch in der DDR. Stirlitz ist Kult – im Westen Deutschlands ist der sowjetische James Bond allerdings so gut wie unbekannt.

Sehenswertes in Gorochowez und Umgebung

★ Nikolaus-Kloster

Ein Stadtrundgang beginnt am besten auf dem Puschalow-Hügel hoch über dem Fluss Kljasma, wo Fürst Jurij Dolgorukij im 11. Jahrhundert eine hölzerne Festung errichten ließ. 1646 wurde hier auf Geheiß von Zar Michail Fjodorowitsch das heutige Kloster (Nikolskij monastyr) gegründet. Sehr dominant gibt sich die zweigeschossige, aus einer Sommer- und einer beheizbaren Winterkirche bestehende Dreifaltigkeitskathedrale (Troizkij sobor), mit der sich der Kaufmann Semjon Jerschow 1689 ein Denkmal setzte. Ins Auge fällt der achteckige Glockenturm mit seinen Verzierungen, der Vorbild für viele andere Bauten in der Region wurde. 1710 bekam das Kloster eine weitere, Johannes Lestwitschnik geweihte Kirche (zerkow Ioanna Lestwitschinka), die jedoch in der Sowjetzeit ihre Kuppel einbüßte.

Auf halber Höhe zwischen Unterstadt und Puschalow-Hügel ist das 1670 errichtete Wohnhaus des Kaufmanns Jerschow zu besichtigen, auch als Saposchnikow-Haus bekannt (nach seinem letzten Besitzer). In dem zweistöckigen weißen Gebäude werden Wohnkultur und Lebensart der hiesigen Kaufleute des 17. und 18. Jahrhunderts vorgestellt (Gorochowezkij istoriko-architekturnyj musej, ul. Nagornaja 1; Öffnungszeiten: Di. – So. 10.00 – 17.00 Uhr).

✶ Haus des Kaufmanns Jerschow

Die Sowjetskaja ul. führt hinab in die frühere Handelsvorstadt. Kaufmann Jerschow stiftete hier die Mariä-Verkündigungs-Kathedrale (Blagoweschtschenskij sobor), die um 1700 entstand. Den würfelförmigen Kalksteinbau zieren fünf Kuppeln, die in intensivem Blau leuchten und auf ornamental verzierten Trommeln mit auffällig schmalen Fensterchen sitzen. Die schlichte, weiß getünchte Fassade ist vertikal unterteilt und mit jeweils drei hohen, ebenfalls schlanken Fenstern versehen. Ebenfalls aus dem frühen 18. Jh. stammt die benachbarte Johanneskirche (Zerkow Ioanna Predtetschi), die von einer Kuppel überragt wird. Hier wird das reich verzierte Metalltor aus der benachbarten Kathedrale aufbewahrt.

✶ Zentraler Stadtplatz

◀ Mariä-Verkündigungs-Kathedrale

◀ Johanneskirche

Das 55 km nordwestlich von Gorochowez gelegene und bereits im Jahr 1628 erwähnte Künstlerdorf Mstjora ist neben Fedoskino, Palech (Umgebung von ▶ Iwanowo) und Choluj **eines der vier russischen Zentren der Lackminiaturen**. Die Tradition der filigranen Malerei auf Lackschatullen aus Pappmaché setzte sich hier allerdings erst in den 1930er-Jahren durch, als viele Ikonenmaler zu Sowjetzeiten ihr Kunsthandwerk neu ausrichten mussten. Tradition hat in Mstjora seit dem ausgehenden 19. Jh. aber auch die Stickerei auf weißen Stoffen. In einem ehemaligen Kloster sind die schönsten Lackminiaturen und Stoffmuster als Beispiele für die Fertigkeiten ausgestellt (Bogojawljenskij sobor i Mstjorskij chudoschestwennyj musej, ploschtschad Lenina 3; Öffnungszeiten: Di. – So. 9.00 – 16.30 Uhr).

Mstjora Мэтёра

GOROCHOWEZ

ÜBERNACHTEN / ESSEN

▶ **Komfortabel**

Motel Wodolej
ul. Polewaja 26
601460 Gorochowez
Tel./Fax (4 92 38) 2 18 40
www.motel-vodoley.ru
Im gepflegten Motel »Wassermännchen« können auch Appartements mit Küche gebucht werden. Eine Sauna und eine Bar sind ebenfalls vorhanden.

Gussew · Gumbinnen (Gussev)

Region: Kaliningradskaja oblast
Einwohnerzahl: 28 000

Höhe: 57 m ü. d. M.
Kyrillisch: Гусев

120 km östlich von ► Kaliningrad (Königsberg) liegt die einstige preußische Garnisonstadt Gumbinnen am Zusammenfluss von Pissa und Rominte, nicht weit von der litauischen und der polnischen Grenze. Einige Bauten in der Altstadt erinnern noch an die preußische Zeit. Viele Baulücken wurden nach dem Zweiten Weltkrieg mit typischer Sowjetarchitektur aufgefüllt.

Geschichte Vor der Einnahme des Gebiets durch den **Deutschen Ritterorden** im 13. Jh. existierten bereits einige Festungswerke, doch erst 1580 taucht erstmals der Siedlungsname Gumbinnen in Urkunden auf. Er lässt sich vom litauischen Wort für »knorriges Geäst« ableiten.

Nach einer schlimmen Pestepidemie von 1709 bis 1711 war Gumbinnen fast entvölkert. Unter Preußenkönig Friedrich Wilhelm I. erfolgte ab 1724 eine Neubesiedelung des nun zur Stadt erhobenen Orts, wobei rund 17 000 protestantische **Salzburger Exilanten**, die ihre Heimat, die Hochgebirgstäler des katholischen Fürsterzbistums Salzburg, verlassen mussten, die größte Gruppe von Neuankömmlingen bildeten. Im Sommer 1860 wurde Gumbinnen Station an der neuen **Bahnstrecke Königsberg – Stallupönen**, was die wirtschaftliche Entwicklung voran brachte. Bis zum Ende des 19. Jh.s entstanden mehrere Industriebetriebe.

▶ GUSSEW · GUMBINNEN ERLEBEN

AUSKUNFT

www.admgusev.ru (nur Russisch)

ÜBERNACHTEN / ESSEN

► Komfortabel

Koroljowskij dwor
ul. Kosmodemjanskoj 2
238050 Gussew
Tel. (4 01 43) 3 08 62
www.gusev-gk.narod.ru
39 Zimmer. Im früheren »Kaiserhof« ist auch heute wieder ein Hotelbetrieb mit Restaurant untergebracht.

Gloria
ul. Pobedy 5

238050 Gussew
Tel. (909) 7 92 99 72
13 Zimmer. Freundliche Pension mit vorzüglichem Restaurant, das auch gerne von Einheimischen besucht wird.

► Günstig

Zur Alten Apotheke
ul. Zentralnaja 2
Jasnaja Poljana / Trakehnen
Tel. (0 11 44) 9 34 58)
3 gemütliche Zimmer, solide russisch-deutsche Küche.

Im Ersten Weltkrieg war schon in den ersten Kriegstagen Gumbinnen heftig umkämpft. Gegen Ende des Zweiten Weltkriegs hatte die Stadt schwer unter Kampfhandlungen zwischen der deutschen Wehrmacht und der Roten Armee zu leiden. Über 24 000 Einwohner flüchteten nach Westen, bevor im Januar 1945 die Rote Armee Gumbinnen einnahm. 1946 erhielt die Stadt, nun unter sowjetischer Verwaltung, den Namen des gefallenen russischen Hauptmanns Gussew.

Sehenswertes in Gussew

Einen Spaziergang durch die Altstadt beginnt man auf dem hübsch hergerichteten Marktplatz. Am Giebel des von Karl Friedrich Schinkel entworfenen Regierungsgebäudes prangt noch der preußische Adler; an einem Nebeneingang ist noch ein »W« erkennbar, das für Kaiser Wilhelm I. steht.

Altstadt

Der Elch ist Wappentier und Wahrzeichen der Stadt. Der mächtige, 1911 von Ludwig Vordermayer geschaffene Bronze-Elch (Gumbinnenskij los) stand früher auf dem Magazinplatz und wurde nach dem Zweiten Weltkrieg in den Kaliningrader Zoo geschafft. 1991 kehrte das Denkmal wieder nach Gumbinnen zurück auf die zentrale ul. Pobedy, die frühere Königsstraße.

✳
◄ Gumbinner Elch

Das schlichte spätklassizistische Gotteshaus (Salzburgskaja kircha) entstand 1840 nach Plänen von Schinkel an Stelle eines Vorgängerbaus, den sich die protestantischen Zuwanderer aus dem Salzburgischen 1754 gebaut hatten. Wenige Monate vor Ende des Zweiten Weltkriegs wurde die Kirche schwer beschädigt. Nach dem Krieg wurden hier Autos repariert, doch nach dem Ende der Sowjetzeit wurde das Gotteshaus restauriert und 1995 erneut geweiht. Ein Fenster im Chor schildert die Ankunft der Salzburger 1731 / 1732. Neben der Kirche besteht inzwischen ein Zentrum der Diakonie mit Gästehaus (Haus Salzburg, ul. Mendelejewa 13a, 238050 Gussew, Tel. / Fax 4 01 43/3 44 60, www.diakonie-gusew.de).

✳
Salzburger Kirche

In der Kreuzkirche von 1899 (zerkow Kresta) feierten zunächst die Altevangelischen ihre Gottesdienste. Zu Sowjetzeiten wurde hier Schulsport betrieben. Die auf achteckigem Grundriss errichtete Kirche mit Vorhalle, Sakristei und Anbau erhielt nach dem Zerfall der Sowjetunion eine Zwiebelkuppel und eine Ikonostase und wird heute von der russisch-orthodoxen Gemeinde genutzt.

Ehem. Kreuzkirche

Nur wenige Kilometer südöstlich von Gumbinnen ließ »Soldatenkönig« Friedrich Wilhelm I. 1732 beim Dorf Trakehnen das Königliche Stutamt Trakehnen einrichten, das zum bedeutendsten Gestüt des Deutschen Reiches werden sollte. Auf rund 6000 ha trocken gelegtem Sumpfland zwischen Gumbinnen und Stallupönen entstanden insgesamt 16 Vorwerke mit entsprechender Landwirtschaft. Im Laufe seines Bestehens gingen aus dem Gestüt Hunderte berühmter Rassepf-

✳
Jasnaja Poljana / Trakehnen
Ясная Поляна

Altes Gestüt mit großem Namen: Trakehnen – heute aufgegeben

erde hervor. Als die Rote Armee im Herbst 1944 näher rückte, wurde das Gestüt evakuiert. Etwa 700 Pferde schafften die Flucht in den Westen und sicherten so den Fortbestand ihrer Rasse. Nach Kriegsende wurde Trakehnen in Jasnaja Poljana (dt. »helle Lichtung«) umbenannt in Anlehnung an das gleichnamige Lew-Tolstoj-Landgut südlich von Moskau. Pferde werden hier nicht mehr gezüchtet.

Haupttor ▶ Am renovierten Gestütstor prangt die siebenendige Elchschaufel über dem Gründungsjahr, das Brandzeichen des Trakehner-Gestüts.

Schloss ▶ Das »Schloss« genannte ehemalige Haus des Landstallmeisters wurde nach dem Zweiten Weltkrieg als Schulgebäude genutzt. Heute ist hier ein Museum eingerichtet, das die Geschichte des Gestüts erzählt (Öffnungszeiten: Mo. – Fr. 8.00 – 16.00 Uhr).

Stallungen ▶ Die früheren Ställe sind verlassen. Wo heute ein sowjetisches Heldendenkmal steht, stand einst ein lebensgroßes Denkmal des legendären Deckhengsts »Tempelhüter«, das das Gestüt anlässlich des 200. Gründungsjahrs 1932 erhielt. Nach dem Krieg wurde es nach Moskau verbracht, wo es heute im Museum der Landwirtschaftlichen Akademie ausgestellt ist.

Rominter Heide Ganz im Osten des Kaliningrader Gebietes erstreckt sich die Rominter Heide. Nicht nur Kaiser Wilhelm II. sondern auch Reichsmarschall und »Reichsjägermeister« Hermann Göring hatte sie für sich entdeckt. In der einzigartigen Naturlandschaft soll 1804 der letzte Bär Preußens erlegt worden sein. Ein beliebtes Ausflugsziel ist der von Wald umrahmte See Marinowo im Norden des Heidegebiets.

Tschernjachowsk / Insterburg (Черняховск)

In Tschernjachowsk (Cernjahovsk, 45 000 Einw.), 26 km westlich von Gussew, ist der Geist des alten Ostpreußen nur in wenigen Orten erhalten geblieben. In der drittgrößten Stadt im Gebiet Kaliningrad gibt es aber zwei schöne Kirchen zu entdecken, das Schloss über dem Angerapp, aber auch die Wilhelmstraße (heute ul. Pionerskaja) im Zentrum, die von Linden und Jugendstilfassaden gesäumt ist. Pferdeliebhaber sollten das nahe gelegene **Trakehner-Gestüt** besuchen.

Am Zusammenfluss von Inster und Angerapp zum Pregel entstand ab 1336 eine neue Komturei östlich von Königsberg. Diese wurde allerdings nach gut einem Jahrzehnt bereits wieder aufgelöst, da die unruhige Gegend allzu häufig den Einfällen der Litauer ausgesetzt war. 1583 erhielt Insterburg Stadtprivilegien. Nach dem Zweiten Weltkrieg wurd es in Tschernjachowsk, im Gedenken an den gefallenen Sowjetgeneral Iwan Tschernjachowsk, umbenannt.

Die einstige Lutherkirche von 1612 ist nur noch auf alten Postkarten erhalten – das Wahrzeichen der Stadt wurde im Zweiten Weltkrieg beschädigt und anfangs der 1970er-Jahre sprengte man die Ruinen. Nur noch Kellergewölbe und Arkaden am oberen Ende einer Freitreppe erinnern an sie. Mit der Kirche ist auch der Alte Markt verschwunden, deutsche Häuser wurden abgerissen, um einem Lenin-Denkmal Platz zu machen. Die hier beginnende ehemalige Hindenburgstraße zieht sich heute als ul. Lenina bis zum Bahnhof. **Altstadt**

Die **evangelisch-reformierte Kirche** (Swjatomichajlowskij sobor) feierte ab 1890 ihre Gottesdienste in der damaligen Garnisonskirche. Die Bewohner von Insterburg engagierten sich für die Sanierung des Backsteingebäudes mit den drei Türmen und seit Ende der 1980er-Jahre wird es von der russisch-orthodoxen Gemeinde genutzt. Das Gotteshaus ist heute dem Heiligen Michael gewidmet. **Kirchen**

Bis heute ragen die schlanken Türme der **katholischen Kirche** (Katolitscheskaja zerkow) in den Himmel über der Stadt. Nach 1945 wurde hier Munition gelagert, seit 1994 feiern die von polnischen Franziskanern betreuten Katholiken ihre Gottesdienste.

Zu Sowjetzeiten war das Ordensschloss verwildert, das Kellergewölbe einsturzgefährdet. Eine junge Künstlergruppe hat sich für die Restaurierung stark gemacht und nun will man wieder verstärkt Touristen anlocken: Zu den Höhepunkten gehört das **Mittelalter-Festival** im August. Das alte Gebäude über der Angerapp auf einer kleinen Anhöhe beherbergt auch ein Museum (Samok, ul. Samkowaja). ★ **Schloss Insterburg**

Das Lied vom »Ännchen von Tharau« stammt vermutlich vom Königsberger Musikprofessor Simon Dach. Ein Gedenkstein an der Straße nach Georgenburg erinnert an Ännchens Vorbild, die Pfarrerswitwe Anna Beilstein geb. Neander, die 1689 in Insterburg starb. ★ **Ännchen-Stein**

▶ TSCHERNJACHOWSK ERLEBEN

ESSEN

▶ **Preiswert**

Traktir Janowskij
3. pereulok Pobedy
(Seitenstraße der ul. Kaliningradskaja)
Tel. (4 01 41) 323 21
Deftige russische Hausmannskost;
leider etwas außerhalb des Zentrums.

ÜBERNACHTEN

▶ **Komfortabel**

Hotel Kotschar
ul. Lenina 9, Tel. (4 01 41) 5 24 93
www.hotel-kochar.ru
Elegantes Hotel (50 Z.) mit italieni-
schen Möbeln; alle Zimmer mit
Jacuzzi, Mini-Bar, Internetzugang,
TV, Safe. Italienisches Restaurant,
Zigarren-Saal in der Lobby, Wellness-
Zentrum mit Sauna, Konferenzsaal
und Nachtklub.

▶ **Günstig**

Pension Kronwerk
ul. Sadowaja 21 a
Tel. (4 01 41) 326 91
Einfache Pension am neuen Markt
mit Restaurant.

Piwnoj Dwor
ul. Suworowa 14, Tel. (4 01 41) 346 27
Der »Bierhof« ist ein familiäres Hotel
(7 Z.) mit Wäscherei-Service, Parkplatz und kleinem Restaurant.

Bismarck-Turm Der baufällige Feldsteinturm wurde 1913 zu Ehren des ersten deutschen Reichskanzlers Otto von Bismarck eingeweiht (1 km nordwestlich des Stadtzentrums).

✳
Pferdegestüt
Georgenburg /
Majowka /
Георгенбург /
Майовка
Die berühmte **Trakehner-Vollblutrasse** wird heute in Majowka /
Georgenburg bei Tschernjachowsk gezüchtet. Ihre reinrassigen
Hengste sind die Nachkommen der edlen Rösser des einst weltgröß-
ten Gestüts Trakehnen. Georgenburg blickt auf eine 250-jährige
Zuchttradition zurück, die nach dem Zweiten Weltkrieg allerdings
auf Eis lag. Heute teilen sich hier rund 250 Trakehner, Hannoveraner
und Holsteiner die Ställe. Alljährlich finden **internationale Reittur-
niere** statt. Im kleinen Museum von Georgenburg erinnert ein Bild
an den stolzen Deckhengst Pythagoras, der zu den berühmtesten in
ganz Ostpreußen zählte (Konnyj sawod Georgenburg, Dorf Majews-
ka, ul. Zentralnaja 18).

Suworowka /
Weedern
Суворовка
Das alte Privatgestüt Weedern, südlich von Tschernjachowsk, ist heu-
te noch erstaunlich gut erhalten. Das mag daran liegen, dass im neo-
barocken Herrenhaus zu Sowjetzeiten eine Schule untergebracht war.
In den letzten Jahren ist das Gestüt allerdings eine Großbaustelle –
denn es wird derzeit zu einem Luxushotel umgebaut.

Ischewsk (Iževsk)

Eb 17

Region: Udmurtskaja Respublika
Einwohnerzahl: 631 000

Höhe: 131 m ü. d. M.
Kyrillisch: Ижевск

**Die Hauptstadt der Udmurten steht ganz im Zeichen der Waffen-
produktion, genauer gesagt der berühmt-berüchtigten »Kalaschnikow«. Den eigentlichen Reiz der Stadt macht jedoch ihre Lage an
einem Stausee in den westlichen Ausläufern des Urals aus.**

Der Fluss Isch gab der 1760 erstmals erwähnten Siedlung ihren Namen, die dank florierender Eisenverarbeitung rasch zu Wohlstand
kam. Nachdem aber 1774 der Ko-
saken-Rebell Pugatschow das Sagen
hatte, folgten lange Jahre der Stagnation und Repression. Der um-
triebige Ingenieur Andrej Derjabin
leitete ab 1804 eine wirtschaftliche
Wiederbelebung ein, sodass 1807
Zar Alexander I. eine Eisengießerei
gründen ließ, in der u. a. Kanonen
und Schiffsanker gegossen wurden.
Aus diesem Unternehmen erwuch-
sen die **Ischmasch-Werke**, bis heute einer der führenden russischen
Hersteller von Waffen sowie Autos und Motorrädern der Marke
»Izh«. Der in St. Petersburg ausgebildete Architekt Simjon Dudin
(1779 – 1825) prägte das Stadtbild mit seinen Entwürfen maßgeblich.

Waffenschmiede

> **!** *Baedeker* TIPP
>
> **Lounge-Café Moskwa**
>
> »Sehen und gesehen werden« heißt es hier ab
> morgens 8.00 bis spät in die Nacht. Das Lokal ist
> momentan der angesagteste Treffpunkt in
> Ischewsk (ul. Sowjetskaja 15).

Sehenswertes in Ischewsk

Der 14 km lange Stausee von Ischewsk, einer der größten im Ural,
wurde vor mehr als 200 Jahren angelegt, um die Eisengießerei zu
versorgen. Heute ist der See ein beliebtes Naherholungsziel. Die
hübsch hergerichtete 3 km lange Uferpromenade (promenad) mit
ihren Blumenrabatten und Bänken lädt zum Bummeln ein.

✷ Uferpromenade

Das 300 m lange Arsenal auf dem weitläufigen Ploschtschad 50-letja
Oktjabrja ist eines der imposantesten Architekturdenkmäler der
Stadt. Es entstand 1823 bis 1825 nach Entwürfen von Simjon Dudin
mit Säulen und Ornamenten in Form von Ritterrüstungen. Hier ist
das Nationalmuseum der Teilrepublik Udmurtien (Nazionalnyj musej Udmurtskoj Respubliki imeni Kusebaja Gerda) eingerichtet, das
sich mit Brauchtum, Kultur und Trachten der wichtigsten Volksgruppen der Udmurtischen Republik – Russen, Udmurten, Tataren
und Mari – beschäftigt. Beachtung verdienen traditionelle Musikinstrumente und natürlich in Ischewsk hergestellte Waffen (ul. Kommunarow 287; Öffnungszeiten: Di. – So. 8.30 – 17.30 Uhr).

✷ Arsenal

**◀ Udmurtisches
Nationalmuseum**

🕓

▶ ISCHEWSK ERLEBEN

AUSKUNFT
www.izh.ru (auch Englisch)
www.udmurt.ru (auch Englisch)

ESSEN
▶ Erschwinglich
Picasso
ul. Puschkinskaja 268
Das Lokal ist ausgesprochen »in«. Es
gibt japanische und italienische Küche.

Jagger
ul. Kirowa 140
Tel. (34 12) 43 15 77
Hier kann man »abhängen« wie in
London: englisches Pub und Whisky-
Bar mit internationaler Küche.

▶ Günstig
Owazija
ul. Puschkinskaja 211
Tel. (34 12) 63 66 33
Originelles Theatercafé mit Kaminsaal,
urigem Keller, warmer Holzeinrich-
tung. Udmurtische und internationale
Küche. Zu empfehlen ist Fisch auf
udmurtische Art.

ÜBERNACHTEN
▶ Luxus
Park-Hotel
5-ij km Jakschur Bodyinskogo trakta 2
426054 Ischewsk
Tel. (34 12) 59 37 59, Fax 59 94 75
http://park-hotel.udmnet.ru/
Kleine, aber sehr feine etwas außerhalb der Stadt gelegene Herberge mit
10 großzügig geschnittenen und
geschmackvoll eingerichteten Studios
bzw. Appartements.

▶ Komfortabel
Hotel Zentralnaja
ul. Puschkinskaja 223
426057 Ischewsk
Tel. / Fax (34 12) 43 30 90
Renoviertes Stadthotel mit 200 Betten,
Sauna, Café und Konferenzraum

Erzengel-Michael-Kathedrale ✹ Das prächtige, dem Erzengel Michael geweihte Gotteshaus (Swjato-Michajlowskij sobor) thront auf einem kleinen Hügel in der Innen-stadt. Die stilistisch der Moskauer Basilius-Kathedrale nachempfun-dene Kirche bietet 2000 Gläubigen Platz. Zu Sowjetzeiten wurde die Kathedrale gesprengt, 2007 aber nach dreieinhalbjähriger Wiederauf-bauzeit neu geweiht – genau 100 Jahre nach der Einweihung der his-torischen Kathedrale. Die Hauptikone, dem Erzengel Michael gewid-met, entstand vor über 100 Jahren und ist das einzige noch aus der alten Kathedrale erhaltene Heiligenbild. Die übrigen Ikonen wurden von Meistern aus Udmurtien, Palech und Uljanowsk geschaffen.

Kalaschnikow-Museum
🕐 Öffnungszeiten:
Di. – So.
9.00 – 19.00

✹ Zum 85. Geburtstag des Waffenkonstrukteurs **Michail Timofeje-witsch Kalaschnikow** (▶ Berühmte Persönlichkeiten) wurde 2004 dieses Museum eröffnet. Hier dreht sich alles um die »Awtomati-scheskaja Kalaschnikow«, jenes automatische Sturmgewehr, das der Konstrukteur 1947 erstmals präsentiert hat. Das Modell »AK-47« wurde bislang inklusive aller Weiterentwicklungen in den Ischewsker Ischmasch-Werken und auch an anderen Standorten millionenfach

Wohlwollend schaut Dimitrij Medwedjew auf einen russischen »Exportschlager«: die Kalaschnikow.

gebaut und wurde Standardwaffe der Armeen des Warschauer Pakts. Auch in vielen Ländern der Dritten Welt und bei Guerillas fand die Waffe rasche Verbreitung – um Patente und Lizenzen scherte man sich in der Sowjetunion nicht allzu sehr.

Auch andere von Kalaschnikow entwickelte Waffen sind ausgestellt, ebenso Fotos und persönliche Erinnerungsgegenstände des heute hochbetagten, aber immer noch bei den Ischmasch-Werken aktiven Tüftlers (Musejno-wystawotschnyj kompleks strelkowogo oruschija imeni M. T. Kalaschnikowa, ul. Borodina 19).

Die »Galereja / wystawotschnyj zentr« neben dem Kalaschnikow-Museum ist Kunstmuseum und staatliches Begegnungszentrum für Kunstschaffende zugleich. Hier werden Batik-, Keramik- und Birkenholz-Schnitzkurse sowie Wechselausstellungen geboten. Im Museumsladen kann man Schönes zu fairen Preisen erwerben (ul. Karla Marksa 244a, Nähe Kaufhaus ZUM und Kinoteatr Rossija, Öffnungszeiten: Mo. – Fr. 10.00 – 19.00 Uhr, Sa., So. 10.00 – 18.00 Uhr.)

Galerie-Ausstellungszentrum

⊙

Schon vor über 200 Jahren wurden in Ischewsk Flinten für den Krieg gegen Napoleon gebaut und im Zweiten Weltkrieg waren die Werke Hauptwaffenlieferant der Roten Armee. Das Museum der Ischmasch-Werke ist im ältesten Gebäude der Stadt untergebracht. Natürlich wird auch hier der »AK-47« große Beachtung geschenkt; ferner sind um 1870 gefertigte Bajonette, italienische Vetterli-Vitali-Gewehre aus den 1870er-Jahren, Maschinenpistolen und andere historische Waffen zu sehen. Auch Motorräder und Autos der Marke »Izh« (sprich: »Isch«) kann man bestaunen (ul. Swerdlowa 32).

Ischmasch-Museum

⊙
Öffnungszeiten:
Mo. – Fr.
9.00 – 16.30

Hundedenkmal In Ischewsk hat nicht der legendäre Weltraum-Pionier Jurij Gagarin ein Denkmal bekommen, sondern dessen Hund **Swjosdotschka** (dt. »Sternchen«). Denn hartnäckig hält sich die Legende, dass das Tier zwei Wochen vor Gagarin für einen Testflug im Raumschiff »Wostok« eingesetzt wurde und – im Gegensatz zu vielen seiner Vorgänger – wieder zur Erde, in die Nähe des Flughafens Ischewsk, zurückgekehrt ist ((Pamjatnik Swjosdotschkij, ul. Molodjoschnaja).

Umgebung von Ischewsk

✶
Freilichtmuseum Ludorwaj Лудорвай
🕑
Öffnungszeiten:
Mai – Okt. tgl.
10.00 – 17.00

In dem 17 km südwestlich von Ischewsk gelegenen Freilichtmuseum sind für Udmurtien typische Bauten des 19. und frühen 20. Jh.s versammelt, darunter eine hölzerne Windmühle, Wohn- und Zweckbauten der Udmurten, russische Bauernhäuser sowie Beispiele tatarischer Baukunst. Alle Häuser sind stilecht eingerichtet mitsamt Steinofen, Ikonenecke, altem Mobiliar, Schmiedearbeiten und Stickereien. Besonders schön: die bunten Trachten udmurtischer Frauen (Architekturno-etnografitscheskij musej-sapowednik Ludorwaj).

Wotinsk Вотинск

55 km nordöstlich von Ischewsk liegt die Industriestadt Wotinsk, vor allem bekannt als **Geburtsort von Pjotr Iljitsch Tschajkowskij** (►Berühmte Persönlichkeiten), getauft in der Mariä-Verkündigungs-Kathedrale (Blagoweschtschenskij sobor) im Stadtzentrum.

✶
Tschaikowski-Museum ►

🕑

Das gepflegte Anwesen an einem malerischen Weiher wurde anlässlich des 100. Geburtstags des Komponisten 1940 als Museum eröffnet. Es umfasst das Geburtshaus, einen Park mit drei klassizistischen Pavillons, ein Wohnhaus (Blockbau, Isba), Speicher und Nebengebäude. Von Zeit zu Zeit finden Musik- und Folklore-Festivals statt, die Stätte wird auch für Tschajkowskij-Konferenzen genutzt (Gosudarstwennaja musej-usadba P.I. Tschaijkowskogo, ul. Tschaijkowskogo 119; Öffnungszeiten: Di. – So. 9.00 – 17.00 Uhr).

Iwanowo (Ivanovo)

Df 17

Region: Iwanowskaja oblast	**Höhe:** 125 – 158 m ü. d. M.
Einwohnerzahl: 410 000	**Kyrillisch:** Иваново

Wegen seiner florierenden Textilindustrie wurde die rund 300 km nordöstlich von ►Moskau gelegene Stadt schon früh als das »Russische Manchester« bezeichnet. Wer sich für die Anfänge der russischen Version des Industriekapitalismus interessiert, sollte sich genügend Zeit für den Besuch von Museen und historischen Industriebauten nehmen.

Russisches Manchester

Die zahlreichen Textilfabriken in der »Stadt der Bräute« – so eine weitere treffende Bezeichnung für Iwanowo – haben Frauen in der

ganzen Sowjetunion angezogen und sie mit entsprechender Aussteuer versehen. Da passt es, dass hier **Slawa Saizew**, der als »russischer Dior« weltbekannte Modeschöpfer, 1938 zur Welt kam. Ihm eifern einige in Iwanow ansässige Modedesigner nach. Iwanowo breitet sich zwischen den beiden Strömen Wolga und Kljasma am Fluss Uwod aus. Gemessen an der Einwohnerzahl ist das Stadtzentrum relativ klein und kann gut zu Fuß erkundet werden. Herausragende historische Baudenkmäler gibt es kaum, dafür interessante Museen.

Mode aus Iwanowo von Irina Somolowa

Das Dorf Iwanowo wurde 1561 erstmals erwähnt, als es Iwan der Schreckliche seinem Schwager Fürst Tscherkassi vermachte. Ab dem 17. Jh. entwickelte sich das Textilgewerbe und 1742 gründete man die erste Großweberei. Hochwertige Produkte wurden bereits im ausgehenden 18. Jh. exportiert. Zu Sowjetzeiten stammte ein Großteil der Stoffproduktion im Land aus Iwanowo und den mehr als 200 Textilfabriken in der Region. Heute wird nur noch in wenigen Fabriken produziert, doch seit dem massiven wirtschaftlichen Einbruch in den 1990er-Jahren geht es wieder zögerlich bergauf.

Sehenswertes in Iwanowo

Den Grundstock dieser Ausstellung bilden die Sammlungen – Literatur, Porzellan, Waffen, Möbel, Münzen von der Antike bis ins 20. Jh. – des auch als Kunstmäzen bekannt gewordenen Fabrikanten **Dmitrij Burylin** (1852 – 1924). Dafür ließ er 1914 ein Gebäude im Stil eines italienischen Palazzos errichten. Nach der Machtergreifung der Bolschewiki wurde das Museum verstaatlicht und nach dem Tod Burylins brachte man einen Teil der Exponate nach Moskau, St. Petersburg und auf die Krim. Zu Sowjetzeiten lag der Ausstellungsschwerpunkt auf der Heimat- und Volkskunde; viele andere interessante Stücke verschwanden in den Depots. Seit 2002 zeigt das Museum wieder viele der lange nicht gesehenen Schätze (Musej promyschlennosti i iskusstwa im. D. G. Bachruschina, ul. Baturina 6/40).

Industrie- und Kunsthandwerk- Museum
🕐
Öffnungszeiten:
Di. – So.
11.00 – 17.00

Gegenüber vom Wohnhaus Burylins wird die Geschichte der Kattunweberei bzw. der gesamten Textilindustrie im Gebiet Iwanowo nachgezeichnet. Natürlich durfte hier auch schon Slawa Saizew die eine oder andere Kollektion präsentieren (Musej Iwanowskogo siza, ul. Baturina 11/42).

Kattunmuseum
🕐
Öffnungszeiten:
Di. – So.
11.00 – 17.00

IWANOWO ERLEBEN

AUSKUNFT

www.tourizm.ivanovo.ru/en (auch auf Englisch)

ESSEN

► Erschwinglich

Michel
ul. Stjepanowa 15, Tel. (49 32) 41 30 32
Eine breite Auswahl französischer Weine, entsprechende Gerichte und leichte Unterhaltungsmusik schaffen ein wenig Pariser Atmosphäre.

► Preiswert

Café Arabesque
ul. Marchlewskogo 34/45
(Eingang: ul. Kusnezowa)
Tel. (49 32) 30 63 77
Allerlei Kaffeespezialitäten: türkischer, schottischer oder Wiener Art.

ÜBERNACHTEN

► Komfortabel

Sosnowyj bor
ul. Ljubimowa 3
153040 Iwanowo

Tel. (49 32) 54 19 94
Fax (49 32) 53 47 33
www.ivsbor.ru
32 Z. Freundlicher Ferienkomplex in einem Kiefernwald am Stadtrand mit Restaurant, Sauna und Schönheitsklinik.

► Komfortabel / Günstig

BE Malinki Club Hotel
6-oj km Rodnikowskogo schosse
153508 Malinki
Tel. (49 32) 35 22 22
Fax (49 32) 34 53 63
www.malinki.ru
5 km außerhalb von Iwanowo Erholung pur: gemütliche Landhäuser im russischen Stil, Restaurant, zwei Pools, Sauna, Diskothek, Reiten, Angeln, Tennis.

SOUVENIRS

Magazin Suveniry
ul. Krasnoj Armii 4/2
Hier gibt es eine große Auswahl im Palech-Stil bemalter Schatullen.

Kunstmuseum

🕐 Öffnungszeiten: tgl. außer Di. 11.00 – 16.00

Die Sammlungen umfassen neben Kunst aus dem alten Ägypten sowie aus China und Persien als Schwerpunkt russische Ikonen nach Stroganow-Art oder im Stil der regionalen Meister von Palech und Choluj. Wem die Anreise in die Künstlerdörfer Palech oder Choluj zu beschwerlich ist, kann im **Museumsladen** schöne Lackminiaturen, Kunsthandwerk aus Rostow Welikij, Chochloma und anderen Kunstzentren erwerben (Iwanowskij chudoschestwennyj musej, prospekt Lenina 33)

Scheremetjew-Haus

Das Haus des einflussreichen russischen Grafen Scheremetjew beeindruckt mit seiner einzigartigen spätklassizistischen Fassade (Wotschinaja kontora Scheremetjewych, rutizkaja ul. 43).

Ehem. Kattun-Manufaktur

Geht man die Krutizkaja ul. bis zum Flussufer hinunter, stößt man in der Uliza Koltilowa auf zwei Gebäude der ehemaligen Kattun-Manufaktur. Im roten Backstein-Fabrikgebäude wurden Stoffe gefertigt und im Obergeschoss getrocknet. Die daneben liegende Villa des einstigen Manufakturbesitzers Gratschew aus dem ausgehenden 18. Jh. diente zu Sowjetzeiten als Pionierpalast und wird heute für vielerlei kulturelle Darbietungen genutzt (ul. Kolotilowa 43).

Umgebung von Iwanowo

Eines der Zentren der Lackminiaturenmalerei erreicht man 63 km südöstlich von Iwanowo. Die hiesigen Maler, deren Traditionen bis ins 16. Jh. zurückreichen, haben die filigrane Maltechnik zur Perfektion gebracht. Charakteristisch für Palech sind Schatullen aus Papp-maché, auf deren schwarzem Grund Motive aus dem bäuerlichen Alltag, aus Märchen und aus der Bibel mit gewaltigem Zeitaufwand aufgetragen werden. Wunderschöne Lackminiaturen kann man in einem kleinen Museum bestaunen (ul. Bakanowa 50; Öffnungszeiten: Di.–So. 10.00 bis 18.00 Uhr).

✱ Palech Палех

Dass Palech bis heute ein Zentrum der Lackminiaturen-Malkunst ist, hat es vor allem **Iwan Golikow** (1887–1937) zu verdanken, der eine Genossenschaft für alte Malkunst ins Leben gerufen hatte, die zu Sowjetzeiten als künstlerischer Industriebetrieb weitergeführt wurde. Auch ihm ist ein kleines Museum gewidmet (ul. Lenina 2).

Der malerisch am Fluss Tesa weiter südöstlich im Rayon Wjasniki gelegene Ort **Choluj** (Холуй) mit mehreren Kirchen aus dem 17. bis 19. Jh. ist ein weiteres Zentrum der **Lackminiaturenmalerei**, jedoch nicht so bekannt wie Palech. An der hiesigen Kunstschule wird heute außer der alten Kunst der Lackminiaturenmalerei auch modernes Design gelehrt. Die 700 schönsten Schatullen sind im Ortsmuseum ausgestellt (Musej cholujskogo iskusstwa, ul. Putilowa 10; Öffnungszeiten: Di.–So. 10.00–17.00 Uhr).

Lackmalerei aus Palech: »Ruslan und Ludmilla« nach Alexander Puschkin

▶ PLJOS ERLEBEN

AUSKUNFT
www.plios.ru (nur Russisch)

ESSEN

▶ **Erschwinglich**
Yacht-Klub
ul. Sowjetskaja 43
Tel. (4 93 39) 4 35 89
http://plios.ru/ru/guide/yacht_club/
Feine russische Küche, z. B. hausgemachte usbekische Manty oder Kürbispuffer im früheren Wohnhaus des Kaufmanns Soboljow.

ÜBERNACHTEN

▶ **Komfortabel**
Sobornaja Sloboda
ul. Sowjetskaja 27
Tel. (905) 109 70 28
www.plios.ru
Romantik in der Altstadt von Pljos: Bei jedem der elf Bungalows herrscht ein anderer Stil vor – von altenglischem Blumendesign bis rustikal.

✳ ✳ **Pljos** (Плёс)

»Perle an der Wolga«

Das verträumte Städtchen Pljos, 70 km nordöstlich von Iwanowo, ist für seine malerische Lage am rechten Steilufer der Wolga bekannt. Pljos hat viele schmeichelhafte Beinamen wie »Perle an der Wolga« oder »russische Schweiz«. Landschaftsmaler wie Isaak Lewitan ließen sich von der hügeligen, waldreichen Lage am Fluss inspirieren. Pljos ist aus einer 1410 vom Moskauer Großfürsten Wassilij I erbaute Festung hervorgegangen.

✳ ✳ **Kathedralenhügel**

Der **schönste Ausblick auf die alten Holzhäuser und die Wolga** eröffnet sich vom Kathedralenhügel (sobornaja gora). Besonders die fünf Zwiebelkuppeln der Auferstehungskirche, 1695 an Stelle einer niedergebrannten Holzkirche errichtet, stechen hervor. Hier auf diesem Hügel stand die hölzerne Festung von Großfürst Wassilij. Unterhalb erstreckt sich das ehemalige Handelsviertel mit der Auferstehungskirche, die hoch über dem Steilufer der Wolga an den Sieg über Napoleon erinnert. Auch die Handelsreihen auf dem historischen Marktplatz sind erhalten geblieben.

✳ **Lewitan-Hausmuseum**

 Öffnungszeiten: tgl. außer Mo. 9.00 – 18.00

Am engsten ist das Städtchen mit dem Werk des Wandermalers Isaak Lewitan (1860 – 1900) verbunden. Im dessen ehemaligem Wohnhaus ist heute ein Museum untergebracht, das die von Pljos inspirierten Arbeiten mehrerer Künstler vorstellt. In Lewitans Pljoser Zeit, die von 1888 bis 1890 dauerte, schuf er neben seinen bekanntesten Werken »An der Wolga« und »Abendgeläut« über 40 weitere Bilder, in denen Birkenwälder, die Wolga und das Lichtspiel der Wolken zentrale Motive sind (Memorijalnyj dom-musej I. I. Lewitana, ul. Lunatscharskogo 4/2).

Im **Museum für Handwerkskunst** kann man schöne Lackminiaturen aus Palech und Choluj bewundern sowie Textilkunst. Im kleinen Museumskiosk werden Souvenirs verkauft (Wystawka narodnogo i dekoratiwno-prikladnogo iskusstwa, ul. Lunatscharskogo 6). **Weitere Museen**

Lewitan verewigte 1889 auch zweistöckige Steinhaus der altgläubigen Kaufleute Groschew und Podgornow auf seinem Gemälde »Abend. Goldenes Pljos«. Seit 1997 ist dort das **Museum der Landschaftsmalerei** untergebracht mit Ausstellungen regionaler Künstler (Musej pejsascha, ul. Lunatscharsko 20).

✶ ✶ Jaroslawl (Jaroslavl)

De 17

Region: Jaroslawskaja oblast	**Höhe:** 87 m ü. d. M.
Einwohnerzahl: 610 000	**Kyrillisch:** Ярославль

In einer der schönsten und ältesten Städte Russlands herrscht derzeit reger Betrieb: Fassaden werden herausgeputzt, an vielen Stellen wird gebaut – denn schließlich will man zur 1000-Jahr-Feier 2010 besonders schön glänzen.

Schon heute ist die 280 km nordöstlich von Moskau am Zusammenfluss von Wolga und Kotoroslawl gelegene Stadt **eines der meistbesuchten Touristenziele Russlands**, denn in der Altstadt, die seit 2005 zum UNESCO-Weltkulturerbe gehört, spiegelt sich die Geschichte des Landes wieder. In der warmen Jahreszeit machen hier unzählige Reisebusse Station, die entlang des Goldenen Rings unterwegs sind, ebenso legen ständig Wolga-Schiffe an. Jaroslawl gehört zu den wenigen Städten in Russland, die sich mit entsprechender Infrastruktur (Hotels, Restaurants etc.) seht gut auf ausländische Besucher eingestellt haben. **Herrliche Altstadt**

Fürst Jaroslaw der Weise (Jaroslaw Mudryj) nahm die Ansiedlung Medweschij ugol (dt. »Bärenecke«) 1010 ein und ließ eine Festung errichten. 1218 wurde Jaroslawl Zentrum eines unabhängigen Fürstentums, das 1438 aber von den Tataren fast völlig zerstört und 1463 von Moskau einverleibt wurde. Für kurze Zeit, als Polen während der »Zeit der Wirren« 1612 Moskau besetzte, war Jaroslawl sogar die Hauptstadt Russlands. Die Stadt entwickelte sich zu einem bedeutenden Kultur- und Handelszentrum im Nordosten des Landes und brachte es im 17. Jh. zu sieben Klöstern, 50 Kirchen und 25 Handelsreihen. Kaufleute aus den Niederlanden, Deutschland, Dänemark, Frankreich und Indien waren aktiv; hier gründete Fjodor Wolkow im 18. Jh. das erste öffentliche Theater Russlands. Nach dem Zweiten Weltkrieg erlebte Jaroslawl einen enormen Aufschwung dank der Schwerindustrie, aber auch als Universitätsstandort. Heute zählt der Tourismus zu den bedeutendsten Branchen. **Geschichte**

JAROSLAWL ERLEBEN

AUSKUNFT

Jartur-Info
ul. Swobody 24, 150000 Jaroslawl
Tel. (48 52) 30 17 63
www.adm.yar.ru (auch Englisch)

ESSEN

▶ Fein & teuer

① *Poplawok*
Tel. (48 52) 30 38 88
www.rk-poplavok.ru
tgl. 12.00 – 1.00 Uhr
Malerisch zwischen Wolga und Kotoroslawl gelegener Gastro-Komplex. Hier gibt es für jeden etwas: Fisch, Fleisch und flambierte Früchte werden in elegantem Ambiente, auf einem Schiff und in gemütlichen Holzlauben serviert.

▶ Erschwinglich

② *Piwnoj klub Dlja swoich*
ul. Sowjetskaja 78
Tel. (48 52) 73 27 56
tgl. 11.00 – 5.00 Uhr
Klassisches Bierpub mit allerlei Gerichten.

③ *Van Gogh*
ul. Kirowa 10/25
Das Lokal ist bekannt für seine Suppe aus drei Kohlarten und seinen »Van-Gogh-Wodka«. Dazu werden Blues und Chansons in elegant-minimalistischer Lounge-Atmosphäre geboten.

④ *Aktjor*
ul. Kirowa 5a
Tel. (48 52) 72 75 43
Im »Schauspieler« im Zentrum der Stadt wird traditionelle russische Küche rund um die Uhr serviert.

ÜBERNACHTEN

▶ Luxus

① *Ring Premier Hotel*
ul. Swobody 55

150040 Jaroslawl
Tel. (48 52) 73 37 89
www.ringpremier-hotel.ru
122 Zimmer und Suiten. Bestens ausgestattetes Luxushotel mit Bar, Konferenzräumen, Sauna und Fitness-Studio.

▶ Komfortabel

② *Juta*
ul. Respublikanskaja 79
150000 Jaroslawl
Tel. (48 52) 21 87 93
www.utah.yaroslavl.ru
20 Z. Modernes Haus in zentraler Lage mit geräumigen Zimmern. Für Nachtschwärmer: Bar, Casino und Show-Restaurant, das überwiegend russische Küche, auch Pasta und Lasagne bietet.

③ *Wolschskaja schemtschuschina*
Wolschskaja nabereschnaja
(beim Arsenal-Turm)
150000 Jaroslawl
Tel. (48 52) 73 12 73
www.riverhotel-vp.ru
39 Z. Die schwimmende »Perle der Wolga« bietet klassisch-elegante Zimmer auf dem Wasser. Das Restaurant serviert raffinierte mediterrane Küche.

FESTE

Masleniza
Zum russischen Frühlingsfest bzw. Karneval werden überall in der Stadt bunte Umzüge, Folklore und Spiele geboten. Dazu gibt es dampfend heiße Blini (Pfannkuchen).

Festival der Chor- und Glockenmusik
Alljährlich in der Zeit um den 19. August erfüllen Chöre, Orchester und Glockenspieler die Altstadt von Jaroslawl mit Wohlklang.

Jaroslawl Orientierung

Map labels:

- pr. Oktjabrja
- ul. Nekrassowa
- Krasnaja pl.
- Perwomajskaja ul.
- Wolodarskowo nab.
- Christi-Geburt-Kirche
- Museum »Musik und Zeit«
- Nikolaus-Nadein-Kirche
- ul. Tschalkowskogo
- ul. Swerdlowa
- ul. Respublikanskaja
- ul. Sobinowa
- ul. Uschinskogo
- ul. Kirowa
- ul. Sowjetskaja
- ul. Kedrowa
- Fj.-Wolkow-Dramen-theater
- Prophet-Elias-Kirche
- Kunstmuseum (Palast des Gouverneurs)
- ul. Puschkina
- Turm zu Mariä Erscheinen pl.
- Wolkowa
- ul. Kirowa
- Sowjetskaja pl.
- Narodny per.
- Revolutions-denkmal
- ul. Swobody
- Handels-reihen
- Kaufhof
- Erzengel-Michael-Kirche
- Wolga-Turm
- Palast des Metropoliten
- ul. Sobinowa
- Oktjabraskaja
- Bogoljawlenskaja pl.
- Christi-Verklärungs-Stadtkirche
- Christi-Verklärungs-Kirche
- Nikolaj-Rubljonnyj-Kirche
- Gottesmutter von Tichwin-Kirche
- ul. Bol.
- ul. Respublikanskaja
- Kirche zu Christi Erscheinen
- Christi-Verklärungs-Kloster
- Nikolaus der Wasserträger-Kirche
- Kotoroslnaja nab.
- Kotorosl
- Strelka
- **Wolga**
- 300 m
- ©Baedeker
- pr. Moskowskij
- Nabereschnaja Sakotoroslnaja
- Johannes-Chrysostomos-Kirche
- Wladimir-Kirche
- Glocken-turm
- Johannes-der-Täufer-Kirche
- ul. Mal. Proletarskaja
- Troplinskij per.
- ul. Melnitschnaja
- ul. Troplinskaja
- ul. Jemeljana Jaroslawskogo
- **KOROWNIKI**
- Melnitschnyj per.
- ul. Melnitschnaja
- ul. Kirpitschnaja
- pr. Moskowskij
- ul. Melnitschnaja
- Karabicha
- Bahnhof

Essen
① Poplaw ok
② Piwnojklub
③ Van Gogh
④ Aktjor

Übernachten
① Ring Premier Hotel
② Juta
③ Wolschskaja schentschutschina

Sehenswertes in Jaroslawl

Guter Ausgangspunkt für einen Stadtspaziergang ist das prächtigste Kloster der Stadt (Spasso-Preobraschenskij monastyr), zugleich **eines der bedeutendsten Architekturdenkmäler landesweit**. Man betritt es über den Bogojawljenskaja ploschtschad inmitten der Altstadt. Das Bauwerk gehört zum Jaroslawler Museumskomplex für Ge-

★ ★
Christi-Verklärungs-Kloster

Wahrzeichen des Christi-Verklärungs-Klosters sind seine grünen Kuppeln.

schichte, Architektur und Kunst (Jaroslawskij istoriko-architekturnyj i chudoschestwennyj musej-sapowednik, ploschtschad Bogojawljenskaja 25, Öffnungszeiten: tgl. 10.00 – 17.30 Uhr; www.yarmp.yar.ru).

🕐

Geschichte ▶ Mit der Gründung des Klosters in der zweiten Hälfte des 12. Jh.s sollte das Christentum in der Gegend gefestigt werden. Lange Jahre ersetzte es einen Kreml. Unter Fürst Konstantin wurde es im frühen 13. Jh. zu einem bedeutenden Kulturzentrum mit reich ausgestatteter Bibliothek und Scriptorium ausgebaut. Ab 1550 begann man, die hölzernen Palisaden durch steinerne Wehrtürme mit Schießscharten zu ersetzen, so dass das Kloster zu einer der sichersten Festungen an der Wolga wurde, an dessen mächtigen Mauern auch polnische und litauische Angreifer scheiterten. In der zweiten Hälfte des 18. Jh.s erreichte das Kloster den Höhepunkt seiner Macht, als es zahlreiche Dörfer in der Umgebung mit rund 14 000 Bauern besaß.

Heiliges Tor ▶ Dieses dem Kotorslawl-Fluss zugewandte zweibogige Tor (Swjatyje worota) wurde 1516 zeitgleich mit der Hauptkathedrale des Klosters vollendet. Ungewöhnlich ist die Ausmalung der Durchfahrt von 1564 mit Engel, Drachen und Fabelgestalten sowie Szenen der Apokalypse.

Christi-Verklärungs-Kathedrale ▶ Den Innenhof dominiert die dreikuppelige Christus-Verklärungs-Kathedrale (Spasso-Preobraschenskij sobor), die als **ältest erhaltenes Bauwerk der Stadt** gilt. Sie wurde 1505 bis 1516 an Stelle eines zu Beginn des 13. Jh.s entstandenen und später abgebrannten Vorgängerbaus nach Vorlagen Moskauer Baumeister errichtet. Da sie fast zur gleichen Zeit wie die Erzengel-Kathedrale (Archangelskij sobor) im Moskauer Kreml entstand, sind gewisse Ähnlichkeiten wie das hohe Sockelgeschoss und eine offene Galerie nicht zu verkennen. Die Ausmalung des Innenraums besorgten Künstler aus Moskau und Jaroslawl in den Jahren 1563 und 1564: Eine **monumentale Szene des**

Jüngsten Gerichts nimmt fast die ganze Westwand ein; gegenüber ist Johannes der Täufer abgebildet. Von der ursprünglichen Ikonostase sind noch 13 Ikonen erhalten; vier davon werden Schülern des berühmten Ikonenmalers Dionysos zugeschrieben.

Den »Wundertätern von Jaroslawl« – dem im späten 13. Jh. regierendem Fürst Fjodor Tschjornij und seinen Söhne Konstantin und David – ist die neben der Kathedrale errichtete Kirche (Zerkow Jaroslawskich tschudotworzew) geweiht. Die Reliquien der heilig gesprochenen Fürstenfamilie werden bereits seit 1463 im Kloster aufbewahrt.

◄ Kirche der Wundertäter von Jaroslawl

Im östlichen Teil des Klosterhofs steht das Glockenhaus (swonniza; 16. Jh.), dessen unteres Stockwerk die Kirche der Gottesmutter des Höhlenklosters beherbergt. Hier beeindruckt die direkt auf die Wand gemalte Ikonostase; ferner sind Glocken aus dem 16. bis 19. Jh. ausgestellt. Von der Aussichtsplattform hat man einen wunderschönen Blick über das Kloster und die Altstadt an der Wolga.

◄ Glockenhaus

Auf der anderen Seite des Innenhofs sind ein Refektorium, das Haus des Abts und die Chirsti-Geburt-Kirche (Trapesnaja i zerkow Roschdestwa Christowa) zu einem baulichen Ensemble verschmolzen. Der schlichte Speisesaal entstand Anfang des 16. Jahrhunderts. Im großen Saal wurden hohe Gäste empfangen. Die Wohnstuben des Abtes und die östlich angrenzende und als Kreuzkuppelbau angelegte Christi-Geburt-Kirche stammen aus dem 17. Jahrhundert.

◄ Refektorium, Christi-Geburt-Kirche

Die Mönchszellen (kelejnyj korpus) hinter der Kathedrale richtete man in der zweiten Hälfte des 17. Jh.s ein – beheizbar und mit Einbauschränken ausgestattet.

◄ Zellengebäude

Hinter der Brücke über den Kotoros ließ Kaufmann Alexej Subtschaninow zwischen 1684 und 1693 dieses mächtige Gotteshaus mit fünf Kuppeln erbauen. Es gab auch dem Hauptplatz vor dem Kloster seinen Namen. Allerdings unterscheidet es sich durch sein großzügiges Schmuckwerk deutlich vom gegenüberliegenden Verklärungskloster: Vertikale und horizontale Zierfriese schmücken die Fassade. Innen wirkt die pfeilerlose Kirche sehr hell. Bei der Bemalung der Wände bevorzugten Dmitrij Plechanow und Fjodor Ignjatew warme bräunliche Farbtöne und stellten Szenen des Heiligenlebens und der Bibel dar. Zu den imposantesten Motiven gehören Auferstehung und Himmelfahrt Christi und die Dreieinigkeit. Auch die prächtig geschnitzte Ikonostase aus der Entstehungszeit der Kirche ist noch erhalten (Zerkow Bogojawljenja, Bogojawljenskaja ploschtschad).

★
Kirche zu Christi Erscheinen

Highlights Jaroslawl

Christi-Verklärungs-Kloster
Eines der bedeutensten sakralen Architekturdenkmäler Russlands
► **Seite 259**

Prophet-Elias-Kirche
Monumentale Wandmalereien von Nikitin und Sawin
► **Seite 262**

Handelsreihen Die Handelsreihen von Jaroslawl (Gostinyj dwor) sind ein bemerkenswertes Beispiel klassizistischer russischer Baukunst. Sie wurden zwischen 1814 und 1818 im Zuge der architektonischen Neugestaltung der Innenstadt an Stelle der geschleiften Festungswälle errichtet. Heute ist nur noch der pastellgelbe Mittelbau mit seiner klassizistischen Säulengalerie an der Uliza Perwomajskaja 10 erhalten.

Befestigungs-anlagen Jaroslawl wurde von Palisaden, Erdwällen und Türmen geschützt. Nach einer verheerenden Brandkatastrophe 1658, der auch die hölzernen Festungswerke zum Opfer fielen, war die Stadt zunächst ohne Schutz. Doch bis 1660 enstanden 16 steinerne Wehrtürme, von denen heute noch zwei erhalten sind. Der viereckige Turm zu Mariä Erscheinen in der Perwomajskaja ul. bewachte die Straße nach Uglitsch; der ebenfalls noch erhaltene Wolga-Turm steht am Fluss.

Fjodor-Wolkow-Dramentheater Folgt man der Perwomajskaja ul. weiter, erreicht man das 1911 errichtete Fjodor-Wolkow-Dramentheater, eines der interessantesten Baudenkmäler der Moderne in der russischen Provinz. Über dem Eingangsportal erhebt sich eine weiße Säulengalerie, auf der drei antike Gottheiten in einem halbrunden Nischenbogen thronen; das Hauptportal flankieren zwei symmetrisch angelegte Rotunden mit drei weißen Säulen. Benannt ist das Haus nach **Fjodor Wolkow** (1729–1763), der als »Vater des russischen Theaters« gilt. Die Bühne gehört zu den führenden Theatern in der russischen Provinz (Dramatitscheskij teatr imeni Wolkowa, ploschtschad Wolkowa 1).

★ ★
Prophet-Elias-Kirche Inmitten des klassizistischen Sowjetskaja ploschtschad erhebt sich die wohl **schönste Kirche der Stadt** (zerkow Ilii Proroka). Sie wurde zwischen 1647 und 1650 von der Kaufmannsfamilie Skripin gestiftet und wirkt mit fünf Zwiebeltürmchen, offener Galerie, Nebenaltar und Glockenturm recht schlicht. Baugeschichtlich bemerkenswert sind der **Glockenturm** mit übereinander angeordneten winzigen Erkern auf dem Zeltdach sowie das Dach des Nebenaltars in Gestalt einer geschuppten Kokoschniki-Pyramide.

★ ★

Wandmalereien ▶ Die monumentalen Wandmalereien im Inneren stammen von 1680. Unter der Leitung von **Gurij Nikitin und Sila Sawin** aus Kostroma waren über ein Dutzend Maler an ihrer Entstehung beteiligt. Nikitin und Sawin hatten sich bereits mit ihren Werken im Moskauer Kreml, in Kostroma und anderen Städten entlang des Goldenen Rings einen Namen gemacht. Im Mittelschiff lassen sich die Wandfresken in sechs Reihen unterteilen, wobei die unterste deutlich ornamental verziert ist. In der zweiten und dritten Reihe sind Szenen aus dem Evangelium dargestellt, die auch den Propheten Elias und Jesaja gewidmet sind. In diesen Zyklen nimmt die Darstellung von Wundertaten breiten Raum ein, so auch die Auferstehung von den Toten und die Heilung von Kranken. Auch die Galerie und der Nebenaltar sind mit Fresken versehen. Neben den Wandmalereien beeindrucken noch schöne Holzschnitzereien sowie die Ikonostase.

Von der Prophet-Elias-Kirche geht man wenige Schritte zur herrlichen Uferpromenade hoch über der Wolga. Hier stehen noch alte Villen mit Fassaden zum Fluss hin. Besonders idyllisch thront der weiße Ostrowskij-Säulenpavillon auf dem Steilufer, der als einziger von einst mehreren Pavillons erhalten geblieben ist.

✱
Wolga-
promenade

Nördlich vom Pavillon steht das 1622 erbaute und Nikolaus dem Wundertäter geweihte Gotteshaus, die erste öffentliche Gemeindekirche in der Handels- und Handwerkersiedlung. Ihr Name erinnert an ihren Stifter, den Kaufmann Epiphanius Swetschenikow gennant »Nadein«. Dieser hatte eine Hauskapelle für seine Familie anbauen lassen, in deren Gruft Mitglieder seiner Familie beigesetzt sind. Die Wandmalereien in der Kirche wurden 1641 von über 20 Künstlern geschaffen. Beachtung verdient auch der Barockaltar von 1751 nach einem Entwurf des Theatergründers Fjodor Wolkow. Der Nebenaltar besticht mit einer prächtigen Ikonostase (zerkow Nikoly Nadeina; Narodnyj pereulok 21).

Nikolaus-Nadein-
Kirche

John Mstowslawskij richtete Anfang der 1990er-Jahre in seinem kleinen Wohnhaus ein Museum ein, in dem eine größere Anzahl verschiedenster Glocken ausgestellt ist, darunter Fischerglocken, Holz-

✱
Museum »Musik
und Zeit«

Beliebter Aussichtspunkt: der Ostrowskij-Pavillon an der Wolga

⏱
Öffnungszeiten:
tgl. 10.00 – 19.00

glocken und Kirchenglocken, denen man die unterschiedlichsten Töne entlocken kann. Im Lauf der Zeit kam noch anderes hinzu wie Uhren, Ikonen, Porzellan, Musikinstrumente, Grammophone etc. Alles darf angefasst werden und man kann sich nach Herzenslust als Glockenspieler versuchen (Musej musika i wremja; Wolschskaja nabereschnaja 33a).

Christi-Geburt-Kirche

Die Kaufleute Akindin und Gurija Nasarjew stifteten diese fünfkuppelige Kirche in direkter Nachbarschaft zum Museum. Sie wurde zwischen 1636 und 1644 errichtet. Die Nasarjews hatten auf einer ihrer Reisen die Moscheen in Buchara kennengelernt und waren davon so beeindruckt, dass sie Fliesen mit orientalischen Motiven auch an der Fassade ihres neuen Gotteshauses anbringen ließen. Neben der Hauptkirche erhebt sich ein mehrgeschossiger Glockenturm mit Torkirche (zerkow wo imja Roschdestwa Christowa; ul. Kedrowa 1).

✶ Kunstmuseum

⏱
Öffnungszeiten:
tgl. 10.00 – 17.30

Südlich vom Pavillon kommt man zum ehemaligen Palais des Provinzgouverneurs aus dem frühen 19. Jh., heute Sitz des Kunstmuseums. Beachtung verdienen vor allem Werke aus dem 18. Jh. von Karl Brüllow, Wassilij Tropinin und Iwan Ajwasowskij; aus dem 19. Jh. sind Ilja Repin, Iwan Schischkin, Nikolaj Roerich vertreten; Sowjetkunst ist mit Sergej Gerassimow oder Robert Falk repräsentiert (Chudoschestwennyj musej; Wolschskaja nabereschnaja 23).

Wolga-Festungsturm

Weiter südlich erhebt sich der Wolga-Festungsturm, von dem die Bärenschlucht kontrolliert werden konnte. Der wuchtige mehrgeschossige Turm wurde in der ersten Hälfte des 19. Jh.s komplett umgebaut und diente ab 1821 als Arsenal (Wolschskaja baschnja; Wolschskaja nabereschnaja 7).

Palast des Metropoliten

⏱
Öffnungszeiten:
Di. – So.
10.00 – 17.00

Während seiner Aufenthalte in Jaroslawl residierte der Metropolit von Rostow in diesem eindrucksvollen Palast aus den 1780er-Jahren an der Wolgapromenade. Der Ziegelbau wirkt vor allem durch seine ornamentalen Verzierungen an den Fenstern. Heute ist in ihm eine Abteilung des Kunstmuseums untergebracht, die viele bedeutende Ikonen der Jaroslawler Schule vom 13. bis 19. Jh. zeigt. Zu den ältesten Exponaten gehört ein Bildnis des Christus Pantokrator aus vormongolischer Zeit (Wolschskaja nabereschnaja 1).

✶ Strelka

Die Promenade läuft auf der Landspitze (russ. strelka) am Zusammenfluss von Wolga und Kotorosl aus. Hier befand sich im 9. und 10. Jh. eine heidnische Opferstätte finno-ugrischer Stämme. Ihr Totem war der Bär, weshalb die Landzunge »Bäreneck« (russ. Medweschij ugolj) heißt. Der Legende zufolge soll der Rostower Fürst Jaroslaw der Weise zu Beginn des 11. Jahrhunderts hier einen Bären mit bloßen Händen erlegt haben. Sitzbänke, Zierbrunnen und im Sommer sehr gepflegte Blumenrabatte lohnen einen Spaziergang in Wassernähe.

Die Kirche an der Kotorosl-Uferpromenade ist zwischen 1658 und 1682 an Stelle eines Holzkirchleins von 1216 entstanden, in dem eine Ikone des Erzengels Michael (heute in der Tretjakow-Galerie in ▶ Moskau) aufbewahrt wurde. Der Ziegelsteinbau mit fünf Kuppeln hat eine Vorhalle, eine Galerie, einen Nebenaltar und einen Glockenturm. Auffällig ist das hohe Sockelgeschoss, das als Speicher diente. Die Wandmalerei wurde ab 1730 von Fjodor Fjodorow ausgeführt. Beachtenswert ist auch eine Sammlung alter Glocken (Zerkow Michajla Archangela; nabereschnaja reki Kotorosli 14; Glockenspiel: Mo. – Fr. 18.30, Sa., So. 9.00 und 12.00, 18.30 Uhr).

Erzengel-Michael-Kirche

Die Brücke über den Kotorosl führt südwärts hinüber in die Vorstadt Korowniki. Schon von der Strelka aus hat sich ein besonders malerischer Blick auf einen **Höhepunkt der Sakralbaukunst in Jaroslawl** geboten: Das Ensemble des zwischen 1649 und 1654 entstandenen und Johann Chrysostomos geweihten Gotteshauses, das durch ein barockes Heiliges Tor mit der Kirche der Muttergottes von Wladimir verbunden ist (zerkow Ioanna Slatousta/zerkow Wladimirskoj Bogomaterij). Gegenüber der Einfahrt ragt ein 37 m hoher Glockenturm in die Höhe, der aufgrund seines auffällig spitzen Zeltdachs als »Kerze von Jaroslawl« bezeichnet wird.

Die Johannes-Chrysostomos-Kirche dominiert das gesamte Ensemble. Sie steht auf nahezu rechteckigem Grundriss, hat ein nicht allzu hohes Sockelgeschoss und ist von einer Galerie umgeben. Die Fensterrahmen sind großzügig geschmückt und mit Fliesen verziert. Innen sind Wandmalereien von 1732 erhalten, die unter Leitung von Alexej Iwanow entstanden. Die Ikonostase aus dem 17. Jh. wurde mit aufwendig geschnitzten Holzrahmen verziert. Die benachbarte Kirche der Muttergottes von Wladimir wurde als Winterkirche genutzt. Man hat sie 1669 gleichsam als Kopie der Johannes-Chrysostomos-Kirche errichtet, auch wenn einige bauliche Nuancen wie der Nebenaltar fehlen.

In der Vorstadt Korowniki

✳
◀ Johannes-Chrysostomos-Kirche und Kirche der Muttergottes von Wladimir

Auch schon von weitem beeindrucken die Glockentürme der Johannes dem Täufer geweihten, im Westen der Vorstadt am Kotorosl gelegenen Kirche: Über ein Dutzend Kuppeln ragen in die Höhe und verleihen dem im 17. Jh. erbauten Gotteshaus seinen besonderen Charakter. Die Wände sind mit Ornamenten aus Backstein und naturalistischen Heiligenbildern verziert. Die Fresken zählen zum Besten, was Künstler aus Jaroslawl und Kostroma hervorgebracht haben. Südwestlich erhebt sich ein 45 m hoher Glockenturm. Zum Ensemble gehören auch eine beheizbare Winterkirche und ein Heiliges Tor (Zerkow Ioanna Predtetschi; nabereschnaja reki Kotorosli 69).

✳
◀ Johannes-der-Täufer-Kirche

15 km südlich von Jaroslawl liegt die altertümlich wirkende Ortschaft Karabicha. Hier erinnert ein Literaturmuseum an das Schaffen von **Nikolaj Nekrassow** (1821 – 1877). Der Schriftsteller hatte das Anwesen, das nur wenige Kilometer vom Landgut seiner Familie entfernt lag, 1863 gekauft und hier einige seiner bedeutendsten Werke und

Karabicha
Карабиха

Gedichte verfasst. Für eine seiner herausragenden Dichtungen (»Wer lebt glücklich in Russland?«) ließ er sich von der hiesigen Landschaft inspirieren (Gosudarstwennyj literaturno-memorialnyj musej-sapowednik N. A. Nekrassowa Karabicha).

✳ Tutajew (Тутаев)

Tutajew (Tutaev, 43 000 Einw.) am Oberlauf der Wolga ca. 35 km nordwestlich von Jaroslawl, hat in den letzten Jahren mit ungewöhnlichen Museen von sich Reden gemacht. Bis heute gibt es **keine Brücke zwischen den beiden Stadtteilen Romanow und Borissoglebsk**. Im Sommer ist eine stündlich ablegende Fähre (nur bis 18.00 Uhr) in Betrieb, im Winter verbindet das Eis die beiden Stadthälften. Wer zu spät kommt, muss mit dem Bus über Jaroslawl fahren.

Auferstehungs-kathedrale

Auf einem Hügel in Borissoglebsk erhebt sich die 1652 – 1678 entstandene Auferstehungskathedrale, die bedeutendste Sehenswürdigkeit von Tutajew. An dem fünfkuppeligen Gotteshaus fallen aufwändiger Fassadenschmuck, schuppige Kuppeln und großzügige Simse ins Auge. Ein Glockenturm und eine Mauer mit einem aufwändig verzierten »heiligen« Eingangstor ergänzt das Ensemble. Beeindruckend sind die Fresken im Inneren sowie die aus wertvollen alten Heiligenbildern zusammengesetzte Ikonostase (chram Woskressenija Christowa, ul. Jaroslawskaja / Zentraler Platz).

Bankenmuseum
🕐

Wer sich für die Entwicklung der Geldleihe in der Provinz interessiert, sollte dem kleinen Bankenmuseum auf der Lenin-Straße einen Besuch abstatten (Musej bankowskogo dela, ul. Lenina 6; Öffnungszeiten: tgl. außer Mo. 10.00 – 16.00 Uhr).

Uliza Lenina

Entlang der Hauptstraße auf der Romanow-Seite kann man schöne Kaufmannshäuser und alte Villen entdecken. Viele wurden zur Blütezeit des Städtchens im 19. Jh. errichtet. Typisch russische Holzhäuser mit verschnörkelten Zirbelfensterrahmen sind im historischen Zentrum anzutreffen und lohnen daher einen Spaziergang.

Kirche zur Verklärung der Gottesmutter von Kasan

Schon von weitem sieht man das 1758 errichtete Gotteshaus auf einem Hügel emporragen, das den Handelsreisenden auf der Wolga den Reichtum der Stadt anzeigte. Im Unterbau befindet sich die Winterkirche mit der Ikone der Gottesmutter von Kasan, oben ist die Sommerkirche mit Refektorium erhalten geblieben.

Kosmos-Museum
🕐
Öffnungszeiten: tgl. außer Mo. 10.00 – 17.00 Uhr

Besucher dürfen hier in einem Original-Raumschiffsessel Platz nehmen, einen Helm aufziehen und die Landeapparatur in Gang setzen. Ein Schwerpunkt der Ausstellung erzählt die Geschichte **der ersten Frau im Weltall**, Walentina Tereschkowa. Die legendäre Kosmonautin wuchs im Dörfchen Nikulskoje auf, 25 km südlich von Tutajew (Musej kosmosa).

Das ungewöhnliche Museum ist dem Stolz von Tutajew gewidmet – dem **Romanowschaf**. Die Lämmer kommen als »schwarze Schafe« zur Welt, allerdings hellt sich ihr Vlies relativ schnell auf. Alljährlich am 3. August findet ein Festival statt, bei dem um die Wette geschoren wird, mit allerlei Traditionen, Musik und Gesang (Musej Zarskaja owza, Öffnungszeiten: im Sommer tgl. 10.00 – 17.00 Uhr, im Winter Voranmeldung über das Tourismuszentrum erwünscht: Tel. 48 533 / 7 83 76).

★
Schaf-Museum

◷

Rybinsk (Рыбинск)

Die alte Hafenstadt an der Wolga (213 000 Einw., 80 km nördlich von Jaroslawl) konnte sich ihren Charme weitgehend bewahren. Oberhalb des Ortes geht der Fluss in das »Meer von Rybinsk« über, einen gigantischen Stausee aus Sowjetzeiten.

Die Einwohner von Rybinsk schmeicheln der **Hauptsehenswürdigkeit der Stadt** oft, indem sie sie mit der Isaaks-Kathedrale in St. Petersburg vergleichen. Vor allem der 85 m hohe viergeschossige Glockenturm mit seiner vergoldeten Spitze erinnert an die Admiralität von St. Petersburg. Auffallend an dem würfelförmigen Bauwerk ist die hohe Hauptkuppel und die weit auseinandergesetzten vier Seitenkuppeln. Die Fassade ist großzügig verziert, mit ionischen Säulen, vorspringenden Simsen und Eisenbrüstungen (Spasso-Probraschenskij sobor, Sobornaja ploschtschad).

★
Christi-Verklärungs-Kathedrale

Ganz in der Nähe der Kathedrale beim Flusshafen lohnt die ehemalige Brotbörse einen Besuch. Dort befindet sich das Geschichts- und Kunstmuseum der Stadt mit einem Fundus von mehr als 90 000 Exponaten. Ein Schwerpunkt liegt auf westeuropäischen Gemälden, aber auch auf Majolika-Keramik und Werken bedeutender russischer Maler wie Ilja Repin, Michail Nesterow und Iwan Ajwasowskij (Rybinskij istoriko-architekturnyj i chudoschestwennyj musej-sapowednik / Chlebnaja birscha, Wolschskaja nabereschnaja 2).

Geschichts- und Kunstmuseum / Brotbörse

Wo die Wolga heute in einen mächtigen Stausee übergeht, standen früher Dörfer und Städtchen. Für das gigantische Projekt der jungen Sowjetunion **mussten 130 000 Menschen umgesiedelt werden**, heute erinnert nur noch das Museum an Orte, die in den Fluten verschwunden sind. Sogar vor Mologa, das seit 1149 hier stand, wurde nicht halt gemacht (Musej Mologskogo kraja, Preobraschenskij pereulok 6a; Öffnungszeiten: Di. – Sa. 10.00 – 17.00 Uhr).

★
Museum des früheren Gebiets Mologa

◷

Von der Kathedrale aus führt die ul. Bolschaja Kasanskaja zur ältesten noch erhaltenen Kirche der Stadt (Zerkow Kasanskoj ikony Boschjej Materi), die 1697 errichtet worden war. Am interessantesten sind die weitgehend erhaltenen Fresken im Inneren. Auffallend sind die vielen Details, z.B. sieht man an der linken Wand einen Men-

Kirche der Muttergottes von Kasan

Größer als Mallorca: der Stausee von Rybinsk

schenauflauf vor dem Moskauer Kreml sowie die Nischnij Nowgoroder Volkshelden Minin und Poscharskij mit der Mutter-Gottes-Ikone, die der Zeit der Wirren ein Ende bereitet hatten.

Rybinsker Stausee

Das **»Meer von Rybinsk«** ist ein gigantischer Stausee (Rybinsko wodochranilischtsche) oberhalb der Stadt, der in den 1930er- und 1940er-Jahren ausgehoben wurde. Mit einer Fläche von 4600 km² ist er fast um ein Viertel größer als die Balearen-Insel Mallorca und übertrifft mit seinen Ausmaßen sogar den Großen Salzsee in den USA. Seine 25,4 Mrd. m³ Wasser nutzt ein Großkraftwerk.

✴ Nerechta (Нерехта)

Das altrussische Städtchen Nerechta (Nerehta; 26 000 Einw., ca. 50 km östlich von Jaroslawl) hat seinen provinziellen Charme weitgehend behalten. Gut ein halbes Dutzend historischer Kirchen gibt es hier, weshalb Nerechta ins Tourismusprogramm »Kleiner Goldener Ring« aufgenommen wurde – zu Recht, denn es steht den »großen« Städten entlang des Städterings keineswegs nach.

Platz der Freiheit

Auf dem zentralen Platz der Freiheit (Plotschtschad Swobody) erinnern die gut erhaltenen Handelsreihen an die Kaufleute der Stadt. Eines der Häuser gehörte einst dem Kaufmann Chworinow; es hat einen recht ungewöhnlichen, ovalen Grundriss und ist mit weißen Säulen zwischen den hohen Fenstern ausgestattet. Sein Aussehen brachte ihm den Beinamen **»Nasen-Haus«** (Dom-nosok) ein. Zar Pawel I. soll hier auf der Durchreise von Kasan nach Jaroslawl übernachtet haben.

Nebenan reckt sich der 60 m hohe Glockenturm der Kathedrale der Kasaner Gottesmutter (Sobor Kasanskoj Bogomateri) empor. Von der Aussichtsplattform des höchsten Gebäudes der Stadt bietet sich ein wunderbarer Blick. Das dazugehörige Gotteshaus wurde 1848 fertiggestellt und war vom Kaufmann Djakonow gestiftet worden.

Kathedrale der Kasaner Gottesmutter

Geht man die Susdalskaja ul. entlang, kommt man zum ältesten Steingebäude Nerechtas, der eleganten Wladimir-Kirche (Wladimirskaja zerkow) aus dem Jahr 1686.

Wladimir-Kirche

Ebenso großzügig schmückten Meister aus Jaroslawl die Nikolaus-Kirche aus. Das würfelförmige weiße Kirchlein, an das eine winzige Kapelle stößt, hat fünf Zwiebelkuppeln auf relativ langen, schlanken Trommeln. Schön ist v. a. die Bemalung der oberen Außenwände, auf der verschiedene kirchliche Festtage dargestellt werden. Heute ist darin ein Museum untergebracht, in dem die Restaurierung von Ikonen gezeigt wird (Nikolskij chram/ Filijal Kostromskogo istoriko-archiwnogo museja, ul. Wolodarskogo).

Nikolaus-Kirche / Geschichts- und Archiv-Museum

Jejsk (Ejsk)

De 22

Region: Krasnodarskij kraj
Einwohnerzahl: 90 000

Höhe: Meereshöhe
Kyrillisch: Ейск

Einerseits belebte Hafenstadt, andererseits auch als Seebad und Kurort geschätztes Ziel am Asowschen Meer: Jejsk liegt sehr geschützt in der Bucht von Taganrog, deren seicht abfallende Sandstrände vor allem Familien mit Kindern anziehen.

Wasser umgibt die Stadt an der Mündung des Flusses Jeja: Im Westen liegt die Bucht von Taganrog (Taganrogskij saliw), im Osten der Liman von Jejsk (Jejskij liman), eine Art Lagune oder Haff, deren Küstenlinie als Nehrung ausgebildet ist. Jejsk hat sich einen Namen als Kurort mit Mineralwasser-Quellen und heilsamem Schlamm gemacht. An der 1,6 km langen Hafenpier werden jährlich über 1 Mio. Tonnen Fracht umgeschlagen, vor allem Holz, Düngemittel, Getreide und Baustoffe. Auch ein Passagierterminal ist vorhanden.
Dieses nördliche Nebenmeer des Schwarzen Meeres, 38 000 km² groß, ist an seiner tiefsten Stelle nur 14 m tief, weshalb es sich recht

Badeplatz, Kurort und Hafen am Asowschen Meer

◀ Asowsches Meer

▶ JEJSK ERLEBEN

ÜBERNACHTEN/ESSEN

► **Komfortabel**

Bistrol
ul. Mira 120
Tel. (8 61 32) 2 15 44
www.hotelbristol.ru
36 Zimmer. Traditionell-elegantes
Business-Hotel mit Restaurant.

Aquatorija leta
ul. Pljaschnaja 2/3
Tel. (8 61 32) 3 51 01
www.aqualeto.ru
82 Zimmer. Der Treff für jung geblie-
bene Aktiv-Urlauber: Das moderne
Sport- und Klub-Hotel liegt direkt am
Strand, hat Pool, Chill-out-Bar und
Restaurant. Die Kurse für Wind- oder
Kitesurfing sowie Wakeboarding sind
bereits im Übernachtungspreis enthalten.

AKTIVITÄTEN

Baden
An der Bucht von Taganrog ist der
Kieselstrand Kamenka neu angelegt. In
Richtung Hafen befindet sich der flach

abfallende Sandstrand Kosij pljasch
(»Ziegenstrand«). Saison ist von Mai
bis September.

Windsurfing
Anfänger schätzen die relative Wind-
stille auf der Liman-Seite, Fortge-
schrittene tummeln sich lieber am
Kamenka-Strand, wo der Westwind
für Wellen sorgt. Kitesurfer haben die
ursprüngliche Ptytschyj ostrow
(»Vogelinsel«) für sich entdeckt.

FESTE

In Jejsk wird gerne gefeiert: Sei es das
Bierfest, der Speiseeistag, eine Feier zu
Ehren von Neptun oder der Karneval
zum Saisonabschluss. Am 8. Oktober
gehört die Stadt den Zirkuskünstlern
und Ringern. Anlass ist der Geburtstag
von Iwan Poddubny.

schnell erwärmt – in geschützten Buchten wird gelegentlich Bade-
wannentemperatur von 32 °C gemessen. Das warme Wasser lässt das
Plankton sprießen, was wiederum eine artenreiche Fischpopulation
bedingt. Man rechnet hier mit etwa 10 kg Fisch je Hektar Wasserfläche; in den Weltmeeren liegt dieser Wert bei 1 bis 2 kg. Während der
Salzgehalt im Schwarzen Meer 18 ‰ beträgt, kommt das Asowsche
Meer gerade auf die Hälfte. Verantwortlich dafür ist der große Süß-
wasserzufluss durch Don und Kuban. Nach dem Zerfall der Sowjetunion stritten sich Russland und die Ukraine über den Grenzverlauf,
der mitten durch das Meer geht – erst Ende 2007 wurde eine Einigung erreicht.

Geschichte Jejsk gehört neben Krasnodar zu den ältesten Städten der südrussischen Kuban-Region, wurde allerdings nicht wie die meisten anderen
Siedlungen als Festung gegründet, sondern war von Anfang an als

Hafen- und Handelsstadt konzipiert. Um 1800 soll hier schon ein Dutzend Häuser von Kosaken gestanden haben, bevor Generalfeldmarschall Fürst Michail Woronzow 1848 die Stadt Jejsk auf Anordnung des Zaren gründete. 1912 lebten hier bereits 50 000 Menschen. Im Zweiten Weltkrieg (1942 / 1943) wurde die Stadt schwer in Mitleidenschaft gezogen.Nach dem Wiederaufbau hat sie heute vor allem als regionales Verwaltungszentrum Bedeutung; der Tourismus steckt eher noch in den Kinderschuhen. Das dürfte sich in den kommenden Jahren ändern, denn seit 2007 hat auch Jejsk – analog zu den Schwarzmeer-Badeorten – sein Delfinarium: Der erste Schritt, die touristische Infrastruktur zu erweitern.

Sehenswertes in Jejsk

Verirren kann man sich in Jejsk kaum: Der schachbrettartige Grundriss sorgt dafür, dass die Straßen früher oder später am Meer enden. Dort ist auf der Landzunge immer was los. Dieser Bereich soll künftig für den Autoverkehr geschlossen werden, schon jetzt bringen Fahrrad-Rikschas die Besucher her.

Handelsreihen

Unter der überdachten Säulengalerie der neoklassizistischen Handelsreihen von 1855 wurden Pelze, Getreide und Würste gehandelt. Zu Sowjetzeiten ging man dazu über, die Arkaden zu verglasen. Mit der Komplettsanierung Anfang der 1990er-Jahre verloren die historischen Handelsreihen ihr ursprüngliches Gesicht – heute erweckt das Gebäude mit seinen vielen Buden eher den Eindruck eines bunten Jahrmarkts.

> **!** *Baedeker* TIPP
>
> ### Spezialitäten im Kubangebiet
> Mal probieren: Gemüsegerichte wie Kürbisscheiben, belegt mit Tomaten und Pilzen und mit Käse im Ofen überbacken. Oder Hering auf Kuban-Art (Seld po Kubanskij): Dazu werden die Fischfilets in Milch oder kräftigem Schwarztee eingeweicht und dann mit Röstzwiebeln durch den Fleischwolf gedreht. Die Masse wird mit aufgeschnittenen Eiern, Apfelstücken und Majonäse serviert.

Der bereits im ausgehenden 19. Jahrhundert angelegte **Park** trägt den Namen von **Iwan Poddubny** (1871 – 1949), eines russischen Ringers mit ukrainischen Wurzeln, der in Jejsk verstarb und dessen Grabdenkmal hier zu finden ist. Zwischen 1905 und 1910 gewann der bis heute populäre Sportler sechs Mal den Weltmeistertitel im griechisch-römischen Stil.

★
Jejsker Nehrung

Diese schmale Landzunge (Jejskaja kosa) war noch vor 100 Jahren mit dem Festland verbunden, doch 1914 zerbrach sie ein Sturm. Seither gibt es die von vielerlei Seevögeln (u. a. Schwarzkopfmöwe) als Nistplatz geschätzte Keksker Insel (Jejskij ostrow), heute ein beliebtes Ausflugsziel von Naturfreunden. Landesweit bekannt wurde sie als Filmkulisse für die russische Reality-Doku »Poslednyj geroj« (»Der letzte Held«).

★ Jekaterinburg (Ekaterinburg)

Ef 17

Region: Swerdlowskaja oblast
Einwohnerzahl: 1,31 Mio.

Höhe: 237 m ü. d. M.
Kyrillisch: Екатеринбург

An der Grenze zwischen Europa und Asien gelegen, schmiegt sich Russlands zweitwichtigste Industriemetropole an die östlichen Ausläufer des Ural-Gebirges. Die Millionenstadt am Fluss Isset hat auch für Touristen einige Höhepunkte zu bieten, ist sie doch ein Zentrum der Schmuckindustrie und hat historische Schlagzeilen gemacht: Hier wurden 1918 der Zar und seine Familie ermordet.

Alt und neu Die **viertgrößte Stadt Russlands** gibt sich weltoffen: Längst haben Pizza, Sushi und tschechisches Bier Einzug gehalten. Die Kulturszene kann sich sehen lassen und ist für ihre Rockbands bekannt und in den Boutiquen sieht man Teures und Modisches internationaler Edelmarken. Doch wie anderswo auch, hält man hier an der Vergangenheit fest: Der zentrale Stadtplatz ist weiterhin der ersten Revolution von 1905 gewidmet; Namenspatron der Hauptverkehrsachse ist bis heute Lenin. Und wer mit der Bahn anreist, kommt immer noch in **Swerdlowsk** an, obwohl die Stadt nach dem Ende der UdSSR wieder ihren alten Namen Jekaterinburg zurückerhalten hat.

Geschichte Als Stadtgeburtstag gilt der 7. November 1723, als die damals größte Eisenhütte Russlands in Betrieb genommen wurde. Um die rauchenden Schlote wuchs schnell eine Siedlung heran, die ihren namen gleich zwei Frauen verdankt: der Märtyrerin Jekatarina (Katharina) und der Zarin Jekaterina I. (1684 bis 1727). Die junge Stadt wurde 1761 an den Sibirischen Trakt angeschlossen, jene Heer- und Handelsstraße, die von Moskau kommend nach Wladiwostok führte. Nach Sibirien machten sich zu Beginn des 19. Jh.s auch Kaufleute aus Jekaterinburg auf. Im Gouvernement Tomsk fanden sie Gold bzw. kauften es auf und ließen es in ihrer Heimatstadt weiter verarbeiten. Als man auch Gold, Smaragde, Saphire und Amethyste aus dem nahen Ural nach Jekaterinburg brachte, stieg es rasch zu einem Zentrum der Gold- und Edelsteinverarbeitung auf. Auf der Grundlage dieses Wohlstands entstanden viele Kirchen, Klöster und Bürgerhäuser, doch sind von den etwa 50 Kirchen zu Beginn des 20. Jh.s nur noch sechs erhalten.

? WUSSTEN SIE SCHON …?

■ Am 1. Mai 1960 wurde im Luftraum über Swerdlowsk ein US-Aufklärungsflugzeug vom Typ U-2 abgeschossen. Pilot Gary Powers konnte sich per Schleudersitz retten und wurde gefangen genommen. Damit endete das gerade eingeleitete Tauwetter im Kalten Krieg zwischen den USA und der UdSSR jäh. Im Februar 1962 wurde Powers gegen den sowjetischen Spion Rudolf Abel ausgetauscht – auf der Glienicker Brücke zwischen (West-) Berlin und Potsdam.

► JEKATERINBURG ERLEBEN

AUSKUNFT

**Tourist-Information
(Informazionno-turistitscheskaja
sluschba Jekaterinburga)**
ul. 8 Marta 21, office 2
620014 Jekaterinburg
Tel. (343) 2 22 24 45
www.ekburg.ru

Diwnyj mir
ul. Woksalnaja 23a
Tel. (343) 2 69 38 99
E-Mail: divnmir@r66.ru
Vermittlung von Ausflügen nach
Ganina Jama und zum Grenzstein
Europa – Asien

ESSEN

► Erschwinglich

③ **Monetnyj Dwor**
ul. Gorkogo 4, Tel. (343) 3 71 24 75
Deutsche Küche mit deftigen
Würstchen und frisch gezapftem Bier
werden direkt am Isset serviert.

④ **Tinkoff**
ul. Krasnoarmejskaja 64
Tel. (343) 3 78 40 08
In dem Kettenrestaurant einer stadt-
bekannten Privatbrauerei treten auch
internationale Stars auf.

► Preiswert

① **Uralskije Pelmeni**
prospekt Lenina 69/1
Tel. (343) 3 50 71 50
Hier gibt es die besten Pelmeni –
»russische Tortellini« – mit
Fleischfüllung. Die süße Variante mit
Quark heißt Wareniki und schmeckt
mindestens genauso gut. Auch usbekische und georgische Gerichte werden serviert.

② **Mammas Biscuit House**
prospekt Lenina 26

Rund um die Uhr geöffnet
Mitten im Zentrum ist die Auswahl
an Kuchen und lockerem Mousse fast
unüberschaubar. Lecker auch der
»Salat München« mit gegrillter
Hühnerbrust und Parmesan. Im
Sommer sitzt man auf der über-
dachten Terrasse.

ÜBERNACHTEN

► Luxus

① **Park Inn**
ul. Mamina-Sibirjaka 98
620029 Jekaterinburg
Tel. (343) 2 16 60 00
www.ekaterinburg.parkinn.com.ru
Zentral gelegenes und modern ausgestattetes Luxushotel mit Konferenzsaal und beliebtem Restaurant
»Magellan«.

► Komfortabel

② **Bolschoj Ural**
ul. Krasnoarmejskaja 16
20075 Jekaterinburg
Tel. (343) 3 50 69 17
Fax (343) 3 55 85 97
E-Mail: bu@ekt.ru
Die meisten der 170 Zimmer in
diesem sozialistisch-konstruktivisti-
schen Architekturdenkmal von 1931
sind renoviert und modern ausgestattet.

③ **Jekaterinburg Zentralnnyj**
ul. Malyschewa 74
620075 Jekaterinburg
Tel. (343) 3 50 05 05
www.hotelcentr.ru
Traditionsreiches Haus von 1928 in
zentraler Lage mit renovierten Zimmern. Im Haus befinden sich das
Nostalgie-Restaurant »Savoy« (mit
Klaviermusik), das japanische Restaurant »Wasabi« und das französische Café »Schoko«.

NACHTLEBEN

① Hans
ul. Sawodskaja 5, Tel. (343) 3 71 53 68
tgl. 12.00–4.00, Fr. u. Sa. bis 6.00 Uhr
Hier kehrt ein, wer Sehnsucht nach
deutscher Küche und frisch gezapftem Bier hat. Es treffen sich Studenten, Intellektuelle und Geschäftsleute
bis spät in die Nacht.

② SSSR
ul. Perwomajskaja 27 (dom ofizjerow)
Tel. (343) 3 50 52 46
tgl. 12.00–24.00, Fr. u. Sa. bis 6.00 Uhr
»Back in the USSR« – allerdings nur
dem Namen nach. Längst werden hier
neben russischen auch japanische und
italienische Speisen serviert. Bar, Disco und Restaurant unter einem Dach.

SHOPPING

Schmuck
Juwelirno-tschasowoj magasin
Ganz am südlichen Ende der ul.
Wajnera findet man dieses große Ju-
weliergeschäft, in dessen Vitrinen herr-
liche Schmuckstücke ausgestellt sind.

Souvenirs
Gegenstände aus Stein (Kammenije
weschtschi) in folgenden Geschäften:
ul. Kujbyschewa 39 (im Geologischen
Museum)
Prospekt Lenina 103
ul. Chochrjakowa 102
ul. Mamina-Sibirjaka 137

Designer-Mode
ZUM
ul. Wajnera 9
Internationale Designer-Mode und
auch preiswerte Alltagsgegenstände
gibt es hier.

Greenwich
ul. 8 marta 46
Designerkleidung und Supermarkt
unter einem Dach.

Ermordung der Zarenfamilie ► Weltgeschichte schrieb Jekaterinburg in der Nacht vom 16. auf den 17. Juli 1918, als dort Russlands letzter Zar Nikolaus II. und seine Familie erschossen wurden. Die Erinnerung an die Zarenzeit und an die Tat versuchten die Bolschewiki auch mit einer Namensänderung auszulöschen: Ab 1924 hieß die Stadt Swerdlowsk, benannt nach **Jakow Swerdlow** (1885–1919), der die Überführung der Zarenfamilie aus dem sibirischen Verbannungsort Tobolsk nach Jekaterinburg befohlen hatte.

»Stadt der Zukunft« auf Sowjetisch ► Die sowjetische Version einer »Stadt der Zukunft« wurde auch in Jekaterinburg umgesetzt: **Gigantische Industrieanlagen** wie Uralmasch, Chimmasch oder Elmasch entstanden und rundherum wuchsen triste Schlafstädte empor. Über 140 Gebäude, darunter durchaus architektonisch interessante wie das Hotel »Bolschoj Ural« im Stadtzentrum, erinnern heute an die Epoche der jungen Sowjetunion und den Konstruktivismus der 1930er-Jahre. Während des Zweiten Weltkriegs wurde die Stadt weiter ausgebaut und wuchs zu einem der Zentren der Rüstungsindustrie heran.

Heute ist Jekaterinburg nicht nur eine bedeutende Industriestadt sondern auch wichtiger Standort von Handels- und Finanzunternehmen. Darüber hinaus gibt es hier 16 Hochschulen sowie zahlreiche Theater, Museen und sonstige Kultureinrichtungen.

Jekaterinburg *Orientierung*

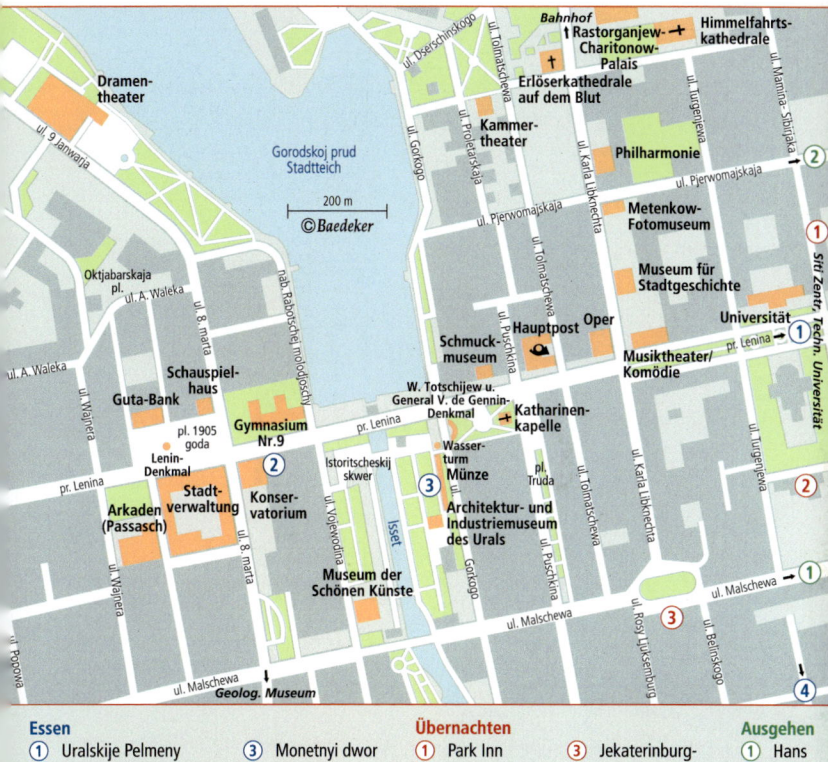

Essen
① Uralskije Pelmeny
② Mammas Biscuit House
③ Monetnyi dwor
④ Tinkoff

Übernachten
① Park Inn
② Bolschoj Ural
③ Jekaterinburg-Zentraluyi

Ausgehen
① Hans
② SSSR

Innenstadt westlich des Isset

Entlang der neu gepflasterten Fußgängerzone reihen sich Boutiquen, Banken und Straßencafés. In den **Arkaden** (Passasch), noch vor der Oktoberrevolution als Handelsbörse errichtet, aber nie als solche genutzt, sind heute Ladengeschäfte eingerichtet. Fast gegenüber steht das ehemalige Sowjetkaufhaus **ZUM**, dessen Regale heute im Vergleich zu früher bestens gefüllt sind.

Uliza Wajnera

Auf dem zentralen und weitläufigen Platz des Jahres 1905 (ploschtschad 1905 goda) behält Lenin nach wie vor den Überblick über das Geschehen. An vielen Ständen wird Schmuck aus Malachit und anderen Halb- und Edelsteinen aus dem Ural angeboten. Einst stand hier eine 1771 erbaute Kathedrale, die zu Sowjetzeiten zerstört wor-

Platz des Jahres 1905

den ist. Vis-à-vis vom Lenin-Denkmal erhebt sich das monumentale, im stalinistischen Zuckerbäckerstil errichtete Gebäude der **Stadtverwaltung** (Gorodskaja administrazija), auf dessen Spitze noch der Sowjetstern prangt. Interessante Profanbauten sind ferner die mit Marmorplatten verzierte **Guta-Bank** sowie das **Schauspielhaus** (Dom Aktjora) an der Ecke ul. 8. marta. Schräg gegenüber der Stadt-

verwaltung befindet sich das Gymnasium Nr. 9 und auf der anderen Straßenseite das Polsunow-College. Benachbart ist das im 18. Jh. errichtete Gebäude der früheren Bergwerksgesellschaft, das heute das **Konservatorium** von Jekaterinburg beherbergt.

Dem Stadtteich zu liegt der parkartige Historische Platz (Istoritscheskij skwer). Auch gibt es hier ein paar nette, vor allem im Sommer gut besuchte Cafés. In südlicher Richtung verläuft die **Geologische Allee** (Geologitschskaja alleja), an der einige herausragende geologische Fundstücke aus dem Ural aufgestellt sind. Etwas weiter erreicht man das Museum der Schönen Künste. **Historischer Platz**

Es gewährt hervorragende Einblicke in das Schaffen russischer Künstler des 16. bis 20. Jahrhunderts. Die Palette reicht von alten Ikonen und Gemälden bis hin zu Arbeiten von Kandinsky und Brüllow. Beachtung verdienen auch aus Metall gearbeitete Tabletts mit filigranen Motiven, darunter rote Vogelbeeren auf schwarz-goldenem Grund. Sie werden gern auch als Souvenirs gekauft (Musej isobrasiteljnych iskusstw, ul. Wojewodina 5; Öffnungszeiten: Mi. – So. 11.00 – 19.00 Uhr). ★ ◄Museum der Schönen Künste ⏱

Am Leninskij prospekt staut der Plotinka genannte Damm den Isset zum **Gorodskoj prud** (Stadtteich) auf. Hier ließ Peter der Große 1723 die größte Eisenhütte Russlands erbauen, die **Keimzelle der Stadt Jekaterinburg**. Ein 4 m hohes Standbild an der Südostecke des Teichs, 1998 anlässlich des 275. Stadtgeburtstags enthüllt, erinnert an Wasilij Tatschijew und General Villim de Gennin, die vom Zaren mit der Gründung der Stadt beauftragt worden waren. ◄Plotinka

Innenstadt östlich des Isset

Schräg gegenüber der Stadtgründer sieht man den ehemaligen Wasserturm und dahinter an der ul. Gorkogo das lang gestreckte Gebäude der historischen Münze (Monetka, Monetnyj dwor), in der bis 1876 der größte Teil des russischen Münzgeldes geprägt wurde. **Monetka**

← *Klassischer stalinistischer Zuckerbäckerstil: das Stadthaus von Jekaterinburg*

✳ Architektur- und Industriemuseum des Urals

An die Monetka schließt dieses Museum in einem ehemaligen Fabrikgebäude an. Es dokumentiert sowohl die Entwicklung des Wohn- und Industriebaus als auch die wirtschaftliche respektive industrielle Entwicklung im Ural anhand von Skizzen, Modellen und Fotografien. Sehenswert sind vor allem das Stadtmodell von Jekaterinburg sowie vielerlei alte technische Gerätschaften (Musej istorii architektury i promyschlennoj techniki Urala, ul. Gorkogo 4a; Öffnungszeiten: Di. – Sa. 10.00 – 18.00 Uhr).

✳ Katharinen-kapelle

Zwischen Leninskij prospekt, Isset und Istoritscheskij skwer erstreckt sich der Platz der Arbeit (ploschtschad Truda) mit einer Kapelle zu Ehren der Schutzheiligen Katharina (Tschasownja Swjatoj Jekateriny). Ihre von vier Zwiebeltürmchen flankierte Kuppel bekrönt eine goldene Zwiebel mit großem Kreuz. Die Kapelle wurde 1998 genau an jener Stelle errichtet, an der in den 1930er-Jahren ein Vorgängerbau abgebrochen wurde. Ein hübsches Detail: der aus rosafarbenem Marmor als Blüte gestaltete Springbrunnen (Kammenyj zwjetok).

Am Lenin-prospekt ✳

Schmuckmuseum ▶

In einem klassizistischen Gebäude, früher Apotheke, kann man wunderschöne filigrane Halsketten, Anhänger, Colliers, Ringe, Broschen und anderen Schmuck bewundern. Besonders imposant sind Gold- und Silberarbeiten aus dem Barock und Rokoko (Musej istorii kamenoresnogo i juwelirnogo iskusstwa, Prospekt Lenina 37; Öffnungszeiten: Mi. – So. 11.00 – 18.00 Uhr).

Hauptpostamt ▶

Im konstruktivistischen **Gebäude in Form eines Traktors** nebenan ist heute das Hauptpostamt untergebracht (Glawpotschtamt, Prospekt Lenina 39).

Opernhaus ▶

Das klassizistische Opernhaus neben dem Hauptpostamt hat 1903 eine wohlhabende Kaufmannsfamilie gestiftet. Hier werden auch hochkarätige Ballett-Aufführungen geboten (Teatr opery i baleta, prospekt Lenina 48). Auf dem Grünstreifen des Lenin-Prospekts ehrt ein Denkmal den Revolutionshelden Jakow Swerdlow, 1917 als Vorsitzender des Gesamtrussischen Zentralexekutivkomitees das eigentliche erste Staatsoberhaupt der Sowjetunion.

Swerdlow-Denkmal ▶

Universität ▶

Wenige Schritte weiter erreicht man die Staatliche Universität des Ural mit ihrem im klassizistischen Stil gehaltenen Hauptgebäude (Uralskij gosudarstwenny universitet, prospekt Lenina 51).

Siti-Zentr ▶

Einen Block weiter, an der Ecke Lunatscharskogo, gibt es seit dem Jahr 2000 diese moderne, nach westlichem Vorbild angelegte Einkaufspassage (City-Center, Siti-Zentr). Gegenüber fällt der konstruktivistische Rundbau des Hotels »Isset« ins Auge – er hat den Grundriss von Hammer und Sichel.

Am östlichen Ende der Straße kommt man schließlich zum imposanten Hauptgebäude der 1920

? WUSSTEN SIE SCHON …?

■ … dass Boris Jelzin (1931 – 2007), Russlands erster Präsident nach dem Zerfall der Sowjetunion (1991 – 1999), von 1949 bis 1955 am Swerdlowsker Polytechnischen Institut Ural zum Bauingenieur ausgebildet worden ist?

ins Leben gerufenen **Staatlichen Technischen Universität** des Ural-Gebiets (Uralskij gosudarstwennyj technitscheskij universitet). Auch dieser Bau entstand in den 1930er-Jahren in dem für die damalige Zeit typischen sowjetischen Stil.

Uliza Karla Libknechta

Die nach dem Mitbegründer der KPD Karl Liebknecht (1871–1919) benannte Straße kreuzt östlich vom Stadtteich den Leninprospekt (zwischen den Hausnummern 43 und 45). Hier findet man das Museum für Stadtgeschichte, dessen Ausstellungs-Glanzstück ein Stadtmodell ist, in dem alle Plätze, Straßen und Häuser von Bedeutung maßstabsgetreu nachgebaut sind. Dazu kommen Funde aus dem Stadtgebiet; im Rahmen eines kleinen Sapziergangs erfährt man, wie es im 18. und 19. Jh. in Jekaterinburg ausgesehen hat (Musej istorii Jekaterinburga, ul. Karla Libknechta 26).

Museum für Stadtgeschichte
⏲ Öffnungszeiten:
Di. – So.
10.00 – 18.00

Der vielfach ausgezeichnete Jekaterinburger Fotograf Wenjamin Metenkow (1857–1933) bereiste den gesamten Ural und kehrte mit Hunderten Motiven zurück. Die schönsten sind in seinem früheren Wohnhaus ausgestellt; auch Wechselausstellungen zeitgenössischer Fotografen finden hier statt (Fotografitscheskij musej Dom Metenkowa, ul. Karla Libknechta 36).

Metenkow-Fotomuseum
⏲ Öffnungszeiten:
tgl. 10.00 – 18.00

Die Philharmonie von Jekaterinburg gehört zu den besten Orchestern Russlands; sie pflegt einen regen Austausch mit anderen namhaften Orchestern rund um den Globus (Filarmonija, ul. Karla Libknechta 38a).

Philharmonie

Dieses 2003 geweihte Gotteshaus gilt bereits als **Hauptsehenswürdigkeit der Stadt**. Es steht an der Stelle des Hauses des Ingenieurs Ipatjew, in dem die Bolschewiki Zar Nikolaus II. und seine Familie in der Nacht vom 17. auf den 18. Juli 1918 umbrachten und das 1977 auf Anordnung von Boris Jelzin abgerissen wurde. Jelzin, in den 1970er-Jahren Gouverneur der Region Jekaterinburg, befürchtete, dass es zu einer Pilgerstätte für Anhänger des Zarentums werden könnte. Nach 1990 war hier eine Holzkapelle zu Ehren der Märtyrerin Jelisaweta Fjodorowna errichtet worden, ehe man 2000 mit dem Bau der neuen, byzantinisch anmutenden Kathedrale begann. Vor dem Gotteshaus erinnert ein Denkmal an die letzte Zarenfamilie Romanow, von dem eine Freitreppe hinauf ins Sockelgeschoss führt. In diesem Bereich wurde die Zarenfamilie erschossen. Ein kleiner Raum aus Ziegelsteinen des früheren Ipatjew-Hauses erinnert an die Tragödie von 1918 (Chram Spassa-na-Krowi, ul. Tolmatschewa 34).

✶ ✶
Erlöserkathedrale auf dem Blut

Im weitläufigen Anwesen am Hang des Himmelfahrtshügels (Wosnessenskaja gorka) gegenüber der Blutskathedrale lebte die Kaufmannsfamilie Rastorgujew. Nach dem Tod von Lew Rastogurjew

✶
Palais der Rastorgujew-Charitonows

(1769 – 1823) ging es in den Besitz seines Schwiegersohns über. Die Familie gehörte der damals unterdrückten Minderheit der Altgläubigen an. Um sich in brenzligen Situationen in Sicherheit bringen zu können, wurde unter dem Haus ein Gang angelegt, in dem die reiche Familie auch ihr Vermögen gehortet haben soll.

Nach der Revolution war hier zunächst die Kommunistische Ural-Sibirische Universität untergebracht. Ab 1937 wurde der Palast Treffpunkt von Pionier-Organisationen (ul. Karla Libknechta 44).

Diese hellblau getünchte Kirche in der Nähe des Kaufmannspalasts wurde 1926 von den Sowjets in eine Schule umfunktioniert und dient seit 1991 wieder als Gotteshaus.

Himmelfahrtskathedrale

Vom Rathaus in Richtung Süden

Die »Straße des 8. März« (Int. Frauentag) ist die längste Achse der Innenstadt. Einen Block hinter dem Rathaus Richtung Süden kommt man zum modernen Einkaufszentrum **Mytnyj dwor** mit Pizzeria, Sushi-Bar, Internet-Café und Modeboutiquen. Südlich stadtauswärts passiert man danach den **Dendrologitscheskij park-wystawka**, einen schönen Park mit altem Baumbestand, und erreicht den **Zirkus** (zirk), dessen mächtiger Kuppelbau aus Beton, Stahl und Glas mit 2600 Sitzplätzen in den 1980er-Jahren an Stelle eines abgebrannten Vorgängerbaus errichtet worden ist. Nebenan ragt der immer noch nicht fertig gestellte **Fernsehturm** (telebaschnja) in den Himmel.

Uliza 8 marta

Hier wird man umfassend über den Aufbau des Gebirgszugs am östlichen Rand Europas informiert. Neben vielerlei Edelmetallen, Mineralien, Fossilien, Edel- und Halbedelsteinen sind auch einige Meteoriten zu sehen, die im Ural niedergegangen sind (Uralskij geologitscheskij musej, Chochrjakowa ul. 85; Öffnungszeiten: Mo., Di., Mi., Fr. 11.00 – 17.30, Do. 14.00 – 18.00 Uhr).

Geologisches Museum des Ural

🕐

Umgebung von Jekaterinburg

Auf dem Gelände einer alten Eisenerzgrube inmitten eines Birkenwaldes am nordwestlichen Stadtrand, ca. 17 km vom Zentrum (Busverbindung ab Hauptbahnhof) entfernt, liegt recht versteckt eine Klosteranlage mit sieben Holzkirchen, erbaut **zu Ehren der sieben ermordeten Mitglieder der Zarenfamilie**. Nach wie vor ranken sich um die Tat allerlei Mythen und viele offene Fragen. In die Grube sollen ihre sterblichen Überreste gebracht worden sein. Im Mittelpunkt steht die Grube Nr. 7, in der die Gebeine vermutlich verbrannt wurden; rundum führt ein Bohlenweg, an dem Informationstafeln mit Fotos an die Zarenfamilie erinnern sowie die Entstehung des Klosters

✱

Ganina Jama
Ганина Яма

← *Die Blutkirche steht über dem Ort,*
an dem die Zarenfamilie 1918 ermordet wurde.

dokumentieren und prominente Besucher wie den russischen Patriarchen Alexej II. zeigen. Die erste Liturgie wurde am 17. Juli 1995 gefeiert, dem Todestag der Zarenfamilie. Seither findet alljährlich an diesem Tag eine Wallfahrt statt.

Kirche der Heiligen Märtyrer Russlands ▶
Nikolaus-Wundertäter-Kirche ▶

Die Kirche der Heiligen Märtyrer Russlands (Zerkow Swjatych mutschenikow Rossii) beherbergt eine angeblich wundertätige Dreifaltigkeitsikone. Die Nikolaus-Wundertäter-Kirche (Zerkow Nikolaja Tschudotworza) wurde nach einer Ikone benannt, die sich im Gepäck der Romanows befunden haben soll, als diese im Ipatjew-Haus untergebracht waren. Das Gesicht des Heiligen Nikolaj auf der Ikone wird nur aus bestimmten Blickwinkeln und nicht auf den ersten Blick sichtbar. Andere Heiligenbilder in der Kirche wurden von Mönchen aus Bari gestiftet.

Alter Grenzstein Europa – Asien bei Perwouralsk Первоуралск

46 km westlich von Jekaterinburg, bei Perwouralsk, markiert ein Obelisk aus weißem Marmor die Grenze zwischen Europa und Asien. Er wurde 1837 aus Anlass des Besuchs von Thronfolger Alexander II. aufgestellt. Bereits 1831 hatten die beiden deutschen Naturforscher **Alexander von Humboldt und Gustav Rose** diesen Bergrücken erkundet und auf der Strecke von Kungur nach Jekaterinburg barometrische und Höhenmessungen durchgeführt. Von Perwouralsk aus sind es noch 2 km ostwärts entlang der »Sibirischen Trasse« bis zum Obelisken (▶Abb. S. 167).

Neuer Grenzstein Europa – Asien

Anlässlich des 281. Stadtgeburtstags von Jekaterinburg wurde 2004 rund 40 km westlich an der stark befahrenen Überlandstraße nach Moskau eine neue Grenzmarkierung enthüllt. Eine Stahl-Marmor-Konstruktion mit 4 m hohem Pfeil steht hier tatsächlich genau an der Grenze zwischen Europa und Asien. Zwei behauene Steinblöcke an den jeweils äußersten Punkten der beiden Kontinente bilden das Fundament dieses neuen Grenzdenkmals. Neuerdings gibt es hier auch schon ein Café und einen Souvenirladen; ein Hotel und ein Vergnügungspark sollen ebenfalls entstehen.

Der »schiefe Turm« von Newjansk Невянск

Der berühmte schiefe Turm (Newjanskaja naklonnaja baschnja; 80 km nördlich von Jekaterinburg) soll sich im Gegensatz zu seinem weltberühmten Pendant in Pisa nicht mit der Zeit geneigt haben, sondern bewusst so errichtet worden sein. Der Turm ragt stolze 58 m in die Höhe. Zwölf tonnenschwere Glocken wurden aus London in den Ural transportiert, eine Musikwalze entlockt ihnen bis heute 18 verschiedene Melodien. Über den Architekten und die Entstehungszeit wird spekuliert; sollte sich der Zeitraum 1725 bis 1732 bestätigen, so dürften die Russen den Blitzableiter 25 Jahre vor Benjamin Franklin erfunden haben, denn auf dem Turmdach wurde solch eine Konstruktion aus Metall mit einem vergoldeten Kreis und Stiften errichtet. Mit dem Turm sind **viele Legenden** verbunden; vermutlich wollte sich die Demidow-Dynastie aber einfach ein Denkmal setzen. Ausflüge nach Newjansk organisieren einige Anbieter in Jekaterinburg.

Ganina Jama wurde zum Pilgerziel der Verehrer der letzten Romanows.

Nischnij Tagil (Нижний Тагил)

Stadt der Schwerindustrie

Ein gigantisches Stahlwerk und Industrieanlagen prägen das Stadtbild von Nischnij Tagil (Niźnij Tagil; 130 km nördlich von Jekaterinburg). Die imaginäre Grenze Europa – Asien verläuft 25 km westlich der Stadt. Wirtschaftliches Zugpferd ist das gigantische Metallurgiekombinat Nischnij Tagil (NTMK), das heute mit 25 000 Beschäftigten als **zweitgrößtes Stahlwerk Russlands** gilt. Das Kombinat überwand die Krise der Perestrojka, ging eine Partnerschaft mit dem Unternehmen Millhouse Capital des russischen Oligarchen Roman Abramowitsch ein, wurde saniert und zeichnet seit 2005 an der Londoner Börse. Immense Summen wurden in die Verbesserung der Filteranlagen gesteckt; inzwischen ist Nischnij Tagil sogar von der Liste der 50 am stärksten belasteten Städte Russlands verschwunden.

Zar Peter der Große hatte die Vision, ein mächtiges Rüstungsarsenal aufzubauen und trieb deshalb die Erschließung von Eisenerz im Ural voran. 1720 wurden die »Nischnetagiler Werke« gegründet, die fünf Jahre später den ersten Stahl gossen. Die Besitzer Nikita und Akinfija Demidow schufen ein gigantisches Imperium. Mit der Entdeckung von Gold, Platin und Kupfer wurde die Stadt immer bedeutender; nach der Gründung der Sowjetunion wurde die Industrialisierung noch weiter vorangetrieben. Als wichtiger Rüstungsstandort war Nischnij Tagil zu Sowjetzeiten für Ausländer gesperrt. In den letzten Jahren hat sich die internationale Waffenschau **Russian Expo Arms** zu einem wichtigen Event entwickelt.

Theaterplatz

Viele Bürgerhäuser in der Altstadt sind in schlechtem Zustand, auch wenn in den letzten Jahren saniert wurde. Vor dem örtlichen Dramentheater (Teatralnaja ploschtschad) erinnert eine Bronzestatue an Efim und Miron Tschepanow, die sich mit der Konstruktion der ersten russischen Dampfmaschine 1833 einen Namen gemacht haben.

Museen

Öffnungszeiten:
Mi. – So.
10.00 – 17.00 Uhr

Eine der Haupattraktionen der Stadt ist der Museumskomplex im früheren Verwaltungsgebäude des Hüttenwerks am hohen Ufer des Stadtteichs. Von hier aus verwalteten die Demidows neun Werke, mehrere Stollen und Tagebaue. In einem Nebengebäude zeigt das **Industriemuseum** die Entwicklung des Bergbaus in der Region (Nischnetagilskij musej-sawod, prospekt Lenina 1).

✳ ✳
Museum der
bildenden
Künste ▶

In einem lang gezogenen zweistöckigen Gebäude, früher der Herrenklub der Demidows, wurden im Zweiten Weltkrieg aus Moskau und St. Petersburg evakuierte Kunstsammlungen eingelagert. Viele Werke bedeutender russischer Maler wie Repin, Lewitan, Korowin, Kustodijew und Werestschagin sind noch immer ausgestellt. Zu den herausragendsten gehört die **Madonna von Nischnij Tagil** des italienischen Freskenmalers Rafaelo Santi aus dem 16. Jahrhundert (Nischnetagilskij gosudarstwennyj musej isobrasitelnych iskusstw, Uralskaja 7). Eine sehenswerte geologische Sammlung zeigt das **Heimatmuseum**; der Museumsladen verkauft Tagiler Lackmalerei (Nischnetagilskij istoriko-krajewedtscheskij musej, prospekt Lenina 1a).

Baedeker TIPP

Rote Vogelbeere auf schwarzem Untergrund

Die Metalltabletts aus Nischnij Tagil sind seit mehr als 250 Jahren bekannt. Damals entstand sogar eine Kunstschule, in der Meister aus Europa in die Geheimnisse der Tagiler Lackmalerei eingeweiht wurden.

Lisja-Berg

Nischnij Tagil liegt zu Füßen des Lisja-Berges (Gora Lisja), eines erloschenen Vulkans. Vom 1818 erbauten Signalturm hat man einen guten Ausblick auf die Stadt.

Bären-Felsen

Etwa 15 km nördlich des Stadtzentrums erhebt sich der Bären-Felsen (Medwjed-Kamen, 290 m ü.d.M.) über dem Fluss Tagil. In der Nähe wurden 1945 archäologische Überreste einer Siedlung gefunden, die der berühmte Sibirien-Forscher **Jermak** 1582 hinter sich gelassen hatte, als er den Tagil hinab reiste.

✳
Werchoturje
Верхотурье

170 km nördlich von Nischnij Tagil liegt Werchoturje, ein 9000-Seelen-Städtchen am felsigen Ufer der Tura, das bis zur Machtergreifung der Bolschewiki im 17. und 18. Jh. das **bedeutendste Zentrum des Christentums im östlichen Russland** war. Heute hat die Stadt ihre religiöse Bedeutung zurückerlangt. Das Kloster wurde 1598 gegründet;1601 folgte eine Zollstation, weshalb Werchoturje als älteste Stadt im Ural gilt. Die Dreifaltigkeits-Kathedrale wurde auf Anordnung von Peter dem Großen 1703 gebaut. Das Nikolaus-Kloster, das die Gebeine des Simon von Werchoturje aufbewahrt, ist rund 100 Jahre älter.

Jelez (Elec)

Dc 18

Region: Lipezkaja oblast
Einwohnerzahl: 120 000

Höhe: 130 m ü. d. M.
Kyrillisch: Елец

Jelez ist eine beschauliche Stadt mit einigen sehenswerten Baudenkmälern rund 350 km südöstlich von Moskau im fruchtbaren Schwarzerdegebiet am Fluss Sosna. Doch dank Star-Modedesigner Slawa Zaitsew ist die traditionelle Klöppelspitze aus Jelez längst schon auf den internationalen Catwalks gesichtet worden – und nicht nur im örtlichen Heimatmuseum.

Jelez gilt als eine der ältesten Städte des Schwarzerdegebietes. 1146 wird eine befestigte Siedlung beiderseits des Don-Zuflusses Bystraja sosnja erstmals urkundlich erwähnt. 1239 wurde sie von den Mongolen niedergebrannt, 1395 von Timurs Heerscharen eingenommen und 1414 von den Tataren verwüstet. Im ausgehenden 16. Jh. – unter Fürst Boris Godunow – machte man sich daran, Jelez zur Festung auszubauen, um das Moskauer Reich vor Angreifern aus dem Süden zu schützen. 1618 jedoch konnten die mit Polen verbündeten Kosaken das Bollwerk durch eine List einnehmen. Im 19. Jh. entwickelte sich Jelez zu einer lebhaften Handelsstadt, woran heute noch schöne Bürgerhäuser erinnern. Im Dezember 1941 besetzte die deutsche Wehrmacht für wenige Tage die Stadt, bevor die Rote Armee sie wieder verdrängte – noch heute begeht man den 9. Dezember feierlich als Tag der Befreiung. In einem nach 1945 in einem Steinbruch in der Nähe der Stadt eingerichteten Arbeitslager starben viele entkräftete deutsche Kriegsgefangene.

Alte Festungsstadt

 **JELEZ**

ÜBERNACHTEN / ESSEN

► **Günstig**
Jelez
ul. Kommunarow 14
399770 Jelez
Tel. (47 467) 2 22 35
Das »erste Haus am Platz« verfügt über 116 Gästezimmer und bietet im Restaurant traditionelle russische Küche.

Sehenswertes in Jelez und Umgebung

Der quadratische Grundriss der recht kompakt wirkenden Stadt ermöglicht eine einfache Orientierung: Die **ul. Kommunarow** ist die wichtigste Straße. Im Zentrum thront Lenin auf dem nach ihm benannten Platz (ploschtschad Lenin). Von hier führt die **ul. Torgowaja** (»Handelsstraße«) quer durch die Stadt nordwärts, gesäumt von einigen schönen Bauten aus dem 19. Jahrhundert. Biegt man rechts in Richtung Auferstehungskathedrale ab, erreicht man die Sosna; kehrt

Orientierung

man dem Fluss den Rücken und geht auf der **ul. Orlowskaja** am Feuerturm (Backsteinbau) vorbei Richtung Westen, kommt man in den beliebten **Stadtpark** mit Riesenrad und Verpflegungsständen.

Auferstehungs-kathedrale

Das eindrucksvollste Bauwerk der Stadt ist schon von weitem zu sehen: Die grün-weiß getünchte Auferstehungskathedrale, deren blau schimmernde mächtige Hauptkuppel vier kleinere Kuppeln umringen, wodurch sie ein wenig an die Erzengel-Kathedrale im Moskauer Kreml erinnert. Ihr Bau zog sich von 1845 bis 1889 hin, doch bereits ein Jahrzehnt nach Beginn wurden in einem Seitenflügel Gottesdienste abgehalten (Wosnessenskij sobor, ul. Orlowskaja).

Heimatmuseum
Öffnungszeiten:
Mi. – So.
9.30 – 16.30

Das Heimatmuseum ist im Haus des Kaufmanns Sausailow untergebracht, der hier Mitte des 19. Jh.s gelebt hat. Besonders sehenswert sind die wunderschönen, in Jelez geklöppelten Spitzendecken. Beachtung verdienen ferner einige Gebetbücher, Bildwerke und Holzskulpturen (Gorodskoj krajewedscheskij musej, ul. Lenina 99).

Chrennikow-Museum
Öffnungszeiten:
Di. – Sa.
10.00 – 17.00

Jelez ist die Heimat des Komponisten **Tichon Chrennikow** (1914 bis 2007). In seinem Haus sind handschriftliche Skizzen, Partituren, signierte Bücher und Fotos ausgestellt. Chrennikow war viele Jahre lang Generalsekretär des sowjetischen Komponistenverbandes und wurde mehrmals ausgezeichnet, zuletzt 2003 mit der Mozart-Medaille der UNESCO (Dom-musej T. N. Chrennikowa, ul. Majakowskogo 16).

Bunin-Museum
Öffnungszeiten:
Mi. – So.
9.30 – 16.30

Der Schriftsteller **Iwan Bunin** (1870 – 1953) besuchte das Gymnasium in Jelez. Ein kleines Literaturmuseum in einem hübschen hölzernen Wohnhaus spiegelt die Atmosphäre des späten 19. Jh.s wider und zeigt Gegenstände aus Bunins Besitz, darunter einige schöne Jelezer Spitzendeckchen (Literaturno-memorialjnyj musej I.A. Bunina, ul. Gorkogo 16).

Tolstoj-Gedenkstätte in Astapowo
Астапово

Auf dem Ziffernblatt der Bahnhofsuhr von Astapowo, gut 80 km nordöstlich von Jelez, stehen die Zeiger still: Fünf nach sechs zeigen sie an, **die Todesstunde des Schriftstellers Lew Tolstoj** (1828 – 1910). Er hatte sich während einer Reise im offenen Zug eine schwere Lungenentzündung geholt und verstarb am 7. November 1910 im Bahnwärterhäuschen von Astapowo. Während Tolstoj tagelang mit dem Tode rang, versammelten sich zahlreiche Journalisten der Weltpresse und neugierige Dorfbewohner vor dem Haus.
Tolstoj zu Ehren wurde die Haltestelle in Stanzija Lewa Tolstogo (Lew-Tolstoj-Station) umbenannt. Die Gedenkstätte umfasst nicht nur das Wärterhäuschen, sondern den gesamten Bahnhof, eine Kirche, einige Wohnhäuser und einen Park. Sie wird derzeit renoviert und soll bis zum 100. Todestag Tolstojs 2010 wieder in neuem Glanz erstrahlen (Musej pamjaty L. N. Tolstogo; www.tolstoymuseum.ru/museum/astapovo.html).

★ Kaliningrad · Königsberg

Cf 18

Region: Kaliningradskaja oblast
Einwohnerzahl: 435 000

Höhe: 0 – 6 m ü. d. M.
Kyrillisch: Калининград

Das Bild von »Kenig«, wie die Einwohner des heutigen Kaliningrad ihre Stadt in Anlehnung an den alten Namen Königsberg nennen, hat sich gravierend verändert. Trotzdem sind einige alte Bauten und Straßenzüge erhalten geblieben, die noch ein wenig vom Flair der einstigen Hauptstadt Ostpreußens spüren lassen.

Blaue Lupinenfelder, baumbepflanzte Alleen, die schnurgerade durch Wiesen ziehen, weitläufige Dünen, die von Wasser umspült werden – die Kaliningradskaja oblast gehört zu den schönsten touristischen Zielgebieten Russlands. Die meisten ausländischen Touristen kommen bislang allerdings aus Nostalgiegründen hierher, um ihre bzw. die Heimat ihrer Vorfahren zu besuchen.

Das westlichste Verwaltungsgebiet der Russischen Föderation ist vom Mutterland abgetrennt und heute von den EU-Mitgliedsstaaten Polen und Litauen umgeben, zu denen das Wohlstandsgefälle sehr groß ist. Der Status als Exklave bringt für ihre Bewohner nicht nur Schwierigkeiten beim Reisen und der damit verbundenen Visumbeschaffung, sondern auch wirtschaftliche und soziale Probleme wie eine hohe Arbeitslosigkeit und einen alarmierenden Drogenmissbrauch – die Zahl der Hepatitis- und AIDS-Fälle ist in der Kaliningradskaja oblast höher als anderswo in Russland. Dennoch hat die Exklave für Russland eine besondere Bedeutung, ist sie doch die **Brücke nach Mittel- und Westeuropa**. Um ausländische Investoren anzulocken, richtete Moskau die **Sonderwirtschaftszone Jantar** (»Bernstein«) ein. Der Erfolg kam nur zögerlich, doch immerhin lassen BMW und der litauische Kühlschrankproduzent Snaige inzwischen hier fertigen. Ansonsten ist die Wirtschaft eng mit dem Meer verbunden: Hier wird in großem Maße gefischt, zudem werden Handels- und Kriegsschiffe für die Baltische Flotte gebaut. Kaliningrad spielt daher auch als **Flottenstützpunkt** eine strategische Rolle, mit der Russland sein Gegengewicht zur Nato demonstriert.

Russlands westlichste Exklave

❓ WUSSTEN SIE SCHON …?

- Immanuel Kant (1724 – 1804), der berühmteste Sohn Königsbergs und Philosph der reinen Vernunft, hat seine Geburtsstadt sein Leben lang nicht verlassen.

Der Deutsche Orden eroberte 1255 das Samland und errichtete am Pregel die hölzerne Burg »Königsberg«, benannt zu Ehren König Ottokar II. von Böhmen. Um die Burg herum, um 1300 aus Stein erneuert wurde, entwickelten sich drei durch Mauerwerk voneinander getrennte Ansiedlungen, die Kerne der Stadt: die Altstadt ent-

Eine Gründung des Deutschen Ordens

◀ weiter auf S. 292

Stadtplan von Königsberg aus Baedekers »Deutschland in einem Bande«, 5. Auflage 1932

DAS ALTE KÖNIGSBERG

Vergessen oder wieder aufbauen? Krieg, Sowjetbauten und Abrisswahn – um auch die letzten deutschen Spuren zu beseitigen – haben das Stadtbild des alten Königsberg für immer verändert.

Die ursprüngliche Architektur der Innenstadt wurde weitgehend ausradiert, sodass das heutige Stadtbild mancherorts willkürlich, improvisiert und schlichtweg trostlos wirkt. Viele alte Königsberger, die ihre Heimatstadt nach der Öffnung des Sperrgebiets in den 1990er-Jahren besucht haben, erkannten sie kaum wieder. Doch trotz der gravierenden Veränderungen stößt man immer wieder auf Altbekanntes, seien es Kanaldeckel mit deutscher Aufschrift oder das Vorkriegs-Kopfsteinpflaster.

Frischekur zur 750-Jahr-Feier

Im Vorfeld des 750. Stadtgeburtstages 2005 hat sich allerdings einiges getan. Es wurde **eifrig renoviert und restauriert**, nicht zuletzt dank großzügig geflossener Spenden aus Deutschland. Bislang wurden der Dom und Teile der Festungsanlage, einige Kirchen restauriert und alte Villen saniert und auch neue Hotels eröffnet. Weitere Großprojekte sind in Planung oder werden bereits realisiert, darunter das **»Fischdorf«**, das auf der Oktoberinsel (früher Lomse) in rasantem Tempo in die Höhe gezogen wird. Häuser in hanseatischem Baustil, Klinkerfassaden, Giebelspeicher, ein kleiner Leuchtturm, Souvenirläden, eine Fischbörse, Kongresshalle, Cafés und ein Kunstmuseum sehen dort ihrer Fertigstellung entgegen. Auch für die Wiederherstellung des ehemaligen **Kneiphof-Wohnviertels** liegen Pläne vor: Mehrere Brücken über den Pregel sollen in das historische Viertel führen, das Häuser im alten Stil prägen werden.

Streitpunkt: Wiederaufbau des Schlosses

Auch über den Wiederaufbau des Königsberger Schlosses wird nachgedacht. Allerdings ist man sich noch nicht sicher, in welcher Variante es – wenn überhaupt – wieder auferstehen soll, denn das ehemalige Ordensschloss wurde im Laufe der Jahrhunderte mehrfach umgebaut. Die andauernde Debatte spaltet die Bevölkerung. Während einige die Vergangenheit vergessen wollen, fordern andere die Wiederbesinnung auf die große Geschichte der ehemaligen Hauptstadt Ostpreußens.

▶ KALININGRAD/KÖNIGSBERG ERLEBEN

AUSKUNFT

Tourist-Information
Leninskij prospekt 28
www.kaliningradcity.ru (auch
Deutsch)
In den meisten Hotels und Restau-
rants liegt der aktuelle Veranstaltung-
skalender »Welcome to Kaliningrad«
(Englisch und Russisch) aus.

Swena Tours
ul. Osjornaja 25a
236029 Kaliningrad
Tel. (40 12) 95 43 99
www.swena.ru
Organisation von deutschsprachigen
Ausflügen mit der Samland-Bahn
nach Baltijsk / Pillau, auf die Kurische
Nehrung, in die Ostseebäder; Visumunterstützung.

ESSEN

▶ Fein & teuer
③ *Dolce Vita*
pl. Marschala Wasiljewskogo 2
Tel. (40 12) 35 16 12
In etwas kitschig wirkendem Ambiente wird mediterrane Küche geboten.

▶ Erschwinglich
② *Titanic*
ul. Tschernjachowskaja 74
Tel. (40 12) 53 67 68
Unter Schiffsglocken, Matrosenmüt-
zen und vielen Fotos der legendären
»Titanic« werden leckere Fischgerichte und eine gute Auswahl an
russischen Gerichten serviert. Die
besten Plätze sind in den herabhän-
genden Rettungsbooten am Fenster.

① *Sarja*
prospekt Mira 41/43
Tel. (40 12) 21 59 70
Gemütliches Szenecafé, Restaurant
und Disco im gleichnamigen Kino.

Hier kann man unter alten deutschen
Reklameschildern echtes Königsberger Marzipan zu probieren.

ÜBERNACHTEN

▶ Luxus
① *Comandor*
ul. Tschastliwaja
236038 Kaliningrad
Tel (40 12) 34 18 15, Fax 34 18 20
www.comandor.gazintern.net
24 Zimmer. Eines der besten Häuser
der Stadt liegt leider etwas außerhalb,
überzeugt aber durch Wellness-Zentrum und noblem Restaurant.

▶ Komfortabel
② *Dohna*
pl. Marschala Wasiljewskogo 2
236016 Kaliningrad
Tel./Fax (40 12) 35 16 50
www.dona.kaliningrad.ru
Zentral gelegener moderner Glas-
Betonbau mit 30 Zimmern für
gehobene Ansprüche.

③ *Hotel Moskau*
prospekt Mira 19
236000 Kaliningrad
Tel. / Fax (40 12) 35 23 33
www.hotel.kaliningrad.ru
Drei-Sterne-Hotel im Backsteinbau
der ehemaligen Nordstern-Versiche-
rung aus den 1930er-Jahren gleich
gegenüber vom Zoo. Die Zimmer
sind komplett renoviert. Café und
Restaurant bieten auch großen
Reisegruppen Platz.

④ *Kaliningrad*
prospekt Leninskij 81
236040 Kaliningrad
Tel. (40 12) 35 05 00, Fax 53 60 21
www.hotel.kaliningrad.ru
In der Nähe des Doms steht dieses
typische russische Touristenhotel. Es

Kaliningrad *Orientierung*

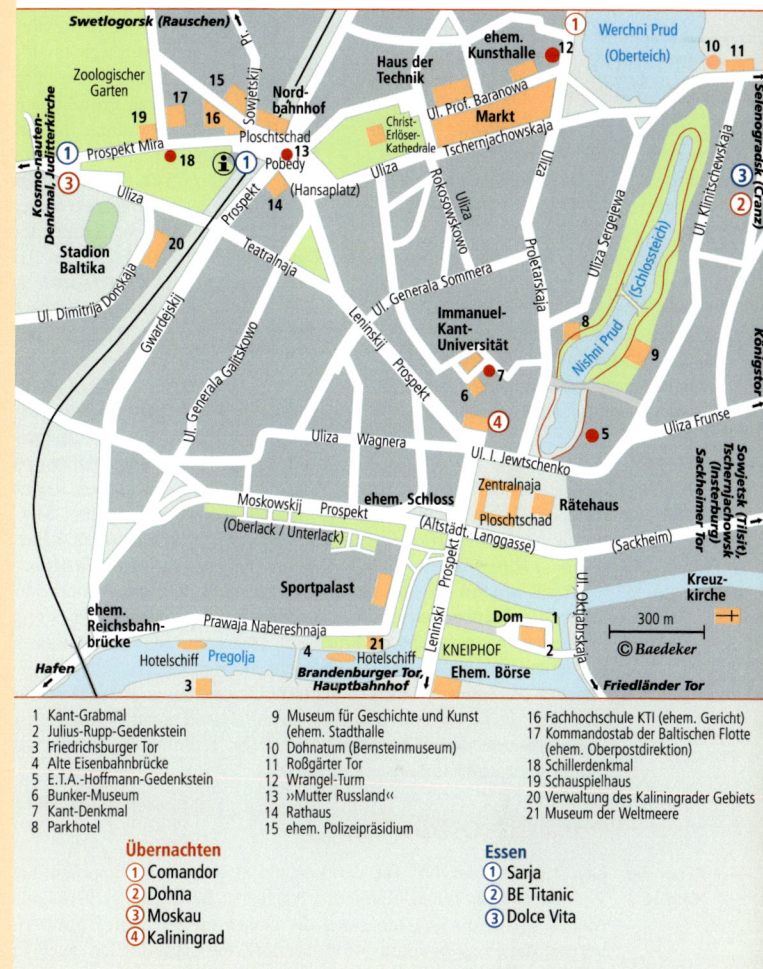

1 Kant-Grabmal
2 Julius-Rupp-Gedenkstein
3 Friedrichsburger Tor
4 Alte Eisenbahnbrücke
5 E.T.A.-Hoffmann-Gedenkstein
6 Bunker-Museum
7 Kant-Denkmal
8 Parkhotel

9 Museum für Geschichte und Kunst (ehem. Stadthalle)
10 Dohnaturm (Bernsteinmuseum)
11 Roßgärter Tor
12 Wrangel-Turm
13 »Mutter Russland«
14 Rathaus
15 ehem. Polizeipräsidium

16 Fachhochschule KTI (ehem. Gericht)
17 Kommandostab der Baltischen Flotte (ehem. Oberpostdirektion)
18 Schillerdenkmal
19 Schauspielhaus
20 Verwaltung des Kaliningrader Gebiets
21 Museum der Weltmeere

Übernachten
① Comandor
② Dohna
③ Moskau
④ Kaliningrad

Essen
① Sarja
② BE Titanic
③ Dolce Vita

ist umfassend renoviert worden und bietet Annehmlichkeiten wie Bars auf jeder Etage, Sauna und Kasino.

KULINARISCHES

Nicht nur die berühmten Klopse machten die regionale Küche bekannt. Ein Tipp für Genießer:

Königsberger Marzipan. Die Süßigkeit gelangte ab Mitte des 18. Jh.s mit Schweizer Konditormeistern in die Region. Sie ist weniger süß, mit Eigelb überstrichen und wird heute nicht mehr mit Rosenwasser hergestellt. Der *Bärenfang* ist eine traditionelle ostpreußische Spirituose.

stand ab 1286, in der Siedlung Löbenicht waren vor allem Handwerker beheimatet und auf der Kneiphof-Insel ließen sich Kaufleute nieder. Alle drei schlossen sich im 14. Jh. unabhängig voneinander der Hanse an, später dem Preußischen Bund. Mit der Gründung der **Albertina-Universität** 1544 machte man sich schon früh einen Namen als bedeutende Bildungsmetropole. 1701 ließ sich hier, in seiner Geburtsstadt, Kurfürst Friedrich III. von Brandenburg als **Friedrich I. zum »König in Preußen«** krönen; doch erst König Wilhelm I. bewirkte 1724 den Zusammenschluss der drei Siedlungen zu einer Stadt. Bereits im 18. Jh. gehörte Nordostpreußen während des Siebenjährigen Kriegs für einige Jahre zu Russland. Ab 1782 war Königsberg Sitz der ostpreußischen Regierung, 1812 kam Napoleon. Im 19. Jh. wuchs die Stadt zu einer Metropole heran, die vor Ausbruch des Zweiten Weltkriegs 372 000 Einwohner zählte. Alliierte Bomber hatten im August 1944 die Stadt bereits weit gehend zerstört, als im Februar 1945 die Rote Armee zum **Sturm auf Ostpreußen** und die von den Nazis propagierte »Festung Königsberg« antrat, die sie im April eroberte. Auf der Potsdamer Konferenz fiel das ehemalige Ostpreußen nach dem Zweiten Weltkrieg an die Sowjetunion. Die deutsche Bevölkerung, so nicht schon geflohen, wurde vertrieben und die Region aus dem russischen Kernland neu besiedelt. Königsberg, nunmehr Kaliningrad, wurde als Flottenstützpunkt für Ausländer gesperrt.

> ## ? WUSSTEN SIE SCHON …?
>
> ■ Der Schweizer Mathematikprofessor Leonhard Euler (1707 – 1783) untersuchte 1736, ob es möglich sei, jede der sieben Königsberger Pregelbrücken nur einmal zu überqueren und dabei zum Ausgangspunkt zurückzukehren – es geht nicht, solange an keinem der Ufer eine ungerade Zahl von Brücken steht. Seine Lösung prägte die Mathematik bis heute nachhaltig: Die **Graphentheorie**, die er anhand des **»Königsberger Brückenproblems«** formulierte, wird heute u. a. bei der Berechnung von Fahrplänen eingesetzt.

Dominsel (Ostrow Kanta)

Einst Viertel der Kaufleute

Der frühere Kneiphof auf der Pregelinsel war einst ein prächtiges Wohnviertel für reiche Kaufleute. Nach den Bombenangriffen Ende August 1944 hob sich nur noch die Domruine aus den Trümmern hervor; die Pregelbrücken waren zerstört, die Häuserzeilen lagen in Schutt und Asche. Ab den 1970er-Jahren wurde das ehemals malerische Wohnviertel in einen Skulpturenpark umgestaltet und seit 1952 führt eine fast 550 m lange Brücke wieder in andere Stadtteile.

★ ★

Dom

Vermutlich von Luther von Braunschweig begründet, entstand der Dom in drei Etappen zwischen 1325 und 1382. Von 1523 an spielte er in der Reformation eine bedeutende Rolle, als Johannes Briesmann auf dem Kneiphof die erste evangelische Predigt hielt. Napoleonische Truppen funktionierten den Dom 1807 zu einem Lazarett und Gefängnis um.

![Blick vom Pregel auf die Dominsel, rechts das Haus der Räte]

Blick vom Pregel auf die Dominsel, rechts das Haus der Räte

Das Wahrzeichen der Stadt blieb bei den verheerenden Bombenangriffen des Zweiten Weltkriegs wie durch ein Wunder weitgehend unversehrt – manche glauben, das Grab von Immanuel Kant an der Dommauer war für die Schonung verantwortlich –, wurde allerdings von den Flammen der umstehenden Gebäude ergriffen. Erst 1974, zum 250. Geburtstag Kants, begannen die Aufräumarbeiten. Mit deutscher Unterstützung wurde der Dom nach dem Zusammenbruch der Sowjetunion saniert; er erhielt zwei Orgeln aus Brandenburg, eine Fußbodenheizung, eine Empore und ein neues Deckengewölbe für den Chor. Von den ehemals fünf Glocken des Doms werden drei in deutschen Museen aufbewahrt, während zwei als verschollen gelten. Neue Glocken goss man 1995 in Kaliningrad; seither erklingen zu jeder vollen Stunde einige Takte aus Beethovens Fünfter Sinfonie. Das Kirchenschiff wird heute als Kultur- und Begegnungszentrum genutzt, während eine Dauerausstellung in den Türmen über das Leben des berühmtesten Sohnes der Stadt und die Domgeschichte informiert. Zu sehen sind dort auch Fragmente des Doms und anderer Königsberger Gebäude, darunter die beiden aus dem 14. Jh. stammenden Bären der Eingangspfeiler vom Rathaus, die bei den Aufräumungsarbeiten auf der Dominsel gefunden wurden.

Vor allem samstags geht es auf der Dominsel rege zu, wenn Brautpaare frische Blumen auf Kants Grab niederlegen. Es befindet sich nur wenige Meter von seiner Wirkungsstätte entfernt, der Königsberger Albertina, die in der Nordostecke des Kneiphofs stand. Am Brückengeländer hängen immer mehr Schlösser mit Namensgravur, die von den Frischvermählten dort festgemacht werden – selbstverständlich wird der Schlüssel im Wasser versenkt, so kann nichts mehr das ewige Bündnis entzweien.

◄ Wiederaufbau

◄ Dom- und Kantmuseum

◄ Grab von Immanuel Kant

Am nördlichen Pregel-Ufer

✴
Museum der Weltmeere

Ein Muss für Hobby-Seefahrer ist das Museum der Weltmeere, an der Uferpromenade westlich der Dominsel, wo ca. 60 Modelle historischer Schiffe und Seekarten präsentiert werden. Glanzstück der Ausstellung: das **Forschungsschiff »Witjas«** (»Ritter«), das zwischen 1949 und 1979 unter Sowjetflagge zu 65 Expeditionen auf den Weltmeeren aufbrach, ehe es 1994 in den Ruhestand geschickt wurde (Musej Mirowogo okeana, nabereschnaja Petra Welikogo 1; Öffnungszeiten: Mi.–So. 10.00–17.00, im Sommer bis 18.00 Uhr, www.vitiaz.ru).

Kunstgalerie
Öffnungszeiten: Di.–So. 11.00–19.00

Die 1988 eröffnete Sammlung hat sich sehr dynamisch zu einem bedeutenden Museum zeitgenössischer Kunst in Kaliningrad entwickelt. Gezeigt werden – neben offizieller Sowjetkunst – auch alternative Strömungen seit den 1950er Jahren. Ein thematischer Schwerpunkt liegt auf der künstlerischen Aufarbeitung des Krieges (Kaliningradskaja oblastnaja chudoschestwennaja galereja, Moskowskij prospekt 60–62).

Rund um den Schlossteich

Das Elite-Wohnviertel der »Neuen Russen« erstreckt sich rund um den Schlossteich, wo zunehmend schicke Neubauten entstehen. Die Weltzeituhr im Stil der sozialistischen Moderne an seinem Ostufer kam 1990 an ihren Platz; daneben erinnert ein Gedenkstein an das Geburtshaus von E.T.A. Hoffmann (1776–1822).

✴ ✴
Museum für Geschichte und Kunst
Öffnungszeiten: Di.–So. 10.00–17.00

Dieses Museum vermittelt mit 50 000 Exponaten einen Einblick in Flora, Fauna, Ethnografie und Geschichte der Region. Unbestrittene Highlights sind Stücke der berühmten **Prussia-Sammlung**, die größtenteils als verschollen gilt. Im Zweiten Weltkrieg gelangten nur Teile der 240 000 archäologischen Exponate aus dem Königsberger Schloss nach Westen, wo sie heute in Berlin und im polnischen Olsztyn zu sehen sind. Tausende Exponate lagerten in einem Außenfort Kaliningrads. Erst 1999 entdeckten Archäologen Schmuck, Waffen und Gebrauchsgegenstände aus der Zeit ab 3000 v. Chr. wieder. Das Museum ist in der ehemaligen Stadthalle untergebracht, die 1911 vom Berliner Architekten Richard Seel errichtet wurde und als der größte deutsche Konzertsaal galt. Jahrzehntelang ragte sie als Kriegsruine am Ostufer des Schlossteichs empor. In den 1980er-Jahren begann man mit dem Wiederaufbau (Kaliningradskij oblastnoj istoriko-chudoschestwennyj musej, ul. Klinitscheskaja 21).

❓ WUSSTEN SIE SCHON …?

■ 1855 wurde am Königsberger Schlossteich der älteste deutsche Segelklub Rhe gegründet, der sich nach dem Zweiten Weltkrieg in Hamburg neu formierte. Sein Motto hat er allerdings beibehalten: »Auf blauer Flut in Gottes Hand«. Info: www.sc-rhe.de

Ein Betonskelett in Form des Buchstabens »H« ragt seit 1969 am Südende des Schlossteichs in den Himmel. Das gigantische Bauwerk
mit 16 Stockwerken hätte neues Rathaus und Parteizentrale der
KPdSU werden sollen. Als man jedoch feststellte, dass der Boden
nachgibt, stellte man den Bau ein. Die Zukunft des bizarren Gebäudes ist ungewiss, doch zur 750-Jahr-Feier erhielt die Bausünde zumindest einen neuen Anstrich und Fenster (Dom Sowjetow, plocht-
schad Zentralnaja / Leninskij prospekt).

Haus der Räte

Um das Königsberger Schloss ranken sich viele Rätsel. Es wurde
1278 bis 1295 an Stelle der Ordensfestung von 1255 errichtet und
war zunächst Komturssitz; seit Mitte des 15. Jh. übten von hier aus
der Ordenshochmeister und ab 1525 der Herzog von Preußen ihre
Ämter aus. 1701 wurde in ihm Kurfürst Friedrich III. zum preußischen König gekürt. Nach 1918 diente das Schloss als Verwaltungssitz und Heimat der Prussia-Sammlung. Nach einem Bombenangriff
Ende August 1944 brannte es aus; die Ruine ragte bis 1967 am
Schlossteich empor, bis sie auf Anweisung von KPdSU-Chef Leonid
Breschnew gesprengt wurde – unter Protesten der Bevölkerung.
Nach wie vor wird spekuliert, ob unter den Trümmern das legendäre
Bernsteinzimmer begraben ist. Es war 1943 aus dem Katharinenpalast in Zarskoje Selo nach Königsberg gebracht worden. Die Kisten
wurden im Südflügel des Schlosses, dessen östlicher Bereich weniger
beschädigt worden war, das letzte Mal gesehen – Ursprung der Legende, dass das Zimmer heute noch er-
halten ist. Andere behaupten, die kostbare Bernstein-Vertäfelung sei beim
Einmarsch der Sowjets verbrannt, wiederum andere vermuten, dass sie ir-
gendwo verstreut ist. Zahlreiche mal
mehr, mal weniger seriöse Expeditionen
suchten jedenfalls bislang vergeblich –
auch in den Schlosstrümmern, doch
brachten die Ausgrabungen dort Hun-
derter andere Funde zutage. Immerhin
ist in Zarskoje Selo (► S. 486) inzwischen ein Nachbau des Zimmers zu bewundern.
In den kommenden Jahren dürfte sich
an diesem Platz vieles ändern: Die Pflas-
terung war nur ein erster Schritt, künftig könnte das gehobene Kellergewölbe
für Besucher zugänglich gemacht werden. Auch der Wiederaufbau des Schlosses wird diskutiert.

**Königsberger
Schloss**

◄ Wo ist das
Bernsteinzimmer?

Das **Kant-Denkmal** (Pamjatnik Kantu)
auf dem Paradeplatz vor der Neuen

Das Kant-Denkmal stiftete Gräfin Dönhoff.

Aus dem Hansaplatz wurde der Platz des Sieges.

Universität ist ein Werk von Christian Daniel Rauch (1777–1857) und stand zunächst vor Kants Wohnhaus. 1885 wurde es in den Königsgarten vor der Universität versetzt; im Zweiten Weltkrieg versteckte man es außerhalb der Stadt – und fand es nach Kriegsende nicht wieder. Den Sockel belegte stattdessen ab 1966 der deutsche Kommunist Ernst Thälmann (1886–1944). Den heutigen Kant, eine vom Berliner Bildhauer Harald Haacke angefertigte Kopie, stiftete 1992 Marion Gräfin Dönhoff.

Immanuel-Kant-Universität Die frühere Albertina-Universität hat zahlreiche bekannte Wissenschaftler wie die Astronomen Friedrich Wilhelm Bessel und Hermann von Struve hervorgebracht. Als berühmtester Absolvent gilt jedoch Immanuel Kant, mit dem sie im 18. Jh. europaweit an Bedeutung gewann. Ihm zu Ehren trägt die Universität seit der 750-Jahr-Feier seinen Namen. Die Hochschule ist 1544 von Herzog Albrecht gegründet worden, um Juristen, Ärzte und Beamte für den preußischen Staat auszubilden. Sie war ursprünglich auf dem Kneiphof angesiedelt und 1862 auf den Paradeplatz umgezogen. Im Zweiten Weltkrieg wurden viele Gebäude zerstört, das heutige Hauptgebäude stammt aus den 1960er-Jahren. Heute sind über 12 000 Studierende an 13 Fakultäten immatrikuliert (Universitet imeni I. Kanta).

Bunker-Museum Das unterirdische Bunkermuseum im ehemaligen Befehlsstand des Stadtkommandanten Otto Lasch erinnert an die Verteidigung und Kapitulation Königsbergs. Ein schmaler Gang führt an einem Dutzend Räume vorbei, in denen Fotografien, Postkarten, Modelle und Dokumente den Untergang der Stadt dokumentieren (Blindasch, ul. Universitetskaja 1).

🕐 Öffnungszeiten: tgl. 10.00 – 17.00

Ploschtschad Pobedy / ehem. Hansaplatz

Rund um den ehemaligen Hansaplatz (heute ploschtschad Pobedy = Platz des Sieges) im Nordwesten des Zentrums haben sich einige Sehenswürdigkeiten erhalten, die man nicht verpassen sollte. Hier beginnt der prospekt Lenina, eine der wichtigsten Magistralen der Innenstadt, der früher Steindamm und weiter südlich Kneiphöfsche Landgasse hieß. Nach Westen führt der ehemalige Hansaring, heute prospekt Mira (Friedensprospekt).

Der ehemalige Hansaplatz ist in Bewegung: Die Stalin-Statue wurde 1974 durch »Mütterchen Russland« ersetzt, ein monumentales Sowjetdenkmal am westlichen Rand des Platzes, das in Richtung Kernland nach Osten blickt. Das Lenin-Denkmal musste 2004 einer Triumphsäule weichen, auf der in 25 m Höhe ein bronzener Engel schwebt. Der 4,5 m hohe Himmelsbote ehrt den 60. Jahrestag der Gebietsformierung der Kaliningradskaja oblast. Der 8 m hohe Lenin hat außerhalb des Zentrums, am Ende des Leninskij prospekt, einen neuen Platz gefunden.

Siegesplatz (ploschtschad Pobedy)

Gleich hinter dem ehemaligen Lenin-Standort erhebt sich das Spiegelbild der Moskauer Christ-Erlöser-Kathedrale (chram Christa Spasitelja), ebenfalls zur 750-Jahr-Feier von Königsberg 2005 geweiht – das Kaliningrader Pendant trägt zufällig auch den selben Namen. Der Spatenstich für die imposante russisch-orthodoxe Kathedrale mit fünf goldenen Zwiebeltürmchen war bereits 1997 erfolgt; 3000 Gläubige finden in ihr Platz. Eine bronzene Windrose auf dem Platz ist beliebter Standort für Erinnerungsfotos mit der Kathedrale im Hintergrund.

Christ-Erlöser-Kathedrale

Der Königsberger Oberbaurat Martin Stallmann (1889 – 1983) ließ sich bei der Errichtung des Nordbahnhofs (Sjewernyj woksal) vom Neoklassizismus inspirieren. Zu Sowjetzeiten wurde das Gebäude als Matrosen-Wohnheim genutzt, inzwischen hat hier ein Einkaufs- und Geschäftszentrum für Gutbetuchte Einzug gehalten. Die Vorortzüge an die Küste fahren vom Innenhof los.

Nordbahnhof

Der ehemalige Handelshof vis-à-vis vom Nordbahnhof, den Architekt Hans Hopp 1923 errichtete, ist heute Sitz der Stadtverwaltung.

Rathaus

Die Skulptur zweier miteinander kämpfender Wisente von August Gaul (1869 – 1921) wurde 1912 vor dem ehemaligen Amts- und Landgericht am früheren Hansaring aufgestellt (heute Fachhochschule für Fischwirtschaft KTI). Zu Sowjetzeiten stand sie im Zoo.

»Kämpfende Wisente«

Schiller-Denkmal

Das Schiller-Denkmal (Pamjatnik Schilleru) vor dem Neuen Schauspielhaus überstand den Zweiten Weltkrieg unbeschädigt und gilt als eine der bekanntesten Skulpturen von Kaliningrad. Stanislaus Cauer hat es 1910 geformt; seit 1936 steht es an seinem heutigen Platz, umgeben von Blumenrabatten und einem Springbrunnen. Friedrich Schiller selbst hat die Stadt allerdings nie besucht.

Schauspielhaus

Schiller blickt direkt auf das Schauspielhaus (Dramatitscheskij teatr), das mit seiner Säulenfassade ein wenig an das Moskauer Bolschoj-Theater erinnert. In der Tat ließ man sich beim Umbau in den 1960er-Jahren von Russlands bekanntester Bühne inspirieren. Das 1912 gegründete Theater trug zunächst den Namen von Königin Luise von Preußen.

Kommandostab der Baltischen Flotte

Das scharlachrote Gebäude mit den weißen neoklassizistischen Säulen ist von 1918 bis 1924 als Oberpostdirektion erbaut worden und diente im Zweiten Weltkrieg Stadtkommandant Otto Lasch als Gefechtsstand. Heute hat hier der Generalstab der russischen Ostseeflotte seinen Sitz. Vor dem Haupteingang thront Zar Peter der Große (Schtab Baltijskogo Flota, prospekt Mira 2).

Zoo

🕐

Öffnungszeiten: tgl. 9.00 – 18.00, Winter bis 17.00

Der Königsberger Zoo, 1896 eröffnet, erstreckt sich nordwestlich des ploschtschad Pobedy. Sämtliche Tiere verschwanden in den Kriegswirren – bis auf das verwundete Nilpferd Hans, das somit als erster Bewohner des neuen alten Zoos galt und von sowjetischen Militärärzten wieder gesund gepflegt wurde. Zu Sowjetzeiten schaffte man viele Tierskulpturen hierher, so den legendären Elch von Gumbinnnen (▶Gussew) und sein Pendant aus Tilsit (▶Sowjetsk) – beide sind heute wieder zurückgekehrt. Die Gebäude sind größtenteils noch aus deutscher Zeit erhalten geblieben, wurden aber saniert (Soopark, prospekt Mira 26; Öffnungszeiten: Uhr; www.zoo.kaliningrad.net)

Kosmonautendenkmal

Noch etwas weiter westlich am Prospekt Mira ragt eines der inoffiziellen Wahrzeichen Kaliningrads in den Himmel: das Kosmonautendenkmal. Es ehrt die Kosmonauten und Ehrenbürger der Stadt Alexej Leonow, Viktor Patsajew und Jurij Romanenko, die alle aus dem Kaliningrader Gebiet stammen.

✴ Stadtbefestigung

Eine Wallanlage nach Plänen von Baumeister Conrad Burck sicherte die Stadt ab 1626. In der zweiten Hälfte des 19. Jh. ging man dazu über, zwölf Forts – von Holstein im Norden bis Friedrichsburg im Süden – zu errichten, an denen auch **Friedrich-August Stüler** (1800 bis 1865) beteiligt war. Dieser Festungsgürtel flößte der russischen Armee im Ersten Weltkrieg angeblich so viel Respekt ein, dass sie sich nur zaghaft auf Königsberg zubewegte. Der Wall umfasste sechs schön gestaltete Stadttore, die zum Teil noch erhalten sind und lässt sich, ausgehend vom Dohna-Turm am Oberteich, am besten entlang der ehemaligen Litauer Wallstraße (Litowskyi wal) erkunden.

Dieses nur dem Bernstein gewidmete Museum befindet sich seit 1979 im Dohna-Turm, der ebenfalls Teil des Befestigungswalls war. Mehr als 1000 Exponate zeigen Bernstein in allen seinen Formen, wobei ein Schwerpunkt auf Schmuck, Schatullen und Kunstgegenständen liegt. Highlights sind ein über 4 kg schwerer Rohbernstein und eine verkleinerte Nachbildung des legendären Bernsteinzimmers (in Fragmenten). Vor dem Krieg besaß das Museum über 100 000 Exponate, die heute größtenteils als verschollen gelten (Musej jantarja / Baschnja Dona, ploschtschad Marschala Wasiljewskogo 1).

✱ ✱
Bernstein-
museum im
Dohna-Turm
🕐
Öffnungszeiten:
Di. – So.
10.00 – 18.00,
Sommer bis 19.00

Einst führte die Cranzer Allee durch das **Rossgärter Tor**, heute läuft die ul. Alexandra Newskogo an ihm vorbei. Das neogotische Portal mit romantischen Einflüssen ziert ein Medaillon, das die preußischen Generäle Gerhard von Scharnhorst (1755 – 1813) und Neidhardt von Gneisenau (1760 bis 1831) abbildet. Vor allem Feinschmecker sollten das Tor »besichtigen« –, von innen, denn heute wird hier in einem Restaurant gehobene Küche in rustikalem Ritterambiente serviert, wobei die Fischgerichte in der ganzen Stadt gelobt werden (Rossgartenskije worota, ploschtschad Marschala Wasilijewskogo 3).

Im Dohna-Turm ist das Bernsteinmuseum zu Hause

Das imposanteste Stadttor (Korolewskije worota) weiter südlich erstrahlt wieder in neuem Glanz und gilt neben Schloss und Dom ebenfalls als Wahrzeichen der Stadt. Das backsteinrote Königstor, 1850 nach Entwürfen von Stüler im neogotischen Stil errichtet, schmücken an der Westfassade drei Skulpturennischen mit den Bildnissen von König Friedrich I. in der Mitte, rechterhand flankiert von Herzog Albrecht, linkerhand von König Ottokar II. von Böhmen. Sie waren nach 1945 buchstäblich »kopflos«, denn sowjetische Soldaten hatten sie ihnen abgeschossen. Pünktlich zur 750-Jahresfeier von Königsberg wurden sie saniert.

✱
Königstor

Das einzige der früheren Stadttore, das auch heute noch als solches genutzt wird – zur Durchfahrt –, ist das 1630 erbaute Brandenburger Tor (Brandenburgskije worota). Eine Gedenktafel erinnert seit 2007 an drei Rektoren der Albertina-Universität, die auf einem Friedhof (der heute allerdings nicht mehr existiert) in der Nähe des Tors ihre

Brandenburger
Tor

letzte Ruhe gefunden haben: an den Theologen und Publizisten Ludwig Resa (1776–1840), den Philosophen Karl Burdach (1776–1847) und den Ökonomen Jakob Kraus (1753–1807).

Museum Friedländer Tor
🕐 Öffnungszeiten: tgl. 10.00–17.00

Im Südosten der Stadt erhebt sich das Friedländer Tor, zwischen 1857 und 1862 im neogotischen Stil aus rotem Backstein mit vielen Schmuckornamenten errichtet. Mit seinen Schießscharten und Kasematten galt es als das sicherste Stadttor, weswegen es im Zweiten Weltkrieg auch als Bunker genutzt wurde. Wie am Königstor musste auch hier die Figur des Hochmeisters Siegfried von Feuchtwangen ein halbes Jahrhundert ohne Kopf auskommen. Heute zeigt ein kleines Museum Funde aus Kriegstrümmern wie Straßenschilder, Waffen, Glas und Keramik; eine Dauerausstellung gibt Einblicke in die Entstehungsgeschichte des Stadtwalls. Zudem hat hier die **Ostpreußen-Gesellschaft** ihren Sitz. Das Museum organisiert alljährlich das internationale Ritterfestival Regiomons, dss parallel zum Stadttag in einem nahe gelegenen Park stattfindet (Musej Fridlandskije worota, prospekt Kalinina 6).

Westlich der Innenstadt

Astronomische Bastei

Ein Teil dieser Bastion von 1860 ist noch erhalten, ein Teil wurde bereits mit dem Bau der Eisenbahn zu Beginn des 20. Jh. abgetragen. Die mächtige Festung hat ihren Namen von einer gegenüber liegenden Sternwarte, die vom Astronomen Friedrich Wilhelm Bessel (1784 –1846) zu Beginn des 19. Jh.s errichtet worden war. An Bessel, der Königsberg zu einem europäischen Zentrum der Astronomie machte und der u. a. die Erdoberfläche berechnete, erinnert ein Gedenkstein (Astronomitscheskij bastjon, ul. Generala Galizkogo).

★
Amalienau

Das frühere Villenviertel Amalienau versprüht noch den Charme das verlorenen Königsbergs – dazu tragen auch Hydranten und Kanaldeckel mit deutscher Aufschrift bei.

Königin-Luise-Gedächtniskirche

Die Bewohner von Amalienau und Hufen konnten von 1901 an ihre eigene Kirche besuchen. Die Entwürfe der neoromanischen Königin-Luise-Kirche lieferte Fritz Heitmann (1853–1921). Nach dem Zweiten Weltkrieg wurde sie als Puppentheater genutzt.

Münchhausen-Denkmal

Der berühmte Lügenbaron Münchhausen war Mitte des 18. Jh.s auch in Königsberg zu Gast und fiel nicht nur mit seinen berühmten Lügengeschichten, sondern auch durch Zechprellerei auf. Sein Denkmal im kleinen Park bei der Luisenkirche stiftete die Münchhausen-Stadt Bodenwerder.

Evangelische Kirche

Auf dem Friedhofsgelände bei der Luisenkirche steht heute die neue evangelische Auferstehungskirche. Sie bietet Platz für 400 Gläubige. Zur Einweihung 1999 erhielt die Gemeinde einen Abendmahlkelch der früheren evangelischen Gemeinde Germau (► S. 217); in das Fundament ist ein Kreuz aus Ziegelsteinen aus den Ruinen früherer evangelischer Kirchen des nördlichen Ostpreußens eingearbeitet.

Südlich des Pregel

Überquert man den Pregel, gelangt man gegenüber der Dominsel zu einem bemerkenswerten Gebäude im italienischen Renaissance-Stil, der Alten Börse. Der Bremer Architekt Heinrich Müller lieferte 1870 die Entwürfe für das auf 2200 Eichenpfählen im morastigen Untergrund ruhende Gebäude. Die mächtigen Portallöwen am Treppenaufgang haben den Krieg überlebt, die vier Skulpturen an den Dachecken nicht: Sie symbolisierten den Handel der Stadt mit den vier Kontinenten. 1967 begann man mit dem Wiederaufbau und strich das Gebäude weiß-blau entsprechend seiner neuen Bestimmung als Kulturpalast der Seeleute. In einem Teil ist heute ein Spielkasino untergebracht (Sdanije Fondowoj birschi, Leninskij prospekt 83). **Alte Börse**

Wer mit der Zug anreist, kommt am Südbahnhof an (Juschnyj woksal), dem heutigen Hauptbahnhof. Auf dem Vorplatz begrüßt der Namenspatron der Stadt die Reisenden: der 13 m hohe Michail Kalinin (1875–1946), unter Stalin Marionetten-Staatsoberhaupt. Eine direkte Verbindung zwischen ihm und der Umbenennung Königsbergs 1946 besteht nicht. Seit dem Zerfall der Sowjetunion gab es wiederholt Debatten, die Stadt rückzubenennen. **Südbahnhof**

Umgebung von Kaliningrad

Das ehemalige Tapiau, 37 km östlich von Kaliningrad, gehört zu den wenigen Städten im Westen der Kaliningradskaja oblast, die den Krieg relativ unversehrt überstanden haben. Der Marktplatz mit dem Rathaus von 1922 und die evangelische Kirche aus dem beginnenden 16. Jh. sind erhalten; die Burg Tapiau, Wahrzeichen der Stadt, dient heute als Gefängnis. Tapiaus berühmtester Sohn heißt **Lovis Corinth** (1858–1925), einer der einflussreichsten deutschen Impressionisten, der das Altargemälde in der evangelischen Kirche entwarf. Sein Elternhaus ist heute Gedenkmuseum. **Gwardejsk / Tapiau Гвардейск**

Ein intakter Altstadtkern überrascht in dem Städtchen 45 km südöstlich von Kaliningrad. Die frühgotische, ehemals katholische St. Georgs-Kirche im Zentrum gehört heute der orthodoxen Gemeinde. Bei Friedland tobte am 14. Juni 1807 die nach dem Ort benannte Schlacht, in der Napoleon die russisch-preußische Armee endgültig schlug und letztlich zum Frieden von Tilsit führte. Alljährlich Mitte Juni stellt man die Gefechte auf der grünen Wiese nach. **✶ Prawdinsk / Friedland Правдинск**

Nur 2 km trennen das Städtchen knapp 40 km südlich von Kaliningrad von der polnischen Grenze. Die alte Pfarrkirche kann im Ort **Bagratijonowsk / Preußisch Eylau Багратионовск** nur von außen besichtigt werden, da heute eine Fabrik darin untergebracht ist. Rund um den Bahnhof sind noch einige alte Gebäude vorhanden, in der Nähe des Marktplatzes steht der Wasserturm von 1913. Die 2003 geweihte russisch-orthodoxe Kirche mit ihren sieben Zwiebelkuppeln gilt als eine der schönsten im gesamten Gebiet Kaliningrad. Sie entstand neben dem Gelände der Ordensburg von 1325.

Schlacht von Preußisch-Eylau ► Alle zwei Jahre im Februar wird auch hier eine Schlacht von 1807 nachgestellt, eine der blutigsten der napoleonischen Kriege: die Franzosen verloren 19 000 Soldaten, die Russen 26 000 Mann, die mit ihnen verbündeten Preußen 800. Der heutige Stadtname gedenkt des russischen Generals Pjotr Bagration. Das 10 m hohe L'Estocq-Denkma erinnert seit 1857 südöstlich der Stadt an die Schlacht.

Kaluga

Dd 18

Region: Kaluschskaja oblast	**Höhe:** 207 m ü. d. M.
Einwohnerzahl: 350 000	**Kyrillisch:** Калуга

Die zwar schmucklose, knapp 200 km südwestlich von Moskau an der Oka gelegene Industriestadt verbreitet dennoch keinesfalls nur Tristesse: Das idyllische Flussufer, einige schöne Häuser aus dem 19. Jh. und historische Handelsreihen lohnen. Besonders stolz ist man in Kaluga allerdings auf das Raumfahrtmuseum.

Stadt der Raumfahrt Die Festung Kaluga, 1371 erstmals erwähnt, war Moskaus südlicher Vorposten an der Oka. Ab dem 16. Jh. entwickelte sie sich zu einer lebendigen Handels- und Verwaltungsstadt. 1892 gründete der Pionier der russischen Raumfahrt, **Konstantin Ziolkowskij**, das hiesige Institut für Physik. Im November 2007 wurde in Kaluga ein Volkswagenwerk in Betrieb genommen, das den russischen Markt versorgen soll.

? WUSSTEN SIE SCHON …?

■ Konstantin Ziolkowskij konstruierte bereits an der Wende vom 19. zum 20. Jh. Russlands ersten Windkanal.

Sehenswertes in Kaluga

★
Ziolkowskij-Raumfahrt-museum
🕐
Öffnungszeiten:
Di. u. Do.–So.
9.30–17.00, Mi.
11.00–19.00

In einem Betonbau, dessen Flachdach eine silberne Raketenspitze durchbricht, ehrt man Konstantin Ziolkowskij (1857–1935), den »Vater der russischen Weltraumfahrt« mit einer Ausstellung. Er hat bedeutende theoretische Vorarbeiten zur Entwicklung der Raumfahrt geleistet, die allerdings zu seinen Lebzeiten noch nicht umgesetzt werden konnten. Den Grundstein für das 1967 eröffnete Raumfahrtmuseum legte Jurij Gagarin bereits kurz nach seiner ersten Erdumrundung (1961). Im Museum wird die Geschichte der sowjetischen und internationalen Raumfahrt nachgezeichnet; ein kleines Planetarium weist in den nächtlichen Sternhimmel ein. Im Außenbereich sind einige Raketen aufgestellt, darunter auch eine legendäre »R-7« – mit diesem Typ wurde Sputnik ins All geschossen (Gosudarstwennyj musej istorii kosmonawtiki imeni K. E. Ziolkowskogo, ul. Akademika Koroljowa 2). Im nebenan gelegenen Park befindet sich das Grab Ziolkowskijs. Sein Wohnhaus ist als Museum zugänglichj (ul. Ziolkowskogo 79).

◄ Ziolkowskij-Park

Die Puschkin-Straße zurück und am Museum vorbei gelangt man an den Jatschinsk-Stausee (Jatschinsko wodochranilischte).

Jatschinsk-Stausee

Folgt man der Puschkinstraße abwärts, erreicht man die 1785 erbaute mehrbogige **Beresujsk-Steinbrücke** (Kamennyj Beresujskij most), eine der höchsten im Land. Auf dem Weg dorthin hat man schon das in einem klassizistischen Säulenbau untergebrachte **Heimatmuseum** (Kaluschskij oblastnoj krajewedtscheskij musej, ul. Puschkinskaja 14) passiert. Bereits von der Brücke sieht man die schöne Dreifaltigkeits-Kathedrale(Troitzkij sobor), zwischen 1786 und 1819 er-

Weiterhin Sehenswertes

◄ Dreifaltigkeits-Kathedrale

Auch Wladimir Putin besucht Museen – wie das Raumfahrtmuseum von Kaluga.

▶ KALUGA ERLEBEN

AUSKUNFT
www.kaluga-gov.ru (nur Russisch)

ESSEN

▶ **Fein & teuer**
Usadba
ul. Kirowa 48
Tel. (48 42) 57 30 08
http://usadba.kaluga.ru
Feine russische Küche mit Entenbrust und Garnelen in historischem Ambiente.

ÜBERNACHTEN / ESSEN

▶ **Komfortabel**
Baden-Baden
ul. Plechanowa 4, 248001 Kaluga

Tel. (48 42) 74 16 42
Fax (48 42) 74 93 72
http://baden.kalugacity.ru
Modernes Mini-Hotel mit gemütlichen Gästezimmern und Sauna. Das Restaurant bietet gute russische Küche.

Raswlekateljnyj kompleks Jolki
(Vergnügungskomplex Jolki)
ul. Postawalowa 94
Tel. (48 42) 73 92 46
www.elki-kaluga.ru
Alles unter einem Dach: moderner Vergnügungskomplex mit Komfort-Hotel, russischem Restaurant im Landhaus-Stil und Aquapark.

Handelsreihen ▶ baut. Ganz in der Nähe zeugen die im 18. Jh. errichteten ehemaligen Handelsreihen (Gostinnyj dwor, ul. Lenina 108) vom Wohlstand der hiesigen Händler. Die schönsten **denkmalgeschützten Wohnhäuser** aus dem 18. und 19. Jh. findet man an der ul. Lenina, der ul. Kirowa und der ul. Woskressenskaja.

Kandalakscha (Kandalakša)

Db 12

Region: Murmanskaja oblast	**Höhe:** 0 – 28 m ü. d. M.
Einwohnerzahl: 40 000	**Kyrillisch:** Кандалакша

Die geschäftige Hafen- und Industriestadt liegt im Süden der Kola-Halbinsel an einer Bucht des Weißen Meeres. Abenteuer- und Aktivurlauber werden von der Umgebung angelockt.

Geschichte und Wirtschaft ▶ Kandalakscha zählt zu den ältesten Siedlungen auf der Kola-Halbinsel. Bereits im 11. Jh. hatten sich in dieser Gegend Menschen niedergelassen. Seit 1526 gab es ein Kloster, doch bereits Ende des 16. Jh.s wurden Stadt und Kloster von den Schweden niedergebrannt. Während des Ersten Weltkriegs entstand hier ein großer Hafen, der ab 1915 von der neuen Murman-Bahn bedient wurde. 1938 wurde Kandalakscha zur Stadt erhoben. Die wichtigsten Industriezweige sind heute Holzverarbeitung, Maschinenbau und Fischverarbeitung.

▶ KANDALAKSCHA ERLEBEN

AUSKUNFT
www.kolvica.ru
(auch Englisch)

ÜBERNACHTEN / ESSEN
▶ **Komfortabel**
Spolochi
ul. Nabereschnaja 130
184040 Kandalakscha
Tel. (8 15 33) 5 56 56
Freundliches Touristenhotel mit
49 modern ausgestatteten Zimmern,
Restaurant, Bar und Friseursalon.

AKTIVITÄTEN
Mit dem Fischkutter unterwegs
Von Mai bis Oktober kann man auf
einem Fischkutter zu Angeltouren
und Ausflugsfahrten ins Weiße Meer
aufbrechen (max. 7 Passagiere).
Auskunft:
www.cruise777.narod.ru

Skilaufen
Südöstlich der Stadt gibt es im
Skizentrum Spolochdrei bis zu 1 km
lange Pisten, die an Wochenenden mit
Flutlicht beleuchtet werden. Gäste-
haus, Umkleidekabinen und Ausrü-
stungsverleih vorhanden. Vom
Hauptbahnhof brauchen Busse ca. 20
Minuten.

Sehenswertes in Kandalakscha

An der Mündung des Flusses Niwa im Westen der Stadt ist der histo- **Alter**
rische Siedlungskern noch teilweise erhalten: hübsch die Holzhäuser, **Siedlungskern**
idyllisch der Blick auf den Fluss. Rundum wurden aber gesichtslose
Platten- und Neubauten aus der Erde gestampft.

Bevor man sich in die Wildnis des Naturparks Kandalakscha auf- **Naturmuseum**
macht, lohnt ein Besuch im naturkundlichen Museum, um sich über
die Pflanzen- und Tierwelt im äußersten Nordwesten Russlands zu
informieren (Musej prirod, ul. Linejnaja 35; Öffnungszeiten: Mo. bis
Do. 9.00 – 16.00, Fr. 9.00 – 12.00 Uhr). ⏲

4 km von Kandalakscha entfernt, an der steil abfallenden Küste der ★
Malaja-Pitkulja-Bucht, trifft man auf ein mysteriöses, wohl im 2. Jt. **Steinlabyrinth**
v. Chr. angelegtes Steinlabyrinth, dessen Bedeutung bis heute nicht **»Babylon«**
geklärt ist. Die spiralförmige Anordnung der Steine legt eine prähistorische Opfer-, Kult- oder Totenstätte nahe. Nach Volkes Meinung
sollen die Seelen der Verstorbenen in den Spiralen umherirren und
können so die Lebenden nicht stören. Das Aussehen dieses geheim-
nisumwobenen Platzes trug schließlich auch zu seinem Namen bei:
»Babylon« leitet sich vom alten russischen »wawilonistyj« für die Beschreibung von etwas Kurvenreichem ab. Ähnliche Steinspiralen gibt
es an den Flüssen Umba und Ponoj bei Kandalakscha, aber auch in
Karelien bzw. Skandinavien.

✳
**Nikolauskirche
in Kowda
Ковда**

Gänzlich aus Holz und **ohne einen einzigen Nagel** wurde die Nikolauskirche (Nikolskaja zerkow) in der alten Pomoren-Siedlung Kowda (ca. 80 km südlich) im 17. Jh. erbaut, ein gutes Beispiel der nordischen Holzbaukunst jener Zeit. Das knapp 15 m hohe Kirchlein
besitzt einen Altarraum, einen Refektorium und eine Vorhalle mit
giebelförmigem Dach sowie einen Glockenturm mit Zeltdach.

**Naturreservat
Kandalakscha**

Das Naturreservat (Sapowednik) Kandalakscha wurde 1932 zum
Schutz der hier wild lebenden Eiderenten ausgewiesen, die bis heute
wegen ihrer wärmenden Daunen vor allem während der Brutzeit ge-
jagt werden. Inzwischen sind die Jagdregularien verschärft und die
Zerstörung von Eiderentennestern verboten worden, sodass sich die
Bestände gut erholt haben: Man schätzt, dass es im Naturschutzgebiet wieder rund 3000 Brutplätze gibt. Das Reservat umfasst etwa
vier Dutzend Inseln um Kandalakscha, den Kem-Ludy-Archipel, den
Welikij ostrow (»Große Insel«) und einen Teil der Weißmeerküste.

Umba (Умба)

Trotz seiner abgeschiedenen Lage im Süden der Kola-Halbinsel, an
der Kandalakscha-Bucht des Weißen Meeres, ist Umba **beliebt bei
Touristen und Anglern**. Das einstige Fischerdörfchen in Russlands
hohem Norden lebt vom Fischfang und von der Holzverarbeitung.
Umba ist nicht einfach zu erreichen, denn die nächste Bahnstation
befindet sich 110 km westlich in Kandalakscha.

**Pomoren-
Museum**
🕐
Öffnungszeiten:
tgl. außer Sa.
9.00 – 17.00

Die Exponate in dem ziemlich neuen Museum wurden von den Po-
moren, alteingesessenen Siedlern in der Region, zusammengetragen:
Werkzeuge der Fischer und Jäger, Spitzen- und Stickarbeiten, ge-
flochtene Birkenrinden-Hausschuhe, Körbe, Holzgefäße und andere
Gebrauchsgegenstände (Musej kultury i byta terskich Pomorow, ul.
Dserschinskogo 38).

✳ ✳
**Holzkirche in
Warsuga
Варзуги**

Die Mariä-Himmelfahrt-Kirche im Dorf Warsuga ist ein sehenswertes Beispiel der nordischen Holzbaukunst, denn auch sie ist 1674 errichtet worden, ohne einen einzigen Nagel zu benutzen. Die einkuppelige Kirche hat ein Zeltdach, auf dem eine kleine Zwiebelkuppel
mit einem Kreuz thront; ihre Fassaden werden von grazilen spitzen
Rahmen in Türmchenform geschmückt. Zahlreiche dekorative Ornamente wie Portalpfeiler und die wechselnden Holzschattierungen
machen den Reiz des Bauwerks aus (Uspenskaja zerko, Dorf Warsuga, Terskij rajon).

✳ ✳
Felszeichnungen

An der Küste des Weißen Meeres wurden seit Mitte der 1990er-Jahre
viele bedeutende prähistorische Felszeichnungen gefunden. Sie zeigen
meist **Jäger oder Fischer, deren Beute oder Kultsymbole** wie spira-
lenförmige Labyrinthe, Sonne und Mond oder Tiere (Elche, Bären,
Rentiere und Weißwale). Die ältesten sind wohl bereits 3000 v. Chr.

entstanden. Die meisten dieser Funde sind im Bezirk Terskij zu sehen, auf den Munskije-Inseln, der Skalistyj-Insel und an der Küste des Kinosero-Sees. Der Bezirk zieht sich entlang der Küste des Weißen Meeres und ist über die holprige Straße von Kandalakscha nach Umba zu erreichen; regelmäßige Busverbindungen (Terskij rajon).

Kargopol

De 15

Region: Archangelskaja oblast
Einwohnerzahl: 13 000

Höhe: 127 m ü. d. M.
Kyrillisch: Каргополь

In Kargopol scheint die Zeit stehen geblieben zu sein. Das Provinzstädtchen zählte im 18. Jh. zu den zehn wichtigsten Städten Russlands. Heute wirkt es allerdings so vergessen, als sei selbst die Industrialisierung der Sowjetzeit daran vorübergegangen. Das hat seinen Grund: Die Bahnlinie Moskau – Archangelsk verläuft 80 km weiter östlich.

Fernab von sowjetischen Plattenbauten und rauchenden Schornsteinen herrscht hier bis heute altrussisches Flair mit Holzhäusern und glänzenden Zwiebelkuppeln – rund ein Dutzend Gotteshäuser sind nach sieben Jahrzehnten Atheismus und stalinistischem Zerstörungswahn übrig geblieben, auch wenn es zu Beginn des 20. Jh.s noch doppelt so viele waren und die meisten heute Museen sind.

Altrussische Provinz

Dass die 1146 als Festung gegen finno-ugrische Stämme gegründete Siedlung im Mittelalter ein wichtiges **Handelszentrum für Zobelfelle und Salz** war, kann man sich nur noch schwer vorstellen. Die Anbin

! *Baedeker* **TIPP**

Vielstimmiger Glockenklang
Täglich um die Mittagszeit schafft das Geläut der zahllosen Kirchenglocken in der Stadt Kargopol eine fast unwirkliche Atmosphäre.

dung an den Onega-Fluss und den Latscha-See verschaffte den hiesigen Händlern den Zugang zum Weißen Meer. Mitte des 18. Jh.s wurden große Teile des Orts durch einen Brand zerstört.
Kargopol war von 1937 bis 1960 Standort eines berüchtigten Arbeitslagers, in dem nach Schätzungen der russischen Menschenrechtsorganisation »Memorial« mindestens 30 000 Personen inhaftiert waren, die in den Wäldern Holz schlagen und verarbeiten mussten.

Sehenswertes in Kargopol und Umgebung

Die 1552 bis 1562 erbaute Kathedrale hat den großen Brand im 18. Jh. überstanden. Der frei stehende 61 m hohe barocke Glockenturm kam erst 1778 dazu und fällt durch seine drei Stockwerke auf sowie das Tor zu Ehren von Zarin Katharina der Großen. Sie hat sich nach

Christi-Geburt-Kathedrale

⏵ KARGOPOL ERLEBEN

AUSKUNFT

www.kargopol.ru
(nur auf Russisch)

Nationalpark Kenosjorsk
ul. Wyutschejskogo 18
Archangelsk
Tel. (81 82) 27 18 67
www.kenozero-park.ru

Infozentrum Morschtschichinsk
(näher bei Plessezk)
Tel. (8 18 41) 3 16 76

Infozentrum Werschinino
(näher bei Kargopol)
Tel. (8 18 41) 4 93 48
In den beiden Infozentren erhält man
alle erforderlichen Auskünfte und
aktuelles Kartenmaterial. Auch sind
hier die Eintrittsgebühren zu
entrichten.

ANREISE

Bahn und Bus
Mit der Bahn ab Moskau, St. Petersburg oder Archangelsk bis zum
Bahnhof Njandoma. Weiterfahrt per
Bus nach Kargopol (80 km, knapp 2
Std.). Einmal täglich fährt auch ein
Bus von Archangelsk nach Kargopol.
Zum Nationalpark Kenosjorsk per
Bus von Kargopol zur Bushaltestelle
im Dorf Morschtschichinsk. Alternative: per Bahn zur Station Plessezk,
von dort per Bus oder Sammeltaxi
zum Dorf Werschino (ca. 3 Std.).

ÜBERNACHTEN / ESSEN

▶ Günstig
Hotel Kargopol
ul. Akulowa 23, 164110 Kargopol
Tel./Fax (81841) 2 11 65
17 Zimmer. Hotel in der Altstadt mit
Caférestaurant.

dem verheerenden Brand für den Wiederaufbau der Stadt eingesetzt
(Christoroschdestwennyj sobor, Nowaja torgowaja plotschtschad).

Museum für Geschichte, Architektur und Kunst
Im Museum für Geschichte, Architektur und Kunst gibt es einige besonders schöne Schöpfungen Kargopoler Töpfer zu sehen. Die Ausstellung ist in einer Kirche (Wedenskaja zerkow) untergebracht, in der
man auch einige im Stil der Nowgoroder und der Moskauer Schule
gemalte Ikonen und Skulpturen bewundern kann (Kargopolskij istoriko-architekturnyj i chudoschestwenny musej-sapowednik, prospekt
Oktjabrskij 50; Öffnungszeiten: tgl. außer Mo. 9.00 – 17.30 Uhr).

Tonfiguren-Museum
Männer mit Bärten und Akkordeons, aus Fabeln entsprungene Füchse, Vögel und Bären aus Ton sind in diesem liebevoll eingerichteten
Privatmuseum zu sehen. In dem alten Bauernhaus lebte das Ehepaar
Scheweljow, das maßgeblich an der Entwicklung des Töpferhandwerks in Kargopol beteiligt war. Museumsbesucher dürften sich auch
selbst an der Töpferscheibe versuchen.

Kargopoler
Tonfiguren ▶
Das Kargopoler Töpferhandwerk entwickelte sich ab der zweiten
Hälfte des 19. Jh.s; man formte Krüge, Töpfe und sonstige Gefäße,
um sie auf den Märkten zu verkaufen. Aus übrig gebliebenem Ton

aber modellierte man **Spielfiguren** aus Märchen und Fabeln, darunter Bären als »Herrscher des Waldes« und Glück bringende bunte Vögel. Die traditionelle Handwerkskunst wird bis heute gepflegt und in Seminaren weiter vermittelt.

Ca. 90 km westlich von Kargopol beginnt sich der »Kenosjorskij nazionalnyj park« als Seenplatte inmitten nordischer Vegetation über eine Fläche von rund 1400 km². Hier kann man sich in einer bislang noch wenig berührten Natur erholen bzw. allerlei Freiluft-Abenteuer (z. B. Angel- und Kajaktouren) unternehmen. Die größte Wasserfläche, den Kenosee (Kenosero), nach dem der Nationalpark auch benannt ist, umgeben bis zu 100 m hohe bewaldete Hügel – für den zumeist flachen Norden doch ein beachtliches Relief, weshalb die Einheimischen auch von der **»Kargopoler Schweiz«** sprechen. Im Südteil des Nationalparks lockt der fischreiche Lekschm-See (Lekschmosero) viele Angler an, aber auch Badelustige an einige sandige Strände. Nicht weit vom See kann man vom Berg Chischgora einen herrlichen Ausblick über die reizvolle Landschaft genießen. Die Seen im Nationalpark sind normalerweise von Anfang Dezember bis Mai zugefroren. Allerdings spürt man hier im Norden die Folgen der globalen Klimaveränderungen in besonderem Maße, denn die Zeiten winterlicher Gefrörnis werden immer kürzer.

Nationalpark Kenosjorsk Кенозерск

◄ Kenosee

◄ Lekschm-See

◄ Chischgora

✶✶ Kasan (Kazan)

Dk 18

Region: Respublika Tatarstan
Einwohnerzahl: 1,1 Mio.

Höhe: 68 m ü. d. M.
Kyrillisch: Казань

Geradezu märchenhaft präsentiert sich die Hauptstadt der Republik Tatarstan mit ihren Minaretten, Moscheen und goldenen Zwiebeltürmchen: Kasan gilt als eine der schönsten Städte Russlands. Anlässlich des 1000-jährigen Stadtjubiläum 2005 wurde die knapp 800 km östlich von Moskau am Ostufer der Wolga gelegene Stadt toll herausgeputzt.

Kasan ist **eine multikulturelle Stadt**, in der mehr als 100 Ethnien leben. Neben Russen und Tataren sind hier vor allem Tschuwaschen, Mari, Mordwiner, Baschkiren, Aserbaidschaner, Armenier, Georgier, Juden, Kasachen und Deutsche zu Hause. Folgerichtig wurde 1999 das Haus der Völkerfreundschaft gegründet, in dem mehr als 30 Nationalitäten ihre Treffs haben. Im Deutschen Haus (Karl-Marx-Straße), 2000 gegründet, pflegen die Nachfahren der Wolgadeutschen ihre Sprache und Kultur. Und schließlich steht eine der größten Moscheen der Welt im Kreml von Kasan, das heute als **Zentrum des Islams in Russland** gilt.

Hauptstadt der Republik Tatarstan

Reiches Tatarstan ► Die Teilrepublik Tatarstan ist eine der reichsten Regionen Russlands, Erdöl und Erdgas sei Dank. Auch der Flugzeugbau ist ein bedeutender Wirtschaftsfaktor durch die beiden Hersteller Kazan Aircraft Production (produziert für Tupolew) und Kazan Helicopters (Mil).

Geschichte Die Wolgabulgaren trieben bereits im 10. Jh. regen Handel am Fluss Kasanka. Urkundlich ist Kasan jedoch erst 1177 erwähnt – was die Stadtverwaltung jedoch nicht davon abgehalten hat, das 1000-jährige Stadtjubiläum schon 2005 zu begehen. Die Wolgabulgaren nannten den Ort Bulgaral-Dschadid; das tatarische »Kasan« bedeutet »Kessel«. Im 15./16. Jh. war Kasan Zentrum des gleichnamigen, vom Khan der Goldenen Horde Ulug Mehmed gegründeten Khanats. Iwan der Schreckliche verleibte Kasan 1552 dem Russischen Reich ein und christianisierte das Khanat. Der Kreml und eine Stadtmauer mit 13 Wehrtürmen entstanden. 1714 erhielt Kasan das Stadtrecht und es eröffneten viele Manufakturen, vor allem für Lederwaren. 1718 ordnete Zar Peter I. den Bau einer Schiffswerft an. 1774 nahm der Kosaken-Rebell Jemeljan Pugatschow die Stadt ein, allerdings gelang ihm die Eroberung des Kremls nicht. Mit der Einweihung der Universität 1804 wuchs die Stadt zu einem kulturellen Zentrum heran.
1920 wurde die Tatarische Autonome Sowjetische Sozialistische Republik (TASSR) gegründet. Eben diese beschloss 1990 ihre Autonomie und pflegt heute mit eigener Flagge und dem Tatarischen als zweite Amtssprache ihre Traditionen. 2005 wurde die erste Teilstrecke der neuen U-Bahn (Metro) eröffnet.

Kasan ist das Zentrum des Islams in Russland.

Highlights Kasan

Kreml
Wo orthodoxe und muslimische Glaubenstradition mit tatarischen, russischen und russischen Baustilen verschmelzen.
► **Seite 311**

Tatarisches Viertel
Eintauchen in das alte Tatarstan.
Highlight: die Mardschani-Moschee.
► **Seite 320**

✳ Uliza Baumanskaja

Einen Stadtspaziergang beginnt man am besten in der als attraktive **Fußgängerzone** Fußgängerzone hergerichteten ul. Baumanskaja, benannt nach dem in Kasan geborenen Revolutionär **Nikolaj Bauman** (1873 – 1905). Entlang dieser Achse reihen sich Geschäfte, Cafés und Restaurants; Springbrunnen mit Figuren aus tatarischen Sagen und Straßenmusikanten beleben das Bild. In Anlehnung an die weltberühmte Moskauer Flaniermeile wird Kasans Vorzeige-Fußgängerzone ebenfalls »Arbat« genannt. Und in Hollywood hat man sich wohl den **»Walk of fame«** abgeguckt, der russische Film- und TV-Stars auf im Straßenpflaster eingesenkten Sternen verewigt.

Zu den schönsten Bauwerken an der Baumanstraße gehört die 1703 ✳ errichtete fünftürmige Nikolauskathedrale. Sie ist Teil eines Ensembles, das die nebenan errichtete Mariä-Schutz-und-Fürbitten-Kirche (Pokrowskaja zerkow) einschließt (Nikolskij kafedralnyj sobor). **Nikolaus-kathedrale**

Das einstige Druckzentrum (Dom petschaty, ul. Baumana 19) ist in **Ehem.** den 1930er-Jahren im Stil des Konstruktivismus errichtet worden. **Druckzentrum**

Am Kasaner Bolschoi-Theater vorbei erreicht man die 1731 bis 1756 **Erlöserkirche** erbaute backsteinrote Erlöserkirche, deren 62 m hoher Glockenturm eine weithin sichtbare Landmarke in der Altstadt darstellt. Hier wurde der Opernsänger Fjodor Schaljapin (►Berühmte Persönlichkeiten) getauft. Im Schaljapin-Saal in einem Nebengebäude werden regelmäßig hochkarätige Konzerte gegeben (Zerkow Bogojawljenja; ul. Baumana 78).

✳ ✳ Kreml

Der Kreml von Kasan (Kasanskij Kreml) erhebt sich majestätisch **UNESCO-** und in blankem Weiß strahlend über dem Fluss Kasanka und wurde **Weltkulturerbe** 2000 in die Liste des UNESCO-Weltkulturerbes aufgenommen. Das wuchtige Mauerwerk verschmelzt orthodoxe und moslemische Glaubenstraditionen mit tatarischen, russischen und italienischen Baustilen zu einem prächtigen Ensemble. Der Bau begann bereits kurz

► KASAN ERLEBEN

AUSKUNFT

www.kermen.ru (auch Englisch)
www.kazan1000.ru (auch Englisch)
www.kzn.ru (nur Russisch)

ESSEN

► Fein & teuer

① *Mjasnoj udar*
ul. Universitetskaja 10/48
Tel. (843) 92 93 32
Spezialität des Hauses ist gegrilltes
Lamm, empfehlenswert auch die bestens zubereitete Ente.

④ *Opera*
(im Hotel Mirage)
ul. Moskowskaja 1a
Tel. (843) 2 78 05 05
In einem der besten Restaurants der Stadt werden mit viel Raffinesse zubereitete tatarische Spezialitäten und internationale Gerichte serviert.

► Erschwinglich

② *Tinkoff*
ul. Gorkogo 8 / 9
Tel. (843) 5 70 47 01
tgl. 12.00 – 2.00 Uhr
Naturtrübes Bier frischgezapft zu
Fisch, Fleisch, Huhn und Sushi.

③ *Sytyj Papa (»Satter Papa«)*
ul. Astronomitscheskaja 7
Tel. (843) 2 92 24 80
Alles unter einem Dach: Bierkneipe,
Restaurant, chinesische Schnellküche
und Café mit Konditorei.

Man sieht sich auf der Baumanskaja.

ÜBERNACHTEN

► Komfortabel

① Suleiman Palace
ul. Peterburgskaja 55
420107 Kasan
Tel./Fax (843) 2 78 16 16
www.suleimanpalace.com
90 Z. Ein neues und modernes
Hotel-Märchen aus »1001 Nacht«,
das gerne auch von Geschäftsreisen-
den frequentiert wird.

② Safar
ul. Odnostoronka Griwki 1
420066 Kasan
Tel. (843) 5 27 96 96
E-Mail: safar@amaks-hotels.ru
189 frisch renovierte Zimmer mit
großartigem Blick auf den Kreml und
den Fluss Kasanka.

① Wolga
ul. Said-Galejewa 1
420111 Kasan
Tel. (843) 2 31 63 49
www.volga-hotel.ru
152 zeitgemäß und funktional eingerichtete Zimmer in der Nähe des
Bahnhofs.

NACHTLEBEN

① Arena
ul. Puschkina 17
Tel. (843) 36 23 62
www.clubarena.ru
tgl. 21.00 – 3.00 Uhr
Der Treff für Nachtschwärmer und
Tänzer, mit Restaurant.

② Pyramida
ul. Moskowskaja 3
Tel. (843) 2 789 123
www.pyramida.ru
tgl. 12.00 – 24.00 Uhr
Das ist Spitze: Tanzen, Essen, Trinken,
Sport treiben und Bowling spielen in
einem pyramidenartigen Bau.

FESTE

Stadtfest
Am 30. August mit buntem Pro-
gramm, Musik, Tanz und
Brillantfeuerwerk.

AKTIVITÄTEN

Aquapark
ul. M. Gafuri 46
Tel. (843) 5 700 900
www.kazanaquapark.ru
tgl. 10.00 – 21.00, Fr.,
Sa. bis 23.00 Uhr
Spaßbad mit steilen Rutschbahnen,
Piratenschiff und Sauna.

Schurale-Park
ul. Odnostoronnaja Griwka
im Sommer tgl. 11.00 – 24.00 Uhr
Viele Attraktionen für Kinder. Vom
55 m hohen Riesenrad hat man einen
schönen Blick auf die Stadt.

! *Baedeker* TIPP

Sabantui

Das bedeutendste tatarische Volksfest wird
alljährlich in der ganzen Teilrepublik gefeiert.
Sabantui bedeutet »Pflugfest« und markiert
das Ende der Feldarbeiten im Frühjahr, wenn
die Saat ausgesät wurde. Es stammt noch aus
der Zeit der Wolgabulgaren und war früher
vor allem ein ländliches Fest. Im Zentrum
stehen traditionelle sportliche Wettbewerbe:
tatarischer Ringkampf, Pferderennen,
Sackhüpfen, Säulenklettern oder Wettlaufen
mit einem Löffel im Mund, auf dem ein Ei
balanciert wird. Beliebt ist auch das Finden
einer Münze in einem Sauermilchgetränk. Das
moderne Sabantui wird mit Volksmusik, aber
auch Popstars gefeiert. Regionale Speisen und
Kunsthandwerk ergänzen das Fest. Das genaue Datum setzt das Arbeits- und Wissen-
schaftsministerium jährlich neu fest;
üblicherweise findet das Fest erst in den
Dörfern statt, das Hauptfest meist in der
zweiten Junihälfte in Kasan.

Kasan Orientierung

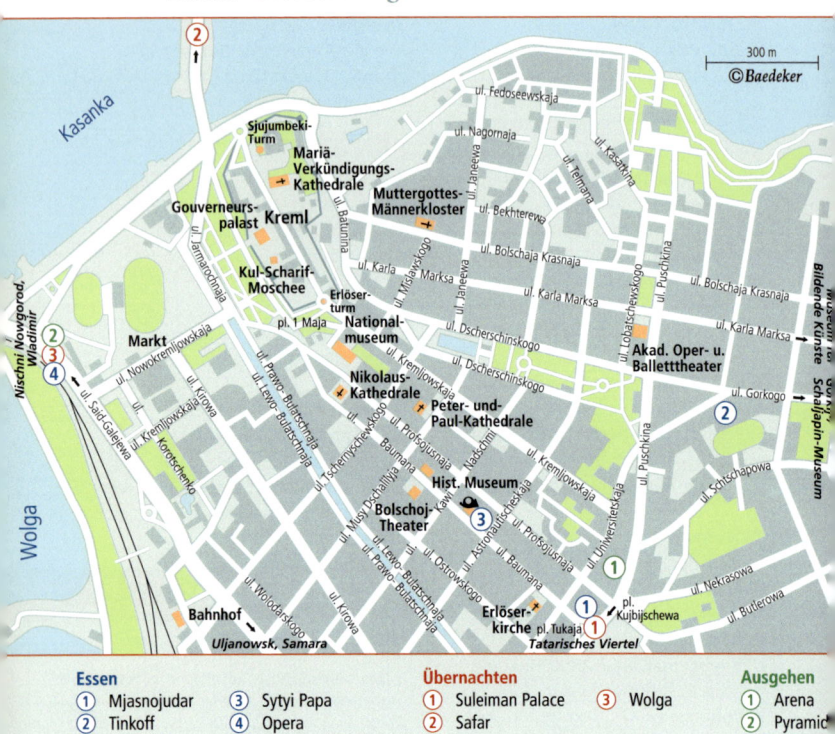

300 m
© Baedeker

Essen
① Mjasnojudar ③ Sytyi Papa
② Tinkoff ④ Opera

Übernachten
① Suleiman Palace ③ Wolga
② Safar

Ausgehen
① Arena
② Pyramide

nach der Einverleibung der Stadt ins Russische Reich; 1562 war er größtenteils fertiggestellt. Als Baumeister gelten Postnik Jakowlew und Iwan Schirjajew aus Pskow.

Türme Von den einstmals 13 Türmen sind noch acht erhalten. Die interessantesten sind der 45 m hohe Erlöserturm (Spasskaja baschnja), der in den 1660er-Jahren am Zugang zum Kreml errichtet wurde und bis zur Oktoberrevolution eine Kirche enthielt; südlich davon steht der architektonisch gelungene Südwestturm (Jugo-sapadnaja kruglaja baschnja); westlich davon erreicht man die ul. Preobraschenskaja mit Einfahrtstor.

★★
◄ Sjujumbeki-Turm

Zu den architektonischen Wahrzeichen der Stadt gehört der 58 m hohe, aus Ziegelsteinen errichtete Sjujumbeki-Turm (Baschnja Sjujumbeki), der **»Schiefe Turm von Kasan«**. Ähnlich wie in Pisa gab der Boden nach seiner Fertigstellung nach, sodass sich der Turm allmählich um 1,80 m aus der Vertikalen neigte, heutzutage aber aufgehalten durch bauliche Sicherungsmaßnahmen. Die unteren drei Stockwerke sind rechteckig im orthodoxen Stil gehalten, während das achteckige vierte und fünfte Stockwerk tatarische Tradition widerspiegelt. Die Turmspitze ziert heute ein Halbmond an Stelle des Sowjetsterns, der wiederum seinerzeit den russischen Doppeladler abgelöst hatte. Hinter dem Turm befindet sich ein **Mausoleum** mit den Sarkophagen der tatarischen Khane.

Der **Gouverneurspalast** (Gubernatorskij dworjez), auf dem heute die tatarische Flagge weht, wurde 1845 bis 1848 nach Plänen des deutschstämmigen Architekten Konstantin Thon errichtet. In dem prunkvollen Gebäudekomplex führt der Präsident der Republik Tatarstan seine Amtsgeschäfte.

Die dem Hl. Geist geweihte Palastkirche (Dworzowaja zerkow Soscheswija Swjatogo Ducha) entstand ebenfalls Mitte des 19. Jh.s und ist baulich mit dem Regierungssitz verbunden. ◀ Palastkirche

> ## ? WUSSTEN SIE SCHON …?
>
> ■ … wie der Turm angeblich zu seinem Namen kam? Iwan der Schreckliche soll sich in die schöne tatarische Fürstin Sjujumbeki verliebt haben. Als Bedingung für die Heirat forderte sie, dass innerhalb einer Woche ein Turm errichtet werden müsse, der höher als das höchste Minarett der Stadt sein sollte. Der Turm wurde rechtzeitig fertig. Vor der geplanten Hochzeit bat die Fürstin, den Turm besteigen zu dürfen. Sie stieg hinauf – und stürzte sich in den Tod.

Seit 2005 erstrahlt dieser imposante islamische Sakralbau mit seinen vier hohen und zwei etwas niedrigeren dunkelblauen Minaretten in neuem Glanz nach fast zehnjähriger Restaurierung. Die Architektur lehnt sich an die Al-Kabir-Moschee an, die einst in der tatarischen Stadt Bulgar gestanden hatte, dem wichtigsten Zentrum des Islam an der Wolga zu damaliger Zeit – heute nimmt diese Rolle die Moschee in Kasan ein, die zudem die größte in Russland ist. Die Vorgängerin wurde 1552 nach der Einnahme der Stadt durch Iwan den Schrecklichen zerstört. Ihr genauer Standort ist nicht bekannt.

** Kul-Scharif-Moschee

Die Mariä-Verkündigungs-Kathedrale (Blagoweschtschenskij sobor), eine typische russisch-orthodoxe Kreuzkuppelkirche, symbolisiert gemeinsam mit der Moschee das friedvolle Nebeneinander von Christentum und Islam in Tatarstan. Das prachtvolle Gotteshaus mit seinen blauen, sternengesprenkelten Zwiebeltürmchen ist das älteste Gebäude im Kreml und Nachfolger einer 1552 unter Iwan dem Schrecklichen errichteten Holzkirche. Zehn Jahre später wurde dieses Gotteshaus durch den jetzigen Steinbau nach Plänen der Baumeister der Moskauer Basilius-Kathedrale ersetzt. Zu Sowjetzeiten diente die Kathedrale als Archiv; der Glockenturm wurde abgerissen, kostbare Kirchenschätze verschwanden.

In der Nähe des Eingangs erinnert ein Denkmal an die beiden Kirchenbaumeister: Einer hält eine Skizze der Residenz des tatarischen Khans in der Hand, der andere den Plan des orthodoxen Erlöser-

* Mariä-Verkündigungs-Kathedrale

turms. Damit soll die Verschmelzung westlicher und östlicher Tradition in der Stadt symbolisiert werden.

Diesen Platz vor dem Kreml beherrscht das Denkmal für den tatarischen Dichter und Nationalhelden **Musa Dschalil** (S. 320).

Platz des 1. Mai

Uliza Kremljowskaja

Das Nationalmuseum der Republik wurde ab 1803 an Stelle der abgebrannten Handelsreihen errichtet und erhielt nach einem Brand 1995 sein ursprüngliches Aussehen zurück. Zahllose Exponate geben Aufschluss über das **Leben der Tataren** – archäologische Funde, Münzen, Waffen, Trachten, Handschriften, Kunsthandwerk und filigraner Schmuck. Ein Highlight ist die Sammlung von uralten **Kulturzeugnissen der Wolgabulgaren**, die der Mäzen Andrej Lichatschow (1832 – 1890) zusammengetragen hat (Objedinjonnyj musej istorii Respubliki Tatarstan, ul. Kremljowskaja 2).

✶✶
Nationalmuseum
🕐
Öffnungszeiten:
Di. – So.
10.00 – 17.00

Die Nationalbibliothek der Republik Tatarstan im Uschkow-Haus (Dom Uschkowoj) hat der **Kunstmäzen und Chemiewerkbesitzer Uschkow** 1908 vom deutschstämmigen Architekten Karl Müfke (1868 – 1933) erbauen lassen. Es entstand ein ockergelber Ziegelbau mit gotischen und maurische Elementen, reich mit Stuck verziert und je einer Kuppel an den Ecken. Jeder Raum war ursprünglich in einem besonderen Stil eingerichtet – auch ein »Deutsches Zimmer« gab es (Nationalnaja biblioteka Tatarstana, ul. Kremljowskaja 33).

**National-
bibliothek**

? WUSSTEN SIE SCHON …?

■ ... dass sich der reiche Herr Uschkow in der Moskauer ul. Peretschistenkaja ein nahezu identisches Gebäude bauen ließ, in dem der Dichter Sergej Jessenin mit der weltberühmten Tänzerin Isidora Duncan lebte?

Am Ostende der ul. Kremljowskaja erreicht man die **Universität**, 1804 auf Anordnung von Zar Alexander I. gegründet und seit 1825 in dem neoklassizistischen Gebäude mit Säulengalerie untergebracht. Sie gilt als zweitälteste des Landes und brachte viele bekannte Absolventen hervor. **Lew Tolstoj** studierte hier, der Mathematiker Nikolaj Lobatschewskij, aber auch Karl Klaus, der Entdecker des Elements Ruthenium. Als es 1887 zu Studentenprotesten kam, war unter den Aufmüpfigen, die die Hochschule verlassen mussten, auch **Wladimir Iljitsch Uljanow (Lenin)**. Der Hörsaal, in dem er Vorlesungen besuchte, kann besichtigt werden (ul. Kremljowskaja 18).

Ab 1806 lehrte der deutsche Arzt, Naturforscher und Ethnologe Karl Fuchs (1776 – 1846) Botanik und Naturgeschichte an der Universität. Er legte den ersten Botanischen Garten an und richtete ein naturkundliches Museum ein. 1829 übergab er seine orientalische Münz-

◄ Karl Fuchs

← *Kul-Scharif, die größte russische Moschee*

Tatarstans Nationalheld Musa Dschalil vor dem Erlöserturm auf dem Platz des 1. Mai

sammlung Alexander von Humboldt, der sie nach Berlin brachte. Darunter befanden sich auch Funde aus der Nähe der antiken Stadt Bulgar aus der Zeit der Goldenen Horde. Fuchs' Wohnhaus kann besichtigt werden (Dom Fuksa, ul. Moskowskaja 58/5).

Universitäts-
museen ▶

Die Sammlungen der Universität können meist nur nach Voranmeldung besichtigt werden. Das **Museum für Geologie und Paläontologie** ist bereits 1804 eingeweiht worden und zeigt u. a. Meteoriten und Versteinerungen urzeitlicher Pflanzen (ul. Kremljowskaja 4 / 5). Das **Ethnografische Museum** legt seinen Schwerpunkt auf die Völker der Wolga: Trachten und Alltagsgegenstände der Tataren, Tschuwaschen, Udmurten und anderer Ethnien (ul. Kremljowskaja 18). Eine kleine Ausstellung im selben Gebäude beschäftigt sich mit der **Geschichte der Universität Kasan**. Das **Archäologische Museum** ist in Fachkreisen wohlbekannt für seine große Münzsammlung (ul. Kremljowskaja 35). Das **Zoologische Museum** gehört mit rund 50 000 Exponaten zu den größten seiner Art in Russland.

✱
**Peter-und-Paul-
Kathedrale**

Dieses Musterbeispiel des Barock ist 1722 anlässlich des Besuchs von Zar Peter dem Großen geweiht worden. Es ist in den Nationalfarben Tatarstans blau und grün getüncht, Kuppel und Dach geben sich blau-weiß geschuppt, während die ockerfarbene Fassade dekorative Ornamente wie Blumen, Früchte und Weinreben zieren. Eine Freitreppe führt hinauf zum fast turmhohen Mittelschiff (ul. Musy Dschalilja).

Uliza Karla Marksa

**Akademisches
Opern- und
Balletttheater**

Das Haus, auch bekannt unter dem Namen des tatarischen Nationaldichters Musa Dschalil (s. S. 320) ist weithin bekannt für das alljährliche **Schaljapin-Opernfestival** sowie das klassische **Nurejew-Ballettfestival** zu Ehren des legendären tatarischstämmigen Ballett-tänzers Rudolf Nurejew (►Berühmte Persönlichkeiten; Tatarskij akademitscheskij gosudarstwennyj teatr opery i baleta im Musy Dschalilja, ul. Swobody).

Das Museum im früheren Haus des Generals Sandezkij, 1906 nach Plänen von Karl Müfke erbaut, zeigt u. a. russische und tatarische Kunst ab dem 16. Jh. sowie eine ansehnliche Ikonensammlung. Zu den herausragenden Exponaten gehören ein wertvolles **Schamail aus dem 10. Jh.**, »Das lesende Mädchen« von Ilja Repin (1844 – 1930), »Die Lichtung« des Landschaftsmalers Iwan Schischkin (1832 – 1898) sowie Arbeiten weiterer Maler wie Brüllow, Perow und Kostodijew (Musej isobrasiteljnych isskustw Republiki Tatarstan, ul. Karla Marksa 64).

✱ Museum der Bildenden Künste
⏱ Öffnungszeiten:
Di. – So.
10.00 – 17.00

In der nördlich parallel zur Karl-Marx-Straße verlaufenden ul. Bolschaja Krasnaja kommt man zum Muttergottes-Männerkloster. Hier wird eine Kopie der berühmten **Ikone der Muttergottes von Kasan** aufbewahrt, der zahlreiche wundersame Taten nachgesagt werden. Die Jungfrau Maria war dem Mädchen Matrjona (später die Nonne Marfa) 1579 im Traum erschienen und hatte ihr den Weg zur Ikone gezeigt, die unversehrt in der Asche ihres Elternhauses lag, das beim großen Brand von Kasan zerstört worden war. 1904 wurde die Ikone gestohlen, was viele als Zeichen für den bevorstehenden Untergang des Staats deuteten. Immerhin gab es aber noch zwei ebenfalls als wundertätig anerkannte Kopien aus dem 17. Jahrhundert, die zu Sowjetzeiten allerdings in den Westen gelangten. Eine gelangte über die USA in den portugiesischen Wallfahrtsort Fatima und wurde später dem Vatikan übergeben. Papst Johannes Paul II. schenkte diese Kopie 2004 der russisch-orthodoxen Kirche, die sie 2005 nach Kasan weitergab. Zunächst in einem vergoldeten Schrein in der Kreuzerhöhungs-Kirche (Krestowosdwischenskaja zerkow) des Klosters aufbewahrt, ist die »Kasanskaja« (Kasaner Ikone) Ende 2008 in eine 9 m hohe Kapelle auf dem Klostergelände gebracht worden (Bogorodizkiij muschskoj monastyr, ul. Bolschaja Krasnaja 5)

✱ Muttergottes-Männerkloster

ℹ️ Schamail

■ In fast jedem tatarischen Haushalt hängt ein in kräftigen Blau- und Grüntönen gehaltener sog. Schamail aus Glas, Samt oder Papier mit kalligrafisch ausgeschmückten Passagen aus dem Koran, philosophischen Weisheiten oder Aphorismen, religiösen Geboten und Volksweisheiten und oft auch mit Abbildungen heiliger Stätten des Islams.

Uliza Gorkogo

In der ehemaligen Bäckerei Drenkow wird seit 1940 an den »proletarischen Literaten« **Maxim Gorki** (1868 – 1936) erinnert, der hier ab

Gorkij-Museum, Schaljapin-Museum

🕐
Öffnungszeiten:
tgl. außer Fr.
10.00 – 17.00

1886 als Bäckergeselle gearbeitet hatte. Der Bäckerladen diente zugleich als Bibliothek eines marxistischen Geheimzirkels. Eine Treppe führt hinab in das Halbdunkel des Kellers, in dem sich Gorki seinen Lebensunterhalt verdiente.

Im Obergeschoss beschäftigt sich eine Ausstellung mit dem in Kasan geborenen Opernsänger **Fjodor Schaljapin**. Zu sehen sind u.a. ein Piano und Kostüme, darunter auch das Gewand aus seiner berühmten Rolle als Boris Godunow (Literaturno-memorialnyj musej A. M. Gorkogo/Musej F. I. Schaljapina, ul. Gorkogo 10).

Musa-Dschalil-Museum

🕐
Öffnungszeiten:
Di. – So.
10.00 – 17.00

Im dritten Stock des Hauses ul. Gorkogo 17 lebte in Wohnung Nr. 28 der tatarische Dichter und Nationalheld **Musa Dschalil** (1906 bis 1944). Er war Politoffizier der Roten Armee, kam in deutsche Kriegsgefangenschaft und wurde 1944 in Berlin-Plötzensee gehenkt. Während seiner Haft in Berlin-Moabit lernte er Deutsch und schrieb Gedichte, die er seinem belgischen Zellengenossen André Timmermans überließ, der sie später der sowjetischen Botschaft in Brüssel übergeben konnte. Die Aufzeichnungen aus den **»Moabiter Kladden«** (»Moabitskij tetrad«) wurden noch zu Sowjetzeiten in der »Literaturnaja gaseta« veröffentlicht und 1968 verfilmt. Dschalil ist 1956 als »Held der Sowjetunion« geehrt worden (Musej Musy Dschalilja).

Wohnhaus der Familie Uljanow

🕐

Südlich der Gorkistraße erreicht man nach wenigen hundert Metern das auf einem Hügel stehende kleine Wohnhaus, in dem die Familie Uljanow von 1888 bis 1898 wohnte. Hier ist noch das karg eingerichtete Arbeitszimmer von Wladimir Iljitsch erhalten (Musej W. I. Uljanowa-Lenina, ul. Uljanowa-Lenina 58; Öffnungszeiten: Di. – So. 11.00 – 18.00 Uhr).

Tolstoj-Wohnhaus

Der künftige Schriftsteller Lew Tolstoj studierte zwischen 1841 und 1847 in Kasan. Er schrieb sich zunächst für den Studiengang Östliche Sprachen ein, wechselte nach einem Jahr jedoch zur Juristerei. Sein damaliges Wohnhaus, in dem er mit seinen Brüdern Sergej und Dmitrij lebte, ist heute als Museum zugänglich (Dom L. N. Tolstogo, ul. Tolstogo 25 / 68).

✳ Altes tatarisches Viertel

Siedlung am Unteren Kaban-See

Nachdem Iwan der Schreckliche Kasan eingenommen hatte, wurde die tatarische Bevölkerung größtenteils außerhalb in der Nähe des Unteren Kaban-Sees (Nischnoje kabannoje osero) angesiedelt. Der See ist nach einem tatarischen Khan benannt, obwohl der Begriff »kaban« im heutigen Russisch »Wildschwein« bedeutet. In diesem Quartier gibt es einige sehenswerte tatarische Architekturdenkmäler und zahlreiche Moscheen. Direkt am See steht das Tatarische Kamal-Dramentheater (Tatarskij gosudarstwennyj akademitscheskij teatr imeni G. Kamala), wo 1906 das erste Stück in tatarischer Sprache in Kasan aufgeführt wurde (ul. Tatarstana 1).

Tatarisches Kamal-Dramentheater ▸

In der nach dem Schriftsteller und Sprachwissenschaftler **Kajum Na-syri** (1825 – 1902) benannten Straße reihen sich einige schöne Bauten auf. Das Holzgebäude ul. K. Nasyri Nr. 11 aus dem 19. Jh. spiegelt den tatarischen Baustil besonders augenfällig wider. Einer der schönsten islamischen Bauten der Stadt – weiß getüncht mit grünem Dach und zwei vergoldeten Halbmonden am Tor – ist die Mardscha-ni-Moschee (Metsched Mardschani), deren Bau Zarin Katharina 1766 höchstpersönlich genehmigte (Nr. 17). Die Apanajewskaja-Mo-schee (Apanajewskaja metsched; Nr. 28) wurde 1787 erbaut. Nasyri, einem der Begründer der modernen tatarischen Literatur, ist auch ein Museum gewidmet (Musej K. Nasyri, ul. Parischskoj kommuny 35; Öffnungszeiten: Di. – So. 10.00 – 17.00 Uhr).

◄ Uliza Nasyri

✱

◄ Mardschani-Moschee

🕐

Umgebung von Kasan

Dieses wunderschöne und idyllisch an einem See gelegene Kloster (Raifskij Bogorodizkij monastyr) erreicht man 25 km westlich von Kasan beim Dorf Raifa. Es wurde 1665 gegründet, 1930 geschlossen und zum Straflager umfunktioniert. In den letzten Jahren ist es mit großem Aufwand restauriert worden. Auf das Gelände führt das Hei-lige Tor mit der Erzengel-Michael-Kirche (zerkow Swjatogo Michaila Archangela). In der Kathedrale der Heiligen Muttergottes von Geor-gien (sobor Grusinskoj Boschjej Materi) wird eine angeblich wun-dertätige Ikone aufbewahrt. Links des Eingangstors steht die ein-drucksvolle Dreifaltigkeitskirche (Troizkij sobor). Eine weitere Kirche in der Mitte der weitläufigen Anlage ist den Tugenden Glaube (Vje-ra), Liebe (Ljubow), Hoffnung (Nadeschda) und ihrer Mutter Weis-heit (Sofia) geweiht. In einer kleinen weißen Kapelle mit blauem Spitzdach sprudelt die Heilige Quelle.

✱

**Marienkloster
Raifa
Раифа**

Rund 170 km südlich von Kasan liegen die Ruinen von Bolgar, der einstigen **Metropole der Wolgabulgaren** vom 10. bis zum 15. Jahr-hundert. 922 sollen Gesandte aus Bagdad die Bewohner zum Islam bekehrt haben. Der heutige Name »Bolgara Welikogo« (»Großes Bol-gar«), taucht 1399 erstmals auf. Ab der zweiten Hälfte des 14. Jh.s wurde die Stadt wiederholt von Mongolen, russischen Heeren und Flusspiraten attackiert und schließlich ganz zerstört.
Zu sehen sind die Überreste monumentaler Ziegelsteinbauten aus dem späten 13. und 14. Jahrhundert: das Nördliche und das Östliche Mausoleum, der Schwarze Palast (Tschjornaja palata), das Kleine Mi-narett und das Grabmal des Khans, Reste der Großen Moschee, der Schöne Palast (Krasnaja palata), der Weiße Palast (Bjelaja palata) und das Badehaus des Khans. Inzwischen sind über 100 Bauten auf dem Ruinenfeld dokumentiert. Viele Funde sind im **Archäologischen Museum** in einer ehemaligen Kirche ausgestellt (Bolgarskij gosu-darstwennyj istoriko-architekturnyj musej-sapowednik, Bolgar, ul. Nasarowych 67; Öffnungszeiten: Mai – Okt. tgl. 8.00 – 17.00 Uhr, Nov. – April Mo. – Fr. n. V., Tel. 8 43 47/3 94 14).

✱

**Bolgar
Болгар**

🕐

Kirillow (Kirilov)

De 16

Region: Wologodskaja oblast
Einwohnerzahl: 8500

Höhe: 113 m ü. d. M.
Kyrillisch: Кириллов

Kirillow lockt Touristen und Pilger mit einer schönen Altstadt und zwei malerischen Klosteranlagen, die als einzigartig in Russlands hohem Norden gelten.

Altstadt Im Zentrum des Städtchens am Siwersk-See (Siwerskoje osero) stehen noch einige gut erhaltene Kaufmannshäuser aus dem 19. Jahrhundert. Am südlichen Ende der ul. Gagarina stellt eine historische Schleuse die Verbindung zwischen dem Kusminskij-Kanal und dem Siwersk-See her.

✹ ✹ Kirill-Beloserskij-Kloster

Geschichte Der Mönch **Kirill Beloserskij** (1337 – 1427) aus dem Moskauer Simonow-Kloster folgte 1397 einer Eingebung der Muttergottes, die ihm einen Hügel am Siwersk-See nannte, um dort ein Kloster zu gründen. Kirill machte sich mit dem Mönch Ferapont auf, doch dieser ging bald eigene Wege und gründete sein Kloster im heute nach ihm benannten Dorf Ferapontowo (s. u.). Kirill aber bestimmte für sein Himmelfahrtskloster das Ufer des Siwersk-Sees; alsbald ließen sich weitere Glaubensbrüder aus dem Simonow-Kloster nieder.

Unter **Igumen Trifon**, der dem Kloster von 1435 bis 1447 vorstand, begannen umfassende Bauarbeiten und es wurde eine Werkstatt gegründet, in der auch der berühmte **Ikonenmaler Dionysos Gluschinzkij** arbeitete. Zwischen dem 16. und 18. Jh. erreichte das Kloster seine Blütezeit, als Kirillow ein wichtiger Warenumschlagplatz auf dem Weg zum Weißen Meer war. Zu Sowjetzeiten wurde das Kloster geschlossen, aber als museale Einrichtung genutzt. Erst 1998 sind Teile der Anlage wieder an die Kirche zurückgegeben worden.

? WUSSTEN SIE SCHON …?

■ Zar Iwan III. (1440 – 1505) und seine Gemahlin beteten im Kirill-Beloserskij-Kloster um einen Stammhalter. Nachdem dieser geboren worden war, statteten sie das Kloster zum Dank mit großzügigen Stiftungen aus. Das Kind sollte als Iwan der Schreckliche in die Geschichte eingehen.

Klosteranlage Die Bauten der Klosteranlage gehören zu den herausragenden Denkmälern der russischen Sakralbaukunst: Auf 12 ha Fläche stehen 11 Kirchen aus dem 15. bis zum 18. Jh. sowie zahlreiche Nebengebäude.

Großes Mariä-Himmelfahrts-Kloster ▶ Ältester Teil der Anlage ist das Große Mariä-Himmelfahrts-Kloster (Bolschoj Uspenskij monastyr) mit der dominanten, 1497 / 1498 entstandenen Mariä Himmelfahrts-Kathedrale (Uspenskij sobor). Deren Inneres zieren Fresken, die Mitte des 17. Jh. Meister aus Jaroslawl und Kostroma schufen. Die Ikonostase wurde ab dem 15. Jh. kontinuierlich ergänzt und besteht heute aus fünf Baukörpern. Im späten 18. Jh. wurde südlich der Kathedrale eine **Kapelle über dem Grab des Klostergründers** Kirill Belosjorskij errichtet.

Im südwestlichen Teil der Anlage sticht die **Erzengel-Gabriel-Kirche** (zerkow Archangela Gawriila) von 1534 hervor, die erst 1761 einen Glockenturm erhielt. In diesem Abschnitt befindet sich auch das Refektorium mit zwei angrenzenden Kirchen.

Im **Oberen Iwanow-Kloster** spendete Zar Wasilij III. die 1594 fertiggestellte und dem hl. Sergej Radonesch geweihte Kirche (zerkow Sergija Radoneschskogo) mit einem Refektorium. Ein besonderer Blickfang in der weniger bebauten sog. Neuen Stadt ist eine aus Holz erbaute historische Windmühle. ◄ Neue Stadt

Wer sich für die Entstehungsgeschichte des Klosters und die Geschichte der Stadt interessiert, sollte einen Blick in den sog. Archimandrit-Korpus (Archmandritschij korpus) des früheren Klostervorstehers werfen, wo einige religiöse Gemälde aus dem 15. bis 17. Jh. zu sehen sind. Auch die handwerkliche Kunstfertigkeit der Mönche ist gut dokumentiert. Eine Ausstellung im Wologda-Eckturm (Wologoskaja baschnja) beschäftigt sich mit der Rolle des Klosters als Festung. Im restaurierten Küchengebäude (Powarnaja) sind schöne Holzschnitzereien, Kunsthandwerk aus Metall, Keramik, Webarbeiten, Stickereien, geklöppelte Spitzen und Trachten aus dem 19. Jh. zu sehen. Im Palast der Klosterverwaltung (Kasjonnaja palata; 16. Jh.) wird russische Kunst aus dem 17. bis 19. Jh. gezeigt. Architektonisch sehr interessant ist der gut restaurierte Mönchsbau (17./18. Jh.), in dem eine **im Stil der Entstehungszeit eingerichtete Mönchszelle** besichtigt werden kann (Öffnungszeiten: Sommer tgl. 9.00 bis 17.30, Kassenschluss 16.30 Uhr).

Museen
◄ Archimandrit-Korpus

◄ Wologda-Eckturm
◄ Küchengebäude

◄ Palast der Klosterverwaltung
◄ Mönchsbau

⊘

★ ★ Ferapontow-Kloster

Das Wehrkloster im knapp 20 km nordöstlich von Kirillow gelegenen Ferapontow (Ferapontow monastyr) ist ebenfalls ein herausragendes Beispiel mittelalterlicher Kirchenbaukunst. Den Grundstein legte 1398 der Mönch Ferapont. Nach dessen Tod trieb Martinian, Schüler von Kirill Beloserskij, die Entwicklung voran. Zar Iwan III. unterstützte auch dieses Kloster großzügig; sein Sohn Iwan der

Bei Ferapontow
Ферапонтов

▶ **K I R I L L O W**

ÜBERNACHTEN / ESSEN
► **Günstig**
Hotel Rus
ul. Urizkogo 8
161100 Kirillow
Tel. (8 17 57) 3 15 39
Fax (8 17 57) 3 13 17
Einfaches Hotel mit Sauna und Verleih von Sportausrüstung. Im Restaurant werden klassische russische Gerichte serviert, in der Lobby kann man guten russischen Tee trinken.

Schreckliche pilgerte mehrfach hierher. In der Zeit der politischen Wirren wurde die Klosteranlage von polnischen Angreifern verwüstet. Im Zuge des Wiederaufbaus kamen einige neue Gebäude hinzu, darunter 1640 die Kirche für die Reliquien des 1483 verstorbenen und als Heiliger verehrten Vorstehers Martinian.

Im Lauf der Zeit sank die religiöse Bedeutung des Klosters, das nunmehr zur Zufluchtstätte für bedeutende Kleriker wie den Patriarchen Nikon wurde, der 1666/1667 hier lebte, bevor er ins Kirill-Belosjorskij-Kloster ging. Die Sowjets schlossen das Kloster 1924 und machten es zum Museum; in einigen Kirchen finden nun wieder regelmäßig Gottesdienste statt.

✷ ✷
Mariä-Geburts-Kathedrale mit Dionysos-Freskenmuseum

🕐
Öffnungszeiten: tgl. 9.30 bis 17.00, Mai – Sept. bis 20.00

Ältestes Gebäude ist die 1490 errichtete Mariä-Geburtskirche. Auf ihre Wände und Decken hat der berühmte Moskauer Ikonenmaler Dionysos mit Unterstützung seiner beiden Söhne Wladimir und Feodossij **einen wahrlich einzigartigen Freskenzyklus auf 600 m² Fläche** aufgetragen, weswegen die Klosteranlage seit 2000 zum UNESCO-Weltkulturerbe gehört. Es ist russlandweit die einzige Kirche, in der Dionysos-Ikonen in solch einem zusammenhängenden Ausmaß erhalten sind. Eine Inschrift über dem nördlichen Portal zeugt von der Urheberschaft. Die Sujets der Malereien sind vielfältig. Als zentrales Motiv gilt der »Hymnos Akathistos«, die älteste und schönste Mariendichtung der Ostkirche, doch auch das Jüngste Gericht und kirchliche Konzile sind abgebildet. Über dem westlichen Portal sieht man ornamentale Keramikfliesen mit Fabelmotiven.

Mönch Kirill bewies ein gutes Händchen bei der Standortwahl für sein Kloster.

Das Gotteshaus dient heute ausschließlich als **Museum**, in dem auch etliche wertvolle alte Handschriften ausgestellt sind (Sobor Roschdestwa Bogorodizy / Musej fresok Dionisija).

Die Mariä-Verkündigungs-Kathedrale (Zerkow Blagoweschtschenja) entstand in den 1530er-Jahren; Glockenturm (1690), Kollegium und ein Refektorium folgten später. **Mariä-Verkündigungs-Kathedrale**

✳ Gorizkij-Auferstehungskloster

Etwa 10 km westlich von Kirillow liegt das Dorf Gorizy am Ufer der Scheksna. Hierher kommt man, um das Frauenkloster (Gorizkij monastyr) zu besichtigen, das Fürstin Jefrosinja Starizkaja, Witwe eines Verwandten von Iwan dem Schrecklichen, 1544 gründen ließ. In dem weiß getünchten Kloster wurden viele bekannte Frauen in Gewahrsam gehalten, die der Obrigkeit ein Dorn im Auge waren. Dazu gehörten Anna Koltowskaja, die vierte Frau Iwans des Schrecklichen und Ksenija Godunowa, Tochter des Zaren Boris Godunow. Im 19. Jh. entwickelte sich das Kloster zu einem kunsthandwerklichen Zentrum, in dem besonders **Ikonenmalerei und Stickerei** gepflegt wurden. Stalin ließ es 1932 schließen; erst Mitte der 1990er-Jahre kam es wieder in den Besitz der Kirche. **Bei Gorizy Горици**

Ältestes Gebäude der Klosteranlage ist die 1544 auf quadratischem Grundriss errichetete **Auferstehungskirche** (Woskressenskaja zerkow). Weiter östlich steht die prächtige **Dreifaltigkeitskathedrale** (Troizkij sobor), die 1821 entstanden ist. Der gut erhaltene **Glockenturm** stammt aus dem 17. Jahrhundert. **Einzelne Bauten**

Von diesem 185 m hohen Berg zwischen Gorizy und Kirillow, von dem aus man einen herrlichen Ausblick genießen kann, soll Kirill Belosjorskij den Platz für das spätere nach ihm benannte Kloster bestimmt haben. Die Einkerbung auf dem riesigen Stein soll ein Fußabdruck des Mönchs Kirill sein. Zu Ehren des inzwischen als Heiligen verehrten Klostergründers ist eine kleine Kapelle errichtet worden. **Berg Maura**

Kirowsk (Kirovsk)

Db 12

Region: Murmanskaja oblast	**Höhe:** 367 m ü. d. M.
Einwohnerzahl: 30 000	**Kyrillisch:** Кировск

Krasse Gegensätze: Einerseits eine marode wirkende Bergbaustadt mit bis heute unvollendetem Bahnhof, riesigen Industrieanlagen und hässlichen Plattenbauten, andererseits das reizvolle Chibiny-Gebirge, das vor allem Bergwanderer und Skifahrer anlockt.

▶ KIROWSK ERLEBEN

AUSKUNFT

www.kirovsk-city.ru
(auch Englisch)

ESSEN / ÜBERNACHTEN

▶ Komfortabel

Hotel Chibiny
ul. Leningradskaja 25
184250 Kirowsk
Tel. (8 15 31) 58 09 01
http://khibiny.mels.ru
50 Z. Komplett renoviert und
modernisiert mit Restaurant, Bar
und Sauna.

Mini-Hotel Ekko
ul. Lenina 12a, 184250 Kirowsk
Tel. (8 15 31) 58 09 01
http://khibiny.mels.ru
7 Z. Gemütliches Innenstadthotel mit
Appartements für Kleingruppen und
Sauna.

AKTIVITÄTEN

Bergtouren

Bergwacht
ul. Sowjetskoj Konstituziji 3
Tel. (8 15 31) 5 88 95
Wer ohne ortskundigen Führer ins
kaum besiedelte Chibiny-Gebirge
aufbricht, sollte sich unbedingt hier
beraten und seine Tour registrieren
lassen. Außerdem gibt es hier einen
aktuellen Wetterbericht.

Skigebiet Aikuajwentschor

Etliche bis zu 2 km lange Pisten
unterschiedlicher Schwierigkeits-
grade, mehrere Lifte. Hauptsaison
sind März und April, wenn die Tage
wieder länger werden. Buszubringer
ab Kirowsk und Apaty (Kolasport-
land, Tel. (8 15 31) 9 26 50.

Geschichte Wo sich auf der Halbinsel Kola der Große Wudjawrsk-See (Bolschoje Wudjawrskoje osero) ausbreitet, liegt die Bergbaustadt Kirowsk am Südrand des Chibiny-Gebirges, weshalb die 1929 gegründete Stadt zunächst Chibinogorsk hieß. Neun Jahre zuvor hatte der Geologe **Alexander Fersman** (1882 – 1945) hier ergiebige Apatit- und Nephelinvorkommen entdeckt. Apatit wird zur Düngemittelherstellung gebraucht, Nephelin zur Herstellung von Aluminium und wird auch in der Keramischen Industrie verwendet. Auch andere Rohstoffe (u. a. Molybdän, Zirkon, Titan, Uran) wurden gefunden. Chibinogorsk erhielt 1931 das Stadtrecht und 1934 den Namen des Funktionärs **Sergej Kirow**, der den Bergbau in dieser Gegend entscheidend voranbrachte.

Von Mai 1950 bis April 1953 waren über 10 000 Menschen in einem nahe gelegenen Straflager inhaftiert. Eine schlichte Stele erinnert heute an die Opfer der stalinistischen Repressionen.

Wenedikt Jewrofejew Kirowsk ist Geburtsort von Wenedikt Jewrofejew (1938 – 1990), einem der wichtigsten Vertreter der modernen russischen Literatur, der mit seinem Kult-Trinkerroman **»Die Reise von Moskau nach Petuschki«** (1973) Weltruhm erlangte. Das Werk ist eine Art klassischer

Apatit-Tagebau bei Kirowsk

Report über den Alkoholismus und die Beschreibung der tristen Sowjet-Wirklichkeit – deshalb und auch wegen der teils sehr vulgären Sprache in der Sowjetunion verboten. Der Alkohol prägte auch das Leben Jewrofejews. Wegen Saufereien und versäumten Militärübungen musste er die Universität verlassen, verdingte sich als Heizer, Hilfsmonteur, trank und schrieb immer wieder. Viele Erlebnisse seiner Kindheit in Kirowsk verarbeitete er in seinen »Aufzeichnungen eines Psychopaten« aus den Jahren 1956 und 1957. Das Werk vermittelt Einblicke in den trostlosen Alltag von Kirowsk, die allerdings auch für jede andere sowjetische Industriestadt gelten könnten.

Sehenswertes in Kirowsk und Umgebung

Im Mittelpunkt der Ausstellung steht die Entwicklung des Bergbaus in der Region Kirowsk-Apaty, insbesondere der Abbau von Apatit. Interessant ist auch die naturkundliche Darstellung des Chibiny-Gebirges samt seiner Pflanzen- und Tierwelt sowie den Beziehungen zwischen Mensch und Umwelt in dieser von rücksichtslosem Raubbau betroffenen Bergwelt (Istoriko-krajewedschetskij musej, ul. Sowjetskaja 9).

Geschichts- und Heimatmuseum

Polar-alpiner Botanischer Garten

✳ **Der nördlichste botanische Garten der Welt** liegt 7 km von Kirowsk entfernt am Abhang des Budjawrtschorr-Bergs. In der 1931 eröffneten Anlage kann man die Flora des hohen Nordens studieren. Hier werden auch Versuche zur Akklimatisierung von Pflanzen aus anderen Regionen Russlands angestellt (Poljarno-alpijskij botanitscheskij sad, Öffnungszeiten: Mo. – Fr. 8.30 – 16.00 Uhr).

Chibiny-Gebirge Хибины

✳ Wer die Bergbauregion Kirowsk-Apatity hinter sich lässt, wird vom ansonsten weitgehend unberührten Chibiny-Gebirge mit seinen landschaftlichen Schönheiten belohnt, zu denen über zwei Dutzend kleinere Seen und Flusstäler gehören. Das Gebirge wird westlich und östlich von den beiden größten Seen der Kola-Halbinsel begrenzt, dem **Imandar-See** bzw. dem **Umb-See**. Letzterer ist fast so groß wie der Bodensee. Wer hier wandert, kann bis zu einer Höhe von 400 m ü. d. M. mit abwechslungsreichem Pflanzenbestand (u.a. Birke, Fichte, Kiefer, Polarweide, Preiselbeere, Heidelbeere) rechnen. Darüber beginnen Tundra und Frostschuttwüste. Geübten Outdoor-Enthusiasten sei die Route durch das **Kunijok-Tal** zum Golozwoje-See im Norden empfohlen – Brücken gibt es allerdings nicht, Flüsse und Bäche müssen oftmals durchwatet werden. Vom alles überragenden Gipfel des 1191 m hohen **Judytschwymtschorr** eröffnet sich bei klarem Wetter ein herrlicher Ausblick über die Landschaft.

Ajkuajwentschor ▶ Per Sessellift kommt man von Kirowsk auf den 1050 m hohen Ajkuajwentschor, der ebenfalls faszinierende Aussichten bietet und als Wintersportplatz beliebt ist.

✳ ✳ Kostroma

Df 17

Region: Kostromskaja oblast	**Höhe :** 112 m ü. d. M.
Einwohnerzahl : 275 000	**Kyrillisch:** Кострома

Die nördlichste Stadt des Goldenen Rings präsentiert sich mit ihren Kirchen, Handelsreihen und Holzhäusern wie ein großes Freilichtmuseum, in dem die Zeit stehen geblieben zu sein scheint.

Nördlichste Stadt des Goldenen Rings

Die Altstadt von Kostroma breitet sich seit ihrem Wiederaufbau nach dem großen Brand von 1773 fächerförmig aus. Ganze Straßenzüge im Zentrum sind von klassizistischer Architektur geprägt. Die schönsten Bauten konzentrieren sich rund um den zentralen Stadtplatz. Nicht genug damit, liegt noch das berühmte Ipatios-Kloster sehr malerisch am Zusammenfluss von Wolga und Kostroma. Dort wurde 1613 der erste Zar der Romanow-Dynastie gekrönt.

Fünf Jahre nach der Gründung Moskaus ließ Fürst Jurij Dolgorukij 1152 im Siedlungsgebiet finno-ugrischer Stämme Kostrama gründen. Der Name lässt sich vermutlich von der Bezeichnung für einen heidnischen Brauch ableiten, bei dem eine Puppe namens Kostroma er-

KOSTROMA ERLEBEN

AUSKUNFT

www.kostroma.ru
www.kostroma-info.ru
www.kostroma.net
(alle nur Russisch)

ESSEN

► Erschwinglich

Komun-Kafe
ul. Sowjetskaja 130
Tel. (49 42) 32 53 65
Trendiges Lokal mit russischer und
internationaler Küche, in dem sich die
Elite der Stadt trifft.

► Preiswert

Roga i Kopyta
ul. Sowjetskaja 2
Tel. (49 42) 31 52 40
Kaffee, Kuchen, Salate und Sand-
wiches schmecken bestens. Recht originell ist das dem Musical »12 Stühle«
nachempfundene Ambiente. Lebens-
große Puppen im Schaufenster und
alte Zeitungen an den Wänden sorgen
für eine besondere Atmosphäre.

Hundertwasser
Oktjabrskaja ploschtschad 3
Stylisches Café mit Wi-Fi-Internet-
zone.

ÜBERNACHTEN

► Komfortabel

Azimut Kostroma
ul. Magistralnaja 40

156010 Kostroma
Tel. (49 42) 39 05 05
Fax (49 42) 39 05 00
www.azimuthotels.ru
Das ehemalige Hotel »Intourist« ist
eine der beliebtesten Touristenher-
bergen am Goldenen Ring, mit modern eingerichteten Zimmern und
Bungalows am Stadtrand, rustikal-
gemütlichem Restaurant (traditionelle
russische Küche) und Bierlokal
»Bierstadt«.

Wolga
ul. Junoscheskaja 1
156005 Kostroma
Tel. (49 42) 39 42 62
www.gkvolga.ru
Der graue Sowjetblock hat sich ge-
mausert. Er liegt sehr zentral und
bietet einen schönen Blick auf die
Wolga. Das Restaurant ist mit italienischen Designermöbeln aufgepeppt
und bietet leckere Speisen.

SOUVENIRS

*Museums- und Ausstellungszentrum
Awtograaf*
ul. Sowjetskaja 41
Mo. – Fr. 10.00 – 14.00 u.
15.00 – 18.00, Sa. 10.00 – 16.00 Uhr
Künstler aus der Region stellen hier
aus und verkaufen Schönes aus Birkenrinde, Keramik, Leinen und Edelsteinen.

tränkt oder verbrannt wurde, um böse Geister auszutreiben. 1364
verleibte sich das Moskauer Großfürstentum Kostroma ein. Zwischen dem 13. und 15. Jh. hatte die Stadt unter Bränden und Angriffen der Tataren und der Nowgoroder zu leiden. 1608 musste man
sich gegen vorrückende Polen wehren. Anno 1613 wurde der im nahen Dorf Domino geborene **Michail Romanow** hier zum Thronfolger

bestimmt. Die Stadt wuchs schnell, entwickelte sich zu einem kulturellen Zentrum der Region und wurde 1778 zum Mittelpunkt eines Gouvernements erhoben – nun war man eine der größten Städte Russlands. Heute profitiert Kostroma vom Tourismus. Auch die Industrie (u. a. Textil, Holz) ist von einiger Bedeutung.

✹ ✹ Iwan-Susanin-Platz

Der Retter des Zaren

Das Herz der Stadt pocht auf dem Susaninskaja ploschtschad zu Füßen der 1967 aufgestellten Statue des Bauern Iwan Susanin. Dieser wurde 1613 von den Polen gefangen genommen, damit er sie zum Gut des russischen Thronfolgers Michail Romanow bringen sollte. Er führte sie jedoch listenreich in die Irre. Die gefoppten Polen erschlugen Susanin, der daraufhin als Retter des Zaren in Russlands Annalen einging.

Hauptwache Literaturmuseum
🕐
Öffnungszeiten: tgl. 9.00 – 17.00

Die Hauptwache (Gauptwachta) am Platz zählt zu den schönsten Beispielen des russischen Klassizismus und wurde zwischen 1824 und 1827 nach Plänen des Gouvernementsbaumeister P. Fursow errichtet. Heute beherbergt es das Literaturmuseum (Literaturnyj musej), das sich besonders mit regionalen Literaten ab dem 18. Jh. beschäftigt (Gauptwachta/Literaturnyj musej, Susaninskaja ploschtschad 1).

Durch die Arkaden der Handelsreihen blickt man auf die Feuerwache.

Mit ihrem klassizistischen Sechs-Säulen-Portal erinnert die alte **Feuerwache**
Feuerwache ein wenig an ein Theater; heute ist hier das Feuerwehr-
museum zu Hause. Den würfelförmigen Bau in majestätischem Gelb
und Weiß überragt ein 35 m hoher Turm mit Galerie (Poscharnaja
kalantscha, Simanowskaja ul.; Öffnungszeiten: tgl. 9.00 – 17.00 Uhr). ⏱

Der Bau des Romanow-Museums nördlich des Susanin-Platzes wur- ★
de von Zar Nikolaus aus Anlass des 300-jährigen Jubiläums der Za- **Kunstmuseum**
rendynastie angeordnet. Zur Einweihung 1913 reiste der Zar höchstpersönlich an. Zu den Glanzstücken des Museums gehören Ikonen
ab dem 14. Jh.; dazu kann man Werke u. a. von Boris Kustodijew,
Nikolaj Roerich und Fjodor Rokotow bewundern.

Auch das nebenan gelegene ehemalige Haus der Adelsversammlung ◀ Haus der
(Dworjanskoje sobranje) gehört zum Museum. Seine Innenausstat- Adelsversammlung
tung ist im Empire gehalten.; der Weiße Saal beeindruckt mit einer
hervorragenden Akustik (Musej isobrasitelnych iskusstw, prospekt
Mira 5 – 7; Öffnungszeiten: Di., Mi., Do., Sa., So. 9.00 – 17.00 Uhr). ⏱

Die berühmten Handelsreihen (Torgowyje rjady) Kostromas gehören ★
zu den größten und schönsten ihrer Art im ganzen Land. Hier wur- **Handelsreihen**
den Tabak, Gemüse, Fisch, Mehl und anderes feilgeboten; entsprechende Namen trugen die zehn klassizistischen, zwischen 1770 und
1840 enstandenen Gebäude: Es gibt beispielsweise eine Fisch-, eine
Brot- und eine Pfefferkuchenreihe. Eine Bogenöffnung enstprach
meist der Größe eines Ladens. Als zwei imposante Bauten stehen sich
heute noch die Großen Mehlreihen und die Roten Reihen einander
gegenüber. In den Roten Reihen informiert eine Ausstellung über die
Stadtgeschichte (Öffnungszeiten: tgl. 9.00 – 17.00 Uhr). In den Ge- ◀ Erlöserkirche
bäudekomplex ist die 1766 von einem Kaufmann gestiftete Erlöserkirche (zerkow Spasa w Rjadach) integriert, deren 1792 erbauter
Glockenturm die gesamte Anlage überragt.

Die Handelsreihen ziehen sich am Milchberg (Molotschnaja gora) ◀ Milchberg
entlang zur Wolga hinunter – hier wurden Milchprodukte verkauft.

Vom Platz führt die ul. Tschaijkowskogo zum Kulturpark (Park kul- **Ostrowskij-**
tury), der an Stelle des früheren Kreml angelegt ist. Eine Säulenro- **Pavillon**
tunde (Besedka Ostrowskogo) ehrt den Dramatiker **Alexander Ost-**
rowskij (1823 – 1886), der in der Stadt gewirkt hat. Gleich in der Nähe steht die prunkvolle Residenz des Erzbischofs, heute theologisches
Seminar.

Im übrigen Stadtgebiet

Auf der ul. Simanowskaja zwischen Hauptwache und Feuerwehr sind ★
es wenige Schritte zum Kloster zu Christi Erscheinen, das Nikolaus **Kloster zu Christi**
d. Ä., Schüler des hl. Sergej Radonesch, gegründet hat. Die Kathedra- **Erscheinen**
le, eines der ältesten Gebäude der Stadt, entstand zwischen 1559 und
1565 und wirkt zwar schlicht, hat jedoch prächtige Kuppeltrommeln.

Ein Idyll: das Ipatios-Kloster am Zusammenfluss von Wolga und Kostroma

1673 schufen die Ikonenmaler Gurij Nikitin und Sila Sawin eindrucksvolle Wandbilder. Während der polnischen Belagerung und bei einem Brand Mitte des 19. Jh.s wurden vier Kirchen sowie mehrere Wirtschaftsgebäude des Klosters zerstört. Verschont blieben der letzte von einstmals sechs Wehrtürmen mit Zeltdach, die Mönchszellen sowie ein Refektorium. Die Sowjets brachten im Kloster Textilarbeiter unter . Heute ist ein Frauenkloster eingerichtet, das eine angeblich wundertätige Ikone der Muttergottes von Fedorowskaja aus dem 13. Jh. aufbewahrt (Bogojawljenskij monastyr, ul. Simanowskaja).

★
**Auferstehungs-
kirche im Walde**

Diese Kirche bei der Wolgabrücke östlich vom Zentrum kann sich das schönste Gotteshaus von Kostroma nennen. Ihre fünf geschuppten grünen Kuppeln thronen auf einem Baukörper aus Ziegelsteinen mit Galerie und Vortreppe und bilden einen schönen farblichen Kontrast zur roten Backsteinfassade. Ein zweibogiges Tor mit Zeltdach und kleinen Kuppeln ist mit der Vortreppe verbunden. Innen gefallen die Ikonostase und schöne Fresken (Zerkow Woskressenja na Debre, ul. Kooperazii).

★ ★ Ipatios-Kloster

**Gegründet von
einem tatari-
schen Fürsten**

Ausgesprochen malerisch erheben sich die kalkweißen, von goldenen Kuppeln gekrönten Bauten des Ipatios-Klosters (Ipatjewskij monastyr) am Zusammenfluss von Wolga und Kostroma. Es wurde vermutlich schon an der Wende vom 13. zum 14. Jh. gegründet und ist 1435 erstmals urkundlich erwähnt. Die Gründung ist mit einer Legende verbunden: Der tatarische Fürst Tschet soll auf einer Reise in Kostroma erkrankt sein. Im Traum erschien ihm die Muttergottes, begleitet vom Apostel Phillip und vom Märtyrer Ipatios. Sie versprach ihm Heilung, wenn er sich taufen ließe. Der Fürst wurde wieder gesund, nahm das Christentum an und ließ zu Ehren des hl. Ipatios dieses Kloster errichten.

Unter Boris Godunow stieg das Kloster ab Mitte des 16. Jh.s zu einem der reichsten im Lande und zu einem bedeutenden kulturellen Zentrum auf, in dem u. a. die Ipatios-Chronik verfasst wurde. Auch die Romanows – 1613 wurde hier Michail, der erste Romanow, zum Zaren gekrönt – förderten und erweiterten das Kloster und es bildeten sich eine Alt- und eine Neustadt (Staryj i nowyj gorod) heraus. Ab dem 17. Jh. verlor das Kloster seine Bedeutung als Wehranlage. In der Neustadt wurde 1875 sogar ein Altersheim für Geistliche eingerichtet und die Bolschewiki funktionierten es zu einer Wohnanlage für Textilarbeiter um. Erst 1958 besann man sich auf die enorme Bedeutung und richtete ein Museum ein. Inzwischen befindet sich das Kloster wieder im Besitz der Russisch-Orthodoxen Kirche.

Das prunkvolle Katharinentor (Jekaterinskije worota) wurde 1767 anlässlich des Besuchs von Katharina der Großen erbaut und trägt ihre Initialen.

Katharinentor

Boris Godunow ließ die Hauptkirche des Klosters (Troizkij sobor) zwischen 1558 und 1564 an Stelle einer Holzkirche aufbauen. Mitte des 17. Jh.s explodierte im Keller ein Pulverfass, woraufhin das Gebäude einstürzte. 1652 entstand ein Neubau, dessen Architektur sich stark an diejenige der Mariä-Himmelfahrts-Kathedrale in ▶Jaroslawl anlehnt: Die würfelförmige weiße Kirche mit fünf goldenen Kuppeln, drei Apsiden und einer Freitreppe, die in die Galerie hinauf führt, hat ihr Aussehen bis heute bewahrt.

✶ ✶
Dreifaltigkeits-kathedrale

Als die Ikonenmaler Nikitin und Sawin die Räume 1684 mit Fresken ausmalten, wurde ihr Werk über alle Maßen gelobt. Heute sind leider nur noch Fragmente erhalten, so an der dem Altar gegenüber gelegenen Westwand **Szenen des Jüngsten Gerichts**, auf denen Dämonen den Mönchen Frauen und Wein herbeischaffen. Auf den Pfeilern sind Michail und Alexej Romanow abgebildet, prächtig gekleidet und mit Kronen auf den Häuptern. Alle drei Altareingänge der geschnitzten und vergoldeten Ikonenwand von 1758 verschließen goldbeschlagene Kupferblech-Türen. Die wundervolle Ikonostase, von Pjtor Solotarjow und Makar Bykow aus Kostroma angefertigt, zählt 80 Heiligenbilder, darunter eine Darstellung des hl. Ipatios.

◀ Innenausstattung

Die 30 m hohe Glockenwand (Swonniza) an der Westseite der Kathedrale stiftete Boris Godunow. Hier läuteten zur Blütezeit des Klosters nicht weniger als 18 Glocken.

◀ Glockenwand

Michail Romanow bewohnte mit seiner Mutter, der Nonne Marfa, zwei schlichte Zimmer in diesem Gebäude an der südlichen Kloster-

Romanow-Palais

mauer, das im 19. Jh. zu einem Palais (Dworjez Romanowych) im Stil der Terem-Paläste des Moskauer Kreml umgebaut wurde. Seine Fassade ist schön bemalt.

Ethnografisches Freilichtmuseum

An den Klosterbezirk schließt ein Freilichtmuseum an, in dem bemerkenswerte **Zeugnisse der Holzbaukunst** aus der ganzen Region stehen. Die Bauernhäuser, Kirchen, Mühlen und Kornspeicher stammen aus der Zeit vom 16. bis zum 19. Jh. und vermitteln einen guten Einblick in den Alltag früherer Zeiten.

Muttergottes-Kathedrale aus Chom ▶

Besonders eindrucksvoll ist die Muttergottes-Kathedrale von 1552 aus dem Dorf Chom, eines der ältesten Bauwerke der Gegend. Der auf quadratischem Grundriss errichtete Bau verschlankt sich fast pyramidenartig bis zu den fünf schindelbedeckten Zwiebelkuppeln.

Christi-Verklärungs-Kirche ▶

Die Christi-Verklärungs-Kirche stand in einem Überschwemmungsgebiet beim Dorf Spas-Weschi – deshalb ruht sie auf 24 Eichenpfählen (Architekturno-etnografitscheskij musej, ul. Prosweschtschenija 1a; ⏱ Öffnungszeiten: tgl. 9.00 – 17.00 Uhr).

Umgebung von Kostroma

Krasnoje an der Wolga Краснойе

Die »Schöne an der Wolga« (Krasnoje na Wolge), 35 km südöstlich von Kostroma, ist seit Jahrhunderten ein bedeutendes Zentrum des Juwelier- und Silberfiligran-Kunsthandwerks. Im Museum des Juwelierkombinats kann man wunderschöne Schmuckstücke bewundern. Die Kirche, der älteste Steinbau des Orts, wurde 1592 auf Geheiß von Boris Godunow errichtet. Sein Oktogon, das in drei mit Kokoschniki verzierte Geschosse unterteilt ist, geht in ein hohes Zeltdach über. Die schlanke Silhouette erinnert an die berühmte Himmelfahrtskirche, die Fürst Wassilij II. 1532 in seiner Residenz Kolomenskoje bei Moskau errichtet hatte.

Krasnodar

De 23

Region: Krasnodarskij kraj	**Höhe:** 33 m ü. d. M.
Einwohnerzahl: 750 000	**Kyrillisch:** Краснодар

Eingebettet zwischen schneebedeckten Kaukasus-Gipfeln und der subtropischen Schwarzmeerküste liegt Krasnodar geografisch auf fast gleicher Höhe wie Mailand und Belgrad. Das milde Klima, die geschäftige Hauptstraße, Alleen, Parks und südliches Flair lassen Urlaubsstimmung aufkommen.

Brotkorb Russlands und boomende Region

Der Verwaltungsraum Krasnodarskij kraj rühmt sich seiner fruchtbaren Schwarzerdeböden und wird nicht umsonst »Brotkorb Russlands« genannt. Zudem wird von Krasnodar aus die komplette russische Schwarzmeerküste verwaltet. Neuerdings locken das mediterra-

► KRASNODAR ERLEBEN

AUSKUNFT

Stadtverwaltung Krasnodar
ul. Krasnaya, 122
350000 Krasnodar
Tel. (86 12) 55 43 48
Fax: (86 12) 53 34 10
www.krd.ru (auf Russisch)

www.region-krasnodar.de
www.karlsruhe.de/stadt/international/
partnerstaedte/krasnodar.de

ESSEN

► Fein & teuer
Juschnaja notsch
ul. Mira 49
Tel. (86 12) 62 75 35
Die besten Weine der Kuban-Region
genießt man in der »Südländischen
Nacht«. Dazu werden vorzügliche
Gerichte der russischen und inter-
nationalen Küche serviert.

Schönbrunn
Krasnaja ul. 22
Österreichische Küche in sehr ange-
nehmem Ambiente.

► Erschwinglich
Selpo
ul. Turgenjewa 155
Russische Küche in gemütlichem
Holzlauben-Interieur. Alle Gerichte
werden frisch vor den Augen der
Gäste zubereitet.

ÜBERNACHTEN

► Luxus
Redroyal
ul. Krasnych Partisan 238
350020 Krasnodar
Tel. (86 12) 15 01 01
Fax (86 12) 15 50 50
www.redroyalhotel.com
238 Z. Elegantes Haus, das gern von
Promis und Geschäftsleuten frequen-

tiert wird. Klassisches Ambiente (auch
im Restaurant).

► Komfortabel
Moskwa
ul. Krasnaja 60
350000 Krasnodar
Tel. (86 12) 53 18 07
Seit der Renovierung eines der
schicksten Hotels der Stadt. Ausgesprochen freundliches Personal.

Intourist
Krasnaja ul. 109
350000 Krasnodar
Tel. (86 12) 68 52 00
Fax (86 12) 59 75 19
www.int-krd.ru
244 Z. Trotz inzwischen erfolgter
Sanierung haftet dem großen Beton-
klotz noch ein kitschiger Retro-
Charme an. Dafür kann man die
ganze Nacht in der Lobby-Bar oder
im Casino verbringen.

► Günstig
Krasnodar
ul. Gogolja 66
350000 Krasnodar
Tel. (8612) 53 07 98
59 einfache Zimmer in ruhiger
Nachbarschaft. Im Café gibt es
knackige Salate und feine Kuchen.

SHOPPING

**Einkaufs- und Vergnügungszentrum
ploschtschad Krasnaja**
Hier gibt es alles, was man von einem
zeitgemäß konzipierten Konsumpalast
dieser Größenordnung erwartet.

NACHTLEBEN

Rock Jazz Café
Surikowa 12, Tel. (86 12) 52 03 55
Gute Konzerte und Party-Laune bis
morgens früh um 6.00 Uhr.

ne Klima und die üppige Vegetation Investoren aus aller Herren Länder an und so ist die Gegend um Krasnodar zur wirtschaftlichen Boom-Region geworden. Nicht nur Landwirtschaft und Gartenbau spielen eine Rolle, sondern auch Raffinerien, einige größere Maschinenbauberiebe – 2008 eröffnete der deutsche Hersteller Claas ein Mähdrescher-Werk – sowie das inzwischen europaweit aktive Photovoltaik-Unternehmen »Solar Wind«. Außerdem ist Krasnodar ein wichtiger Verkehrsknotenpunkt in Russlands Süden.

Kuban ▶ Im Volksmund wird die Gegend bis heute meist »Kuban« genannt, wobei sich diese Bezeichnung geografisch in etwa mit dem Einzugsbereich des gleichnamigen Flusses bzw. dem Krasnodarskij kraj und der Kaukasus-Teilrepublik Adygejskaja Respublika deckt.

Geschichte Russische Heere eroberten Mitte des 18. Jh.s den Kuban von den Türken zurück. Mit Erlaubnis des Zaren siedelten sich zunächst Kosaken aus der Ukraine an, die dann auf Geheiß von Katharina II. 1793 eine Festung an der südlichen Grenze des Russischen Reiches bauten. Zu Ehren der Herrscherin, die den Siedlern das Land schenkte, erhielt der Ort den Namen **Jekaterinodar** (»Katharinas Geschwenk«). Nach der Oktoberrevolution wurde die Stadt 1920 in Krasnodar umbenannt: »Krasnyj« bedeutet im Russischen »rot« aber auch »schön« – je nach politischer Gesinnung kann man also den heutigen Stadtnamen als »Rotes Geschenk« oder »Schönes Geschenk« interpretieren. Der Bau der Eisenbahn von Rostow am Don über Krasnodar zum Hafen Noworossijsk kurbelte die Wirtschaft an. Sehr zu leiden hatte Krasnodar unter der deutschen Besetzung von August 1942 bis Februar 1943. Inzwischen scheinen die Wirren des Krieges vergessen, denn seit 1992 wird eine lebendige Städtepartnerschaft mit Karlsruhe gepflegt.

Sehenswertes in Krasnodar

★

Uliza Krasnaja Das Geschehen im schachbrettartig angelegten Zentrum konzentriert sich nur auf den nördlichen Teil der etwa 5 km langen ul. Krasnaja und einige ihrer Seitenstraßen, wo sich Bankfilialen, Geschäfte, Restaurants und Kneipen aneinanderreihen.

ploschtschad Oktjabrskaja ▶ Ab dem ploschtschad Oktjabrskaja ist die Straße mit einem Grünstreifen versehen. Vor dem Gebäude der Gebietsverwaltung steht ein **Triumphbogen** mit einer Bronze-Figur von Georg, dem Drachentöter. An Wochenenden verwandelt sich der Platz in eine Open-Air-Galerie, in der lokale Künstler ihre Werke feilbieten. Vor dem Intourist-Hotel erinnert ein 1896 aufgerichteter, 20 m hoher **Obelisk** an

Katharina die Große gründete Krasnodar. →

das 200-jährige Siedlungsjubiläum der Kosaken. Im östlichen Winkel des Platzes befindet sich das **Schauspielhaus** (Krasnodarskij akademitscheskij teatr dramy), eines der größten im Süden Russlands.

Freiheitsstatue ▶

Eines der Wahrzeichen der Stadt und nördlicher Abschluss der ul. Krasnaja ist die sog. Freiheitsstatue, eine überdimensionale Frauengestalt, die einen Stern in die Höhe hält. Sie steht vor dem sehr futuristisch wirkenden, von E. A. Serdjukow entworfenen **Kino Aurora**, dem größten Filmpalast der Stadt.

✳
Kowaljenko-
Kunstmuseum ▶

1904 schenkte der wohlhabende Kaufmann Fjodor Kowaljenko seine umfangreiche Kunstsammlung der Stadt und schuf damit den Grundstock des heutigen Kunstmuseums. Altrussische Ikonen, russische und niederländische Meister, russischer Klassizismus und Realismus erwarten den Kunstfreund ebenso wie eine ansehnliche Avantgarde-Kollektion mit Arbeiten von **Malewitsch, Kandinsky, Chagall** und anderen. Beachtung verdient auch die umfassende Kollektion japanischer Grafik des 18. Jh.s (Krasnodarskij kraewoj chudoschestwennyj musej imeni F. A. Kowaljenko, ul. Krasnaja 13; Öffnungszeiten: Di.–So. 10.00–17.00 Uhr).

**Park des
40. Jahrestages
des Sieges**

Im »Park 40-letja pobedy« kann man ein Picknick genießen, eine gemütliche Bootsfahrt unternehmen oder einfach nur im Café sitzen und Leute beobachten.

**E.-D.-Felizyn-
Museum für
Geschichte und
Archäologie**
Öffnungszeiten:
Di.–So.
10.00–17.00

Einblicke in die Geschichte und das Brauchtum der Kosaken sowie anderer im Kuban lebender Volksgruppen vermittelt dieses Museum, das auch die berühmten »**Kamennyje baby**« besitzt, archaische Frauenfiguren aus Stein, die als Darstellungen von Muttergottheiten interpretiert werden. Das Museum ist in dem um 1900 erbauten Haus eines Kaufmanns eingerichtet (Krasnodarskij gosudarstwennyj istoriko-archeologitscheskij musej-sapowednik imeni E. D. Felizyna, ul. Gimnasitscheska 69).

Stadtpark

Während Kinderherzen im »Kuban poluaostrow« genannten Stadtpark bei Zuckerwatte und in Karussells höher schlagen, spazieren die Erwachsenen zwischen Sowjetpanzern und – vielleicht lieber – Lokalen auf und ab. Der Park erstreckt sich schön auf einer in den Kuban hineinragenden Halbinsel.

Umgebung von Krasnodar

**Gorjatschij
Kljutsch
Горячий Ключ**

Einer der ältesten Kurorte des westlichen Kaukasus liegt 60 km südöstlich von Krasnodar an der Straße in die Küstenstadt Dschugba. Gorjatschij Kljutsch bedeutet »heiße Quelle«. Der Thermalkurort erstreckt sich im Tal des Flusses Psekups, wo mehrere bis zu 60 °C warme und stark mineralisierte Quellen entspringen, deren Wässer u. a. zur Behandlung von Erkrankungen des Herz-Kreislaufsystems, des Bewegungsapparats und der Haut angewandt werden. Ein hübsch angelegter Kurpark lädt zum Flanieren ein; Naturfreunde können die wildromantische Dante-Schlucht (Dantewo uschtschelje) am Ende der ul. lenina sowie einige schroffe Felswände und geheimnisumwitterte Höhlen in der näheren Umgebung besuchen (www.gorkluch.ru).

►Anapa
►Gelendschik
►Sotschi

Weitere Ziele in der Umgebung

** Kurische Nehrung · Kurschskaja kosa (Kuršskaja kosa)

Cf 18

Region: Kaliningradskaja oblast **Höhe:** 0–62 m ü. d. M.
Kyrillisch: Куршская коса

Sanddünen und dichte Wälder prägen die einzigartige Naturlandschaft des Nationalparks Kurische Nehrung, der im Jahr 2000 in die UNESCO-Welterbeliste aufgenommen wurde. Die 98 km lange und maximal 4 km breite Landzunge schirmt nördlich von ►Kaliningrad das Kurische Haff von der offenen Ostsee ab. Der Südteil der Nehrung gehört heute zu Russland, der Nordteil zu Litauen. Das »Eingangstor« von der russischen Seite her ist Selenogradsk, das alte Seebad Cranz.

Die Kurische Nehrung ist nach der letzten Eiszeit vor ca. 10 000 Jahren durch Strandversetzung entstanden. Sturmfluten, Waldbrände, vor allem aber großflächige Abholzungen im 16. Jh. setzten den Sand auf der Landzunge in Bewegung, Wanderdünen verschütteten ganze Dörfer und Wälder. Erst in der zweiten Hälfte des 19. Jh.s gelang es, die Dünen einigermaßen zu befestigen, indem man aus Dänemark importierte Kiefern sowie Sträucher und Strandhafer anpflanzte. An ihrer schmalsten Stelle bei Lesnoje / Sarkau ist die Nehrung gerade 380 m breit, während sie auf litauischer Seite bei Nida / Nidden

Landschaftsbild

> **!** *Baedeker* TIPP
>
> **Räucheraal**
> Wer die Kurische Nehrung besucht, sollte unbedingt ein Stück frisch geräucherten Aal probieren, den etliche Fischer feilbieten.

knapp 4 km erreicht. Im Frühjahr und Herbst steuern zahlreiche Schwärme von Zugvögeln hier ihre Rastplätze an.

Auf russischer Seite sind auch die drei größten Siedlungen Rybatschyj / Fischerdorf, Lesnoje / Walddorf und Morskoje/Meerdorf noch nicht ganz aus ihrem Dornröschenschlaf erwacht. Der litauische Teil der Landzunge mit der spätestens durch Thomas Mann bekannt gewordenen Siedlung Nida / Nidden ist touristisch bereits wesentlich besser erschlossen.

◄ Orte

▶ KURISCHE NEHRUNG ERLEBEN

AUSKUNFT
www.rybachy.com (auf Deutsch)

Info-Zentrum für Ökotourismus
Informazionnyj zentr
ekologitscheskogo turisma
ul. Zentralnayja 26, Lesnoje
Tel. (4 01 50) 4 82 75

Vogelwarte Rybatschyj
(Biologische Station)
ul. Pobedy 32
238535 Rybatschyj
Tel. (4 01 50) 4 12 51
www.zin.ru/rybachy
Ornithologen informieren Besucher
über ihre Arbeit auf der Nehrung.

**Touristeninformationsbüro
Selenogradsk**
ul. Moskowskaja 34

(in der Nähe des Wasserturms)
Tel. (4 01 50) 3 10 94
Mai – Sept. tgl.
9.00 – 17.00 Uhr

REISEBÜRO
AktivInNatur
www.aktivinnatur.com
Russisches Online-Reisebüro mit Sitz
in Kaliningrad, das sich auf deutsche
Gäste spezialisiert hat. Es bietet naturkundliche Wanderungen auf der
Kurischen Nehrung und Schiff-
sausflüge auf dem Kurischen Haff an.

MAUTSTELLE
Bei Kilometer 3,8 der Nationalpark-
straße wird eine Maut erhoben, die
derzeit für ein Auto mit zwei Insassen
ca. 20 € beträgt. Für jeden weiteren
Mitfahrer kommen 7 € hinzu.

Blick vom Altdorfer Berg auf die Ostsee

ESSEN

► Fein & Teuer
Cranz
Kurortnyj prospekt 2, Selenogradsk
Tel. (4 01 50) 3 60 38
Klassisch eingerichtetes Restaurant im gleichnamigen Hotel, gehobene russische und internationale Küche.

► Erschwinglich
U dorogi
ul. Pobedy, Rybatschyj
In einem der besten Restaurants auf der Nehrung gibt es leckere Fischgerichte. Spezialität ist der auf mannigfache Art zubereitete Hecht.

ÜBERNACHTEN

► Komfortabel
Kurschskaja Kosa
ul. Zentralnaja 17
238534 Lesnoje
Tel./Fax (4 01 50) 4 82 42
Mini-Hotel in Holzbauweise mit 12 behaglichen und modern eingerichteten Zimmern, Restaurant, Bar und Sauna. Bewachte Parkplätze.

Sambia
ul. Wolodarskogo 20
238530 Selenogradsk
Tel. (4 01 50) 3 62 21
www.sambiahotel.com
Gepflegtes Hotel (87 Z.) mit Strand, Fitnessbereich und raffinierter Küche. Sehr gesund: Barfuß durch das Bernsteinzimmer waten!

Villa Lana
ul. Gagarina 3a
238530 Selenogradsk
Tel./Fax (4 01 50) 3 34 10
www.villa-lana.ru (auch auf Deutsch)
Moderne Ferienanlage (8 Z.), 50 m vom Ostseestrand entfernt. Kleines Restaurant mit russischen Gerichten; Abholservice vom Flughafen/Bahnhof gegen Aufpreis.

BADEN

Selenogradsk bietet 200 m breite Sandstrände, an denen das Wasser bis etwa 70 m weit ins Meer flach abfällt und weniger als 1,5 m tief ist. Vor allem in Richtung Kurische Nehrung gibt es schöne feinsandige Plätze. Rote Bojen markieren den Badebereich an der Meerespromenade. An manchen Stellen hat die See die Strände inzwischen schon weitgehend verschluckt – ein Resultat mangelnden Küstenschutzes.

Gefahr für die Nehrung

Wo die Nehrung 400 m breit ist, entdeckt man eine wachsende Zahl von Luxusvillen und Ferienhäusern. Offiziell unbeantwortet bleibt, wie die gut betuchten Hausbesitzer zu ihren Baugenehmigung inmitten der geschützten Dünenlandschaft gekommen sind, denn die Dünenlandschaft darf eigentlich nur an wenigen Stellen betreten werden, vom Häuserbau ganz zu schweigen.

Mittlerweile hat die russische Regierung beschlossen, die Kurische Nehrung zum attraktiven Touristenziel auszubauen. In naher Zukunft soll die Zahl der Fremdenzimmer von derzeit 500 auf 4500 erhöht werden, wobei hauptsächlich luxuriöse, westlichem Standard entsprechende Hotels und Ferienwohnungen unter Schonung der Kernbereiche des Nationalparks entstehen sollen. Umweltschützer schlagen bereits Alarm, denn der Massentourismus könnte das fragile Ökosystem der Nehrung nachhaltig und negativ verändern.

✱ Selenogradsk / Cranz (Зеленоградск)

An das einstige mondäne Seebad Cranz erinnern noch viele alte Villen. Doch auch das heutige Selenogradsk (Želenogradsk, 13 000 Einw.) ist ein beliebter Badeort, selbst wenn sich so ziemlich alles verändert hat – Architektur, Bewohner und Sprache. Ab 1816 entstanden Badehäuser, Sanatorien, Hotels, Villen und eine Promenade; in der Kaiserzeit galt Cranz als das mondänste Seebad der ostpreußischen Samlandküste. Im Zweiten Weltkrieg wurde die Stadt verhältnismäßig wenig zerstört, doch zu Sowjetzeiten stagnierte der Tourismus. Heute hat Selenogradsk die Rolle als führendes Seebad im Samland an Swetlogorsk ▶(S. 218) abgetreten, dem früheren Rauschen – lebt allerdings auch von vielen **»Nostalgietouristen«**, die ihre ehemalige Heimat aufsuchen.

✱ Kurpromenade

Baugerüste geben Hoffnung, dass die schönen alten Villen den prospekt Kurortnyj in einigen Jahren nicht mehr so ganz so marode aussehen lassen. Viele wurden inzwischen auch saniert, einige in ziemlich intensiven Farbtönen. Dass ein Teil der ul. Lenina wieder seinen alten Namen Kurpromenade zurückerhalten hat, zeigt, dass Selenogradsk an seinen einstigen Ruf anknüpfen will.

Um die ul. Moskowskaja

Entlang der ul. Moskowskaja sind ebenfalls einige alte Villen erhalten. Wer genau hinschaut, kann Familienwappen an den Fassaden entdecken. In der ehemaligen baptistischen Kapelle ist heute ein **Geschichtsmuseum** untergebracht (Selenogradskij istoriko-archeologitscheskij musej, ul. Moskowskaja 7). Die lutherische **Adalbertskirche** mit ihrem schlanken Turm wird seit 2003 wieder für den Gottesdienst genutzt. Ganz in der Nähe befindet sich das ehemalige **Haus des Pastors** (ul. Oktjabrskaja 6). Auch der alte Wasserturm sticht sofort ins Auge.

✱ Uferpromenade

Der Blick auf alte Postkarten, als die Flaniermeile (Morskoj prospekt) noch aus Holz war, lässt ziemlich Wehmut aufkommen, denn seit den 1970er-Jahren zieht sich nur noch eine traurige Betonrampe mit rostigen Pfeilern an der Küste entlang. Die 2 km lange Trasse ist an manchen Stellen überdies stark unterspült und einsturzgefährdet. Überall entstehen trotzdem neue Restaurants und Hotels und von der Promenade hat man einen schönen Ausblick auf den feinsandigen Strand und das Meer.

Sehenswertes auf der Kurischen Nehrung

Königswald/ Koroljowskij bor

Etwa 2 km nach der Mautstelle erreicht man das Naturschutzgebiet Königswald mit seinem alten Kiefern- und Fichtenbestand, durch den sich ein auch Wanderweg schlängelt. Bei Kilometer 6,5 führt ein Pfad zum ehemaligen Forsthaus Grenz, dessen Grundmauern noch zu sehen sind.

Die erste Siedlung auf der Nehrung (bei km 10,8) ist das alte Sarkau, heute Lesnoje. Der World Wildlife Fund (WWF) hat hier ein Zentrum für nachhaltigen Tourismus eingerichtet, in dem man Wanderungen, Radtouren und Bootsausflüge buchen und sich über Unterkunftsmöglichkeiten informieren kann.

Lesnoje
Лесное

Im ehemaligen Gästehaus der KPdSU erfahren die Besucher Interessantes über Flora und Fauna der Nehrung sowie über den Kampf der Bewohner gegen die Wanderdünen. Auch typische Gerätschaften der hiesigen Fischer wie Strohstiefel zum Eisangeln sind zu sehen. Gemälde zeitgenössischer Künstler aus dem Gebiet Kaliningrad ergänzen die Ausstellung (Musej nazionalnogo parka, ul. Lesnaja 7, Rybatschij; Öffnungszeiten: Di.–So. 10.00–17.00 Uhr).

✱
◄ Nationalpark-
museum

Eine kleine Ausstellung beschäftigt sich mit dem Aberglauben der Russen anhand mehrerer Dutzend Fabelwesen und Märchenfiguren wie der Hexe Baba Jaga und dem Poltergeist Kikimor (Musej russkich suewerii; Öffnungszeiten: Di.–So. 10.00–17.00 Uhr).

🕐
◄ Museum des
russischen
Aberglaubens
🕐

Bei km 23 erreicht man die Feldstation Fringilla (wiss. Name des Buchfinks). Mit zwei riesigen Netzen werden hier pro Jahr bis zu 100 000 Singvögel gefangen, gewogen, vermessen und beringt (Führungen: April–Okt. tgl. 9.00–18.00 Uhr).

✱
Feldstation
Fringilla
Фрингилла

Die Geschichte des ostpreußischen Rossitten beginnt 1372 mit dem Bau eines Schlosses, von dem heute allerdings nichts mehr zu sehen ist; E.T.A. Hoffmann hat es jedoch in seiner Erzählung »Das Majorat« beschrieben. Die größte Siedlung auf der Nehrung zählt rund 1000 Einwohner, deren Haupterwerbszweig früher der Fischfang war und die heute zunehmend vom Tourismus leben. Von der Hafenmole hat man einen schönen Blick auf die Dünen bei Morskoje und Nidden (Litauen). Kleine alte Häuser und Imbissbuden prägen das Ortsbild. Ein Spaziergang zum nahen Möwenbruch lohnt sich.

✱
Rybatschyj /
Rossitten
Рыбачий

Die 1873 erbaute evangelische »Kircha« dient heute der russisch-orthodoxen Gemeinde (Chram Sergeja Radoneschskogo). Zu Sowjetzeiten war hier ein Getreidelager untergebracht.

◄ Ehem.
Evang. Kirche

Die älteste Vogelwarte der Welt wurde 1901 von dem aus Thüringen stammenden Pastor Johannes Thienemann (1863–1938) am Rand des »Palwe« genannten schütteren Kiefernwaldes gegründet. Der Geistliche war leidenschaftlicher Ornithologe und begann als Erster mit der Vogeluntersuchung im großen Stil. Heute sind hier feine Netze gespannt, in denen jährlich mehrere Zehntausend Zugvögel gefangen und beringt werden, am häufigsten Buchfinken, Zeisige, Kohlmeisen und Stare. Eine Ausstellung informiert über die Geschichte der ornithologischen Forschung auf der Kurischen Nehrung (Öffnungszeiten: tgl. 9.00–18.00 Uhr).

✱
◄ Vogelwarte
Rossitten

🕐

Etwa 500 m südlich außerhalb erreicht man den alten Friedhof (Staroje kladbischtsche) an der Seeseite der Nehrung. Hier ist u. a. der königlich-preußische Düneninspektor und Badekommmissar Franz Epha (1828–1904) begraben, der die sandige Landzunge befestigen

◄ Friedhof
Rossitten

ließ. Auf dem Friedhof hat auch »Vogelpastor« Thienemann seine letzte Ruhestätte gefunden. Beim Friedhof unterhält die Nationalparkverwaltung ein Informationszentrum.

Müllers Höhe

Bei km 32 führt ein Wanderweg am Möwenbruch vorbei zu Müllers Höhe, von der man einen herrlichen Ausblick genießt.

Epha-Düne, Altdorfer Berg

Kurz vor der Abzweigung nach Morskoje / Pillkoppen war es dem preußischen Düneninspektor Franz Epha gelungen, einen Dünenberg zum Stillstand zu bringen, der drohte, die Ortschaft unter sich zu begraben. Aus Dank wurde der Gipfel des Altdorfer Berges »Ephas Höhe« genannt. Man erreicht sie von einem kleinen Parkplatz bei km 42. Der Altdorfer Berg begrub das 1283 gegründete Alt-Pillkoppen bereits vor langer Zeit unter sich (▶Abb. S. 340).

Bei Morskoje kann man auch auf den Petschberg klettern, mit 62 m die höchste Erhebung auf der Nehrung. Von der Aussichtsplattform hat man einen herrlichen Blick auf die Häuser von Morsokje und ein 5 km langes Wanderdünenfeld.

Morskoje / Pillkoppen Морское

Das abgeschiedene Dörfchen Morskoje (früher: Pillkoppen) mit seinen 150 Einwohnern (km 44,3) ist die letzte Ansiedlung auf russischer Seite und nur knapp 5 km von der litauischen Grenze entfernt. Sie entstand um eine vom Deutschen Orden 1283 erbaute Burg, von der heute nur noch wenige Reste zu sehen sind. Einst ein wohlhabendes Fischerdorf mit reetgedeckten Häusern, nagt heute der Zahn der Zeit an den meisten Bauten Pillkoppens. Die Dorfstraße ist noch nicht befestigt. Neuerdings lassen sich wohlhabende Russen Ferienhäuser im deutschen Landhausstil errichten.

Schwanensee

Bei km 46 beginnt ein vom WWF angelegter Öko-Wanderweg zum Schwanensee, der allerdings ein wenig beschwerlich zu begehen ist. Dafür entschädigt er mit tollen Ausblicken auf die Ostsee, die Kiefernwälder, den Leuchtturm von Nidden und natürlich auch auf den Schwanensee selbst.

Kursk

Dd20

Region: Kurskaja oblast **Höhe :** 183 m ü. d. M.
Einwohnerzahl : 440 000 **Kyrillisch:** Курск

Eingebettet in das fruchtbare Schwarzerdegebiet am Zusammenfluss von Tuskar und Kur liegt jene Stadt, die durch die grausame Panzerschlacht im Kursker Bogen im August 1943 weltbekannt geworden ist. Bis heute finden in Kursk große Gedenkfeiern statt, an denen Kriegsveteranen aus ganz Russland teilnehmen.

Vermutlich schon im 9. Jahrhundert gegründet, fand die Stadt 1032 **Geschichte**
erstmals urkundliche Erwähnung. Ihr Name geht auf den Fluss Ku-
ran bzw. Kur zurück, der wieder-
um mit dem slawischen Wort
»kur« (dt. = Hahn) zusammen
hängt. 1240 zerstörten Tataren die
Stadt, im 14./15. Jahrhundert
wurde sie vom Fürstentum Litauen
einverleibt und 1611 von Polen besetzt. Im 16. und 17. Jahrhundert
wurde sie südlicher Vorposten von
Moskau mit einer eigenen Festung. 1708 fiel die Stadt an das Kiewer,
zwischen 1727 und 1779 an das Belgoroder Gouvernement. 1868 erhielt Kursk eine Eisenbahnverbindung nach Moskau, wodurch die
wirtschaftliche Entwicklung der Region vorangetrieben wurde.
Im November 1941 nahmen deutsche Truppen die Stadt ein. Im Juli
1943 startete die Wehrmacht das »Unternehmen Zitadelle«, eine
Großoffensive im sog. **Kursker Bogen**. Es entwickelte sich die größte
Panzerschlacht der Geschichte (► S. 222), die mehrere Zehntausend
Opfer forderte und das Kriegsgeschehen entscheidend wendete.
Denn obwohl es keinen eindeutigen Sieger gab, waren die deutschen
Reserven nach dieser Schlacht erschöpft; die Phase des Rückzugs be-
gann, der mit der Kapitulation endete.
Nach dem Krieg erstand Kursk buchstäblich wie Phönix aus der
Asche wieder auf und wurde rasch zu einer bedeutenden Industrie-
stadt. Seit 1997 ist Kursk Hauptort eines Gouvernements. Seit der
Perestrojka unterhält Kursk Städtepartnerschaften mit Witten, Zwei-
brücken und Speyer.

? WUSSTEN SIE SCHON ...?

■ ... dass im Raum Kursk die größte Eisen-
erzlagerstätte der Welt besteht, in der etwa
200 Milliarden Tonnen des begehrten Rohst-
offs abgebaut werden können?

Sehenswertes in Kursk

Das Herz der Stadt schlägt rund um den **Roten Platz** (Krasnaja **Stadtrundgang**
ploschtschad), in den auch die Hauptstraße, die **ul. Lenina**, einmündet. Hier gruppieren sich monumentale Bauwerke aus der Sowjetzeit,
so das Hotel »Zentralnaja«, die Hauptpost oder das Gebäude der
Stadtverwaltung. Überall stößt man auf Mahnmale, die an den Zweiten Weltkrieg erinnern.

Am Südende des Roten Platzes erhebt sich dieser stolze Sakralbau **Mariä-**
mit großer Kuppel und Glockenturm, umringt von spätklassizisti- **Verkündigungs-**
schen Säulen. Das Gotteshaus wurde 1626 nach zehnjähriger Bauzeit **Kathedrale**
fertiggestellt. Für ihren Bau verwendete man den gleichen hellen
Stein aus dem Moskauer Umland, der auch beim Moskauer Kreml
verarbeitet wurde. Die Kathedrale besaß eine wundertätige Muttergottes-Ikone, die jedoch über Serbien und Deutschland in die USA
gelangt ist. In Kursk ist nur eine Kopie zu sehen. Zu Sowjetzeiten
diente die Kathedrale als Kino. Heute werden hier wieder orthodoxe
Gottesdienste gefeiert (Snamenskij sobor, ul. Lunatscharskogo 4).

▶ KURSK ERLEBEN

AUSKUNFT

www.rkursk.ru
www.old.kurskcity.ru
(beide auf Russisch)

ESSEN

► Erschwinglich

Zentralnyj
ul. Lenina 2
Tel. (47 12) 52 00 52
Zu russischer Folklore-Musik gibt es
traditionelle Gerichte der russischen
Küche.

► Preiswert

Datscha
ul. Radischtschewa 7
Tel. (47 12) 51 17 51

Nettes Selbstbedienungsrestaurant
mit russischer Küche und freundli-
chem Sonnenblumen-Interieur.

ÜBERNACHTEN

► Komfortabel

Awrora
Sumskaja ul. 9
305007 Kursk
Tel. (47 12) 39 09 00
www.avrorakursk.ru
4 km vom Stadtzentrum entfernt
liegt dieses 2007 eröffnete Hotel. Die
90 Zimmer sind modern und
geschmackvoll eingerichtet.

Solowinaja roschtscha
ul. Engelsa 142a
305007 Kursk
Tel. (495) 363 25 49
www.besteastern.com
60 Z. Das kürzlich renovierte Hotel
liegt fünf Autominuten vom Stadtzentrum entfernt sehr schön in einem
Waldstück am Fluss Sejm.

Regional-museum
Im ziegelrot-weißen, mit Säulen und Bögen geschmückten ehemaligen Palast des Bojaren Romadanowskij zeugen Tonscherben, Münzen
und Schmuck davon, dass der Raum Kursk schon lange vor der ersten urkundlichen Erwähnung der Stadt besiedelt war (Kurskij gosudarstwennyj oblastnoj musej archeologii, ul. Pionerow 6).

Kriegsgeschicht-liches Museum
Diese Ausstellung im Erdgeschoss des Offizierhauses zeigt persönliche Gegenstände von Soldaten und Waffen. Thema sind auch die
Partisanen, der Heldenkult und die Beurteilung der Schlacht aus
heutiger russischer Perspektive (Wojenno-istoritscheskij musej Kurs-
koj Bitwy, ul. Sonina 4).

Himmelfahrt-Elias-Kirche
Die 1787 errichtete und mit schönen Fresken versehene Kirche galt
bis 1833 als Hauptkathedrale der Stadt und war zu Sowjetzeiten Archiv und diente später als Bücherlager. Der Bau wird heute von der
Spiegelglasfront eines benachbarten Bankgebäudes überstrahlt (Wos-
nesensko-Ilinskij chram, ul. Lenina 11).

i Die Tragödie der »Kursk«

- Der Name der Stadt ist spätestens seit dem 12. August 2000 in aller Welt bekannt. An diesem Tag sank das nach ihr benannte Atom-U-Boot »Kursk« in der nordrussischen Barentssee. 118 Seeleute kamen ums Leben, unter ihnen sieben aus Kursk. Die meisten Angehörigen leben im Stadtteil Nord-Westlicher Mikrorajon (Sjewerno-sapadnji Mikrorajon), wo eine Allee mit 118 Birken gepflanzt und ein Denkmal aufgestellt wurde. 95 Matrosen im vorderen Teil des U-Boots starben sofort, für 23 im hinteren Teil wäre Rettung möglich gewesen – doch die russische Regierung zögerte zu lange, westliche Hilfe zu akzeptieren. Im Oktober 2001 hob eine niederländische Spezialfirma das Wrack. Im Juli 2002 wurde der Fall abgeschlossen mit der Feststellung, dass es zu keiner Zeit Rettungsmöglichkeiten gegeben habe. Ein defekter Übungstorpedo wird als Ursache der Katastrophe angegeben, die Akte bleibt allerdings 25 Jahre unter Verschluss.

Geht man danach die ul. Zolotaja rechts ab, erreicht man diese barocke Kirche (Sergijewo Kasanskij sobor), die 1752 bis 1778 nach Plänen von Rastrelli im Auftrag eines Kaufmanns errichtet worden ist.

Sergijew-Kasaner-Kathedrale

Die Erinnerungsstätte wurde anlässlich des 55. Jahrestages der Schlacht im Kursker Bogen eingeweiht. Die weitläufige Anlage umfasst eine Allee mit Panzern und anderem Gerät, einen 24 m hohen Triumphbogen mit dem Wappen der Stadt und einen hl. Georg aus Bronze , das Grab des Unbekannten Soldaten mit Ewigem Feuer und die dem hl. Georg als Siegbringer geweihte orthodoxe Kirche mit 47 m hoher vergoldeter Kuppel, in der die Namen der Gefallenen in Marmor verewigt sind. Eine Bronzeskulptur ehrt **Marschall Georgi Schukow**, Generalstabschef der Roten Armee, der am 9. Mai 1945 die bedingungslose Kapitulation der deutschen Wehrmacht als Vertreter der Sowjetunion in Berlin-Karlshorst entgegennahm (Memorijalnyj kompleks Kurskaja duga, ul. Karla Marksa).

★
Gedenkstätte Kursker Bogen

Der dicht bewaldete »Lesopark Solowinaja roschtscha« im Südwesten der Stadt am Fluss Sejm gehört zu den Lieblingsplätzen der Kursker, hat er doch eine vielfältige Flora, zu der sogar Hopfen gehört, Sportplätze und einen Badestrand. Doch auch hier ist der Krieg allgegenwärtig, denn an der Hauptallee erinnert eine Gedenkstätte an jene Kursker, die während der deutschen Besatzung umgekommen sind.

Nachtigall-Waldpark

Magnitogorsk

Region: Tscheljabinskaja oblast
Höhe: 310 – 348 m ü.d.M.

Einwohner: 417 000
Kyrillisch: Магнитогорск

Die »Stadt am Magnetberg« vereint Europa und Asien. Schön ist sie nicht unbedingt, doch wer sich für die Geschichte der sowjetischen Industrialisierung und die Architektur von Planstädten interessiert, ist hier richtig.

Ein sowjetischer Traum? Am rechten Ufer des Flusses Ural ragen die Schornsteine des Magnitka-Werks in den Himmel, am linken erheben sich monumentale stalinistische Häuserblocks. Vier Brücken verbinden die beiden Stadthälften. Als die Industrialisierung vor bald 80 Jahren einsetzte, kamen Tausende von Freiwilligen in die Uralsteppe. Auch der junge Erich Honecker hat beim Aufbau des sowjetischen Traums geholfen. Um den »Magnetberg« ranken sich zahlreiche Legenden: So soll bereits Mongolenfürst Batu Khan im 13. Jh. mit den Hufen seines Pferdes am »Magnitka« hängengeblieben sein. Das Geheimnis liegt tief im Innern verborgen: ein üppiges Eisenerzvorkommen mit bis zu 60 % Eisenanteil. Mit der massiven Förderung begann man erst 1929, dem offiziellen Jahr der Stadtgründung – auch wenn sich hier bereits ab dem 19. Jh. ein Wehrdorf der Kosaken befand.

Magnitogorsk en miniature im Magnitka-Museum

Sehenswertes in Magnitogorsk

Der Prospekt, die schönste Straße der Stadt, mündet in einen weit-läufigen Platz; ihre Verlängerung führt auf eine Brücke über den Ural. In der Mitte des Flusses markieren zwei Brückenpfeiler die **Grenze zwischen Europa und Asien**. Von hier hat man einen schönen Blick auf die andere Flussseite mit ihrem rauchenden Schornstein-Panorama. Weiter im Westen geht die Straße in den prospekt Lenina über, eine der Hauptverkehrsadern mit Boutiquen, Restaurants und Kneipen.

★
Prospekt
Metallurgow

MAGNITOGORSK ERLEBEN

AUSKUNFT

www.74m.ru
www.abzakovo.com
www.ski-bannoe.ru
(alle russisch)

ESSEN

▶ **Erschwinglich**
Baden-Baden
prospekt Metallurgow 7
Tel. (35 19) 22 43 23
Modernes Bierrestaurant, im Sommer mit Straßencafé.

Magnitka
ul. Karla Marksa 91
Tel. (35 19) 37 53 13
Eines der besten Restaurants vor Ort, gehobene russische Küche.

▶ **Preiswert**
Café
Korpus Nr. 4, Absakowo
Gemütliches kleines Cafe. Das Personal serviert in baschkirischen Nationaltrachten lokale Spezialitäten wie Salma, Baschbarmak, Kabyrga und Kumys aus Ziegenmilch.

Café-Bar Berjoska
Korpus Nr. 1, Absakowo
Europäische und russische Küche; sehr gut sind die Desserts und Cocktails.

ÜBERNACHTEN

▶ **Komfortabel**
Valentino
ul. Grasnjowa 24
Tel. (35 19) 37 67 66
www.valentino.mgn.ru
44 Z. Modernes familiäres Hotel in zentraler Lage, mit Cocktailbar und Internet.

Sporthotel Absakowo
ul. Gornolyschnaja 33
Absakowo
Tel. (3519) 25 94 19
www.tautash.ru
65 Z. Moderner Hotelkomplex mit Restaurant, Nachtklub und Sauna. Abholung ab Flughafen / Bahnhof kann organisiert werden.

▶ **Günstig**
Dom otdycha Berjoski
Tel./Fax (35 19) 25 55 91
www.berezki.net
Mehrere Häuser mit einfachen Räumen, 500 m vom Skizentrum.

FREIZEIT

Aquapark Wodopad tschudes
ul. Nabereschnaja 9
www.aqua-mag.ru
Modernes Spaßbad in Flussnähe mit Bowlingbahn, mehreren Restaurants und Hotel.

Mit optimistisch sozialistischem Blick: ein junger Arbeiter des Magnitka-Kombinats im Jahr 1935

DIE STADT DER SOWJET-UTOPIEN

Das gigantische Magnitogorsker Metallkombinat Magnitka (MMK) entstand im Zuge der Industrialisierung als Hauptprojekt des ersten Fünfjahresplans. Es wurde zum modernen Mythos, zum sozialistischen Traum.

Magnitka sollte das größte Hüttenkombinat der Welt werden und dazu beitragen, das rückständige Russland in die Moderne hinüberzuholen. Magnitogorsk wiederum war als die perfekte sozialistische Planstadt gedacht, die humane und gerechte Lebensbedingungen bieten und viele Menschen herlocken sollte. Und in der Tat folgten vor allem junge Menschen nicht nur aus der Sowjetunion dem Ruf an an die Ostgrenze Europas: 1929 waren **250 000 Menschen aus 40 Nationen** mit dem Aufbau von Magnitka beschäftigt, das 1930 mit 14 000 Arbeitern in Betrieb genommen wurde. Magnitogorsk wurde im Jahr der Weltwirtschaftskrise geboren, als das Leben anderswo alles andere als rosig war. Vermutlich trug auch dies dazu bei, dass Tausende freiwilliger Helfer auf die Großbaustelle zogen. Die Komintern schickte internationale Jugendkollektive und Komsomolzen – unter ihnen der junge Kommunist **Erich Honecker**, der 1971 Generalsekretär der SED werden sollte. Im Sommer 1931 trat er zu einem mehrere Wochen dauernden Arbeitseinsatz an; Jahrzehnte

später besuchte er, inzwischen Ehrenbürger von Magnitogorsk, die Industriemetropole noch zwei Mal: 1971 als frisch bestallter und 1989 als kurz vor dem Ende stehender Generalsekretär.

Sozialistisches Vorbild

Magnitogorsk wurde zum Vorbild für viele sozialistische Planstädte im Ostblock wie **Nova Huta in Polen** oder **Stalinstadt in der DDR**, das heutige Eisenhüttenstadt. Die Entwürfe lieferte neben anderen der Frankfurter Architekt Ernst May. Am Westufer des Flusses Ural entstanden große Wohnblöcke mit Teich, Wald, Kino und Kulturhaus, während auf der anderen Flussseite das Werk hochgezogen wurde; 1934 pflanzte man 5000 junge Bäume und 40 000 Blumen im neuen Kulturpark. Doch bis die Planstadt endlich fertig war, lebten die Arbeiter lange Zeit in völlig überfüllten Baracken und Zelten; dem ersten Zelt, das aufgeschlagen wurde, hat man sogar ein Denkmal gesetzt. Magnitka ist allerdings nicht nur das Werk enthusiastischer Freiwilliger: Zahlreiche **Zwangsarbeiter** mussten Schwerstarbeit verrichten; insgesamt

starben über 10 000 Menschen in Magnitogorsk. Während des Zweiten Weltkriegs wurden die Massen mit propagandistischen Parolen wie »Die Schlacht um Stahl« zu noch höheren Leistungen mobilisiert.

Der Ofen geht nicht aus

Der Berg aus Eisenerz, der am Anfang von Magnitogorsk stand, ist heute längst schon in die Hochöfen des Kombinats gewandert um den Preis, dass Magnitogorsk heute zu den 25 am meisten verschmutzen Städten der Welt gehört, wie eine Studie des Blacksmith-Instituts ergeben hat. Das Metallkombinat bestimmt aber im-

mer noch den Puls der Stadt. Überall begegnet man den Buchstaben MMK: Das Werk finanzierte den Aufbau der Kathedrale, sponsert den populären, in der russischen Superliga spielenden **Eishockeyklub Metallurg**, finanziert dessen Stadion und die Sanierung des Flughafens und baut das Skigebiet Absakowo im Umland aus. Auch wenn die Zahl der Mitarbeiter heute drastisch reduziert worden ist, gehört Magnitka immer noch zu den führenden Unternehmen in Russland: Mehr als 13 Mio. t Stahl wurden 2007 gegossen, bis 2010 sollen es 15 Mio. t jährlich werden, wovon das meiste für den Export bestimmt ist.

✳
Tyl-Frontu
An diesem 15 m hohen Monument aus Bronze und Granit treffen sich junge Leute, Hochzeitspaare legen Blumen nieder. Tyl-Frontu zeigt einen Arbeiter und einen Soldaten, die gemeinsam ein Schwert empor halten. Während der Arbeiter nach Osten auf das Kombinat schaut, ist der Soldat nach Westen gewendet, wo im Zweiten Weltkrieg der Feind immer näher rückte. Gemeinsam mit dem Ehrenmal im Treptower-Park in Berlin und der Mutter Heimat in ▶Wolgograd bildet Tyl-Frontu ein Triptychon. Für den Standort Magnitogorsk entschied sich die Sowjetmacht, da fast jeder zweite Panzer, der im Krieg zum Einsatz kam, in Magnitogorsk hergestellt wurde.

✳
Magnitka-Museum
In das werkeigene Museum des gigantischen Kombinats kommen alle Besucher vor der Werksführung, um sich die Schaukästen mit den kleinen Eisenbahnen, Ampeln und Förderbändern anzuschauen – **ein Muss für jeden Modelleisenbahner.** Schwerpunkt ist die Rüstungsindustrie im Zweiten Weltkrieg; das Denkmal eines Metallgießers von Gerhard Timme schenkte Erich Honecker 1984 der Stadt. Zudem erfährt man, dass der Arbeiter Stjepan Adartschin aus Magnitogorsk Modell für das sowjetische Ehrenmal im Treptower Park in Berlin stand (Musej Magnitogorskogo metalurgitscheskogo kombinata, ul. Puschkina 19, Kultur- und Technikpalast, 2. OG; Öffnungszeiten: Mo.–Fr. 10.00 –16.30 Uhr).

Gemäldegalerie
Die sowjetische Utopie spiegelt sich auch im Sozrealismus des 20. Jh.s wieder. Zahlreiche Werke dieser Strömung von Künstlern aus dem Ural sind hier ausgestellt (ul. Prawdy 12 / 1; Öffnungszeiten: tgl. außer Mo. 10.00 –18.00 Uhr).

Umgebung von Magnitogorsk

✳
Absakowo
Абзаково
Der mit Abstand **beliebteste Wintersportplatz im südlichen Ural** (60 km nordwestlich von Magnitogorsk) hat in den letzten Jahren einen enormen Aufschwung erfahren – v.a. seit Wladimir Putin, ein passionierter Skiläufer, auf den Pisten gesehen wurde. Trassen, Abfahrtspisten und Hotels sind auf europäischem Niveau; ein modernes Erlebnisbad und ein Mini-Zoo locken v. a. Kinder an. In der schneefreien Zeit vermittelt das Sporthotel mehrtägige Kanu- und Raftingtouren im südlichen Ural.

Anreise ▶
Nicht ganz einfach: Ab Magnitogorsk mit der Bahn bis Nowo-Absakowo, weiter mit dem Taxi bis zum Dorf Absakowo. Das Skigebiet befindet sich im Belorezkij rajon. Wer kein Russisch spricht, sollte bei der Hotelbuchung lieber gleich einen Abholservice organisieren.

✳ ✳
Bannoje-See
Eines der beliebtesten Wochenendziele der Magnitogorsker liegt 40 km vom Flughafen entfernt, in der östlichen Teilrepublik Baschkortostan: der glasklare Bannoje-See (Bannskoje osero, Jakty-Kul). Die schneesicheren Trassen werden zunehmend zu einer modernen Alpinski-Destination mit Kabinenliften, den einzigen im Ural, ausge-

baut. Übernachten kann man in Hotels und Skihütten, an der Talstation gibt es ein Restaurant mit Panoramablick, wo man auch die Ausrüstung mieten kann. Im Sommer werden Mountainbike- und Raftingtouren angeboten; zudem gibt es einen Abenteuerpark mit Kletterwand und anderen Extremsport-Einrichtungen.

✷ ✷ Mineralnyje Wody (Mineral'nye Vody)

Dg 23

Region: Stawropolskij kraj   **Kyrillisch:** Минеральные Воды

Schlammbäder, Heilquellen und gesundes Höhenklima kennzeichnen die vier Kaukasus-Kurorte Pjatigorsk, Jessentuki, Kislowodsk und Schelesnowodsk. Diese liegen nur wenige Kilometer auseinander und werden meist nur Mineralnyje Wody, Minwody oder KMW (Kawkaskije Mineralnyje Wody) genannt.

Jeder Kurort hat seine Eigenheit, sei es eine bestimmte Mineralwasserart oder ein eigenes Mikroklima. Mit insgesamt 600 000 Einwohnern ist die Region eines der bevölkerungsreichsten Zentren des nördlichen Kaukasus. Die Luft ist außergewöhnlich rein, Industriekonzerne fehlen komplett. Die politisch instabile Lage im Kaukasus und die Möglichkeit, ferne Länder zu entdecken, bescherte dem Kurgebiet in den 1990er-Jahren einen Besucherrückgang. Inzwischen haben die Russen den Kurortring jedoch wieder für sich entdeckt.
Kislowodsk gilt als Klimakurort. Eingekesselt von den Kaukasus-Ausläufern herrscht hier meist trockenes, klares Wetter mit ca. 320 Sonnentagen im Jahr. In Pjatigorsk sind die Sommer heiß und die Winter gemäßigt. Das Klima in Schelesnowodsk wird oft mit dem der mittelhohen Alpen verglichen: gemäßigt trocken. Jessentuki zeichnet sich durch heiße Sommer und frostige Winter aus.

Kuren im Kaukasus

Die Gegend um Pjatigorsk wird 1334 erstmals erwähnt, als der arabische Reisende Ibn Battuta hier in einer Residenz des mongolischen Khans Usbek weilte. Erst im 18. Jh. begann die russische Kolonialisierung des Westkaukasus. Der erste Ort, den die Russen besiedelten, hieß Gorjatschyje Wody (»Heiße Wasser«), das heutige Pjatigorsk. Die offizielle Geschichte der KMW begann 1803, als Zar Alexander I. einen Kurort gründete. Zu Sowjetzeiten erlebte die Region einen Besucherboom dank staatlicher Einweisungsscheine, die Arbeiter in ihren Betrieben erhielten.

Geschichte

Nicht täuschen lassen! Unabhängig von seinem Namen ist Mineralnyje Wody (75 000 Einw.) **kein Kurort, sondern eine typisch russische Provinzstadt**, ein Industriestandort und Verkehrsknotenpunkt, in der es für Touristen so gut wie nichts zu entdecken gibt. Dass die Reisenden dennoch vorbeikommen oder zumindest an der Stadt vor-

Mineralnyje Wody (Stadt)

▶ MINERALNYJE WODY ERLEBEN

AUSKUNFT
www.kurortinfo.ru
www.region.kmv.ru (nur russisch),
www.kurortkmv.ru (auch englisch)

VERKEHRSANBINDUNG
Die vier Kurorte sind durch ein gut ausgebautes Netz von Elektritschki (Vorortzüge) und Marschrutki (Sammeltaxi) miteinander verbunden. An der Bahnstrecke folgen die Haltestellen Mineralnyje Wody (Stadt) – Beschtau – Inosemtsewo – Pjatigorsk – Jessen-tuki und Kislowodsk aufeinander. Wer nach Schelesnowodsk will, muss in Beschtau umsteigen. Die Züge verkehren mindestens einmal stündlich. Für die 75 km lange Strecke von Mineralnyje Wody nach Kislowodsk sollte man mit dem Zug 1 St. 40 Min. einplanen. Sammeltaxis fahren meist von den Bahnhofsvorplätzen ab. In Pjatigorsk warten unzählige Marschrutki am Oberen Warenmarkt (Werchnij weschewoj rynok) oberhalb des Hotels Pjatigorsk auf Fahrgäste.

beifahren, liegt an der Lage des Flughafens. Schön sind die Naturdenkmäler in der Umgebung wie etwa der kegelförmige Smejka-Berg; in der Stadt ist die Mariä-Schutz-und-Fürbitten-Kathedrale mit ihren glänzenden Goldkuppeln in der ul. Pjatigorskaja interessant.

✷ ✷ Schelesnowodsk (Железноводск)

Die kleine Schweiz Die Ausläufer des Kaukasus schützen die »kleine Schweiz«, wie Schelesnowodsk (25 000 Einw.) gerne genannt wird, vor rauen Winden. Entsprechend lockt der malerische Kurort trotz seiner bald 700 m ü.d,M. mit einem ganz besonders milden Mikroklima. Der nördlichste und kleinste der vier Kaukaus-Kurorte Mineralnyje Wody liegt eingebettet zwischen den Bergkämmen Beschtau und Schelesnaja gora. Hier sprudeln mehrere heilkräftige Mineralquellen. In Schelesnowodsk verbrachte der Schriftsteller **Michail Lermontow** seine letzte Nacht, bevor er zum tragisch endenden Duell nach Pjatigorsk aufbrach. Nach einem Einbruch der Besucherzahlen in den 1990er-Jahren blüht der Tourismus heute wieder.

Der deutschstämmige Arzt Fjodor (Friedrich-Josef) Haas reiste 1810 mit dem kabardinischen Fürsten Ismail-Bey Ataschukow in den Kaukasus, um die heilsamen Quellen zu untersuchen. Mitte des 19. Jh.s waren bereits über 20 Mineralquellen bekannt. Nach der Oktoberrevolution 1917 wurden die privaten Hotels und Sanatorien verstaatlicht. Heute werden hier zwei Dutzend Sanatorien betrieben, die z. T. ihre alten Namen wie »Telman« (Thälmann) behielten.

✷ ✷
Kurpark Am Südhang des Schelesnaja inmitten von Wäldern erstreckt sich der Kurpark (Kurortnyj park). Eine monumentale Kaskadentreppe führt hinauf zu einem Hügel mit wunderschönem Blick auf den ge-

SCHELESNOWODSK ERLEBEN

ESSEN

► Erschwinglich

Traktir
ul. Lenina 55
Tel. (8 79 32) 4 17 50
In dem gemütlichen Restaurant mit russischer und kaukasischer Küche sollte man unbedingt Chatschapuri – mit Käse gefüllte Teigtaschen – probieren.

Russkaja Trojka
ul. Tschajkowskogo 1

Tel. (8 79 32) 4 23 11
Besonders lecker ist in der »Russischen Trojka« das mit Käse und Pilzen überbackene Hühnchen.

ÜBERNACHTEN

► Günstig

Schemtschuschina Kawkasa
ul. Lenina 21
Tel. (8 79 32) 4 23 75
Zentral gelegenes Sowjethotel

---

genüberliegenden Beschtau. Ein Rundwanderweg (ca. 3,5 km) schlängelt sich um den 853 m hohen Schelesnaja; der Aufstieg beginnt direkt in einem Waldstück hinter der Puschkin-Galerie.

Das himmelblaue Gebäude auf dem zentralen Platz des Kurparks, 1902 komplett aus Glas und Metall errichtet, ist die **Visitenkarte der Stadt**. Früher befand sich darin eine Bühne, auf der auch die legendäre Tänzerin Isidora Duncan aufgetreten war. Ihren Namen erhielt die Galerie zu Ehren von Alexander Puschkin, der sich 1820 in Schelesnowodsk erholte. Einige Meter weiter führt eine Weggabelung zu den **Slawjanskij-Quellen**, die in einem kleinen Pavillon sprudeln. Eine recht salzige Quelle erreicht sogar eine Trinktemperatur von 54 °C – sicher nicht jedermanns Sache, wie man an der ersten Reaktion der Kurgäste erkennen kann. Die Kastanienallee hinab, wo unzählige Händler ihre Waren anbieten, führt zur **Smirnow-Galerie**, benannt nach dem Arzt Semjon Smirnow, der die Heilwirkung dieser Quellen entdeckt hatte. Ihr Wasser hat eine Temperatur von 37 °C bei einem Mineraliengehalt von 3,6 g / l. Die Trinkhalle neben der Puschkin-Galerie gilt als **architektonische Perle des Parks**.

◄ Puschkin-Galerie

Eines der schönsten Gebäude der Stadt, der verspielte himmelblaue Palast des Emirs von Buchara (Dworjez Emira Bucharskogo), erinnert mit seinen maurischen Türmchen und Erkern an **ein Märchen aus 1001 Nacht**. Die Sommerresidenz wurde zwischen 1905 und 1912 errichtet; allerdings war sie nie bewohnt, da ein Arbeiter verunglückte, was der Emir als schlechtes Vorzeichen deutete – er sollte recht behalten, denn schon kurz darauf ging das Khanat von Buchara unter. Am Haus erinnert eine Gedenktafel an Clara Zetkin, die sich 1924 hier aufhielt. Eine zweite Tafel weist darauf hin, dass auch Lenin mit seiner Schwester Maria Uljanowa in dem Schlösschen über-

**★★
Palast des Emirs von Buchara**

nachtete. 1921 wurde es zu einem der ersten Sanatorien in Schelesnowodsk, das später den Namen **Telman** (»Thälmann«) erhielt.

Ostrowskij-Bäder

Das rot-weiß-gestreifte Gebäude im maurischen Stil mit seinen wuchtigen Kuppeldächern befindet sich in der Nähe des Bahnhofs, direkt im Zentrum. Die Anlage wurde nach dem ehemaligen Minister für Staatsbesitz, Ostrowski,j benannt, der sich für den Ausbau der Mineralnyje Wody-Kurorte im Kaukasus engagiert hatte.

Berg Beschtau

Die höchste Erhebung (1400 m ü.d.M.) der Mineralwasser-Kurorte ist mit ihren fünf Gipfeln von weitem sichtbar. Obwohl der Berg näher an Schelesnowodsk liegt, gab er dem Kurort Pjatigorsk seinen Namen. Ein Wanderweg beginnt direkt am Bahnhof Schelesnowodsk und führt auf einer Länge von 6 km zum Südwesthang des Beschtau, den schroffe Felsen prägen. Hier öffnet sich der Blick auf den Großen Kaukasus und bei klarem Wetter auch **auf Europas höchsten Berg, den Elbrus** (5642 m ü.d.M.). Am Fuße des Beschtau wurde 1904 das zweite **Athos-Männerkloster** von Mönchen des griechischen Athos gegründet. Zu Sowjetzeiten wurde es als Lazarett, später als Kinderheim genutzt und Ende der 1990er-Jahre wieder der Kirche zurückgegeben.

Erinnerung an Michail Lermontow im Kurpark von Schelesnowodsk

✱ ✱ Pjatigorsk (Пятигорск)

Die 200 000-Einwohnerstadt Pjatigorsk ist der älteste und größte der vier Kaukasus-Kurorte. Ihr großer Schatz sind 50 Mineralquellen, die sich in der prächtigen Bergkulisse verbergen. Der Name stammt vom nahe gelegenen, fünfgipfeligen Höhenkamm Beschtau. »Pjati gor« ist die russifizierte Variante von »Besch-tau«, was in den Turksprachen »fünf Gipfel« bedeutet. Die Stadt erstreckt sich malerisch am Fluss Podkumok, wobei sich ihr östlicher Teil die Hänge des Maschuk hinaufzieht. Hier befinden sich auch die meisten Sehenswürdigkeiten, Sanatorien und Heilquellen. Der gegenüber liegende westliche Stadtteil unterscheidet sich mit seinen Sowjetblocks und der Leichtindustrie kaum von anderen Provinzstädten.

Ältester Kaukasus-Kurort

Pjatigorsk wurde 1780 als Festung Konstantinogorsk an der russischen Befestigungslinie Asowo – Mosdowsk gegründet. So waren es auch Soldaten und Offiziere, die die heilsamen Quellen zunächst nutzten. Bald erkannte jedoch auch der Zar ihren Nutzen und ließ 1803 ein Badehaus bauen. Nicht zuletzt durch das Engagement von General Alexej Jermolow entwickelte sich bald ein reger Bädertourismus, sodass der Ort 1830 den Status eines Kurbads und zugleich einen neuen Namen erhielt: **Beschtau**. 1894 wurde die Eisenbahntrasse verlegt, einige Jahre später fuhren auch die Straßenbahnwaggons direkt zum Bahnhof des Städtchens. Nach der Machtübernahme der Bolschewiki begann der Ausbau von Sanatorien, Polikliniken, Balneologischem Institut. Die deutsche Besatzung während des Zweiten Weltkriegs fügte der Stadt enorme Schäden zu. Nach der Befreiung im Januar 1943 wurde der Kurtourismus wieder angekurbelt, bis er mit dem Zerfall der Sowjetunion seinen Tiefpunkt erreichte. Mittlerweile sind die russischen Gäste wieder zurückgekehrt, Ausländer sind nach wie vor die Ausnahme im unruhigen Kaukasus.

Geschichte

Die Geschichte der Kaukasus-Kurorte ist eng mit dem Dichter Michail Lermontow (1814 – 1841) verknüpft. Vor allem Pjatigorsk wird oft als »Stadt Lermontows« erwähnt, denn hier verbrachte er die letzten Monate seines Lebens, bevor er bei einem Duell starb. Daran erinnert seit 1915 ein Obelisk in der Nähe der Ausfallstraße in Richtung Mineralnyje Wody (Mjesto dueli Lermontowa; ausgeschildert). Lermontow kurte in den damaligen Nikolajew-Wannen, die 1920 ihm zu Ehren umbenannt wurden. Der Entwurf für das klassizistische Badehaus stammt von den Schweizer Bernardazzi-Brüdern (Lermontowskije wanny, prospekt Kirowa 21). Das Lermontow-Museum schließt sein Wohnhaus mit Garten und mehrere Nachbarhäuser ein. Die Besichtigung beginnt im recht bescheidenen kleinen Wohnhaus: Unter den Exponaten sind viele Übersetzungen, darunter auch ins Deutsche. Im Haus der Nachbarsfamilie Wersilin (Dom Wersilinych) kam es zwischen Lermontow und Martynow zu jener verhängnisvollen Auseinandersetzung, die

Auf Lermontows Spuren

◄ Lermontow-Bad

◄ Lermontow-Museum

▶ PJATIGORSK ERLEBEN

AUSKUNFT

www.pyat.ru
(nur russisch)

ESSEN

In der Nähe von Zwjetnik und Hauptstraße reihen sich im Sommer viele Zelt-Restaurants aneinander.

▶ Erschwinglich

Café Petschorin
ul. Kirowa 25a
Kleine Speisen, eine reiche Auswahl an Salaten, Wein und Käse im Park. Ein Muss ist der kaukasische Salzkäse Tschetschil.

▶ Preiswert

Art-Cafe Tet-à-tet
ul. Kirowa 23, gegenüber Café Petschorin

Ruhiges Künstlercafé im Jugendstil-Gebäude. Die Teekarte ist reichhaltig, die Atmosphäre sehr angenehm.

ÜBERNACHTEN

▶ Komfortabel

Intourist
ul. Lenina 13
Tel. (87 93) 36 34 01
Fax 36 34 44
176 Zimmer. Gut ausgestattetes Hotel

▶ Günstig

Hotel Pjatigorsk
ul. Krajnego 43 / 1
Tel. (87 93) 39 05 05
Einfaches Sowjethotel am Werchnyj rynok, im Café werden Kaviarbrote zu einem beeindruckenden Alkohol-sortiment serviert.

---

das Duell provozierte (Gosudarstwennyj musej-sapowednik M. J. Lermontowa »Domik Lermontowa«, ul. Lermontowa 4; Öffnungszeiten tgl. außer Mo. u. Di. 10.00 – 17.00 Uhr).

▶ **Lermontow-Büste** Die ul. Sobornaja ul. Richtung Zwjetnik-Park hinab, passiert man eine kleine Grünanlage mit Lermontow in Bronze. Für das Denkmal, in St. Petersburg gegossen, hatten die Stadtbewohner über ein Jahrzehnt gesammelt, ehe es 1889 schließlich eingeweiht wurde.

✱ **Zwjetnik-Park** Unten angelangt, liegt linkerhand der Zwjetnik-Park. Der beliebteste Park der Stadt wurde 1828 von den Bernardazzis geplant. Hier schlug das Herz der Altstadt. Im Laufe der Zeit entstanden hier die Lermontow-Galerie, eine Post und Bibliothek; zudem errichtete der Konditor Gukasow 1908 sein Café mit überdachter Galerie und Spitztürmchen, heute ein angenehm ruhiges Künstlercafé mit vielen Teesorten, hausgemachtem Kuchen und Wechselausstellungen. Anlässlich des 60. Todestags von Lermontow 1901 weihte man im Park die **Lermontow-Galerie** ein (Lermontowskaja galereja). Die himmelblaue Konstruktion aus Stahl, Holz und Glas erinnert an die Puschkin-Galerie in Schelesnowodsk und ist typisch für den Kurbautenstil, der auch in Kurorten wie dem tschechischen Karlsbad zu jener Zeit auftauchte. **Dianas Grotte** (Dijanin grot), eine Einbuchtung in der Felswand mit drei massiven Steinsäulen am Haupteingang, entwarfen 1829 die

Schon wieder Lermontow: Er besang auch die Prowal-Grotte.

Brüder Bernardazzi aus Anlass der Erstbesteigung des Elbrus. Hier soll Lermontow wenige Tage vor seinem Tod einem Freund seine böse Vorahnung anvertraut haben. Das **Institut für Kurwissenschaften** (Institut dlja kurortologiju) am Eingang zum Park ist in einem monumentalen Gebäude mit klassizistischer Säulenkolonnade der Brüder Bernardazzi untergebracht (1828). Es war als Herberge eröffnet worden und sah auch Lew Tolstoj und Alexander Puschkin als Gäste. Auch Lermontow logierte hier (prospekt Kirowa 30).

Das nach Alexander Puschkin benannte Bäderhaus (Puschkinskije wanny) steht an Stelle des Hauses, in dem der 10-jährige Lermontow den Sommer mit seiner Großmutter verbracht hatte.

◄ Puschkin-Bad

Die Treppe Richtung Maschuk hinauf gelangt man zur **Elisabethenquelle** (Jelisawetskij istotschnik) in der Akademischen Galerie, die der deutschstämmige Arzt Fjodor Haas 1809 entdeckt hatte. Schließlich endet die Treppe auf der oberen Plattform, einem der schönsten Aussichtspunkte der Stadt. Von hier oben ist es nicht mehr weit bis zur Lermontow-Grotte, die 1831 ebenfalls von den Bernadazzis ersonnen wurde (Grot Lermontowa). Hier verbrachte Lermontow sehr viel Zeit; sie ist auch im Roman »Ein Held unserer Zeit« beschrieben. Auf der gegenüber liegenden Straßenseite steht ein kleiner **Pavillon mit einer Äolsharfe**.

◄ Lermontows Grotte

★★
Felsgrotte

Durch einen 1858 geschlagenen Tunnel kommt man zu einem winzigen See in der Felsgrotte (Prowal), zu dem nur von oben durch die engen Felsspalten Sonnenlicht dringt. Um die Grotte ranken sich zahlreiche Legenden; auch Lermontow erwähnt ihn in einer Episode seiner Erzählung »Prinzessin Maria« als Krater (ul. Gagarina 1). Das Wasser aus der Grotte fließt unter der Straße hindurch, wo es auf der anderen Seite in einem kleinen Becken aufgefangen wird, in dem Touristen gerne baden.

★
Berg Maschuk

Ein **grandioser Ausblick** auf Pjatigorsk und die Kaukasus-Ausläufer öffnet sich vom Gipfel des Maschuk, den man per Seilbahn zum Fernsehturm erreicht. Auf halber Höhe steht das Sonnentor, durch das traditionell Brautpaare gehen müssen. Wer mit der Seilbahn hinunterfährt, sollte rechterhand einen Blick auf eine ungewöhnliche Felswand werfen: Auf halber Höhe sieht man ein Leninrelief.

Jessentuki (Ессентуки)

Administratives Zentrum der Mineralwasser-Region

Die Kurstadt (82 000 Einw.) am Fluss Bolschoj Jessentukjok ca. 45 km südwestlich von Mineralje Wody wirkt weniger mondän als die anderen drei bekannten Kurorte in der Region, ist aber deren administratives Zentrum. Ihr ungewöhnlicher Name stammt aus dem 14. Jh., als Jessen Tug und die Goldene Horde hier das Sagen hatten. Einer anderen Überlieferung zufolge soll sich die Bezeichnung vom balkarischen Wort für »lebendiges Haar« ableiten, da Schafe, die von den Mineralquellen tranken, ein besonders glänzendes Fell hatten. Und im Tscherkessischen bedeutet der Begriff »bewohnbarer Ort«.
1798 wurde ein russischer Militärposten installiert, der allerdings schon wenig später durch die Errichtung des weiter südlich gelegenen Stützpunktes Kislowodsk an Bedeutung verlor. 1823 entdeckte der St. Petersburger Professor Neljubin die hiesigen warmen Heilquellen. Dem deutschstämmigen Arzt **Friedrich Haas** ist die Entwicklung zum Kurort zu verdanken. Besonders in Fahrt kam der Kurtourismus ab 1893, als Jessentuki an die Bahnlinie Mineralnyje Wody – Kislowodsk angeschlossen wurde. Nach dem Bürgerkrieg baute man verstärkt Sanatorien und Erholungsheime und 1925 erhielt Jessentuki das Prädikat »Kurort«. Von August 1942 bis Januar 1943 war die Stadt von der deutschen Wehrmacht besetzt. Heute gibt es etwa drei Dutzend Kur- und Erholungseinrichtungen.

Heilquellen

Aus 23 Quellen – 10 °C bis 46 °C warm und mit einem Mineralgehalt von bis zu 13,6 g/l – sprudelt das Wasser. Am bekanntesten sind die Heilquellen »Jessentuki-4« und »Jessentuki-17«. Sie werden zur Behandlung von Stoffwechsel- und Verdauungsproblemen eingesetzt.

Kurpark

Die Hauptverwaltung der vier Kurorte der Region Mineralje Wody residiert am Bahnhofsvorplatz in einem in warmem Rosé gehaltenen Neorenaissance-Schlösschen. An die von Villen gesäumte ul. Interna-

▶ JESSENTUKI ERLEBEN

ESSEN

▶ Fein & teuer
Russkij dwor
Andschijewskogo 1a
Tel. (87 934) 6 22 01
http://russkydvor.com
Kaukasisches Traditionsrestaurant.
Es gibt leckere Grillspezialitäten
und knackige Salate.

▶ Preiswert
Pizzeria Rim
ul. Gogolja 8, Tel. (87 934) 6 18 18
Hier werden geschmacklich recht
passable kaukasische Varianten des
italienischen Nationalgerichts serviert.

ÜBERNACHTEN

▶ Komfortabel
Sanatorium »Schachtjor«
(»Der Bergarbeiter«)
ul. Batalinskaja 9

357600 Jessentuki
Tel. (87 934) 6 00 23
Fax (87 934) 6 44 47
www.amaks-hotels.ru
101 Z. Neuer Geist in altem Gemäuer:
In dem 1910 erbauten Kurhaus werden neuerdings auch Wellness-Wo-
chen angeboten.

▶ Günstig
Nadeschda
ul. Batalinskaja 11
357600 Jessentuki
Tel. (87 934) 6 39 40
www.nadejda.kmv-sanatory.ru
In der Nähe von Bahnhof und
Heilquelle Nr. 4 verspürt man noch
einen Hauch Sowjetnostalgie, obwohl
die Zimmer inzwischen renoviert
worden sind.

zionalnaja schließt der ab 1849 angelegte Kurpark (Letschtebnyj park) an, das Herz der Stadt. Nahe vor dem Eingang steht das ehemalige Hotel Metropol (heute Hotel Majak), in dem **Maria Fjodorowna**, die Mutter des letzten Zaren Nikolaus II., während des Bürgerkriegs (1918–1920) inkognito gelebt hat. ◀ Ehem. Hotel Metropol

Nicht weit nach dem Eingang steht ein Pavillon aus Stahl und Glas über der Quelle Nr. 17 (**»Istotschnik No. 17«**). Sie floss früher durch die Säulenrotunde nicht weit davon, die mit ihren Türmchen, herzförmig abschließenden hohen Fenstern und einem Tor ein wenig an ein maurisches Schlösschen erinnert. ◀ Quelle Nr. 17

Das Untere Badehaus (Nischnije wanny) von 1886, von griechischen Säulen getragen, erstreckt sich gleich dahinter. In ihm sprudelt die Quelle Nr. 20. Der gelb getünchte Fachwerkbau mit Ziertürmchen und Arkadengang nebenan wurde 1902 erbaut. ◀ Unteres Badehaus

Einige Schritte weiter steht ein hölzerner Pavillon an der Stelle, an der Friedrich Haas die spätere Quelle Nr. 23 entdeckte. Folgt man der Parkallee einige hundert Meter weiter, so erreicht man das Wahrzeichen der Region von Mineralje Wody: einen steinernen Adler auf einem Podest. Im Pavillon mit schwarzen Marmorsäulen nebenan und auch einige Schritte weiter in einer 1886 errichteten hellen Lau- ◀ Weiter auf der Parkallee

be mit Säulen fließt die berühmte Quelle Nr. 4. Gegenüber steht der wohl schönste Säulenpavillon des Kurparks namens Oreanda: Hier öffnet sich ein **herrlicher Blick auf die Ausläufer des Kaukasus**.

Oberes Badehaus ► Der obere Teil des Kurparks wurde ab 1849 auf Geheiß von Fürst Michail Woronzow angelegt. Soldaten pflanzten dazu über 7500 Bäume verschiedenster Arten. Das Obere Badehaus (Werchnije mineralnyje wanny), 1898 zu Ehren von Zar Nikolaus II. als quadratischer Baukörper mit ockerfarbener Rotunde aus Ziegelstein erbaut, ziert ein weißes Säulentor.

Semaschko-Schlammheilbad Verlässt man den Park, gelangt man zum Semaschko-Schlammheilbad, das 1915 im russischen Empire-Stil mit einem Hauch römisch-antiker Thermalbad-Kultur gebaut worden ist: Vier mächtige steinerne Löwen bewachen den von Säulen getragenen Portikus, auf dem Meeresgott Poseidon thront. In einigen Nischen sind Statuen antiker Schönheiten (u. a. Aphrodite) aufgestellt (Grjaseletschebniza imeni Semaschko, ul. Semaschko 10).

Nikolauskirche Die 1825 nach Entwürfen der Brüder Bernardazzi errichtete, himmelblau getünchte Nikolauskirche gilt als **ältestes noch erhaltenes Bauwerk der Stadt**. Auf dem Friedhof haben Kosaken, verdiente Bürger und Gäste der Kurstadt ihre letzte Ruhestätte gefunden (Nikolskij chram, ul. Oboronnaja 43).

Heimatmuseum Im Heimatmuseum kann man sich umfassend über die Entwicklung von Jessentuki zur Kurstadt informieren. Breiten Raum nehmen auch die Geschehnisse des Zweiten Weltkriegs ein (Jessentukskij krajewedtscheskij musej, ul. Kislowodskaja 5).

✳ ✳ Kislowodsk (Кисловодск)

Heilsames Sauerwasser Noch einmal knappe 20 km weiter südlich liegt Kislowodsk (130 000 Einw.), dessen Name »Sauerwasser« bedeutet. Der südlichste der vier Badekurorte um Mineralnyje Wody ist auch der am besten ausgebaute dieser Gegend – über ein Drittel aller Kur- und Reha-Einrichtungen der Region sind hier angesiedelt, um vor allem Kreislauferkrankungen, Magen- und Darmbeschwerden sowie Krankheiten der Harnwege zu behandeln. Wichtigstes Heilmittel ist das Mineralwasser aus der Narsan-Quelle. »Narsan« (in den Turksprachen: »Trunk der tapferen Kämpfer«) hieß das Getränk des heldenhaften Stammes der Narten. Der Berliner Naturforscher und Geograf Peter Simon Pallas (1741 – 1811) untersuchte 1793 als einer der Ersten das Wasser auf seine Zusammensetzung.

! *Baedeker* TIPP

Porzellan aus Kislowodsk

Ein schönes Mitbringsel: Porzellan aus der Manufaktur von Kislowodsk. Besonders beliebt sind Schnabeltassen (!), die man auch schon vor Ort in der Trinkhalle benützen kann.

► KISLOWODSK ERLEBEN

AUSKUNFT
www.kislovodsk.org
(nur auf Russisch)

ESSEN

► Fein & teuer
Wesna (Frühling)
Kurortnyj bulwar 14
Das Restaurant im Grand-Hotel gilt
als das beste in der Region.

► Erschwinglich
Samok kowartswa i ljubwi
(Schloss der List und Liebe)
7 km westlich von Kislowodsk
Sehr beliebtes Ausflugslokal auf
legendenumwobenem Fels. Hier gibt
es leckere adscharische Chatschapuri
(heiße Käsetaschen) und auch Manty
(eine Art usbekische Ravioli).

Saklja
beim Schloss der List und Liebe
In einem rustikalen typisch kaukasischen Berghaus werden knusprige
Schaschlik gegrillt.

ÜBERNACHTEN

► Komfortabel
Grand-Hotel
Kurotnyj bulwar 14

Tel. (87 937) 3 31 22
357700 Kislowodsk
www.grandhotel.fatal.ru
43 Z. Das mondäne »erste Haus am
Platz« ist nur wenige Schritte vom
Kurpark entfernt. 2008 gründlich
renoviert.

Plaza
prospekt Lenina 26
357700 Kislowodsk
Tel. (87 937) 9 34 00
www.plaza-spahotel.ru
274 Zimmer, Suiten und Apartments.
Modernes Kurhotel mit Schwimmbad, Sauna, Dampfbädern, Kinder-
klub, Bar und Konferenzsaal.
Medizinische Anwendungen und
Therapien.

Zelebnyi Narsan
ul. Scheljabowa
357700 Kislowodsk
Tel. (87 937) 6 61 97
Fax (87 937) 5 97 57
www.intournarzan.ru
234 Z. Angenehm komfortables Kurhotel mit allem, was dazu gehört, vom
Schwimmbad bis zum
Showprogramm.

Das erste Badehaus mit nur drei Wannen eröffnete 1812. 1829 über-
nachtete Alexander Puschkin hier während seiner zweiten Kaukasus-
Reise und 1837 kam auch **Michail Lermontow** und war so beeindruckt, dass er die Gegend in seinem bedeutendsten Werk »Ein Held
unserer Zeit« beschrieb. 1903 erhielt Kislowodsk das Stadtrecht. Wie
in den anderen Orten konnte der Kurtourismus nach dem Zweiten
Weltkrieg wieder angekurbelt werden. Doch die allmähliche Auflösung der Sowjetunion in den 1990er-Jahren und der **Krieg im nahen
Tschetschenien** verursachten einen Gästeschwund, der sich allmählich aber wieder beruhigt. Berühmtester Sohn der Stadt ist Literaturnobelpreisträger **Alexander Solschenizyn**.

Innenstadt Kislowodsk lässt sich gut zu Fuß erkunden. Wer mit der Bahn anreist, beginnt am besten südwestlich des Bahnhofs, wo ganz in der Nähe die frühere Datscha des legendären Opernsängers Fjodor Schaljapin (▶ Berühmte Persönlichkeiten) steht. Auf dem Prospekt Mira, den man über eine kleine Brücke über den Fluss Olchowa erreicht, informiert ein Museum über die Entwicklung des Kurorts (Krajewedscheskij Musej, prospekt Mira 11). An den Mira-Prospekt schließt der Kurotnyj prospekt an, der zum Kurpark führt.

Nikolaus- Gleich neben dem Museum steht das dem hl. Nikolaus geweihte, be-
Kathedrale deutendste russisch-orthodoxe Gotteshaus der Region Mineralnyje Wody. Es wurde 1824 von den Brüdern Bernadazzi, die sich auch mit vielen anderen Bauten in der Region einen Namen gemacht haben, entworfen, aber erst 1888 abgeschlossen. 1936 zerstört, ist es vor einigen Jahren wieder aufgebaut worden und bietet heute 3500 Gläubigen Platz. Prächtig glänzt die von vier Nebenkuppeln umringte Hauptkuppel (Swjato-Nikoljskij sobor, prospekt Mira 19).

In der Narsan-Galerie kann man verschiedene Mineralwässer probieren.

Der Kurpark (Kurortnyj park) ist 1823 angelegt worden. Eine weiße
Kolonnadengalerie leitet zum belebten Boulevard, der mit seinem
pompösen Grand-Hotel den Glanz vergangener Tage aufscheinen
lässt. An den monumentalen Kolonnaden am Ende des Boulevards
präsentieren Künstler ihre Arbeiten. An Straßenmusikanten und
Souvenirverkäufern vorbei gelangt man zur Narsan-Galerie und einem kleinen Platz, der in den unteren Teil des Parks überleitet. Von
hier aus ist es nicht mehr weit zu einem Weiher, in dessen Nähe ein
Puschkin-Denkmal steht. Der mittlere Parkabschnitt führt zum Tempel der Luft (Chram wosducha) mit blühenden Rosenbeeten und
schattigen Cafés. Auf einer Kiefernallee geht es weiter in den oberen
Parkteil, von wo aus man bei günstigem Wetter einen tollen Blick auf
die majestätischen Höhen des Kaukasus hat. Am Blumenkalender
werden täglich neue Blütenpflanzen so gesetzt, dass man das aktuelle
Datum lesen kann. Weitere beliebte Punkte im Park: eine kleine weiße Bogenbrücke namens »Damskij kapris« (Laune einer Dame) und
die »Grot ljubwi« (Grotte der Liebe).

★
Kurpark

◀ Blumenkalender

Bereits am Eingang zum Park liegt die berühmte »Narsannaja galereja«, eine Trinkhalle im orientalischen Stil mit stilisierten Türmchen.
Hier sprudelt das berühmte Narsan-Mineralwasser unter einer Glas-
glocke. In der 1848 bis 1858 erbauten und großzügig gestalteten Galerie können mehrere verschiedene Mineralwässer gekostet werden
(Öffnungszeiten: tgl. 7.00 – 9.00, 11.00 – 14.00 u. 16.00 – 19.00 Uhr).

★ ★
Narsan-Galerie

☉

Das Bädergebäude von 1903 (Glawnoje wannoje sdanije), Hauptgebäude des Kurorts, ist stark von indischen und maurischen Einflüssen geprägt. Neben Wannebädern gibt es auch zwei Schwimmbecken, die mit Narsan-Heilwasser gefüllt sind.

★
Bädergebäude

7 km westlich von Kislowodsk thront das einer mittelalterlichen Rit-
terburg nachempfundene Restaurant namens »Schloss der List und
Liebe« (Samok kowarstwa i ljubwi) auf steilem Fels über dem Tal des
Flusses Alikonow. Die hohen Felsen verdanken ihren Namen einer
schaurigen Legende: Einst lebte hier Fürst Alikonow, der seine Tochter Dautu über alles liebte. Sie verliebte sich in einen Hirten, doch
der Fürst verbot den nicht standesgemäßen Umgang und versprach
sie stattdessen einem alternden Kaufmann. Das Paar beschloss, sich
gemeinsam von den Felsen zu stürzen. Während er zuerst in die Tiefe sprang, überlegte es sich die Fürstentochter anders und kehrte al-
leine wieder nach Hause zurück – die List siegte über die Liebe.

**Schloss der List
und Liebe**

Vom Schloss der List und Liebe lohnt eine Wanderung zu den etwa
8 km entfernten Honig-Wasserfällen (Medowije wodopady). Der
Weg folgt einem wildromantischen Tal mit imposanten Felsen zu einer Kaskade von fünf bis zu 18 m hohen Wasserfällen. Ihr Name
hängt wohl damit zusammen, dass an diesem Platz viele Blütenpflanzen gedeihen, die gern von Bienen aufgesucht werden.

**Honig-
Wasserfälle**

✱ ✱ Moskau (Moskva)

Eigenständiges Föderationssubjekt **Einwohner:** 10,4 Mio
Höhe: 156 m ü. d. M. (Großraum Moskau: 12 Mio.)
Kyrillisch: Москва

Kaum eine europäische Metropole macht heute einen dynamischeren Eindruck als die Zwölf-Millionen-Stadt am Moskwa-Fluss, der ihr vor über 850 Jahren den Namen gab. Moskau verändert sich so schnell, dass selbst alteingesessene Hauptstädter staunen.

Die jahrhundertealten goldenen Zwiebeltürme, die imposanten Kaufmannsvillen und Adelspaläste, riesige Hochhäuser im Zuckerbäckerstil aus der Stalin-Zeit und die grellen nächtlichen Leuchtreklamen, die Bürotürme und Wolkenkratzer mit Elite-Appartements sind ein Spiegel der Stadtgeschichte. Moskau war das »Dritte Rom«, später Hauptstadt der Revolution und ist heute das Schaufenster des neuen und neureichen Russlands.

Metropole im Wandel

Nur **das Beste und Größte** war gut genug für die Hauptstadt, wo selbst die Metrostationen mit Marmor und Kronleuchtern ausgestattet sind. Den Sowjetplanern fielen unzählige Kirchen und ganze Altstadtviertel zum Opfer, doch blieb einigen alten Kaufmannsvierteln die totale Umgestaltung erspart. Der Wille der Zaren und Generalsekretäre, Moskau zum Schaustück zu machen, führte aber auch dazu, dass die Hauptstadt kaum noch etwas mit dem Rest des Landes zu tun hat – der ist für einen Moskauer Provinz; allenfalls St. Petersburg wird als gleichwertig anerkannt. Auch deshalb ist Moskau ein riesiger Magnet für Menschen aus allen Ländern der einstigen Sowjetunion. Hier gibt es die besten Schulen, Krankenhäuser und Universitäten und Gehälter weit über dem Durchschnitt. Das Kulturleben braucht ohnehin den Vergleich nicht zu scheuen: Das Bolschoj-Ballett oder der Staatszirkus sind Weltklasse; bei der Zahl der Clubs und Bars und der Menge neuester Nobelkarossen hat Moskau andere europäische Metropolen längst ein- oder gar überholt.

Ausführlich beschrieben im Baedeker Allianz Reiseführer »Moskau«

Von ausländischen Besuchern unbemerkt, weil weniger spektakulär, wird Moskau langsam zu einer Stadt, die auch ihren Bewohnern und nicht mehr nur der Staatsmacht gehört. Schritt für Schritt wandelt sich Moskau zu einer normalen europäischen Hauptstadt.

Der Garten- bzw. Sadowaja-Ring umschließt das Zentrum mit den ehemaligen Stadtteilen Kitaj-Gorod, Belgorod und der sog. Erdstadt. Den Mittelpunkt der radial-ringförmig angelegten Stadt bildet der 28 ha große **Kreml** auf dem linken Moskwa-Ufer. **Kitaj-Gorod**, nordöstlich des Kremls am Roten Platz beginnend, ist der älteste Teil und war die Handelsstadt. Sie bildet noch heute die eigentliche City mit Banken, Kaufhäusern, Geschäften und Ministerien. **Belgorod**, die

Orientierung

← *Ein Wahrzeichen Moskaus: die bunten Kuppeln der Basiliuskathedrale*

ehemalige »Weiße Stadt«, hat ihren Namen von den Kalkstein-
mauern, die nach dem Tatareneinfall von 1571 um das gesamte be-
baute Gebiet nördlich der Moskwa gezogen und 1775 geschleift wurden. Ihr Verlauf entspricht dem heutigen Boulevard-Ring. 1591 /
1592 wurde ein Erdwall um die so genannte **Erdstadt** angelegt und
damit das Gebiet südlich der Moskwa in das Befestigungssystem einbezogen. Der Verlauf des 1775 ebenfalls abgetragenen Erdwalls entspricht dem heutigen Garten- bzw. Sadowaja-Ring.

Geschichte

1147	Erste Erwähnung Moskaus
1237 – 1480	Tatarenherrschaft
1460 – 1505	Iwan III. der Große baut Moskau zur Hauptstadt auf.
1555 – 1561	Iwan IV. der Schreckliche lässt die Basiliuskathedrale bauen.
1610 – 1612	Besatzung durch ein polnisch-litauisches Heer
1712	Hauptstadt des Russischen Reichs wird St. Petersburg.
1755	Gründung der ersten Universität Russlands in Moskau
1812	Russlandfeldzug Napoleons, Besetzung Moskaus
1905	Massenstreik und bewaffneter Aufstand
1918	Moskau wird wieder Hauptstadt.
Dez. 1941 – Jan. 1942	Schlacht um Moskau
1980	Olympiade in Moskau
1997	850-jähriges Stadtjubiläum
1999 / 2002	Terroranschläge

Moskaus Keimzelle und Gründung
Eine auf dem Kreml-Areal ausgegrabene Holzstraße aus der Zeit um
1080 lässt vermuten, dass bereits in jener Zeit eine Siedlung bestan-
den hat. Die erste Erwähnung Moskaus datiert aus einem 1147 ge-
schriebenen Brief Fürst Jurij Dolgorukijs an an einen Freund:
»Komm zu mir, Bruder, nach Moskau«. Dolgorukij ließ um 1156
den Kreml-Hügel mit einer Palisadenbefestigung umgeben.

Tataren-herrschaft
Im Jahr 1237 eroberten die Tataren (Mongolen) Moskau und brannten es nieder. Sie bestimmten 1325 Iwan I. »Kalita« (»Geldsack«)
zum Steuereintreiber für alle eroberten russischen Fürstentümer.
Moskau errang eine **Vormachtstellung**, als Iwan I. 1328 Großfürst
wurde. Sein Enkel Dmitrij schlug 1380 auf dem Schnepfenfeld am
Don erstmals die Mongolen und machte Moskau damit zum Vor-
kämpfer für die nationale Einigung. **Iwan III. der Große** (reg.
1460 – 1505) berief ab 1475 italienische Architekten nach Moskau,
um u. a. die Mariä-Entschlafens-Kathedrale und die Mauern des

Kreml zu bauen. Zu dieser Zeit stellte er auch die Tributzahlungen an die Mongolen ein. Im Schutz des Kreml siedelten sich Kaufleute und Handwerker an.

Iwan IV. der Schreckliche, der sich 1547 zum Zaren krönen ließ, festigte und vergrößerte von Moskau aus rigoros sein Reich. Schon 1538 hatte er das Handelsviertel Kitaj-Gorod mit einer Mauer schützen lassen. Nach der Eroberung Kasans befahl er 1555 den Bau der Basiliuskathedrale und hinterließ Moskau damit eine der schönsten altrussischen Kirchenbauten überhaupt. **Erste Zaren**

Mit dem Tod des schwachsinnigen Zaren Fjodor, Sohn Iwans des Schrecklichen, begann 1598 die »Zeit der Wirren«. An der Spitze des Reichs stand mit **Boris Godunow** zum ersten Mal ein nichtadliger Zar. Er ließ 1600 Moskau mit einer Ringmauer umgeben und schlug 1605 das von Dmitrij (Pseudodimitrij I.) zusammengestellte und bis nach Moskau vorgedrungene Heer. Die Stadt blieb weiter Hauptschauplatz der in der Tat sich überstürzenden Ereignisse um die beiden »Pseudozaren« (►S. 52). Erst mit der Rückeroberung von den polnisch-litauischen Besatzern 1612 konnte sich die Stadt weiterentwickeln. ◄ Zeit der Wirren

Moskau leuchtet: Blick über die Moskwa auf den Kreml

Aufstieg und Fall Dazu trug entscheidend die Wahl Michail Romanows zum Zaren bei, die dem Land ab 1613 inneren Frieden brachte. In Moskau begann eine zaghafte Industrialisierung mit der Gründung von Manufakturen etwa für Tuche, Backsteine und Glas.

Peter I. der Große hielt nach seiner Krönung 1682 vorläufig an Moskau fest, musste er doch zunächst die Strelitzen ausschalten: 1698 ließ er die Aufständischen auf dem Roten Platz hinrichten. Nun konnte er sich auf die Europäisierung seines Reichs konzentrieren, deren Symbol die Gründung von St. Petersburg 1703 werden sollte. Nur folgerichtig war das 1712 erlassene Dekret, das die Stadt an der Newa zur Hauptstadt Russlands erklärte.

Im Schatten St. Petersburgs Moskau führte in den nun folgenden 200 Jahren beinahe **ein Schattendasein**: Beamte, Adlige und Kirchendiener zogen gezwungermaßen an die Newa. Immerhin: Katharina die Große unterstützte Michail Lomonossow bei der **Gründung der ersten Universität Russlands** in Moskau, was viele Wissenschaftler und Schriftsteller anzog.

Moskau brennt ▶ Am 1. September 1812 ließ Fürst Kutusow, Oberbefehlshaber der russischen Truppen, Moskau vor der anrückenden »Grande Armée« Napoleons räumen. Als die Franzosen am Tag darauf einmarschierten, war die Stadt leer. Am 4. September brachen überall in der Stadt von den Russen gelegte Feuer aus, die nach zwei Wochen schließlich Napoleon zum Rückzug zwangen. Die Stadt war zu fast zwei Dritteln zerstört.

Anschluss an die Moderne Letztlich bot dies aber die Chance, Moskau in die Moderne zu führen, denn der bald beginnende Wiederaufbau brachte der Stadt eine zeitgemäße Infrastruktur, prächtige Bauten wie das 1825 eröffnete Bolschoj-Theater und die Ausdehnung über die alten Festungsringe hinaus. Um die Wende zum 20. Jahrhundert zählte man über eine Millionen Einwohner. Die Aufhebung der Leibeigenschaft 1861 hatte zur Folge, dass Millionen Bauern in die Städte strömten. Die sozialen Gegensätze wurden immer augenfälliger, erst recht in der Großstadt Moskau, das zusammen mit St. Petersburg das Zentrum der Revolution von 1905 war.

> **!** *Baedeker* TIPP
>
> **Mit Annuschka durch die Nacht**
> Die Straßenbahn (Annuschka) fährt ab der Metrostation Tschistoprudnyj Bulwar tgl. 17.00 – 24.00 Uhr den Boulevard-Ring entlang in Richtung des Zuckerbäckerhochhauses am Ufer der Moskwa, überquert die Große Moskworetskij Brücke mit Kreml-Blick, danach bis zur ul. Schabolowka und kehrt dann zurück.

Hauptstadt der Sowjetunion Die Hauptereignisse der Oktoberrevolution geschahen in St. Petersburg. Doch am 10./11. März 1918 verließ die neue Sowjetregierung aus militärstrategischen Gründen das nunmehrige Petrograd und erklärte am 12. März 1918 **Moskau zur De-facto-Hauptstadt** der russischen Sowjetrepublik, 1923 folgte die offizielle Erhebung zur Hauptstadt der UdSSR. Die Sowjets begannen, die Stadt grundlegend zu verändern: Konzentrierte man sich anfangs darauf, Wohnungen zu schaffen und Elendsviertel zu beseitigen, wollte Stalin ab 1935 mit seinem Generalplan zur Stadterneuerung ein neues Moskau unter sozialistischen Vorzeichen schaffen. In dieser Zeit entstanden u. a. die Metro, die Radialstraßen und neue Moskwabrücken.

Nach dem deutschen Überfall auf die Sowjetunion am 22. Juni 1941 stieß die Wehrmacht auf Moskau vor, wo Hitler, so sein erklärtes Ziel, die Siegesparade abnehmen wollte. Am 2. Dezember standen **deutsche Erkundungstrupps 8 km vor Moskau**; am 6. Dezember begann die sowjetische Gegenoffensive, die Hitler schließlich zwang, am 15. Januar 1942 seine Truppen zurückzunehmen.

Nach Kriegsende wurde 1951 ein weiterer Generalplan verabschiedet, der Moskau den Bau von Hochhäusern im »Zuckerbäckerstil« vorschrieb. Bis zum Beginn der

2012 soll alles fertig sein in »Moscow City«.

1970er-Jahre wurde gebaut, was die Stadtfläche um mehr als das Doppelte vergrößerte. Als Gipfel dieser Entwicklung mag man die **XXII. Olympischen Sommerspiele 1980 in Moskau** betrachten, die jedoch der Westen boykottierte. Doch schon in jenen Jahren waren die Auswirkungen der Mangel- und Misswirtschaft nicht mehr zu verbergen, die schließlich in die Perestroika und den Untergang der Sowjetunion mündeten. Sämtliche entscheidenden Ereignisse dieser Jahre spielten sich in Moskau ab (▶S. 63ff).

Das neue Moskau

Russlands neuer Präsident Boris Jelzin ernannte 1992 Jurij Ljuschkow zum Oberbürgermeister, der heute noch in der nunmehr vierten Periode dieses Amt innehat. Aus Anlass des 850-jährigen Bestehens 1997 ließ er seine Stadt herausputzen: Pünktlich zu den Feierlichkeiten eröffnete ein monströses Einkaufszentrum am Manegenplatz und der Wiederaufbau der Erlöser-Kathedrale war abgeschlossen. Der Boom hält bis heute an: 2012 soll die Geschäfts- und Glitzerstadt **»Moscow City«** inkl. dem mit 612 m höchsten Gebäude Europas fertig sein.

◀ Terror

Nachdem bereits 1999 Anschläge auf Wohnhäuser und ein Einkaufszentrum Hunderte von Toten und Verletzten forderten, besetzten 2002 tschetschenische Rebellen ein Moskauer Musical-Theater; bei der Erstürmung durch Polizeikräfte starben 170 Menschen.

▶ MOSKAU ERLEBEN

AUSKUNFT

Tourist Information Center der Moskauer Stadtregierung
Gostinij Dwor 4
Tel. (495) 232 56 57
www.moscow-city.ru
Außerdem gibt es in größeren Hotels Servicebüros, die Ausflüge und Stadtrundfahrten organisieren, Theaterkarten besorgen, Restaurantplätze bestellen oder Taxis reservieren.

VERKEHR

Metro
Das schnellste und bequemste Transportmittel. In den Metrostationen werden Wertmarken zur einmaligen Fahrt mit beliebig häufigem Umsteigen verkauft sowie Magnetstreifen für Mehrfachfahrten. Auch wer nicht beabsichtigt, die Metro als Verkehrsmittel zu benutzen, sollte sich einige Stationen ansehen, z.B. die Majkowskaja, die Nowoslobodskja, die Komsomolskaja, die Ploschtschad Revoluzij und die Arbatskaja.
▶ Metro-Plan S. 378 / 379

Bus und Straßenbahn
Fahrscheine erhält man beim Fahrer oder Schaffner bzw. zehnerweise in Kiosken, Hotels oder Metrostationen. Sie müssen am Automaten im Fahrzeug entwertet werden.

SIGHTSEEING

Stadtführungen lassen sich meist über die Hotels buchen. Zuverlässige Veranstalter von Museums- und Stadtführungen in deutscher Sprache:

Patriarschij Dom Tour
Wspolnyj Pereulok 6
Tel. / Fax (495) 795 09 27
www.russiatravel-pdtours.
netfirms.com

Kultpochod
ul. Krementschugskaja 9
Tel. (495) 258 08 16; Fax 445 39 89

ESSEN

In Moskau (und St. Petersburg) gelten deutlich andere Preise als im Rest Russlands. Zur Orientierung (Hauptgericht):
Fein & Teuer: über 30 €
Erschwinglich: 15 – 30 €
Preiswert: 5 – 15 €

▶ Fein & Teuer

⑥ *Expedizija*
Pewtscheskij Pereulok 6
Metro: Kitaj-Gorod
Tel. (495) 775 60 75
Das exotischste Restaurant Moskaus mit Küche aus dem Hohen Norden wie Fisch von jenseits des Polarkreises oder Rentier-Schaschlik. Dazu selbstgebrannter Schnaps, sibirischer Kaugummi aus Baumharz und Beeren aus Sibirien zum Dessert.

Baedeker-Empfehlung

② *Puschkin*
Twerskoj bulvar 26a
Metro: Twerskaja, Puschkinskaja
Tel. (495) 739 00 33
Edelste russische Kochkunst nach Rezepten aus dem 19. Jh., serviert in entsprechendem Ambiente.

▶ Erschwinglich

⑤ *Tiflis*
ul. Ostoschenka 32
Metro: Kropotkinskaja,
Park Kultury
Tel. (495) 766 97 28
Man sitzt gemütlich wie auf der Straße in der Altstadt von Tiflis

und an einem Bach mit echten Goldfischen. Leckere georgische Gerichte und dazu natürlich georgischer Wein.

▶ Preiswert

③ *Jagannath Veggie*
ul. Kusnezkij Most 11
Metro: Kusnezkij Most
Tel. (495) 928 35 80
Auf der Speisekarte finden sich vegetarische indische, italienische und japanische Gerichte.

④ *Jolki Palki*
(Tannen und Stöcke)
Restaurantkette mit guter russischer Hausmannskost wie bei Mama zuhause. Filiale im Zentrum: Neuer Arbat 11 (im Kaufhaus »Waldaj«; Metro: Arbatskaja)

① *Taras Bulba*
Ukrainische Restaurantkette: Teigtaschen, Speck und – Wodka. Filialen im Zentrum: ul. Pjatnitskaja 14 (Metro Nowokusnetskaja), ul. Sadowaja-Samotjotschnaja 13 (Metro: Tswetnoij bulvar), Smolenskij bulvar 12 (Metro: Smolens-kaja), ul. Petrowka 30/7 (Metro: Trubnaja), ul. Prokowka (Metro: Kurskaja)

ÜBERNACHTEN

Für ein Doppelzimmer:
Luxus: über 250 €
Komfortabel: 150–250 €
Günstig: 80–150 €

▶ Luxus

④ *Baltschug Kempinski*
ul. Baltschug 1
115035 Moskau
Metro: Tretjakowskaja, Nowokusnezkaja
Tel. (495) 287 20 00
Fax (495) 287 20 02
www.kempinski-moscow.com
230 Z. Das unter deutschem Management stehende Baltschug-Kempinski gilt als eines der Spitzenhotels Moskaus und das nicht zuletzt wegen des Standorts: genau gegenüber vom Roten Platz auf der Moskwa-Insel. Vom ehemals hier stehenden Hotel Bukarest blieb nur die Fassade von 1898 erhalten. Drei Restaurants und das Café Kranzler im Erdgeschoss stellen auch anspruchsvolle Gäste zufrieden.

Bœuf Stroganoff, ein Klassiker der russischen Küche.

Moskau *Hotels , Restaurants und Ausgehen*

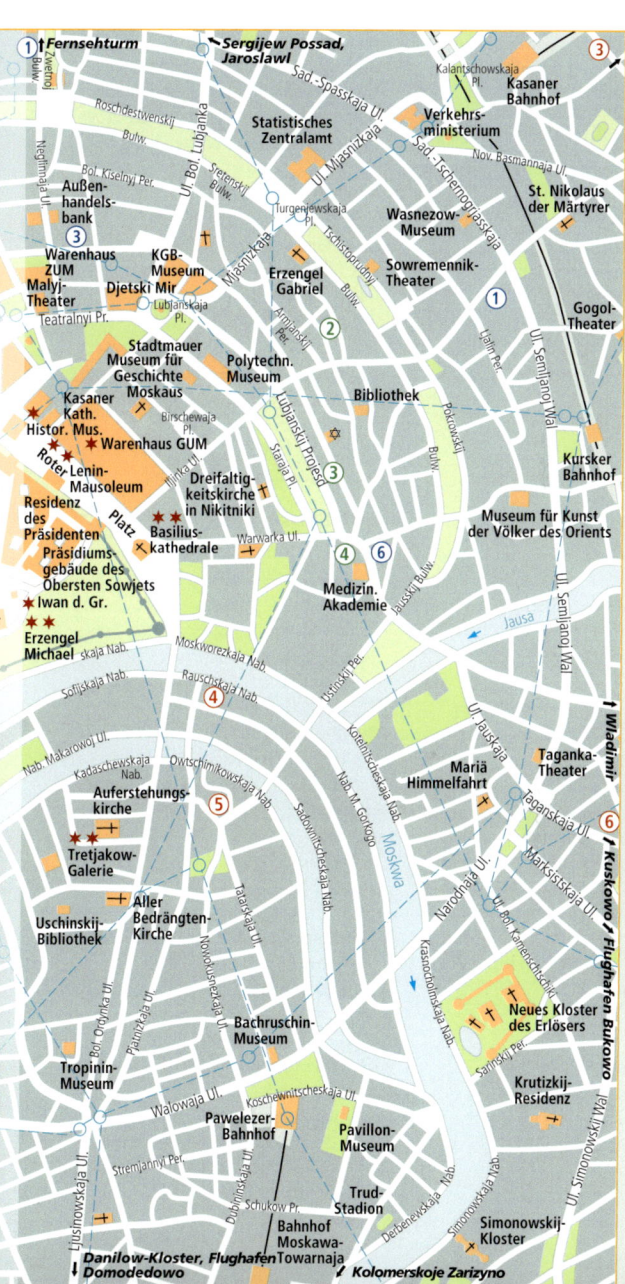

Essen
① Taras Bulba
② Puschkin
③ Jagannath
④ Jolki Palki
⑤ Tiflis
⑥ Expedizija

Übernachten
① Sowjetskaja
② Ukraina
③ Ismailowo
④ Baltschug Kempinski
⑤ Medea
⑥ G&R International-
Asia

Ausgehen
① B2
② Projekt O.G.I.
③ Dschao Da
④ Propaganda

Metro

▶ **Komfortabel**

⑤ *Medea*
Pjatnitskij Pereulok 4, Gebäude 1
Metro: Nowokusnezkaja
Tel. (495) 232 48 98
Fax (495) 232 48 92
Das gemütliche Appartment-Hotel im historischen Stadtteil Samoskworetschje unweit der Tretjakow-Galerie entspricht europäischen Standards. Jedes Zimmer verfügt über eine Einbauküche.

① *Sowjetskij*
Leningradskij Prospekt 32 / 2 / 1
125040 Moskau
Metro: Dinamo
Tel. (495) 960 20 00
Fax (495) 250 80 03
www.sovietsky.ru
100 Z. Der Name war Programm: Das Sowjetskij war das ehemalige Parteihotel der KPdSU. Das garantierte schon zu Sowjetzeiten einen außerordentlich angenehmen Aufenthalt. Sehr schöne Sommerterrasse.

② *Ukraina*
Kutusowskij Prospekt 2 / 1
121248 Moskau
Metro: Kiewskaja
Tel., Fax (495) 221 55 55
www.ukraina-hotel.ru
Schräg gegenüber dem Weißen Haus liegt dieser 1956 errichtete Schlafpalast im Zuckerbäckerstil mit 1016 Zimmern. Aus manchen Zimmern eröffnet sich ein fantastischer Blick auf die Stadt.

▶ **Günstig**

③ *Hotelkomplex Ismailowo*
Ismailowskoje Schosse 71
105613 Moskau
Metro: Ismailowskij Park
Tel. (495) 737 70 00
www.ismailovo-hotel.ru
Riesige Hotelstadt in Ismailowo mit fünf Blöcken à 30 Stockwerken (Alpha, Beta 1 und 2, Gamma, Delta) und 2500 Zimmern, gebaut zur Olympiade 1980. Die Innenstadt ist mit der Metro in weniger als einer halben Stunde zu erreichen.

▶ **Jugendunterkunft**

⑥ *G&R International-Asia*
ul. Selenodolskaja, 5. Etage
109377 Moskau
Metro: Rijazanskij Prospekt
Tel. (495) 378 00 01
www.hostels.ru/hostel-asia
Auch Einzelzimmer können in der 5. Etage des Hotels Asia gebucht werden; mit internationalem Jugendherbergsausweis gibt's Rabatt. Am südöstlichen Stadtrand.

SHOPPING

Das GUM am Roten Platz, die Twerskaja, die Petrowskij-Passage und natürlich der Arbat sind die ersten Ziele für Shopping-Freudige. Das Angebot ist international, meist teuer und für die meisten Moskauer eher zum Gucken als zum Kaufen da. Normalverdiener versorgen sich oft an einem der vielen Stände im Umfeld von Metro-Stationen und in den Unterführungen.

Kaufhaus GUM
Roter Platz
Metro: pl. Revoluzij
Kaufhaus-Legende von 1893 mit 200 Geschäften auf 70 000 m² Verkaufsfläche. Neben Luxusartikeln auch russische Souvenirs.

Petrowskij Pasasch
ul. Petrowka 10 / ul. Neglinnaja 13
Metro: Teatralnaja, Kusnetskij Most
Die drei Stockwerke hohe Passage wurde 1903 – 1906 errichtet und 1989 neu eröffnet. Heute findet man hier vor allem Edelboutiquen.

Jelissejew
ul. Twerskaja 14
Metro: Puschkinskaja,
Tschechowskaja
Berühmter Feinkostladen mit Jugendstil-Interieur. Zum globalisierten Standardangebot kommen russische Produkte wie Pelmeni, Pralinen oder Weine.

Ismailowo Vernisasch
Ismailojeskoje Schosse 73
Metro: Ismailowskij Park
Mi., Sa., So. 9.00 – 18.00 Uhr
Der größte Trödel- und Flohmarkt Russlands, eine halbe Metro-Stunde vom Zentrum. Außer buchstäblich allem Möglichen arbeiten und verkaufen hier auch Kunsthandwerker; an deren Markt schließt sich der Chinesenmarkt mit ungeahnt exotischem Angebot an.

**Mir Nowych Russkich
(Welt der neuen Russen)**
Alter Arbat 36, Gebäude 2
Metro: Smolenskaja
Skurriles Sammelsurium der neuen russischen Folklore. Aus dem Angebot: Porzellan-Handys, Skier mit traditioneller Chochloma-Bemalung, Porzellangolfschläger oder die Comic-Hefte »Anna Karenina by Leo Tolstoy« und »Dame Pique by Alex Pushkin«.

AUSGEHEN

Das Moskauer Nachtleben braucht den internationalen Metropolenvergleich nicht mehr zu scheuen. Ein kilometerlanger mitternächtlicher Verkehrsstau auf der zentralen Vergnügungsmeile, der Twerskaja Uliza am Puschkinplatz, ist schon zur Normalität geworden, denn die Moskauer Nachtschwärmer wechseln gerne die Lokalität.

④ **Propaganda**
Bolschoj Slatoustinskij Pereulok 7
Metro: Kitaj-Gorod
Ein Muss: guter Musikmix, Livebands, gemischtes Publikum. Bis 23.00 Uhr kann man auch preiswert speisen.

Abtanzen im »Propaganda«

① **B2 (BI TWO)**
ul. Bolschaja Sadowaja 8
Metro: Majakowskaja
Der größte Club in Moskau auf fünf Stockwerken, mit Terrasse. Experimental-Jazz mit Livekonzerten, Sushi-Bar, Karaoke und Billard.

③ **Kitajskij Ljotschik Dschao Da
(Chinesischer Pilot Dschao Da)**
Lubjanskij projesd 25 / 12
Gebäude 1
Metro: Kitaj-Gorod
Eine Szenekneipe ohne Schnörkel: gute Musik, (Konzerte tgl. 23.00 Uhr), preiswertes Essen.

② **Projekt O.G.I.**
Potapowskij pereulok 8 / 12,
Gebäude 2 (im Hof)
Metro: Tschistyje Prudy
Kellerkneipe und Lieblingstreffpunkt der Philologiestudenten und Journalisten, mit gut sortiertem Buchladen; Jazz, Blues, alternative Konzerte, Pop, Rock und Ethno-Folk.

3 МИТИНО Mitino
ВОЛОКОЛАМСКАЯ Volokolamskaja
МЯКИНИНСКАЯ Myakeninskaja
СТРОГИНО Strogino
КРЫЛАТСКОЕ Krylatskoje
МОЛОДЕЖНАЯ Molodeschnaja
КУНЦЕВСКАЯ Kunzewskaja
ПИОНЕРСКАЯ Pionerskaja
ФИЛЕВСКИЙ ПАРК Filjowskij Park
БАГРАТИОНОВСКАЯ Bagrationowskaja
ФИЛИ Fili
КУТУЗОВСКАЯ Kutusowskaja
СТУДЕНЧЕСКАЯ Studentscheskaja
СЛАВЯНСКИЙ БУЛЬВАР Slavjansky Bulvar
ПАРК ПОБЕДЫ Park Pobedy
ДЕЛОВОЙ ЦЕНТР Delovoy Tsentr
МЕЖДУНАРОДНАЯ Meschdunasodnaja

7 ПЛАНЕРНАЯ Planernaja
СХОДНЕНСКАЯ Schodnenskaja
ТУШИНСКАЯ Tuschinskaja
ЩУКИНСКАЯ Schtschukinskaja
ОКТЯБРЬСКОЕ ПОЛЕ Oktjabrskoje Pole
ПОЛЕЖАЕВСКАЯ Poleschajewskaja
4 БЕГОВАЯ Begowaja
УЛИЦА 1905 ГОДА Uliza 1905 Goda
БАРРИКАДНАЯ Barrikadnaja
КРАСНОПРЕСНЕНСКАЯ Krasnopresnenskaja
КИЕВСКАЯ Kijewskaja
СМОЛЕНСКАЯ Smolenskaja

РЕЧНОЙ ВОКЗАЛ Retschnoj Woksal **2 9**
ВОДНЫЙ СТАДИОН Wodnyj Stadion
ВОЙКОВСКАЯ Wojkowskaja
СОКОЛ Sokol
АЭРОПОРТ Aeroport
ДИНАМО Dinamo
БЕЛОРУССКАЯ Belorusskaja **5**
МАЯКОВСКАЯ Majakowskaja
ТВЕРСКАЯ Twerskaja
ПУШКИНСКАЯ Puschkinskaja
ЧЕХОВСКАЯ Tschechowskaja
СМОЛЕНСКАЯ Smolenskaja
АРБАТСКАЯ Arbatskaja
АЛЕКСАНДРОВСКИЙ САД Aleksandrowskij Sad
БОРОВИЦКАЯ Borowizkaja
БИБЛИОТЕКА ИМ. ЛЕНИНА Biblioteka Im. Lenina
АРБАТСКАЯ Arbatskaja
КРОПОТКИНСКАЯ Kropotkinskaja

АЛТУФ Altufjew
БИБИР Bibirew
ОТРАД Otradno
ВЛАД Wladyka
ПЕТРО Petrows
РАЗУМ Petrows
ТИМИ Timirjas
ДМИТ Dmitrow
САВЕ Sawjolo
МЕНДЕЛ Mendele
НОВ Nowo
ЦВЕТНО Zwetno
ТРУ
КУЗНЕ Kusnea
ЛУ Lub
ПЛОЩ Plosch
ПОЛУ Poljan
ОКТЯБР Oktjabrska
СЕРПУ Se
НАГА
НАХИ Nachimo
ЧЕРТАН Tscher
ЮЖ Jusc
ЮЖНАЯ Juschnaja
АННИНО Annino
БУЛЬ Bul'va

ПАРК КУЛЬТУРЫ Park Kultury
ФРУНЗЕНСКАЯ Frunsenskaja
СПОРТИВНАЯ Sportiwnaja
ВОРОБЬЕВЫ ГОРЫ Vorob'jovy Gory
УНИВЕРСИТЕТ Uniwersitet
ПРОСПЕКТ ВЕРНАДСКОГО Prospekt Wernadskogo
1 ЮГО-ЗАПАДНАЯ Jugo-Sapadnaja

5
ШАБОЛОВСКАЯ Schabolowskaja
ЛЕНИНСКИЙ ПРОСПЕКТ Leninskij Prospekt
АКАДЕМИЧЕСКАЯ Akademitscheskaja
ПРОФСОЮЗНАЯ Profsojusnaja
НОВЫЕ ЧЕРЕМУШКИ Nowyje Tscherjomuschki
КАЛУЖСКАЯ Kaluschskaja
БЕЛЯЕВО Beljajewo
КОНЬКОВО Konkowo
ТЕПЛЫЙ СТАН Tjoplyj Stan
ЯСЕНЕВО Jasenewo
БИТЦЕВСКИЙ ПАРК Bitzewskij Park **6**

УЛИЦА СТАРОКАЧАЛОВСКАЯ Ulica Starokačalovskaja
УЛИЦА СКОБЕЛЕВСКАЯ Ulica Skobelevskaja
БУЛЬВАР АДМИРАЛА УШАКОВА Bul'var Admirala Ušakova
УЛИЦА ГОРЧАКОВА Uliza Gortschakowa
БУНИНСКАЯ АЛЛЕЯ Buninskaja Alleja **9**

MOSKOVSKIJ METROPOLITEN
МОСКОВСКИЙ МЕТРОПОЛИТЕН

Линия
Linien

Linie 1	Сокольническая Sokolnitscheskaja	Linie 4	Филевская Filjowskaja
Linie 2	Замоскворецкая Samoskworezkaja	Linie 5	Кольцевая Kolzewaja (Ringlinie)
Linie 3	Арбатско-Покровская Arbatsko-Pokrowskaja	Linie 6	Калужско-Рижская Kaluschsko-Rischskaja

6 МЕДВЕДКОВО
Medwedkowo

УЛИЦА МИЛАШЕНКОВА
Ulica Milašenkowa

БАБУШКИНСКАЯ
Babuschkinskaja

УЛИЦА СЕРГЕЯ ЭЙЗЕНШТЕЙНА
Uliza Sergeja Eisensteina

1

УЛИЦА ПОДБЕЛЬСКОГО
Uliza Podbelskogo

СВИБЛОВО
Swiblowo

ТЕЛЕЦЕНТР
Telezentr

БОТАНИЧЕСКИЙ САД
Botanitscheskij Sad

ЧЕРКИЗОВСКАЯ
Tscherkisowskaja

УЛИЦА АКАДЕМИКА КОРОЛЕВА
Uliza Akademika Korolewa

ВЫСТАВОЧНЫЙ ЦЕНТР
Vystavočny Zentr

ПРЕОБРАЖЕНСКАЯ ПЛОЩАДЬ
Preobraschenskaja Ploschtschad

МАРЬИНА РОЩА
Makina Roskha

ВДНХ
WDNH

СОКОЛЬНИКИ
Sokolniki

ДОСТОЕВСКАЯ
Dostoevskaja

АЛЕКСЕЕВСКАЯ
Aleksejewskaja

3

ЩЕЛКОВСКАЯ
Schtscholkowskaja

РИЖСКАЯ
Rischskaja

КРАСНОСЕЛЬСКАЯ
Krasnosel'skaja

ПРОСПЕКТ МИРА
Prospekt Mira

ПЕРВОМАЙСКАЯ
Perwomajskaja

УХАРЕВСКАЯ
Sucharewskaja

ИЗМАЙЛОВСКАЯ
Ismajlowskaja

КОМСОМОЛЬСКАЯ
Komsomol'skaja

ПАРТИЗАНСКАЯ
Partizanskaja

ЧИСТЫЕ ПРУДЫ
Tschistyje Prudy

КРАСНЫЕ ВОРОТА
Krasnyje Worota

СЕМЕНОВСКАЯ
Semjonowskaja

8

СРЕТЕНСКИЙ БУЛЬВАР
Stretenskij Bulwar

ЭЛЕКТРОЗАВОДСКАЯ
Elektrosawodskaja

НОВОКОСИНО
Nowokosino

КУРСКАЯ
Kurskaja

БАУМАНСКАЯ
Baumanskaja

НОВОГИРЕЕВО
Nowogirejewo

КИТАЙ-ГОРОД
Kitaj-Gorod

ЧКАЛОВСКАЯ
Tschkalowskaja

ПЕРОВО
Perowo

ШОССЕ ЭНТУЗИАСТОВ
Schosse Entusiastow

5

АВИАМОТОРНАЯ
Awiamotornaja

ПЛОЩАДЬ ИЛЬИЧА
Ploschtschad Iljitscha

РИМСКАЯ
Rimskaja

МАРКСИСТСКАЯ
Marksistskaja

ТАГАНСКАЯ
Taganskaja

НОВОКУЗНЕЦКАЯ
Nowokusnezkaja

КРЕСТЬЯНСКАЯ ЗАСТАВА
Krest'janskaja Zastawa

ПАВЕЛЕЦКАЯ
Pawelezkaja

ПРОЛЕТАРСКАЯ
Proletarskaja

ОБРЫНИНСКАЯ
obryninskaja

АВТОЗАВОДСКАЯ
Awtosawodskaja

ВОЛГОГРАДСКИЙ ПРОСПЕКТ
Wolgogradskij Prospekt

КОЛОМЕНСКАЯ
Kolomenskaja

ТЕКСТИЛЬЩИКИ
Tekstilschtschiki

КАШИРСКАЯ
Kaschirskaja

ДУБРОВКА
Dubrowka

КУЗЬМИНКИ
Kusminki

ВАРШАВСКАЯ
Warschawskaja

КОЖУХОВСКАЯ
Koschuchowskoja

РЯЗАНСКИЙ ПРОСПЕКТ
Rjasanskij Prospekt

КАНТЕМИРОВСКАЯ
Kantemirowskaja

ПЕЧАТНИКИ
Petschatniki

ВЫХИНО
Wychino

КАХОВСКАЯ
Kachowskaja

ЦАРИЦЫНО
Zarizyno

ВОЛЖСКАЯ
Wolschskaja

СТОПОЛЬСКАЯ
astopolskaja

ОРЕХОВО
Orechowo

ЛЮБЛИНО
Ljublino

ЖУЛЕБИНО
Zxulebind

ИКА ЯНГЕЛЯ
Igelja

ДОМОДЕДОВСКАЯ
Domodedowskaja

10

БРАТИСЛАВСКАЯ
Bratislawskaja

7

ДОНСКОГО

МАРЬИНО
Maryno

ЗЯБЛИКОВО
Zyaklixovo

БОРИСОВО
Borisovo

КРАСНОГВАРДЕЙСКАЯ
Krasnogwardejskaja

ШИПИЛОВСКАЯ
Snipilovskaja

2

БРАТЕЕВО
Brateevo

○ ○ ○
Станция пересадок
Umsteigestation

Таганско-Краснопресненская
Tagansko-Krasnopresnenskaja

Linie 10

Люблинская
Ljublinskaja

Калининская
Kalininskaja

монорельсовая дорога
Einschienenbahn

Серпуховско-Тимирязевская
Serpuchowsko-Timirjasewskaja

Строящиеся/планируемые
im Bau bzw. Planung

Highlights Moskau

Kreml
Die Machtzentrale Russlands mit einzigartigen Kirchenbauwerken, der größten Glocke der Welt und einer fantastischen Schatzkammer
▶ **Seite 380**

Roter Platz
Lenin-Mausoleum, Kaufhaus GUM, Basilius-Kathedrale und Historisches Museum umrahmen einen der berühmtesten Plätze der Welt.
▶ **Seite 388**

Puschkin-Museum für bildende Künste
Seinen Weltruf verdankt es der Sammlung nichtrussischer europäischer Malerei.
▶ **Seite 391**

Tretjakow-Galerie
Mehr russische Kunst wird man in keinem anderen Museum finden.
▶ **Seite 392**

Arbat
Berühmte Flaniermeile
▶ **Seite 392**

Neues Jungfrauenkloster
Russisch-barockes Idyll in der Großstadt
▶ **Seite 394**

Monomachkappe in der Rüstkammer

✶ ✶ Kreml

Metro
Biblioteka
Imeni Lenina /
Borowizkaja /
Aleksandrowskij
Sad ▶

Der Kreml, als Sitz des Präsidenten die **Machtzentrale Russlands und Herz Moskaus**, wird begrenzt von der Moskwa, dem Roten Platz, dem Alexandergarten und den Borowizkaja Ploschtschad. **Hauptzugang** für Touristen (mit Ticketservice und Garderobe) ist der Kutafja-Turm am Rand des Alexandergartens.

Baugeschichte
Der Kreml geht zurück auf eine 1156 erstmals erwähnte hölzerne Befestigung. Großfürst Dmitrij Donskoj ließ 1367 den ersten Kreml aus Stein errichten. Zwischen 1397 und 1416 entstand die Mariä-Verkündigungs-Kathedrale, die 1445 wie die meisten anderen Bauten einem Großbrand zum Opfer fiel. Von 1474 bis ca. 1530, unter Iwan III. und Wassilij III., erhielt der Kreml dann im Wesentlichen seine jetzige Gestalt, an der neben russischen (Mariä-Gewandniederlegungs- und Mariä-Verkündigungs-Kathedrale) vor allem auch norditalienische Architekten der Mailänder Schule arbeiteten: Mariä-Entschlafens-Kathedrale, Mauerring, Facettenpalast, Glockenturm »Iwan der Große« und Erzengel-Kathedrale. 1547 vernichtete abermals ein Brand große Teile des Areals, die Reste verwüsteten 1571 die Krimtataren. Der Wiederaufbau im 17. Jh. begann im Zeichen des »Russischen Märchenstils« und es entstanden u. a. der Erlöser-Torturm, die Katharinenkirche und der Patriarchenpalast. Nachdem Peter der Große 1712 die Hauptstadt nach St. Petersburg verlegt hatte, sollte

unter Katharina der Großen ab 1773 ein Generalumbau unter klassizistischen Vorzeichen vorgenommen werden, doch nur das Senatsgebäude (jetzige Präsidialresidenz) wurde verwirklicht. Die von Napoleon 1812 befohlene Sprengung des Kremls konnte größtenteils sabotiert werden. Die Sowjetepoche ist vor allem gekennzeichnet durch grundlegende Restaurierung. Die nachts von den Türmen leuchtenden Sowjetsterne wurden 1937 angebracht.

Durch den **Kutafja-Turm** geht es über die Dreifaltigkeits-Brücke in das Kremlgelände. Der siebenstöckige **Dreifaltigkeits-Torturm** (1495 bis 1499) ist der höchste Kremlturm und gilt als Gegenstück zum Erlöser-Torturm am Roten Platz. Rechter Hand liegt der 1960 bis 1961 errichtete, für die sowjetische Stadtarchitektur richtungweisende **Kongresspalast**.

Vom Dreifaltigkeits-Torturm zum Kathedralenplatz

Die Skizzen für das riesige **Arsenal**, 1702 bis 1736 an Stelle der Kornkammer errichtet, lieferte Peter der Große; sein im Wesentlichen noch heute unverändertes Aussehen erhielt es 1815 bis 1828.

Die **Residenz des Präsidenten** der Russischen Föderation war ursprünglich für den Senat vorgesehen und von 1918 bis 1991 Sitz der

> **!** *Baedeker* TIPP
>
> **Soll ich Sie führen?**
> Vor dem Kutafja-Turm bieten sich freie Führer an – mit sehr unterschiedlicher Qualität. Patriarschij Dom Tour (► S. 372) hat Touren zu den Hauptsehenswürdigkeiten des Kremls im Programm und manchmal auch in den sonst unzugänglichen Großen Kremlpalast.

Sowjetregierung. Das 1788 fertig gestellte Gebäude besitzt einen der prächtigsten Säle Moskaus, den 27 m hohen **Swerdlow-Saal**. Der neoklassizistische Bau neben der Präsidentenresidenz (1934) beherbergte das **Präsidium des Obersten Sowjets**. 1958 wurde er um das Kreml-Theater erweitert.

Gegenüber öffnet sich der im 14. Jh. angelegte Kathedralenplatz, den die bedeutendsten Bauwerke des Kremls umgeben.

◄ Kathedralenplatz

An Stelle des jetzigen Turms war bereits Anfang des 14. Jh.s eine Kirche errichtet worden, die ab 1505 von einer Pfeilerkirche ersetzt wurde. Ihr Glockenturm überstand die Sprengungen 1812 nahezu unbeschadet.

Die 81 m hohe Backsteinkonstruktion erhebt sich auf einem weißen Hausteinsockel; ihre achteckigen Geschosse enden in Plattformen mit Bogenöffnungen für die Glocken. Der **Filaret-Anbau**, ebenfalls mit Turm und Bogenöffnungen für Glocken, entstand 1624 unter dem Romanow-Patriarchen Filaret.

★
Glockenturm »Iwan der Große«

Die 1505 bis 1508 nach Plänen von Alovisio Novo errichtete Erzengel-Kathedrale ist die **Grabkirche der Zaren** seit Iwan I. bis zur Residenzverlegung nach St. Petersburg (Boris Godunow ist in ►Sergijew Possad beigesetzt). Den sehr eng wirkenden Innenraum unterteilen Pfeiler mit kreuzförmigem Querschnitt in drei Schiffe.

★ ★
Erzengel-Kathedrale

RUSSLANDS MACHTZENTRALE

Der Kreml – das ist ein 40 m oberhalb der Moskwa und erhöht über der Stadt gelegenes Bollwerk, eine Zwingburg auf 28 ha Fläche mit dem Grundriss eines unregelmäßigen Vierecks, umgeben von einem bis zu 19 m hohen und bis zu 6,5 m dicken Mauerring mit einer Länge von 2235 m – bei dieser Riesenhaftigkeit ist klar, dass er seit 1990 zum UNESCO-Weltkulturerbe gehört.

🕐 Öffnungszeiten:
Kreml, Rüstkammer: Fr.–Mi. 10.00–17.00
Einlass Rüstkammer:
10.00, 12.00, 14.30, 16.30
Einlass Diamantenfond:
Fr.–Mi. 10.00, 13.00, 14.00, 17.00 Uhr
www.kreml.ru

Die neunkuppelige Mariä-Verkündigungs-Kathedrale ist edel ausgestattet mit einem Fußboden aus geschliffenen Jaspisplatten und Werken von Andrej Rubljow und Feofan Grek.

① Mariä-Entschlafens-Kathedrale

Die Südfassade diente als Schau- und Haupteingangsseite. Vertikal ist die Fassade durch in Kämpfern auslaufende Pilaster gegliedert , auf denen halbkreisförmige Giebel ruhen. Die horizontale Gliederung wird bestimmt durch den Sockel, eine Blendgalerie und die Zone mit den schießschartenähnlichen, langen Fensterschlitzen unter den Giebeln.

② Borowizkij-Torturm

Der im Westen der Festungsanlage aufragende Borowizkij-Torturm wurde 1490 im Zuge des Kremlumbaus von Pietro Antonio Solari errichtet. Geschossrücksprünge gliedern den massiven Ziegelkubus, dessen Zeltdachaufbau aus den 1670er-Jahren stammt, als fast alle Türme des Kremls ihre jetzigen Dächer erhielten.

③ Rüstkammer

Zwischen 1844 und 1851 errichteten Konstantin A. Thon, Nikolaj I. Tschitschagow und Wladimir A. Bakarew das jetzige Gebäude im Pseudorussischen Stil unter Rückgriff auf Formelemente des Moskauer Naryschkin-Barock. Bis zur Oktoberrevolution war hier das Hofmuseum untergebracht. Nach der Revolution wurden die Bestände durch Kunstschätze aus den Kathedralen des Kremls und der Patriarchenschatzkammer und durch die Kronjuwelen bereichert.

④ Mariä-Gewandniederlegungs-Kathedrale

Die drei aus der Fassade plastisch hervortretenden, niedrigen Apsiden sind durch Blendarkatur mit Kielbögen gegliedert. Tonnengewölbe, die gleichfalls in Kielbögen auslaufen, bilden den Übergang zur Kuppel, deren Tambour auf achteckigem Postament ruht.

⑤ Patriarchenpalast (mit Zwölf-Apostel-Kathedrale)

Das Bauwerk stellte insofern ein Novum dar, als Patriarch Nikon die Zeltdacharchitektur als verweltlichend verboten hatte und auf altrussische »Märchen«-Elemente verzichtete: Ähnlich der Mariä-Entschlafens-Kathedrale entstand ein kompakter Block auf hohem Sockel und mit Kreuzkuppelschema (fünf Kuppeln).

⑥ Zarenglocke

Am Fuß des Glockenturms »Iwan der Große« steht die größte Glocke der Welt: der 210 t schwere »Zar Kolokol«. Sie ist 6,14 m hoch und hat einen Durchmesser von 6,60 m.

⑦ Zarenkanone

Dem Kaliber nach ist die Kanone »Zar Puschka«, aus der allerdings nie eine Kugel abgefeuert werden musste, die größte Feuerwaffe der Welt: 890 mm. Dieses 5,34 m lange Kunstwerk der Geschützgießerei wurde 1586 gegossen und wiegt 40 t. Das Rohr ziert ein Bildnis des Zaren Fjodor I. Iwanowitsch.

Die der Moskwa zugewandte Hauptfassade des Großen Kreml-palasts ist insgesamt 125 m lang und bildet mit der Rüstkammer eine architektonische Einheit.

Facettenpalast

Großer Kremlpalast

Patriarchen-palast

Kongresspalast

Dreifaltigkeits-Torturm (Eingang)

Kremlpark

Ehem. Präsidium des Obersten Sowjet

Residenz des Präsidenten

Arsenal

Lenin-Mausoleum

Die Gliederung der Fassade der Erzengel-Kathedrale erfolgt wie bei der Mariä-Entschlafens-Kathedrale durch in Kämpfern auslaufende Pilaster. Die Verti-caleinheiten weisen hierbei entsprechend dem Grundriss verschiedene Breiten auf.

Im Saal 7 der Rüstkammer steht der Elfenbeinthron von Zar Iwan dem Schrecklichen.

©Baedeker

Erzengel-Kathedrale *Orientierung*

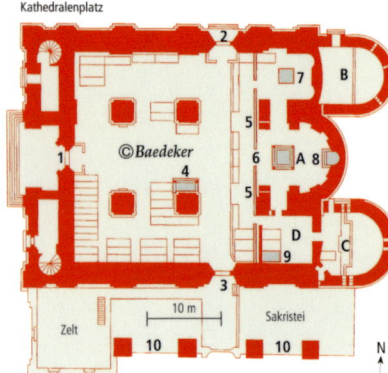

Kathedralenplatz

©Baedeker

10 m

Zelt · Sakristei

A Kapelle des Erzengels Michael
B Kapelle des heiligen Uar
C Kapelle Johannes' des Täufers
D Diakonikon

1 Westportal
2 Nordportal
3 Südportal
4 Reliquiarium des Zarewitsch Dmitrij Iwanowitsch
5 Ikonostas
6 Heilige Pforte
7 Opferaltar
8 Bischofssitz
9 Grab Iwans des Schrecklichen
10 Strebepfeiler

Grabstätten ▶ Zur Rechten enthalten 48 große Steinsarkophage (1636/1637) die Gebeine von 54 russischen Herrschern, darunter diejenigen von Dmitrij Donskoj und Iwan dem Schrecklichen. Nördlich des Südostpfeilers ist in einem teils vergoldeten Reliquiarium des 1591 ermordete Zarewitsch Dmitrij Iwanowitsch unter einer silbernen Grabplatte bestattet; seine Gebeine werden als wundertätig verehrt.

Fresken ▶ Die erste Ausmalung von 1399 durch Feofan Grek wurde ein Jahrhundert später entfernt, doch hielten sich die Maler der Zweitfassung an seine Kompositionsfolge. Dargestellt sind »Taten des Erzengels Michael«, darunter Szenen aus dem Neuen Testament und Legenden um Kaiser Konstantin (Nord- und Südwand) sowie das »Jüngste Gericht« (Westwand). Die untere Wandzone der »Gruft« schmücken über 60 Herrscherporträts (vielfach Kopien, Originale in der Tretjakow-Galerie (▶S. 392). Die 1681 vollendete Ikonostase schuf eine von Iwan Nedumow geleitete Malergruppe; die Erzengel-Michael-Ikone mit 18 erzählenden Rahmenbildern stammt aus dem 14./15. Jahrhundert.

★★
Mariä-Verkündigungs-Kathedrale
Vor dem Großen Kremlpalast erhebt sich die neunkuppelige Mariä-Verkündigungs-Kathedrale, 1484 bis 1489 **als Hofkirche für Großfürst Iwan III.** gebaut und von späteren Zaren ebenfalls als solche genutzt.

Der Kirchenraum überrascht durch seine Winzigkeit, durch die **vollständige Bemalung des Mauerwerks** und durch den mit geschliffenen Jaspisplatten ausgelegten Fußboden aus der Zeit Iwan des Schrecklichen. Die Fresken aus dem Jahr 1508 stammen von Feodossij; besonders zu beachten ist die Darstellung der Apokalypse im Westteil der hinteren Empore und das prächtige Fresko von »Christus auf weißem Pferd« in der Südwestecke unter der Empore.

Die Ikonostase zeigt u. a. zwischen Königs- und Nordtür die **berühmte »Muttergottes vom Don«** des Feofan Grek (Original in der Tretjakow-Galerie), zwischen Königs- und Südtür den »Erlöser auf dem Thron« (1337) und eine Kopie aus dem 17. Jh. nach der »Verkündigung von Ustjug«.

◄ Ikonostase

Der Name des 1487 bis 1491 von Marco Ruffo und Pietro A. Solari als **erster steinerner Profanbau** erbaute Facettenpalasts geht auf die facettierte Rusticaverkleidung der Hauptfassade zurück. Er enthält den 500 m² großen Festsaal, einst Thron- und Prachtsaal (Besichtigung nicht möglich).

★
Facettenpalast

Die leicht versteckt liegend Mariä-Gewandniederlegungs-Kathedrale (1484 / 1485) war Hauskapelle der Metropoliten und Patriarchen. Sehenswert ist die Ikonostase von 1627.

Mariä-Gewand-niederlegungs-Kathedrale

Der prächtigste Palast des ganzen Kremls kann leider nicht besichtigt werden und so bleibt nur der Blick auf den Kuppelwald der Hauskirchen der Zarenfamilie. Er entstand 1681 / 1682 durch die gemeinsame Überdachung von Oberer Erlöser-Kathedrale, Kreuzigungs- und Auferstehungskirche, aus der seither **elf vergoldete Kuppeln** emporragen. Der Palast selbst entstand 1635 / 1636 für den ersten Romanow-Zaren Michail Fjodorowitsch. Teile des Erdgeschosses und des ersten Stocks gehen noch auf den Palast Iwans III. zurück.

★
Terempalast

Die Mariä-Entschlafens-Kathedrale ist die größte und geschichtsträchtigste unter den Kremlkathedralen. Sie war die **Hauptkirche der russischen Orthodoxie**; in ihr befand sich das **Hauptheiligtum ganz Russlands**, die »wundertätige« Ikone der Gottesmutter von Wladimir. Hier wurden Fürsten, Großfürsten und Zaren gekrönt, Metropoliten und Patriarchen inthronisiert und beigesetzt. Sie steht an Stelle der 1327 bis 1427 gebauten ersten Steinkirche Moskaus, die Iwan III. vom Bologneser Architekten Aristotele Fioravanti 1475 bis 1479 durch die heutige Kathedrale ersetzen ließ.

★ ★
Mariä-Entschlafens-Kathedrale

Von Südosten erhält man das treffendste Bild: ein rechteckiger aus Kalkstein und Ziegeln errichteter Kubus mit fünf niedrigen Apsiden im Osten. Das südliche Stufenportal mit Fresken aus dem 16. Jh. ist das prächtigste unter den drei Portalen der Kathedrale.

◄ Äußeres

Der Kirchenraum besticht vor allem durch seine lichte Weite. Links vom Südportal steht der **Zarensitz Iwans IV.** aus dem Jahr 1551. Dieses einzigartige Beispiel altrussischer Holzschnitzkunst wird auch als »Monomachthron« bezeichnet, da auf ihm die Übersendung der byzantinischen Kaiserinsignien von Monomachos IX. an den Kiewer Großfürsten Wladimir Monomach dargestellt ist. An der Süd- und Nordwand sind die Metropoliten und Patriarchen der russisch-orthodoxen Kirche beigesetzt. Die Fresken von 1642 / 1643 sind bereits die dritte Ausmalung, wobei man sich an die Fresken der zweiten Ausmalung von 1515 hielt. An der ca. 16 m hohen Ikonostase von

◄ Kirchenraum

Üppige Fresken in der Mariä-Entschlafens-Kathedrale

1652 verdienen besondere Beachtung die Türzone mit »Christus mit dem zornigen Auge« (14. Jh.), »Entschlafen der Gottesmutter«, »Dreifaltigkeit« (16. Jh.) sowie links von der Heiligen Pforte die »Wladimirskaja«.

Patriarchenpalast mit Zwölf-Apostel-Kathedrale

Der dreistöckige Patriarchenpalast (1653–1656) mit der Zwölf-Apostel-Kathedrale beherbergt das **Museum für Russische Volkskunst** und Kultur des 17. Jahrhunderts. Hauptattraktion ist der 250 m² große, stützenlose Kreuzsaal, wo Kirchensynoden und Staatsempfänge stattfanden. Hier steht ein für die Salbölherstellung verwendeter Ofen. In den Nebenräumen sind vor allem russische und westeuropäische Silberarbeiten ausgestellt. Die Ikonostase stammt aus dem nach der Oktoberrevolution abgetragenen Himmelfahrtskloster des Kremls.

Vom Kathedralenpalast zur Rüstkammer

Großer Kremlpalast ▶

Hinter dem Glockenturm »Iwan der Große« steht die **Zarenglocke**, mit 210 t Gewicht und über 6 m Höhe **die größte Glocke der Welt**. Der über 700 Räume umschließende Große Kremlpalast (keine Besichtigung) war die Moskauer Zarenresidenz und in der Sowjetperiode Sitzungssaal des Obersten Sowjets. Er wurde als Ersatz für Rastrellis Winterpalast für Zar Nikolaus I. 1838 bis 1849 erbaut. Im Südflügel des Untergeschosses hatte der Zar seine Privatgemächer; das Obergeschoss mit doppelter Fensterreihe beherbergt die Paraderäume wie den Georgssaal (dient heute vor allem für Staatsempfänge) und den Andrejsaal (ehemals Thronsaal).

Vor dem Großen Kremlpalast hat man die südlichen Kremltürme im Blick, zwischen denen sich die bis zu 19 m hohe und bis zu 6,5 m dicke Kremlmauer hinzieht. Am interessantesten sind der Geheimgangturm, der erste Kremlturm überhaupt (1485), mit einem unterirdischen Gang, der aus dem Kremlareal hinausführte, sowie der Wasser-Eckturm von 1488, der 1633 zum Wasserturm umfunktioniert wurde, um die Gärten des Kremls mit Wasser aus der Moskwa zu besprengen.

◄ Südliche Kremltürme

Die Staatliche Rüstkammer ist das **älteste und bedeutendste Museum Russlands** und eine der größten Schatzkammern der Welt, wo u. a. Zarenschatz und Krönungsinsignien aufbewahrt werden. Die Bestände umfassen auch westeuropäisches, nordeuropäisches und orientalisches Kunsthandwerk. Das Museum ist hervorgegangen aus der Hofwerkstatt Iwans des Großen und Iwans des Schrecklichen.

★ ★
Staatliche Rüstkammer

Zu den Highlights zählen: der Kelch des Fürsten und Stadtgründers Jurij Dolgorukij, der Helm des Zaren Michail Romanow (sog. Hut von Jericho, 1621), die Bibel des schwedischen Königs Karl XII., Sèvres-Porzellan (Geschenk Napoleons I. für Zar Alexander I. zum Gedenken an den Tilsiter Frieden), ein Oberkleid Peters des Großen, die Krönungsrobe Katharinas der Großen, der Elfenbeinthron von Iwan dem Schrecklichen, der Thron von Boris Godunow, der Thron des ersten Romanow-Zaren Michail Fjodorowitsch, der **Diamantenthron** von Zar Alexej Michajlowitsch (über 8000 Diamanten) und die »Monomachkappe« (14. Jh.), vermutlich ein Geschenk des Tatarenkhans an den Großfürsten Iwan I. Kalita. Auch die **Staatskarossensammlung** sucht ihresgleichen.

◄ Herausragende Stücke

Besonders gesichert ist der sog. Diamantenfonds der Russischen Föderation, zu dem die große Zarenkrone mit 5000 Diamanten, der angeblich **größte Goldklumpen** überhaupt (36 kg) und der so genannte **Orlow-Diamant** (mit 189,6 Karat einer der größten geschliffenen Diamanten der Welt) gehören.

◄ Diamantenfonds

★ ★ Roter Platz

Der 400 m x 150 m große Rote Platz entstand Ende des 15. Jh.s, als Iwan III. die Häuser vor der Kremlmauer einreißen ließ. Sein heutiger Name Krasnaja ploschtschad kam im 17. Jh. auf – im Altslawischen bedeutet »krasnaja« sowohl »schön« als auch »rot«. »Roter Platz« statt »Schöner Platz« hat sich erst im 20. Jh. durchgesetzt.

Metro
◄ ploschtschad Rewoljuzii

Das in dunkelrotem Granit ausgeführte Mausoleum für den Revolutionsführer Lenin wurde 1930 nach einem Entwurf A. W. Schtschussews vor dem Senatsturm des Kremls errichtet und dient auch als Regierungstribüne. Hier ruht in einem Glassarg Lenins einbalsamierter Leichnam –der testamentarisch festgelegt hatte, in der Kremlmauer bestattet zu werden. Man darf am Sarkophag nicht stehen bleiben (Öffnungszeiten: tgl. außer Mo. und Fr. 10.00 – 13.00 Uhr).

Lenin-Mausoleum

🕐

Hinter dem Mausoleum sind in der Kremlmauer herausragende Persönlichkeiten der UdSSR beigesetzt, so Swerdlow, Breschnew, Kalinin und natürlich **Stalin**. Andere Sowjetbürger und ausländische Kommunisten ruhen hinter Grabplatten, unter ihnen Lenins Frau Nadeschda Krupskaja, die deutsche Kommunistin Clara Zetkin, Jurij Gagarin, Marschall Georgij Schukow und auch Felix Dserschinskij, Gründer des KGB-Vorläufers Tscheka (Zugang nur im Rahmen einer Besichtigung des Lenin-Mausoleums).

Kremltürme am Roten Platz

Unter den zum Platz weisenden Türmen des Kremls sind besonders interessant: der 70 m hohe, 1812 durch Sprengungen der Franzosen schwer beschädigte **Nikolaus-Torturm**, der **Senatsturm**, benannt nach dem hinter der Mauer liegenden ehemaligen Senatsgebäude und der ebenfalls 70 m hohe **Erlöser-Torturm**, der prächtigste im gesamten Ensemble der Kremlmauer, Wahrzeichen Moskaus und Paradeeingang zum Kreml (nicht für Touristen!).

Der Erlöser-Turm ist der prächtigste der Kreml-Türme.

Auf der steinernen **Rundtribüne** verkündeten vor der Oktoberrevolution Herolde die Erlasse der Zaren und Patriarchen. Bekannter jedoch ist diese kreisrunde Empore als **Richtplatz** (Lobnoje Mesto = Schädelstätte). Hier wurde 1606 die Leiche des falschen Demetrius verbrannt und hier soll Peter der Große 1698 eigenhändig die ersten zehn von 200 Strelitzen geköpft haben.

★★
Basilius-Kathedrale
►3 D S. 72

Die Basiliuskathedrale schließt den Roten Platz an seiner Schmalseite zur Moskwa hin ab. Iwan der Schreckliche ließ sie 1555 bis 1561 von den Baumeistern Postnik und Barma zum Gedächtnis an die Eroberung des Khanats von Kasan (1552) erbauen. Als nach dem Tod Iwans die Grabkapelle von Basilius in die Kirche einbezogen wurde, wurde der Name dieser Kapelle allmählich auf die ganze Kathedrale übertragen. Ende des 16. Jh.s erhielten auch die Kuppeln ihre jetzigen Formen; ihre farbenprächtige Verzierung stammt aus dem 17. Jh., als auch der Glockenturm hinzukam. Der Grundriss folgt trotz des scheinbaren Wirrwarrs einem streng geometrischen Prinzip: In der Mitte erhebt sich die 57 m hohe zentrale Mariä-Schutz-Kapelle, um die sich vier große und vier kleine Kapellen gruppieren. Das Innere der Kirche tritt hinter dem grandiosen Äußeren etwas zurück. Sehenswert sind die meist im 16. Jh. entstandenen Fresken im zentralen Turm, in den Übergängen und Galerien.

Das Minin und Poscharskij gewidmete Denkmal vor der Basiliuskathedrale ist **das erste patriotische Bildwerk Moskaus** und wurde 1818 enthüllt. Es erinnert an den Metzger Kusma Minin-Sochoruk und an Fürst Dmitrij Michajlowitsch Poscharskij, die im Oktober 1612 mit dem sog. Zweiten Aufgebot Moskau von der polnisch-litauischen Besatzung befreiten.

◄ Denkmal für Minin und Poscharskij

Fast die gesamte Nordostseite des Roten Platzes gegenüber vom Lenin-Mausoluem belegt **das schönste Kaufhaus Russlands**, das GUM (Gossudarstwennyj Uniwersalnyi Magasin = Staatliches Kaufhaus), heute ein Zentrum des Luxusshopping. Der glasüberdachte Riesenbau mit 90 m x 252 m Außenlänge, seinen verschnörkelten Brücken und Stegen über die Passagen, wurde 1888 bis 1894 an Stelle der ehemaligen Handelsreihen errichtet.

Kaufhaus GUM

Öffnungszeiten: Mo. – So. 10.00 – 22.00

An der Einmündung der ul. Nikolskaja steht seit 1992 wieder die in den 1930ern abgetragene Kasaner Kathedrale, 1635 / 1636 im Auftrag von Fürst Poscharskij zum Dank für die Befreiung Russlands erbaut.

Kasaner Kathedrale

Die Nordseite des Roten Platzes begrenzt das 1883 eröffnete Historische Museum. Es dokumentiert in 48 Sälen die Geschichte Russlands und der ehemaligen Sowjetunion (Öffnungszeiten: Mo., Mi. – Sa. 10.00 – 18.00, So. 11.00 – 20.00 Uhr).

Historisches Museum

Auch das zweitürmige Auferstehungstor zwischen dem Historischen Museum und der Kasaner Kathedrale ist eine Rekonstruktion des ursprünglichen Bauwerks aus dem 16. Jahrhundert. Stalin hatte es abbrechen lassen, um eine Durchfahrt für Panzer und anderes schweres Gerät für Militärparaden zu schaffen.

Auferstehungstor

Weitere Sehenswürdigkeiten

Hinter dem Historischen Museum öffnet sich der Manegenplatz, links vom Alexandergarten und der Manege, rechts vom Gebäude der Staatsduma begrenzt. Die riesige Glaskuppel markiert den unterirdischen Büro- und Einkaufstempel »Ochotnyj Rjad«, zu dem auch das **Museum der Archäologie** gehört.

Manegenplatz

Seinen Namen verdankt der Platz dem klassizistischen Bau der Manege, 1817 bis 1825 nach Plänen von A. Betancourt von Osip I. Beauvais errichtet. Als enorme technische Leistung jener Zeit gilt die stützenlose Überdachung des 170 m x 47 m großen Innenraums. Ursprünglich diente die Manege als Offiziers-Reitschule, seit 1957 dient

◄ Manege

Puschkin-Museum für Bildende Künste Orientierung

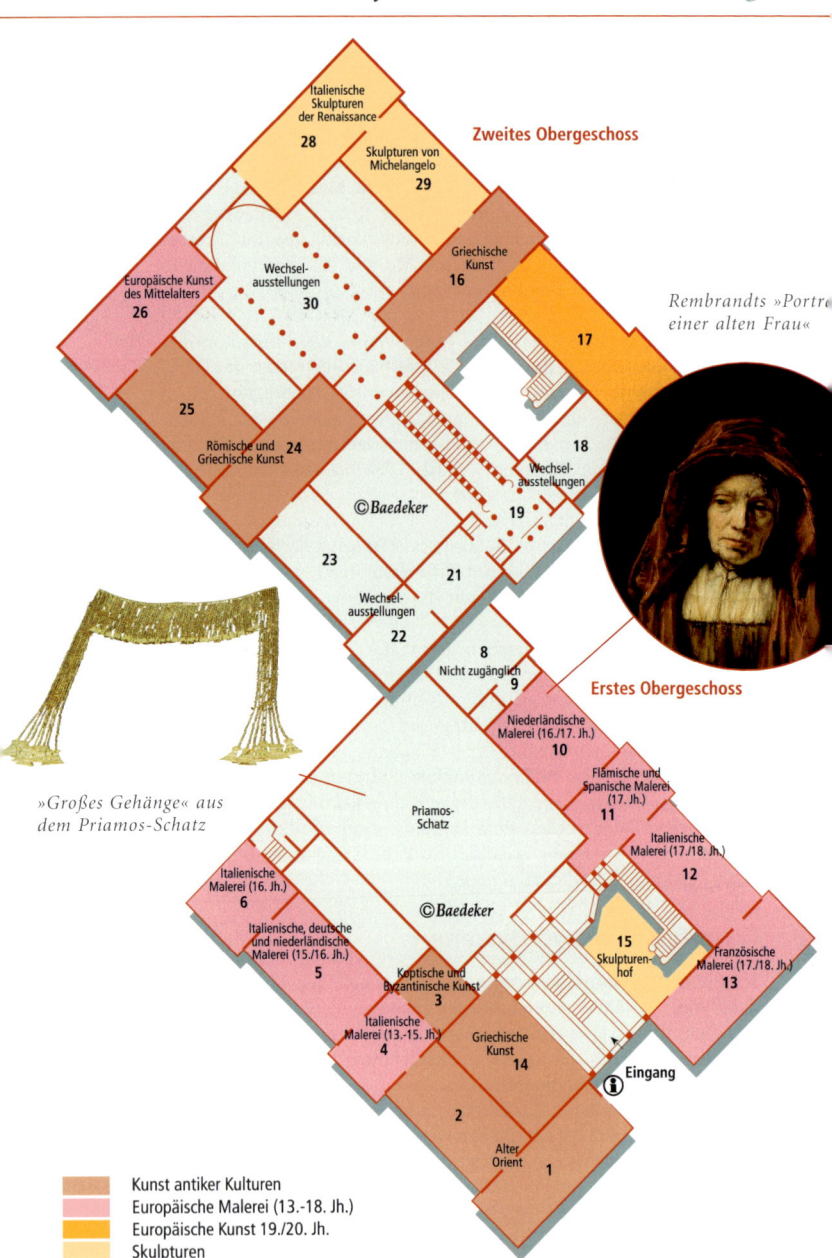

Italienische
Skulpturen
der Renaissance
28

Zweites Obergeschoss

Skulpturen von
Michelangelo
29

Europäische Kunst
des Mittelalters
26

Wechsel-
ausstellungen
30

Griechische
Kunst
16

17

*Rembrandts »Portre
einer alten Frau«*

25

Römische und
Griechische Kunst **24**

18

Wechsel-
ausstellungen
19

©Baedeker

23

21

Wechsel-
ausstellungen
22

8
Nicht zugänglich
9

Erstes Obergeschoss

Niederländische
Malerei (16./17. Jh.)
10

Flämische und
Spanische Malerei
(17. Jh.)
11

Priamos-
Schatz

Italienische
Malerei (17./18. Jh.)
12

*»Großes Gehänge« aus
dem Priamos-Schatz*

Italienische
Malerei (16. Jh.)
6

©Baedeker

Italienische, deutsche
und niederländische
Malerei (15./16. Jh.)
5

15
Skulpturen-
hof

Französische
Malerei (17./18. Jh.)
13

Koptische und
byzantinische Kunst
3

Italienische
Malerei (13.-15. Jh.)
4

Griechische
Kunst
14

Eingang

2

Alter
Orient
1

Kunst antiker Kulturen
Europäische Malerei (13.-18. Jh.)
Europäische Kunst 19./20. Jh.
Skulpturen

sie als Zentraler Ausstellungssaal für regelmäßige Ausstellungen russischer und ausländischer Künstler.

Im Alexandergarten zwischen Manegenplatz und Kremlmauer brennt über dem **Grabmal des Unbekannten Soldaten** eine Ewige Flamme. Dahinter ragt der 60 m hohe Arsenal-Eckturm aus der Kremlmauer auf.

◄ Alexandergarten

Das **Bolschoj-Theater**, Heimat einer der berühmtesten Balletttruppen der Welt, wurde 1776 gegründet. Die heutige Spielstätte am Teatralnaja ploschtschad ist 1856 bezogen worden und innen so prächtig wie außen: 2000 Plätze fasst der in Weiß, Rot und Gold gehaltene Saal (Tickets unter: www.bolshoi.ru oder Tel. 250 73 17; wg. Renovierung Aufführungen bis Anfang 2010 in der »Nowaja szena« / Neue Bühne nebenan). Gegenüber vom Eingang des Bolschoj begrenzt eine Backsteinmauer den Revolutionsplatz; sie ist ein Rest der Stadtmauer der nach dem Kreml zweitältesten Moskauer Siedlung **Kitaj-Gorod**.

Vom Bolschoj-Theater zum Bojarenhof

Die malerische ul. Nikolskaja führt vom Roten Platz zum Lubjanka-Platz, Namensgeber für die berüchtigte Zentrale des KGB und nach wie vor Sitz von dessen Nachfolgeorganisation FSB. Vorbei am 1877 errichteten Polytechnischen Museum rechts vom Platz geht es in südlicher Richtung am Alten Platz (Staraja Ploschtschad) entlang, wo das Zentralkomitee der KPdSU (heute Präsidialadministration) seinen Sitz hatte. An dessen Ende rechts kommt man zum Kloster zu Mariä Erscheinung mit dem Bojarenhof, Stammhaus der Romanows und eines der schönsten Gebäude an der Warwarka-Straße.

◄ Lubjanka-Platz

◄ Bojarenhof

Trotz seines Namens steht das Museum in keinem Zusammenhang mit dem russischen Dichter, es wurde lediglich 1937 ihm zu Ehren so benannt. Untergebracht ist es in einem 1898 bis 1912 errichteten neoklassizistischen Bau südlich vom Kreml. Initiiert als Abguss-Sammlung von Werken der klassischen Antike, vergrößerten sich die Bestände sprunghaft, als nach der Oktoberrevolution bedeutende Privatsammlungen verstaatlicht wurden. Heute umfasst das Puschkin-Museum Altertümer aus dem Vorderen Orient, aus Ägypten, Griechenland und Byzanz; seinen Weltruf verdankt es jedoch den umfangreichen Beständen an **nichtrussischer europäischer Malerei**. In Saal 7 wird der von Heinrich Schliemann 1873 in Troja gefundene **Goldschatz des trojanischen Königs Priamos** gezeigt, der 1945 nach der Eroberung Berlins in die Sowjetunion gebracht wurde.

★ ★
Puschkin-Museum für Bildende Künste

◄ Metro: Kropotinskaja

🕐
Öffnungszeiten:
Di. – So.
10.00 – 19.00

Zur Moskwa hin sieht man vom Puschkin-Museum aus die Erlöser-Kathedrale aufragen, zur Erinnerung an die Niederlage Napoleons erbaut und 1883 geweiht. Stalin ließ sie 1931 sprengen, um an ihrer Stelle einen 400 m hohen »Palast der Sowjets«, überragt von einer über 70 m hohen Lenin-Figur, zu bauen. Technische Schwierigkeiten und der Zweite Weltkrieg unterbrachen die Arbeiten, schließlich wurde die riesige Baugrube 1960 zum Schwimmbad umfunktioniert. Seit 1997 steht hier wieder die **größte Kirche Russlands**.

Erlöser-Kathedrale

★ ★
**Tretjakow-
Galerie**

Metro:
Tretjakowskaja ▸

🕒
Öffnungszeiten:
Di. – So.
10.00 – 19.30

Von mittelalterlichen Ikonen bis zur Malerei des 20. Jh.s: Die Tretja-kow-Galerie ist **das größte Museum russischer Kunst** und eines der bedeutendsten der Welt. Ihr Gründer war der Moskauer Kaufmann, Mäzen und Kunstsammler Pawel Michajlowitsch Tretjakow (1832 bis 1898), der die seit 1856 systematisch aufgebaute Sammlung 1892 der Stadt Moskau schenkte.

Zu den berühmtesten russischen Ikonen überhaupt zählen die »Gottesmutter von Wladimir« (Anfang 12. Jh.; Byzanz) und die »Dreifaltigkeit« von **Andrej Rubljow**, ursprünglich im Dreifaltigkeits-Sergius-Kloster (▸Sergijew Possad). Die Ikone der »Gottesmutter vom Don« wird als wundertätig verehrt, weil sie angeblich mehrmals den russischen Truppen zum Sieg verhalf. Zu den Beständen gehören außerdem Arbeiten von Karl Brüllow (»Die letzten Tage von Pompeji«), der häufig mit Renoir verglichene Valentin Serow (»Mädchen mit Pfirsichen«) und Ilja Repin (Porträt Modest Mussorgky).

★
Arbat
Metro: Arbatskaja,
Smolenskaja ▸

Das Arbat-Viertel westlich vom Kreml wird erstmals Anfang des 15. Jh.s erwähnt. Im 19. Jh. lebten in den herrschaftlichen Villen Adel, gehobenes Bürgertum und Künstler, bis Mitte des 20. Jh.s war die ul. Arbat die Hauptgeschäftsstraße Moskaus – mittlerweile ist sie, als Fußgängerzone, wieder auf dem besten Weg dorthin.

Abendlicher Betrieb auf dem Neuen Arbat

Am belebten Arbat-Platz am Eingang zur Fußgängerzone befindet sich das Restaurant »Praga« mit seinem prächtigen nussholzgetäfelten Spiegelsaal aus der Zarenzeit. Die Straße weiter hinab kommt man zum Wachtangow-Theater; linker Hand gegenüber steht in der Kriwoarbatskij Pereulok Nr. 10 das Haus von Konstantin Melnikow, einem der wichtigsten konstruktivistischen Architekten. Zurück auf dem alten Arbat geht es nach dem Theater rechts auf der Spassopeskowski Pereulok zur malerischen Kirche Spass na Peskach aus dem 17. Jh. mit weißem Glockenturm. Im Haus Alter Arbat Nr. 53 verbrachte Alexander Puschkin 1831 die ersten drei Monate seiner Ehe. Im Nachbarhaus (Nr. 55) ist ein Museum dem Schriftsteller Andrej Belyj (1880 – 1934) gewidmet. Wer nun Lust auf ein architektonisches Kontrastprogramm hat, geht rechts vom Alten Arbat auf dem Smolenskij Bulwar zum Neuen Arbat.

◄ Alter Arbat

Der Neue Arbat zwischen westlichem Gartenring und Kreml avancierte zum Symbol von Chruschtschows Regierungszeit, der die 70 m breite Magistrale mit fünf Wohntürmen mit je 21 Etagen bauen ließ – die »suby Chruschtschowa« (»Chruschtschows Zähne«). Vom westlichen Ende des Neuen Arbat sieht man rechts am Moskwa-Ufer **das marmorverkleidete Weiße Haus** (Belyj Dom), seit 1993 Sitz der Regierung der Russischen Föderation. Im August 1991 versammelten sich hier Zehntausende und trugen so dazu bei, dass der Staatsstreich schon nach drei Tagen beendet war; 1993 ließ es Boris Jelzin beschießen, um seine im Gebäude verschanzten Gegner zur Aufgabe zu zwingen.

◄ Neuer Arbat

Trotz des sechsspurig tosenden Verkehrs ist die beim Manegenplatz beginnende und 7 km nach Nordwesten führende Twerskaja die Lieblingsflaniermeile der Moskauer und Straße der Nobelboutiquen. Unter Stalin wurde sie von 15 auf 40 m verbreitert, wobei auch das klassizistische Moskauer Rathaus von 1782 am Twerskaja Ploschtschad um 13,50 m zurückgesetzt werden musste. Das heutige Hotel Zentralnaja (Nr. 10) hieß früher Hotel Lux und war Gästehaus der kommunistischen Internationale. Nach 1933 kamen viele emigrierte KPD-Mitglieder hier unter, von denen manche Jahre später den stalinistischen Schauprozessen zum Opfer fielen..

ul. Twerskaja

◄ Rathaus

◄ Ehem.
Hotel Lux

Nr. 14 war um die vorletzte Jahrhundertwende eine der feinsten Adressen Moskaus: **das berühmte Delikatessengeschäft** »Jelissejew«. Nach der Oktoberrevolution herrschten hier einfache Verhältnisse, doch heute verkauft der Laden mit seinem beeindruckenden **Jugendstilinterieur** wieder beste russische Spezialitäten und hat ein außergewöhnlich großes Wodkasortiment.

★

◄ Jelissejew

Am Puschkinplatz steht das konstruktivistische Verlagsgebäude der »Iswestija«. Wenig weiter kommt man zum **Museum der neuen Geschichte Russlands** (im ehem. Englischen Klub), das ursprünglich die Geschichte der Russischen Revolution von 1905 bis 1917 dokumentierte und heute sozialpolitische Geschichte Russlands von der Mitte des 19. Jh.s bis in die jüngste Vergangenheit zum Thema hat (Öffnungszeiten: Di. – Sa. 10.00 – 18.00, So. 10.00 – 17.00 Uhr).

◄ Puschkinplatz

◷

[handwritten: „Entendenkeng" → vom Park aus gesehen]

★★
**Neues Jung-
frauenkloster**

Metro:
Sportiwnaja ▶

🕐
Öffnungszeiten:
tgl. außer Di.
10.00 – 17.30
Friedhof:
tgl. 10.00 – 18.00
Messe: Mo. – Sa.
8.00 – 17.00

Eines der prächtigsten Klöster Moskaus, das Neue Jungfrauenkloster, schmiegt sich in die große Moskwaschleife südwestlich vom Zentrum. Es wurde 1524 von Wassilij III. als Teil des Rings von Wehrklöstern um Moskau gegründet. Die Blütezeit im 17. und 18. Jh. verdankte es den vielen »Jungfrauen«, Töchtern der Oberschicht, die wie Gefangene lebten, von ihren Verwandten aber reichliche Zuwendungen erhielten. Peter der Große verbannte 1689 seine Halbschwester Sofia Alexejewna hierher. Nachdem sie 1698 den Strelitzenaufstand angezettelt hatte, ließ er sie zwangsweise zur Nonne weihen.

Das sehenswerteste Bauwerk des Neuen Jungfrauenklosters ist die **Smolensker Kathedrale** mit ihren Fresken (1526 – 1530), Ikonen und der herrlichen fünfrangigen **Ikonostase**, die Sofia Alexejewna 1683 bis 1686 von Künstlern aus der Rüstkammer herstellen ließ. Im Sockelgeschoss ist Sofija 1704 beigesetzt worden.

Während die Smolensker Kathedrale als Sommerkirche benutzt wurde, diente die in den 1680er-Jahren erbaute **Mariä-Entschlafens-Kathedrale** als Winterkirche. Die **Torkirche** über dem Christi-Verklärungs-Tor fällt vor allem durch prächtige Fensterrahmungen auf. Im anschließenden **Lopuchin-Palast** wohnte u.a. Jewdokia Lopuchina, die erste Frau Peters des Großen, nachdem er sie verstoßen hatte. Der 72 m hohe **Glockenturm** von 1690 gehört zu den prächtigsten Beispielen barocker Architektur in Moskau.

Nowodewitschij-
Friedhof ▶

Der idyllische Friedhof jenseits der Wehrmauern des Klosters wurde 1898 angelegt. Hier ruhen u.a. **die Musiker Prokofjew**, **Rubinstein** und **Schostakowitsch** sowie die Schriftsteller **Gogol**, **Tschechow** und **Tolstoj** – und manche Sowjetgröße, die nicht prominent genug für

Neues Jungfrauenkloster *Orientierung*

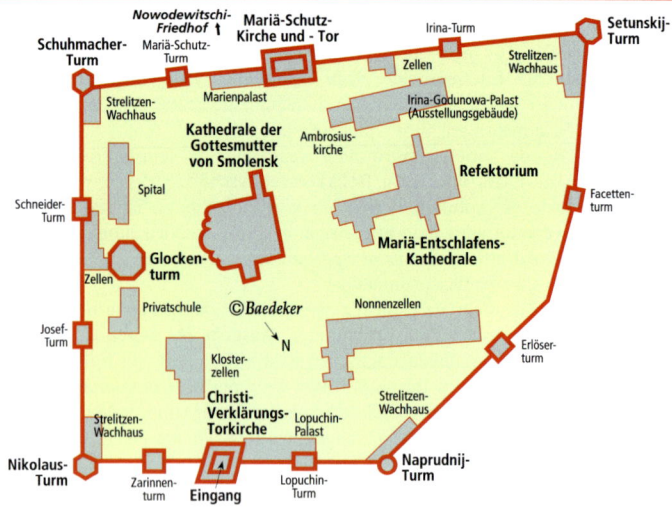

ein Grab an der Kremlmauer war wie **Chruschtschow**, **Molotow** oder **Stalins erste Frau** Nadeschda Allilujewa (Eingang: Luschnezkij Prospect 2; Öffnungszeiten: tgl. 10.00 – 17.00 Uhr) ☕

Die Adelsfamilie Scheremetjew erwarb Mitte des 18. Jh.s den Landsitz Ostankino im Norden Moskaus und ließ sich dort 1790 einen hölzernen Palast bauen, der durch den kunstvollen Verputz wie ein Steinbau wirkt. Hauptanziehungspunkt des Schlösschens ist das Theater. Das Adelspalais fungiert seit 1918 als »**Museum für das Kunstschaffen Leibeigener**«, denn Gebäude und Inneneinrichtung sind von Leibeigenen geschaffen worden. Im 1798 eröffneten **Theater** konnte in wenigen Minute der Zuschauerraum auf eine Ebene mit der Bühne gebracht werden – schon hatte man einen Ballsaal.
Direkt neben dem Schloss ragt der mit 540 m **weltweit zweithöchste Fernsehturm** auf, zu erreichen mit der ersten Einschienenbahn der Stadt (Haltestelle Ostankino / Fernsehturm). Die Aussichtsplattform befindet sich in 340 m Höhe.

★ Ostankino

☕ Öffnungszeiten:
19. Mai – 30. Sept.
Mi. – So.
11.00 – 19.00

◄ Fernsehturm

Südliche Umgebung von Moskau

Auf dem romantischen Landgut Melichowo, südlich von Moskau, verbrachte **Anton Tschechow** sechs arbeitsreiche Jahre (1892 – 1898). Er versorgte als Arzt 25 Dörfer, vier Fabriken und ein Kloster – ohne Honorar, da er dies als nützlichen Beitrag zur Gesellschaft ansah. Hier entstanden rund 40 Werke, darunter auch einige seiner bekanntesten wie »Die Möwe« und »Onkel Wanja«. Betritt man heute das Haus, das von einem üppig blühenden Garten mit Obstbäumen und einem Weiher umgeben ist, könnte man fast glauben, dass Tschechow jeden Augenblick zurückkehren würde: Anzug, Stock, Schirm und Arztkoffer stehen bereit. Das Museum ist dem Geist der damaligen Zeit nachempfunden, zu sehen gibt es handschriftliche Fragmente, Fotos von Freunden und persönliche Gegenstände.

**Melichowo
Мелихово**

Nördliche Umgebung von Moskau

Ein Ausflug nach Dmitrow, einer beschaulichen Kleinstadt ca. 80 km nördlich von Moskau, lohnt vor allem aufgrund seiner historischen Baudenkmäler. Im Zentrum der 1154 gegründeten Kleinstadt dominiert der Kreml mit der im 16. Jh. errichteten Mariä-Himmelfahrts-Kathedrale (Uspenskij sobor). Sie erhielt neun Kuppeln, deren Anordnung sich nach oben hin verjüngt. Ihre Ikonen stammen aus dem 15. bis 19. Jahrhundert. Neben dem Kreml erhebt sich das Verwaltungsgebäude der Stadt, zu dem auch ein Gefängnis gehört. 1898 kam die der Hl. Elisabeth geweihte Gefängniskirche (Jelisawetinskaja zerkow) im pseudorussischen Stil hinzu. Um den Kreml gruppieren sich zudem das Gymnasium, die Adelsversammlung sowie eine kirchliche Lehranstalt (zerkowno-prichoskaja schkola). Bedeutend ist auch das 1537 vollendete Boris-und-Gleb-Kloster (Borisoglebskij monastyr).

**★ Dmitrow
Дмитров**

✳
Muranowo
Мураново

Der Landsitz Muranowo, 55 km nördlich von Moskau, ist mit zwei bedeutenden russischen Schriftstellern verbunden. Ein Museum erinnert an den Lyriker, Übersetzer und Diplomaten **Fjodor Tjuttschew** (1803–1873) und an den Lyriker **Jewgenij Baratynskij** (1800 bis 1844), einen Weggefährten Alexander Puschkins. Selbst wer Tjuttschew nicht kennt, hat sicher schon einmal das von ihm geprägte geflügelte Wort gehört: »Verstehen kann man Russland nicht, und auch nicht messen mit Verstand. Es hat sein eigenes Gesicht. Nur glauben kann man an das Land«. Das 1841 errichtete Anwesen Baratynskijs beherbergt auch eine Sammlung mit Möbeln, Porzellan und anderen Einrichtungsgegenständen.

Radonesch
Радонеж

Einer der bedeutendsten russischen Heiligen, **Sergej von Radonesch** (1321–1391), verbrachte seine Kindheit 60 km nördlich von Moskau. Das Dörfchen trägt heute seinen Namen, ebenso wie die majestätisch gelbe klassizistische Kirche auf einem kleinen Hügel. Wer auf dem Weg in den berühmten Wallfahrtsort ▶Sergijew Possad ist, sollte dem Dörfchen einen Besuch abstatten, denn der Hl. Sergej von Radonesch gilt als Begründer des dortigen Dreifaltigkeitsklosters.

Sergijew Possad   ▶dort

Westlich von Moskau

✳✳
Neu-Jerusalemer
Männerkloster
bei Istra
Истра

Eines der schönsten Klöster im Moskauer Umland wurde 1656 unter Patriarch Nikon nahe der Kleinstadt Istra, 55 km westlich der Hauptstadt, errichtet. Dieser hatte die Vision, dass sich die Anlage künftig zum Nabel der orthodoxen Welt entwickeln könnte. Die einkuppelige Auferstehungskathedrale (Woskressenskij sobor) ist der Grabeskirche in Jerusalem nachempfunden. Nebenan thront die Mariä-Himmelfahrts-Kirche (Uspenskaja zerkow); Speisesäle, die Wohnräume des Patriarchen, dessen Grab, eine Torkirche und weitere Gebäude gehören zum Ensemble. Das Kloster (Wokressenskij Nowojerusalimskij Muschskoj monastyr) besaß große Ländereien, auf denen im späten 17. Jh. Kirchenbüchern zufolge bereits 13 000 Bauern lebten. Auf Initiative von Nikon wurde eine bedeutende Bibliothek angelegt, zunehmend strömten Pilger in das Kloster. Zu Sowjetzeiten wurde das Kloster geschlossen, ab 1921 befand sich hier ein Heimatmuseum. Unter deutscher Besatzung wurden 1941 bedeutende Teile des Klosters beschädigt, doch nach den Restaurierungsarbeiten 1959 konnte wieder ein Museum eingerichtet werden. 1995 ging das Kloster wieder an das Moskauer Patriarchat zurück.

Rjasan (Рязань)

Rjasan (511 000 Einw., 200 km südöstlich von Moskau) blickt auf eine bewegte Geschichte zurück: Die Stadt wurde von den Reitern der Goldenen Horde heimgesucht und von einer Feuersbrunst zer-

Sergej Jessenin war ein Exzentriker reinsten Wassers.

stört. Dennoch lockt sie heute mit einem ungewöhnlichen Kreml und einer malerischen Umgebung am Fluss Oka.

Die orthodoxen Metropoliten der Diözese haben traditionell im Kreml von Rjasan ihren Herrschaftssitz. Interessant ist die **Mariä-Himmelfahrts-Kathedrale**, ein würfelförmiger Ziegelbau, dessen blaue Nebenkuppeln mit goldenen Sternen rund um die mächtige goldene Hauptkuppel angeordnet sind. Im Inneren überrascht eine 27 m hohe Ikonostase. Vom hohen gelben Glockenturm hat man im Sommer einen **schönen Ausblick auf die Stadt**. Als ältestes erhaltene Gebäude auf dem Gelände gilt die Erzengel-Kathedrale vom Beginn des 16. Jahrhunderts.

✶ **Kreml**

Die Vergangenheit der Stadt ist im geschichtlich-architektonischen **Museum** dargestellt mit einem imposanten Panorama der Schlacht gegen die Goldene Horde von 1237 (Rjasanskij istoriko-architekturnyj musej-sapowednik, ul. Kremljowskij wal 15).

Wer hat in seiner Schulzeit nicht schon vom »Pawlowschen Hund« gehört? Der russische Mediziner und Verhaltensforscher **Iwan Pawlow** (1849–1936) stellte an seinem Forschungsobjekt fest, dass dessen Speichelsekretion bereits beim Anblick von Nahrung beginnt. Für seine Arbeiten über die Verdauungsdrüsen wurde Pawlow 1904 mit dem **Nobelpreis für Medizin** ausgezeichnet (Dom-musej I. P. Pawlowa, ul. Pawlowa 25, http://pavlov.amr-museum.ru).

Pawlow-Museum

Im ca. 40 km nordwestlich von Rjasan gelegenen malerischen Dorf Konstantinowo an der Oka wurde der Dichter **Sergej Jessenin** geboren (1895–1925). In einem Museum zeichnen Fotografien und Erinnerungsstücke sein kurzes und bewegtes Leben nach. Jessenin nahm sich mit 30 Jahren in einem Leningrader Hotel das Leben. Zum Mu-

✶ **Jessenin-Landsitz in Konstantinowo**
Константиново

🕐
Öffnungszeiten:
tgl. außer Mo.
10.00 – 18.00 nach
Voranmeldung Tel.
49137 / 3 32 57)

seumskomplex gehört neben Jessenins Geburtshaus eine kleine Kunstgalerie, das Haus seiner Muse Anna Snegina sowie die Kasaner Kirche. Jessenin galt als Exzentriker in jeder Hinsicht: Er war fünf Mal verheiratet, u. a. mit der legendären Tänzerin Isidora Duncan und mit Sofia Tolstoj, einer Enkelin von Lew Tolstoj. Seine Trunksucht spiegelt sich auch in einigen Werken wieder, die im Gegensatz zu den poetischen Naturgedichten stehen, in denen er das Dorfleben von Konstantinowo schildert. Zu Sowjetzeiten waren seine Werke verboten (Gosudarstwennyj musej-sapowednik S.A. Jessenina).

Murmansk

Dg 11

Region: Murmanskaja oblast
Höhe: 49 m ü.d.M.

Einwohner: 400 000
Kyrillisch: Мурманск

In Murmansk ist er geschafft – der halbe Weg zwischen Moskau und Nordpol. Die weltweit größte Stadt jenseits des Polarkreises besticht durch ihre Lage an der Kola-Bucht.

Tor zur Arktis Wer mit dem Zug ankommt, wird vom imposanten Hafen an der fjordartigen Kola-Bucht empfangen, an die sich die Stadt auf einer Länge von 20 km schmiegt. Trotz der extrem nördlichen Lage hält sich der Frost in Grenzen, da ein Ausläufer des Golfstroms die Kola-Halbinsel umspült und den Hafen eisfrei hält. Diese, zur Murmanskaja oblast gehörend, grenzt im Norden an die Barentssee und im Osten an das Weiße Meer. Das Verwaltungsgebiet ist so groß wie Griechenland und wird von ca. 1 Mio. Menschen bewohnt. Nachbarn sind Finnland und Norwegen; aufgrund der Nähe betreiben Norwegen, Finnland und Schweden Generalkonsulate in Murmansk. Im Hafen von Murmansk ist die **einzige atomgetriebene Eisbrecherflotte der Welt** stationiert. Sie bahnt Schiffen den Weg in östliche Regionen, die in der kalten Jahreszeit auf dem Landweg nicht erreichbar sind. Von Murmansk aus startete 1977 auch der Eisbrecher »Arktika«, der als erstes Überwasserschiff den Nordpol erreichte.

Russland betrachtet die Kola-Halbinsel und Murmansk als militärstrategisch äußerst wichtig, auch wenn die Stadt nicht mehr wie zu Sowjetzeiten militärisches Sperrgebiet ist. Nach wie vor ist in Murmansk die russische Nordflotte stationiert, deren Kern die strategischen Atom-U-Boote bilden. Die Region bis hinauf zur Andrejewa-

❓ WUSSTEN SIE SCHON …?

■ … dass die Polarnacht rund um die Wintersonnwende (21.12.) keinesfalls schwarz ist? Wenige Stunden am Tag ist der hohe Norden in eine Art Dämmerlicht getaucht, die Sonne steigt nicht vollständig über den Horizont. Das Gegenteil ist der Polartag um den 21.6., an dem die Mitternachtssonne scheint. In Russland wird diese Zeitspanne, in der die Sonne nur für kurze Zeit untergeht, »Weiße Nächte« (Bjelyje notschy) genannt.

Bucht ist **eine der schlimmsten Atommüllhalden der Welt**: Über 100 ausgemusterte Atom-U-Boote mit noch funktionsfähigen Reaktoren rosten hier vor sich hin; jährlich können nur drei bis sechs davon entsorgt werden. Neben dem Militär sind der Bergbau (Apatit, Zirkon und Nickel) und die Aluminiumproduktion wichtige Wirtschaftsfaktoren, auch die Fischerei ist bedeutend. Vor der Küste der Kola-Halbinsel bereitet die Ölgesellschaft Gazprom die Erschließung des riesigen Stockman-Gasfelds in der Barentssee vor.

Ab dem 12. Jh. ließen sich russische Stämme, angelockt von der Aussicht auf reichen Fang an Fischen, Walen und Robben, am Weißen Meer nieder. Die Nachfahren dieser Siedler, die **Pomoren** pflegen bis heute neben eigenen Traditionen auch eine nordische Mundart des Russischen. Erst unter der Herrschaft von Zar Nikolaus II. wurde 1916 die Stadt Murmansk (von »murman« für Nordmänner) gegründet; zu Ehren seiner Familie zunächst unter dem Namen Romanow-na-Murmanje. Die deutsche Wehrmacht griff im Zweiten Weltkrieg Murmansk von Finnland aus an, denn der Hafen war Ziel des Großteils der alliierten Geleitzüge durch den Nordatlantik, mit denen die Sowjetunion Rüstungsgüter erhielt. Die Operation scheiterte, doch zehn Monate lang stand Murmansk unter Beschuss und wurde nahezu dem Erdboden gleich gemacht.

Geschichte

> **!** *Baedeker* TIPP
>
> **Kulinarische Besonderheiten**
>
> In manchen Lokalen auf der Kola-Halbinsel werden Rentiersteaks serviert. Typisch sind auch Fischgerichte, v. a. Kabeljau und Sewerjanka, eine nordische Fischsuppe.

Sehenswertes in Murmansk

Vom Bahnhof aus kommt man direkt zum Lenin gewidmeten, nur einen Block entfernten Hauptboulevard der Stadt. Beim zentralen ploschtschad Pjaty ugljach ist der Name Programm: Fünf Ecken spiegeln sich im Grundriss des Platzes, an dem sich gleich mehrere Hauptverkehrsstraßen kreuzen. Sofort fällt hier das Hotel Arktika mit seinen 16 Stockwerken ins Auge, gegenüber liegt das Hotel Meridian. Die ul. Leningradskaja war lange Zeit die Paradestraße der Stadt mit Stadion, Kino und Sowjetbauten; heute ist das der prospekt Lenina, der die Innenstadt in nordwestlicher Richtung durchmisst. Im Juli blüht hier der Flieder – die Büsche stammen aus Belgien.

Orientierung in der Innenstadt

Die Geschichte der Saami und der russischen Pomoren auf der Kola-Halbinsel sowie die arktische Flora und Fauna sind Schwerpunktthemen des **Heimatmuseums**, aber auch die Rolle der Nordflotte und der Stadt Murmansk im Zweiten Weltkrieg werden beleuchtet. Im Außenbereich hütet man den Anker des legendären, noch zu zaristischen Zeiten gebauten Eisbrechers »Jermak«, der als Großvater aller

Museen

MURMANSK ERLEBEN

AUSKUNFT

Tourist Information Centre (TIC)
ul. Tschljuskinzew 2a
Tel. (81 52) 42 45 65
www.murmantourism.ru
(auch englisch)

FESTE

Festival des Nordens
Eine Art Volksolympiade, die seit
1934 jährlich Ende März stattfindet
(►Baedeker Tipp S. 403).

Tag des Fischers
Viele Berufsstände haben in Russland
ihren eigenen Feiertag. In Murmansk
gilt der Tag der Fischer am zweiten
Sonntag im Juli als bedeutendster.

TOUREN / EXKURSIONEN

Intourist Murmansk
ul. Knipowitscha 17
Tel. / Fax (81 52) 45 43 85
E-Mail: mintour@online.ru
Organisation von Exkursionen auf die
Kola-Halbinsel, Unterstützung bei der
Visabeschaffung, Dolmetscher- und
Hotelvermittlung

Arctic Safari
ul. Kapetana Orlikowa 60
Tel. (81 52) 23 36 88

Murmansk Orientierung

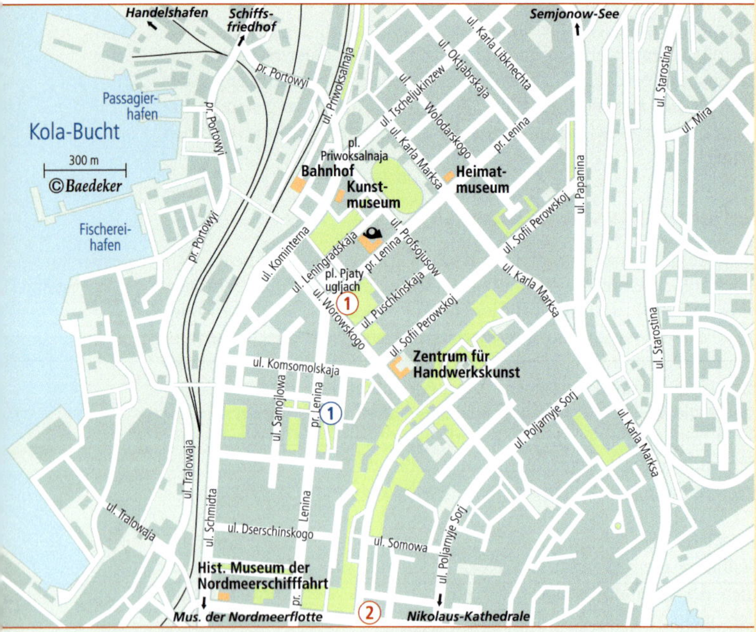

Handelshafen
Schiffs-friedhof
Semjonow-See
pr. Portowyi
pr. Primoksalnaja
ul. Primokscalnaja
ul. Karla Libknechta
ul. Oktjabrskaja
ul. Tscheljukinzew
ul. Woldarskogo
ul. Karla Marksa
ul. Starostina
ul. Mira

Passagier-hafen
Kola-Bucht
300 m
© Baedeker

pr. Portowyi
pl. Priwoksalnaja
Bahnhof
Kunst-museum
pr. Lenina
Heimat-museum
ul. Papanina

Fischerei-hafen
ul. Komintena
ul. Leningradskaja
pr. Lenina
pl. Pjaty ugljach
ul. Prokofjow
ul. Puschkinskaja
ul. Sofii Perowskoj
ul. Karla Marksa
① ul. Worowskogo

ul. Komsomolskaja
ul. Sofii Perowskoj
Zentrum für Handwerkskunst
ul. Starostina
ul. Karla Marksa

pr. Lenina
ul. Samojlowa
①
ul. Polarnyje Sory

ul. Tralowaja
ul. Schmidta
Lenina
ul. Polarnyje Sory
ul. Karla Marksa

ul. Tralowaja
ul. Dserschinskogo
ul. Somowa

Hist. Museum der Nordmeerschiffahrt
Mus. der Nordmeerflotte
② **Nikolaus-Kathedrale**

Essen
① Café Leto

Übernachten
① Meridian
② Polarnyje sory

www.arcticsafari.ru
Organisation von Wildnistouren auf
der Kola-Halbinsel, Angeltrips,
Ausflüge zum Festival des Nordens

ESSEN

► Erschwinglich
Café Leto
ul. Lenina 61
Tel. (81 52) 45 96 06
Im Chill-out-Café »Sommer« herrscht
auch im Winter warme Atmosphäre.
Neben leckerem Käsekuchen werden
Fischgerichte, Fleisch, Pasta und
Salate serviert. Tipp: Suppe Suomi
mit rotem Kaviar, Lachsforelle und
Sauerrahm.

ÜBERNACHTEN

► Luxus
Meridian
ul. Worowskogo 5/23
Tel. (81 52) 28 88 00

www.meridian-hotel.ru
142 Z. Hier steigt sogar der russische
Präsident ab: Komfortables Business-
hotel am Platz der fünf Ecken.

► Komfortabel
Poljarnyje sory
ul. Knipowitscha 17
Tel. (81 52) 28 95 00
www.russlandia.ru
232 Z. Touristen schätzen das Haus
v. a. wegen dem schönen Ausblick
auf die Kola-Bucht! Restaurant,
Nachtklub und Businesszentrum
vorhanden.

AUSGEHEN

Wer nicht schlafen kann, sollte hier
vorbeischauen: Im Ledokol-Klub ist
bis 5.00 Uhr morgens geöffnet, in der
heimeligen Cocktailbar Barenz sogar
noch eine Stunde länger.

Schiffe dieser Art gilt (Murmanskij oblastnoj krajewedscheskij musej,
prospekt Lenina 90; Öffnungszeiten: Sa. – Mi. 11.00 – 18.00 Uhr).
Das einzige **Kunstmuseum** in Russlands polarem Norden präsentiert
Handwerk, Skulpturen sowie Porträt- und Landschaftsmalerei des
18. bis 20. Jah.s (Murmanskij oblastnoj chudoschestwennyj musej,
ul. Kominterna 13; Öffnungszeiten: Mi. – So. 10.00 – 18.00 Uhr).
Schiffsmodelle, Torpedos, Minen, chemische Waffen u. v. m. zeigt das
Militärmuseum der Nordmeerflotte (Militarny musej Sjewernogo
morskogo flota, ul. Torzewa 15).Thema im **Museum der Murmansk
Shipping Company** ist die Nordmeerschifffahrt (Musej istorii Mur-
manskogo morskogo parochodstwa, ul. Wolodarskogo 6, 3. Stock;
Öffnungszeiten: Mo. – Fr. 9.00 – 13.00, 14.00 – 17.00 Uhr).

Der eisfreie Hafen (Port) von Murmansk ist der **größte und bedeutendste in Russlands Polarzone**. Die Anlegestellen ziehen sich über
4 km entlang der Kola-Bucht, gut 100 Kräne sind im Einsatz. Etwa
zehn Flotten – von der Fischereiflotte über Handels- und For-
schungsflotten – haben hier ihre Basis, wobei die **Atom-Eisbrecher-
Flotte** sicher die spektakulärste ist. Zu Sowjetzeiten war Murmansk
dank dieser Schiffe die Hauptstadt des nördlichen Seewegs zur Versorgung der arktischen Siedlungen in Sibirien. Heute erreicht jedoch
kein Schiff mehr den Pazifik über die nordische Route. Für die meis-

★
Hafen

Der Leuchtturm weist den Weg in den eisfreien Hafen von Murmansk.

ten Schiffe ist in der nordsibirischen Stadt Dudinka Endstation, denn die entlegenen russischen Außenposten werden nur noch per Flugzeug beliefert. Im Frachthafen von Murmansk werden überwiegend Rohstoffe aus Sibirien umgeschlagen. Andere Routen führen seltener zur einstigen Atomtest-Insel Nowaja Semlja, in die Hauptstadt der Nenzen Narjan Mar, ins sibirische Dikson oder Tiksi, in dessen Nähe sich der Kältepol der Welt befindet. Neben den Eisbrechern liegt der ebenfalls bedeutende Fischereihafen. Dagegen hat der Passagierhafen, nur 500 m vom Hauptbahnhof, schon bessere Zeiten gesehen; die kleinen Kutter steuern meist nur entlegene Orte auf der Kola-Halbinsel an. Nördlich an den Handelshafen schließen sich ein Kohle- und ein Phosphat-Terminal an und noch weiter im Norden, etwa auf Höhe des Semjonow-Sees, befindet sich ein Schiffsfriedhof.

Nikolaus-Kathedrale Lange Zeit war Murmansk eine Stadt ohne Gotteshaus. Erst nach dem Zweiten Weltkrieg wurde 1946 die hölzerne Nikolaus-Kirche am südlichen Stadtrand errichtet. 1984 beschloss die kleine Gemeinde den Bau einer Steinkirche; da die sowjetische Regierung dieses Vorhaben boykottierte, sollte die Umsetzung bis 1992 dauern. Nebenan wurde ein etwas kleineres Gotteshaus errichtet, das dem Heiligen Trifon Petschengskij gewidmet ist. Das Ensemble der beiden Kirchen gilt als **religiöses Zentrum der Kola-Halbinsel** (Swjato-Nikolskij kafedralnyj sobor/chram Sw. Trifona Petschengskogo, ul. Seljonnaja).

Stolz sind die Bewohner von Murmansk auf Aljoscha, einen monu- ★
mentalen, steinernen Soldaten mit wehendem Mantel. Das 34 m ho- **»Aljoscha«**
he Denkmal am Ufer des Semjonow-Sees erinnert an die gefallenen
Verteidiger im Zweiten Weltkrieg. Auch wenn Aljoscha vom Zentrum
aus recht nahe wirkt – der Schein trügt: Es lohnt sich, den Bus zu
nehmen (Haltestelle ul. Gagarina).

Der Semjonow-See (Semjonowskoje osero) liegt nördlich des **Semjonow-See**
Zentrums und ist einer der Lieblingsorte der Murmansker, auch
wenn die grüne Oase durch eine triste Plattenbausiedlung getrübt
wird. Hier finden im Sommer Segelregatten statt; in Ufernähe erhebt
sich die weiße Kuppelkirche Erlöser-auf-dem-Wasser und ein
Leuchtturm erinnert an die zu Friedenszeiten verunglückten Fischer,
Seeleute und Marineangehörige. Der See verdankt seinen Namen
Semjon Korschnjew, einem zaristischen Soldaten, den die ersten
Erkundungstrupps 1912 als einzigen Menschen weit und breit antra-
fen.
Im Ozeanarium, einem Iglu nachempfunden, tummeln sich ark- ◄ Ozeanarium
tische Robben, die z. T. aus Forschungslaboren stammen und
von Trainern ausgebildet werden(prospekt Gerojew Sjewero-
morzew 2; Vorstellungen: Mi.–So. um jeweils 11.00, 15.00 und ☉
17.00 Uhr).

Umgebung von Murmansk

Das **nördlichste orthodoxe Kloster der Welt** (Trifono-petschengskij ★
monastyr) wurde 1553 von Trifon Petschengskij (1495–1583) ge- **Petschenga-**
gründet, dem Missionar der Saami. Bei seinem Tod prophezeite er **Trifon-Kloster**
die Zerstörung des Bauensembles – schon wenige Jahre später fielen
die Schweden ein und ließen vom
Kloster nicht viel übrig. Mönche
des ► Solowezkij-Klosters im Weißen Meer begannen 1886 mit dem
Wiederaufbau der Anlage, die 135
westlich von Murmansk und 230
km von der norwegischen Grenze
entfernt an der Mündung des Flusses Petschenga in die Barentssee
liegt. Die Mönche zeigen ihr Anwesen gerne, allerdings sollte man
sich vorher telefonisch ankündi-
gen. Das Pilgerbüro des Klosters in
Murmansk informiert über die Beschaffung von Passierscheinen und
hilft bei der Organisation von Exkursionen (Petschengskoje schosse
1, Kloster: Tel. 8 15 54 / 762 23, Pilgerbüro 81 52 / 28 75 22).

! *Baedeker* TIP

Festival des Nordens

Höhepunkte des jährlich Ende März stattfindenden Festivals sind das Rentierrennen und ein
54 km langer Skimarathon, aber auch Eishockey,
Eiskunstlaufen, Biathlon und Eisschwimmen
stehen auf der sportlichen Agenda. Die meisten
Events finden in der Niederung Dolina Ujuta
statt oder starten dort, eine halbe Fahrstunde
von Murmansk mit dem Bus entfernt. Hotel
rechtzeitig buchen! Hintergrundinformationen
bietet das Museum der Polar-Olympiade (Musej
istorii Poljarnych olimpiad, ul. Knipowitscha
23a, Öffnungszeiten: Sa.–Mi. 10.00–18.00
Uhr).

Montschegorsk (Мончегорск)

Die sozialistisch geprägte Bergbaustadt (60 000 Einw., 140 km südlich von Murmansk) ist von einer beeindruckenden Tundralandschaft umgeben und **Ausgangspunkt für Exkursionen nach Russisch-Lappland**. Montschegorsk wird vom Chiniby-Gebirgsmassiv geschützt. Wer hinaufsteigt, wird mit einem schönen Ausblick auf eine Seenkette belohnt – wenn man die Industrieschlote in der Umgebung übersieht. Beliebte Freizeitaktivitäten in der Region sind neben Snowboarden und Alpinski auch Winter-Windsurfing und Kiteboarding. Die Stadt selbst erstreckt sich am Ufer des Lumbolka-Sees in einer sanft gewellten Landschaft. Ihr Zentrum liegt um den ploschtschad Pjat Uglow (»Platz der fünf Ecken«). An der Kreuzung des zentralen prospekt Metallurgow thront ein mächtiger gusseiserner Elch, das Wahrzeichen der Stadt.

✳ Gnom-Museum

Trolle, Gnome, Zwerge, Elfen, Hausgeister und der Waldschrat treiben in diesem reizenden Privatmuseum ihr Unwesen – zumindest nachts, wenn sie unbeobachtet sind. Das Interessante an diesem Sammelsurium ist, dass die **Fabelwesen aus verschiedenen Kulturen** zusammengetragen wurden (Musej gnomow, ul. Gagarina 14/12, nach vorheriger Anmeldung; Tel. 8 15 36 / 7 41 61).

Weitere Museen

Einblicke in die Flora und Fauna des Lappland Biosphären-Reservats sowie die Geschichte der Stadt erhält man im **Heimatmuseum**, einem rustikalen Holzhaus im finnischen Stil (Montschegorskij krajewedtscheskij musej, ul. Zarjewskogo 2). Wer sich für die industrielle Entwicklung der Kola-Halbinsel interessiert, sollte im **Technischen Museum** vorbeischauen (Technitscheskaja wystawka-musej/Dom Byta, ul. Metallurgow 25). Über die Grenzen der Stadt hinaus bekannt ist das **Mineralogische Museum**, in dem nicht nur seltene Steine, die auf der Kola-Halbinsel entdeckt wurden, gesammelt werden, sondern auch Funde aus verschiedenen Teilen der ehemaligen UdSSR (Mineralogitscheskij musej, Leningradskaja nabereschnaja 6).

✳ ✳ Lappland Biosphären-Reservat

Die wilde, unberührte Natur der Tundra, alpine Wiesen, Sümpfe und Seen, durch die der raue Polarwind fegt, sind ein **Muss für Outdoor-Liebhaber**. Das Lappland Biosphären-Reservat erstreckt sich nördlich und westlich von Montschegorsk auf 2784 km²; die Fahrzeit von der Stadt dorthin beträgt etwa eine Stunde. Es erhielt 1985 den Status eines UNESCO-Biosphären-Reservats. Durch das Gebiet verläuft die Hauptverkehrstrasse Murmansk – St. Petersburg. .Das Reservat ist eine Art Pufferzone, in der die industriellen Auswirkungen auf die Natur der Kola-Halbinsel erforscht werden. Ursprünglich war das Reservat zum Schutz von wildlebenden Rentierherden gegründet worden, heute leben hier noch etwa 1000 Rentiere, aber auch Bären, Wölfe, Füchse, Lemminge, Schneehasen und andere geschützte Tiere. Zwei Ausstellungszentren informieren über die

Region, **in der die Taiga in die Tundra übergeht**. Beste Reisezeit ist zwischen März und September, im Winter werden Iglu-Expeditionen organisiert. Befestigte Fahrbahnen gibt es nicht, in der weißen Jahreszeit dient das Schneemobil als Fortbewegungsmittel entlang der Hauptrouten (Laplandskij sapowednik, Seljonnyj pereulok 8, Tel. (81536) 5 80 18, www.lapland.ru, Vermittlung von ganztägigen Exkursionen im Reservat.

✱ Nischnij Nowgorod (Nižnij Novgorod)

Dg 17

Region: Nischegorodskaja oblast
Höhe: 134 m ü.d.M.

Einwohner: 1,28 Mio.
Kyrillisch: Нижний Новгород

Hoch über dem Zusammenfluss von Wolga und Oka thront der alte Kreml von Nischnij Nowgorod, der fünftgrößten Stadt Russlands. 1868 wurde der Schriftsteller Maxim Gorkij hier geboren, weshalb die Stadt von 1932 bis 1990 seinen Namen trug.

Nischnij Nowgorod wurde 1221 durch den Großfürsten von Wladimir, Jurij II. (1189–1238), am Zusammenfluss der beiden großen Ströme Wolga und Oka gegründet. Wörtlich übersetzt bedeutet der Name »Untere Neustadt«. Damit sollte ein Kontrast zum älteren Welikij Nowgorod im Nordwesten Russlands gesetzt werden. Die Einwohner nennen ihre Stadt meist nur »Nischnij«. Großfürst Dmitrij (1323–1383) ließ zahlreiche Kirchen erbauen und beauftragte den Mönch Laurentius 1377 mit der

Alte Handelsstadt

> **? WUSSTEN SIE SCHON …?**
>
> ■ … dass ein Sprichwort im 19 Jh. besagte, Moskau sei das Herz, St. Petersburg der Kopf und Nischnij Nowgorod die Geldbörse Russlands?

Abschrift des ältesten überlieferten russischen Schriftstücks, der Nestorchronik. Die Kopie sollte als **Laurentius-Kodex** in die Literaturgeschichte eingehen. Ab 1392 gehörte Nischnij Nowgorod zum Moskowiterreich und diente als Vorposten gegen das Kasaner Khanat, das erst 1552 erobert wurde.
Da Nischnij Nowgorod an der Handelsroute von Europa nach Asien lag, entwickelte es sich schon bald zu einem florierenden Warenumschlagsplatz, sodass sich die mächtige Kaufmanns-Dynastie der Stroganows niederließ. Um die Wende zum 18. Jh. bildete sich der nach ihnen benannte Ikonen- und Architekturstil **»Stroganow-Schule«** heraus. Nischnij Nowgorod bekam 1817 nach dem Brand des alten Messegeländes von Makarjew eine eigene Messehalle. Der Markt galt als größter in Russland. Mit dem Bau der Eisenbahn von Moskau nach Sibirien und Zentralasien war die Metropole fortan direkt an die Handelszentren angeschlossen, so dass Nischnij Nowgorod an Bedeutung verlor. Zu Sowjetzeiten wurden die Messeaktivitäten ein-

▶ NISCHNIJ NOWGOROD ERLEBEN

AUSKUNFT
www.welcomenn.ru
www.admgor.nnov.ru
(beide auch Englisch)

ESSEN

▶ Erschwinglich
Kupetscheskij
ul. Aleksejewskaja 15
Wild und Fisch speisen wie einst die
Aristokraten.

U Schachowskogo
ul. Piskunowa 10
Kultiviertes Ambiente

Tinkoff
ul. Belinskogo 63
(5. Etage Einkaufszentrum Etaschy)
Beliebte St. Petersburger
Mikrobrauerei

ÜBERNACHTEN

▶ Luxus
Oktjabrskaja
Werchnewolschskaja nabereschnaja
9a
Tel. (831) 432 80 80
Fax (831) 432 91 11
www.oktyabrskaya.ru
79 Z. Saniertes Hotel mit teils recht
farbenfrohen Vorhängen und Retro-
kacheln im Bad.

Wolna
prospekt Lenina 98
Tel. (831) 295 19 00
Fax (831) 295 14 14
www.volnahotel.ru
198 Z. Komfortables modernes Busi-
nesshotel zwischen Stadt und Flughafen.

▶ Komfortabel
Worobej business hotel
ul. Worowskogo 3
Tel. (831) 430 03 00
www.loungestreet.ru
Dieses moderne Hotel im Lounge-Stil
hat sich guten Service auf die Fahnen
geschrieben.

Zentralnaja
ul. Sowjetskaja 12
Tel. (831) 277 55 00
Fax (831) 277 55 66
www.hotel-central.ru
500 Z. Sanierter riesiger Bettenbunker
im Zentrum, bei Touristen beliebt,
Visumunterstützung.

AUSGEHEN
Klub Leks
Seljonnyj sjesd 8
Tel. (831) 433 63 48
Farbenfrohe Bar zum Chillen und
Musik hören.

gestellt, erst 1991 besann man sich auf die alte Tradition. 1932 wurde
die Stadt zu Ehren des Schriftstellers **Maxim Gorkij** umbenannt – gegen dessen ausdrücklichen Willen.

Zu Sowjetzeiten durfte kein Ausländer in den **bedeutenden Indust-
rie- und Rüstungsstandort** reisen: Im Rahmen des ersten Fünfjahresplans wurde hier die riesige Autofabrik GAZ aus dem Boden gestampft; Hafen, Werft, Flugzeugwerk, Waggonfabrik und andere bedeutende Infrastrukturobjekte kamen hinzu. Während des Zweiten
Weltkriegs galt Gorkij als eines der wichtigsten Rüstungszentren des

Nischnij Nowgorod *Orientierung*

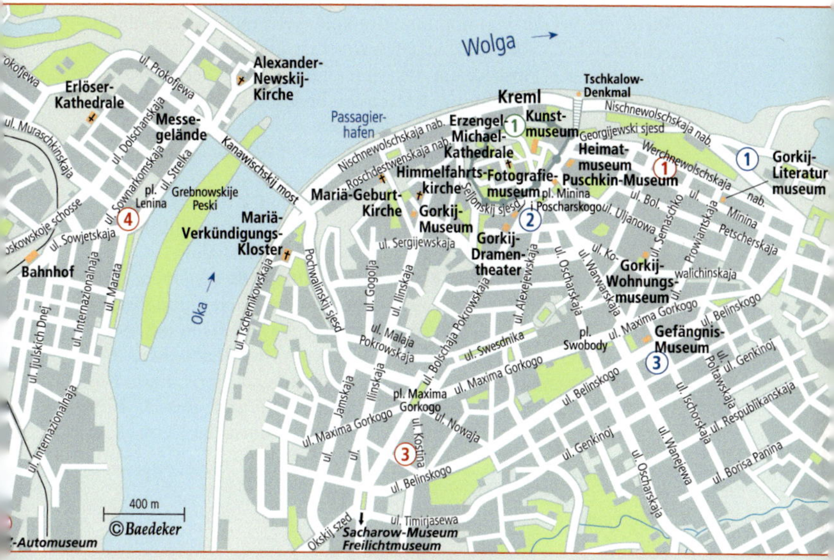

Karte:

Wolga →

Erlöser-Kathedrale
Alexander-Newskij-Kirche
Messe-gelände
Passagier-hafen
Tschkalow-Denkmal
Kreml
Erzengel-Michael-Kathedrale
Kunst-museum
Heimat-museum
Puschkin-Museum
Gorkij-Literatur museum
pl. Lenina
Grebnowskije Peski
Mariä-Geburt-Kirche
Himmelfahrts-kirche
Fotografie-museum
Gorkij-Museum
Mariä-Verkündigungs-Kloster
Bahnhof
Oka
Gorkij-Dramen-theater
Gorkij-Wohnungs-museum
pl. Maxima Gorkogo
pl. Swobody
Gefängnis-Museum
Automuseum
pl. Maxima Gorkogo
Sacharow-Museum Freilichtmuseum

400 m
© Baedeker

Essen
① Kupetscheskij
② U Schachowskogo
③ Tinkoff

Übernachten
① Oktjabrskaja
② Wolna
③ Worobej
④ Zentralnaja

Ausgehen
① Leks

Landes – hier entstanden u. a. die legendären Panzer T-34 –, weshalb die deutsche Luftwaffe in 47 Angriffen versuchte, die Rüstungsindustrie zu vernichten. Viele Dissidenten wurden nach Gorkij verbannt, darunter auch der Nobelpreisträger und Atomphysiker **Andrej Sacharow**.

Sehenswertes in und um Nischnij Nowgorod

Architektur

Nischnij Nowgorod gilt als eines der interessantesten Zentren für zeitgenössische Architektur in Russland, wo sich u. a. Wladimir Kowalenko, Alexander Charitonow und Jewgenij Pestow verewigt haben. Sehenswerte Gebäude sind u. a. das Hotel Oktjabrskaja, das Haus des Künstlers, das Dynamo-Stadion, die Garantija-Bank und das Geschäftszentrum Titanik.

★ ★
Kreml

Hoch über der Wolga thront der 1511 fertiggestellte Kreml, den eine mächtige rote Backsteinmauer umgibt. Von den 13 Türmen sind noch zwölf erhalten. Der rechteckige **Dmitrijew-Turm** gilt als Wahrzeichen der Stadt und führt direkt aufs Kremlgelände. Auf seiner Spitze thront ein goldener Hirsch, der sich auch im Stadtwappen wiederfindet. Im unteren Kreml-Abschnitt dominiert der **Iwanowsk-Turm**, der bei der Versammlung der Volkswehr unter Minin und Poscharskij 1612 eine Rolle spielte. Von hier aus machte sie sich auf den Weg nach Moskau, um die polnischen Heere zu vertreiben. Eine Ausstellung erinnert an das historische Ereignis. Minin wurde in der Erzengel-Michel-Kathedrale in der Mitte des Kremlgeländes bestattet. Hier dominiert der Gouverneurspalast, bis heute als Regierungs- und Verwaltungssitz der Region.

Vom Kreml öffnet sich ein herrlicher Blick auf Wolga und Oka; die monumentale **Tschkalow-Treppe** führt ans Wolgaufer. Oben thront das Denkmal des sowjetischen Fliegers Walerij Tschkalow.

Eines der bedeutendsten Kunstmuseen Russlands beherbergt mehr als 10 000 Exponate – von Lucas Cranach dem Älteren und Pieter de Grebber bis hin zur Gegenwartskunst. Zu den Schätzen des 19. Jh.s gehören Werke von Karl Brüllow, Ilja Repin, Iwan Schischkin, Isaak Lewitan, Wassilij Surikow, Nikolaj Roerich und Boris Kustodijew. Avantgarde-Vorreiter wie Kasimir Malewitsch und Wassilij Gontscharow sind hier vertreten. Interessant sind auch die Gemälde des

★ ★

Kunstmuseum ►

🕐
Öffnungszeiten:
tgl. 10.00 – 17.00

Hoch über der Wolga thront der Kreml von Nischnij Nowgorod.

Underground-Künstlers Oleg Zelkow und der Auslandsrussen Ernst Neistwestnyj und Michail Schemjakin. Die Sammlung ostasiatischer Kunst ist ebenfalls sehenswert (Nischegorodskij gosudarstwennyj chudoschestwennyj musej, Kreml, Dmitrijewskaja baschnja).

Der ploschtschad Minina i Poscharskogo vor dem Kreml mit einigen sehenswerten historischen Gebäuden und modernen erfrischenden Skulpturen mündet in die Fußgängerzone. Entlang der Flaniermeile haben im Sommer Künstler und Souvenirverkäufer ihre Klappstühle aufgestellt, v. a. vor dem Universitätsgebäude neben dem Puppentheater geht es geschäftig zu. Beeindruckend ist das Gebäude der **Staatsbank** mit der Hausnummer 26 / Ecke ul. Grusinskaja, ein monumentales, aber dennoch romantisch-märchenhaft wirkendes Gebäude im altrussischen Stil. Das 1896 erbaute **Gorkij-Dramentheater** (Hausnummer 13) genießt einen Ruf als experimentelle und fortschrittliche Bühne.

ul. Bolschaja Pokrowskaja

Westlich vom Kreml erstreckt sich am Wolgaufer der Flusshafen, einer der größten im Land (Nischnewolschkaja / pl. Markina 15).

Flusshafen

Über den Vorplatz des Hafens gelangt man in die ul. Roschdestwenskaja, die parallel zur Uferstraße verläuft. Hier besticht ein herausragendes barockes Sakralgebäude, die 1719 im Auftrag der berühmten Stroganow-Familie errichtete Mariä Geburt geweihte Kirche, mit reicher Innenausstattung und großzügig goldverzierter Ikonostase (Zerkow Roschdestwa preswjatoj Bogorodizy).

Mariä-Geburt-Kirche

Unter dem Namen Alexej Maksimowitsch Peschkow wurde der als Maxim Gorkij bekannte Schriftsteller in Nischnij Nowgorod geboren. Das Holzhaus, in dem er aufwuchs, gehörte seinem Großvater, dem Gerber Wasilij Kaschirin. Da seine Eltern früh starben, musste sich der Junge als Laufbursche und Hafenarbeiter verdingen. Seine Kindheitserinnerungen an Nischnij Nowgorod kann man im autobiografischen Roman »Meine Kindheit« und »Unter fremden Menschen« nachlesen. Die Ausstellung im **Gorkij-Museum** (Kaschirin-Haus) wurde seinen Erinnerungen nachempfunden (Musej djetstswa M. Gorkogo / Domik Kaschirina, Potschtowyj sjesd 21; Öffnungszeiten: tgl. 9.00 – 16.00 Uhr).
Im **Gorkij-Literaturmuseum** spiegeln zahlreiche alte Fotografien den Alltag in der Stadt an der Wende zum 20. Jh. wider; ein Teil der Ausstellung ist Gorkijs Haltung zu den Revolutionen 1905 und 1917 gewidmet (Literaturnyj musej A. M. Gorkogo, ul. Minina 26). Nachdem der Schriftsteller aus der Verbannung zurückgekehrt war, mietete er 1902 bis 1904 eine Wohnung in Nischnij Nowgorod, wo er u. a. mit der Arbeit an einem seiner bekanntesten Romane »Die Mutter« begann. Im Haus des heutigen **Gorkij-Wohnungsmuseums** war auch Fjodor Iwanowitsch Schaljapin zu Gast (Musej-kwartira M. Gorkogo, ul. Semaschko 19).

Gorkij-Museen

An der Strelka fließt die Oka in die Wolga.
Hell erleuchtet: die Alexander-Newskij-Kirche.

✱ Strelka

Die Strelka, wörtlich Landzunge, markiert den Zusammenfluss von Wolga und Oka. Von hier aus hat man einen guten Ausblick.

✱ ✱ Messegelände

Die Messe von Nischnij Nowgorod galt als eine der bedeutendsten vor der Oktoberrevolution 1917. Die prächtige Glas-Stahl-Konstruktion ist 1890 im altrussischen Stil von Augustin Betankur errichtet worden und zeigt Einflüsse der französischen Renaissance. Das Gebäude wird wieder für Messen genutzt, nebenan befinden sich ein Hotel und ein kleiner Rummelplatz (Glawnyj jarmarotschnyj dom, ul. Sownarkomowskaja 13).

✱ Automuseum

🕐 Öffnungszeiten:
Mo. – Fr.
8.00 – 11.30
12.30 – 16.30

Im Museum der GAZ-Werke kann man solch berühmte (russische) Fahrzeugmodelle wie Pobjeda (»Sieg«), Tschajka (»Möwe«) und Wolga bewundern. Neben rund 30 Fahrzeugen erinnern Fotos und Urkunden an verdiente Mitarbeiter und frühere Direktoren. Die komplette Entwicklungsgeschichte der Automobilherstellung wird hier nachgezeichnet (Musej istoriji OAO GAZ, prospekt Lenina 95, im Bildungszentrum der GAZ-Werke8).

✱ Sacharow-Museum

Der sowjetische Atomphysiker Andrej Sacharow wurde 1980 in die »geschlossene Stadt« Gorki verbannt, nachdem er den Einmarsch der Sowjettruppen in Afghanistan kritisiert hatte. Er lebte hier mit seiner

Frau Jelena Bonner unter ständiger Bewachung des Geheimdienstes KGB, bis ihm unter Michail Gorbatschow 1986 die Rückkehr nach Moskau gestattet wurde. Ein Wohnblock am Stadtrand war Sacharows Zuhause, eine Gedenktafel erinnert an den Dissidenten und Menschenrechtler. Die Drei-Zimmer-Wohnung beherbergt viele persönliche Erinnerungen (Musej-kwartira A.D. Sacharowa), prospekt Gagarina 214, Wohnung 3, Haltestelle Sacharow-Museum).

🕐 Öffnungszeiten:
10.00 – 17.00

Am rechten Ufer der Wolga, etwa 3 km flussabwärts vom Kreml, thront das Höhlenkloster (Petschjorskij monastyr) aus dem 17. Jh. auf einer Anhöhe. Das getünchte Tor mit fünf kleinen goldenen Kuppeln führt aufs Klostergelände. Ein malerischer sattgrüner Holzzaun mit weißen Pfosten – die charakteristischen Farben des Männerklosters – säumt die Hauptstraße: Die Fassaden der Gebäude sind zumeist in Weiß gehalten, während grüne Dächer, Kuppeln und Zierelemente einen kräftigen Kontrast bilden. Rechterhand auf dem Klostergelände erhebt sich die Glockenwand mit weißem Zeltdach, dahinter die Hauptkathedrale, die Christi Himmelfahrt geweiht ist. Auf dem Gelände befindet sich auch die Mariä-Himmelfahrts-Kathedrale, deren Zeltdach durch eine kleine goldene Kuppel verlängert wird. Das Klostergelände ist dvon einer weitgehend intakten Ziegelmauer umfriedet; die Ecktürmchen haben hölzerne Spitzdächer, die sanierungsbedürftig sind.

★
Höhlenkloster

Das Gehöft des Kaufmanns Schtschelokow ist heute ein Freilichtmuseum. Der Waldpark wurde in der zweiten Hälfte des 19. Jh.s angelegt; die hölzernen Bauernhäuser sind zumeist aus dem Norden der Nischegorodskaja oblast zusammengetragen. Vor allem zu volkstümlichen Festtagen wie der Butterwoche Masleniza geht es hier recht fröhlich zu (Musej architektury i byta narodow Nischegorodskogo Powolschja, ul. Gorbatowskaja 41).

Architektur- und Folklore-Freilichtmuseum
🕐 Öffnungszeiten:
tgl. 10.00 – 16.00

Umgebung von Nischnij Nowgorod

Die Kleinstadt Semjonow, 70 km nördlich von Nischnij Nowgorod, gilt bereits seit dem 17. Jahrhundert als **Zentrum der berühmten Chochloma-Holzkunst**. Die Schmuckschatullen, Löffel, Becher und Schalen sind aus Holz und in den traditionellen Grundtönen Rot, Schwarz und Gold lackiert. Beliebte Motive sind rote Vogelbeeren mit stilisierten Blättern. Die Objekte werden mit mehreren Schichten Lackfarben bemalt und bei Temperaturen von über 100 °C gebacken. Diese Arbeit erfordert Fingerfertigkeit, Erfahrung und Geduld – daher sagt man auch, dass sich in den Chochloma-Kunstwerken die Seele der Russen widerspiegelt. Seit der Gründung der Kunstmanufaktur Semjonow-Malerei in den 1930er-Jahren werden hier auch **Matrjoschka-Puppen** hergestellt, die die Stadt in ganz Russland bekannt gemacht haben (Semjonowskij istoriko-chudschestwennyj musej, ul. Wanejewa 5).

★
Lackmalereimuseum in Semjonow
Семонов
🕐 Öffnungszeiten:
tgl. außer Sa.
10.00 – 16.00

Noworossijsk

Dd 23

Region: Krasnodarskij kraj
Höhe: 7 m ü.d.M.

Einwohner: 231 000
Kyrillisch: Новороссийск

Im Hafen von Noworossijsk kommt Fernweh auf, wenn die großen Frachter anlegen, die Öl und Getreide in alle Welt verschiffen. Die Stadt gilt als wichtigster Schwarzmeerhafen Russlands; ihre Geschichte ist eng mit dem Zweiten Weltkrieg verbunden, woran nicht weniger als 300 Denkmale in der Stadt erinnern.

Größter Schwarzmeerhafen Russlands

Der geschäftige Hafen, der in die Zemes-Bucht eingebettet ist, gibt den Takt in der Stadt an. Eine moderne Promenade lädt zu schönen Spaziergängen ein; im Sommer breiten die Stadtbewohner in der Nähe des monumentalen Kriegsdenkmals ihr Handtuch aus. Im Hinterland erheben sich die malerischen Kaukasus-Ausläufer.

An Stelle der heutigen Stadt befanden sich ehemals die griechische Siedlung Bata, im 13. Jh. die genuesische Kolonie Carlos Limen, später die osmanische Festung Sucuk-Kale – bis Russland das Gebiet eroberte und hier eine Stadt mit dem symbolträchtigen Namen Noworossijsk (»Neu-Russland«) gründete. Als man 1879 Mergel entdeckt hatte, einen wichtigen Rohstoff für die Zementherstellung, wurden mehrere Fabriken gegründet. Die Eisenbahn-Anbindung an Jekaterinodar (heute: Krasnodar) und der Bau des Hafens kurbelten ab 1888 den wirtschaftlichen Aufschwung der Stadt an. Rasch entwickelte sich Noworossijsk zu einem wichtigen Umschlagplatz für Öl, Zement, Getreide und Sonnenblumen aus dem Nordkaukasus. Im Bürgerkrieg begünstigten die Öllager verheerende Brände in der Stadt. Im August 1942 griff die Wehrmacht Noworossijsk an. Dabei erlitt die Stadt schwere Schäden. Alljährlich feiern die Bewohner den 16. September als Tag der Befreiung mit Feuerwerk und Stadtfest. Noworossijsk ist nach wie vor ein wichtiger Militärstützpunkt, aber auch Verwaltungs- und Bildungsstandort.

Sehenswertes in Noworossijsk

✴ Hafengelände und Promenade

Kreuzer »Michail Kutusow« ▶

Hafengelände und Pier wurden komplett saniert. Aus den Lautsprechern entlang der Promenade tönt leise Musik, moderne Skulpturen sorgen für Blickfänge. Nur das vernachlässigte Passagierterminal hat schon bessere Zeiten gesehen. Der imposante Kreuzer »Michail Kutusow« liegt direkt daneben im Hafenbecken vor Anker. An Bord kann sich der Besucher ein Bild von den Lebensumständen der Matrosen und Offiziere machen (Öffnungszeiten: (tgl. 10.00 – 17.00 Uhr).

Die Hafenpromenade entlang erreicht man das **Mys Ljubwy** (»Kap der Liebe«). Wie der Name schon vermuten lässt, treffen sich an diesem romantischen Ort gerne Liebespaare. In der Nähe im Frunse-Park befindet sich der städtische **Aquapark**, einer der größten in

Blickfang im Hafen: der Kreuzer »Micahil Kutusow«

Russland. Seine langen und bunten Rutschen sind v. a. für Kinder ein Vergnügen. Einige spärliche Ruinen der türkischen Festung **Sucukka-le** sind in der Nähe des prospekt Lenina und der ul. Gerojew-Desantnikow geblieben.

Das Kriegsmemorial-Museum Malaja semlja (»Kleine Erde«) erinnert an die Landung der Schwarzmeerflotte in Noworossijsk und den Sieg über die deutschen Truppen im Herbst 1943. Der Kampf dauerte 225 Tage, nachdem die Wehrmacht ein 25 km² großes Territorium eingenommen hatte. Zum Museumskomplex gehören ein monumentales Denkmal am Ufer, das dem Kiel eines Landungsschiffes nachempfunden ist, Bunker und Schutzgräben, ein kleines Freilichtmuseum mit deutscher und sowjetischer Militärtechnik sowie die Dolina smjerty (»Tal des Todes«), eine Komposition von Bomben, Minen und Sprengkörpern, die eine Explosion symbolisieren soll.

★
Kriegsmemorial-Museum
🕐
Öffnungszeiten:
tgl. 9.00 – 18.00

Umgebung von Noworossijsk

Den abflusslosen Abrau-Djurso-See (Osero Abrau-Djurso), 14 km von Noworossijsk entfernt, speisen unterirdische Quellen und Re-

★
Abrau-Djurso

▶ NOWOROSSIJSK ERLEBEN

AUSKUNFT

**Reise- und
Exkursionsbüro Turist**
Anapskoje schosse 18, office 22
Tel. (86 17) 60 15 68
http://turist-nvrsk.narod.ru

ESSEN

▶ **Erschwinglich**
Podworje
ul. Nabereschnaja 6
Tel (86 17) 61 99 22
Russische und ukrainische Haus-
mannskost bietet das Hotelrestaurant;
Speck und Wodka werden zur Be-
grüßung gereicht.

Solotoj wjek
ul. Noworossijskoj Respubliki 6
Tel. (8617) 61 10 36
Im »Goldenen Zeitalter« wird in
stilvoller Atmosphäre Fleisch, Wild
und Fisch serviert. Das Bisonsteak ist
empfehlenswert!

ÜBERNACHTEN

▶ **Komfortabel**
Exprompt
ul. Widowa 5
Tel. / Fax (86 17) 61 28 05
www.hotel-expromt.ru
24 Z. Familiäres Hotel mit geschmackvoll eingerichteten Zimmern in
zentraler Lage.

Noworossijsk
ul. Isajewa 2
Tel. (86 17) 60 65 05
www.hotel-novoros.ru
155 Z. Sanierter Sowjet-Bettenbunker
in der Nähe von Strand und Aquapark.

---

genwasser; sein Wasserstand wird einzig durch Verdunsten reguliert.
Er gilt als **einer der wärmsten Süßwasserseen in Europa**. Über seine
Entstehung kann nur spekuliert werden: Überreste eines Millionen
Jahre alten Meeres? Tektonische Verschiebungen? An seinem Ufer
wird seit 1872 in der Kellerei Abrau-Djurso Schaumwein produziert –
den Besuch im Museum mit einer Führung durch die Gewölbe sollte
man sich nicht entgehen lassen. Wer bei der Verkostung Geschmack
gefunden hat, kann sich im firmeneigenen Geschäft eindecken (Winsawod Abrau-Djurso, ul. Promyschlennyja 19, Voranmeldung empfohlen: Tel. 8617 / 27 53 71, www.abraudurso.ru).
Vom Dorf Abrau-Djurso kann man die umliegenden Kaukasus-Ausläufer erklimmen; hier öffnet sich ein herrlicher Panoramablick auf
den kristallklaren See und die Weinreben auf dem Kap Myschako.

Weinmuseum ▶
🕐
Öffnungszeiten:
tgl. außer So.
10.00 – 13.00
14.00 – 18.00

✳
**Weinkeller von
Saukdere
Саукдере**
🕐
Öffnungszeiten:
tgl. außer So.

In Saukdere, 20 km nördlich von Noworossijsk im Landesinneren,
rühmt man sich gerne der Weinkeller, die zu den tiefsten und längsten in ganz Russland gehören. Liebhaber des südrussischen Reben-
safts müssen 23 m ins Erdreich hinabsteigen zu einem **unterirdischen Weinparadies**: Mehr als 80 000 Flaschen lagern hier! Die berühmten Weine der Schwarzmeer-Region können selbstverständlich
auch verkostet werden (Winsawod KGUP, ul. Schkolnaja 11).

Orenburg

Ec 20

Region: Orenburgskaja oblast
Höhe: 137 m ü.d.M.

Einwohner: 550 000
Kyrillisch: Оренбург

Der Fluss Ural markiert in Orenburg die imaginäre Trennlinie zwischen den Kontinenten Europa und Asien, die wiederum eine imposante Hängebrücke verbindet. Die Stadt im südlichen Ural ist auch die Heimat vieler Russlanddeutscher.

Die Festung Orenburg wurde 1735 als Bollwerk gegen Asien gegründet – zunächst an zwei anderen Standorten, ehe sie 1743 an ihre jetzige Stelle verlegt wurde. Ein Grund für die Übersiedelung waren häufige Überschwemmungen. Auch wenn das heutige Orenburg nicht mehr am Or liegt, sondern am Zusammenfluss vom Sakmara in den Ural, wurde der Name beibehalten. Von 1920 bis 1925 war Orenburg die Hauptstadt der Kirgisischen Autonomen Sozialistischen Sowjetrepublik. Im Zuge einer erneuten Umstrukturierung wurde die Stadt Russland zugeschlagen und trug von 1938 bis 1957 den Namen des Fliegers Walerij Tschkalow, der als erster den Nordpol von Moskau nach Vancouver überquerte. Mit der Verlagerung von Industrieanlagen während des Zweiten Weltkriegs in den Ural, begann auch für Orenburg die Industrialisierung. Auch viele Wolgadeutsche wurden angesiedelt. Heute wird die Industrie- und Hochschulstadt aufwendig saniert.

Orenburg ist die Geburtsstadt von **Alexander Schmorell** (1917 bis 1943), einem der Mitbegründer der deutschen Widerstandsgruppe »Weiße Rose« um Sophie und Hans Scholl.

Bollwerk gegen Asien

> ! **Baedeker TIPP**
>
> **Orenburger Tücher**
>
> Die kuscheligen Schals, Tücher und Stolen (»Orenburgskij puchowyj platok«) werden aus dem Flaum der Orenburg-Ziege gehäkelt. Ihre langen Fasern verleihen ihnen ein besonders flauschiges Aussehen. Es gibt sie grau oder weiß, entweder fein wie hauchdünne Spinnweben oder als extra dicke Schals, die Rheuma und Gliederschmerzen lindern helfen.

Sehenswertes in Orenburg

An der boulevardähnlichen ul. Sowjetskaja, Hauptverkehrsstraße der Stadt, reihen sich die meisten sehenswerten Gebäude, aber auch Geschäfte, Restaurants und Cafés auf. Sie beginnt am Denkmal für Walerij Tschkalow am Ural.

ul. Sowjetskaja

Tschkalow absolvierte seine Ausbildung in der ehemaligen Fliegerschule in der ul. Sowjetskaja 1. Bekanntester Schüler aber war von 1955 bis 1957 Jurij Gagarin.

◀ Ehem. Fliegerschule

Im Keller der Schewtschenko-Hauptwache wurde in einer kleinen Zelle der ukrainische Nationaldichter **Taras Schewtschenko** 1847 ge-

Schewtschenko-
Gedenkmuseum /
Hauptwache ►

fangen gehalten, da er sich einer idealistisch-revolutionären Bewegung angeschlossen hatte. Nach drei Jahren verlegte man ihn in die Festung Nowopetrowsk ans Kaspische Meer; erst 1857 konnte er nach St. Petersburg zurückkehren (Memorijalnyj musej-hauptwachta T.G. Schewtschenko, ul. Sowjetskaja 24).

Heimatmuseum ►

Bald darauf folgt das in einem Gebäude im Stil des russischen Klassizismus das bedeutendste Museum der Region Orenburg, dessen Schwerpunkt auf der regionalen Entwicklungsgeschichte sowie der Flora und Fauna des Südurals liegt (Orenburgskij oblastnoj krajewedtscheskij muse, ul. Sowjetskaja 28; Öffnungszeiten tgl. 10.30 bis 18.00 Uhr).

Weitere interessante
Gebäude ►

Die alten **Handelsreihen** aus dem 18. Jh. werden aufwändig zu einem prächtigen Kaufhaus umgebaut. In dem Gebäude, das einen ganzen Häuserblock einnimmt, waren zu Sowjetzeiten Zirkustiere untergebracht und nach dem Zweiten Weltkrieg ein Textilkombinat (Gostinny dwor, ul. Sowjetskaja / ul. 9. Janwarja). Das **Pankratow-Haus** gehört zu den außergewöhnlichsten Gebäuden der Stadt. 1914 errichtet, hat es eine Fassade aus glasierten Fliesen. Heute befindet sich u. a. eines der besten Restaurants der Stadt darin – das »Awrora« (ul. Sowjetskaja 38). Zu den beliebtesten Fotomotiven Orenburgs gehört das Einkaufszentrum **Baschnja** mit seinem vierstöckigen Turm (Ecke Sowjetskaja ul. / Krasnosnammenaja ul.).

**Museum der
bildenden Künste**

Neben dem umfassenden Spektrum russischer Kunst von Ikonen bis zu Werken zeitgenössischer Maler sind hier auch die schön gehäkelten Orenburger Tücher sehenswert (Musej isobrasitelnych iskusstw, ul. Kaschirina 29; Öffnungszeiten: Mi. – So. 10.30 – 17.30 Uhr).

► ORENBURG ERLEBEN

AUSKUNFT
www.orenburgregion.de

ESSEN
► Erschwinglich
Telega
Sowjetskaja ul. 36
Tel. (35 32) 78 13 00
Zu knusprigem Schaschlik sucht man russische Vorspeisen am Büfett aus. Italienische Küche bietet das Belmont im gleichen Gebäude.

ÜBERNACHTEN
► Komfortabel
Orenburg
ul. Marschala G. K. Schukowa 30

Tel. (35 32) 31 05 01
Fax (35 32) 31 08 33
www.hotelorenburg.ru
Mit Perserteppich und wuchtigen Polstern wirken die Etagenhallen wie Wohnzimmer; thematische Zimmer wie z. B. »Studio Afrika«.

Fakel
prospekt Parkowyj 32
Tel. (35 32) 31 05 01
Fax (35 32) 31 08 33
www.hotelorenburg.ru
197 Z. Zentraler Etagenbau, schön kitschige Wandbilder in den Hallen auf elf Etagen.

Dieses kleine Museum erinnert an die Jahre, die der spätere Kosmonaut Jurij Gagarin mit seiner Frau Valentina in Orenburg verbrachte. Es enthält persönliche Gegenstände, Fotografien und allerlei Erinnerungen (Musej-kwartira Jurja i Valentiny Gagarinych, ul. Tschitscherina 45).

Gagarin-Wohnungsmuseum

Die Fußgängerbrücke **über den Fluss Ural verbindet Europa und Asien**. Brautpaare lassen sich gerne vor einem Monument fotografieren, dass nur unweit entfernt die Grenze zwischen den Kontinenten markier. Man erreicht die Brücke über eine Treppe mit Kolonnaden hinter dem Tschkalow-Denkmal am südlichen Ende der ul. Sowjetskaja. Von der Brücke aus sieht man schon den Tschkalow-Park auf dem asiatischen Ufer des Urals, wo ein Denkmal an die Opfer politischer Repressionen in der Sowjetunion erinnert. Auf der europäischen Flussseite baden die Orenburger im Sommer.

★
Alte Uralbrücke

Orjol (Orel)

Dd 19

Region: Orlowskaja oblast
Höhe: 196 m ü.d.M.

Einwohner: 326 000
Kyrillisch: Орёл

Orjol am Zusammenfluss von Oka und Orlik blickt stolz auf seine literarische Vergangenheit zurück: In der architektonisch eher schmucklosen Provinzstadt wirkten einige der bekanntesten russischen Schriftsteller.

Iwan der Schreckliche gründete 1566 einen südlichen Vorposten zur Verteidigung des Moskauer Zentralstaates gegen die Tataren: Orjol, die Stadt des Adlers, den sie bis heute im Wappen führt. Nachdem die Ukraine von Russland einverleibt worden war, verlor Orjol seine militärstrategische Bedeutung und entwickelte sich zu einem ruhigen Handels- und Verwaltungsstädtchen. Zu Sowjetzeiten setzte die Industrialisierung ein. 22 Monate war Orjol von der deutschen Wehrmacht besetzt, bis es am 5. August 1943 durch die Rote Armee befreit wurde. An diesem Tag wurde in Moskau der erste Freudensalutschuss während des Krieges abgefeuert.

Die Stadt des Adlers

Sehenswertes in Orjol und Umgebung

Eines der ältesten Literaturmuseen im Land wurde 1918 anlässlich des 100. Geburtstags von Iwan Turgenjew (1818–1883) eingeweiht. Fotos, Bibliothek, Arbeitszimmer sowie der Ehrendoktor-Hut der Universität Oxford erinnern an ihn. Für Romantiker: Die Liebe des Autors zur französischen Sängerin Polina Viardo-Garcia ist ebenfalls ein Thema (Gosudarstwenny literaturnyj musej I. S. Turgenjewa, ul. Turgenjewa 11; Öffnungszeiten: tgl. außer Fr. 10.00–17.00 Uhr).

★
Staatliches Turgenjew-Literaturmuseum

🕐

▶ ORJOL ERLEBEN

AUSKUNFT
www.infoorel.ru
(nur auf Russisch)

ÜBERNACHTEN/ESSEN

▶ Komfortabel/Luxus
Atlantida
ul. Fomina 4a
Tel. (48 62) 55 83 33
Fax (48 62) 54 25 40
www.atlantida-hotel.ru
Herrlich kitschige Rüschen-Himmel-
betten gibt es leider nur in der
Appartement-Kategorie! Im Restau-
rant werden Weinbergschnecken,
Garnelen u. a. bis 2.00 Uhr morgens
serviert.

▶ Günstig
Rus
ul. Gorkogo 37
Tel. / Fax (48 62) 47 55 50
www.hotel.orel.ru
Zwischen Lenin-Platz und Kulturpark
bietet das Rus Zimmer in verschiedenen Kategorien. Mit Restaurant
und Friseur.

Turistischeskij kompleks Metschta
303132 Seljonnyj schum
Tel. (48 62) 78 14 20
40 Z. Das »Traum« ist ein modernes
Feriendorf mit Restaurant und Konferenzsaal. 8 km außerhalb der Stadt.

**Museum der
Orjoler Literaten**

Gleich nebenan begibt man sich auf einen Streifzug durch Leben
und Werk der Schriftsteller, die Verbindungen zu dieser Gegend hatten (Musej pisateljej-Orlowzew, ul. Turgenjewa 13; Öffnungszeiten:
s. zuvor).

**✳ Iwan-Bunin-
Museum**
🕐 Öffnungszeiten:
tgl. außer Fr.
10.00–17.00

An Iwan Bunin (1870–1953), der die klassische Literatur des 19. Jh.s
fortführte und 1920 nach Paris emigrierte, erinnert heute ein kleines
Museum. Sein Arbeitszimmer wurde nach Orjol überführt: eine Ikone, Bücherregale, ein kleiner Arbeitstisch mit einer Schreibmaschine
runden die gemütliche Kaminatmosphäre ab. An der Wand steht das
Totenbett des Bunins. Ein Videofilm zeigt Szenen von 1933, als er **als
erster Russe den Nobelpreis für Literatur** erhielt. In seiner realistischen Prosa spiegelt sich das ländliche Russland vor der Oktoberrevolution, die er ebenso scharf kritisierte wie die Sowjetunion. Erst
drei Jahre nach seinem Tode wurde Bunin rehabilitiert (Musej I. A.
Bunina, Oktjabrskij pereulok 1). Den Platz vor der Bunin-Bibliothek
schmückt eine Statue des Schriftstellers (ul. Gorkogo 41).

**✳ Turgenjew-
Landsitz in
Spasskoje-
Lutowinowo
Спасское-
Лутовиново**

Im Dorf Spasskoje-Lutowinowo, 65 km nordöstlich von Orjol, stand
die Wiege von Iwan Turgenjew und hier entstanden seine berühmtesten Romane wie »Väter und Söhne«, »Rudin«, »Aufzeichnungen
eines Jägers« oder »Ein Adelsnest«. Hier empfing Turgenjew häufig
Gäste, darunter seine literarischen Weggefährten Lew Tolstoi, Afanasij Fet und Nikolaj Nekrassow. Lindenalleen im schönen Park laden
zum **Eintauchen in Turgenjews Zeitalter** ein. Im Arbeitszimmer

Turgenjews Landgut, 1881 gemalt von Jakow P. Polonski

hängt eine Ikone, die seinen Vorfahren von Iwan dem Schrecklichen überreicht worden sein soll. Teile des Hauses brannten 1839 bzw. 1906 nieder; anhand alter Pläne und Fotografien ist das Haus erneut errichtet worden.

Öffnungszeiten:
tgl. 10.00 – 17.00

★ Pereslawl-Salesskij (Pereslavl-Zalesskij)

Region: Jaroslawskaja oblast
Höhe: 142 m ü.d.M.

Einwohner: 43 000
Kyrillisch: Переславль-Залесский

Das schönste an diesem altrussischen Städtchen sind die romantischen Zwiebeltürmchen und der tiefblaue Pleschtschejewo-See, der fast von jedem Winkel der Altstadt sichtbar ist. Hier liegt der Ursprung der russischen Seeflotte, fernab der großen Meere...

Pereslawl-Salesskij galt früher als eines der orthodoxen Zentren des Landes, entsprechend begegnet der Besucher – nach 70 Jahren Atheismus als Staatsreligion – **erstaunlich vielen Kirchen und Klöstern.** Kurgane des finno-ugrischen Stamms der Meren zeugen von früher Besiedlung. Großfürst Jurij Dolgorukij, der Gründer von Moskau, ließ 1152 auch den Grundstein für Pereslawl legen. Das neue Städtchen lag strategisch günstig am Pleschtschejewo-See, denn hier führten Handelsrouten vorbei, die eine mächtige Festung schützen sollte.

Zentrum der Orthodoxie

► PERESLAWL-SALESSKIJ ERLEBEN

AUSKUNFT
http://pereslavl.goldentown.ru
www.pereslavl.ru
(nur auf Russisch)

ESSEN

► Erschwinglich
Traktir na osernoj
ul. Rostowskogo 27
Tel. (4 85 35) 9 42 64
Kaukasisches Schaschlik und Fleisch-
gerichte, gute Weine.

Visit
ul. Rostowskogo
(gegenüber vom Traktir na Osernoj)
Derzeit »das« angesagte Restaurant
mit russischer Küche

Restaurant Botik
ul. Petra Perwogo 77
Dorf Weskowo, am Seeufer
Tel. (4 85 35) 9 80 85
Das Interieur erinnert an die Zeit
Peters des Großen, ebenso die tradi-
tionellen altrussischen Speisen. V. a.
die Fischgerichte gelten als Spezia-
lität! Nebenan befinden sich das
Museum und der Campingplatz. Wer

kein Zelt dabei hat, kann eines von
sechs Holzhäuschen in Strandnähe
mieten (in der Nähe des Botik-
Landsitzes).

ÜBERNACHTEN

► Komfortabel
Sapadnaja
ul. Pleschtschejewskaja 1a
Tel. (4 85 35) 3 43 78
www.westhotel.ru
Das Hotel bietet 11 behagliche Zim-
mer in Kremlnähe; Internet und
Sauna gegen Aufpreis.

► Günstig
Pereslawl
Rostowskaja ul. 27
Tel. (4 85 35) 3 17 88
www.hotelpereslavl.ru
91 freundliche Zimmer, ein »Fit-Kafe«
und ein Nachtklub.

SHOPPING
Nowyj mir
ul. Kardowskogo 23
Die örtliche Textilfabrik bietet Tisch-
decken und andere Erzeugnisse
preiswert an.

Schon bald entwickelte sich Pereslawl zu einem politischen Zentrum:
Die Bewohner waren 1175 an der Verschwörung gegen Jurij Dolgorukijs Sohn, Fürst Andrej Bogoljubskij, beteiligt. Nach dessen Tod
wurde Pereslawl von Andrejs Bruder Wsewolod regiert, unter dem es
zu einem bedeutenden kulturellen Zentrum heranwuchs. 1302 fiel
die Stadt an Moskau, im 16. Jh. erlebte sie erneut eine Blütezeit.
Sechs Mal wurde sie von den Tataren verwüstet, zu Beginn des
17. Jh.s litt sie unter der polnisch-litauischen Invasion. Peter der
Große entschied sich noch in jungen Jahren, den Pleschtschejewo-
See für den Bau einer »Spielflottille« auszuwählen, die zum Prototyp
der ersten russischen Flotte werden sollte. Mitte des 18. Jh.s wurde
eine der ersten Tuchmanufakturen eröffnet; heute lebt man überwiegend vom Tourismus.

Sehenswertes in Pereslawl-Salesskij

Der historische Altstadtkern mit dem Kreml liegt gut geschützt hinter einem 12 m hohen Erdwall. Die Befestigung zieht sich 2,5 km um das architektonische Herz der Stadt. Von der Wallanlage aus hat man einen schönen Blick auf die Zwiebeltürmchen der Stadt, aber auch auf den See. Von hier aus ist die Lichtung erkennbar, auf der Peter der Große mit dem Schiffbau begonnen hatte.

★ ★
Kreml

Als **architektonische Perle** des Kreml gilt die Erlöser-Verklärungs-Kathedrale, deren Baubeginn mit der Stadtgründung 1152 zusammenfällt. Wie üppig die Inneneinrichtung gewesen sein muss, zeigt ein Majolika-Bodenfragment, das im Museum des Bergklosters aufbewahrt wird. Auch die Ikone der Verklärung des Herrn in der Moskauer Tretjakow-Galerie stammt aus der Kremlkathedrale. Die Legende besagt, dass der Heerführer Alexander Newskij hier getauft worden ist.

◄ Erlöser-
Verklärungs-
Kathedrale

1350 gegründet von Dmitrij Priluzkij und im Laufe der Geschichte mehrfach zerstört, feiern seit 2003 die Orthodoxen hier wieder Gottesdienste.

Nikolaus-Kloster

Auf dem einstigen Marktplatz wurde nicht nur Handel betrieben, auch Volksaufstände und Demonstrationen gab es hier. Die Fürbitten-Kirche von 1789 gab dem Platz seinen Namen. Gegenüber sind noch alte Handelsreihen erhalten und einige Häuser aus dem 18. und 19. Jahrhundert, hinter denen man die **Simeon-Kirche** entdecken kann.

**Mariä-Schutz-
und-Fürbitten-
Platz**

Unweit der Kirche steht ein ungewöhnliches Museum, das nicht nur Liebhabern frisch gestärkter Hemden Freude bereiten dürfte: Gut 170 massive Bügeleisen findet man hier (Musej utjuga, ul. Sowjetskaja 11; Öffnungszeiten: tgl. 10.00 – 18.00 Uhr).

**Bügeleisen-
Museum**

🕐

Hinter der Simeon-Kirche, die ul. Rostowskaja entlang und vorbei an einem alten Friedhof, sind die Kuppeln des dem Märtyrer Nikita geweihten Männerklosters kaum zu übersehen. Ursprünglich hatte Iwan der Schreckliche das Kloster als eine Ersatzresidenz für seine Leibgarde erbauen lassen. Gottesdienste werden traditionell im ersten Stock der fünfkuppeligen Hauptkirche von 1561 gefeiert, während das Erdgeschoss als Wirtschaftsraum genutzt wird. In der Kathedrale werden die Reliquien Nikitas aufbewahrt.

Nikita-Kloster

An der Mündung der Trubescha in den See begegnet man Seeleuten und Fischern, darunter sind auch Nachkommen jener Fischer, die damals den berühmten Hering an den Zarenhof lieferten. Hier erhebt sich auch eine Kirche (Sorokostjatskaja zerkow) von 1775 mit Glockenturm, der früher eine Kirche auf dem anderen Ufer gegenüberstand, sodass beide wie ein Portal an der Mündung wirkten.

Fischersiedlung

✳ Bergkloster

Im Süden der Innenstadt erhebt sich das Mariä Himmelfahrt geweihte Bergkloster (Gorizkij monastyr) auf einem steil abfallenden Hügel am Seeufer. Es wurde in der ersten Hälfte des 14. Jh.s errichtet. Auffallend an der Hauptkathedrale im St. Petersburger Barockstil sind ihre grün schimmernden Kuppeln auf Trommeln mit verzierten Fenstern. An das Gebäude mit dem quadratischen Grundriss wurde eine halbrunde Apsis angebaut sowie überdachte Galerien. Es wirkt von außen recht schlicht, überrascht im Inneren jedoch mit Stuckarbeiten und einer **aufwendig geschnitzten vergoldeten Ikonostase**. Der Glockenturm an der östlichen Klostermauer war für Reisende von Moskau nach Jaroslawl bereits von weitem gut sichtbar. Beeindruckend ist das Einfahrtstor aus zehn verschiedenen Ziegelsteinarten; nebenan befindet sich ein prunkvolles Pförtnerhäuschen. Das Heilige Tor an der Südseite war nur Ehrengästen vorbehalten.

✳ Dreifaltigkeits-Daniel-Kloster

Der Mönch Daniel gründete 1508 gegenüber vom Bergkloster ein eigenes Kloster, das nicht minder reich war und dem zu seinen Glanzzeiten 3000 Leibeigene gehörten. Der Moskauer Großfürst Wassilij III. ließ 1532 die Dreifaltigkeitskathedrale bauen. Sie wirkt schlicht und schlank, die Fassaden sind mit großen Rundgiebeln, facettenverzierten Apsiden und Stufenportalen verziert. Die Fresken im Innenraum sind umso imposanter: In der überdimensionalen Kuppel ist **das Antlitz Jesu** in warmen Brauntönen festgehalten, an den Wänden verewigten die Ikonenmaler Gurij Nikitin und Sila Sawin aus Kostroma Szenen aus der Bibel und Heiligengestalten (Troize-Danilow monastyr).

Umgebung von Pereslawl-Salesskij

✳ ✳ Zaren-Landsitz Botik Ботик

Der Pleschtschejewo-See beeindruckte den blutjungen Peter den Großen so sehr, dass er beschloss, an ihm den »Grundstein« für die russische Flotte zu legen. Am südlichen Ufer (3 km westlich von Pereslawl) ließ der Regent 1688 von dem holländischen Schiffsbauer

Am Ufer des Pleschtschejow-Sees träumte Peter der Große seinen Traum von Russlands Flotte.

Carsten Brant fünf Schiffe konstruieren. Peter der Große investierte viel Zeit und Energie in seine **Vision, Russland eines Tages zu einer Seemacht auszubauen**. Mit Erfolg, denn 1691 nahmen über 100 Schiffe seiner Spielflottille an Paradenmanövern teil. Mit dem Bau der »richtigen« Flotte in der Ostsee gerieten die Schiffe auf dem Plescht-schejewo-See allerdings in Vergessenheit. Ein Großbrand in der Stadt zerstörte 1783 alle Schiffe bis auf den kleinen Holzkahn »Fortuna«. Um ihn zu schützen, baute man 1803 ein Gebäude – **eines der ersten Museen Russlands** (Musej-usadba Botik Petra, Dorf Weskowo). In den letzten Jahren ist der Platz zu einem Tourismuskomplex ausgebaut worden mit Museum, Campingplatz und Restaurant.

⊙ Öffnungszeiten: tgl. außer Mo. 10.00 – 17.00

Befände sich Pippi Langstrumpfs Villa Kunterbunt in Russland, dann sicher im Dörfchen Weskowo beim Landsitz Botik. Im farbenfroh gestrichenen Holzhaus sind schöne alte Teekessel und Samoware zu sehen (Musej tschajnika, ul. Petra I.).

✳ **Teekessel-Museum**

Ein Muss für Eisenbahn-Freunde, 15 km außerhalb der Stadt: Die alten Dampfzüge und Draisinen sind nicht nur zum Anschauen da, im Sommer kann man auch mitfahren – z. B. auf der Karl-Marx-Lokomotive GR-26 (Pereslawskij schelesnodoroschnyj musej, Öffnungszeiten: tgl. 10.00 – 18.00, im Winter bis 17.00 Uhr).

✳ **Eisenbahn-Museum**
⊙

Perm

Region: Permskaja oblast
Höhe: 152 m ü.d.M.

Einwohner: 1,1 Mio.
Kyrillisch: Пермь

Europa beginnt in Perm – wenn man von Osten kommt. Die Industriestadt liegt westlich des Uralgebirges, das Europa und Asien trennt. Imposant ist vor allem ihre Lage am Fluss Kama.

Die Stadt **breitet sich über 799 km² aus** – damit kann nur Moskau mithalten. Über 65 km schmiegt sie sich an den Wolgazufluss Kama. Perm bedeutet »fernes Land«, was sich auf seine einstige Lage am Rande des Russischen Reichs bezieht. Im Norden des Oblasts lebt der Stamm der Komi-Permjaken in einem Autonomen Bezirk.
Der Industriestandort Perm ist v. a. für seine Flugzeugmotoren, Militärhubschrauber und MiG-Kampfflugzeuge bekannt; die Motowilichinsker Werke produzieren Granatwerfer. Die im Ural geförderten Kaliumsalze werden zu Düngemitteln verarbeitet.

»Am Rand«

Perm wurde 1723 als Arbeitersiedlung einer Kupfergießerei gegründet. 1780 erteilte Zarin Katharina II. das Stadtrecht; ab 1790 befand sich hier der Sitz des Gouverneurs. Im 19. Jh. entwickelte sich Perm aufgrund seiner Lage an der Kama zu einer Handelsstadt; mit dem

Geschichte

⏵ PERM ERLEBEN

AUSKUNFT
www.gorodperm.ru

ESSEN

► Erschwinglich
① *Planeta Sushi*
ul. Krisanowa 12a
Tel. (34 22) 37 46 19
In der Permer Filiale der russischen
Sushi-Restaurantkette gibt es auch
japanisches Bier und Eis mit dem
Geschmack von grünem Tee.

► Preiswert
② *Il Patio*
ul. Krisanowa 12a
Tel. (34 22) 37 45 96
Tür an Tür neben dem Sushi-Restau-
rant werden Holzofen-Pizza, Pasta und
andere italienische Gerichte serviert.

③ *Café Nautilus*
ul. Lunatscharskogo 56
Tel. (34 22) 12 32 26
Trendiges Café mit internationaler
und russischer Küche

④ *Blinnaja Skoworowka*
ul. Lenina 60, ul. Lenina 65, ul. Gasety
Swesda 12, ul. Kujbyschewa 59, prospekt Komsomolskij 54
Moderne Fast-Food-Kette mit leckeren Blini, Coffee-to-go, Salaten und
Suppen.

Jermak
ul. Karla Marksa 11, Kungur
Russische Küche wird im historischen
Altstadtkern serviert, am Ufer der
Sylwa.

Tri Semjorki
in Kungur, gegenüber Stalagmit Hotel
(s. u.), 1. Etage
Solide russische Küche; am Wochenende spielen Live-Bands.

ÜBERNACHTEN

► Komfortabel
① *New Star*
ul. Gasety Swesda 38b
Tel. (34 22) 20 68 80
www.newstar-hotel.ru
70 Z. Design- und High-Tech-Hotel
mit schönem Massage- und Fitness-
zentrum

② *Amaks Premier-Hotel*
ul. Ordschonikidse 43
Tel. (34 22) 20 60 50
Fax (34 22) 12 23 23
www.amaks-hotels.ru
139 Z. Bei der Auswahl des Zimmers
stehen Retro, Ägypten, Modern und
Klassisch zur Auswahl; im Nachtklub
öfter Discopartys.

③ *Hotel Ural*
ul. Lenina 58
Tel. (34 22) 18 62 62
Fax (34 22) 12 92 17
www.hotel-ural.ru
434 Z. Größtes Haus im westlichen
Ural, mit Businesszentrum, Restaurant, Sauna und Reisebüro. Zentrale
Lage, Visaunterstützung für
Ausländer. Spartipp: Die nicht
sanierten Zimmer sind auf Sowjet-
niveau, dafür sehr günstig.

► Günstig
Stalagmit Hotel
617472 Kungur
(Siedlung Filipowka)
Tel. (3 42 71) 3 73 77
www.stalagmit-hotel.com
111 Z. Einfaches Hotel nahe der
Eishöhlen, Restaurant mit schmackhafter russischer Küche, Vermittlung
von Mountainbikes, finnische Sauna
und russische Banja.

Perm Orientierung

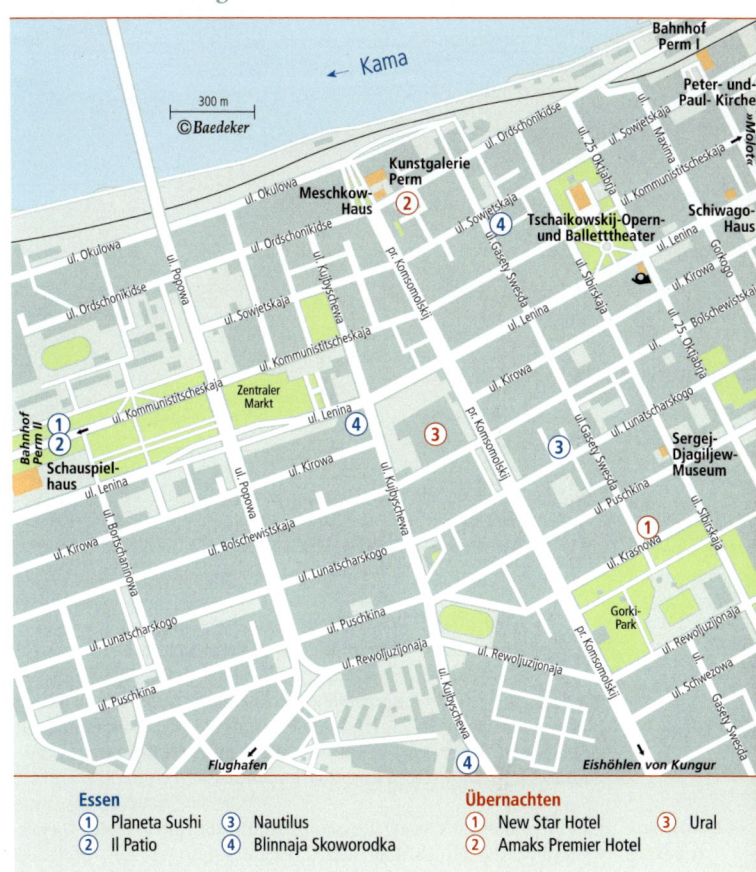

Essen
① Planeta Sushi ③ Nautilus
② Il Patio ④ Blinnaja Skoworodka

Übernachten
① New Star Hotel ③ Ural
② Amaks Premier Hotel

Bau der Eisenbahn im Ural wurde sie im Osten an Jekaterinburg angeschlossen, im Nordwesten an Kotlas. Von 1940 bis 1957 trug Perm den Namen von Außenminister Wjatscheslaw Molotow. Während des Zweiten Weltkriegs wurden nicht nur zehn Großbetriebe aus dem Westen nach Perm verlagert sondern auch das Russische Museum aus dem damaligen Leningrad.

Sehenswertes in Perm

Das Haus des reichen Teehändlers Gribuschin aus dem frühen 20. Jh. beschrieb der spätere Nobelpreisträger Boris Pasternak (1890 – 1960) in seinem Bestseller **»Doktor Schiwago«** absolut detailgetreu. Auch

Haus des Kaufmanns Gribuschin (Schiwago-Haus)

Vorbild für Boris Pasternak? Das Schiwago-Haus.

wenn er die Stadt in seinem Roman Jurjatin nennt, so ist man in Perm bis heute davon überzeugt, dass es sich um genau dieses Gebäude handelt. Seine himmelblau leuchtende Fassade ist mit weißen Stuckverzierungen in Girlandenform und filigranen Engelsmasken geschmückt, daher wird es oft nur **»Haus mit den Figuren«** (Dom s figuramy) genannt (Dom kupza Gribuschina, ul. Lenina 13).

ul. Kommunisti-tscheskaja
Tschaikowskij-Opern- und Balletttheater ▶

Eines der ältesten Theater Russlands wurde auf Initiative der Djegile-wych-Dynastie ab 1874 errichtet. Heute gehört es zum Stolz der Stadt und hat dazu beigetragen, dass Perm – nach Moskau und St. Petersburg – ganz oben auf der Liste der besten Bühnen des Landes steht. Es befindet sich im Reschetnikow-Park, einem beliebten Treffpunkt mit Springbrunnen, Sitzbänken und Alleen. Das Festival **»Djagiljew Saisons«** steht unter der Schirmherrschaft der UNESCO (Teatr opery i baleta imeni P. I. Tschaikowskogo, ul. Kommunisti-scheskaja 25a, www.theatre perm. ru; Vorstellungen: 19.00, Sa./So. auch 12.00 / 13.00 Uhr).

Jewgenij-Panfilow-Ballett ▶

In ihm werden russische Theatertraditionen, aber auch die Romantik der Ballett-Avantgarde gepflegt: Die einzigartige **experimentelle Dance-Company Bojzowskij Klub** übt hier seit 1994. Der herausragende Ballettmeister Jewgenij Panfilow hatte 1987 das erste nichtstaatliche Theater für modernen Tanz in Russland gegründet (ul. Kommunistitscheskaja 185; Auftritte im Schauspielhaus, ul. Lenina 53).

Eine der schönsten Straßen im Zentrum ist zugleich die »Ausgehmeile« der Stadt, hier gibt es gleich mehrere Cafés und Kneipen.
Als Visitenkarte der Kunstgalerie gelten mehr als **400 Holzplastiken** aus dem 17. und 20. Jh. – darunter eine besonders fein ausgearbeitete Jesus-Abbildung. Beeindruckend ist auch die **Ikonensammlung**; viele Stücke stehen in der Tradition der Stroganowschen Schule, für die eine besonders filigrane Maltechnik charakteristisch ist. Bemerkenswert sind die traditionell russischen **Goldstickereien** sowie die Werke russischer Maler. Momentan befindet es sich in der Kathedrale des ehemaligen Erlöser-Verklärungs-Klosters; über einen Umzug wird nachgedacht (Permskaja gosudarstwennaja chudoschestwennaja galereja, Komsomolskij prospekt 4, www.gallery.perm online.ru).

Komsomolskij prospekt

✶✶
◄ Kunstgalerie

Einer der schönsten Orte der Stadt ist die Uferpromenade entlang der ul. Ordschonikidse, von der man einen schönen Blick auf die Brücke über die Kama hat, u. a. auf die in Perm nur **»Gebäude mit den Löwen«** genannte Industrieanlage, das frühere Molotowugol-Kohlekombinat (»Dom s lwamy« / Permglawsnab, ul. Ordschonikidse 15). Am Ufer der Kama liegt auch das **Museum für die Geschichte der Permer Region** im **Meschkowhaus** (Dom Meschkowa, ul. Ordschonikidse 11).
Der Ingenieur und Architekt Bychowez errichtete 1876 den Bahnhof Perm-I mit seinen verspielten Türmchen. Von ihm stammen auch die Entwürfe der Eisenbahnbrücke über die Kama und des Bahnhofs Perm-II, in dem heute die meisten Fernzüge ankommen (Schelesnodoroschnyj woksal Perm-I, ul. Ordschonikidse 5).

ul. Ordschoni-kidse

✶
◄ Uferpromenade

◄ Bahnhof Perm-I

Den Stadtteil Motowilichinsk östlich des Zentrums prägen geduckte Holzhäuser, konstruktivistische Gebäude und Sowjetbauten. Am Ufer der Kama wurde 1736 die Kupfergießerei Motowilicha gegründet, Mitte des 19. Jh. stieg man allerdings auf Stahl um. Damals waren bereits hier mehr als 10 000 Menschen beschäftigt, womit **das Werk zu den größten in Russland gehörte**. Auf dem Gelände sind Waffen und Munition ausgestellt, u. a. eine Kanone aus Zarenzeiten (Musej istorii Motowilichinskogo sawoda, ul. 1905 goda 20, Straßenbahn 4 ab Bahnhof Perm-II).

Motowilichinsk-Werksmuseum
🕐
Öffnungszeiten:
Mo. – Fr.
9.00 – 16.00

Umgebung von Perm

Das 1648 gegründete Kungur gehört zu den ältesten Städten im Ural und galt im 18. Jh. als eines der bedeutendsten Zentren des Teehandels im ganzen Land – heute wirkt das 90 km südöstlich von Perm gelegene Städtchen recht verschlafen. Touristen kommen aber wegen der nahe gelegenen Eishöhlen (Ledjannaja peschtschera) in diese Gegend. Sie ist eine der größten Karsthöhlen weltweit – bislang wurden mehr als 5 km erschlossen, rund 60 Seen und etwa 100 Grotten sind durch ein **verschachteltes Höhlensystem** miteinander verbunden. Die Exkursion ist allerdings auf eine Strecke von 1,5 km begrenzt; zu

✶✶
Eishöhlen von Kungur
Кунгур
🕐
Öffnungszeiten:
tgl. 10.00 – 16.00,
Führungen im Zwei-Stunden-Takt

Der Schrecken des Archipel GULag ist noch gegenwärtig in Perm-36.

sehen sind **Eiskristalle, gigantische Stalagmiten, Säulen aus Eis, gefrorene Seen und Wasserfälle**. Bei Temperaturen zwischen -3 und +5 °C heißt es auch im Hochsommer Pullover einpacken! Am Höhleneingang bieten Souvenirhändler Schmuck feil, z. B geschliffenen Mondstein aus dem Ural (Siedlung Filipowka, 5 km außerhalb von Kungur, Anfahrt mit dem Taxi).

Ausflugstipps ▶ Im Winter befördert ein Lift Skifahrer auf die nahe gelegenen Ledjanaja gora, an deren Fuß die Höhle liegt. Im Sommer organisieren örtliche Reisebüros Raftingtouren entlang des Flusses Sylwa.

✳
Freilichtmuseum Chochlowka Хохловка
⌚

45 km nördlich von Perm, am malerischen Hochufer des Kamsker Stausees, erstreckt sich das Freilichtmuseum Chochlowka (Musej architektury i etnografii Chochlowka). Mannigfaltige Holzgebäude wurden aus dem Norden der Permskaja oblast zusammengetragen. Zu den schönsten gehören die Verklärungskirche und eine Windmühle (Öffnungszeiten: Mai – Oktober 10.00 – 18.00, im Winter bis 17.00 Uhr).

✳ ✳
Gedenkstätte für die Opfer politischer Repressionen Perm-36
⌚

Beim Dorf Kutschino in der Nähe der Stadt Tschussowoj (110 km nordöstlich von Perm) wurde eines der berüchtigten **Arbeitslager des Archipel GULag** namens Perm-36 betrieben, in dem »gefährliche« Dissidenten inhaftiert waren. Der letzte von ihnen ist 1987 entlassen worden. Seit den 1990er-Jahren ist es Gedenkstätte für die Opfer der politischen Repressionen. Auf dem Gelände können Baracken, enge Gefängniszellen sowie die Arbeitsstätten der Gefangenen besichtigt werden (Öffnungszeiten: tgl. außer Mo. 9.00 – 17.00 Uhr).

Petrosawodsk · Kischi-Insel (Petrosavodsk)

Dc 15

Region: Respublika Karelija
Höhe: 22 m ü.d.M.

Einwohner: 280 000
Kyrillisch Петрозаводск

Die »kleine Schwester« St. Petersburgs am malerischen Ufer des Onega-Sees eignet sich bestens als Sprungbrett nach Karelien und auf die Kischi-Klosterinsel.

Petrosawodsk wirkt jung, viele Studenten prägen das Stadtbild. Von hier aus brechen Outdoorfans zu unberührten Seenplatten, Langlauftouren und Wanderungen auf. Kulturinteressierte steuern die Kischi-Inseln an. Im selben Jahr wie St. Petersburg gegründet (1703), verdankt Petrosawodsk seine Existenz Peter dem Großen, der hier eine Kanonen- und Gusseisenmanufaktur errichten ließ, um die herum rasch eine Siedlung heranwuchs, die zunächst Petrowskaja Sloboda (»Peters Siedlung«) hieß. Diese erhielt 1777 die Stadtrechte. Im 19. Jh. nahm eine Dampfschifflinie nach St. Petersburg den Betrieb auf, im 20. Jh. kam die Anbindung an die Murmanbahn, die St. Petersburg und Murmansk verbindet. Im Zweiten Weltkrieg hatte Petrosawodsk erhebliche Schäden zu erleiden. Heute beherbergt die Stadt viele Bildungseinrichtungen und Industriebetriebe, u. a. das Onega-Traktorenwerk.

Tor nach Karelien

Sehenswertes in Petrosawodsk

Die mehrspurige, stark befahrene Hauptstraße zieht sich vom Hauptbahnhof bis zum Ufer des Onega-Sees quer durch die ganze Stadt. Zwischen sowjetischen Neubauten kann man an ihr auch einige alte Gebäude im finnischen Baustil entdecken. Ungefähr auf halber Höhe zum See streift man über die ul. Engelsa zum **ploschtschad Lenina** auf der rechten Seite. Hier thront der Arbeiterführer noch fest auf seinem Sockel. Im Heimatmuseum ist die **Sammlung karelischer Volkskunst** sehenswert (Karelskij gosudarstwennyj krajewedscheskij musej).

prospekt Lenina

Rechts gelangt man zum prospekt Karla Marksa, der direkt zum Hafen führt. Altrussische Ikonen bis hin zu zeitgenössischen regionalen Werken aus dem Holz der karelischen Wälder zeigt die Sammlung des **Kunstmuseums**. Zu den ausgestellten Künstlern gehören Lewitan, Ajwasowskij und Schischkin (Musej isobrasitelnych iskusstw Respubliki Karelii, prospekt Karla Marksa 8; Öffnungszeiten: tgl. außer Mo. 11.00 – 18.00 Uhr). ☉

prospekt Karla Marksa

Vom ploschtschad Kirowa führt eine Brücke auf die andere Seite des Flusses Lososinka – unweit davon erhebt sich die weißgetünchte Kathedrale (Sobor Aleksandra Newskogo) mit ihren spätklassizistischen

Alexander-Newskij-Kathedrale

▶ PETROSAWODSK ERLEBEN

AUSKUNFT

www.welcome-karelia.ru
www.petrozavodsk.de
(auch Deutsch)

Tourist-Information
ul. Kujbyschewa 5
Petrosawodsk
Tel. (81 42) 76 48 35
www.ticrk.ru
(auch Englisch)

Beste Empfehlung vor Ort für karelische Küche. In gemütlichem Bauernstuben-Ambiente werden Lachssuppe, Fischhäppchen, Cranberries und Kräutertees aufgetischt.

ESSEN

▶ **Erschwinglich**
① *Kareljskaja Gorniza*
ul. Engelsa 13 (gegenüber Hotel Sjewer, nahe des prospekt Lenina)
Tel. (81 42) 78 53 00
www.gornica.ru

▶ **Preiswert**
② *Café Kiwatsch*
prospekt Lenina 28
Szene-Treff gleich neben der Uni mit mexikanischer und russischer Küche

Petrosawodsk *Orientierung*

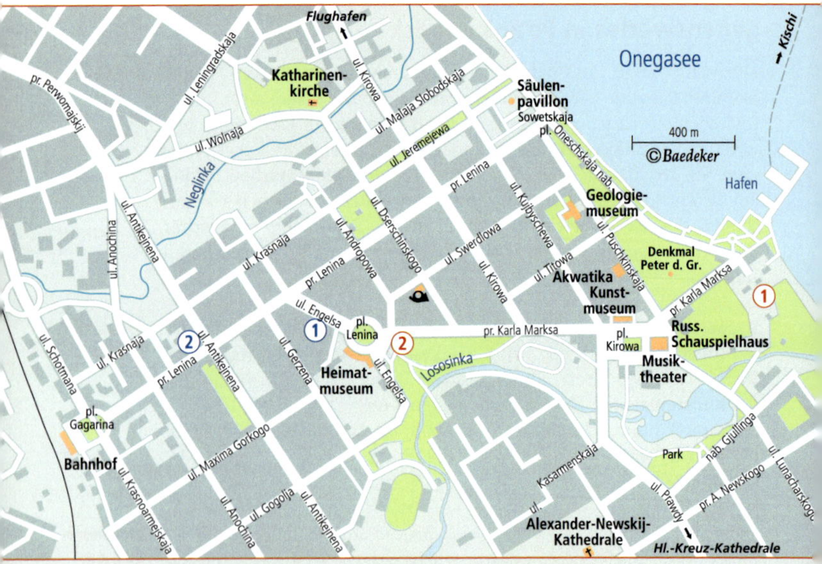

[Stadtplan / Karte: Petrosawodsk mit Onegasee, Flughafen, Katharinenkirche, Säulenpavillon, Geologiemuseum, Denkmal Peter d. Gr., Akwatika, Kunstmuseum, Russ. Schauspielhaus, Musiktheater, Heimatmuseum, Bahnhof, Alexander-Newskij-Kathedrale, Hl.-Kreuz-Kathedrale, Kischi, Hafen, 400 m, © Baedeker]

Essen
① Kareljskaja gorniza ② Kiwatsch

Übernachten
① Karelia ② Maski

ÜBERNACHTEN

▶ **Komfortabel**

① *Karelia*
Gjullinga nabereschnaja 2
Tel. (81 42) 73 33 33
www.karelia-hotel.ru
Viel Komfort in 138 geschmackvoll
eingerichteten Zimmern.

② *Maski*
prospekt Karla Marksa 3a
Tel. (8142) 76 14 78

24 Z. Das kleine Hotel liegt nur
wenige Gehminuten von See und
Altstadt entfernt in einem schönen
Park.

AUSGEHEN

Metro
ul. Dserschinskogo 11
Tel. (81 42) 76 15 55
http://metro.petrozavodsk.ru
Zum Restaurant- und Discokomplex
gehört auch ein kleines Hotel.

Säulenfassaden in majestätischem Gelb. Sie ist Alexander Newskij geweiht, der als Beschützer von Nowgorod gilt und zu dessen Besitz auch Petrosawodsk gehörte. Die Glocken stammen aus Woronesch, die schwerste wiegt 1,5 t.

Der schönste Abschnitt der Uferpromenade am Onegasee verbindet das Hafengebäude mit dem prospekt Lenina. Die Flaniermeile führt an mehreren modernen Skulpturen vorbei bis hin zu einem Säulenpavillon. Die Skulpturen sind **Geschenke der Partnerstädte** von Petrosawodsk: u. a. das »Tübinger Mosaik« (Tübingen ist seit 1989 Partnerstadt), eine Komposition aus dünnen Metallstäben. Aus den USA stammt ein modernes Denkmal für die Fischer.

★ ★
Uferpromenade

Der zweitgrößte See Europas (Oneschskoje osero) nach dem Ladogasee hat nur einen einzigen Abfluss, den Swir, wogegen ihn ca. 50 Flüsse speisen. Seine Oberfläche nimmt 9700 km² ein, an seiner tiefsten Stelle misst er 127 m. Der Weißmeer-Ostsee-Kanal verbindet ihn mit dem Weißen Meer.

Onegasee

★ Kischi-Insel (Кижи)

Diese Insel im Onegasee gehört mit ihrem Ensemble von kunstvoll konstruierten Holzkirchen zu den faszinierendsten Sehenswürdigkeiten Kareliens. Die hauptsächlich aus Kiefern- und Espenholz und **ohne einen einzigen Nagel** errichteten Kirchen werdeen alljährlich von mehr als 150 000 Touristen aus aller Welt besucht. »Kischi« stammt vermutlich aus dem Karelischen und bedeutet so viel wie »Spielplatz«. Man vermutet, dass die Insel in heidnischer Zeit ein heiliger Platz war, auf dem bestimmte Rituale ausgeübt wurden. Im 11. Jh. wurde sie besiedelt und im 18. Jh. entstanden die inzwischen weltberühmten Holzkirchen. Seit 1961 ist die Insel als Freilichtmuseum ausgewiesen, 1990 wurde sie in das UNESCO-Weltkulturerbe aufgenommen.

Holzbaukunst in Vollendung

► KISCHI ERLEBEN

AUSKUNFT

http://kizhi.karelia.ru (teilweise auch auf Englisch)

ANREISE

Mit dem Boot

Tragflügelboote von Petrosawodsk in ca. 1 Std. 15 Min. mehrmals tgl. von Mai bis Oktober.
Hafenbehörde, Tel. (8142) 79 64 15

ÖFFNUNGSZEITEN / FÜHRUNGEN

15. Mai – 31. Mai tgl. 9.00 – 16.00
1. Juni – 31. Aug. tgl. 8.00 – 20.00
1. Sept. – 15. Okt. tgl. 9.00 – 16.00
16. Okt. – 14. Mai tgl. 10.00 – 15.00

Führungen werden u. a. auf Deutsch und Englisch angeboten. Buchung beim Exkursionsbüro, Tel. (8142) 76 57 64; Audioführer auch in englischer Sprache. Selbstverständlich kann man die Insel auch auf eigene Faust erkunden. Der Eintritt ist mit über 500 Rubel für russische Verhältnisse recht hoch!

ESSEN

Am Bootsanleger gibt es außer Souvenirläden einige Buden, wo Getränke und Snacks verkauft werden.

★★
Christi-Verklä-rungs-Kirche

Die als Winterkirche konzipierte Christi-Verklärungs-Kirche (Preobraschenskaja zerkow), 1714 erbaut, ist mt ihren **22 Zwiebeltürmchen** wohl das eindrucksvollste in Holzbauweise errichtete Gotteshaus Russlands. Die Kuppeln, halbkreisförmig in mehreren Reihen übereinander angeordnet, sind mit silbern schimmernden Schindeln aus sehr witterungsbeständigem Espenholz gedeckt. Das Kirchengebäude selbst wurde aus Kiefernstämmen gezimmert, deren Harz als natürliches Imprägnierungsmittel wirkte; die Balken wurden lediglich mit der Axt bearbeitet. Das Gebäude steht auf losen, nicht miteinander verbundenen Fundamentsteinen, damit ausreichend Luft zirkulieren kann und das Gebäude trocken bleibt.

★★
Mariä-Schutz-Kirche

Die etwas kleinere Mariä-Schutz-Kirche (Pokrowskaja zerkow) wurde 1764 nebenan als Sommerkirche errichtet. Sie steht auf quadratischem Grundriss und hat einen kleinen achteckigen Turm, auf dessen Dach acht Zwiebeltürmchen die zentrale Kuppel umrahmen. Die Treppe, die in die Kirche hinauf führt, ist mit feinen Schnitzereien verziert. Innen beschäftigt sich eine kleine Ausstellung mit dem Bauernaufstand von Kischi (1769 – 1771).

Glockenturm

Wie häufig bei russisch-orthodoxen Kirchen steht der Glockenturm (Kolokoljna) für beide Kirchen frei. Er wurde erst 1864 konstruiert.

Oschewnjew-Bauernhaus

Das mit Giebeldach versehene Haus der Familie Oschewnjew (Dom Oschewnjewa) wurde 1867 direkt am Seeufer errichtet und stammt vermutlich aus der Nähe von Medweschegorsk. Bemerkenswert sind die mit Schnitzereien versehenen Holzbalken, deren Kettenmuster sich in der Balkonbrüstung wiederholt. Die 22 Mitglieder zählende Familie Oschewnjew musste sich drei Wohnräume und ein Stübchen im Obergeschoss teilen und scharte sich in der Stube um den großen Tisch und den typisch russischen Ofen. Kessel, Pfannen, Holz- und Messinggeschirr aus alten Zeiten schaffen authentische Atmosphäre. Am Ufer hatten sie eine kleine Sauna – mit Umkleideraum!

Ebenfalls aus der Nähe von Medweschegorsk stammt das 1880 erbaute **Jelisarow-Haus** (Isba Jelisarowa). Auch in ihm gibt es historisches Inventar zu bewundern, u. a. eine Wiege.

Diese für das Onega-Gebiet ganz typische **Windmühle** (Wetrjannaja melniza) ist erst 1926 konstruiert worden. Sie steht auf einem Drehkranz, damit sie in den Wind gedreht werden kann. In Karelien sind ansonsten eher Wassermühlen verbreitet.

Die im Vergleich zu den anderen Kirchen sehr viel kleinere **Erzengel-Michael-Kapelle** (Tschasownja Michaila Archangelja) aus dem 17. Jh. stand ursprünglich im Dorf Lelikosero. Die Kapelle hat einen achteckigen Glockenturm mit Zeltdach und Kreuz sowie ein kleineres Giebeldach. Im Sommer kann man hier ab und an sehr stimmungsvolle Glockenspiele hören.

Kischi *Orientierung*

Schiffsanlegestelle

Scheune aus Peldoschi
Jakowljew-Haus
Peter- u.-Paul-Kapelle
Scheune
Sauna

Scheune aus Begoruksa

Onegasee

Christi-Verklärungskirche und Mariä-Schutz-Kirche
Oschewnjew-Haus
Lazarus-Kirche
Sauna

Dreschboden

Jelisarow-Haus
Windmühle
Erzengel-Michael-Kapelle
Sauna
Wassermühle
Tschepin-Haus
Sergejew-Haus

Schmiede aus Suisari

Onegasee

200 m
© Baedeker

Die Lazarus-Kirche (Zerkow Lasarja Muromskogo) ist **wohl die älteste noch erhaltene Holzkirche Russlands**. Sie wurde bereits im 14. Jahrhundert im ehemaligen Murom-Kloster am Südufer des Onega-Sees erbaut und kam 1960 auf die Insel. Der schlichte dreiteilige Sakralbau besteht aus einem Gottesdienstraum und zwei kleinen Anbauten, die jeweils von einem Giebeldach überdeckt sind. Die zweireihige Ikonostase haben Meister aus der Region im 16. Jh. geschaffen.

★
Lazarus-Kirche

Silbern schimmern die Schindeln an der Christi-Verklärungs- und der Mariä-Schutz-Kirche auf der Insel Kischi.

Umgebung von Petrosawodsk

Schuja
Шуя

Das Dörfchen Schuja, 18 km nördlich von Petrosawodsk, hat sich in den vergangenen Jahren zu einem **beliebten Raftingzentrum** am gleichnamigen Fluss entwickelt. Örtliche Reiseveranstalter bieten Tagestouren mit Picknick und Rafting an, aber auch mehrtägige Fahrten (z.B. Reisebüro Around.ru in Petrosawodsk).

Marzialnyje
Wody
Марциальные
Воды

Russlands ältester Kurort Marzialnyje Wody wurde im März 1717 auf Anordnung von Peter dem Großen auf einer Lichtung in der Nähe des Gabosero-Sees gegründet (55 km nördlich von Petrosawodsk). Nach dem Tod des Zaren verlor die Siedlung allerdings an Bedeutung; erst 1964 erinnerte man sich an die Tradition. Ein kleines Museum in einem naturbraunen Holzhaus mit weißen Zwirbelfensterrahmen lässt die Geschichte des Kurorts wieder aufleben (Musej Marzialnyje Wody). Sehenswert ist eine schlichte hölzerne Kirche mit einer Ikonostase, die auch die Kämpfe während der Nordischen Kriege abbildet.

Die Wasser des Flusses Suna stürzen hier mehr als 10 m über mehrere Terrassen die massiven Felsen hinab. Die Kiwatsch-Wasserfälle sind das Herz des gleichnamigen Naturparks, der sich etwa 70 km nördlich von Petrosawodsk ausbreitet. Hier gedeiht die **typische Vegetation der mittleren Taiga**: dichte Wälder mit Fichten, Kiefern und Birken. 185 Arten von Vögeln, 42 Säugetiergattungen, vier Reptilien- und fünf Lurcharten sind bekannt. Im Park gibt es ein kleines Museum und mehrere Cafés.

✷
Naturpark
Kiwatsch
Кивач

Das winzige Dörfchen Scholtosero, 84 km südlich von Petrosawodsk, am Ufer des Onegasees, gilt als das **Zentrum der Wepsen** (Wepskij etnografitscheskij musej). Im einzigen Ethnografischen Museum dieser Art in ganz Russland sind Trachten, Arbeits- und Gebrauchsgegenstände sowie Kunsthandwerk dieses Volkes ausgestellt. Sehenswert ist auch das Museumsgebäude selbst: Das zweistöckige verzierte Holzhaus gilt als einzigartiges Bauwerk der Wepsen-Kultur und wurde aus dem Dorf Kalinostrow hierher gebracht. Viele Wepsen sind heute in den Kareliern aufgegangen; auch die Sprachen der beiden Völker sind sich sehr ähnlich. Der Bezirk Wepskaja ist bekannt für sein Vorkommen an **himbeerfarbenem Quarzit**. Der Abbau kann beim Besuch eines Tagebaus besichtigt werden.

✷
Wepsenorf
Scholtosero
Шелтосеро

Medweschjegorsk (Медвежьегорск)

Medweschjegorsk (17 000 Einw., ca. 200 km nördlich von Petrosawodsk) ist **eng mit der Geschichte der stalinistischen Repressionen verknüpft**. Ab 1931 wurden Gefangene zur Holzgewinnung, zu Flößereiarbeiten und zum Bau des Weißmeer-Ostsee-Kanals eingesetzt, später mussten sie ein Nickelkombinat mit Gleisanschluss, das Sägewerk, die Reparaturwerft Powenez und andere Industrieobjekte bauen. Bis 1992 durfte kein Ausländer in die Stadt reisen.

Eine Dauerausstellung im örtlichen Heimatmuseum ist dem Bau des Weißmeer-Ostsee-Kanals gewidmet. Auch dieses Gebäude im stalinistischen Zuckerbäckerstil wurde 1938 von Häftlingen errichtet. Zahlreiche Dokumente, Fotografien und persönliche Gegenstände von Inhaftierten wurden zusammengetragen, die den Bau des gigantischen (und letztlich sinnlosen) Kanalprojekts nachzeichnen. Auch über die Massenerschießungen von Sandormoch erfährt man erschreckende Fakten (s. u.). Heute dient das Museum als **Ort der Begegnung**. Es werden Vorträge organisiert und Filme über den Kanalbau und die unendlichen menschlichen Leiden gezeigt (Musej GULaga, ul. Dserschinskogo 22, www.gulagmuseum.org).

GULag-Museum

🕐
Öffnungszeiten:
tgl. 9.00 – 17.00,
Fr. 9.00 – 15.00

Gedenkfriedhof Sandormoch Сандормох Etwa 15 km südlich der Stadt erinnert eine weitere Gedenkstätte an die mehr als 10 000 Menschen, die hier zwischen August 1937 und 1938 ums Leben gekommen sind, weil sie sich der Verstaatlichung ihres Grundbesitzes widersetzt hatten. Unter den Opfern waren Russen, Karelier, Juden, Wolgadeutsche, Polen, Ukrainer und andere Minderheiten (Tschasownja Sw. Georgija Pobjedonosza).

Powenez Повенец Gut 20 km südöstlich von Medwjeschegorsk beginnt bei Powenez der Weißmeer-Ostsee-Kanal. Das triste Städtchen war im 16. Jh. Handelszentrum für Pelze und Salz, wurde jedoch im Zweiten Weltkrieg weitgehend zerstört. Mit dem Kanal entwickelte sich ein reger Frachtverkehr. Eine schlichte schwarze Stele erinnert seit 1996 an die Menschen, die beim Bau Kanals ums Leben gekommen sind.

★ Pskow (Pskov)

Ck 17

Region: Pskowskaja oblast
Höhe: 35 m ü.d.M.
Einwohner: 205 000
Kyrillisch: Псков

Pskow erinnert mit seinem Kreml am Flussufer stark an Welikij Nowgorod. Aufgrund ihrer Lage war die »kleine Schwester Nowgorods« feindlichen Angriffen aus dem Westen noch stärker ausgesetzt – entsprechend zählen die Befestigungsmauern zu den mächtigsten in Russland.

»Kleine Schwester Nowgorods« Wie die meisten altrussischen Städte wurde Pskow am Zusammenlauf zweier Flüsse errichtet, in diesem Fall an Welikaja und Pskowa. Und schöner könnte der Platz für den historischen Kreml nicht gewählt sein: auf der leicht erhöhten Landzunge über der Flussmündung. Der wirtschaftliche Aufschwung lässt hier im **Grenzgebiet zu Estland** allerdings noch auf sich warten. Pskow ist heute eine verschlafene Provinzstadt, die von der Erinnerung an ihre bedeutende Vergangenheit zehrt.

Geschichte Pskow gilt als **eine der ältesten russischen Städte**, wurde sie doch bereits 903 in der Nestorchronik erwähnt. Im Lauf der Jahrhunderte musste die Stadt zahlreichen Angriffen standhalten. Bis ins 13. Jh. galt der Deutsche Orden als mächtiger Gegenspieler. Zwei Jahre lang war die Stadt von den deutschen Rittern besetzt, ehe sie vom Nowgoroder Fürsten Alexander Newskij am 5. April 1242 in die Flucht geschlagen wurden. Der legendäre Kampf auf dem gefrorenen Peipus-See (Tschudsko-Pskowskoje osero) ging als **»Eisschlacht«** in die Geschichtsbücher ein. Im Verlauf des 14. Jh.s entwickelte sich Pskow zu einer **autonomen Stadtrepublik**, in der es – ähnlich wie in Welikij Nowgorod – eine freiheitliche Verfassung gab. Pskow stieg zu einem Handels- und Kulturzentren eigener Ikonenschule auf. Nach 1721

Pskow Orientierung

Essen
① Rus
③ Bavaria
② Staryj Tallinn

Übernachten
① Heliopark Old Estate
③ Oktjabrskaja
② Rischskaja

▶ PSKOW ERLEBEN

AUSKUNFT

Tourist-Information
ploschtschad Lenina 1
Tel. (81 12) 22 53 35
www.tourism.pskov.ru
(auch Englisch)

ESSEN

▶ Erschwinglich

① *Rus*
Kreml-Gelände
Tel. (8112) 72 03 85
Gemütliches Ambiente im Kremlturm
mit guter russischer und kaukasischer
Küche. Tipp: Der überbackene Zan-
der im Tontopf zergeht auf der
Zunge!

② *Staryj Tallinn (Old Tallinn)*
prospekt Rischskij 25
Tel. (81 12) 72 41 58
Russische und estnische Gerichte in
rustikaler Umgebung. Unbedingt
probieren sollte man in Knoblauch
eingelegte Sprotten auf baltische Art
und den starken Likör Vana Tallinn
mit Rum-Geschmack, der meist zum
Kaffee getrunken wird.

③ *Bavaria*
ul. Sowjetskaja 83

Tel. (81 21) 66 15 16
Rustikales Bierrestaurant, im Sommer
Café am Kremlufer.

ÜBERNACHTEN

▶ Luxus

① *Heliopark Old Estate*
ul. Werchneberegowaja 4
Tel. (81 12) 79 45 55
www.oldestate.heliopark.ru
55 Z. Moderne Nobelherberge in
Kremlnähe. Französisches Restaurant
»Aristokrat«, eigene Konditorei und
Weinkeller.

▶ Komfortabel

② *Rischskaja*
prospekt Rischskij 25
Tel. (81 12) 46 22 23
Fax 46 23 01
www.pskov-hotel.narod.ru
265 Z. Ruhiges Mittelklassehotel, 700
m vom Zentrum entfernt. Essen kann
man im Restaurant »Andromeda«.

③ *Oktjabrskaja*
prospekt Oktjabrskij 36
Tel. (81 12) 16 42 46
Fax 16 42 54
Saniertes Sowjethotel mitten im
Zentrum.

verlor Pskow seine strategische Bedeutung durch den Frieden von
Nystädt zwischen Russland und Schweden. Im Zweiten Weltkrieg
wurde die Stadt unter deutscher Besatzung weitgehend zerstört, entsprechend dominiert heute im Zentrum nüchterne sowjetische Architektur.

Öffnungszeiten:
tgl. außer Mo.
11.00 – 18.00
Kremlgelände:
6.00 – 22.00

Sehenswertes in Pskow

Der Kreml war seit seiner Gründung im 9. Jh. das **geistige, religiöse
und politische Zentrum** von Pskow. Die Stadtbewohner nennen ihn
seit jeher in ihrer Mundart nur »Krom«. Im Lauf der Jahrhunderte

veränderte er mehrfach sein Gesicht. Während des 16. Jh.s war die äußere Befestigungslinie stolze 9 km lang; daher kann man in der Innenstadt fernab vom ursprünglichen Kern des Kreml Wallanlagen finden. Südlich des Krom ließ Fürst Dowmont 1266 eine wuchtige zweite Mauer aus Naturstein ziehen. Die dadurch entstandene Fläche zwischen alter und neuer Mauer wurde nach ihm **Dowmont-Stadt** (Dowmontow gorod) benannt. Zur Blütezeit von Pskow im 14. Jh. befanden sich hier mehrere Kirchen sowie der Fürstenpalast, deren Fundamente man noch heute besichtigen kann. An diesen Kreml-Abschnitt schließen Mittlere und Umgebende Stadt an, die eine gemeinsame Mauer umsäumt. An die Dowmont-Stadt beim Haupteingang stößt der Amtspalast mit einem Museum, das die Geschichte des Nordischen Krieges dokumentiert (Kreml 4).

Das größte und bedeutendste Denkmal der Kirchenbaukunst steht im Herzen des Krom: Die Dreifaltigkeits-Kathedrale (Troizkij sobor) wurde 1682–1699 auf dem Fundament ihrer Vorgängerin aus

Direkt an der Welikaja wacht der Kreml von Pskow.

dem 12. Jh. erbaut. Sie besitzt schlanke, hohe Trommeln, zwei kleinere Kuppeln thronen auf seitlichen Anbauten. Nur wenige Ornamente und ein Fries zieren die Fassaden; die **siebenreihige Ikonostase** gilt als bedeutendes Werk des Moskauer Barockstils. An der Kremlmauer, wenige Meter neben der Kathedrale, steht der Glockenturm mit einer auffällig langen Spitze.

◄ Dreifaltigkeits-Kathedrale

Das Kunsthistorische Museum ist im Haus des Kaufmanns Sergej Pogankin untergebracht, der im 17. Jh. als einer der reichsten Männer von Pskow galt. Es besitzt eine reiche Sammlung **Ikonen der Pskower Schule**; die **Silberschmuck-Ausstellung** zählt zu den bedeutendsten in Russland. Zum Bestand gehören auch archäologische Funde und eine Gemäldegalerie mit Werken von Marc Chagall und Ilja Repin (Istoriko-chudoschestwennyj musej, Nekrassowa ul. 7).

Kunsthistorisches Museum
🕐 Öffnungszeiten: tgl. außer Mo. 11.00–18.00

Am Zusammenfluss von Mirosch und Welikaja erhebt sich das Mirosch-Männerkloster aus dem 12. Jahrhundert. Hier wurde das bedeutende altrussische Epos »Die Heerfahrt des Igor« kopiert und auf-

Mirosch-Kloster

🕐 Öffnungszeiten:
tgl. außer Mo.
11.00 – 18.00

bewahrt. Die Erlöser-Verklärungs-Kathedrale im byzantinischen Stil von 1156 gilt als **ältester Sakralbau der Stadt**. Zu den schönsten ihrer von griechischen und Pskower Meistern geschaffenen Fresken gehören die Darstellung von Mariä Verkündigung und des Jüngsten Gerichts (Miroschskij monastyr, Krasnoarmejskaja nabereschnaja 4).

Snjetogorsk-Kloster

Bauliches Vorbild dieser um 1310 entstandenen, wehrhaft wirkenden Anlage etwas außerhalb der Stadt ist das Mirosch-Kloster. Besonders interessant sind die Fresken in der Mariä-Geburt-Kathedrale, v. a. der Marien-Zyklus und eine Darstellung des Jüngsten Gerichts. Auch der Brudermörder der Heiligen Boris und Gleb ist zu sehen – Swjatopolk schmort in der Hölle.

Alexander-Newskij-Monument

Zu Ehren der Eisschlacht auf dem Pipeius-See wurde Alexander Newskij und seinen Kriegern ein Bronze-Granit-Denkmal errichtet (Pamjatnik Aleksandru Newskomu). Es steht nördlich der Stadt auf dem Sokolicha-Berg.

Umgebung von Pskow

✷ **Isborsk**
Изборск

An der A-212 nach Riga, 30 km westlich von Pskow, gelangt man zur **altrussischen Festung** Isborsk. Die Siedlung wird bereits 862 in der Nestorchronik erwähnt als Herrschaftssitz von Truwor, dem Bruder des Warägerfürsten Rjurik. Nach dem Frieden von Tartu 1920 gehörte Isborsk zu Estland, seit 1945 ist es wieder russisch.
Die schmale Nikolaus-Einfahrt führt in den Innenhof der Festung, in dem die weiß getünchte Nikolaus-Kathedrale mit ihrem türkisgrünen Dach dominiert. Sechs Türme prägen die Festungsmauer, doch nur der Talawsk-Turm ist viereckig, die anderen hingegen sind rund. Eine Aussichtsplattform befindet sich auf dem 13 m hohen Lukowsk-Turm. Von hier aus führt ein schmaler Pfad zum Gorodischtschensk-See hinab. Nur wenige Meter entfernt sprudeln die zwölf heiligen Slawischen Quellen, denen besondere Kräfte zugesprochen werden: Je nachdem, von welcher man trinkt, kann man auf Liebe, Glück oder Gesundheit hoffen. In der Sergej-Radonesch-Kirche ist eine sehenswerte Sammlung alter Steinkreuze untergebracht.

✷ **Höhlenkloster**
Petschory
Печоры
🕐 Öffnungszeiten:
tgl. ab 10.00

Fast vergessen liegt an der estnischen Grenze 70 km westlich von Pskow die Kleinstadt Petschory. Kaum jemand würde hier das überaus gepflegte Ensemble des Mariä-Himmelfahrts-Höhlenklosters vermuten, das von einer 800 m langen Festungsmauer mit Wachtürmen umsäumt ist. Durch das Hl. Tor gelangt man den Leidensweg hinab zum ältesten und schönsten von elf Kirchenkomplexen – der pastellgelben Mariä-Himmelfahrts-Kirche von 1473, deren blau-goldene Kuppeln bereits von weitem glänzen. Hier befindet sich eine **wundertätige Marien-Ikone**. In einen Felsen eingeschlagene unterirdische Gänge dienen als Grabstätte der Mönche. Im Zweiten Weltkrieg war Petschory unter deutscher Besatzung; damals wurden seine

Schätze verschleppt und erst 1973 wieder zurückgegeben. Die wertvolle Bibliothek verblieb bis zu ihrer Rückgabe 1991 im estnischen
Tartu. Der starke Widerstand der Mönche hielt die Sowjetregierung
davon ab, das Kloster schließen zu lassen.

Der russische Nationaldichter **Alexander Puschkin** verbrachte zwei
Jahre auf dem Landgut **Michailowskoje**, 130 km südöstlich von
Pskow. Hier entstanden Teile des Versromans »Eugen Onegin« und
des Nationalepos »Boris Godunow« sowie mehr als 100 Gedichte. In
dem Wohnhaus ist heute ein kleines Museum. Der Memorialkomplex Puschkin-Berge (Puschkinskije gory) umfasst neben Michailowskoje auch die beiden Landsitze **Trigorskoje** und **Petrowskoje**,
die einer befreundeten Familie bzw. Puschkins Großvater gehörten.
Ihre weitläufigen Parkanlagen mit Weihern und Alleen laden zu einem Spaziergang ein.
In der Siedlung Bugrowo, zwischen Michailowskoje und dem Hl.
Bergkloster (Swjatogorskij monastyr) trifft man auf eine alte Wassermühle. Auf einer Anhöhe im Kloster befindet sich **Puschkins Grabstätte**. Die drei Landsitze und das Kloster sind durch Wanderwege,
z. T. auch durch befahrbare Straßen, miteinander verbunden.

★
Puschkin-Berge
Пу́шкинские
горы
🕐
Öffnungszeiten:
tgl. außer Mo.
9.00 – 17.00, April
u. Nov. geschl.

Durch die Nikolaus-Einfahrt betritt man die Festung Isborsk.

✳ **Rostow am Don** (Rostov-na-Donu)

De 22

Region: Rostowskaja oblast　　**Einwohner:** 1,1 Mio.
Höhe: 73 m ü.d.M.　　**Kyrillisch:** Ростов-на-Дону

In Rostow am Don spürt man den Süden: mildes Klima und mediterranes Flair in der warmen Jahreszeit, die hier ein wenig länger dauert als anderswo in Russland.

Tor zum
Kaukasus

Russlands südlichste Millionenstadt gilt als »Tor zum Kaukasus« und erstreckt sich am rechten Ufer des Don, der fast 50 km weiter westlich ins Asowsche Meer mündet. Mit seinen weitläufigen, stark befahrenen Straßen wirkt Rostow großstädtisch; Studenten prägen das Stadtbild. Rostow ist Ausgangspunkt vieler Flusskreuzfahrten auf Don und Wolga und nicht zuletzt bekannt wegen der **Donkosaken**, die in der Region leben und ihre Traditionen hochhalten.

Zu Sowjetzeiten arbeiteten in der Region mehr als 150 Industriebetriebe, die der Natur, v. a. dem Asowschen Meer, sehr zusetzten, doch hat sich in den vergangenen Jahren die Umweltsituation ein wenig gebessert. Rostow bleibt weiterhin bedeutender Produktionsstandort u. a. für Hubschrauber (Mil), Erntemaschinen und Kühlschränke, spielt aber auch im Verwaltungs- und Bildungsbereich eine Rolle.

Relikte des Sozialismus in den Fußgängerunterführungen von Rostow

▶ ROSTOW AM DON ERLEBEN

AUSKUNFT
www.sputnik-rostov.ru/
rostov/index.html

ESSEN

► Erschwinglich

① Sim-Sim
ul. Moskowskaja 62
Tel. (863) 299 04 78
Leckere Küche aus Zentralasien,
Ambiente aus Tausendundeiner
Nacht.

② Pizzeria La Terrazza
ul. Bolschaja Sadowaja 80
Tel. (863) 244 16 11
Knusprige Pizza wird hier auch noch
nach Mitternacht gebacken.

③ Frau Marta
prospekt Statschki 1986
Tel. (863) 297 51 70
Deutsche Küche und deutsches Bier.

④ Tinkoff
prospekt Budjonnowskij 80
Tel. (863) 268 85 85
Das Bier wird vor Ort gebraut, dazu
gibt's Gegrilltes und Sushi.

ÜBERNACHTEN

► Luxus

① Rostow
prospekt Budjonnowskij 59
Tel. (863) 290 76 90
www.rostovhotel.ru
355 moderne Zimmer, zentrale Lage,
nur 1 km vom Hafen entfernt.

Rostow am Don Orientierung

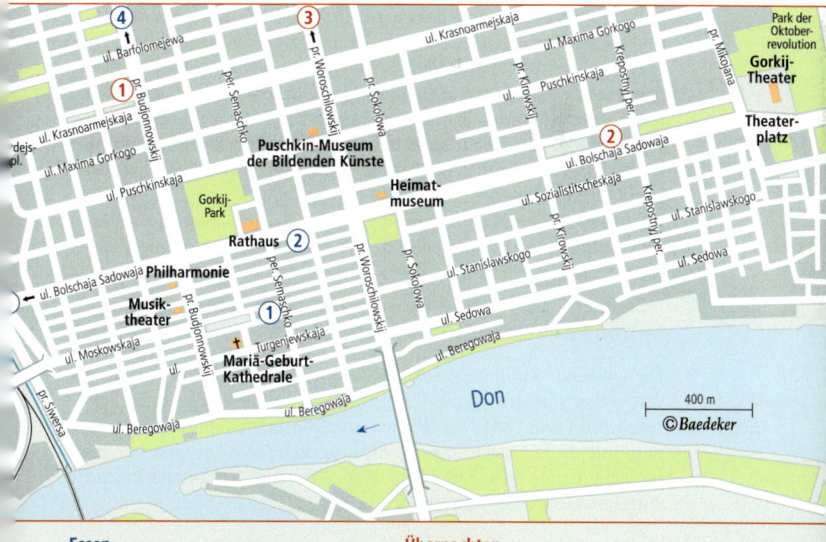

Essen
① Sim-Sim   ③ Frau Marta
② La Terraza   ④ Tinkoff

Übernachten
① Rostow   ③ Tourist
② Don-Plaza

② *Don-Plaza*
ul. Bolschaja Sadowaja 115
Tel. (863) 263 90 65,
http://don-plaza.ru
240 Z. Bei Geschäftsleuten beliebtes Kongresshotel mit Bar und gutem Restaurant an der Hauptstraße neben einem kleinen Park.

▶ **Komfortabel**
③ *Tourist*
prospekt Nagibina 19
Tel. (863) 238 47 46
Fax (863) 232 54 27
www.amaks-hotels.ru
250 Z. Graue Eminenz aus Sowjettagen mit zwölf Stockwerken.

▶ **Günstig**
Asow
ploschtschad Petrowskaja 14
346740 Asow, Tel. (8 63) 424 12 70
79 Z. Zentral gelegenes Hotel in Asow mit Blick auf das Dondelta und die alten Festungswälle.

SHOPPING
Okej
ul. Dobrowolskogo ½
In der Shopping-Mall gibt's Bücher, Parfüm, Kleidung, Snacks u.v.m.

Markt
Auf dem bunten Bauernmarkt rund um die Kathedrale locken die Händler mit Mengen saftiger Früchte aus dem Süden.

Geschichte Zarin Elisabeth Petrowna ließ 1749 am Don eine Zollstation gründen, die den Warenaustausch mit den Türken ankurbeln sollte. Als 1761 eine Festung errichtet wurde, bekam der Zollposten das Stadtrecht zugesprochen und wurde zu Ehren des Heiligen Dmitrij Rostowskij benannt. Den Zusatz »am Don« erhielt die Stadt, um sie vom älteren ▶Rostow (Welikij) entlang am Goldenen Ring zu unterscheiden. Als die Schwarzmeer-Region im 18. Jh. endgültig Russland einverleibt wurde, verlor Rostow am Don seine strategische Bedeutung, baute jedoch sein Handelspotenzial weiter aus. Im Zweiten Weltkrieg wurde die Stadt großflächig zerstört und danach auf schachbrettartigem Grundriss wieder aufgebaut.

Unrühmliche Schlagzeilen machte Rostow als Heimat des Serienmörders Andrej Tschikatilo, der zwischen 1978 und 1990 mindestens 53 Menschen ermordet haben soll.

Sehenswertes in Rostow am Don

Mariä-Geburt-Kathedrale Die goldenen Kuppeln der Mariä-Geburt-Kathedrale funkeln bereits von weitem in der Sonne. Der imposante Sakralbau entstand zwischen 1860 und 1884 nach Plänen von Konstantin Thon, der sich bereits mit der Christ-Erlöser-Kathedrale in ▶Moskau einen Namen gemacht hatte. Nebenan sollte man sich den **Wochenmarkt** nicht entgehen lassen (ul. Stanislawskogo 58).

ul. Bolschaja Sadowaja Beim Spaziergang durch Rostow sollte man einige schöne Gebäude entlang der weitläufigen Hauptverkehrsstraße Bolschaja Sadowaja beachten. Viele stammen aus dem 19. Jh. und fallen durch reich verzierte Fassaden auf (Nr. 47, 55 und 69). An der Hauptstraße haben in den letzten Jahren auch zahlreiche Modeboutiquen, Kaffeehausketten und Fast-Food-Läden eröffnet. Wem der ganze Trubel zu viel wird, kann in dem Park der Oktoberrevolution in der Nähe des Theaters Zuflucht suchen (ul. Bolschaja Sadowaja/Puschkinskaja).

Das Gorkij-Theater am Ostende der Straße ist eines der wenigen im Stil des Konstruktivismus erhaltenen Rostower Gebäude. Es besticht durch seine **ungewöhnlichen Form eines Traktors** und gilt als eine der angesehensehen Sprechbühnen Russlands (Akademitscheskij teatr dramy imeni M. Gorkogo, ploschtschad Teatralnaja).

◀ Gorkij-Theater

Ein breites Spektrum an Gemälden, Skulpturen und Grafiken – neben russischen Künstlern wie Ilja Repin oder Wassilij Surikow sind im **Puschkin-Museum der Bildenden Künste** auch italienische und französische Meister aus dem 17. Jh. und Werke des sozialistischen Realismus zu bewundern (Oblastnoj musej isobrasitelnych iskusstw imeni Puschkina, ul. Puschkinskaja 115; Öffnungszeiten: tgl. außer Di. 10.00 – 18.00 Uhr).

> ### ! *Baedeker* TIPP
>
> #### Unter der Erde
> Auch hier gibt es etwas zu sehen: Die Fußgängerunterführungen im Zentrum sind mit farbenfrohen Mosaiken gekachelt, die u. a. Pioniere und Kolchosbäuerinnen abbilden.

🕐

Im **größten Museum Südrusslands** werden die Natur, Kultur und Geschichte der Region ausführlich dargestellt; v. a. über die Kosaken-Helden Stenka Rasin oder Pugatschow erfährt man einiges. Zu den Höhepunkten gehört die Sammlung antiken Goldes und Silbers. Einige Exponate werden dem Reiternomadenvolk der Skythen (2. Jh. v. Chr.) zugeordnet (Oblastnoj krajewedtscheskij musej, Bolschaja Sadowaja 79; Öffnungszeiten: tgl. außer Mo. 10.00 – 18.00 Uhr).

◀ Heimatmuseum

🕐

Umgebung von Rostow am Don

In der Idylle des alten Wehrdorfs Staniza Wjoschenskaja verbrachte **Michail Scholochow** (1905 – 1984), 1965 mit dem **Nobelpreis für Literatur** ausgezeichnet, den Großteil seines Lebens. In »Der stille Don« schildert er im Rahmen einer Familienchronik Leben und Traditionen in einem Don-Kosakendorf zwischen 1912 und 1922. Alljährlich Ende Mai lockt das literarisch-folkloristische Festival »**Scholochow-Frühling**« Tausende von Gästen auf das Anwesen (Gosudarstwennyj musej-sapowednik M.A. Scholochowa, ul. Scholochowa 60).

★
Scholochow-Museum
🕐
Öffnungszeiten:
Mi. – So.
10.00 – 15.00

Eintauchen in die Welt der Don-Kosaken: Das ehemalige Wehrdorf, das 1593 von Kosaken aus Saporoschje (heute Ukraine) gegründet worden war, erinnert an ein großes Freilichtmuseum. Auf dem zentralen ploschtschad Majdan steht die beeindruckende Auferstehungskathedrale mit einer reichen barocken Ikonostase, hinter deren Glockenturm ein Heldenfriedhof der Kosaken angelegt ist. In der Nähe

★ ★
Starotscherkassk
Старо-
черкасск

◀ weiter auf S. 448

WILDE KERLE

Sie tanzen Kasatschok, tragen hohe Fellmützen und schwingen ihre Säbel furchterregend. Das Klischee über die Kosaken nähren Legenden, Filme und nicht zuletzt Männerchöre auf Auslandstournee.

Zu den bekanntesten Kosaken gehören ohne Zweifel die **Donkosaken**, die sich in der zweiten Hälfte des 16. Jh.s am Don uniederließen. Gut ein Jahrhundert später hatten sie sich bereits auf 30 Siedlungen in der heutigen südrussischen Rostowskaja oblast zerstreut. Der ursprüngliche Hauptort Werchnije Rasdory wurde durch Tscherkassk (heute Starotscherkassk) abgelöst. Außer den Donkosaken lebten auf dem Gebiet der heutigen Ukraine die **Saporoschjer Kosaken**, denen später Gebiete an der Schwarzmeerküste zugewiesen

wurden. Sie gründeten Nowotscherkassk. Im Kaukasus sind die **Terek-Kosaken** am bekanntesten, die sich im 16. Jh. am Terek niederließen.

Gemeinschaft der Gleichen

Die Kosaken (turktatarisch: »freie Krieger«) rekrutierten sich ursprünglich aus freien Bauern in der Ukraine und in Russland, die so eine Alternative zum unterdrückten Dasein auf Adelsgütern lebten. In der zweiten Hälfte des 15. Jh.s bekamen sie einen ungeheueren Zulauf und es bildeten sich freie Kosakengemeinschaften an

! **Baedeker** TIPP

Einmal einen Kosaken in voller Montur bewundern

An Feiertagen präsentieren sich die Kosaken mit Pelzmütze, Tscherkessenmantel und Nationaltracht. Fehlt nur noch der Männerchor mit russischen Volksliedern, die unter die Haut gehen.

Don, Wolga, Dnjepr und Ural außerhalb des russischen und polnisch-litauischen Machtbereichs. Sie lebten von Feldzügen, der Jagd, dem Fischfang, teils auch vom Handel. Grund und Boden wurden gemeinsam verwaltet, **Privateigentum war ein Fremdwort**. Alle Mitglieder einer Gemeinschaft hatten die gleichen Rechte und wählten eine Verwaltung, die sie jederzeit auch wieder absetzen konnten. Der Kosaken-Anführer wird bis heute **Ataman** genannt, dem bei den Saporoschjer Kosaken der Hetman entspricht. auf. Er wurde von der Kosakenversammlung bestellt und von Kossakenrittmeister und Heeresamtschreiber unterstützt.

Kriegshandwerk

Zum raubeinigen Rebellenimage der Kosaken haben vor allem auch ihre Beutezüge durch das Osmanische Reich in der ersten Hälfte des 17. Jh.s beigetragen, die den türkischen Sultan sogar so weit brachten, Zar Michail zu bitten, die Einfälle zu unterbinden. Die kühle Antwort war, dass es sich um entflohene Diebe und nicht um russische Staatsbürger handle, die keiner Autorität gehorchten – nur die halbe Wahrheit, denn Russland unterstützte die Kosaken materiell und finanziell. Was die Kosaken von alldem hielten, hat Ilja Repin in seinem Gemälde **»Die Sapo-**

roschjer Kosaken schreiben dem türkischen Sultan einen Brief« festgehalten: Sie lachen sich halbtot (▶Abb. S. 480). Denn tatsächlich war der Krieg eine der Haupteinnahmequellen der Kosaken. Die sog. **Registerkosaken** dienten als reguläre – also registrierte – Soldaten in der russischen Armee, die zu Beginn des 20. Jh.s elf Kosakenheere mit ca. 300 000 Mann aufgestellt hatte. Im Bürgerkrieg kämpfte die Mehrheit der Kosaken gegen die Bolschewiki, dennoch gab es auch in der Roten Armee Kosakenregimenter, deren Kampfkraft im Zweiten Weltkrieg wesentlich dazu beitrug, dass die Kosaken nicht mehr verfolgt wurden. Ca. 25 000 liefen allerdings zur Wehrmacht über; sie sammelten sich zum Ende des Krieges in Österreich und wurden dort – entgegen anderslautender Zusicherungen – von den Briten an die UdSSR ausgeliefert. Die meisten dieser **Lienzer Kosaken** erlebten das Jahr 1946 nicht mehr.

Heute vertritt der 1990 gegründete gesamtrussländische Kosakenbund die Interessen der Kosaken. Ihren Wehrdienst leisten sie in Regimentern, die traditionelle Kosakenbezeichnungen führen. Den berühmten **Donkosaken-Chor**, 1921 von Sergeij Jarow gegründet, gibt es seit 1981 allerdings nicht mehr, sondern nur noch ein Ensemble, das den geschützten Namen seit 2001 führen darf.

Die barocke Ikonostase von Starotscherkassk

Öffnungszeiten: tgl. 9.00 – 17.00

liegt das gut erhaltene Anwesen des Atamanen Jewremow mit Küche, Kirche und Hof. Für Touristen – die meist mit dem Schiff auf dem Don ankommen – hüllen sich die Museumsmitarbeiter in historische Gewänder und geben traditionelle Volkslieder zum Besten. Starotscherkassk (Alt-Tscherkassk) erhielt diesen Namenszusatz nach der Gründung von Nowotscherkassk (Neu-Tscherkassk, s. u.) und ist Geburtsort des legendären **Stjepan (Stenka) Rasin**, der die Bauernaufstände von 1667 bis 1670 anführte.

Tanais bei Asow Асов

Eine der größten Ausgrabungen Russlands erstreckt sich ca. 30 km westlich von Rostow auf einer Fläche von 3000 ha an der Durchgangsstraße von Rostow am Don nach Taganrog bei Asow. Tanais, oft als das **»russische Pompeji«** bezeichnet, war eine bei Strabon erwähnte Gründung von griechischen Siedlern aus dem kleinasiatischen Milet im 3. Jh. v. Chr. und trug den griechischen Namen des Don. Nördlicher stießen griechische Kolonisten nicht vor. Die Goten zerstörten Tanais im 5. Jh. n. Chr. (Archeologitscheskij musej-sapowednik Tanais).

Öffnungszeiten: Mitte April – Mitte Nov. 9.00 – 17.00

Taganrog Таганрог

Taganrog (80 km westlich von Rostow) nahe der ukrainischen Grenze ist ein Muss für Literaturliebhaber, die an den Dramen von **Anton Tschechow** Gefallen gefunden haben, – denn hier kann dessen pittoreskes Geburtshaus besichtigt werden. Fotos, Fragmente und Erinnerungen geben Einblick in einen Ausschnitt seines Alltags (ul. Oktjabrskaja 9, www.chekhovmuseum.com).

Von der glanzvollen Vergangenheit der **Durow-Zirkusdynastie** erzählt ein Museum in der uliza Frunse 80. Anatolij Durow war einer der bekanntesten Dompteure des 20. Jh.s und Oberhaupt der berühmten Zirkusfamilie, die 1926 das Tiertheater in Taganrog gründete.

Nowotscherkassk (Новочеркасск)

Wer sich für die Geschichte der Don-Kosaken interessiert, sollte einen Besuch in der Industriestadt Nowotscherkassk (181 000 Einw.) einplanen. Hierher, 30 km nordöstlich von Rostow am Don, verlegten die Reiterkrieger ihre Hauptstadt im Jahr 1805 (s. o., Starotscherkassk). Die Stadt erhebt sich auf einem Hügel, um den sich die Flüsse Tuslow und Aksai schlängeln. In der Altstadt, die drei weitläufige Boulevards durchqueren, haben sich einige Architekturdenkmäler des 19. Jh.s bewahrt. Nowotscherkassks Lokomotivenfabrik gilt als größte in Russland mit 10 000 Beschäftigten.

Im Atamanenpalast aus dem 19. Jh. mit Säulen und einem prächtigem Balkon kann man im Erdgeschoss ein Koskanemuseum besuchen und im Obergeschoss u. a. Empfangsraum und Speisesaal besichtigen.

✴ **Atamanenpalais**

Die mächtige Himmelfahrts-Kathedrale thront auf der höchsten Erhebung der Stadt. Sie entstand zu Beginn des 20. Jh.s und galt mit einer Höhe von 74,6 m als drittgrößte im Land nach der Isaaks-Kathedrale von St. Petersburg und der Christ-Erlöser-Kathedrale in Moskau. Auffällig sind die recht breiten Trommeln mit den gedrungen wirkenden Kuppeln, die nachts beleuchtet sind. Auf dem weitläufigen Platz davor ehrt ein 1904 aus Bronze gegossenes Denkmal den legendären Kosakenführer **Ataman Jermak** (ca. 1537 – 1585), den Iwan der Schreckliche mit der Eroberung Sibiriens beauftragte. Jermak fiel im Kampf gegen die Tataren.

✴ **Himmelfahrts-Kathedrale**

◀ Jermak-Denkmal

Mehr als drei Jahrzehnte verschwiegen die Machthaber einen »antisowjetischen Aufstand«, der am 1. und 2. Juni 1962 auf dem zentralen Dworzewaja ploschtschad von Nowotscherkassk blutig niedergeschlagen wurde. Arbeiter der Lokomotivenfabrik hatten gegen Chruschtschows Maßnahmen – Preiserhöhungen und zugleich Lohnsenkungen – demonstriert (Musej pamjaty Nowotscherkasskoj tragediji 1962. goda, Dworzewaja ploschtschad 4 – 6).

Erinnerungsmuseum an die Tragödie von 1962

Das 1899 eingeweihte Museum der Donkosaken erinnert mit seiner großen Sammlung von Säbeln, Pistolen und anderen Waffen an die Feldzüge der Kosaken. Antike Möbel, eine Porzellansammlung, Ikonen, aber auch Gegenstände, die den ranghöchsten Don-Kosaken, dem Ataman bzw. Hetman, gehört haben, sind ausgestellt (Musej istorii Donskogo kasatschestwa, ul. Atamanskaja 38, www.doncossacks.ru).

✴ **Donkosaken-Museum**
🕐 Öffnungszeiten:
Di. – So.
10.00 – 17.00

★★ Rostow Welikij (Rostov Velikij)

De 17

Region: Jaroslawskaja oblast
Höhe: 97 m ü.d.M.

Einwohner: 34 000
Kyrillisch: Ростов Великий

Rostow Welikij, das »Große Rostow«, gehört zu den Höhepunkten des Goldenen Rings: Im Kreml beeindrucken unzählige Zwiebelkuppeln, und der nahe gelegene Nero-See spielte schon bei der Christianisierung der Rus eine Rolle.

Vom See aus eröffnet sich der schönste Blick auf die **märchenhafte Silhouette**, v. a. in der Abenddämmerung, wenn sich die Kuppeln besonders farbintensiv im Wasser spiegeln. Die Liste der Architekturdenkmäler ist lang und umfasst 323 Bauwerke – deshalb hoffen die Stadtväter auf die Aufnahme ins UNESCO-Weltkulturerbe. Wirtschaftlich wichtig sind Tourismus, Leinenfabrik, Emaille-Kunsthandwerk, aber auch Landwirtschaft – allerdings kämpft Rostow mit der Abwanderung in nahe gelegene Großstädte wie Jaroslawl.

Geschichte　Als Rostow 862 erstmals in der Nestor-Chronik erwähnt wurde, war bereits von einem gut entwickelten Städtchen die Rede. Die Verbindung des Gewässers mit der Wolga kurbelte den Handel bereits ab dem 9. Jh. an. Das Christentum wurde schon 989 – ein Jahr nach der offiziellen Einführung in der Kiewer Rus – verbreitet. Die Taufe der heidnischen Dorfbewohner fand in Kähnen auf dem See statt. Mitte des 12. Jh.s bekam die Bojarenstadt den Beinamen Welikij (»groß«), was seine Bedeutung als eines der weltlichen und geistigen Zentren des Landes unterstrich. Kurze Zeit war Rostow Hauptstadt eines selbstständigen Fürstentums, später wurde es Moskau einverleibt, im 16. Jh. gehörte es zur Opritschnina von Iwan dem Schrecklichen. Die politisch geschwächte Stadt wurde von Angriffen der tatarisch-mongolischen Horde mehrfach verwüstet, zu Beginn des 17. Jh. von den Polen geplündert. Langsam entwickelte es sich zu einem bedeutenden Handelszentrum, nicht zuletzt durch die Anbindung an die Eisenbahn nach Moskau 1870. Damals waren auch die **»Rostower Messen«** berühmt.

★★ Kreml

Öffnungszeiten:
tgl. 10.00 – 17.00

Nachdem die Stadt während der Zeit der Wirren durch polnische Invasoren in Schutt und Asche gelegt worden war, begann man mit dem Wiederaufbau. Im Zuge dessen entstand ab 1670 auch der Kreml (Rostowskij kreml). Im späten 18. Jh. wurde der Bischofssitz, der zunächst in Rostow Welikij war, nach Jaroslawl verlegt, der Kreml fortan als Lager benutzt und entsprechend dem Verfall ausgesetzt. Im ausgehenden 19. Jh. setzten sich Bürger für die Sanierung der stark heruntergekommenen Anlage ein. Das **architektonische**

Rostow Welikij *Kreml*

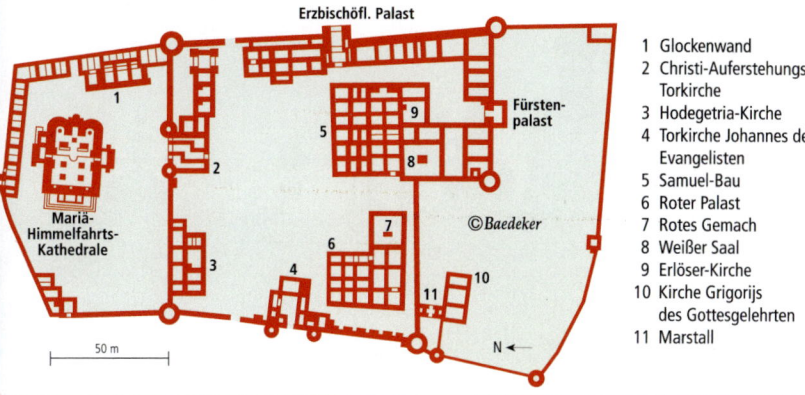

1 Glockenwand
2 Christi-Auferstehungs-Torkirche
3 Hodegetria-Kirche
4 Torkirche Johannes des Evangelisten
5 Samuel-Bau
6 Roter Palast
7 Rotes Gemach
8 Weißer Saal
9 Erlöser-Kirche
10 Kirche Grigorijs des Gottesgelehrten
11 Marstall

Meisterwerk ist von einer trutzigen Mauer mit elf Türmen umgeben. Sie wirkt zwar imposant, hat aber nur eine Breite von 2 m und hätte ernsthafte Angriffe niemals abwehren können. Entlang des Walls stehen die Gebäude asymmetrisch zueinander, bilden aber dennoch ein harmonisches Ganzes. Interessant sind die Gänge und Treppen, die die Bauten miteinander verbinden.

Die Mariä-Himmelfahrts-Kathedrale (Uspenskij sobor) ist die eindrucksvollste auf dem Kreml-Gelände. Allerdings wurde sie nicht auf dem zentralen Platz erbaut, den hier ein Teich einnimmt, sondern außerhalb der Mauern – **daher spiegelt sich das ganze Ensemble so schön im Nero-See**. Die Kathedrale ist das vierte Gotteshaus, das seit 991 an dieser Stelle errichtet wurde. Beeindruckend ist die Leistung der Baumeister aus dem 16. Jh., die trotz des morastigen Bodens, der mit Eichenpfählen befestigt werden musste, solch ein monumentales Bauwerk errichteten. Architektonisch ähnelt das weiße Gebäude der Erzengel-Kathedrale im Moskauer Kreml. Die fünf Kuppeln glänzen silbern in der Sonne und thronen auf dicht gesetzten hohen Trommeln mit goldfarbenen Schmuckbändern. Die restaurierten Fresken stammen von Meistern aus Jaroslawl und Kostroma; die sechsreihige vergoldete Ikonostase umranken Weinblätter.

Mariä-Himmelfahrts-Kathedrale

Die Glockenwand (swonniza) mit ihren drei geschuppten Kuppeln harmoniert mit der Kathedrale. Einst waren in den Bogengängen 23 Glocken angebracht, die selbst **in einer Entfernung von fast 20 km zu hören** waren. Heute sind es noch 13, die schwerste mit dem Namen »Syssoja« wiegt 33 t. Jede Glocke hatte ihren Namen, ebenso wie ihre individuelle Melodie. Mindestens fünf Glöckner, deren Spielweisen weit über die Stadtgrenzen hinaus bekannt waren, arbeiteten hier. 1869 reiste der Komponist Hector Berlioz eigens nach

Glockenwand

Auch im Winter strahlt die Mariä-Himmelfahrts-Kathedrale in imposanter Schönheit.

Rostow, um das berühmte Geläut mit eigenen Ohren zu hören. Dieses wurde 1928 verboten, zwei Jahre später schloss man die Gotteshäuser. Die berühmten Glocken wurden 1988, anlässlich der 1000-Jahr-Feier der Christianisierung der Rus, wieder restauriert.

Erzbischöfliches Palais

Gegenüber dem Teich führt eine Freitreppe zum ehemaligen Erzbischöflichen Palais. Auf der anderen Seite erhebt sich der nach Bischof Samuel benannte Palais mit einer Ausstellung sakraler Gegenstände. Eine offene Galerie führt vom Samuel-Korpus, in dem der Bischof seine Gemächer hatte, zu dessen schlichter Hauskirche. Das Rote Palais war dem Zaren und seinem Gefolge vorbehalten, der zum Gebet nach Rostow Welikij kam. Ganz in der Nähe ergänzt das Weiße Palais das bischöfliche Gebäudeensemble rund um den Teich.

Torkirche der Auferstehung Christi

Die Torkirche von 1670 (Nadwratnaja zerkow Woskressenja Christowa) wurde auf dem Heiligen Tor errichtet, durch das die Metropoliten an hohen Feiertagen zogen. Die 1675 großzügig ausgeführte Freskenmalerei im Inneren ersetzte sogar die Ikonostase. Besonders schön ist das Motiv der Auferstehung Christi in warmen Rottönen.

Torkirche des Evangelisten Johannes

Diese Torkirche von 1683 (Nadwratnaja zerkow Ioanna Bogoslowla) wirkt auf den ersten Blick wie ein Spiegelbild der älteren Auferstehungskirche. Ihre zehn Jahre später entstandenen Fresken stellen vor allem das Leben Jesu dar.

ROSTOW WELIKIJ ERLEBEN

AUSKUNFT
www.rostmuseum.ru
www.v-rostove.ru
(nur Russisch)

ESSEN
▶ Erschwinglich
Trapesnaja Palata
im Kreml
Tel. (4 85 36) 6 28 71
Altrussische Speisen in authentischer
Kreml-Atmosphäre.

Slawjanskij
ploschtschad Sowjetskaja 8
Tel. (4 85 36) 6 22 28
Der Chefkoch empfiehlt Steinpilz-
Suppe, Fischsuppe »Ucha« nach
Rostower Art oder mit Äpfeln
gefüllte Gans.

ÜBERNACHTEN / ESSEN
▶ Komfortabel
Usadba Pleschanowych
ul. Leninskaja 34
Tel./Fax: (4 85 36) 7 64 40
www.hotel.v-rostove.ru
21 Z. Privates gemütliches Landhaus-
Hotel mit Sauna. Im Restaurant
werden russische Salate, überbackene
Fisch-, Geflügel- und Fleischgerichte
serviert. Tipp: Dampfend-frische
Blini! Organisation von Ausflügen
und Bootsfahrten.

Bojarskij dwor
Kammenyj most 4
Tel. (4 85 36) 60 48-0
http://reinkap-hotel.ru
Direkt am Kreml gelegen.

▶ Günstig
Dom na Pogrebach
Kremlgelände
Tel. (4 85 36) 6 12 44
http://rostmuseum.ru/hotel/
hotel.html
14 einfache Schlafräume für bis zu
fünf Personen; tolle Lage im Kreml.
Getafelt wird dafür stilvoll im Roten
Palais!

SHOPPING
Bauernmarkt
Ob frische Früchte oder Schnürsen-
kel: Wo einst die Zollbehörde aus den
1830er-Jahren untergebracht war,
wird heute gehandelt.

BOOTSAUSFLUG
Zur Tradition von Hochzeiten und
Schulabschlussfeiern gehört eine
Bootsfahrt auf dem Nero-See.
Zwischen Ende Mai und dem späten
Herbst legen mehrmals täglich Schiffe
ab. Die Anlegestelle hinter dem Kreml
kann mannicht verfehlen.

Altstadt

Die Altstadt mit ihren klassizistischen Einflüssen schmiegt sich in
Form eines Hufeisens um den Kreml. Von der Himmelfahrts-
Kathedrale hat man einen schönen Blick auf die Festungswälle.

Auch heute sind in den Handelsreihen mit ihrer hohen überdachten
Arkadengalerie Geschäfte untergebracht. Zum Ensemble des Markts

**Handelsreihen,
Erlöser-Kirche**

gehört die Erlöserkirche, deren blaue Kuppeln mit vergoldeten Sternen sofort auffallen (Zerkow Spassa-na-torgu/Gostinyj dwor, ul. 50-letija Oktjabrja).

Erlöser-Jakob-Kloster

Öffnungszeiten: tgl. 7.00 – 21.00

Das **Zusammenspiel von Architektur und Landschaft** wirkt hier besonders malerisch, denn auch diese Anlage spiegelt sich im Nero-See: Die heute noch erhaltenen Bauten des 1389 gegründeten Klosterensembles westlich der Altstadt stammen aus dem 17. Jahrhundert. Wertvolle Denkmäler der altrussischen Kirchenbaukunst verschmelzen hier mit klassizistischen Einflüssen, pseudogotischen Türmchen und barocken Ornamenten (Spasso-Jakowljewskij monastyr, ul. Dobroljubowa).

Umgebung von Rostow Welikij

Bogoslow
Богослов

In dem 3 km westlich gelegenen Dörfchen steht eine schöne Holzkirche, die Johannes dem Gottgelehrten geweiht ist. **Der Legende zufolge soll die Kirche auf dem Fluss dahergeschwommen sein** – nicht allzu abwegig, denn einst wurden hölzerne Blockbauten komplett auf dem Wasserweg transportiert.

Boris-und-Gleb-Kloster bei Borisoglebsk
Борисоглебск

Im vergessen wirkenden Dörfchen Borisoglebskij, 18 km nordwestlich von Rostow, gibt es ein altes, **den russischen Nationalheiligen Boris und Gleb geweihtes** Kloster. Als Standort wählten die Mönche Fjodor und Pawel Ende des 14. Jh.s ein Kiefernwäldchen am Ufer des Flusses Ustje. Zu Beginn des 16. Jh.s erfolgte der Umbau in eine Anlage aus Stein. Im Laufe der Zeit wuchs das Kloster (Borisoglebskij monastyr) zu einer Festung mit 15 Wehrtürmen heran, die Rostow Welikij vor Angriffen aus Richtung Uglitsch schützen sollte. Im ältesten Bauwerk, der Boris- und Gleb-Kathedrale, werden die Relikte der Klostergründer aufbewahrt. Der dreigeschossige Glockenturm, das Refektorium und mehrere Kirchen sind noch erhalten.

✳ Samara

Ea 19

Region: Samarskaja oblast **Einwohner:** 1,2 Mio.
Höhe: 127 m ü.d.M. **Kyrillisch:** Самара

In Samara ist man auf den höchstgelegenen Bahnhof und den tiefsten Bunker der Welt stolz. Südliches Flair und eine der schönsten Wolgapromenaden mit Strand prägen die sechstgrößte Stadt Russlands, in der angeblich die schönsten Mädchen des Landes leben.

Untypische Millionenstadt

Unter einer Millionenstadt stellt man sich für gewöhnlich etwas anderes vor, doch in Samara gibt es kein Verkehrschaos und wildes Gehupe, dafür mediterran wirkende Alleen, eine beschauliche Fußgän-

▶ SAMARA ERLEBEN

AUSKUNFT

www.samturinfo.ru
www.city.samara.ru
(nur Russisch)

Touristikbüro
Aljans-Tour
ul. Aerodromnaja 47a
Einkaufszentrum Awrora, of. 604a
Tel. (846) 260 06 58
www.a-tours.com
Exkursionen in den Nationalpark
Samarskaja Luka, ins UAZ-Auto-
museum nach Togliatti, Fahrradtou-
ren sowie Wolgafahrten.

ESSEN
▶ Erschwinglich
① *Russkaja ochota*
(»Russische Jagd«)
ul. Jurja Gagarina 54
Tel. (846) 260 29 54
Gutes Essen und naturtrübes Bier in
rustikalem Jagdambiente.

② *Tinkoff*
Moskowskoje schosse 2b
Tel. (846) 270 27 01
Selbstgebrautes Bier wird in der
Restaurantkette zu Sushi und deftigen
Gerichten serviert.

③ *Buchara*
ul. Kujbyschewa 96
Tel. (846) 333 71 94
ul. Jurja Gagarina 10
Tel. (846) 336 34 88
Sich wie der usbekische Emir fühlen:
Schaschlik, Plow-Reisgerichte und
Kebab werden in märchenhafter
1001-Nacht-Atmosphäre zubereitet.

④ *Schili-byli*
(»Es war einmal«)
prospekt Lenina 3
Tel. (846) 263 35 05

Populäre Restaurantkette: russische
Küche in rustikaler Heuwagen-
Atmosphäre.

▶ Preiswert
④ *Slatkaja schisn*
(»Süßes Leben«)
prospekt Lenina 3
Tel. (846) 263 35 05
Das Dessert wird im gleichen Haus
eingenommen: Käsekuchen, Apriko-
sen-Quarkstrudel und Schoko-
Mousse – die Auswahl in der Konditorei fällt nicht leicht.

ÜBERNACHTEN
▶ Luxus
① *Renaissance*
ul. Nowo-Sadowaja 162b
Tel. (846) 277 83 40
Fax ()846 277 83 50
www.mariott.com
196 Z. Das Nobelhotel bietet ange-
nehme Räume, allerdings sind die
Portionen im Restaurant eher auf den
kleinen Hunger ausgerichtet.

② *Holiday Inn*
ul. Alexeja Tolstogo 99
Tel. (846) 372 70 00
Fax (846) 372 70 01
www.ichotelsgroup.com
177 Z. Noch einE Filiale einer internationalen Kette im Herzen von
Samara. Haus mit bewährt gutem
Standard.

▶ Komfortabel
③ *Azimut Hotel Samara*
ul. Frunse 91/37
Tel./Fax (846) 277 80 80
www.azimuthotels.ru
86 moderne, helle Zimmer.

Samara Orientierung

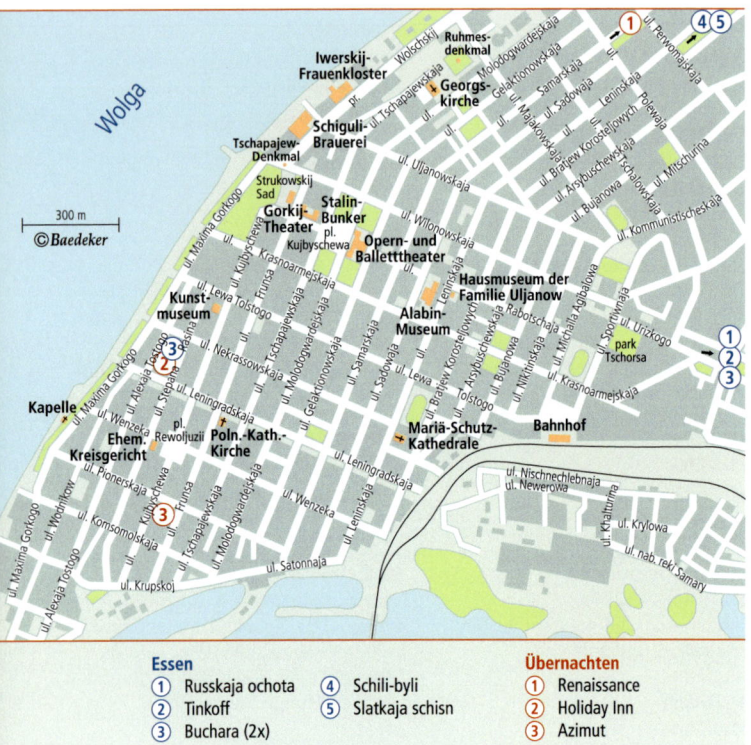

Essen
① Russkaja ochota
② Tinkoff
③ Buchara (2x)
④ Schili-byli
⑤ Slatkaja schisn

Übernachten
① Renaissance
② Holiday Inn
③ Azimut

gerzone und eine wundervolle Lage: Auf 50 km Länge ziehen sich die Häuser und Vororte an der Wolga entlang, die sich bei Samara erneut nach Westen krümmt.

Was »Samara« bedeutet, ist nicht genau geklärt: Einer Erklärung zufolge soll der Name in den Turksprachen einen »Steppenfluss« bezeichnen, eine andere bringt den griechischen Samar (Kaufmann) ins Spiel. Erstmals taucht Samara jedenfalls 1361 in den Chroniken auf. Unter Zar Fjodor entstand eine Festung, die russisches Gebiet vor Angriffen der Nomaden schützen sollte. Diese stellte bald einen wichtigen Faktor im Handel zwischen Russland und dem Orient dar. 1670 eroberte **Kosakenführer Stjepan Rasin** die Stadt, im 18. Jh. wurde Samara zunächst dem Gouvernement Kasan, später Astrachan zugeschlagen. Im 19. Jh. entwickelte sich eine Mühlenindustrie, im 20. Jh. war Samara zu einem der größten Zentren der Getreideverarbeitung im Land herangewachsen. Im Bürgerkrieg 1918 bis 1920 hatten die Weißgardisten hier ihren Sitz; zwischen 1935 und 1991 trug Samara den Namen des Parteifunktionärs **Kujbyschew**. 1941 wurde

Ein Hort der Kultur in Samara: das Gorkij-Theater

Kuibyschew zu einer Art Ersatzhauptstadt: Teile der Militärverwaltung, das Außenministerium, das gesamte diplomatische Korps und auch die Truppe des Bolschoij-Theaters wurden hierher evakuiert. Nach dem Krieg entwickelte sich Kuibyschew zu einer bedeutenden Industriestadt, die zu Sowjetzeiten für Ausländer gesperrt war.

Sehenswertes in Samara

Die Stadt versprüht im Sommer **südländischen Charme**, wozu vor allem die endlos wirkende Wolgapromenade beiträgt. In den heißen Sommermonaten verlagert sich das städtische Leben an den breiten Wolgastrand, von dem sich der Blick auf die Schiguli-Hügel eröffnet. Mehr als 100 verschiedene Pflanzenarten aus dem Kaukasus, aus Sibirien, Zentralasien und anderen Regionen wachsen an der Promenade.

★★
Wolga-
promenade

Vom Flusshafen geradewegs hinauf führt die ul. Wenezka direkt in die Altstadt. Nach etwa einem halben Kilometer öffnet sich links der historische Stadtkern. Um den ploschtschad Rewoljuzii stehen einige historische Häuser wie der frühere Gouverneurspalast oder das ehemalige Kreisgericht, in dem der junge Lenin angestellt war.

Revolutionsplatz

Die uliza Kujbyschewa entlang

Das Herz der Altstadt pocht auf der frisch sanierten Flaniermeile mit Cafés, Boutiquen und Bürgerhäusern aus dem 19. Jahrhundert. Das Opern- und Balletttheater genießt einen guten Ruf, die Balletttruppe ist im ganzen Land bekannt. Nach Süden führt die Hauptstraße zum Hafen. Schlägt man diese Richtung ein, gelangt man zum Chlebnaja ploschtschad (»Brot-Platz«), der seinen Namen der Getreidebörse, einem Kornspeicher und einer Brotfabrik verdankt. An dieser Stelle soll die historische Festung gestanden haben.

✳ Kunstmuseum ▶

⏱ Öffnungszeiten: tgl. außer Di. 10.00 – 18.00

Eine umfassende Sammlung russischer und westeuropäischer Gemälde und Grafik findet man im Kunstmuseum. Zu den Höhepunkten gehört die **russische Avantgarde** mit Werken von Kasimir Malewitsch und Archistarch Lenulow. Im Marmorsaal finden ab und zu Konzerte statt (Samarskij oblastnoj chudoschestwennyj musej, ul. Kujbyschewa 92).

Gorkij-Theater ▶

Die ul. Kujbyschewskaja mündet an ihrem nördlichen Ende in den Tschapajew ploschtschad, auf dem ein monumentales Denkmal an den Heerführer des Bürgerkriegs Wassilij Tschapajew erinnert. Eines der schönsten Gebäude der Stadt fällt hier sofort ins Auge: das Gorkij-Schauspielhaus.

✳ ✳ Stalin-Bunker

Ein heller konstruktivistischer Bau nur wenige Meter vom Gorkij-Theater birgt ein Geheimnis, das selbst den Stadtbewohnern fast ein halbes Jahrhundert lang verborgen blieb: Unter dem Gebäude der Kunstakademie erstreckt sich der **tiefste Bunker der Welt**, errichtet auf Befehl Stalins. Eine Geheimtür führt hinab in **37 m** Tiefe. Der gigantische Bau wurde ab Februar 1942 in nur neun Monaten im Untergrund fertiggestellt, nachdem Samara zur »Ersatzhauptstadt« der Sowjetunion auserkoren worden war. Ob Stalin sich jemals hier aufhielt, bleibt ungewiss.

> ❗ **Baedeker TIPP**
>
> ## Deutsche Spuren
>
> Samara gehörte in der zweiten Hälfte des 18. Jh.s zu den Siedlungszentren der Wolgadeutschen. Noch heute trifft man sich in der rosafarbenen St. Georgs-Kirche (von der russischen Bevölkerung »kircha« genannt) in der ul. Kujbyschewa zum Gebet – auf Russisch und Deutsch. Auf dem Wolschskij prospekt produziert seit 1881 die Schiguli-Brauerei, die der deutschstämmige Alfred von Wakano, der »Bierkönig von der Wolga«, gründete. Heute kehrt man hier auch im empfehlenswerten Restaurant »Von Wakano« ein.

Die glitzernde futuristisch anmutende Stahl und Glas-Konstruktion passt irgendwie gar nicht so recht ins Stadtbild, denn davor erstreckt sich ein weitläufiger Platz mit sowjetischen Klötzen, der meist zugeparkt ist. Der moderne Provinzbahnhof gilt mit seinem 86 m hohen Turm als höchstes Bauwerk dieser Art – weltweit! Aufzüge befördern die Besucher zu einer Aussichtsplattform. Der **Ausblick ist phänomenal** und gehört zu den Highlights der Stadt. Modern auch das Innenleben: digitale Anzeigetn – immer noch eine Seltenheit in Russland – und VIP-Wartesäle (Scheljesnodoroschnyj woksal, Komsomolskaja ploschtschad 1).

✳ Bahnhof

Umgebung von Samara

Togliatti ist v. a. als **Standort der Lada-Werke** bekannt. Die schmucklose sozialistische Industriestadt nordwestlich von Samara wurde zu Ehren des italienischen Kommunisten Palmiro Togliatti benannt, der während des Zweiten Weltkriegs in der Sowjetunion Unterschlupf fand. Ein Muss für Auto- und Technikfreaks ist das Automuseum der Lada-Werke, wo neben GAZ-Lkw auch ausländische Pkws zu sehen sind; außerdem Panzer, Raketen, Flugzeuge, Roboter und sogar Mondfahrgeräte und eine Mittelstreckenrakete (Juschnaja schosse 137).

Togliatti
Тольятти

★ ★
◄ Automuseum der
Lada-Werke

Wer eine Schifffahrt auf der Wolga unternimmt, erhält einen Eindruck vom gigantischen Kujbyschew-Wasserkraftwerk (Kujbyschewskaja GES) südlich von Togliatti. Mehrere Kilometer breit öffnet sich hier der Kujbyschewer Stausee und verwandelt den Fluss fast in ein Meer, das Schiffe über eine 25 m hohe Staustufe erreichen. Das gigantische Wasserkraftwerk **gehört zu den 15 mächtigsten Anlagen dieser Art weltweit**.

Kujbyschew-
Wasserkraftwerk

Am berühmten Wolgaknick um Samara und die Kleinstadt Schiguljowsk herum erstreckt sich eine **herrlich unberührte Waldsteppe**. Das 127 000 ha große Territorium (Nazionalnyj park Samarskaja Luka) ist seit 2006 UNESCO-Biosphärenreservat. Hier gibt es 1195 Pflanzenarten, von denen sich 231 Vogel- und 54 Säugetierarten ernähren, während in den Gewässern 49 Fischarten gezählt werden. Schroff abfallende Schluchten und die sanften Schiguli-Berge im nördlichen Teil des Nationalparks bieten ein tolles Panorama. **Jermak** herrschte über den Südteil der Samarskaja Luka und soll von hier aus nach Sibirien aufgebrochen sein. Auf dem Territorium des Nationalparks gibt es mehrere einfache Hütten und Erholungsheime.

★
Nationalpark
Samarskaja Luka
Самарская
Лука

Die Schiguli-Berge (Schiguljowskije gory) am gegenüberliegenden Wolgaufer schimmern an manchen schroff hinabfallenden Kalksteinwänden weiß – Rohstoff für die Zementgewinnung, die in der Gegend Tradition hat. Der einzige Gebirgszug entlang der Wolga erstreckt sich auf einer Länge von 75 Kilometern. Seine höchste Erhebung ist der Strelnaja (371 m ü.d.M.) zwischen Nischnij Nowgorod und Wolgograd. Als eine der schönsten Anhöhen gilt der Molodezkij Kurgan (320 m ü.d.M.), von dem man einen schönen Blick auf das »Schiguljewsker Meer« hat. Hier geht die Waldsteppe in die Steppenzone über, was für eine interessante Mischung von Wüstenpflanzen und in nördlichen Gefilden angestammten Gewächsen wie Kiefern und Laubbäumen sorgt. Der Park erhielt bereits 1927 Schutzstatus; auch Wölfe leben hier. Ein alter Stollen ist einer der **größten Winterschlafplätze für Fledermäuse** in Europa.

★
Schiguli-Höhen

◄ Molodezkij
Kurgan

Die Geschichte des Dörfchens ist eng mit dem Freischärler **Stenka Rasin** verbunden, denn hier fand er in der heute nach ihm benann-

Bolschaja Rjasan
Болшая Рязань

Ilja Repins berühmtestes Werk bildet die traurige Wirklichkeit im zaristischen Russland ab: »Die Wolgatreidler«.

ten Grotte Unterschlupf (Peschtschera Stepana Rasina). Vor dem Ethnografiemuseum, wo einige schöne Nationaltrachten und Handwerksausrüstungen der Bevölkerung an der Wolga ausgestellt sind, erinnert eine Skulptur an den Anführer der Bauernaufstände von 1667 bis 1670, der 1671 in Moskau geviertelt wurde.

Repin-Museum in Schirjajewo Ширяево

Von der idyllischen Landschaft der Samarskaja Luka ließ sich auch der Maler **Ilja Repin** inspirieren. Hier entstand eines seiner berühmtesten Werke, »**Die Wolgatreidler**«, das im Russischen Museum in ▶St. Petersburg hängt. In Schirjajewo trafen sich in den 1870er-Jahren die bedeutendsten russischen Maler. In der damaligen Künstlersiedlung ist ein kleines Museum untergebracht, das Skizzen und Nachbildungen von Kunstwerken, die an der Wolga entstanden, zeigt. In Schirjajewo findet jährlich eine **Kunstbiennale** statt (Dom musej I. E. Repina, ul. Sowjetskaja 14, Schirjajewo, tgl. 11.00 bis 16.00 Uhr).

? WUSSTEN SIE SCHON …?

■ Dass Stenka Rasin auch heute noch in Legenden, Romanen und Musikstücken sehr lebendig ist. Ein populäres russisches Volkslied besingt den Atamanen, und sogar eine Biersorte trägt seinen Namen.

★★ Sankt Petersburg (S.-Peterburg)

Ck 15

Eigenständiges Föderationssubjekt	**Einwohner:** 4,58 Mio.
Höhe: 3 m ü.d.M.	**Kyrillisch:** Са́нкт-Петербу́рг

Keine andere europäische Stadt ist so planmäßig entstanden wie St. Petersburg, keine andere ist so sehr der Vorstellung eines einzigen Mannes entsprungen wie die ehemalige Hauptstadt des Russischen Reichs. »Ein Fenster nach Europa« wollte Peter der Große schaffen, als er am 16. Mai 1703 den Grundstein für seine Stadt legte.

Bei seinen Untertanen stieß er damit auf wenig Gegenliebe. Wer mochte schon in einem sumpfigen, von Stechmückenplagen heimgesuchten Gebiet am Rande des Reichs leben? Dennoch holten Peter der Große und seine Nachfolger die besten europäischen Baumeister, die ein **einzigartiges städtisches Gesamtkunstwerk** schufen.

Fenster nach Europa

Trotz Revolutionen, trotz Bürgerkrieg, trotz 900-tägiger Blockade im Zweiten Weltkrieg und trotz der mehr als 70-jährigen Sowjetherrschaft hat die Metropole an der Newa den Glanz der einstigen Zarenmetropole bewahrt. Prunkvolle Paläste, prächtige, in Pastelltönen schimmernde Hausfassaden, geschwungene Brücken, vergoldete Kuppeln und Turmspitzen spiegeln sich in den Flüssen und Kanälen der nördlichsten Millionenstadt der Welt, die Alteingesessene liebevoll »Pieter« und Jüngere lässig »Saint-Pete« nennen. Von jeher gilt St. Petersburg als die Kulturmetropole Russlands, als die **Hauptstadt der Intelligenz**. Es ist die Stadt von Puschkin und Dostojewskij, von Tschaikowskij und Schostakowitsch, von Pasternak und Brodsky.

Ausführlich beschrieben im Baedeker Allianz Reiseführer »St. Petersburg«

Unstrittig ist, dass es hier am schönsten im Frühsommer ist, zur **Zeit der Weißen Nächte**, wenn es nie ganz dunkel wird. Dann scheinen die Petersburger alle Probleme zu vergessen, von denen es nach wie vor genug gibt: wenige Reiche, viele Arme und eine sich nur ganz allmählich herausbildende Mittelschicht. Zum 300-jährigen Stadtjubiläum 2003 floss allerdings viel Geld in die einstige Zarenmetropole. Kirchen und Paläste wurden aufwändig restauriert, Museen herausgeputzt, neue Hotels und Restaurants eröffnet. Der in St. Petersburg – bzw. damals noch Leningrad – geborene Wladimir Putin holte Prominenz aus Politik, Wirtschaft und Kunst in seine Heimatstadt und sorgte für enge Wirtschaftsbeziehungen zum Westen.

Geschichte

Nachdem Anfang Mai 1703 die Russen unter Scheremetjew erstmals bis zur Newamündung vorgestoßen waren, ließ Peter der Große bereits zwei Wochen später an dieser Stelle den Grundstein für die **Peter-Paul-Festung** und damit für die Stadt legen – ein schwieriges Unterfangen: Kostspielige Entwässerungsarbeiten waren notwendig, um das sumpfige Gelände überhaupt bebauen zu können; zudem befand sich Russland bis 1721 im Krieg mit Schweden, sodass erst nach dem russischen Sieg in der Schlacht von Poltawa (1709) die junge Stadt als gesichert angesehen werden konnte.

Eine Stadt entsteht aus dem Nichts

Welche Bedeutung der Flottenbau für Peter den Großen hatte, zeigt die Tatsache, dass schon 1704 mit dem Bau der **Admiralität** begonnen wurde. Schutz erhielt die Stadt durch die **Festung Kronstadt** in der Newamündung; in **Peterhof** begann ab 1707 die Sommerresidenz des Zaren zu wachsen. Das Bauprogramm konnte nur mit drastischen Maßnahmen durchgeführt werden. So erging 1710 ein Ukas, nach dem jeder Einwohner der Stadt jährlich 100 Steine als Baumaterial abliefern musste; Leibeigene – zwischen 1712 und 1716 waren ständig 50 000 Menschen mit dem Aufbau von St. Petersburg be-

◀ Erste Bauten

◀ St. Petersburg wird Hauptstadt

16. Mai 1703	Peter der Große gründet die Stadt
1712	St. Petersburg wird Hauptstadt
1764	Gründung der Eremitage
1824	Flutkatastrophe
1825	Dekabristenaufstand
1905	Blutiger Sonntag
1914	Aus St. Petersburg wird Petrograd
1917	Oktoberrevolution
1918	Moskau wird wieder Hauptstadt
1924	Aus Petrograd wird Leningrad
1941–1944	Deutsche Blockade
1991	Aus Leningrad wird wieder St. Petersburg
2003	300-jähriges Stadtjubiläum

schäftigt – wurden an die Newa beordert. Schon 1712 hatte Peter St. Petersburg an Stelle von Moskau zur **Hauptstadt des Russischen Reichs** erklärt, was beim Adel auf wenig Begeisterung stieß – Zwangsansiedlungen waren die Folge. Trotz allem aber: Als Peter der Große 1725 starb, hatte seine Stadt bereits 70 000 Einwohner.

Prachtvolle Zarenresidenz
Zarin Elisabeth beauftragte 1754 Rastrelli mit dem Bau des vierten, bis heute erhaltenen **Winterpalais**, in dem eine in Deutschland angekaufte Gemäldesammlung 1764 den Grundstock der Eremitage bildete (die erst 1852 öffentlich gemacht wurde). Im Lauf der Jahrzehnte entstanden Bildungseinrichtungen wie die Universität (1819) und das 1843 von Zarskoje Selo hierher verlegte Lyzeum. 1837 wurde die erste Eisenbahnlinie Russlands zwischen St. Petersburg und Zarskoje Selo in Betrieb genommen.

Dekabristenaufstand ▶
Kaum war die Flutkatastrophe vom 7. November 1824, bei der Tausende Menschen ertranken, überstanden, erschütterte 1825 der sog. Dekabristenaufstand die Stadt. Auf dem Senatsplatz (heute Dekabristenplatz) versammelten sich am 14. Dezember etwa 3000 aufständische Offiziere und Soldaten, die aber innerhalb weniger Stunden von zarentreuen Truppen niedergemacht wurden; ihre Anführer richtete man im Juli 1826 in der Peter-Paul-Festung hin.

Revolutionäre Jahre
St. Petersburg hatte sich im 19. Jh. zu einem bedeutenden Industriestandort entwickelt. In den ersten Tagen des Jahres 1905 mündete ein Streik der Belegschaft des Putilow-Werks (heute Kirow-Werk) in einen ganz Petersburg erfassenden Aufstand. Am 9. Januar, dem **blutigen Sonntag**, kam es vor dem Winterpalais zu einer Massendemonstration von Arbeitern, die dem Zaren eine Bittschrift überreichen wollten. Mit brutaler Waffengewalt, die Hunderte von Toten forderte, ließ der Zar die Demonstration auflösen. In der Folgezeit

Am Schlossplatz schlägt das Herz von St. Petersburg.

bildeten sich erst in Petersburg, dann auch in anderen Orten als Zusammenschluss von Streikkomitees Räte (**Sowjets**).

Mit Beginn des Ersten Weltkriegs wurde St. Petersburg in Petrograd umbenannt. Ein Streik wegen der immer schlechter werdenden Versorgungslage weitete sich im Februar 1917 zum Generalstreik aus, dem sich auch die Petrograder Garnison anschloss. Zar Nikolaus II. trat zurück. Doch auch die Erste Provisorische Regierung unter Kerenskij hielt sich nicht lange, denn nun traten die Bolschewiki auf den Plan und rissen nach dem **Sturm auf das Winterpalais** die Macht an sich. Unter dem Eindruck der unmittelbaren militärischen Gefährdung der Hauptstadt durch konterrevolutionäre Truppen übersiedelte die Sowjetregierung noch 1918 von St. Petersburg nach Moskau. Auch deshalb verringerte sich die Einwohnerzahl drastisch: Während Petrograd 1916 noch 2,4 Mio. Einwohner hatte, waren es 1920 nur noch 722 000.

◄ Oktoberrevolution

◄ Verlust der Hauptstadtfunktion

Die in Kronstadt stationierten Matrosen, die zu einer Elitetruppe der Bolschewiki geworden waren, erhoben sich im März 1918 gegen deren Einparteienherrschaft. Die Rote Armee schlug ihren Aufstand noch im selben Monat nieder.

◄ Aufstand von Kronstadt

Nach dem Tod Lenins am 21. Januar 1924 erhielt Petrograd bereits am 27. Januar den Namen **Leningrad**.

Sowjetische Zeit

Nach dem Überfall auf die Sowjetunion am 22. Juni 1941 rückten deutsche Truppen auch auf Leningrad vor und schlossen es bis Mitte September fast völlig ein. Nur über den Ladogasee – im Sommer mit Booten, im Winter per Lkw über das Eis und dabei ständig beschossen – konnte die Stadt versorgt werden, allerdings völlig unzurei-

◄ Deutsche Blockade

i Gedenken

■ Noch heute sind an manchen Hausfassaden von St. Petersburg die Warnschilder erhalten, die Passanten aufforderten, wegen des Artilleriebeschusses die andere Straßenseite zu benutzen.

chend. Bald drehte sich für die Leningrader alles nur noch um das Finden von Nahrungsmitteln; gegessen wurde, was auch nur entfernt dafür in Frage kam, einschließlich Katzen, Ratten und ausgekochtes Leder. Im Januar 1943 konnte die Rote Armee den Belagerungsring bei Schlüsselburg durchbrechen, sodass Leningrad wieder über Land zu erreichen war, doch erst im Januar 1944 hob die deutsche Wehrmacht die Belagerung auf. Man schätzt die Zahl der Opfer auf über eine Million Menschen, von denen zwischen **700 000 und 800 000 verhungerten** und 300 000 bis 400 000 dem Artilleriebeschuss und den Bombenangriffen zum Opfer fielen.

Neue Freiheit　Am 12. Juni 1991 entschied sich eine knappe Mehrheit der Bevölkerung für die **Rückbenennung** von Leningrad in St. Petersburg; Anfang September gab auch der Oberste Sowjet der Russischen Föderation seine Zustimmung.

Die in ▶Jekaterinburg 1991 entdeckten Gebeine der ermordeten letzten Zarenfamilie wurden am 17. Juli 1998 in der Peter-Paul-Kathedrale beigesetzt. Das Stadtjubiläum 2003 beging man mit großen Feierlichkeiten und der Übergabe der Rekonstruktion des legendären Bernsteinzimmers im Katharinenpalast von Zarskoje Selo.

Highlights St. Petersburg

Dekabristenplatz
Großartige Bauten rundum: die Admiralität und die Isaakskathedrale und mittendrin Peter der Große als Eherner Reiter
▶ **Seite 470**

Schlossplatz
Eine der großartigsten Platzanlagen der Welt mit dem architektonisch einzigartigen Generalstabsgebäude und natürlich der Eremitage
▶ **Seite 472**

Newskij prospekt
Flaniermeile der Petersburger
▶ **Seite 477**

Russisches Museum
Die größte Sammluing russischer Kunst der Welt
▶ **Seite 479**

Peter-Paul-Festung
Die Keimzelle St. Petersburgs
▶ **Seite 481**

Peterhof
Sommerresidenz des Zaren mit fantastischen Wasserspielen
▶ **Seite 484**

Zarskoje Selo
Herrliche Zarenresidenz mit unschlagbarem Highlight: dem rekonstruierten Bernsteinzimmer
▶ **Seite 486**

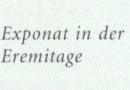

Exponat in der Eremitage

▶ ST. PETERSBURG ERLEBEN

AUSKUNFT

Touristeninformation
ul. Sadowaja 14
und auf dem Schlossplatz
(Dworzowaja Ploschtschad)
Tel. (812) 310 28 22 und
310 82 62
Touristen-Hotline:
Tel. (812) 300 33 33
www.visit-petersburg.com

VERKEHR

Metro
Das schnellste und bequemste Transportmittel. In den Metrostationen werden Wertmarken zur einmaligen Fahrt mit beliebig häufigem Umsteigen verkauft sowie Magnetstreifen für Mehrfachfahrten.

Bus, Trolleybus und Straßenbahn
Fahrscheine erhält man beim Fahrer oder Schaffner bzw. zehnerweise in Kiosken, Hotels oder Metrostationen. Sie müssen am Automaten im Fahrzeug entwertet werden.

SIGHTSEEING

Stadtführungen lassen sich meist über die Hotels buchen. Ein zuverlässiger Veranstalter von Museumsexkursionen, Fahrten zu den Zarenresidenzen oder Schiffstouren ist:

Ost-West-Kontaktservice
Newskij Prospekt 105
Tel (812) 327 34 16
www.ostwest.com

ESSEN

Auch in St. Petersburg ist es etwas teurer als im Rest Russlands. Zur Orientierung (Hauptgericht):
Fein & Teuer: über 25 €
Erschwinglich: 15 – 25 €
Preiswert: 5 – 15 €

! Baedeker TIPP

Die Stadt von oben
Mit den neuen Doppeldecker-Bussen kann man St. Petersburg ganzjährig erkunden. Einstieg ist z. B. am pl. Iskusstw, unterwegs aus- und später wieder zuzusteigen ist an gekennzeichneten Haltestellen möglich (alle 30 bzw. 60 Minuten). Man erhält einen Audioguide auf Deutsch. Die 16 km lange Tour dauert 2 Std. 15 Minuten (Sommer: 9.00 – 24.00, Winter: 10.00 – 17.00 Uhr; 350 Rubel).

▶ Fein & Teuer

① Europe
im Grand Hotel Europe
ul. Michajlowskaja
Metro: Newskij Prospekt
Tel. (812) 329 60 00
Feiner kann man in St. Petersburg kaum speisen. Küche und Service sind exzellent, das Jugendstilambiente ist außergewöhnlich.

▶ Erschwinglich

④ Idiot
Nab. Reki Mojka 82
Metro: Sadowaja
Tel. (812) 315 16 75
Große Auswahl an vegetarischen Gerichten. Die Atmosphäre ist etwas schummrig, doch gemütlich.

③ Kawkas Bar
ul. Karawannaja 18
Metro: Newskij Prospekt
Tel. (812) 312 16 65
Auf recht gute georgische Küche darf man sich in diesem Restaurant in einer Nebenstraße des Newskij Prospekt freuen.

② Literaturnoje Kafe
Newskij Prospekt 18

St. Petersburg *Orientierung*

Essen
① Tblissi
② Literaturnoje Kafe
③ Kawkas Bar
④ Idiot
⑤ Idealnaja Tschaschka
⑥ Schwabskij Domik

Übernachten
① Grand Hotel Europe
② Angleterre
③ Mini-Hotels

©Baedeker

300 m

Piskarjow-Gedenkfriedho

Finnländischer Bahnhof

Ploschtschad Lenina

Newa

Taurisches Palais

Kikin-Palast

Smolnyj-Kloster

ul. Smolnaja

Smolnyj-Institut

Tschernyschewskaja

Suworow-Museum

Bolscheochtinskij most

Scheremetjew-Palais

Anitschkow-Brücke

Majakowskaja

Pl. Wosstanija

Art Center Puschkinskaja 10

Wladimirskaja/Dostojewskaja

Museum der Arktis und Antarktis

Moskauer Bahnhof

Dostojewskij-Museum

Nowotscherkasska

Pl. Aleksandra Newskogo

most Aleksandra Newskogo

pr. Sanewskij

Prospekt Ligowskij

Alexander-Newskij-Kloster

Newa

Obwodnyj Kanal

④ Sowetskaja 5/21
⑤ International Hotel
⑥ Park Inn Pulkowskaja

Ausgehen
① Achtung Baby!
② Datscha
③ Gribojedow

④ Metro

Auch Puschkin besuchte schon das heutige Literaturnoje Kafe.

Metro: Newskij Prospekt
Tel. (812) 312 60 57
Einstmals galt das traditionsreiche Café als Treffpunkt der Intellektuellen und der Bohème. Heute ist das »Kafe« ein Restaurant mit akzeptabler russischer Küche.

⑥ *Schwabskij Domik*
Nowotscherkasskij Prospekt
Metro: Nowotscherkasskaja
Tel. (812) 528 22 11
Im Schwaben-Häusle gibt es natürlich Spätzle und Maultaschen, aber auch internationale Gerichte. Als Getränk wählt man ein deutsches Bier vom Fass oder einen guten offenen Wein.

▶ Preiswert
⑤ *Idealnaja Tschaschka*
Newskij Prospekt 130
Metro: Wosstanija Ploschtschad
Günstige Adresse für Kaffee, Tee, Kuchen und Milchshakes. Auf dem Newskij Prospekt gibt es die »Ideale

Tasse« gleich dreimal: auch Nr. 112 und 15. Weitere Cafés dieser Kette findet man u. a. auf dem Bolschoj Prospekt 82 und in der ul. Sadowaja 25.

① *Tblissi*
ul. Sytninskaja 10
Metro: Gorkowskaja
Tel. (812) 232 93 91
Kleines georgisches Restaurant. Auf der Karte mit vielen leckeren, stark gewürzten Gerichten finden sich auch vegetarische Speisen.

ÜBERNACHTEN
Für ein Doppelzimmer:
Luxus: über 200 €
Komfortabel: 120 – 200 €
Günstig: 80 – 120 €

▶ Luxus
① *Grand Hotel Europe*
ul. Michajlowskaja 1
191011 St. Petersburg

Metro: Newskij Prospekt
Tel. (812) 329 60 00
Fax (812) 329 60 01
www.grandhoteleurope.com
Die 301 Zimmer des Traditionshauses
(1875 eröffnet) sind individuell im
Jugendstil eingerichtet. Wunderschön
sitzt man im Restaurant »Europe«, wo
auch das Frühstück serviert wird,
oder im Café im Atrium. Sehr teuer.

② *Angleterre*
ul. Morskaja 39
190000 St. Petersburg
Metro: Newskij Prospekt
Tel. (812) 494 56 66
Fax (812) 494 51 25
www.angleterrehotel.com
Vier-Sterne-Hotel direkt neben dem
Astoria. Von vielen der 193 Zimmer
und von der Bar in der Lobby blickt
man auf den Isaaksplatz.

▶ Komfortabel
⑥ *Park Inn Pulkowskaja*
Ploschtschad Pobedy 1
196240 St. Petersburg
Metro: Moskowskaja
Tel. (812) 140 39 00
Fax (812) 140 39 24
www.rezidorparkinn.com
Eines der großen Hotels (840 Zimmer), die es bereits zu Sowjetzeiten
gab, als St. Petersburg noch Leningrad
hieß – dennoch eine gute Adresse!
Geräumige, ansprechende Zimmer,
weitläufige Lobby. Zwischen Flughafen und City.

▶ Günstig
③ *Mini-Hotels St. Petersburg*
Kanal Gribojedowa 29 bzw. 40
191186 St. Petersburg
Metro: Gostinnyi Dwor (Nr. 29) bzw.
Sadowaja Ploschtschad (Nr. 41)
Tel. (812) 913 96 57
www.petersburg-hotel.com
Familie Battistini aus der Schweiz

leitet zwei helle, gemütliche Pensionen mit je vier Zimmern.

Baedeker-Empfehlung

④ *Sowjetskaja 5/21*
ul. 5-ja Sowjetskaja 21
Tel. (812) 923 05 75
Metro: Ploschtschad Wosstanija
www.rentroom.ru
Der Deutsche Nils Kalle und seine Frau
Marina führen eine moderne Bed &
Breakfast Pension mit vier Zimmern an der
Newa.

▶ Jugendunterkunft
⑤ *International Hostel All Seasons
Hostel*
3-ja ul. Sowjetskaja 28
191036 St. Petersburg
Metro: Ploschtschad Wosstanija
Tel. (812) 329 80 18
www.ryh.ru
Günstige Unterkunft für junge Menschen in Zimmern mit zwei bis fünf
Betten.

SHOPPING

Eingekauft wird in St. Petersburg vor
allem auf dem Newskij Prospekt, aber
auch der Bolschoj Prospekt auf der
Petrograder Seite hat einiges zu biet-
en. Das beste Einkaufserlebnis garan-
tieren die traditionellen Kaufhäuser
mit ihrem teilweise wunderschönen
Jugendstildekor.

Gostinnyj Dwor
Newskij Prospekt 35
Metro: Newskij Prospekt bzw. Gostinyj Dwor
Traditionelle russische Läden und
immer mehr moderne Boutiquen: Im
größten Shoppingcenter der Stadt gibt
es einfach alles.

Passasch
Newskij Prospekt 48
Metro: Newskij Prospekt
Die schönste alte Einkaufspassage.

Jelissejew
Newskij Prospekt 56
Metro: Newskij Prospekt
Petersburger Filiale des berühmten
Moskauer Feinkostladens.

Kusnetschnyj Rynok
Kusnetschnyj Pereulok 3
Metro: Wladimirskaja
Eine der schönsten Markthallen der
Stadt mit riesiger Auswahl an Obst
und Gemüse.

AUSGEHEN

① **Datscha**
ul. Dumskaja 9
Metro: Newskij Prospekt
In der von einer Deutschen geführten
Kneipe treffen sich gerne junge
Ausländer und Touristen.

③ **Gribojedow**
ul. Woroneschskaja 2a
Metro: Ligowskij Prospekt
Café ab 12.00 Uhr, Klub ab 20.00 Uhr
www.metroclub.ru

Angesagter Kult-Klub in einem ehe-
maligen Bunker, der für seine Live-
Auftritte fast schon legendär ist. In-
zwischen auch mit »überirdischer«
Bar als Szenetreff bei Tageslicht: das
Gribojedow-Hill.

④ **Metro**
Ligowskij Prospekt 174
Metro: Ligowskij Prospekt
Musik und Tanz auf drei Ebenen:
Techno, russischer Pop- und Europop.

① **Achtung, Baby!**
Konjuschennaja ploschtschad 2
Metro: Newskij Prospekt
tgl. ab 18.00 Uhr
www.achtungbabybar.ru
Angesagter alternativer Musikklub, in
dem zu Ska, Indie und Rock´n Roll
abgetanzt wird.

BALLETT UND OPER

Marienthater (Mariinskij teatr)
Veranstaltungsort für Ballett- und
Opernaufführungen von Weltruf.
Karten an der Theaterkasse (Teatral-
naja Ploschtschad 1) bzw. an einer der
Vorverkaufsstellen oder zeitige Bu-
chung unter www.mariinsky.ru. Nicht
auf dem Schwarzmarkt kaufen!

Zwischen Newa und Mojka

Dekabristenplatz

Die meisten der herausragenden Sehenswürdigkeiten von St. Petersburg versammeln sich auf der Insel zwischen Newa und dem Flüsschen Mojka. Ein guter Ausgangspunkt ist der zur Newa hin offene
Dekabristenplatz, den im Osten die Admiralität, im Süden die
Isaakskathedrale und im Westen das gelb-weiße Doppelgebäude von
Senat und Synod (1829–1834) begrenzen, das letzte bedeutende
Werk von Carlo Rossi in der Stadt. Ursprünglich Senatsplatz, wurde
der Platz 1925 nach dem Aufstand der Offiziere im Dezember 1825
benannt, der hier seinen Ausgang nahm.

Eherner Reiter ▶

Das **Denkmal Peters des Großen** von Etienne Maurice Falconet wird
nach einem Gedicht Puschkins auch »Eherner Reiter« genannt. Katharina die Große höchstselbst hatte den Künstler beauftragt; ent-

hüllt wurde es am 7. August 1782, dem hundertsten Jahrestag der Thronbesteigung Peters.

Auf die Admiralität laufen sternförmig die drei Hauptstraßen von St. Petersburg zu – Newskij Prospekt, ul. Gorochowaja und Wosnesenskij Prospekt. Ihre prächtige, vergoldete Turmspitze gilt als **Wahrzeichen der Stadt**. Hervorgegangen ist das riesige Gebäude aus einer 1704 begonnenen Schiffswerft, die zwischen 1806 und 1823 in das heutige Repräsentationsgebäude mit 407 m langer Hauptfassade und zwei 163 m langen Seitenflügeln verwandelt wurde. Kompositioneller Mittelpunkt der Admiralität ist der Torbogen, dessen Attika der Relieffries »Die Gründung der Flotte in Russland« von Terebenjew ziert. Der darüber aufragende, insgesamt 72,5 m hohe Turm endet in einer Wetterfahne

Die Petersburger haben eine besondere Beziehung zum »Ehernen Reiter«.

in Form einer Karavelle – diese ist der einzige Unterschied zur ansonsten identischen Goldenen Nadel der Peter-Paul-Kathedrale auf der Peter-Paul-Festung.

★ ★
Admiralität

Die Isaakskathedrale ist nicht nur **die prächtigste Kirche St. Petersburgs**, sie zählt wegen ihrer Ausmaße – 111 m lang, 97 m breit und 101,50 m hoch – zu den größten Kuppelbauten der Welt. Eine erste dem hl. Isaak von Dalmatien geweihte Kirche wurde bald nach der Stadtgründung errichtet. Der heutige Kirchenbau wurde nach dem Sieg über Napoleon beschlossen – den Architektenwettbewerb gewann mit Auguste Ricard de Montferrand ausgerechnet ein Franzose. Die Bauarbeiten begannen 1818 mit dem Einrammen von 20 400 Baumstämmen in den sumpfigen Untergrund und waren erst 1848 beendet; die Innenausschmückung dauerte nochmals zehn Jahre.

Die aus rotem Granit und grauem Marmor in klassizistischem Stil errichtete Kathedrale steht auf rechteckigem Grundriss, wirkt durch ihre vier mächtigen Säulenportiken allerdings wie eine Kreuzkuppelkirche. Die Haupteingänge an der Nord- und Südseite sind der Vorhalle des Pantheons in Rom nachgebildet. Die vergoldete Hauptkuppel mit einem Durchmesser von 26 m ruht auf einer von Säulen umgebenen Trommel und wird von einer ca. 12 m hohen Laterne mit acht Säulen überragt. 262 Stufen führen hinauf zur Säulengalerie, von der man einen grandiosen Ausblick auf die Stadt genießt.

★ ★
Isaakskathedrale

🕐
Öffnungszeiten: Mo., Di., Do. – So. 11.00 – 19.00 (Säulengalerie: 11.00 – 16.00 bzw. 17.00)

◄ Außenansicht

Innenraum ▶

14 000 Menschen finden im Kirchenraum Platz, dessen Wände unterschiedlichste Marmorarten, Edel- und Halbedelsteine sowie mehr als 200 Mosaiken und Gemälde bedecken. Das Deckengemälde in der Hauptkuppel von Brüllow und Bassin zeigt die Muttergottes umgeben von Heiligen, Aposteln und Evangelisten. Gottesdienste finden nur noch an hohen Feiertagen statt.

✳ ✳
Schlossplatz

Der Schlossplatz, eine der großartigsten Platzanlagen der Welt, ist das Herz von St. Petersburg. Ihn umgeben das Winterpalais (Eremitage) im Norden und das Generalstabsgebäude im Süden, westlich flankiert ihn ein Seitenflügel der Admiralität und an der Ostseite steht das Stabsgebäude der Garderegimenter. Sein heutiges Aussehen, vor allem die ungewöhnliche und weit ausladende Bogenform, erhielt er in der ersten Hälfte des 19. Jh.s durch **Carlo Rossi**.

✳
Alexandersäule ▶

Aus einem einzigen Granitblock ließ Montferrand die Alexandersäule fertigen. Sie erinnert ebenso wie der monumentale Triumphbogen des Generalstabsgebäudes an den **Sieg über Napoleon** und trägt auf ihrer Spitze einen Engel mit den Gesichtszügen von Zar Alexander I.

✳
Generalstabsgebäude ▶

Gegenüber dem Winterpalais schuf Rossi das klassizistische Generalstabsgebäude als deutlichen Kontrast zu Rastrellis barockem Winterpalais. Die dem Schlossplatz zugewandte bogenförmige Fassade von ca. 580 m Länge unterbricht ein monumentaler doppelter Durchfahrtsbogen. Über dessen Attika erhebt sich eine mächtige Skulptur als Allegorie auf den Sieg Russlands über Napoleon.

✳
Sommergarten und Sommerpalast
🕐 *Öffnungszeiten: von März bis Okt.: tgl. 8.00–22.00*

Den Sommergarten zwischen Newa, Mojka und Fontanka ließ Peter der Große kurz nach der Stadtgründung in barockem Stil anlegen. Heute präsentiert er sich als englischer Landschaftsgarten, doch sind aus barocker Zeit noch viele Marmorplastiken erhalten; das schmiedeeiserne Gitter zur Newa hin entstand 1773 bis 1777.

Der **Sommerpalast** (1710–1714) gehört zu den wenigen Bauten, die noch aus der Zeit Peters des Großen erhalten sind – ein schlichter rechteckiger Bau von Domenico Trezzini unter Beteiligung Andreas Schlüters. Peter wohnte im Erdgeschoss, darüber seine Frau Katharina I. Die Innenausstattung ist teilweise noch original (Öffnungszeiten: Mai – Anf. Nov. Mo., Mi. – So. 11.00 – 18.00 Uhr).

✳ ✳ # Eremitage

Die Eremitage, eines der berühmtesten und größten Museen der Welt, verteilt sich auf **fünf Bauten am südlichen Newa-Ufer**, deren ältestes und bedeutendstes das Winterpalais ist.

✳ ✳
Winterpalais

Schon Peter der Große hatte 1711 den Auftrag zum Bau eines ersten Winterpalasts erteilt, den bereits zehn Jahre später ein bescheidener Neubau ersetzte – in diesem starb Peter 1725. Deutlich imposanter fiel dann schon der dritte Winterpalast von Domenico Trezzini aus. Diesen wiederum vergrößerte Bartolomeo Francesco Rastrelli zwischen 1754 und 1762 und schuf damit ein **Hauptwerk des russischen Barock**. Es entstand ein geschlossenes Viereck mit großem Innenhof, den man durch einen dreifachen Durchgang durch die Südfassade betritt, während die zur Newa hin liegende Nordfassade sich als lange geschlossene Kolonnade zeigt.

Die meisten Palasträume präsentieren sich heute klassizistisch. Zu den Prunksälen im ersten Geschoss führt die **Jordan- oder Gesandten-Treppe**, die die Botschafter zur Überreichung ihrer Beglaubigungsschreiben benutzten und die zum **Jordanfest** (6. Januar) die Zarenfamilie die Treppe hinabschritt, um an der Fest-Zeremonie teilzunehmen. Im kleinen **Thronsaal** zeigt ein Gemälde hinter dem Thronsessel Peter den Großen (1730). Der **Wappensaal** war für Empfänge und Bälle bestimmt. Die **Galerie des Kriegs von 1812** enthält 329 Porträts von Generälen aus den napoleonischen Kriegen sowie der drei verbündeten Monarchen Alexander I. von Russland, Franz I. von Österreich und Friedrich Wilhelm III. von Preußen. Der Große

🕐 Öffnungszeiten: Di.–Sa. 10.30–17.00, So. bis 16.00

◄ Prunkräume

Baedeker TIPP

Tickets für die Eremitage

Der Eintrittspreis berechtigt nur zum Besuch der Hauptgebäude am Newaufer; für die Ausstellungen in den Nebengebäuden sind jeweils Extra-Tickets nötig. Mit einem Kombiticket kann man die Eremitage und maximal drei ihrer Nebenstellen besichtigen. Jeden ersten Donnerstag im Monat ist der Eintritt frei – aber das wissen natürlich auch die Petersburger und entsprechend groß ist der Andrang! Oder: das Ticket online bestellen unter: www.hermitagemuseum.org)

Thron- oder **St. Georgs-Saal** zeichnet sich durch seinen aus 16 verschiedenen Edelhölzern gefertigten Fußboden aus. An der Newaseite liegt eine Flucht von Paradesälen, darunter der größte Saal des Palasts, der 1103 m² große **Ballsaal**. Im **Malachitsaal** und im angrenzenden **Weißen Esszimmer** wurde die Kerenskij-Regierung in der Nacht vom 25. auf den 26. Oktober 1917 von den Bolschewiki verhaftet – die Kaminuhr zeigt noch immer die genaue Zeit an.

Schon Peter der Große ließ Kunstwerke ankaufen, doch eine gezielte Sammlertätigkeit begann erst in der zweiten Hälfte des 18. Jh.s. Offizielles Gründungsjahr der Eremitage ist 1764, als von dem Berliner Kaufmann Gotzkowski 225 Gemälde erworben wurden. Heute werden in über 350 Räumen die schönsten der ca. 2,7 Mio. **Kunstwerke aus aller Welt** von der Steinzeit bis zur Gegenwart gezeigt.

Eine Unterabteilung der Prähistorischen Abteilung widmet sich der **Kultur und Kunst der Skythen**. Aufsehenerregend waren auch die Funde in den Pasyryk-Hügelgräbern des Altai-Gebirges, darunter ein großer Webteppich, der als ältester der Welt gilt (2500 v. Chr.).

Die hier ausgestellten Skulpturen sind in erster Linie römische Kopien griechischer Originale, darunter die weltbekannte **Taurische Venus** (3. Jh. n. Chr.), die 1720 als erste antike Statue nach Russland kam. Peter der Große erwarb sie im Austausch gegen die Gebeine der hl. Brigitta von Papst Clemens XI.

★ ★
Sammlungen der Eremitage
🕐 Öffnungszeiten: Di.–Sa. 10.30–18.00, So. bis 17.00

◄ Antike

Eremitage *Orientierung*

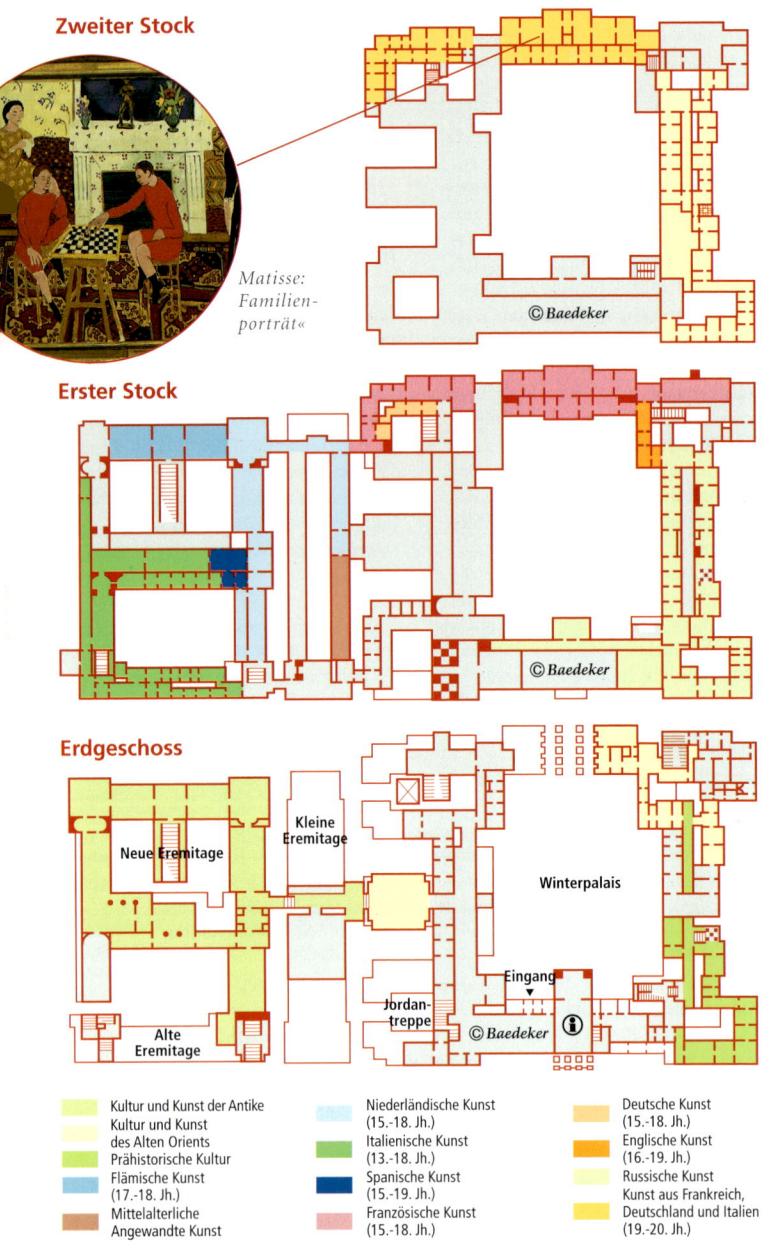

Zweiter Stock

*Matisse:
Familien-
porträt«*

© Baedeker

Erster Stock

© Baedeker

Erdgeschoss

Neue Eremitage

**Kleine
Eremitage**

Winterpalais

**Alte
Eremitage**

**Jordan-
treppe**

Eingang

© Baedeker

Kultur und Kunst der Antike

Kultur und Kunst
des Alten Orients

Prähistorische Kultur

Flämische Kunst
(17.-18. Jh.)

Mittelalterliche
Angewandte Kunst

Niederländische Kunst
(15.-18. Jh.)

Italienische Kunst
(13.-18. Jh.)

Spanische Kunst
(15.-19. Jh.)

Französische Kunst
(15.-18. Jh.)

Deutsche Kunst
(15.-18. Jh.)

Englische Kunst
(16.-19. Jh.)

Russische Kunst

Kunst aus Frankreich,
Deutschland und Italien
(19.-20. Jh.)

Besondere Beachtung verdient hier die **Ägyptische Sammlung** mit einzigartigen koptischen Woll-, Leinen- und Seidenstoffen aus dem 4. bis 6. Jh. sowie der Papyrus, der die Geschichte eines Schiffbrüchigen erzählt (1900 v. Chr.).

◄ Orient

Innerhalb der Westeuropäischen Kunst ist die Gemäldesammlung die **älteste und berühmteste Abteilung des Museums überhaupt**. Französische Malerei vom 15. bis 20. Jh. ist u. a. vertreten durch Lorrain, Watteau, Delacroix, Courbet, Corot, Cézanne, Rousseau, Monet, Gauguin, Renoir, Degas und Matisse. Zur Sammlung italienischer Malerei des 13. bis 18. Jh.s gehören Gemälde von Leonardo da Vinci, Raffael, und Tizian. Ein gesonderter Raum ist Pablo Picasso gewidmet. Von Rembrandt besitzt die Eremitage allein 23 Gemälde, von Rubens 22.

★ ★
◄ Westeuropäische Malerei

Die Sammlung russischer Gemälde gab die Eremitage nach der Gründung des Russischen Museums (►S. 479) vollständig an dieses ab. Russische Kunst und Kultur ist daher lediglich mit einer kleinen Sammlung von **Ikonen**, Bildwerken von dokumentarischem Wert, Kunsthandwerk und Porzellan vertreten.

◄ Russische Kunst

Ein Spaziergang an der Mojka – vorbei an schönen Brücken und repräsentativen Stadtpalästen – beginnt am besten am Marsfeld, das direkt an den Sommergarten anschließt. Wo der Gribojedow-Kanal abzweigt, erheben sich die farbenprächtigen Kuppeln der Auferste-

An der Mojka
◄ Auferstehungs-kirche

Über die Jordan- oder Gesandtentreppe geht es zu den Sammlungen der Eremitage.

Fast wie in Venedig: Verkehr auf der Mojka

hungskirche an der Stelle, an der Zar Alexander II. am 1. März 1881 einem Attentat zum Opfer gefallen war. Sie fungiert heute als **Mosaikmuseum**, wurden doch beim Bau 7000 m² Mosaiken aus mehr als 20 verschiedenen Gesteinsarten verlegt.

Puschkin-
Museum ▶ Der Mojka weiter folgend kommt man zum Puschkin-Museum in dem Haus (Nr. 12), in das Alexander Puschkin im Oktober 1836 eingezogen war. Nach einem Duell am 29. Januar 1837 brachte man ihn schwer verwundet hierher, wo er zwei Tage darauf starb. Ausgestellt

🕐 ist u. a. ein Teil seiner umfangreichen Bibliothek (Öfnungszeiten: Mo., Mi. – So. 10.30 – 17.00 Uhr).

Rasumowskij-
Palais ▶ Nachdem man den Newskij Prospekt überquert hat, passiert man links das Stroganow-Palais (s. u.). Etwas weiter steht das Rasumowskij-Palais (Nr. 48; 1762 – 1766), heute Bibliothek und Rektorat der Pädagogischen Hochschule.

Blaue Brücke ▶ Am Isaaksplatz überspannt die Blaue Brücke die Mojka. Zur besseren Orientierung für Seeleute strich man in der ersten Hälfte des 18. Jh.s einige Mojka-Brücken unterschiedlich an. Von der Grünen, Roten, Blauen und Gelben Brücke tragen heute aber nur noch die Rote und die Blaue Brücke ihren ursprünglichen Namen.

Jussupow-Palais ▶ Einer der eindrucksvollsten Paläste an der Mojka ist das Palais (Nr. 94) der Familie Jussupow, die in ihrem Zuhause nicht auf ein Theater mit 200 Plätzen verzichten wollte. In diesem Palais wurde im Dezember 1916 **Rasputin ermordet**.

★ ★ Newskij prospekt

Als Haupteinkaufsstraße und Verkehrsader zieht sich der Newskij Prospekt ca. 4,5 km lang von der Admiralität bis zum Alexander-Newskij-Kloster. Peter der Große ließ ihn von 1712 an als »Große Perspektive« anlegen. Die eindrucksvollsten Bauten reihen sich zwischen Admiralität und dem Flüsschen Fontanka (gerade Hausnummern auf der nördlichen Straßenseite) aneinander.

Hauptstraße und Flaniermeile

Von allen Bauten des Newskij prospekts bis zum Ploschtschad Wosstanija entstand einzig das Schulgebäude mit der Hausnummer 14 nach der Oktoberrevolution (1939). An der Hauswand hängt noch eine der Tafeln, die vor Artilleriebeschuss bei der Blockade Leningrads warnen. Das »Haus mit den Säulen« (Nr. 15, um 1760), vom Winterpalais beeinflusst und für den Haupt-Polizeimeister von St. Petersburg erbaut, erwarb später die Feinkost-Familie Jelissejew. Haus Nr. 18 (1812–1816) trägt den Namen des ersten Besitzers Kotomin und beherbergte im 19. Jh. ein Künstler- und Literatencafé, das Puschkin oft aufsuchte, auch am Morgen seines Duells.

Nr. 14, 15, 18

Das Stroganow-Palais (Nr. 17) wurde 1752 bis 1754 von Rastrelli für die Stroganows erbaut, die vom 15. Jh. bis zur Oktoberrevolution zu den bedeutendsten Familien des Landes zählten. Hier präsentiert das **Russische Museum** seine Glas- und Porzellansammlung; im Untergeschoss ist ein kleines **Schokoladenmuseum** eingerichtet.

Stroganow-Palais

Nach der Peterskirche, 1832 bis 1838 von Brüllow erbaut, zweigt die Straße Malaja Konjuschennaja nach links ab.
Gegenüber steht eines der auffälligsten Gebäude in St. Petersburg, die Kasaner Kathedrale (Kathedrale der Gottesmutter von Kasan). Begeistert von der Peterskirche in Rom, erteilte Zar Paul I. kurz vor seinem Tod den Auftrag für den Bau. Baumeister Andrej Woronichin schuf daraufhin von 1801 bis 1811 ein durchaus eigenständiges Bauwerk im Stil des Alexandrinischen Klassizismus; lediglich die Kuppel und die Kolonnade erinnern an das römische Vorbild.
Doppelte Säulenreihen aus rosafarbenem finnischen Granit tragen die Gewölbe. Die Ikonostase zeigte auch **das wundertätige Bild der Muttergottes von Kasan**, das 1579 in Kasan gefunden und 1904 gestohlen wurde (▶ Kasan). Im nördlichen Querschiff ist Feldmarschall **Kutusow** beigesetzt.

★ ★ Kasaner Kathedrale

Es folgen dann das **Haus des Buches** (Dom Knigi, Nr. 28), 1912 bis 1914 für den Nähmaschinenkonzern Singer erbaut; dann der Mitte des 18. Jh.s errichtete türkisfarbene heutige Kleine Saal der Philharmonie (Nr. 30), die katholische **Katharinenkirche**(Nr. 32–34; 1762 bis 1783) und nach den Silbernen Handelsreihen (Nr. 31–33) der **Turm der Stadtduma**, neben dem etwas zurückversetzt der nach seinem Erbauer benannte **Ruska-Portikus** (1802–1806) steht.

Richtung Kaufhof

Großer Kaufhof

✳ Was das GUM für Moskau, ist der Große Kaufhof, der Gostinyj Dwor, für St. Petersburg. Der trapezförmige Bau wurde nach Plänen von Rastrelli 1761 bis 1785 errichtet und nimmt ein ganzes Straßenviertel ein.

Jelissejew

1903 bis 1907 entstand der Jugendstilbau (Nr. 56), in dessen Erdgeschoss das Delikatessengeschäft Jelissejew zu Zarenzeiten alles anbot, was edel und gut war. Heute trägt das Geschäft wieder diesen Namen als Zweigstelle des Moskauer Stammhauses.

Anitschkow-Palais

Nach dem Ploschtschad Ostrowskogo kommt man zum Anitschkow-Palais (Nr. 39), das Zarin Elisabeth 1741 bis 1750 für ihren Liebhaber Rasumowskij bauen ließ. Katharina die Große schenkte es 1776 ihrem Günstling Potjomkin, der es – wie immer hoch verschuldet – verkaufte. Doch die Zarin kaufte es zurück und schenkte es wiederum Potjomkin – der es 1785 gleich wieder versilberte.

✳

Anitschkow-Brücke ►

Wenige Schritte weiter überquert die fast 37 m breite Anitschkow-Brücke die Fontanka. Berühmt ist sie wegen der 1849/1850 an den Brückenköpfen aufgestellten **Rossebändiger** von Peter Klodt von Jürgensburg.

St. Petersburgs berühmteste Straße: der Newskij prospekt

Das leuchtend rote Palais jenseits der Brücke (Nr. 41) ließ sich Mitte des 19. Jh.s eine der reichsten Familien Russlands bauen, die Bjelosselskij-Bjeloserskijs. Es ist heute Sitz der Kommission für Kultur und wird für Ausstellungen und Konzerte genutzt.

Bjelosselskij-Bjeloserskij-Palais

Jenseits der Fontanka ändert der Newskij prospekt sein Gesicht: An die Stelle prächtiger Paläste treten Wohn- und Geschäftshäuser, Kinos, Restaurants und Cafés. Er endet als »Alt-Newskij« am Alexander-Newskij-Kloster. Peter der Große gründete es 1710 an jener Stelle, an der Alexander Newskij am 15. Juli 1240 einen wichtigen Sieg über die Schweden errungen hatte. Seine Gebeine ließ er 1724 aus Wladimir hierher überführen.

★ *Alexander-Newskij-Kloster*

◄ Metro:
p. Aleksandra Newskogo

🕐 Öffnungszeiten: Klosteranlage: tgl. 6.00 – 20.00; Friedhöfe tgl. außer Do. 11.00 – 19.00 (im Winter bis 17.00)

Den Mittelpunkt der Anlage bildet die klassizistische **Dreifaltigkeits-Kathedrale**, 1776 bis 1790 von Iwan Starow erbaut. Die Malereien in den Gewölben und in der Kuppel entwarf Giacomo Quarenghi. Die Ikonostase aus weißem Marmor und rotem Achat schmücken u. a. Kopien von Werken van Dycks, Rubens' und Renis, während die Verkündigung Mariä hinter dem Ikonostas von Anton Raphael Mengs stammt. Der Reliquienschrein bewahrt die sterblichen Überreste Alexander Newskijs. Die **Mariä-Verkündigungs-Kirche** entstand 1717 bis 1722 nach Plänen von Domenico Trezzini als erstes Gebäude der Klosteranlage. Hier ruhen unter schlichten Grabplatten Mitglieder der Zarenfamilie (u. a. der Sohn und eine Schwester Peters des Großen) und Feldmarschall Alexander Suworow (1729 – 1800).

Als älteste Begräbnisstätte von St. Petersburg wurde der **Lazarus-Friedhof** 1716 mit der Beisetzung von Natalja Alexejewna, der Lieblingsschwester Peters des Großen, eingeweiht. In der Folge erwarben Aristokraten, Würdenträger und Architekten hier ihre Grabstätten. Wer dagegen auf dem 1823 eröffneten **Tichwiner Friedhof** seine letzte Ruhe finden wollte, musste es zu künstlerischem Ruhm gebracht haben. Der 1861 angelegte **Nikolaus-Friedhof** ist die Ruhestätte von Mönchen des Klosters.

◄ Friedhöfe

Weitere Sehenswürdigkeiten

Das wenige Minuten vom Newskij prospekt entfernte Russische Museum enthält mit annähernd 400 000 Exponaten die **weltweit größte Sammlung russischer Kunst**, hervorgegangen aus einer von Alexander III. im Anitschkow-Palais zusammengetragenen Sammlung. Es präsentiert sich im von Carlo Rossi 1819 bis 1825 für den Großfürsten Michael Pawlowitsch, dem jüngsten Bruder von Alexander I., errichteten **Michaelspalais** (Kunst bis zum 19. Jh.) und im 1916 eröffneten sog. Benois-Flügel (Ende 19. bis 20. Jh.).

★ ★ *Russisches Museum*

Unter den **Ikonen** sind besonders hervorzuheben: »Engel mit dem goldenen Haar« aus dem 12. Jh., »Boris und Gleb« (um 1300), Ikonen der Nowgoroder Schule wie »Dreifaltigkeit« (um 1550) oder »Georgis Wunder« (15. Jh.) sowie Stücke von **Andrej Rubljow** (um 1370 – um 1430) und Simon Uschakow (1626 –1686).

◄ Säle 1 – 4

Säle 5 – 12 ▸ Hauptthema der Malerei wird im 18. Jh. das **Porträt**. Zu den wichtigsten Vertretern zählt Iwan Nikitin, der mehrfach Peter den Großen porträtierte. Typischer Vertreter der **Historienmalerei** ist u. a. Anton Lossenko; die Bildhauerei repräsentiert u. a. Fedossij Schtschedrin mit seiner »Venus, sich waschend«.

Säle 13 – 17 ▸ In der ersten Hälfte des 19. Jh.s wird die russische Malerei nach wie vor durch die 1757 gegründete Akademie geprägt. **Karl Brüllow** malt in Rom »Der letzte Tag von Pompeji«. **Mit Landschaftsmalerei** reüssieren insbesondere Silwestr Schtschedrin und Iwan Ajwasowskij.

Säle 24 – 49 ▸ Wichtig für das späte 19. Jh. ist die Gemeinschaft der **Peredwischniki** (= Wanderausteller), unter ihnen Iwan Schischkin, Konstantin Makowskij (1839 – 1915) und natürlich **Ilja Repin**, dessen bekanntestes Werk »Die Wolgatreidler« hier hängt (▸Abb. S. 460).

Säle 66 – 82 ▸ Um 1900 stehen viele russische Maler unter dem Einfluss des **Impressionismus** wie Walentin Serow und Konstantin Korowin; andere haben sich dem **Symbolismus** verschrieben wie Pawel Kusnezow.

Säle 101 – 120 ▸ In der UdSSR wird der **Sozialistische Realismus** zur einzig anerkannten Stilrichtung russischer Kunst erklärt. Daneben existiert eine inoffizielle Kunst, die seit Ende der 1980er-Jahre zunehmend ausgestellt

Selbstverständlich präsentiert das Russische Museum Werke von Ilja Repin:
»Die Saporoschjer Kosaken schreiben dem türkischen Sultan einen Brief«.

wurde. Zu den herausragenden Vertretern der russischen Avantgarde gehört **Kasimir Malewitsch**, von dem das Museum 136 Werke besitzt. Auch Arbeiten von Wladimir Tatlin, Wassily Kandinsky und Natalja Gontscharowa finden nun wieder ihr Würdigung.

Das 1748 von Elisabeth I. ursprünglich als Alterssitz gegründete Smolnyj-Kloster in der Newaschleife im Osten der Stadt wurde von Rastrelli in leuchtend Blau aufgeführt. Hier kochte und lagerte man zu Peters Zeiten im »Teerhof« Teer (russ. smola) für die Flotte. Elisabeth I. erlebte die Vollendung nicht mehr; ihre Nachfolgerin Katharina die Große ließ 1764 den Rohbau stehen. Erst in den 1830er-Jahren wurden die Arbeiten fortgesetzt.

✴
Smolnyi-Kloster

Dazu gehörte in erster Linie die prächtige fünfkuppelige Auferstehungskathedrale, die Iwan Stassow 1835 vollendete. Ihr streng klassizistischer Innenraum wird heute für Konzerte und Ausstellungen genutzt. Der **Aufstieg zur Kuppel** lohnt sich.

✴✴
◀ Auferstehungskathedrale

Das Smolnyj-Institut ca. 300 m südlich des Klosters, als Bildungsanstalt adliger junger Damen erbaut, ist **eng mit der Oktoberrevolution verbunden**. Hier bereitete der Petrograder Arbeiter- und Soldatenrat den Sturz der Kerenskij-Regierung vor und hier tagte die erste Sowjetregierung, der Rat der Volkskommissare, bis zur Übersiedlung nach Moskau.

◀ Smolnyj-Institut

Auf der Strelka, der Landspitze, wo sich Große und Kleine Newa trennen, steht seit 1810 die Börse, in der bis 1885 auch Aktien gehandelt wurden. Seit 1940 ist hier das **Zentralmuseum der Kriegsmarine** zu Hause (Öffnungszeiten: Mi.–So. 11.00–18.00 Uhr).

Strelka
✴
◀ Börse
🕐

Die ehemalige Kunstkammer am Universitätskai beherbergt zwei Museen: Das **Museum für Anthropologie und Ethnografie** präsentiert als Highlight die **Raritätensammlung Peters des Großen**, während im Turm der Kunstkammer das **Lomonossow-Gedenkmuseum** an den Universalgelehrten erinnert, der von 1741 bis 1765 hier arbeitete (Öffnungszeiten beider Museen Di.–So. 11.00–18.00 Uhr).

✴
◀ Kunstkammer

🕐

Petrograder Seite

Keimzelle von Sankt Petersburg ist die auf einer Newainsel 1703 angelegte Peter-Paul-Festung. Der Schweizer Baumeister Domenico Trezzini ließ 1706 die 2,50–4 m dicke Ummauerung in Form eines unregelmäßigen Sechsecks aufrichten. Die die Eckpunkte sichernden Bastionen tragen die Namen der Adligen, die ihren Bau leiteten. Die gesamte Festung war in der ersten Hälfte des 18. Jh.s vollendet; an der Peter-Paul-Kathedrale wurde von 1712 bis 1733 gebaut. Schon seit 1717 nutzte man einen Teil der Anlage als **Gefängnis**. Der Sohn Peters des Großen war der erste in einer langen Reihe prominenter politischer Gefangener; es folgten u. a. die Dekabristen, Maxim Gorkij und der Bruder Lenins. Jeden Tag um 12.00 Uhr wird von der Naryschkin-Bastion ein **Kanonenschuss** abgefeuert.

✴✴
Peter-Paul-Festung
◀ Metro: Gorkowskaja

3 D S. 482

PETER-PAUL-FESTUNG

★ ★ Die Peter-Paul-Festung ist die Keimzelle St. Petersburgs. Etliche Bauten im Festungskomplex sind als Museen zugänglich. In der Kathedrale und in der angrenzenden Grabkapelle sind Mitglieder der Zarenfamilie beigesetzt.

🕑 Öffnungszeiten:
Festungsanlage: tgl. bis 21.00
Museen: Do.–Mo. 11.00–18.00, Di. bis 17.00 Uhr

① Kasse
Nach Durchschreiten des Johannestores kauft man gleich rechts im Kassenraum die Tickets für die Museen und die Kathedrale.

② Peterstor
Das Peterstor führt in den eigentlichen Festungsbereich. Über dem Durchfahrtsbogen prunkt der russische Adler.

③ Ingenieurhaus
Im 1748 / 1749 erbauten Ingenieurhaus ist heute eine Ausstellung über das Familienleben in St. Petersburg während der letzten 300 Jahre eingerichtet.

④ Grabkapelle
Die erst um 1900 erbaute Grabkapelle ist mit der Peter-Paul-Kathedrale durch einen Gang verbunden. Die letzte Beisetzung fand 2006 statt: Maria Feodorowna, Gattin Alexanders III., wurde aus dem Dom von Roskilde überführt.

⑤ Haus des Kommandanten
Das Haus des Kommandanten (erbaut 1743 – 1746) ist heute Zweigstelle des Historischen Museums.

⑥ Bootshaus
Das Bootshaus beherbergt einen Souvenirshop.

⑦ Münze
Die Münze ist nicht zugänglich; hier werden immer noch Medaillen, Orden und Kleingeld hergestellt.

⑧ Zarenbastion
Bei der Zarenbastion geht man hinauf zum Rundgang auf den Bastionsmauern.

⑨ Newator
Wer auf dem Wasserweg kommt, betritt den Festungsbereich durch das Newator. An dessen Innenwand sind die Hochwasserstände der Newa markiert.

⑩ Naryschkin-Bastion
In dieser Bastion befinden sich Gefängniszellen, darunter eine Todeszelle, und Besuchsräume.

⑪ Trubezkoj-Bastion
Auch die Trubezkoj-Bastion diente einst als Gefängnis. Die Zellen können besichtigt werden.

⑫ Aleksej-Ravelin
Der Aleksej-Ravelin hatte die Funktion einer Vorbefestigung.

Peter-Paul-Kathedrale *Orientierung*

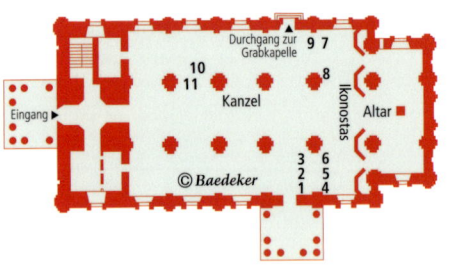

Zarengräber

1 Peter der Große (1672-1725)
2 Katharina I. (1684-1727)
3 Elisabeth I. (1709-1761)
4 Anna Iwanowna (1693-1740)
5 Peter III. (1728-1762)
6 Katharina die Große (1729-1796)

7 Paul I. (1754-1801)
8 Alexander I. (1777-1825)
9 Nikolaus I. (1796-1855)
10 Alexander II. (1818-1881)
11 Alexander III. (1845-1894)

Die Peter-Paul-Kathedrale ist die Begräbniskirche der Zaren. Sie wurde zwischen 1712 und 1733 nach Plänen von Domenico Trezzini erbaut. Ihr 122,50 m hoher Glockenturm ist das Pendant zum Turm der Admiralität.

Das in die östlichen Vorbefestigungen integrierte Johannestor führt zum Peterstor und von dort in den Festungsbereich.

Peter der Große einmal ganz anders – das Denkmal von Michail Schemjakin war bei seiner Aufstellung 1972 heftig umstritten.

In der einstigen Hauptwache hat heute die Direktion des Historischen Museums ihren Sitz.

Im Sommer ein beliebtes Ziel der Petersburger: der Badestrand bei der Festung

© Baedeker

Kronwerk

🕐 Öffnungszeiten:
Mi. – So.
11.00 – 18.00

Das 1707 begonnene Kronwerk nördlich der Peter-Paul-Festung jenseits des Newa-Kanals bildete ein zusätzliches Bollwerk. Seine heutige hufeisenförmige Gestalt stammt aus den Fünfzigerjahren des 19. Jh.s. Hier zeigt das **Museum der Artillerie-, Pionier- und Nachrichtentruppen** von antikem Kriegsgerät bis hin zu den modernsten Raketen unzählige militärische Exponate, darunter den Panzerwagen, von dem aus Lenin am 3. April 1917 seine Rede vor dem Finnländischen Bahnhof hielt, in der er die sozialistische Revolution forderte.

! *Baedeker* TIPP

Am besten per Schiff ...

Es ist zwar die deutlich teurere, aber auch die schönere Anfahrtvariante: mit dem Schiff nach Peterhof. Zwischen Mai und Mitte September fahren Tragflächenboote in ca. 30 Min. ab Eremitage. Am besten wählt man einen Wochentag, denn das Wochenende nutzen auch viele Einheimische.

Östlich der Festung, wo der Seitenarm Bolschaja Newka die Newa verlässt, liegt seit 1948 die legendäre **»Aurora«** vor Anker. Von dem 1900 gebauten Panzerkreuzer wurde am 25. Oktober 1917 um 21.45 Uhr der **Schuss** abgefeuert, der das Signal zur Erstürmung des Winterpalais gab (Öffnungszeiten: Di. – Do., Sa., So. 10.30 – 16.30 Uhr).

Westliche Umgebung

★★

Peterhof (Petrodworez / Петродворез)

Keine andere der zaristischen Sommerresidenzen verkörpert so stark Prunk und Pracht wie Peterhof mit seinen **Wasserspielen**. Er liegt ca. 30 km westlich vom Petersburger Zentrum (Bahn ab Baltischer Bahnhof bis Neu-Peterhof, dann Bus 350, 351, 352, 356). Peterhof geht auf ein einfaches Holzhaus zurück, das sich Peter der Große 1704 bauen ließ. Von 1713 an wurde die Landschaft systematisch gestaltet und Palastbauten entstanden, für die Johann Braunstein und Jean Baptiste Alexandre Leblond verantwortlich zeichneten. 1723 konnte Peterhof als Zarenresidenz feierlich eingeweiht werden. Zarin Elisabeth ließ Mitte des 18. Jh.s von Rastrelli Neu- und Umgestaltungen vornehmen. Deutsche Truppen zerstörten die Anlage. Erst in den 1960er-Jahren war der Wiederaufbau abgeschlossen.

★★

Großer Palast ▶

🕐 Öffnungszeiten:
Di. – So.
10.30 – 18.00

Der Große Palast erhielt 1747 bis 1752 seine heutigen Ausmaße. Der **Rundgang** beginnt gewöhnlich im Eichenholzkabinett, dessen Paneele zum Teil noch aus den Jahren 1718 bis 1720 stammen. Im Kronzimmer wurde die Krone aufbewahrt, wenn Zar oder Zarin in Peterhof weilten. Durch das Blaue Gästezimmer und verschiedene Arbeits- und Ankleideräume geht es in das Rebhuhnzimmer mit seiner beeindruckenden Seidenbespannung. Im Porträtsaal hängen von Pietro Rotari geschaffene Porträts von 368 Mädchen in verschiedensten Trachten und Posen, für die aber nur acht Mädchen Modell saßen. Das Weiße Speisezimmer zeichnet sich durch seine

Peterhof: Großer Palast Orientierung

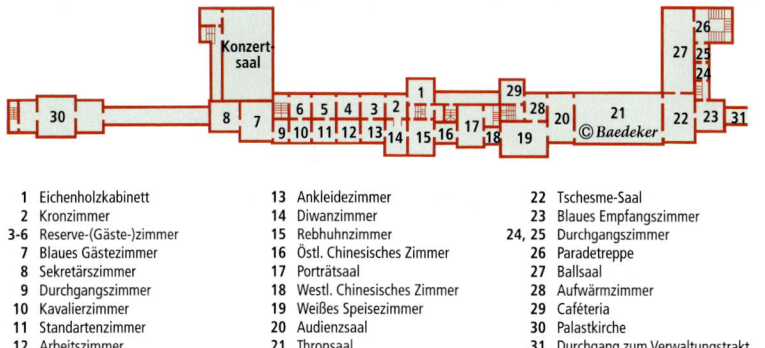

1 Eichenholzkabinett	13 Ankleidezimmer	22 Tschesme-Saal
2 Kronzimmer	14 Diwanzimmer	23 Blaues Empfangszimmer
3-6 Reserve-(Gäste-)zimmer	15 Rebhuhnzimmer	24, 25 Durchgangszimmer
7 Blaues Gästezimmer	16 Östl. Chinesisches Zimmer	26 Paradetreppe
8 Sekretärszimmer	17 Porträtsaal	27 Ballsaal
9 Durchgangszimmer	18 Westl. Chinesisches Zimmer	28 Aufwärmzimmer
10 Kavalierzimmer	19 Weißes Speisezimmer	29 Caféteria
11 Standartenzimmer	20 Audienzsaal	30 Palastkirche
12 Arbeitszimmer	21 Thronsaal	31 Durchgang zum Verwaltungstrakt

typisch klassizistische Ausgestaltung aus. Der **Thronsaal** schließlich nimmt die gesamte Breite des Palasts ein, sodass durch großzügige Fensterreihen Licht einfallen kann. Das riesige Gemälde hinter dem Thron zeigt Katharina die Große in Gardeuniform.

◄ Oberer Park

Der Obere Park vor der Südfassade des Großen Palasts ist nach französischem Vorbild in exakter Geometrie angelegt. Seinen Mittelpunkt bildet der 1668 gegossene **Neptun-Brunnen**, der ursprünglich für den Nürnberger Marktplatz gedacht war, doch fehlte der Stadt das Geld für den Wasseranschluss. Zar Paul I. erwarb ihn 1799.

★ ★
◄ Unterer Park

Der zum Meer abfallende Untere Park wurde bereits 1714 begonnen. Seine Einzigartigkeit verdankt er **144 Fontänen und drei Kaskaden**, die völlig ohne Pumpen auskommen, weil sie aus höher liegenden Speicherteichen gespeist werden. Zu den ältesten gehört die Adam- und Eva-Fontäne (1721/1722); bei den Scherzfontänen beim Schlösschen Monplaisir kann man durchaus nass werden. In der zwischen 1715 und 1724 angelegten Großen Kaskade steigt 22 m hoch die Samson-Fontäne auf, die an den Sieg in der Schlacht bei Poltawa von 1709 erinnert.

★
◄ Monplaisir

Als erstes Gebäude in Peterhof entstand 1714 bis 1723 direkt am Meer das Schlösschen Monplaisir, dessen Einrichtung weitgehend so erhalten ist wie zur Zeit Peters des Großen, der hier seine Gäste gerne unter den Tisch trank.

★
Oranienbaum
Ораниенбаум

Auch Oranienbaum, noch einmal 10 km westlich von Peterhof beim Städtchen Lomonossow (Elektritschka ab Baltischer Bahnhof), ist eine **Sommerresidenz der Zaren**. Den Auftrag dazu gab 1710 Peters Vertrauter Fürst Menschikow, der 1728 gestürzt wurde, sodass das Anwesen an die Krone fiel. Abgesehen vom 1725 fertig gestellten Großen Palast ist das interessanteste Gebäude der so genannte **Rutschberg** (Katalnaja Gorka; 1762–1777), ein Lustschlösschen, das

Seine Wasserspiele – hier die Große Kaskade – haben den Peterhof berühmt gemacht.

🕐
Öffnungszeiten:
Paläste und
Museen: Mo.
11.00 – 16.00,
Mi. – So.
11.00 – 17.00

seinen Namen einer Lieblingsbeschäftigung der Petersburger Gesellschaft verdankt: Vor dem Schloss hatte man einen Hügel aufgeschüttet, von dem man im Winter mit dem Schlitten herunterrodelte und im Sommer mit eigens dafür konstruierten Wagen hinabfuhr. Weitere größere Gebäude sind der 1758 bis 1762 von Rinaldi erbaute Palast Peters III. und der vom selben Architekten stammende Chinesische Palast (1762 – 1768) – der überhaupt nicht chinesisch wirkt, doch sind einige Räume im chinesischen Rokokostil eingerichtet.

Südliche Umgebung

★ ★
Zarskoje Selo
Царское Село

Und noch eine **Sommerresidenz der Zaren**, in diesem Fall aber mit einem besonderen Anziehungspunkt: Zarskoje Selo, 25 km südlich von St. Petersburg, steht dank der **Rekonstruktion des Bernsteinzimmers** in der Besuchergunst ganz oben (Anfahrt mit der Bahn ab Witebsker Bahnhof bis Dezkoje Selo, dort weiter mit Bus 371, 382).

★ ★
Katharinenpalast ▶
🕐
Öffnungszeiten:
tgl. außer Di.
9.00 – 18.00

Peter der Große schenkte das Gelände 1710 seiner Frau Katharina I, die 1717 den deutschen Architekten Johann Braunstein mit dem Bau eines Palais beauftragte. Ihre Tochter Elisabeth ließ dieses Gebäude von 1752 bis 1756 von Rastrelli auf die heutige Länge von 300 m ausbauen. Katharina die Große wiederum holte den englischen Architekten Charles Cameron, der etliche Räume und den Park neu gestaltete. Auch Zarskoje Selo ist nach dem Zweiten Weltkrieg wieder aufgebaut worden.

Zarskoje Selo *Orientierung*

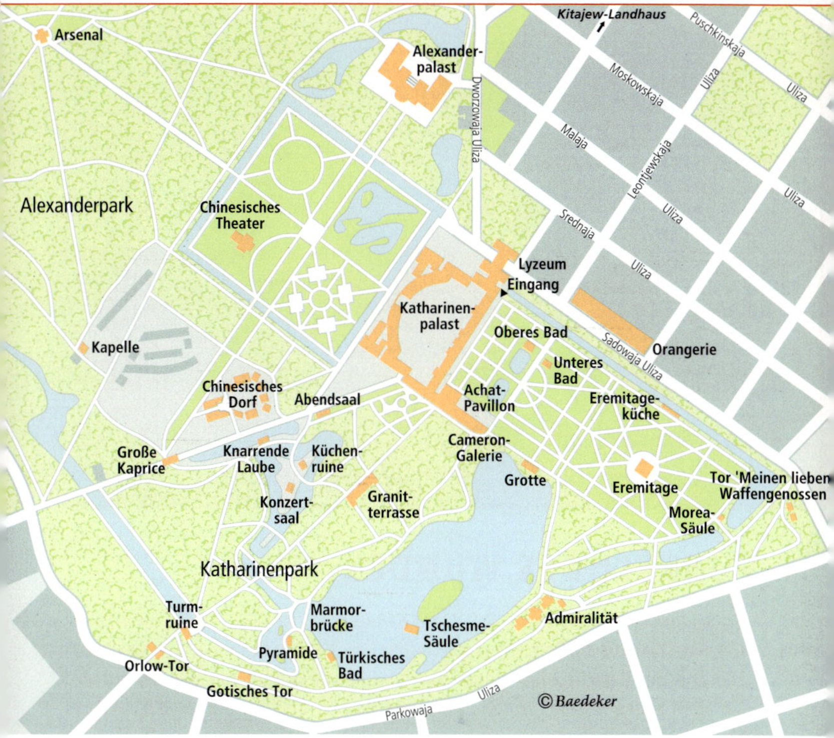

Arsenal

Alexanderpalast

Kitajew-Landhaus

Puschkinskaja

Moskowskaja

Uliza

Uliza

Malaja

Dworzowaja Uliza

Leontjewskaja

Uliza

Alexanderpark

Chinesisches Theater

Srednaja

Uliza

Lyzeum Eingang

Katharinenpalast

Oberes Bad

Orangerie

Sadowaja Uliza

Kapelle

Unteres Bad

Achat-Pavillon

Eremitageküche

Chinesisches Dorf

Abendsaal

Cameron-Galerie

Große Kaprice

Knarrende Laube

Küchenruine

Grotte

Eremitage

Tor 'Meinen lieben Waffengenossen

Konzertsaal

Granitterrasse

Morea-Säule

Katharinenpark

Turmruine

Marmorbrücke

Tschesme-Säule

Admiralität

Orlow-Tor

Pyramide

Türkisches Bad

Gotisches Tor

Parkowaja

Uliza

© Baedeker

Die Prunkräume und Privatgemächer der Zaren befinden sich im ersten Stock, allen voran der 47 m lange Große Saal, dessen Wirkung das perspektivische Deckengemälde »Russlands Triumph« noch verstärkt. Von den übrigen Räumen sind noch der Bankettsaal der Ritter zu erwähnen, in dem die Mitglieder des 1698 von Peter gegründeten St.-Andreas-Ordens beköstigt wurden, sowie der Staats-Speisesaal für Gala-Diners und natrürlich das rekonstruierte Bernsteinzimmer (►Baedeker Special, S. 486).

◄ Innenräume

Der Katharinenpark gliedert sich in den älteren **Französischen Garten** östlich des Palasts und in den südlich anschließenden **Landschaftsgarten englischen Stils**. In dem weitläufigen Gelände verteilen sich etliche Pavillons, Denkmäler und Brücken. Charles Cameron schuf den Achatpavillon (1780–1787) mit Badeeinrichtungen nach römischem Vorbild und die nach ihm benannte Cameron-Galerie. Von Rastrelli stammen die Eremitage (1744–1756) und die Grotte (1753–1757 am Nordufer des Großen Teichs; an dessen Ostufer steht der Ziegelbau der Admiralität von Nejelow. Eine Reihe von

✳
◄ Katharinenpark

◄ weiter auf S. 490

Fast schöner als das Original: das rekonstruierte Bernsteinzimmer im Katharinenpalast von Zarskoje Selo. Jedes kleinste Detail wurde sorgfältig nachgearbeitet.

FUNKELNDES WUNDER

Die Schlange vor den Toren des Katharinenpalasts ist weit länger als früher. Und dies Tag für Tag. Seitdem das legendäre Bernsteinzimmer im Mai 2003 während der Feierlichkeiten zum 300-jährigen Stadtjubiläum der Öffentlichkeit übergeben wurde, wollen Tausende Russen und Ausländer das »Achte Weltwunder« sehen.

Im November 1716 hatte Peter der Große von Friedrich Wilhelm I. von Preußen Bernstein für ein 17 m² großes Kabinett erhalten. Das prächtige Raumdekor fand zunächst Platz im Winterpalais. Katharina die Große beauftragte dann Rastrelli, den Bernsteinschmuck zu ergänzen und in den Katharinenpalast in Zarskoje Selo einzubauen. Um 1770 präsentierte die Zarin ihren Gästen einen nunmehr rund **100 m² großen Prachtsaal**.

Mythos Bernsteinzimmer

Allerdings waren weder der Wert noch die einmalige Schönheit des Zimmers dafür verantwortlich, dass es in der zweiten Hälfte des 20. Jh.s zu einem wahren Mythos wurde. Dies lag vor allem an der Nichtauffindbarkeit des kostbaren Raumdekors.

Nach der Einnahme von Zarskoje Selo im Zweiten Weltkrieg durch die deutsche Wehrmacht wurde die Bernsteinverkleidung abmontiert und nach **Königsberg** transportiert. Im dortigen Stadtschloss hatten verschiedene Besucher die Gelegenheit, das »Achte Weltwunder« zu besichtigen. Ein letzter amtlicher Vermerk über das Zimmer datiert vom 12. Januar 1945. Damals notierte Museumsdirektor Alfred Rohde: »Ich bin dabei, das Bernsteinzimmer in Kisten zu

verpacken«. Was geschah dann mit der kostbaren Beute aus dem damaligen Leningrad? Hunderte von Historikern, Schatzsuchern, Geheimagenten und Journalisten suchten seither nach dem Schatz – ohne Erfolg! Möglicherweise ist das Bernsteinzimmer in den Kriegswirren im Königsberger Stadtschloss verbrannt oder es versank mit einem Schiff, das es gen Westen bringen sollte. Die Zahl der Theorien über den Verbleib ist Legion.

Eine perfekte Kopie

Bereits 1979 wurde mit der Rekonstruktion des prachtvollen Saales im Katharinenpalast begonnen. Nach dem Zusammenbruch der Sowjetunion gab es jedoch erhebliche Finanzierungsprobleme. Dass das Bernsteinzimmer schließlich doch fertig gestellt werden konnte, ist einer 3,5 Mio.-Euro-Spende der Essener Ruhrgas AG zu verdanken, die zu den

größten Importeuren von russischem Erdgas nach Europa gehört.

In über 20-jähriger kunstvoller Kleinarbeit haben rund 30 Restaurateure das Bernsteinzimmer aus 500 000 einzelnen Bernsteinstückchen neu erschaffen. Als Vorlagen dienten ihnen lediglich Schwarzweißfotografien, die kurz vor Kriegsausbruch für beabsichtigte Restaurierungsmaßnahmen aufgenommen worden waren. Die Restaurateure leisteten eine hervorragende Arbeit. Dies beweist der erst 1997 in Bremen gemachte **Fund eines Mosaikbildes** aus dem Original-Bernsteinzimmer (Soldaten hatten es beim Abbau in Zarskoje Selo gestohlen). Bis auf ein winziges Detail glichen sich Rekonstruktion und Original. Allerdings wird das ursprüngliche Bernsteinzimmer nicht mehr so golden geleuchtet haben, wie die heute im Katharinenpalast zu besichtigende Kopie – sie ist ein wahrer Rausch in Gold und Gelb!

Denkmälern erinnert an den Ersten Russisch-Türkischen Krieg von 1768 bis 1774, unter ihnen die 20 m hohe Rostra- oder Tschesme-Säule.

Lyzeum ▶ Der Nord- bzw. Kirchenflügel des Katharinenpalasts wurde 1789 bis 1791 um einen Anbau erweitert, in den 1810 das Lyzeum einzog, eine Lehranstalt für Kinder aus höchsten Kreisen. Von 1811 bis 1817 besuchte auch Alexander Puschkin die Anstalt, heute Grund genug, ein **Puschkin-Museum** zu unterhalten. Geradezu als Wahrzeichen des Orts gilt das im Garten des Lyzeums stehende Denkmal des Dichters von Rudolf Bach (1900).

Pawlowsk Das 5 km südöstlich von Zarskoje Selo gelegene Pawlowsk ist die
Павловск jüngste der ehemaligen Sommerresidenzen der Zaren und zeichnet sich durch einen großen und außerordentlich hübschen Landschaftspark aus. Katharina die Große schenkte das Areal 1777 ihrem Sohn,
🕐 dem späteren Zaren Paul I. und dessen Gemahlin Maria Fjodorowna.
Öffnungszeiten: Zunächst entstanden zwei einfache Holzbauten, doch schon 1782 be-
tgl. 10.00 – 18.00 auftragte man Cameron mit dem Bau eines Palasts, dessen Ausstattung – wie auch den Park – vor allem Maria Fjodorowna vorantrieb. Während des Zweiten Weltkriegs wurde Pawlowsk wie Peterhof und Zarskoje Selo zerstört.

Großer Palast ▶ Der Große Palast war 1786 vollendet und ist einheitlich klassizistisch ausgestaltet. Zu besichtigen sind die Paraderäume im Obergeschoss und die Privatgemächer im Erdgeschoss.

Park von Im Landschaftspark, durch den die Slawjanka fließt, verteilen sich 18
Pawlowsk ▶ Pavillons, zwölf Brücken und zahlreiche Skulpturen. Bedeutendster Bau ist der Tempel der Freundschaft (1780 – 1782) nach Entwürfen von Cameron, der auch das Milchhäuschen im Stil eines Schweizer Landhauses schuf. Der Rosenpavillon von 1812 war einer der Lieblingsplätze Maria Fjodorownas.

Östliche Umgebung

Schlüsselburg Auf einer winzigen Insel an der Mündung der Newa in den Ladoga-
Шлиссельбург see, gut 40 km östlich von St. Petersburg, thront die Festung Schlüsselburg, die unter Peter dem Großen zu ihrem deutschen Namen kam, denn er sah in ihr den Schlüssel zur Eroberung Kareliens.

★ ★ Die Festung geht auf einen 1323 erbauten hölzernen Vorgänger zu-
Festung ▶ rück, der 1352 nach einem Brand neu in Stein errichtet wurde. Der
🕐 Grundriss erinnert an einen Schiffrumpf. Von den einst sieben
Öffnungszeiten: Wehrtürmen sind noch fünf erhalten, zwischen denen durchschnitt-
tgl. 10.00 – 17.00 lich 15 m hohe und bis zu 3 m dicke Steinmauern verlaufen. Sie umschließen eine Innenzitadelle mit drei weiteren Türmen, von denen einer noch erhalten ist. Im Alten und Neuen Gefängnis sowie im Herrscher-Turm dokumentieren Ausstellungen die bewegte Geschichte der Festung; ein Mahnmal erinnert an die Kämpfe während der Belagerung Leningrads, die hier in Schlüsselburg im Januar 1943 durchbrochen werden konnte.

Weitere Umgebung von St. Petersburg

Dass Staraja Ladoga (3000 Einw., 125 km östlich von St. Petersburg) einmal Hauptstadt war, kann man sich heute kaum noch vorstellen. Eine Festung an der Mündung des Wolchow in den Ladogasee erinnert jedoch an die frühere strategische Bedeutung des Städtchens. Die berühmte Festung auf einer Landzunge am Zusammenfluss von Ladoschka und Wolchow sicherte zwischen dem 9. und dem 17. Jh. die Außengrenzen Russlands. Lange Zeit geriet das **Bollwerk gegen die Litauer** in Vergessenheit, seit 1971 dient es als Museumsareal. Die steinernen Wehrmauern sind von fünf Türmen durchbrochen, von denen zwei mitsamt ihren hölzernen Dächern restauriert werden konnten. Durch den Torturm gelangt man auf das Gelände, wo eine eine kleine Ausstellung von der Geschichte der Festung berichtet. Im Innenhof dominieren **zwei recht unterschiedliche Kirchen**: Die hölzerne dreiteilige ist dem Hl. Dmitrij von Thessaloniki gewidmet und spiegelt die nordische Holzbaukunst des 17. Jh.s wider. Die dem Hl. Georg gewidmete Steinkirche unmittelbar daneben ist weißgetüncht; im Inneren sind Fresken aus dem 12. Jh. zu sehen.

Wo Russland endet, beginnt die östlichste Stadt der Europäischen Union: Nur der Grenzfluss Narwa trennt das 130 km westlich von St.

Staraja Ladoga
Старая Ладога

✶✶
◀ Festung
🕐
Öffnungszeiten: tgl. 9.00 – 19.00 (Sommer), Di – So. 9.00 bis 16.00 (Winter)

Iwangorod
Ивангород

Die Burg von Iwangorod (rechts) war Russlands Vorposten gegen die Hermannsfeste des Deutschen Ordens (links).

Petersburg liegende Iwangorod (Ivangorod) vom estnischen Narwa. Zwei wuchtige Festungen stehen sich hier in 150 m Entfernung gegenüber. Iwan der Schreckliche ließ am Ostufer der Narwa, zu jener Zeit die Grenze zwischen dem Russischen Reich und dem Gebiet des Deutschen Ordens, eine Festung errichten – genau gegenüber der Hermannsburg, die Mitte des 13. Jh.s von den Dänen gebaut und später von den Ordensrittern übernommen wurde. Nach dem Livländischen Krieg (1583) gehörte Iwangorod zunächst zu Schweden, ehe Peter der Große es 1704 zurückeroberte. Nach der Einverleibung der baltischen Staaten in die Sowjetunion war Iwangorod sozusagen Vorort der nunmehr mehrheitlich (und bis heute) russisch besiedelten estnischen Stadt Narwa auf dem anderen Flussufer. Seit dem 1. Mai 2004, als Estland Mitglied der EU wurde, verläuft hier die Außengrenze der Europäischen Union.

Hinweis ▶ Für den Besuch der Stadt ist eine **Sondergenehmigung erforderlich**. Man erhält sie beim Städtischen Wirtschaftsfonds und sollte mindestens zehn Tage – so lange dauert die Bearbeitungszeit – im Voraus beantragt werden (Städtischer Wirtschaftsfonds, Kingiseppskoje schosse 8, 188490 Iwangorod, Tel. / Fax 8 13 75 / 5 33 69, http://center.ivangorod.r)

Festung ▶ Fensterlose Mauern mit Schießscharten, Wach- und Wehrtürmen prägen die Festung von Iwangorod, die auf einem Felsvorsprung über dem Fluss thront. Mit einer Fläche von 4,5 ha ist sie **eine der größten Festungen in Nordwestrussland**. Das imposante Bollwerk sollte als »Fenster nach Europa« die Macht des Russischen Reichs im äußersten Westen stärken und die russische Handelsschifffahrt auf der Ostsee sichern helfen. Insgesamt wurden 15 bis knapp 20 m hohe Türme errichtet. Die Festungsmauern sind bis zu 3 m dick, im Bereich der Bastionen sogar noch mächtiger. Im Zentrum der Festungsanlage sind zwei weiße Kuppelkirchen erhalten: Die Mariä-Himmelfahrts-Kathedrale (Uspenskij sobor) stammt aus dem ersten Drittel des 16. Jh.s; die etwas kleinere Kirche (Mitte 16. Jh.) direkt nebenan ist dem Heiligen Nikolaus geweiht. Auch die Festung Iwangorod darf nur mit Sondergenehmigung besucht werden, so dass **nur der Blick von außen** auf das Gemäuer bleibt.

★ # Saratow (Saratov)

Dh / Dj 20

Region: Saratowskaja oblast	**Einwohner:** 900 000
Höhe: 158 m ü.d.M.	**Kyrillisch:** Саратов

Wie mächtig Mütterchen Wolga wirklich ist, lässt sich in Saratow nur erahnen. Von den Falkenbergen fällt der Blick auf eine fast 3 km lange Brücke, eine der längsten in Europa. Der Strom zog einst viele deutsche Siedler an.

► SARATOW ERLEBEN

ESSEN

► Erschwinglich

① *Bruderschaft*
Nabereschnaja Kosmonautow 7a
Tel. (84 52) 28 94 87
ul. Tschernyschewskogo 90/2
Tel. (84 52) 20 68 52
Zünftige Bierrestaurants

► Günstig / Erschwinglich

② *Slawjanskij raj*
prospekt 50. ljet Oktjabrja 93
Tel. (84 52) 35 43 63
Moderner Restaurantkomplex mit
Pizzeria, Bierbar, Restaurant mit
russischer Küche und Bistro.

ÜBERNACHTEN

► Komfortabel

① *Slowakija*
ul. Lermontowa 30
Tel. (84 52) 28 95 01
www.hotelslovakia.ru
Das Wahrzeichen der Stadt – außen
Sowjet-Stil, innen elegant; am Flusshafen mit tollem Blick auf die Wolga.

② *Bohemia*
ul. Kirowa 25 (2. Etage)
Tel. (84 52) 26 33 34
www.bohemiahotel.ru
Das gepflegte kleine Privathotel liegt
mitten in der Fußgängerzone.

Besonders reich mit Sehenswürdigkeiten ist Saratow nicht gesegnet.
Dafür geht es hier recht beschaulich zu, v. a. die Fußgängermeile
prospekt Kirowa mit ihren Bäumen und Blumenrabatten ist beliebter
Treffpunkt in der warmen Jahreszeit. Saratow erstreckt sich in einem
Talkessel entlang der Wolga, die Hügel ragen ringsum bis zu 250 m
empor – entsprechend bietet sich vom Stadtpark ein schöner Ausblick auf die Wolga. Und: Die älteste Weißbrotsorte Russlands, der
berühmte **Saratower Kalatsch**, wurde hier erfunden.

Saratow wurde 1590 gegründet, um die Handelsstraße der Wolga vor   **Geschichte**
Angriffen aus der Steppe besser zu schützen. Kosaken-Ataman Ste-
pan Rasin zog 1670 mit seinem Heer ein, was die Stadt schwer in
Mitleidenschaft zog. Zar Alexej gab 1674 seinen Segen zum Wiederaufbau, diesmal allerdings am rechten Ufer der Wolga. 1763 unter-
zeichnete Katharina die Große das berühmte Manifest, in dem sie
Ausländer – vor allem Deutsche – einlud, sich an der Wolga niederzulassen. Bereits einige Jahre später kamen viele Siedler in die Region, deren architektonische Spuren bis heute das Stadtbild prägen.
Gegen Ende des 19. Jh.s nahm die Industrialisierung einen raschen
Aufschwung, weil sich vor allem viele Metall verarbeitende Betriebe
niedergelassen haben.

Sehenswertes in Saratow

»Nemjezkaja uliza« – die Deutsche Straße, so der alte Name, ist die   ★
Lieblingsmeile der Saratower. Zwischen zahlreichen Cafés und Ge-   **prospekt Kirowa**

Saratow Orientierung

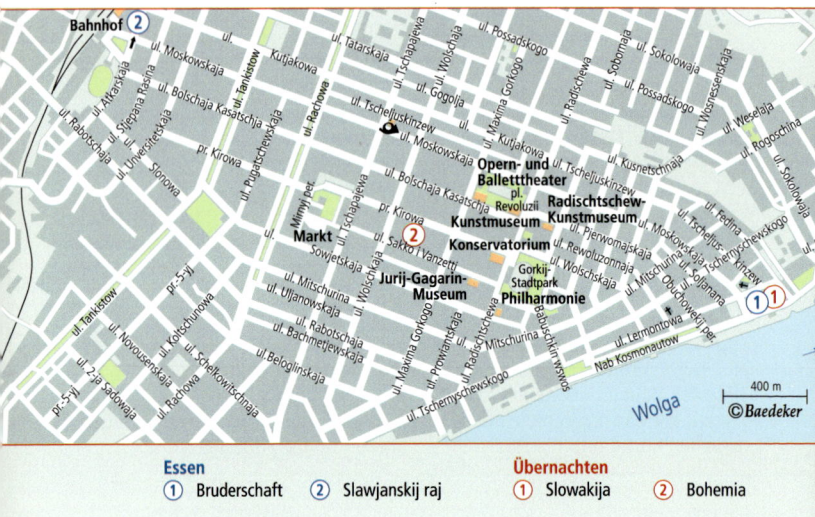

Essen
① Bruderschaft　② Slawjanskij raj

Übernachten
① Slowakija　② Bohemia

schäften hebt sich die Hausnummer 34 mit einer schönen Jugendstilfassade hervor. Am östlichen Ende geht der prospekt Kirowa in den ploschtschad Revoluzii mit Springbrunnen sowie in den Gorkij-Stadtpark über. Wenige Meter neben dem Platz entfernt fällt die bunte »Lindere meinen Schmerz«-Kirche mit ihren Miniatur-Zwiebelkuppeln auf.

★
Radischtschew-Kunstmuseum
⏱ Öffnungszeiten: tgl. außer Mo. 10.00 – 18.00

Mit Kunstmuseen rühmten sich bis 1885 nur Moskau und St. Petersburg – dann bekamen sie erstmals in der Provinz Konkurrenz. Der Impuls dazu kam von Alexej Bogoljubow, einem Enkel des Philosophen und Schriftstellers Alexander Radischtschew. Zu den Schätzen der Sammlung gehört das »Porträt der Nada Repina« von Ilja Repin, aber auch viele Grafiken und Gemälde aus der Sammlung Bogoljubows. Auf die Werke von Viktor Borissow-Mussatow, der neben Michail Wrubel als Begründer des russischen Symbolismus gilt, ist man besonders stolz (Chudoschestwennyj musej imeni A. N. Radischtschewa, ul. Perwomajskaja 75).

Weitere Museen

Im **Heimatmuseum** wird die Geschichte der Wolgaregion vorgestelllt, wozu auch die Geschichte der Raumfahrt im Gebiet Saratow gehört (Krajewedscheskij musej, ul. Lermontowa 34). Das kleine **Pawel-Kusnezow-Museum** erinnert an den Saratower Künstler (1878 – 1968), der zur Künstlergruppe Blaue Rose gehörte (Dom-musej Pawla Kusnezowa, ul. Oktjabrskaja 56).
Saratow ist stolz auf das erste Museum Russlands, das noch zu Lebzeiten von **Jurij Gagarin** eröffnet wurde (ul. Sakko i Vanzetti). Der

Diese mächtige Brücke überquert in Saratow die Wolga.

erste Mensch im All war an der örtlichen Fliegerschule ausgebildet worden und landete bei der Rückkehr aus dem Weltraum im Gebiet von Saratow. Etwa 20 km östlich der Stadt erinnert ein Obelisk auf dem Gagarinfeld daran.

Das **ethnografische Museum** informiert über die Völker, die sich an der Wolga niederließen. Ursprünglich war dieses Haus ein Erinnerungsmuseum an die hier einst wohnende Familie Uljanow, der Lenin entstammte. Doch mit dem Zerfall der Sowjetunion ließen auch die Pilgerströme nach und so funktionierte man das Haus um (Etnografitscheskij musej, ul. Uljanowskaja 26).

Den schönsten Blick auf die Stadt und die Wolga hat man von den Falkenbergen (Sokolowye gory / Park Pobedy), auf denen sich eine **monumentale Gedenkstätte** für die Saratower Gefallenen des Zweiten Weltkriegs ausbreitet.

★
**Falkenberge /
Park des Sieges**

Wer sich für die **Spuren der Wolgadeutschen** interessiert, sollte in deren ehemalige Hauptstadt fahren, die den Namen von Friedrich Engels trägt: Die fast 3 km lange Brücke führt von Saratow hinüber in die Kleinstadt, die bis 1931 Pokrowsk hieß. Heute gibt es dort ein aktives deutsches Kulturleben. Engels wirkt mit seinen kleinen Häuschen, den baumbepflanzten Straßen und der Wolga in der warmen Jahreszeit recht südländisch.

**Engels
Енгелс**

? WUSSTEN SIE SCHON …?

■ … dass eine Kleinstadt nordöstlich von Engels Marx (Marks) heißt?

★★ Sergijew Possad

De 147

Region: Moskowskaja oblast
Höhe: 210 ü.d.M.

Einwohner: 111 000
Kyrillisch: Сергиев Посад

Ein Besuch der Klosterstadt kommt einem Spaziergang durch sechs Jahrhunderte russischer Baukunst gleich. Das Dreifaltigkeits-Sergius-Kloster gehört zu den berühmtesten und mit derzeit ca. 150 Mönchen zu den größten Klosteranlagen Russlands. Selbst zu Sowjetzeiten war es Pilgerziel für Christen aus dem ganzen Land.

Sergijew Possad, 71 km nordwestlich von Moskau, zu sowjetischen Zeiten **Sagorsk**, ist zum Inbegriff russisch-orthodoxer Frömmigkeit geworden. Außer seiner Funktion als Zentrum der russisch-orthodoxen Kirche hat Sergijew Possad auch Bedeutung als Stadt des Kunsthandwerks und der Spielzeugherstellung (Spielzeugmuseum: Krasnoj Armii prospekt 123; beim Teich südlich des Klosters).

Zentrum der russisch-orthodoxen Kirche
Gegründet wurde die Klosteranlage um 1340 von **Sergius von Radonesch**. Der aus einem Bojarengeschlecht stammende Sergius empfing 1337 die Mönchsweihe und wurde 1344 zum Priester und Abt geweiht. Vor der Schlacht auf dem Schnepfenfeld 1380 segnete er die

Dreifaltigkeits-Sergius-Kloster Orientierung

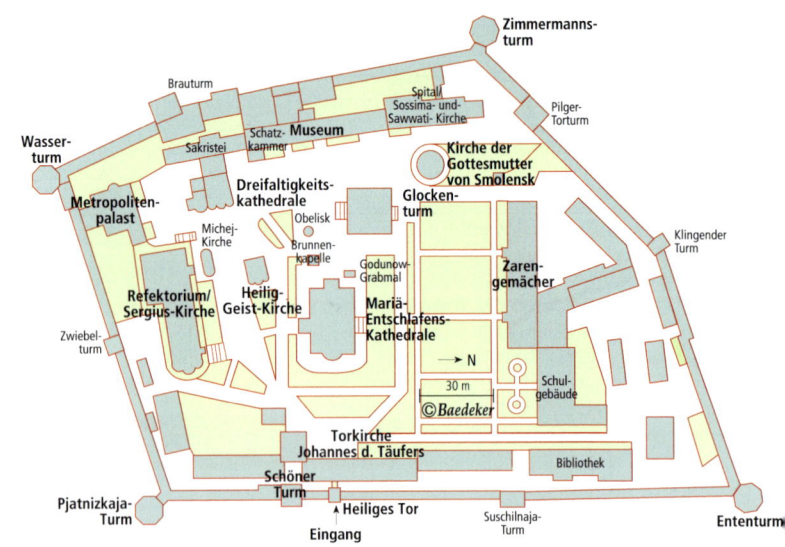

Truppen des Großfürsten Dmitrij. Der triumphale Sieg über die Mongolen festigte die Position der Klostergemeinschaft. Zwar wurde die Anlage 1408 bei einem erneuten Mongolenüberfall nahezu vollständig zerstört, doch erfolgte unter Abt Nikon, dem Nachfolger des 1422 heilig gesprochenen Sergius, ein schneller Wiederaufbau. Der Belagerung durch ein ca. 30 000 Mann starkes polnisches Heer hielt das Kloster 1608 bis 1610 insgesamt 16 Monate lang stand. Spätestens seit diesem Ereignis war es zum **Symbol des nationalen Widerstands** geworden. Die Herrschenden revanchierten sich mit reichen Schenkungen, sodass das Kloster im 17. Jh. riesige Ländereien mit ca. 120 000 Leibeigenen besaß. Peter der Große suchte 1682 und 1689 hinter den Klostermauern Schutz vor den Strelitzen. Seit 1744 wird das Dreifaltigkeitskloster im Russischen nicht als »Monastyr«, sondern als »**Lawra**« bezeichnet, ein Ehrentitel, den außer ihm nur noch das Alexander-Newskij-Kloster in St. Petersburg sowie Klöster in Kiew und in Wolhynien führen dürfen. Nach der Oktoberrevolution wurde das Kloster 1919 aufgehoben, jedoch 1943 der Kirche zurückgegeben. In der Folge entwickelte es sich als Sitz des Patriarchen zu einem der wichtigsten religiösen Zentren des Landes. Zwar verlegte der Patriarch von Moskau 1988 seinen Sitz in das Danilow-Kloster, doch befinden sich in Sergijew Possad nach wie vor das **geistliche Seminar** und die **Akademie**.

★ ★ Dreifaltigkeits-Sergius-Kloster

Man betritt die Klosteranlage an der Ostseite. Die Eintrittskarten für den Besuch des Museums bzw. zum Begehen eines Abschnitts des westlichen Wehrgangs und dem Besteigen des Pilger-Torturms (nur im Sommer möglich, **herrlicher Ausblick**) erhält man innerhalb des Klosterareals bei den Gebäuden.
Die Anlage hat die Form eines unregelmäßigen Parallelogramms, das eine ca. 1400 m lange und bis zu 15 m hohe Wehrmauer umschließt. Diese stammt in ihrer heutigen Form aus dem 16. / 17. Jahrhundert. Elf Türme verstärken die Mauer; zu den schönsten zählt der so genannte Ententurm, an dessen Spitze eine steinerne Ente thront – Peter der Große soll von hier auf Wildenten geschossen haben.

🕐
Öffnungszeiten:
Gelände:
Winter tgl.
10.00 – 18.00
Sommer tgl.
10.00 – 20.00
Schatzkammer u.
Sakristei:
tgl. 10.00 – 17.30

Nach Passieren des Schönen Turms steht man vor der Torkirche Johannes des Täufers. Sie wurde mit Mitteln der Familie Stroganow 1692 bis 1699 errichtet.

Torkirche Johannes des Täufers

Über dem Grab des hl. Sergius wurde 1422 als erster Steinbau des Klosters die Dreifaltigkeitskathedrale errichtet, eine recht schlichte Kreuzkuppelkirche aus Kalkstein, die auf einem Sockelgeschoss ruht. An der Ausmalung 1425 bis 1427 waren Andrej Rubljow und Daniil Tschornyj beteiligt, deren Fresken im 17. Jh. weit gehend übermalt wurden. Erhalten blieb die ebenfalls von ihnen geschaffene Ikonostase. Als eines der berühmtesten Werke von Rubljow gilt die **Ikone der**

Dreifaltigkeitskathedrale

An der Bunnenkapelle füllen die Gläubigen heiliges Wasser ab.

Dreifaltigkeit (Original seit 1929 in der Tretjakow-Galerie in Moskau, s. S. 392). Die silberne und von einem ebenfalls silbernen Baldachin überwölbte Grabplatte des Sergius schufen im ausgehenden 16. Jh. Meister der Moskauer Rüstkammer. An die Südfassade wurde 1548 die Nikon-Kapelle mit dem Grab des Abtes Nikon angebaut.

Metropoliten-palast

Der Metropoliten- bzw. Patriarchenpalast stammt aus dem 16. Jh., wurde jedoch mehrfach umgebaut. Die Fassade präsentiert sich heute im Stil des 18. Jahrhunderts. Die Metropoliten residierten hier von 1946 bis 1948.

Refektorium mit Sergius-Kirche

Das Refektorium mit der Sergius-Kirche (1686–1692) gilt als **eines der am üppigsten verzierten Bauwerke des russischen Barock**: Weinlaub umrankt die Kalksteinsäulchen, die Wandflächen sind mit einem geometrischen Muster vollständig farbig bemalt. Die Prunkräume des Hauptgeschosses umläuft eine Galerie. Östlich schließt sich an den 510 m² großen stützenlosen Saal die Sergius-Kirche an. Im Untergeschoss befinden sich Wirtschaftsräume.

Baumeister aus Pskow schufen 1476 die Heilig-Geist-Kirche. Sie ist im Gegensatz zur Dreifaltigkeitskathedrale aus Ziegeln auf einem Kalksteinsockel errichtet. Erstmals in der russischen Architekturgeschichte wurden die **Fassaden mit Glasurkacheln** verziert. Zudem ist sie die älteste erhaltene russische Kirche, in die der Glockenturm integriert ist. Die Ölmalereien innen datieren aus der zweiten Hälfte des 19. Jh.s; die Ikonostase entstand 1866.

Heilig-Geist-Kirche

Auftraggeber für die Hauptkathedrale des Klosters (1559 – 1585), die Mariä-Entschlafens-Kathedrale, war Iwan der Schreckliche anlässlich der Eroberung Kasans. Es entstand ein Bau, der nicht zufällig an die Mariä-Entschlafens-Kathedrale des Moskauer Kremls erinnert. Die Fresken im Innern entstanden 1684 in nur 100 Tagen. Auch die Ikonostase wurde Ende des 17. Jh.s geschaffen. An seiner Rückseite befindet sich hoch oben der **Platz für den Chor** – den Gläubigen sollte suggeriert werden, der Gesang käme direkt aus dem Himmel.
In einer westlichen Vorhalle der Kathedrale wurde 1606 **Zar Boris Godunow** – ein Jahr nach seinem Tod – mit Frau und Kindern beigesetzt. Die Vorhalle wurde 1780 abgetragen, sodass sich die Gruft seitdem vor der Kathedrale befindet.

Mariä-Entschlafens-Kathedrale

Noch im 17. Jh. ist die bezaubernde Brunnenkapelle über einer 1644 entdeckten heiligen Quelle im Stil des Russischen Barock errichtet worden. Den Obelisken vor der Brunnenkapelle stiftete 1792 der Metropolit Platon. Auf den vier Tafeln sind die wichtigsten Ereignisse der Klostergeschichte festgehalten.

Brunnenkapelle

Der 88 m hohe Glockenturm (1740 – 1770) zählt zu den schönsten seiner Art, geschaffen nach Plänen von I. Mitschurin und D. Uchtomskij.

Glockenturm

Eher an einen Parkpavillon denn an einen Sakralbau fühlt man sich bei der Kirche der Gottesmutter von Smolensk erinnert. Sie wurde zwischen 1746 und 1748 über einem runden Grundriss errichtet.

Kirche der Gottesmutter von Smolensk

In den Bau des ehemaligen Spitals ist die Sossima-und-Sawwati-Kirche integriert. Sie entstand als einzige Zeltdachkirche des Klosterkomplexes zwischen 1635 und 1638.

Spital mit Sossima-und-Sawwati-Kirche

An die Gebäude des Spitals grenzt ein als Museum genutzter Trakt (ehemals Sakristei und Klosterverwaltung). Zu den Beständen gehören u. a. Ikonen (14. – 17. Jh.), Stickereien, Webarbeiten, liturgisches Gerät, Gold- und Silberschmiedearbeiten sowie Trachten.

Museum

Der Ende des 17. Jh.s errichtete ehemalige Zarenpalast ist seit 1814 Sitz der Akademie. Sein buntes Dekor korrespondiert mit dem des Refektoriums. Auch der Zarenpalast besaß ursprünglich eine offene Galerie.

Zarenpalast

★ Smolensk

Region: Smolenskaja oblast
Höhe: 242 m ü.d.M.

Einwohner: 320 000
Kyrillisch:Смоленск

Eingebettet in das Tal des oberen Dnjepr lohnt Smolensk einen Besuch v. a. wegen seiner Festungsmauer und der wunderschönen Mariä-Himmelfahrts-Kathedrale auf einem Hügel über der Stadt.

Smolensk bezeichnet sich gerne als **Russlands Tor zum Westen**, denn östlich beginnt schon recht bald Weißrussland. Trotz der exponierten Lage lässt der wirtschaftliche Aufschwung in der Provinzstadt bis heute auf sich warten.

Smolensk Orientierung

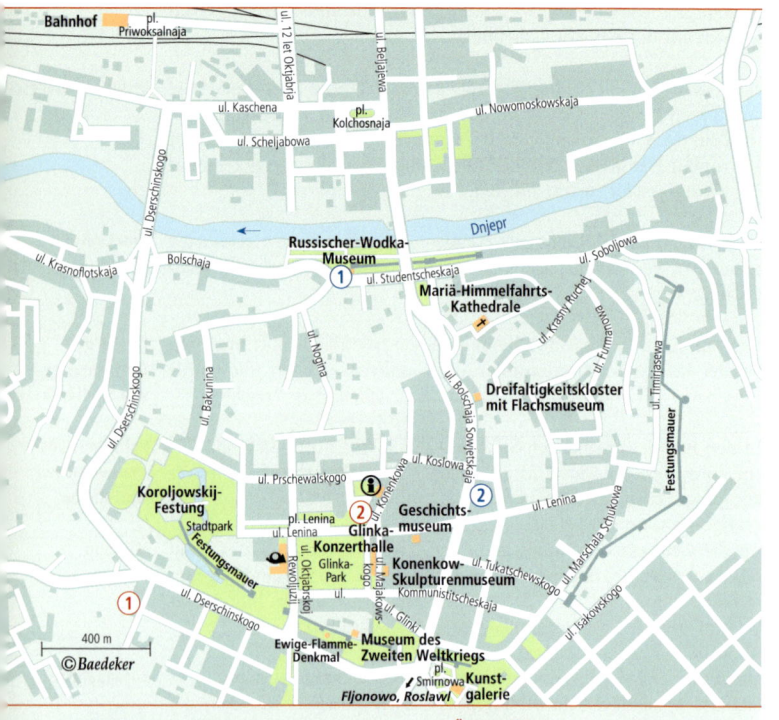

Essen
① Smolenskaja krepost   ② Staryj gorod

Übernachten
① Rossija   ② Zentralnaja

Smolensk, am »Handelsweg der Waräger zu den Griechen« gelegen, **Geschichte**
gehört zu den ältesten Städten Russlands und wurde 863 erstmals erwähnt. Die westliche Lage war als militärischer Stützpunkt begehrt,
was der Stadt eine Eroberungswelle einbrachte: Nach dem Zerfall des
Kiewer Reiches wurde Smolensk 1340 von Moskau eingenommen,
1404 vom litauischen Großfürstentum, ab 1514 erneut von den Moskowitern, 1611 von Polen einverleibt und 1654 wieder vom russischen Heer zurückerobert. Napoleons Männer sollen drei Tage gebraucht haben, bis sie die Festung von Smolensk auf ihrem Weg nach
Moskau eingenommen hatten. Ab 1918 gehörte Smolensk zu Weißrussland, wurde nach dem Zweiten Weltkrieg aber der russischen
Sowjetrepublik einverleibt. Von 1941 bis 1943 war die **»Heldenstadt«**
unter deutscher Besatzung und wurde dabei fast völlig zerstört.

Sehenswertes in Smolensk

Mittelpunkt des »Blonje«, wie die Smolensker ihr Zentrum nach **Innenstadt**
dem russischen Wort für eine Vorstadtsiedlung nennen, ist der **Glinka-Park**. An dessen Nordende erstreckt sich der ploschtschad Lenina
mit dem 1780 errichtete Dramentheater, einem der ältesten im Land.
Das **Konenkow-Skulpturenmuseum** (Musej skulptury) an seiner Ostseite zeigt Holzfiguren von Sergej Konenkow, aber auch Stahl- und
Bronzestatuen sowie Matrjoschka-Puppen (ul. Majakowskogo 7; Öffnungszeiten Di.–So. 10.00–18.00 Uhr).

► SMOLENSK ERLEBEN

AUSKUNFT
www.smolensk.ru (nur Russisch)

ESSEN
► **Erschwinglich**
① *Smolenskaja krepost (»Smolensker Festung«)*
ul. Studentscheskaja 4
Tel. (48 12) 32 76 90
Traditionelle russische Küche im
Pjatnizkaja-Turm der Stadtmauer.
Hier ist auch ein kleines Wodka-Museum untergebracht.

② *Staryj Gorod (»Altstadt«)*
ul. Bolschaja Sowjetskaja 21
Tel. (48 12) 38 66 75
Im altrussischen Interieur trifft sich
vorwiegend junges Publikum; abends
Live-Musik.

ÜBERNACHTEN
► **Komfortabel**
① *Rossija*
ul. Dserschinskogo 23/2
Tel. (48 12) 65 59 70
www.smolensk-russia.ru
220 Z. Das größte Haus vor Ort
verfügt über behagliche Zimmer.
Restaurant, Bar, Fitnessraum,
Schwimmbad und Sauna vorhanden.

② *Zentralnaja*
ul. Lenina 2/1
Tel. (48 12) 38 36 04
www.smolensk-hotel.keytown.com
135 Z. Das Hotel bietet u.a. ein
französisches Café, ein Restaurant
sowie eine Sauna.

✷ Festungsmauer

Eine imposante Festungsmauer schützt die Altstadt auf drei Seiten seit 1602. Von den ehemals 38 Wachtürmen sind 17 erhalten geblieben. Einen guten Überblick über die Mauer verschafft ein Spaziergang im Stadtpark, der an der Ewigen Flamme vorbei zum Museum des Zweiten Weltkriegs führt, das über die Ereignisse in der Gegend um Smolensk informiert (Smolenschtschina w gody Welikoj Otetschestwennoj wojny, ul. Dserschinskogo 4a).

Kunstgalerie

Die Kunstgalerie jenseits der Festungsmauer zeigt die Sammlung von Prinzessin Maria Tenischewa, v. a. Werke russischer Künstler. Allerdings hängen die Bilder in manchen Sälen viel zu dicht, dass die Wirkung von so manch avantgardistischer Perle schlichtweg verloren geht (Chudoschestwennaja galereja, ul. Tenischewoj 7/1).

Dreifaltigkeits- Kloster

Auf der ul. Bolschaja Sowjetskaja Richtung Dnjepr erreicht man bald das Dreifaltigkeits-Kloster, in dessen 1740 errichteter rosafarbener Kathedrale ein **Flachsmuseum** untergebracht ist (Troizkij monastyr / Musej ljon, ul. Bolschaja Sowjetskaja 9).

✷ Mariä- Himmelfahrts- Kathedrale

Die erfrischend wirkende grün-weiße Kathedrale (Uspenskij sobor) auf einem Hügel über dem Dnjepr gilt als **Wahrzeichen der Stadt**: Fünf Goldkuppeln ragen in den Himmel, die runden Glasfenster im oberen Teil der Fassade erinnern an wachsame Augen. Das 1679 fertig gestellte Gotteshaus erhielt noch barocke Bauelemente und eine mächtige Ikonostase. Auf dem Kathedralenhügel versammeln sich noch ein Glockenturm empor, ein Konsistorium sowie die Epiphanias-Kathedrale, von deren Galerie man einen schönen Ausblick hat. Sie ist Sitz des Metropoliten von Smolensk und Kaliningrad.

Peter-und-Paul- Kirche / Swirsker Kirche

Zu den ältesten Gotteshäusern der Stadt gehört die Peter-und-Paul-Kirche von 1146 im byzantinischen Stil nahe des Busbahnhofs. Sehenswert ist zudem die Erzengel-Michael-Kirche oder Swirsker Kirche, ein Vierpfeiler-Bau mit drei Vorhallen.

Umgebung von Smolensk

✷ Künstlerdorf Fljonowo bei Talaschkino Талашкино

Die Künstlerkolonie Fljonowo bei Talaschkino, 15 km südöstlich von Smolensk, spielte im kulturellen Leben der Region eine bedeutende Rolle. Hier versammelte Prinzessin Maria Tenischewa um die Wende zum 20. Jh. namhafte Künstler, darunter den Opernsänger Fjodor Schaljapin, die Maler Ilja Repin und Michail Wrubel. Die prächtige Heilig-Geist-Kirche wurde von Viktor Suslow über dem Eingang mit einem bemerkenswerten Mosaik des Erlösers verziert, das von Nikolaj Roerich entworfen wurde. Im Teremok, einem jugendstilartig verzierten Bauernhaus, ist ein **Folklore-Museum** eingerichtet.

✷ Katyn Катынь

Im Wald von Katyn (18 km westlich von Smolensk beim Dorf Gnesdowo) entdeckten deutsche Truppen 1943 ein Massengrab mit den

Leichen von über 5000 polnischen Offizieren. Sie waren vom berüchtigten Volkskommissariat für innere Angelegenheiten (NKWD) im Frühjahr 1940 liquidiert worden. Während die Nazis den Fund propgandistisch ausschlachteten und eine Rotkreuz-Kommission nach Katyn holten, schob die Sowjetunion wiederum die Schuld ein halbes Jahrhundert lang Nazideutschland zu. Erst im April 1990 übernahm Michail Gorbatschow offiziell die Verantwortung für das **»Massaker von Katyn«**. Zwei Jahre später übergab Boris Jelzin seinem polnischen Amtskollegen Lech Wałesa ein Dokument, aus dem hervorging, dass die oberste Staatsspitze unter Stalin die Anweisung für den Massenmord gegeben hatte. Seit 1996 existiert eine Gedenkstätte im Wald von Katyn.

Von Smolensk in Richtung Katyn erreicht man nach etwa 10 km den Vorort Nischnaja Dubrowenka. An einem Wasserturm führt der Weg zum Waldfriedhof, der noch von der Wehrmacht angelegt worden war. Auf Granitstelen sind die Namen von 4500 deutschen Soldaten verzeichnet; insgesamt geht man von 5600 Gefallenen aus, die hier begraben sein sollen.

🕐 Öffnungszeiten:
tgl. 9.00 – 17.00

◄ Deutscher
Soldatenfriedhof

Polens Staatspräsident Kaczyński an der Gedenkstätte im Wald von Katyn

✴ ✴ Solowezkij-Inseln (Soloveckie ostrova)

Dc / Dd 13

Region: Archangelskaja oblast   **Kyrillisch:** Соловецкие острова

Im Westen gelangten die Solowezkij-Inseln durch Alexander Solschenyzins »Archipel GULag« zu trauriger Berühmtheit. Ihre Geschichte prägen jedoch nicht nur die grausamen Lager, sondern auch die Mönche des UNESCO-geschützten Klosterensembles.

Zentrum der Orthodoxie und Inbegriff des GULag-Systems

Lange Zeit galt das traditionsreiche Solowezkij-Kloster im Weißen Meer als wichtigstes orthodoxes Zentrum des russischen Nordens. Das Archipel, gut 150 km südlich des Nördlichen Polarkreises gelegen, umfasst sechs große und 100 zum Teil winzige und unbewohnte Inseln und Riffe. Nicht verwirren lassen: Häufig wird auch die Koseform »Solowkij« statt »Solowezkij« verwendet.

Die Mönche Hermann und Sabbatius aus dem ▶ Kirillo-Belosjorskij-Kloster zogen um 1420 in den hohen Norden, um eine neue Stätte der Einkehr zu gründen. Die Abgeschiedenheit der Solowezkij-Inselgruppe schien perfekt dafür. Schon bald entwickelte sich das Kloster zu einem bedeutenden politischen und wirtschaftlichen Zentrum der Region; bereits im 16. Jh. waren hier etwa 300 Mönche und doppelt so viele Handwerker angesiedelt. Das Kloster war nicht nur **religiöse Hochburg**, sondern auch wichtige russische Grenzfestung gegen die Schweden. Von den Bolschewiki wurde das Ensemble 1921 geschlossen und zwei Jahre später in ein Konzentrationslager umfunktioniert, das als **Prototyp des sowjetischen GULag-Systems** galt. Wie viele Häftlinge hier zur Zwangsarbeit herangezogen wurden und ums Leben kamen, weiß man nicht. Im Zweiten Weltkrieg wurde eine Marine-Kadettenschule eröffnet, in den 1960er-Jahren Militärangehörige angesiedelt, um die Inseln zu neuem Leben zu erwecken. Nach dem Zerfall der Sowjetunion wurde das Kloster wieder der russisch-orthodoxen Kirche zurückgegeben: heute leben hier **30 Mönche**. Auf dem gesamten Archipel sind etwa 1000 Menschen zu Hause.

✴ ✴ Klosterkomplex

🕐
Öffnungszeiten: Sommer tgl. 9.00 – 18.00 (Sommer); Winter nur Mo. – Fr.

Die imposante Anlage (Solowezkij monastyr) umfasst **mehr als 100 Sehenswürdigkeiten**. Dazu gehören Gotteshäuser, Wirtschaftsgebäude, archäologische Fundstellen und Denkmäler, die sich über mehrere Inseln verteilen. Die meisten Besucher werden vermutlich nur den 25 km langen und 16 km breiten Bolschoj ostrow (Große Insel) erkunden, auf dem sich das Kloster befindet. Von Juni bis September werden Exkursionen angeboten (Tel. 818 35 / 9 02 41).

Mariä-Verkündigungs-Torkirche

Außerhalb der Klostermauern unweit der Anlegestelle empfangen zwei winzige weiße Kapellen die Schiffsreisenden. In der Nähe führt das Heilige Tor auf das Klostergelände, auf das gleich nach Fertigstel-

▶ SOLOWEZKIJ-INSELN ERLEBEN

AUSKUNFT

www.solovki.info
www.solovki.museum.ru
(auch Englisch)

BESTE REISEZEIT

Empfehlenswert ist ein Besuch zwischen Mai und September, wenn die Inseln auch mit dem Schiff erreichbar sind. Im Frühsommer kann man mit ein wenig Glück Beluga-Wale erspähen, die vor die Küste der Inseln ziehen, um dort ihren Nachwuchs zur Welt zu bringen.

ANREISE

Ab Archangelsk

Die Flugzeit auf die Solowezkij-Inseln beträgt etwa eine Stunde. Eine Charterverbindung gibt es auch ab Moskau, mit Zwischenstopp in Archangelsk (Reisezeit 4,5 h). Aktuelle Informationen: www.caws.atnet.ru/info.html oder www.aeroflot.ru (auch Englisch).
Mit der »Aluschta« ist man ungefähr zwölf Stunden auf dem Wasser unterwegs; sie verkehrt allerdings nur im Juni und August.

Ab Kem

Je nach eingesetztem Schiff dauert die Fahrt von Kem aus auf die Solowetzkij-Inseln zwei bis sechs Stunden.

Ab Belomorsk

Das Schnellboot »Raketa« benötigt nur 1,5 Stunden, um die Passagiere auf das Inselarchipel zu befördern (Tel. 8 1 835 / 2 12 25).

ESSEN / ÜBERNACHTEN

▶ Luxus / Fein & teuer

Solowkij Hotel
ul. Saosernaja 26
Tel. (495) 933 41 63
(zentrale Buchung)
www.solovki-tour.ru
Fünf moderne, gut ausgestattete Holzhäuser (46 Z., davon 12 Suiten; nur im Sommer geöffnet) am Ufer eines kleinen Sees, nur wenige Gehminuten vom Kloster entfernt. Aufgepasst: Selbst Einheimische verwechseln das Hotel Solowkij mit dem gleichnamigen Turkompleks Solowkij, das deutlich weniger Komfort hat.

▶ Günstig / Preiswert

Solo
ul. Kowaljowa 8
Tel. (8 18 35) 9 02 46
Hotel mit 26 einfachen Zimmern in Klosternähe; in der Bar werden kleine Gerichte angeboten.

lung der Mauer 1596 eine kleine Kirche aufgesetzt wurde. Dieses Mariä Verkündigung geweihte Gotteshaus war zunächst recht bescheiden, wurde im 19. Jh. aber ausgebaut.

Gleich beim Betreten der Anlage durch das Heilige Tor fällt der Blick auf die wuchtige Mariä-Himmelfahrts-Kirche in der Mitte des Klosterhofes. Sie wirkt mit ihrem eher flachen Dach zunächst wie ein Wirtschaftsgebäude, doch die drei Kuppeln erinnern an ihre eigentli-

Mariä-Himmelfahrts-Kirche

che Bestimmung. Unmittelbar an das Gotteshaus schließt das große Refektorium an, das älteste Steinbauwerk der Anlage (1552 – 1557). Vom Glockenturm kann man, wenn er geöffnet ist, eine **wunderbare Aussicht** über die Insel genießen.

Erlöser-Verklärungs-Kathedrale

Unter Igumen Filip Kolytschew wurde zwischen 1556 und 1564 die heutige Hauptkirche (Spaso-preobraschenskij sobor) der Anlage errichtet, die mit ihren fünf Kuppeln besonders prächtig wirkt.

Nikolaus-Kirche

Ein 1577 errichtetes weiteres Gebäude wurde bald schon wieder abgetragen. Vier Jahre später entstand auf den alten Fundamenten eine Kirche im Stil der neuen Zeit mit barocken, altrussischen und klassizistischen Zügen.

Museums-ausstellung

In mehreren Gebäuden wird in historischen und architektonischen Ausstellungen die Geschichte der Anlage beleuchtet, v. a. **die erschütternde Geschichte der GULags**, in denen zwischen 1923 und 1939 Dissidenten inhaftiert waren. Sakrale Kunstgegenstände aus dem Besitz des Klosters sind ebenfalls zu sehen.

Ein Ort des Glaubens und des GULag-Schreckens: die große Solowezkij-Insel

Weitere Sehenswürdigkeiten

Auf der kleinen Erhebung im Nordwesten, 11 km vom Kloster ent- **Sekirnaja-Hügel**
fernt, wurde 1857 die Christi-Himmelfahrts-Kirche erbaut. Diese
übernahm auch die Funktion eines Leuchtturms, bis heute der größte im Weißen Meer. Auf den Hügel führt eine Treppe mit 294 Stufen.
Die Mönche glaubten, dass dem, der sie erklimmt, 294 Sünden erlas-
sen werden. Oben belohnt ein **schönes Panorama** für den mühsamen
Aufstieg. In der abgelegenen Kirche befanden sich während des GU-
Lag-Systems besonders streng bewachte Gefängniszellen.

Die vielen kleinen Seen und Flüsse, die die Inseln durchziehen, wir- **Kanalsystem**
ken ausgesprochen malerisch. Unter Igumen Filip Kolytschew begann-
nen die Mönche Mitte des 16. Jh.s mehr als 50 Gewässer durch ein
Kanalsystem miteinander zu verbinden, um sich so den Transport
von Gütern zu erleichtern.

Die »Große Haseninsel« (Bolschoj Sajazkij Ostrow) ist für ihr **prähis-** **Große**
torisches Labyrinth bekannt. Der spiralförmige Irrgarten wurde aus **Sajazkij-Insel**
bis zu 40 cm hohen Steinen angelegt und später mit niedrigen Bü-
schen bepflanzt. Folgt man den schmalen Wegen, kommt man – früher oder später – wieder zum Ausgangspunkt zurück. Er war vermutlich noch von den Proto-Saami als eine Art Kult- und Opferstätte angelegt worden. Auf den Solowezkij-Inseln gibt es mehr als 30
solcher Labyrinthe sowie 1000 Kurgan-Grabstätten zu entdecken, die
nicht selten 3000 Jahre und älter sind.

Die Große Muksalma-Insel (Ostrow Bolschaja Muksalma) erstreckt **Große**
sich südöstlich der Hauptinsel. Die Mönche errichteten in der zwei- **Muksalma-Insel**
ten Hälfte des 19. Jh.s an der flachsten Stelle des Meeres einen
Damm, um ihre Rinder auf dem Eiland weiden lassen zu können.
Bis zum Hauptkloster sind es etwa 8 Kilometer.

Kem (Кемь)

Die meisten Touristen, die mit der Murman-Bahn im Städtchen am
Weißen Meer ankommen, reisen sofort mit dem Schiff zur Solowezkij-Klosterinsel weiter, ohne sich weiter umzuschauen. Zu Unrecht,
denn auch Kem lohnt eine Visite. Kem wurde 1490 in Zusammenhang mit der Gründung des Solowetzkij-Klosters erstmals erwähnt.
In der Zeit politischer Wirren an der Wende vom 16. zum 17. Jh. litt
es sehr unter Übergriffen der Schweden. Katharina die Große verlieh
der Siedlung 1785 das Stadtrecht. In den 1930er-Jahren war Kem
Durchgangsstation für Häftlinge, die in die Straflager auf den Solowezkij-Inseln und an andere Stellen verbracht wurden.

Im Museum erfährt man viel über den Alltag und die Welt der Be- **Bezirksmuseum**
wohner der Weißmeerküste. Einen Schwerpunkt der Ausstellung bildet

Sakralkunst, darunter eindrucksvolle Ikonen des 18. bis 20. Jh.s sowie wertvolle alte Gebets- und Psalmbücher. Eine kleine Sonderschau informiert über die hiesigen Fischer und Seefahrer sowie die Geschichte der Salzgewinnung (Kemskij rajonnyj krajewedtscheskij musej »Pomorje«, ul. Wisupa 12; Öffnungszeiten: Di.– So. 9.00 –17.00 Uhr).

Mariä-Himmelfahrts-Kathedrale

Dieses Meisterwerk nordischer Holzbaukunst mit drei Zeltdächern, auf denen sich je eine Zwiebelkuppel und ein Kreuz erheben, ist 1717 südöstlich der Innenstadt auf der Lepoostrow-Insel erbaut worden. Seitlich sind zwei Kapellen angebaut, ebenso ein Refektorium sowie eine Vorhalle (Uspenskij sobor).

Kusowa-Archipel

Auf dem ca. 20 km vor Kem im Weißen Meer gelegenen landschaftsgeschützten »Archipelag Kusowa« nisten zahlreiche seltene Vogelarten wie Eiderente, Riesenalk und Seeschwalbe. In den Gewässern rundum lassen sich **Belugawale und Robben** beobachten.

Archäologen haben auf einer etwa 30 km von Kem entfernten Insel des Archipels eine Kultstätte der indigenen Saami (Lappen) entdeckt. Das **»Pantheon der Saami«** ist eine kuppelförmige Konstruktion aus Hunderten von figürlichen Steinen, die in der Sprache der Saami »Sejd« genannt werden und an Menschen, Vögel und andere Tiere erinnern.

✶ ✶ Sotschi (Soči)

De 24

Region: Krasnodarskij kraj
Höhe: 89 m ü. d. M.

Einwohner: 400 000
Kyrillisch: Сочи

Sotschi ist die Sommerhauptstadt Russlands. Das mondänste Seebad an der Schwarzmeerküste lockt mit alten Villen, eleganten Flaniermeilen, traditionsreichen Sanatorien und einem guten Ruf als Heilstätte und Badeparadies.

Das russische Nizza

Sotschi ist für sein **subtropisches Klima** bekannt, das Mandel- und Zitronenbäume blühen lässt. Die frische Meeresbrise sorgt im Sommer dafür, dass es nicht drückend heiß ist. Seit es den Zuschlag für die **Olympischen Winterspiele 2014** bekommen hat, hat der Bauboom nicht nur die Stadt, sondern auch das Hinterland um Krasnaja Poljana erfasst. Auch Hobbysportler kommen hier auf ihre Kosten: **Morgens Skifahren, nachmittags am Strand aalen – das ist nur in Sotschi möglich**. Die Skisaison dauert hier von November bis Anfang Juni.

Spät zu Russland gekommen

Erst in den 1830er-Jahren setzte die russische Kolonialisierung ein. Nach dem Frieden von Adrianopel, der das Kriegsende zwischen Russland und dem Osmanischen Reich besiegelte, erhielt Russland

Sotschi Orientierung

Schwarzes
Meer

Riviera-Park

ul. Tschajkowskogo
ul. Nabereschnaja
ul. Ros

ul. Winogradnaja
Sotschi

ul. Nabereschnaja
per. Seljonnyj
ul. Ros
ul. Worowskogo

ul. Parkowaja

Heimat-
museum

Bahnhof

ul. Gorkogo
ul. Titowa
ul. Sewernaja

ul. Ostrowskogo
ul. Nowaginskaja

ul. Mostowskaja

ul. Paraleljnaja

ul. Gorkogo

ul. Wojkowa

ul. Perwomajskaja

ul. Negrelskaja

prosp. Kurortnyj

ul. Sapunky uzdad

Konzerthalle
»Festiwalnyj«

Erzengel-Michael-
Kathedrale ①

Kammer-
musiksaal

Aquapark
Majak

ul. Primorskaja

Luna-Park

Kunst-
museum

①

ul. Kubanskaja

ul. Alpijskaja

ul. Nagornaja

ul. Alpijskaja

ul. Oldschonikidse

ul. Sokolowa

ul. Pionerskaja

ul. Komsomolskaja

②
①

Wintertheater/
Philharmonie

ul. Tschernomorskaja

prosp. Kurortnyj

ul. Gribojedowa

ul. Turgenjewa

ul. Senastopolskaja

Park
Frunse

ul. Tschernomorskaja

Barsowa-
Museum

ul. Gagrinskaja

ul. Deputatskaja

Arboretum

prosp. Kurortnyj

pr. Puschkina

Seilbahn

Arboretum

N

300 m
©Baedeker

③④②③② Meeres-
aquarium

Essen
① Praga
② Tinkoff
③ Taverna Kanjon
④ Poljana

Übernachten
① Marins Park Hotel
② Radisson SAS
  Lasurnaja Peak
③ Gornyj Klub
  4 Werschiny

Ausgehen
① Kolisej
② Greenwood

▶ SOTSCHI ERLEBEN

AUSKUNFT

www.sochi.de (auf Deutsch)
www.sochi.ru,
www.sotchi-info.com
(nur Russisch)

ESSEN

▶ Erschwinglich

① Café Praga
ul. Kubanskaja 7
Tel. (86 22) 62 43 33
Die besten Torten und Süßspeisen in
Sotschi; der berühmte türkische
Mokka wird hier in heißem Sand
erwärmt.

② Tinkoff
Zentralnaja nabereschnaja
(ul. Primorskaja 19)
Tel. (8622) 95 11 11
Populäre Restaurantkette mit selbst-
gebrautem Bier.

③ Taverna Kanjon
Ortsteil Adler, ul. Forelewaja 41
Tel. (86 22) 44 81 89
Griechisches Interieur in der
Forellenzucht-Anlage.

④ Restaurant Poljana
in Esto-Sadok
Tel. (918) 307 92 32
Großes Café, im Obergeschoss Restaurant, VIP-Raum mit Gipfelblick.
Für Romantiker: Forellenteich nahe
dem Lift Alpika-Servis.

ÜBERNACHTEN

▶ Luxus

① Marins Park Hotel
Morskoj pereulok 2
354000 Sotschi
Tel. (86 22) 69 30 00
www.parkhotel-sochi.ru
447 Z. Eines der besten Hotels in
Südrussland, sehr elegant.

② Radisson SAS
Lasurnaja Peak Hotel
ul. Saschtschitnikow Kawkasa 77
354392 Krasnaja Poljana
Tel. (8622) 66 36 00
www.peakhotel.ru
116 Z. Inmitten der Kaukasus-Berge:
moderne, großzügig angelegte Hotel-
anlage mit üppigem Frühstücksbüfett,
Tennisplatz und schönem Wellness-
bereich.

▶ Komfortabel

③ Gornyj klub
4 Werschiny
Krasnaja Poljana
Esto-Sadok, Dom 10
Tel. (86 22) 43 92 22
www.4peaks.ru
Modernes Berghotel mit Gourmet-
Restaurant, 2 km bis zum Skilift

AKTIVITÄTEN

Im Sommer werden Kanutouren,
Paraplaning und Wildwasserrafting
angeboten. Im Winter tummeln sich
auf dem Aibga Skifahrer, Snowboarder, Freeride-Fans, auch Motor-
schlitten können ausgeliehen werden.

Reisebüro Masterskaja
Priklutschenij
Letschebnyj pereulok 2, Mazesta
www.extreme-sochi.ru
Im Angebot: Canyoning, Rafting,
Mountainbiking.

Aquapark Sotschi
ul. Primorskaja 3/7
(Strand Majak)
Tel. (8622) 62 05 08
www.akwapark-mayak.ru
Modernes Freizeitbad mit zehn
Becken, Burgen und Rutschen (im
Sommer tgl. 10.00 – 19.00, Juli / Aug.
auch 20.00 – 23.00 Uhr)

AUSGEHEN

① **Kolisej (»Colliseum«)**
Zentralnaja naberschnaja
Tel. (918) 904 86 28
www.coliseumsochi.com
Großer Vergnügungspark, Disco und
Restaurant im antiken Stil, gleich
neben dem Bierrestaurant Tinkoff.

② **Greenwood**
Esto-Sadok, Dom 11
Der Skiort Esto-Sadok hat zwar nur
400 Einwohner, dafür legen im angesagten Vergnügungstempel auch
Moskauer DJs auf; mit internationalem Restaurant.

EVENT

Kinotavr
Das nach dem Moskauer Filmfestival
zweitgrößte Kinofestival im Land
lockt alljährlich im Juli die heimische
Filmelite an, zunehmend auch internationale Gäste. Informationen unter
www.kinotavr.ru (auch Englisch).

Teile der Küste. 1838 wurde zur Sicherung der neuen Gebiete ein
Fort in der Nähe des heutigen Sotschi gegründet sowie eine Siedlung,
die zunächst Alexandria hieß. Sie wurde im Zuge der Kaukasischen
Kriege mehrfach umbenannt und erhielt ihren heutigen Namen erst
1869. In den 1880er-Jahren kurbelte der Bau der Küstenstraße von
►Noworossijsk ins abchasische Suchumi die wirtschaftliche Entwicklung an. Die Entdeckung der Schwefelwasserquellen von Mazesta
trug zum Ausbau als Kurort bei. Zu sozialistischen Zeiten gingen die
Hotels in Staatseigentum über, heute sind hier längst die internationalen Ketten vertreten. Im Zweiten Weltkrieg verwandelte sich Sotschi in ein **großes Lazarett**, das eine halbe Million Soldaten der Roten Armee beherbergte. Zu Sowjetzeiten genossen jährlich mehr als
3 Mio. Gäste ihren Sommer in Sotschi; nach einer Flaute ist es heute
wieder schick, ins **»russische Nizza«** zu reisen

Sehenswertes in Sotschi

Im Park Riwjera im Norden der Stadt spenden in der sonnigen Jahreszeit Palmen und Magnolienbäume Schatten. Büsten bekannter
russischer Schriftsteller säumen die Allee. Die **Magnolienbäume** entlang der Poljana Druschby (»Freundschaftslichtung«) sind seit den
1960er-Jahren von ausländischen Staatsgästen gepflanzt worden. Spa-
ziergänger kehren in den Cafés ein, Kinder lieben die Fahrgeräte und
Eisstände; zum Riviera-Stadtstrand sind es nur ca. 200 Meter.

★★
Riviera-Park

Hier pulsiert das Leben: Auf dem Kurortnyj prospekt, früher Stalins-
kij prospekt, reihen sich **Hotels, Restaurants und Souvenirhändler**
aneinander. Die Straße beginnt bei der Riviera-Brücke, die vom Park
über den Fluss Sotschi führt und sich parallel zum Meer bis zum Arboretum im Süden der Innenstadt zieht. Nach wenigen Metern erstreckt sich rechts die erfrischend grüne Platanenallee (Platanowa Alleja).

★★
**Kurortnyj
prospekt**

Kunstmuseum ▶ Das Kunstmuseum bietet u. a. eine große Sammlung russischer und sowjetischer Kunst, doch allein das neoklassizistische Gebäude mit seinen Säulenkolonnaden ist schon einen Besuch wert (Chudoschestwennyj musej, Kurortnyj prospekt 51).

★ ★
Baum der
Freundschaft ▶ Am Südende des Prospekts wächst der »Sad-musej Derewo Druschby«, ein Zitrusbaum, der mit mehreren Dutzend Ästen anderer Bäume gepfropft wurde; sodass **jeder Ast eine andere Frucht** trägt.

? WUSSTEN SIE SCHON …?

■ dass Sotschi der längste Kurort der Welt ist? Über 146 km reihen sich an der Schwarzmeerküste 15 Ortschaften aneinander – selbst das Bergdorf Krasnaja Poljana gehört noch dazu. Die wichtigsten Orte neben Sotschi sind Lasarewskoje, Loo, Dagomys, Chosta und Adler. 1961 beschloss man, den Stadtbereich auszudehnen und seither ist von Bolschoj Sotschi (»Groß-Sotschi«) die Rede. Im Nordwesten wird es durch den Fluss Schepsi begrenzt, im Süden markiert der Psou zugleich die Grenze zur abtrünnigen georgischen Republik Abchasien.

Nach der Platanenallee führt eine Querstraße zur **Erzengel-Michael-Kathedrale**. Das von einer Kuppel überdachte Gotteshaus überragt ein Glockenturm mit auffällig langer Spitze. Nun ist es nicht mehr weit zum Meer, zum Hafen und an den Stadtstrand Majak mit seinen rauchenden Schaschlik-Buden. Der **Aquapark Majak** lockt mit einer 11 m hohen und 90 m langen Rutschbahn. Einige Betonstufen führen hinauf zum monumentalen **Kino- und Konzertsaal Festiwalnyj.**

Wintertheater /
Philharmonie Am Ende der Uferpromenade steht das Wintertheater, Spielort der Philharmonie und Schauplatz des Filmfestivals **»Kinotavr«** (Simnyj teatr / Filarmonyja, ul. Teatralnaja 2).

ul. Ordschoni-
kidse Zwischen Kurortnyj prospekt und Uferpromenade verläuft die uliza Ordschonikidse mit dem **Stadtpark**. Im Sommer locken Popcorn- und Eisverkäufer sowie Fahrgeräte bis spät in die Nacht.

★ ★
Arboretum

Öffnungszeiten:
tgl. 9.00–20.00 Beeindruckend: 1700 Baum- und Straucharten gedeihen im Arboretum (Dendrarii), darunter Agaven aus Mexiko, Bambus, chinesische Palmen, Bananenstauden, Granatapfel, Akazien und Magnolien. Teile des Parks sind thematisch angelgt, so gibt es z. B. einen japanischen Garten, die Mammutbaum-Zone oder den Rosengarten. Am besten fährt man mit der **Seilbahn** in den oberen Teil des Parks und schlendert dann auf der Palmenallee zurück ins Tal. Oben thront die maurische **Villa Nadeschda,** die den Namen der Frau des Gründers des Arboretums trägt, des Journalisten und Geschäftsmanns Sergej Chodekow, der die Anlage Ende des 19. Jh.s ins Leben rief.

Adler
Адлер Der südlichste Stadtteil von Sotschi, 20 km vom Innenstadtkern entfernt, dürfte den meisten Reisenden bekannt sein – denn hier befindet sich der **Flughafen**. In Adler erwarten die Badegäste breite Kies- und Sandstrände; findet man in einem kleinen Park mit Teichen Magnolien, japanische Kirschbäume und einen Eukalyptushain

An der Promenade von Sotschi lässt es sich gut aushalten.

(westlicher Parkzugang in Meeresnähe). Interessant sind auch ein Heimatmuseum, ein Delfinarium und **eine der größten Forellen-zucht-Anlagen in Russland**, wo man selbst angeln und sich den Fang im Restaurant Kanjon nebenan grillen oder braten lassen kann. Ausflüge hierher organisieren die meisten Reisebüros in Sotschi.

★ ★ Krasnaja Poljana (Красная Поляна)

Die Nobelskiorte Aspen und St. Moritz bekommen ernstzunehmende Konkurrenz: Das unscheinbare Gebirgsdorf Krasnaja Poljana gehört längst der Vergangenheit an, denn nicht erst seit der russische Ex-Präsident Wladimir Putin hier die Piste hinabfegte, hat man mit dem massiven Ausbau begonnen. Der Höhenkurort liegt etwa 550 m ü.d.M. inmitten eines Naturschutzgebiets in den Ausläufern des Kaukasus, der hier im Tschugusch 3238 m ü.d.M. aufsteigt. Weil die Nähe von Bergen und Meer ein wenig an den Tessin erinnert, nennen manche Krasnaja Poljana auch die **»Russische Schweiz«**. Während an den Stränden von Sotschi längst die Badesaison begonnen hat, kann man hier auf insgesamt 25 km Pistenlänge noch Ski fahren, etwa den Aibga (2228 m ü.d.M.) abwärts, zu dem ein Sessellift hinaufführt. Wer unterwegs Hunger bekommt, kann in einer der Raststationen Schaschlik bestellen. Immer mehr Berghütten, Luxushotels, Pensionen, Restaurants und Wellnesszentren entstehen hier. Ein Ende ist in den nächsten Jahren nicht in Sicht, denn Krasnaja Poljana wird neben Sotschi die **Winterlympiade 2014** austragen (►Baedeker Special S. 509).

Nobler Wintersportort

Jetzt fehlt nur noch der Schnee –
und die Sportanlagen.

SKI HEIL AM SCHWARZEN MEER

Einmal der Nabel der Welt sein: Sotschi wird vom 7. bis 23. Februar 2014 die XXII. Olympischen Winterspiele ausrichten.

Die Bewerbung der südrussischen Stadt als Austragungsort der Olympischen Spiele war 2002 und 2006 zunächst abgelehnt worden, beim nächsten Anlauf 2007 konnte sich Sotschi allerdings in der Endrunde gegen das österreichische Salzburg und das südkoreanische Pyengchang durchsetzen und bekam endlich den lang erhofften Zuschlag – auch wenn zu diesem Zeitpunkt weder Sotschi noch der Wintersportort **Krasnaja Poljana** im Hinterland die nötige Infrastruktur vorweisen konnten. Alle Wettkampfstätten müssen erst noch errichtet werden. Als Pluspunkt wertete das Auswahlkommittee die große Unterstützung in der Bevölkerung und durch die Regierung sowie die bereits vorhandenen Übernachtungskapazitäten in Sotschi. In den kommenden Jahren wird nun gebaut werden, der Ausbau von Krasnaja Poljana und andere Projekte laufen bereits auf Hochtouren.

Viel Geld ist nötig

Staat und private Investoren haben mindestens zehn Milliarden Euro Investitionen angekündigt – die Mittel sollen größtenteils in den Ausbau der Infrastruktur fließen. Neben der Gazprom ist einer von ihnen auch der russische Oligarch Oleg Deripaska, der als einer der reichsten Männer im Land gilt (und inzwischen mit den Folgen der Finanzkrise zu kämpfen hat). Ihm gehört der Flughafen Adler / Sotschi, der durch das österreichische Bauunternehmen Strabag erweitert werden soll. Waren es 2006 noch 1,3 Millionen Passagiere, will man die Kapazität bis zur Olympiade verdreifachen. Geplant ist auch eine vierspurige Umgehungsstraße um Sotschi, zudem soll die Bahntrasse nach Moskau ausgebaut werden – künftig dürfte die Strecke statt in 36 in 24 Stunden zu bewältigen sein. Die geplanten Hallenwettbewerbe sollen in Sotschi ausgetragen werden, die

Schneewettbewerbe in Krasnaja Poljana, wo u. a. eine Bob- und Rodelbahn
gebaut wird. In der Nähe des Eis-
hallen-Komplexes, der direkt am
Meer entsteht, wird auch das Olym-
piastadion gebaut, das 40 000 Zu-
schauern Platz bietet.

Zweifel werden laut

Umweltschützer schlagen allerdings
Alarm – denn der massive Ausbau
geht auf Kosten der intakten Natur:
Krasnaja Poljana liegt in einem Naturschutzgebiet und das Olympiadorf
soll am Rande des Nationalparks

West-Kaukasus entstehen. Und letztlich, so Kritiker, werden doch nur die
Reichen von der Olympiade profitie-
ren. Ob aber überhaupt etwas aus
Olympia im Kaukasus wird? Viele der
versprochenen Milliarden sind bislang
ausgeblieben, die Planung liegt deutlich zurück, die meisten Bauarbeiten
haben noch gar nicht begonnen –
Gründe genug für Präsident Medwedjew und Ministerpräsident Putin, im
Herbst 2008 sogar einen **Olypiaminis-
ter** zu ernennen, der alles in Gang
und natürlich rechtzeitig zu Ende
bringen soll.

Honig und andere Mitbringsel

Viele Imker in Krasnaja Poljana bieten eigenen Honig an. Scheuen Sie sich nicht, dort einzukehren, wo ein Schild mit der Aufschrift »мёд« (mjod) steht, um leckeren Gebirgshonig aus den Kaukasus-Ausläufern zu kosten. Besonders die **Gläser mit eingelegten Nüssen und Rosinen** sind ein schönes Mitbringsel, aber auch der Honigschnaps »Medowucha« findet seine Liebhaber. Empfehlenswert sind auch die Kräutertee-Mischungen, die an Ständen angeboten werden.

✳

Esto-Sadok
Э́сто-Садо́к

An der Straße von Krasnaja Poljana nach Esto-Sadok liegt kurz vor dem Ortseingang **eine der größten Imkereien Russlands**. Man erreicht die winzige Siedlung nach etwa 3 km flussaufwärts der Msymta entlang. Eine Führung durch die staatliche Imkerei Nr. 7 beinhaltet auch eine Verkostung. Esto-Sadok besitzt einen Skilift.

Weitere Reiseziele in der Region

Chosta
Хоста
Biosphären-
reservat Tiso ▶

An der Mündung des Flusses Chosta ins Schwarze Meer liegt der gleichnamige Stadtteil von Sotschi. Er lockt mit einem schönen Park, in dem Palmen, Magnolien und Kamelien wachsen. Das 300 ha große Biosphärenreservat Tiso (Saschtschitowjaja roschtscha) ist dank seiner Eiben- und Buchsbaumhaine – eine subtropische Waldflora, wie sie in Mitteleuropa längst ausgestorben ist – Teil des UNESCO-Weltnaturerbes.

✳

Woronzow-
Höhlen ▶

🕐

Eines der längsten Höhlensysteme des westlichen Kaukasus liegt 30 km von Chosta entfernt in der Nähe des Dorfes Woronzowka am Oberlauf des Flusses Kudepsta. Von den insgesamt 12 km Gängen der sechs Höhlen sind im oberen Teil 500 m für Besucher erschlossen (Woronzowskije peschery; Öffnungszeiten: Mai bis Okt. 10.00 bis 18.00 Uhr).

✳

Mazesta
Мацеста

Das »Feuerwasser« machte nicht nur den Stadtteil Mazesta berühmt, sondern sorgte auch für den Aufschwung des Kurorts Sotschi. Bereits 1902 wurden hier die ersten Holzwannen aufgestellt, in denen man in **Sulfid-Chlorid-Wasser** baden konnte. 1940 entstand die imposante Badeanstalt im monumentalen stalinistischen Stil. In der Trinkhalle kann das Mazesta-Wasser probiert werden. Es hat einen intensiven Schwefelgeruch und wird v. a. bei Hauterkrankungen eingesetzt.

Mazesta-Höhlen ▶

In einer schönen Schlucht stürzt ein halbes Dutzend Wasserfälle bis zu 12 m hinab. Ganz in der Nähe befinden sich die Mazesta-Höhlen. Ausflüge werden von den örtlichen Reiseveranstaltern in Sotschi angeboten, meist gehören ein Picknick und ein Ritt auf tscherkessischen Pferden zum Programm.

✳

Stalin-Datscha ▶

Stalins Sommerresidenz bei Mazesta im »Grünen Hain« war einst geheim, doch heute kann dort jeder übernachten und sich in die 1920er-Jahre zurückversetzt fühlen. In dem weitläufigen Parkgelände hatte auch Molotow seine Datscha. Örtliche Reiseveranstalter bieten Führungen und Unterkünfte an (Seljonnaja roschtscha, Tel. 86 22 / 69 53 33).

Die nördlichsten Teeplantagen der Welt liegen rund um Dagomys-aus, 12 km nordwestlich von Sotschi. Eine **kleine Samowar-Ausstellung** in der Siedlung Utsch-Dere dürfte nicht nur Teefreunden gefallen ebenso wie das Teemuseum in Solochau im ehemaligen Wohnhaus von »Teepionier« Iuda Koschman, der die Pflanzen im späten 19. Jh. aus Georgien mitgebracht hatte; auch in Werchnaja Machmedka kann man grünen oder schwarzen Tee probieren. Reiseveranstalter in Sotschi organisieren Ausflüge zu den Teehäuschen, die oft mit Folkloreabenden verbunden sind – die vermutlich unkomplizierteste Art der Anreise, da öffentliche Verkehrsmittel nur unregelmäßig in die kleinen Siedlungen fahren.

★
Dagomys
Дагомыс

Ein **Netz von mehr als 40 Flüssen, 120 Seen und unzähligen Wasserfällen** durchzieht den Nationalpark Sotschi (Nazionalnyj park Sotschinskij), der die subtropische Küstenzone, aber auch die alpinen Ausläufer der Bergkette Großer Kaukasus zwischen Magri und der Teilrepublik Adygeea umfasst. Wilde Schluchten, ca. 250 Höhlen und eine üppige Vegetation prägen den Nationalpark. Der höchste Wasserfall, »Besimmjannyj«, stürzt 72 m tief hinab in einen Zufluss des Psou. Hauptwasserader ist der 45 km lange Fluss Sotschi; die höchste Erhebung der Berg Aibga (2238 m ü.d.M.). Der Nationalpark ist **zu 95% bewaldet**, v.a. mit Buchen, Eichen, Kastanien und anderen Laubbäumen. Mehr als 30 Orchideenarten und 70 Pflanzen, die auf der Roten Liste der gefährdeten Arten Russlands stehen, gedeihen hier. Die Parkverwaltung hat **50 Touren** ausgearbeitet, dabei gibt es u. a. auch 100 Dolmen zu entdecken.

★
Sotschi-
Nationalpark

Wegen seiner kegelförmigen Spitze erinnert der 663 m hohe Bolschoj Achun, 20 km östlich von Sotschi-Zentrumd, an einen Vulkan. Eine Straße schlängelt sich zu einem Aussichtsturm, der einen wundervollen **Panoramablick auf Sotschi, das Schwarze Meer** und die Gipfel des Kaukasus bietet.

Großer Achun

Tuapse und Umgebung
(Tyance)

Die lebendige **Hafenstadt** Tuapse (66 000 Einw.) mit ihrem Erdölterminal ist sicher kein Ort, in dem man seinen Sommerurlaub verbringen möchte. Einen Ausflug ist das Städtchen jedoch auf alle Fälle wert, denn einige beschauliche Vororte in der Umgebung locken mit herausragenden Naturdenkmälern wie steile Felsklippen, rauschende Gebirgsbächen, Wasserfälle sowie mehr als 300 prähistorische Dolmen. Der Kiesstrand um Tuapse ist zuweilen recht steinig und nur abschnittweise wurde Sand aufgeschüttet. Insgesamt erstreckt sich

> *i* **Entfernungen**
>
> ■ 130 km sind für russische Verhältnisse eigentlich ein Katzensprung – doch wer über den Flughafen Sotschi-Adler ankommt und ein Hotel in Tuapse gebucht hat, kann sich auf eine vierstündige Serpentinenfahrt einstellen. Auch vom Flughafen Anapa ist es nicht viel kürzer – denn Tuapse liegt so ziemlich in der Mitte zwischen den Flughäfen.

der Verwaltungsbezirk über eine Länge von 90 km; seine Bewohner rühmen sich gerne damit, in der **»Mitte« der Schwarzmeerküste** zu leben. Auf der zentralen ul. Karla Marksa flaniert man unter alten Platanen zum Platz der Oktoberrevolution, hinter dem sich nach wenigen hundert Metern die Uferpromenade auftut. Im **Museum für Geschichte und Naturkunde** (ul. Poltajewa 8) kann man u.a. Interessantes zur Geschichte des Grabhügels Psynako-1 (s. u.) erfahren.

Im Lauf seines Lebens malte **Alexander Kisseljow** mehr als 800 Gemälde, die auch in der Moskauer Tretjakow-Galerie und im Russischen Museum in St. Petersburg zu sehen sind. An ihn erinnert man sich in seinem ehemaligen Ferienhaus (Dom-musej Kisseljowa, ul. Karla Marksa 54).

Zwischen Tuapse und Gelendschik

Etwa 4 km westlich von Tuapse fällt der **Kisseljow-Felsen** (Skala Kisseljowa) fast 50 m senkrecht ins Schwarze Meer ab. Der Felsvorsprung auf dem Kap Kadosch trägt den Namen des Landschaftsmalers, der ihn wiederholt in Öl festhielt. Das Kap steht unter Naturschutz, denn seltene Gräser, Orchideen und mehrere Arten von Lianen wachsen hier.

✳
Nebug ▶
Небуг

Für Urlauber empfehlenswerter als Tuapse ist der Vorort Nebug 15 km westlich. Der in der Nähe des Hotels Molnija gelegene **Aquapark »Delfin«** zählt zu den größten und modernsten Freizeitbädern in Russland. Auch eines der modernsten Delfinarien des Landes besitzt Nebug: Im **»Akwa-mir«** begeistern Delfine, Seelöwen und andere Meeresbewohner das Publikum mit akrobatischen Kunststücken (Vorstellungen im Sommer tgl. 10.00, 12.30 und 15.00 Uhr).

⏱

✳
Pionierlager Orljonok ▶

Das **größte Pionierlager Russlands** heißt Orljonok (»Adlerchen«) und liegt 30 km westlich von Tuapse an der Straße nach ▶ Gelendschik. Bis zu 2500 Kinder erholen sich auf dem knapp 30 km² großen Areal gleichzeitig, jährlich machen hier insgesamt bis zu 20 000 Kinder Urlaub.

Im Hinterland von Tuapse
✳
Psynako 1 ▶
Псынако 1

20 km landeinwärts von Tuapse stößt man auf ein rätselhaftes Steingrab, das wohl einem Sonnengott geweiht war. Das »Tal der Quellen«, so die Übersetzung des adygeeischen Wortes Psynako, beschäftigt die Forscher seit seiner Entdeckung 1972. Der sanfte Hügel ist fast 5 m hoch, hat einen Durchmesser von 57 m und besitzt eine Öffnung in der Mitte, die zur unterirdischen Grabstätte führt und nur äußerst selten vorkommt. Forscher halten Psynako 1 für **eine sehr alte astrologische Beobachtungsstätte**. Zu Frühlingsbeginn fallen die Strahlen der Morgensonne zwischen den Doppelfelsen des nahe gelegenen Bergmassivs »Zwei Brüder« hindurch genau auf die Mittelöffnung. Die ursprüngliche Form des Kurgans kann man heute nur erahnen.

Psynako 2 ▶

Psynako 2, ein weiteres monolithisches Naturdenkmal aus der Bronzezeit, steht in der Nähe auf einer kleinen Waldlichtung.

Tuapse lebt vom Öl, nicht vom Tourismus. →

Sowjetsk · Tilsit (Sovetsk)

Cf 18

Region: Kaliningradskaja oblast
Höhe: 21 m ü.d.M.

Einwohner: 44 000
Kyrillisch: Советск

Eine Käsesorte und ein Friedensschluss, der die Landkarte Europas veränderte – damit bringt man Tilsit am ehesten in Verbindung.

? WUSSTEN SIE SCHON …?

■ Der Sänger der legendären Rockband Steppenwolf, Joachim Krauledat – besser unter seinem Künstlernamen **John Kay** bekannt – wurde 1944 in Tilsit geboren. Auch Schauspieler **Armin Müller-Stahl** stammt von hier. Das Geburtshaus des Schriftstellers **Johannes Bobrowski** (1917 – 1965) steht in der ul. Smolenskaja 2. Und einer der bedeutendsten Dichter der Befreiungskriege, **Max Schenkendorf** (1783 – 1817), war in der heutigen ul. Gerzena 1 zu Hause.

Bereits 1365 wird eine Siedlung am Zusammenfluss von Tilse und Memel erwähnt. Zwischen 1406 und 1409 baute der Deutsche Orden die Burg Tylsat zum Schutz gegen die Litauer und 1552 sprach Herzog Albrecht von Brandenburg Tilsit das Stadtrecht zu. 1807 rückte Tilsit in den Mittelpunkt des Weltgeschehens: Napoleon Bonaparte und Zar Alexander I. trafen sich hier, um im Tilsiter Frieden eine neue Ordnung für Europa auszuhandeln. Im Zweiten Weltkrieg wurden große Teile der Stadt zerstört. Nach der Vertreibung der deutschen Einwohner wurden Menschen aus der ganzen Sowjetunion in der nun »Sowjetsk« genannten Stadt angesiedelt.

Sehenswertes in Sowjetsk und Umgebung

ul. Pobjedy Die ehemalige **Hohe Straße**, noch von einigen Jugendstilhäusern und Gründerzeitbauten gesäumt, ist nach wie vor Haupteinkaufsstraße der Stadt. Sie führt vom Fletcherplatz am imposanten Portal der Königin-Luise-Brücke zum ehemaligen Hohen Tor, heute Lenin-Platz.

Stadtmuseum ▶ Das kleine Stadtmuseum dokumentiert die Geschichte der Stadt von ihrer Gründung als Tilsit bis zum heutigen Sowjetsk. Hier wird an bedeutende Söhne und Töchter der Stadt gedacht, u. a. an **Hermann Sudermann**, der die »Reise nach Tilsit« schrieb. Und natürlich lernt man auch einiges über den Tilsiter Käse (ul. Pobjedy 34, tgl. außer Mo. 10.00 – 18.00 Uhr).

★ ★
Königin-Luise-Brücke Die Hauptattraktion der Stadt ist die Königin-Luise-Brücke (Most Koroljowy Luisy) über die Memel (russ: Neman). Sie wurde 1907 anlässlich des 100. Jahrestags des Tilsiter Friedens eingeweiht. Im Oktober 1944 sprengten deutsche Truppen die 416 m lange Steinbrücke. Von der früheren Konstruktion ist nur noch das mächtige Brückenportal mit seinen zwei Türmen übrig geblieben. Zu Sowjetzeiten prangten Hammer und Sichel im Fries des Brückenportals, die bei

der Sanierung 2004 durch eine Kopie des ursprünglichen Bronze-Reliefs der preußischen Königin und Namenspatronin ersetzt wurden. In der Mitte verläuft die Grenze nach Litauen; nahe der Brücke erinnert ein Sandstein an den Tilsiter Friedensschluss.

Das Wahrzeichen der Stadt kehrte 2006 zurück, jedoch nicht auf den alten Elchplatz, sondern auf die Angerpromenade am Hohen Tor.

✴
Tilsiter Elch

Das deutsche Ragnit heißt heute Neman. Hier, 13 km östlich von Sowjetsk, erhebt sich die Ruine der Ordensburg von 1409 am Hochufer des Flusses. Die Burg galt als eine der mächtigstens des Ordens, wurde aber 1829 bei einem Brand stark zerstört. Der schlanke Uhrenturm der einstigen Komturei reckt sich noch in den Himmel. Von Neman sind es nur gut 5 km südöstlich bis zum 1912 errichteten, 23 m hohen **Bismarck-Turm** – einst ein beliebtes Ausflugsziel, heute dem Zerfall preisgegeben.

Neman / Ragnit
Неман

Wer Ostpreußen-Nostalgie sucht, sollte einen Ausflug ins ehemalige Gilge einplanen, heute »Matrosendorf«. Das malerische Dörfchen mit seinen alten Fischerhäusern gilt als das schönste am Kurischen Haff und liegt ca. 70 km westlich von Sowjetsk. Die Gilge, die hier ins Haff mündet, war ein Mündungsarm der Memel, wurde jedoch für Lastkähne ausgebaut. Parallel zur Haffküste nach Südwesten verläuft der 19 km lange **Große Friedrichsgraben** (Polesskij kanal), der die Deima (Deime) über den Gilgestrom mit der Memel verbindet. Der brandenburgische Kurfürst Friedrich III. ließ ihn von 1679 an in zehn Jahren Bauzeit errichten.

✴
Matrossowo /
Gilge
Матросово

Nur das Portal stammt noch von der alten Königin-Luise-Brücke.

★★ **Susdal** (Suzdal)

Region: Wladimirskaja oblast	**Einwohner:** 12 000
Höhe: 126 m ü.d.M.	**Kyrillisch:** Суздаль

Susdal gilt als »Hauptstadt« des Goldenen Rings. Mit mehr als 100 historischen Baudenkmälern auf einer relativ kleinen Fläche von nur 8 km² mutet ihr Zentrum wie ein einziges Freilichtmuseum an. Einige Denkmäler in Susdal, Kidekscha und ▶ Wladimir stehen gemeinsam auf der Liste des UNESCO-Weltkulturerbes.

»Hauptstadt« des Goldenen Rings

Susdal **zählt zu den sehenswertesten russischen Städten**. Wer sich für altrussische Kulturdenkmäler und Bauweise interessiert, sollte die Stadt unbedingt besuchen. Susdal lässt sich gut zu Fuß erkunden.

SUSDAL ERLEBEN

AUSKUNFT

http://suzdal.org.ru/,
http://suzdal.org.ru (nur Russisch)
www.susdal.de (Deutsch)

ESSEN

▶ **Erschwinglich**

① *Traktir*
ul. Wasiljewskaja 34
Tel. (4 92 31) 2 11 91
Altrussische Inneneinrichtung,
schöner Blick auf die Kamenka und
einige Kirchen. Traditionelle russische
und zentralasiatische Küche.

② *Trapesnaja*
ul. Kremljowskaja 20
Tel. (4 92 31) 2 17 63
Im Erdgeschoss des Erzbischöflichen
Palais sollte man sich den Honigwein
und die Fischsuppe nach Art des
Erzbischofs nicht entgehen lassen.

ÜBERNACHTEN

▶ **Komfortabel**

② *Puschkarskaja sloboda*
ul. Lenina 41
Tel. (4 92 31) 2 33 50

www.sloboda-gk.ru
Wer es romantisch mag, wählt die
Holzbungalows am Fluss; ansonsten
stehen elegante Räume im Hauptgebäude zur Verfügung.

③ *Gorjatschyje kljutschy*
(»Heiße Quellen«)
ul. Korowniki 14
Tel. (4 92 31) 2 40 00
www.parilka.com
29 Z. Ferienkomplex am Fluss
mit Holzhütten und russischen
Banjas

Baedeker-Empfehlung

▶ **Komfortabel**

① *Pokrowskaja*
ul. Pokrowskaja 34
Tel. (4 92 31) 2 08 89
Mit Gottes Segen im Mariä-Schutz-und-
Fürbitten-Kloster übernachten (Holzlauben
mit 64 Betten). Auf dem Klostergelände
werden schmackhafte russische Speisen in
der urigen Trapesnaja serviert.

SHOPPING

Typische Mitbringsel sind goldfarbene Schachteln in Form eines Apfels, Schmuckgebinde aus Weizen, Schnitzereien aus Holz und Birkenrinde und natürlich traditioneller Honigwein (Medowucha). An Souvenirständen mangelt es in Susdal nicht, vor allem vor den Touristenzentren.

Handelsreihen

ul. Lenina 63a
Mehrere Souvenirstände. »Suveniry« bietet typisches Kunsthandwerk an.

Susdal Orientierung

Essen	Übernachten	
① Traktir	① Prokowskaja	③ Gorjatschyje
② Trapesnaja	② Puschkarskaja sloboda	kljutschy

Das alte Susdal schützte ein Kreml, an den sich nördlich die Vorstadt anschloss. 1238 brannten die Mongolen den Ort nieder, doch schon bald kam es zu Neugründungen von Klöstern und im 14. Jh. blühte das Fürstentum Susdal-Nischnij Nowgorod auf. Später verlor die Stadt ihre politische Bedeutung, prosperierte dafür als religiöses Zentrum und wurde Ende des 16. Jh. zum Erzbistum ernannt. Als direkte Folge kamen im 17. Jh. weitere Sakralbauten hinzu.

✳ ✳ Kreml und Umgebung

Im Kreml schlug das Herz der Altstadt. Bis heute schützen Erdwälle aus dem 11. Jh. das **malerische Bauensemble**, von dem jedoch nur wenige Gebäude erhalten sind: die Mariä-Geburt-Kathedrale, der Glockenturm und die Residenz des höheren Klerus sowie eine kleine Holzkirche.

✳ ✳
Mariä-Geburt-Kathedrale
Trotz einiger baulicher Veränderungen gilt die Mariä-Geburt-Kathedrale (Roschdestwenskij sobor) als **bedeutendes Denkmal der altrussischen Baukunst**. Ihre tiefblauen Kuppeln mit goldenen Sternen bilden einen schönen Kontrast zur kalkweißen Fassade. Wladimir Monomach ließ das Gotteshaus an der Wende zum 12. Jh. nach dem Vorbild der Mariä-Himmelfahrts-Kathedrale im Kiewer Höhlenkloster errichten. Der letzte Umbau fand zwischen 1682 und 1750 statt, als man die fünf Zwiebelkuppeln aufsetzte. Aufwändig verziert sind Bogen- und Säulenfries sowie die Südfront mit Flechtbandmotiven und Perlmustern. Die beiden doppelflügeligen **Kupferportale** an der Süd- und Westseite der Kathedrale fertigten russische Meister vermutlich in der ersten Hälfte des 13. Jh.s an; 14 Bildtafeln zeigen darauf Szenen aus dem Alten Testament und Heiligengestalten. Die Türgriffe bestehen aus gegossenen Kupferringen mit Löwenköpfen. Besonders eindrucksvoll glänzen die Darstellungen am Westportal, wenn die Abendsonne darauf fällt!

i **Kirchenpaare**

■ Kirchenpaare (eine beheizbare Winterkirche und eine »kalte« Sommerkirche) wie die die Nikolaus-Kirche und die Kirche zu Christi Geburt wurden im alten Russland häufig gebaut. Vor allem in Susdal gibt es einige bemerkenswerte Beispiele. Durch den direkten Anbau wurde effektiver geheizt. Später ging man allerdings dazu über, Sommer- und Winterkirchen übereinander zu bauen.

Innen sind einige bemerkenswerte alte Fresken erhalten geblieben, u. a. die Aposteldarstellungen an der nördlichen Wand, die Engel mit Posaunen an der Westseite und die Muttergottes in der Vorhalle. Die Ikonostase wirkt sehr schlicht, dafür fallen die Laternen für die Kirchenprozessionen recht wuchtig aus.

Erzbischöfliches Palais
Verlässt man die Kathedrale durch das Westportal, gelangt man direkt zum ehemaligen Erzbischöflichen Palais (Archijerejskije palaty), dessen Zeltdachvorbau mit grün glasierten Ziegeln dicht an die Ka-

thedrale heranreicht. Sein heutiges Aussehen erhielt das Bauwerk in den Jahren 1682 bis 1707. Innen sehenswert sind mehrere Prunkgemächer wie der Kreuzsaal; als Glanzstück gilt ein mit 150 unterschiedlichen Kacheln verzierter Kachelofen. Im Palais sind zudem alte Ikonen, liturgische Tücher, alte Möbel, Kronleuchter, Porzellan und Geschirr zu sehen. Zum Einkehren empfiehlt sich das **Restaurant »Trapesnaja«** im Erdgeschoss, das traditionelle russische Gerichte serviert!

Die Sommerkirche (zerkow Sw. Nikoly i zerkow Roschdestwa Christowa) südöstlich der Kremlmauer, aber noch innerhalb des Erdwalls, gilt als eines der schönsten Susdaler Bauwerke des 18. Jahrhunderts. Es gehörte zum Nikolaus-Kloster und fällt durch die von West nach Ost aufsteigende Anordnung der Bauten auf: je höher desto prunkvoller. Unmittelbar nebenan steht die wesentlich schlichtere Winterkirche.

Nikolaus-Kirche und Kirche zu Christi Geburt

Eine hölzerne Brücke südlich der Kremlanlage führt über die Kamenka hinüber zum Freilichtmuseum auf der anderen Flussseite. Von dort eröffnet sich zu jeder Jahreszeit ein **idyllischer Blick auf den Fluss**: Im Sommer waschen die Frauen ihre Wäsche, im Winter harren Eisangler oftmals stundenlang geduldig über ihrem Eisloch aus, bis ein Fisch anbeißt.

Saretschnaja Sloboda

Im Freilichtmuseum wurden hölzerne Sakralbauten, Bauernhäuser, Windmühlen, ein Mühlrad, Heuspeicher und Kirchen aus der gesamten Region zusammengetragen. Die Anordnung entspricht einem echten Dorf, hier allerdings mit zwei Kirchen im Mittelpunkt: Die Verklärungskirche stammt aus dem Dorf Kosljatjewo und die Auferstehungskirche aus Potakino (Musej derewjannogo sodtschestwa i krestjanskogo byta; tgl. Öffnungszeiten außer Di. 9.30 bis 16.30 Uhr, Innenbesichtigung: Mitte Mai – Ende Okt).

★
◄ Freilichtmuseum

🕑

Handels- und Handwerkersiedlung

Das lange, rechteckige Gebäude prägt den Handelsplatz im Zentrum von Susdal. Auffällig sind die klassizistischen weißen Doppelsäulen, die die überdachte und zur Straße hin geöffnete Galerie tragen. Die Reihen wurden zwischen 1806 und 1811 errichtet und zeigen über dem Haupteingang das Stadtwappen. Auch heute sind in den Handelsreihen viele Läden untergebracht (Gostinyj dwor, Torgowaja ploschtschad).

Handelsreihen

Vor den Handelsreihen erhebt sich ein sehenswertes »Kirchenpaar«: die der Auferstehung Christi gewidmete schlichte Sommerkirche, deren Fassade kleine Kokoschniki zieren, und die beheizbare einkupelige Winterkirche, die 1739 der Ikone der Gottesmutter von Kasan geweiht wurde (zerkow Woskressenija Christowa i zerkow Kasanskoj Ikony Boschej Materi, Torgowaja ploschtschad).

Auferstehungskirche und Kirche der Ikone der Gottesmutter von Kasan

Nördliche Altstadt

Kloster der Gewandniederlegung der Gottesmutter

Das 1207 errichtete Kloster erstreckt sich hinter dem ehemaligen Wall direkt gegenüber von Stadtverwaltung und Lenin-Denkmal. Hauptsehenswürdigkeit ist **das monumentale rot-weiße Heilige Tor** von 1688, mit bunten Kacheln verziert und unterschiedlich großen Torbögen. Gleich neben dem Eingang erhebt sich die ebenfalls der Gewandniederlegung Marias geweihte Kathedrale aus der ersten Hälfte des 16. Jahrhunderts. Ungewöhnlich für ihre Entstehungszeit sind die **drei asymmetrischen Kuppeln**, die sich an vormongolische Architekturtraditionen anlehnen. Der Glockenturm im klassizistischen Stil unterscheidet sich von den übrigen in Susdal (Rispoloschenskij monastyr, ul. Teremkogo).

Das Erlöser-Euthymios-Kloster gehörte im 17. Jh. zu den fünf reichsten Klöstern Russlands.

Am rechten niedrigen Ufer der Kamenka erheben sich die weißen Mauern des Mariä-Schutz-und-Fürbitten-Klosters (Pokrowskij monastyr). Fürst Andrej stiftete es 1364 als Dank für seine Rettung aus einem heftigen Sturm auf der Wolga. Es erlebte seine Blütezeit ab dem 16. Jh. als **Verbannungsort für in Ungnade gefallene Fürstinnen**. Der Moskauer Großfürst Wasilij III. machte den Anfang: Nachdem die Ehe kinderlos geblieben war, ließ er seine Gattin Solomonija Saburowa hierher schaffen und ehelichte die Polin Helena Glinska, die ihm den späteren Zaren Iwan den Schrecklichen als Thronfolger schenkte. Dieser ließ seine vierte Frau Anna in Susdal einkerkern; auch Xenia, Tochter von Zar Boris Godunow, starb 1622 im Kloster, und Ende des 17. Jh.s ließ Peter der Große seine erste Gattin Eudoksija Lopuchina hierher bringen – die Liste ließe sich fortsetzen.

Mariä-Schutz-und-Fürbitten-Kloster

Die blütenweiße Vierpfeilerkirche (1510–1518) diente als Mausoleum für Nonnen aus gutem Hause. Heute ist in dem Kloster ein **Hotel** untergebracht, dessen Holzhäuschen den Zellen der Nonnen nachempfunden sind (Pokrowskij sobor, ul. Puschkinskaja).

◀ Mariä-Schutz-und-Fürbitten-Kathedrale

Am Hochufer der Kamenka am nördlichen Stadtrand erhebt sich das 1352 errichtete, von einer mächtigen Mauer aus rotem Ziegelstein geschützte Wehrkloster (Spasso-Jefimjewskij monastyr). Es entstand zu einer Zeit, als das Fürstentum Susdal-Nischnyj Nowgorod mit Moskau im Streit lag. Namenspatron ist der 1507 heilig gesprochene Igumen Euthymios, dessen Reliquien zahlreiche Pilger anlockten, die auch großzügig spendeten – so gehörte das Kloster gegen Ende des 17. Jh.s zu den fünf reichsten im ganzen Land. Im 16. und 17. Jh. wurden viele Holzgebäude durch Steinbauten ersetzt, hinzu kam eine Festungsmauer. Zarin Katharina die Große ließ die Anlage zu einem Kerker umfunktionieren und auch zu Sowjetzeiten befand sich hier eine Besserungsanstalt für minderjährige Straffällige. Heute erinnert ein Museum u. a. an diese Zeit.

★
Erlöser-Euthymios-Kloster

Der 22 m hohe **Wehrturm** gilt als Musterbeispiel für die Verschmelzung von Funktionalität und Kunst, weist er doch neben den üblichen Schießscharten auch großzügige Ornamente und eine Kuppel auf. Hat man ihn unterquert, steht man unmittelbar vor einer weiteren Durchfahrt, der 1628 die **Torkirche** zu Mariä Verkündigung (Blagoweschtschenskaja nadwratnaja zerkow) aufgesetzt wurde. Dahinter beginnt der Kathedralenplatz.

Dieser erste Steinbau des Klosters entstand zwischen 1507 und 1511 an Stelle einer Holzkirche, die über dem Grab des Klostergründers Euthymios errichtet worden war. Ein für Susdal typischer Arkaturfries verziert die Fassade; an der südlichen und westlichen Wand sind Reste der alten Fresken erhalten, die unter Leitung von Gurij Nikitin und Sila Sawin aus ▶Kostroma 1689 fertiggestellt wurden.

◀ Christi-Verklärungs-Kathedrale

An die Kathedrale fügt sich rechterhand eine mächtige Glockenwand an. Sie ist die einzige im ansonsten von Glockentürmen dominierten Susdal und wurde 1530, anlässlich der Geburt des späteren Zaren Iwan dem Schrecklichen, errichtet.

◀ Glockenwand

Umgebung von Susdal

✶✶
Kidekscha
Кидекша

Es ist eine große Ehre für ein winziges Dorf, gemeinsam mit den Architekturdenkmälern von Susdal und Wladimir auf der Liste des **UNESCO-Weltkulturerbes** zu stehen. 4 km östlich von Susdal stand im 12. Jh. die Festung von Fürst Jurij Dolgorukij. Dieser hatte sich, aus Kiew vertrieben, hier in der Salesje-Region niedergelassen. Allerdings war ihm die Macht der Bojaren in den damals bereits blühenden Zentren Wladimir und Susdal nicht geheuer und so ließ er sich außerhalb der Stadt am Ufer der Nerl nieder, von wo aus er die Wasserstraße kontrollieren konnte. 1152 ließ er eine Kathedrale zu Ehren von Boris und Gleb errichten (chram wo imja Sw. Borisa i Gleba) und bekräftigte damit die Legende, dass die beiden Fürsten von ihrem älteren Bruder Großfürst Swjatopolk genau an dieser Stelle ermordet worden seien. Auf dem ehemaligen Festungsgelände befindet sich auch die Stephanskirche mit einem Glockenturm (Öffnungszeiten: tgl. außer Di. 10.00 – 16.00 Uhr).

Kathedrale ▶

🕐

✶✶ Taman-Halbinsel (Tamanskij zaliy)

Dd 23

Region: Krasnodarskij kraj   **Höhe:** 22 m ü.d.M.
Kyrillisch: Таманский залиы

Die Taman-Halbinsel wird im Norden vom Asowschen Meer und im Süden vom Schwarzen Meer umspült. Von der benachbarten Ukraine trennt sie nur die Meerenge von Kertsch.

Ruhiges
Feriengebiet

Die zerfurchte Halbinsel prägen Sumpfgebiete, Brackwasserseen und das Flussdelta des Kuban – was im Sommer leider auch Unmengen von Mücken zu schätzen wissen. Die hügelige Weinanbaugegend ist dennoch für viele eine **preiswertere und ruhigere Urlaubsalternative zur Schwarzmeer-Küste**. Außer vom Tourismus lebt man vom Fischfang und der Landwirtschaft, die saftige Tomaten, Wassermelonen, Pfirsiche und vor allem Weintrauben hervorbringt. Um 600 v. Chr.

▶ TAMAN-HALBINSEL ERLEBEN

AUSKUNFT

www.tamaninfo.ru
(nur Russisch)

ESSEN

▶ **Erschwinglich**
Juschnaja notsch
ul. Morskaja 13, Temprjuk
Regionale und europäische Küche.

ÜBERNACHTEN

▶ **Günstig**
Delfin
ul. Wysotnaja 4, Temprjuk
Tel. (8 61 48) 6 34 86
12 Z. Familiär geführte Pension mit netter Wirtin.

Bitte hineinflüstern:
Blüte im Tal der Lotosblumen.

entstanden hier die griechischen Kolonien Germonassa, Kepy und Phanagoria; im 5. Jh. v. Chr. gehörte Taman zum Bosporus-Reich.

Ornithologen beobachten Wildgänse, mehrere Schwalbenarten und Pelikane. Mit etwas Glück kann man auf den Inseln im Kisilatschkij-Brackwassersee **große Kolonien von Kormoranen** erspähen. Auch die **Griechische Landschildkröte**, die auf Russlands Roter Liste der bedrohten Tierarten steht, ist hier zuhause. Angler schätzen die Fischvielfalt im Asowschen Meer. Vor allem Hecht, Barsch, der Schwarze Amur sowie der karpfenartige Weiße Amur sind begehrt.

Sehenswertes auf der Taman-Halbinsel

Die ehemalige Lenin-Kolchose (Kolchos imeni Lenina; an der Straße von Anapa in Richtung Halbinsel beim Dörfchen Winogradnyj) ist eine der größten der Region. Weinproben können bei Veranstaltern in ►Anapa gebucht werden. **Lenin-Kolchose**

Der Achtanisowskij-Brackwassersee bringt üppige Lotosblumen hervor. Einem Volksglauben zufolge wird die Liebe zum auserwählten Partner ewig dauern, wenn man dessen Namen in eine Knospe hineinflüstert, die sich gerade öffnet. **Tal der Lotosblumen**

Der urwüchsige Mischwald namens »Eichenmarkt« (Dubowyj rynok) auf einem Hügel zwischen den Brackwasserseen Achtanisowskij und Starotitarowskij ist besonders geschützt, weil er als nordwestlichster Waldausläufer des Kaukasus gilt. Hier blühen auch Kirschpflaumen und Weißdorn. **»Eichenmarkt«**

Temrjuk (12 000 Einw.), etwa 45 km nordwestlich von Anapa gelegen, ist das Verwaltungszentrum der Taman-Halbinsel. 1239 als Tumnjew gegründet, wurde die Stadt später nach dem kabardinischen Fürsten Temrjuk umbenannt. Auf dem erloschenen Vulkan Miska südöstlich des Zentrums sind im **Freiluftmuseum** deutsche und sowjetische Panzer, Flugzeuge, Schiffe und Raketen ausgestellt. Das **Geschichts- und Archäologiemuseum Temrjuk** informiert über die Eroberung Tamans durch die Kosaken, über den Bürgerkrieg und Zweiten Weltkrieg, aber auch über Flora und Fauna der Region (ul. Lenina 28). **Temrjuk Темрюк**

Im Zentrum des Wehrdorfes Stanzja Starotitarowskaja südwestlich von Temrjuk widmet sich ein kleines Museum (Musej istorii Kastaschestwa) der Geschichte des Kosakentums in der Region. Dazu gehört ein kleiner Hof, in dem man mit Speck und eingelegten Salzgurken bewirtet wird. ★ ◄ Kosaken-Museum

★
Degustationssaal
und Weinmuseum
Fanagoria in
Sennoj ▶

⏱

Fanagoria, der bekannteste Weinerzeuger der Taman-Halbinsel, bietet an seinem Stammsitz im Dorf Sennoj Weinproben an. Hier erfährt man alles über die Weinbau-Tradition in der griechischen Kolonie Fanagoria, besichtigt ein kleines Weinmuseum mit antiken Gefäßen und kann in die Werkstatt schauen, wo alte Amphoren kopiert und mit Balsam-Kräuterlikör oder Dessertwein gefüllt werden (ul. Mira 49; Öffnungszeiten: Mo. – Fr. 9.00 – 16.00 Uhr).

★
Taman
Таман

Taman entwickelte sich aus dem griechischen Germonassa, kam unter byzantinischen Einfluss und erhielt von den Chasaren den Namen Tmutarakan. Dieses Fürstentum eroberten im 13. Jh. die Mongolen. Kaufleute aus Genua ließen sich nieder, auf die Osmanen folgten im 18. Jh. die Russen.

Auf dem zentralen ploschtschad Uschakowa thront das Standbild Anton Golowatyjs, unter dessen Führung die Kosaken aus dem heute zur Ukraine gehörenden Saporoschje 1794 hierher kamen. Nur wenige Schritte davon stellt das **archäologische Museum** das Relief eines griechischen Kriegers als eines seiner sehenswertesten Stücke aus (ul. Karla Marksa 90). Ein weißes, strohgedecktes Haus (Musej Lermontowa) in Meeresnähe erinnert an den Schriftsteller **Michail Lermontow** (1814 – 1814), der 1837 zwar nur drei Tage in Taman verbrachte, als er auf ein Postschiff nach Gelendschik wartete, dennoch hat er den Ort in »Ein Held unserer Zeit« verewigt. Lermontow verbrachte hier übrigens keineswegs seinen Urlaub, er war vielmehr in den Kaukasus verbannt worden. Am Ort der **Mariä-Schutz-und-Fürbitten-Kirche** soll schon der Apostel Andreas gepredigt haben.

★ ★
Schlammvulkan
Blauer Krater

Etwa 50 Schlammvulkane finden sich auf der Halbinsel, von denen jedoch nur ein Drittel aktiv ist. Besonders beliebt ist der Blaue Krater (Sinaja balka) in der Nähe von Sa Rodinu, das immer von Reisebussen aus Anapa angesteuert wird, denn es bietet Umkleidekabinen,-Cafés und einen Degustationssaal von Fanagoria. Ein **Bad im Schlammkrater** strafft die Haut und pflegt die Haare. Nach etwa 20 Minuten wäscht man den getrockneten Schlamm im Meer ab. Halbtages-Touren können in Anapa oder bei der Agentur Pilot in Temrjuk gebucht werden.

Tula

Dd 18

Region: Tulskaja oblast
Höhe: 170 m ü.d.M.

Einwohner: 550 000
Kyrillisch: Тула

Wer in Russland etwas völlig Überflüssiges tut, fährt mit dem eigenen Samowar nach Tula. Dies jedenfalls besagt eine Volksweisheit, analog zu den Eulen, die man lieber nicht nach Athen tragen sollte.

▶ TULA ERLEBEN

AUSKUNFT

www.kulipolje.ru
(nur Russisch)

ESSEN

▶ Erschwinglich

Frau Marta
ul. Perwomajskaja 8
Tel. (48 72) 31 07 84
Wen die Lust auf deutsche Küche
gepackt hat: Weißwurst und selbstgebrautes Bier helfen bei Heimweh
garantiert.

Kommunalka
prospekt Krasnoarmejskij 25
Nostalgisches Restaurant, benannt
nach den im Sozialismus gängigen
Gemeinschaftswohnungen.

Le Sur
ul. Lenina 50
Tel. (48 72) 36 08 80
Interessanter Stilmix: 1001-Nacht-
Interieur mit mediterraner Küche.

▶ Günstig

Kulikowo polje
(»Schnepfenfeld«)
800 m vom Ausstellungskomplex
Krasnyj holm
Im Schnepfenfeld gibt es schmack-
hafte Hausmannskost.

ÜBERNACHTEN

▶ Komfortabel

Demidow's Style
ul. Toresa 1
Tel. (48 72) 30 86 53
http://hotel.ds-tula.ru
21 Z. Familiäres Hotel 2,5 km außerhalb des Zentrums.

▶ Preiswert

Hotel Tula
prospekt Lenina 96
Tel. (48 72) 35 19 60
www.hoteltula.ru
Schlichtes Hotel mit gemütlicher
Bar.

Die 1146 erstmals erwähnte Stadt hatte schon früh eine strategische
Bedeutung: Als Teil des Fürstentums Rjasan fiel sie im 14. Jh. an die
Goldene Horde. Im 16. Jh. wurde Tula dem Moskauer Zentralstaat
einverleibt, das nun die südliche Außengrenze zu sichern hatte. Versorgt von den üppigen Eisenerzvorkommen, entstanden im 17. Jh.
mehrere Eisengießereien. Gießereibesitzer Nikita Demidow erhielt
1702 die Erlaubnis zur Gründung der **ersten Waffenfabrik
Russlands**. Als sich die Grenzen des Moskauer Reiches nach Süden
verschoben, verlor Tula seine militärische Bedeutung. Was blieb, war
die Tradition der Metallverarbeitung – bis heute werden hier Waffen,
Akkordeons und vor allem prächtig verzierte Samoware gefertigt.

**Hauptstadt des
Samowars**

Sehenswertes in Tula

Der zwischen 1507 und 1520 errichtete Kreml war Moskaus südliches Bollwerk. Die robusten hohen Backsteinmauern unterbrechen
neun Türme – vier davon sind zugleich Einfahrtstore – und um-

Kreml

Hier entstand »Krieg und Frieden«: Tolstojs Schreibtisch in Jasnaja Poljanja.

schließen zwei Kirchen: die barocke **Himmelfahrts-Kathedrale** mit fünf Kuppeln sowie die 1862 geweihte **Epiphanias-Kathedrale**. Das **Waffenmuseum** besitzt einige kuriose Exponate (Öffnungszeiten: Kreml tgl. 9.00 – 16.30, Museum tgl. 10.00 – 13.00 u. 14.00 bis 16.45 Uhr)

Lebkuchen-museum

Butter, Eier, Mehl und Honig – die genaue Rezeptur der berühmten Lebkuchen aus Tula wird von den Bäckermeistern streng gehütet. Das süße Naschwerk, mit weißem Zuckerguss überzogen und oft mit Erdbeer- oder Johannisbeergelee gefüllt, isst man in Russland das ganze Jahr über. Appetit holt man sich im Lebkuchenmuseum, wo man die Leckereien auch mit Tee verkosten kann (Tulskij prjanik, ul. Oktjabrskaja 45a, Voranmeldung erbeten Tel. 48 72/ 34 70 70).

Samowar-museum

Manche sind bauchig, andere schlanker – schön sind sie alle anzusehen, v.a. die Exemplare aus geschmiedetem Kupfer. Auch in die Kunst der Teezubereitung wird man eingewiesen (ul. Mendelejewskaja 8, Öffnungszeiten: Mi. – So. 10.00 – 17.00 Uhr).

Umgebung von Tula

In der »Schlacht auf dem Schnepfenfeld« (Kulikowskaja bitwa), 130 km südlich von Tula, schlug das russische Heer die Goldene Horde 1380 zum ersten Mal. Heerführer Dmitrij Donskoj, Großfürst von Moskau, ging dafür in die russische Geschichte ein, denn der Sieg bewirkte die **Gründung des Moskauer Zentralstaats.** Die weiße Sergej-Radonesch-Kathedrale mit ihren grünen Zwiebeltürmchen wurde Anfang des 20. Jh.s als Gedächtniskirche errichtet. Zur Anlage Krasnyj holm (Roter / Schöner Hügel) gehört auch ein 1850 errichteter Obelisk, eines der ältesten Denkmäler auf dem Schlachtfeld.

Im Dörfchen Monastryrschyna dokumentiert eine Ausstellung alles, was mit der historischen Schlacht und der Goldenen Horde zusammenhängt. Die Mariä-Geburt-Kirche ist über dem Ort errichtet, an dem die Gefallenen bestattet wurden.

✶

Kulikowo polje (Schnepfenfeld)

Куликово поле

🕐 Öffnungszeiten:
tgl. außer Di.
10.00 – 17.00, im
Sommer bis 19.00

Das Landgut Jasnaja Poljana 16 km südlich von Tula versetzt den Besucher in die Welt des Schriftstellers **Lew Tolstoj**, der hier geboren wurde und mehr als 50 Jahre seines Lebens verbrachte. Mit 18 Jahren erbte er das Anwesen, zu dem noch fünf Dörfer und 300 Leibeigene gehörten, von seinem Großvater. Auf dem Gut entstanden die großen Werke wie »Anna Karenina« und »Krieg und Frieden«; hier befindet sich auch das Grab Tolstojs.

Von Moskau aus befördert am Wochenende der »Jasnaja Poljana Express« die Tolstoj-Verehrer in den gut 300 km südlich gelegenen Ort (Abfahrt: Kursker Bahnhof, www.yasnayapolyana.ru).

✶ ✶

Jasnaja Poljana

Ясная Поляна

🕐 Öffnungszeiten:
tgl. 9.00 – 17.00,
Park bis 19.00

Twer (Tver)

Dc 17

Region: Twerskaja oblast
Höhe: 127 m ü.d.M.

Einwohner: 450 000
Kyrillisch: Тверь

An der Wolga flanieren die jungen Leute an lauen Sommerabenden und im Winter harren Eisangler geduldig auf dem erstarrten Fluss aus. Den Städten am Goldenen Ring ähnelt Twer kaum, aber einige historische Bauwerke gibt es auch hier. Reizvolle Ziele hält die Umgebung, v. a. für Anhänger von Alexander Puschkin bereit.

Aufgrund der strategisch günstigen Lage am Oberlauf der Wolga gründeten Nowgoroder Handelsreisende im 12. Jh. Twer, das sich unter den Fittichen des Fürstentums Wladimir-Susdal rasch zu einem Handelszentrum entwickelte. 1246 wurde die Stadt Hauptort eines eigenen Fürstentums, das als eine der größten Rivalinnen Moskaus galt, bis es 1485 Iwan III. gelang, Twer dem Moskauer Reich einzuverleiben. 1763 fiel die Stadt einer verheerenden Feuersbrunst zum Opfer. Zu Sowjetzeiten hieß sie **Kalinin**.

Geschichte

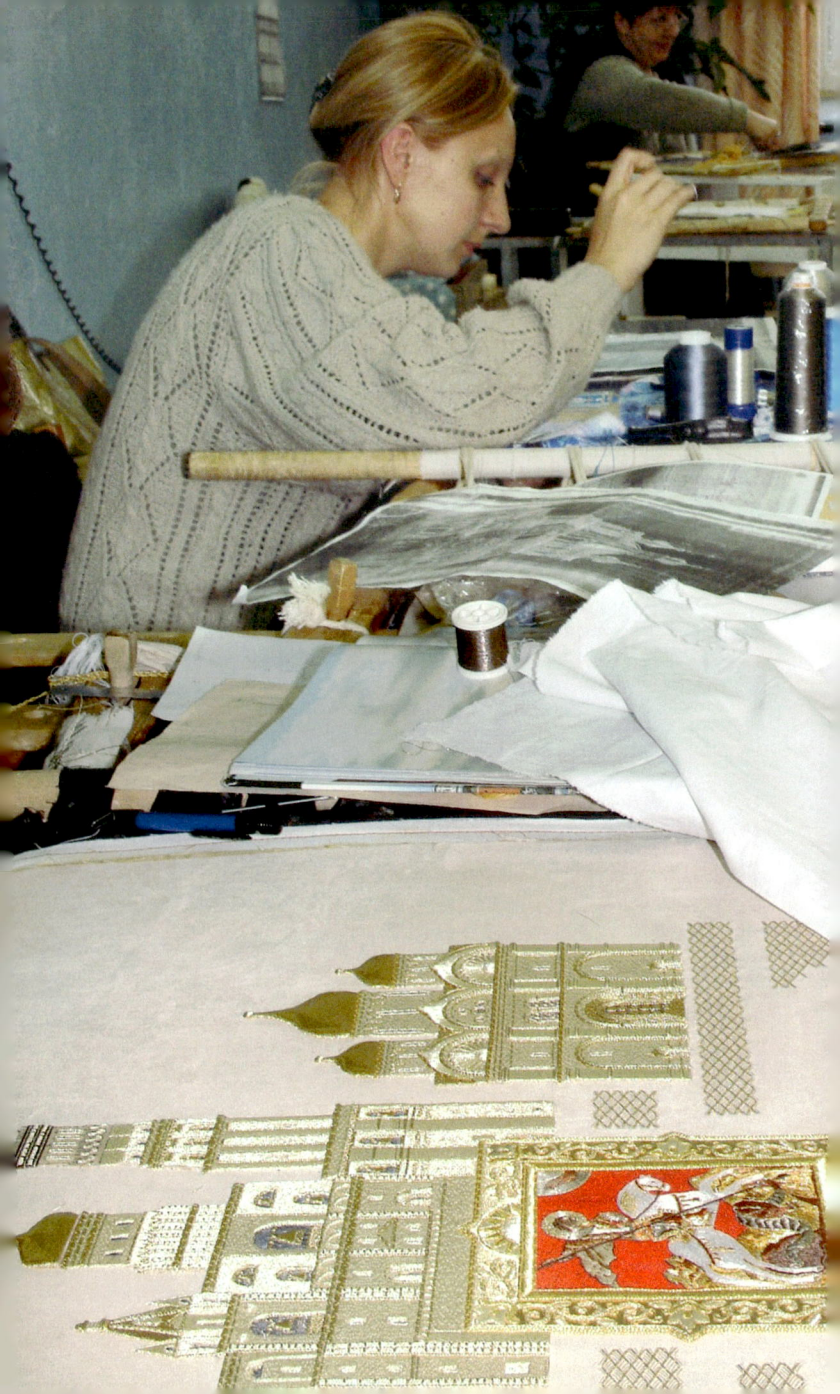

Sehenswertes in Twer

Das **schönste Gebäude der Stadt** ist der Reisepalast, den Katharina II. 1775 errichten ließ, um auf Reisen von Moskau nach St. Petersburg standesgemäß Station machen zu können. Das Gebäude im typisch russischen Stil beherbergt heute eine umfangreiche Gemäldegalerie u. a. mit Werken Alexej Wenezianows, der das Alltagsleben in Twer sehr präzise mit dem Pinsel festgehalten hat. Das Interieur stammt von Carlo Rossi, der große Teile St. Petersburgs plante; auch der Bildhauer Iwan Witali, der die Bronzereliefs an der St. Petersburger Isaaks-Kathedrale schuf, hat an dem prächtigen Gebäude mitgewirkt (Putewoj dworjez / Twerskaja kartynnaja galereja, ul. Sowjetskaja 3). Ebenfalls im Palast zeigt das **Heimatmuseum** u. a. schöne Goldstickereien und Münzen aus dem 15. Jh., als die Stadt noch ein eigenes Fürstentum war.

★
**Reisepalast /
Gemäldegalerie**
◷
Öffnungszeiten:
Mi. – So.
11.00 – 18.00

Auf den Seefahrer **Afanasij Nikitin** ist man in Twer besonders stolz, denn er war der erste Europäer, der von Twer aus die Wolga flussabwärts fuhr und schließlich Indien erreichte – ganze 30 Jahre vor Vasco da Gama. Sein monumentales Denkmal an der Nikitin-Uferpromenade ist 1955 aufgestellt worden. Dahinter erhebt sich die weiß getünchte, zwischen 1731 und 1767 errichtete Auferstehungs-Kirche. Im **Museum des Twerer Alltagslebens**, einem Kaufmannshaus aus dem 18. Jh., sind Kunst- und Handwerksgegenstände sowie Möbel aus mehreren Jahrhunderten ausgestellt (Musej Twerskogo Byta, ul. Nachimowa 3/21; Öffnungszeiten: Mi. – So. 11.00 – 17.00 Uhr).

Weitere Sehenswürdigkeiten

◷

Nördlich von Twer

Ornamente mit Blüten, Zweigen oder Vögeln gelten als typisch für die **Goldstickerei** von Torschok. Bereits seit dem 13. Jh. ist die 60 km nordwestlich von Twer gelegene Kleinstadt berühmt für dieses Kunsthandwerk. Im Ausstellungssaal der Goldstickerei-Fabrik können aufwändig verzierte Tücher, Taschen und Gürtel besichtigt werden (Wystawotschny sal fabriki »Torschoskije Solotoschweji«, Kalininskoje schosse 12; Öffnungszeiten: Mo – Fr. 8.00 – 16.00 Uhr). Am malerischen Ufer der Tweriza erhebt sich im Zentrum die gelb-weiße Erlöser-Verklärungs-Kathedrale von 1822.

**Torschok
Торжок**

◷

Als Puschkin in Torschok weilte, soll er sich so sehr in die Schönheit von Anna Olenina verliebt haben, dass er ihr das Gedicht »Ihre Augen« widmete. Natürlich ist aus ihrem Familienanwesen heute ein Puschkin-Museum geworden (ul. Dserschinskogo 71; Öffnungszeiten: Mi. – So. 11.00 – 17.00).

◀ Puschkin-Museum

◷

Einen Abstecher lohnt die 130 km nordwestlich von Twer gelegene Kleinstadt Wyschij Wolotschok nicht nur wegen ihrer alten Handels-

★
**Wyschij
Wolotschok
Вышний
Волочёк**

← *Seit dem 13. Jh. pflegt man in Torschok die Goldstickerei.*

reihen, sondern vor allem wegen ihrer **40 Brücken und Kanäle**. Auf einer Insel im Zentrum ragt die Erscheinungs-Kathedrale mit der Ikone der Muttergottes von Kasan empor. In der Nähe kann man Ruderboote mieten.

Südlich von Twer

Tschaikowskij-Museum Klin

Das Leben des Komponisten Pjotr Tschaikowskij wird in seinem ehemaligen Anwesen, 60 km südwestlich von Twer an der Durchgangsstraße nach Moskau, anhand von Fotografien, Skizzen und persönlichen Gegenständen dokumentiert. Das malerische Wohnhaus des Musikers ist in einen schönen Garten mit Pavillon eingebettet (Dom-musej P. I. Tschaijkowskogo w Kline, ul. Tschaijkowskogo 18; Öffnungszeiten: Fr.–Di. 10.00–18.00 Uhr).

Stariza
Стариза
Öffnungszeiten:
Mi.–So.
10.00–18.00

Stariza ist ein beschauliches Provinzstädtchen 77 km südwestlich von Twer. Sein Hl. Auferstehungs-Kloster ist zwar in einem schlechten Zustand; ein Besuch lohnt sich dennoch aufgrund der schönen Lage am rechten flachen Wolgaufer. Die »Auferstehungs-Kathedrale aus weißem Stein« von 1530 erinnert an die Moskauer Auferstehungs-Kathedrale. An ihre Nordseite grenzt die Dreifaltigkeits-Kathedrale im spätklassizistischen Stil. Das wohl interessanteste Bauwerk des Klosters dürfte aber das Refektorium mit der kegelförmigen Einführungs-Kirche (nun Heimatmuseum) sein.

Rschew
Ржев
Öffnungszeiten:
tgl. außer Mo.
10.00–17.00

Triste, nüchterne Sowjetarchitektur prägt die 127 km südwestlich von Twer gelegene Stadt an der Wolga. Eine Ausstellung im Heimatmuseum veranschaulicht die **»Schlacht von Rschew«** (Krajewedtscheskij musej, Krasnoarmejskaja nabereschnaja 26). Von ehemals 60 000 Einwohnern harrten am Tag der Befreiung durch die Rote Armee im März 1943 nur noch 360 aus. Die gesamte »Heldenstadt« wirkt mit ihren Kriegsdenkmälern, Panzern und Soldatengräbern **wie ein großes Freilichtmuseum des Zweiten Weltkriegs**. In Rschew befindet sich auch ein deutscher Soldatenfriedhof.

Ostaschkow (Осташков)

Von Ostaschkow, 190 km westlich von Twer, strömen Angler, Jäger und Pilzsammler in die Ferienhäuser der Umgebung, und Gläubige pilgern zur alljährlichen Segnung der **Wolgaquelle** oder auf die malerische **Klosterinsel Nilowa Pustyn**. Der 67 km lange und 37 km breite Seliger-See ist ohne Zweifel die Hauptsehenswürdigkeit und lädt zu **Entdeckungstouren in wunderschöner Landschaft** ein.

Altstadt

Den zentralen ploschtschad Swobody begrenzt der weiß getünchte Glockenturm der im Zweiten Weltkrieg zerstörten Verklärungs-Kathedrale. Lässt man ihn hinter sich und bewegt sich auf zwei rote Backsteinhäuser zu, sieht man das frühere Stadttheater, das 1805 **als**

▶ OSTASCHKOW ERLEBEN

ÜBERNACHTEN

► Komfortabel
Greenstone Cottages
Dorf Sloboda Nr. 13, 20 km östlich
von Ostaschkow
Tel. (495) 729 10 90
www.greenstone.ru

Drei moderne Holz-Ferienhäuser so-
wie drei VIP-Häuser mit insgesamt 17
Zimmern direkt am See. Verleih von
Ruderbooten und Mountainbikes;
Angeltouren und Exkursionen. Haus-
gemachte Spezialitäten, Vollpension.

eines der ersten in Russland eröffnet wurde. Links steht seit 1843
die erste freiwillige Feuerwache mit einem hölzernen Aussichtsturm,
in dessen Glockenausstellung gilt: Läuten erlaubt! (Krajewedscheskij
musej / Troizkij sobor, ul. Wolodarskogo 19; Öffnungszeiten: Mi. bis
So. 11.00 – 18.00 Uhr).

Das Kloster-Ensemble Nilowa Pustynj (Monastryr Nilowa Pustynj na
ostrowje Stolobnyj), ca. 10 km östlich von Ostaschkow, nimmt fast
die ganze Stolobny-Insel ein, die über eine kleine Straße mit dem
Festland verbunden ist. Unter den **fünf Steinkirchen und 25 übrigen
Gebäuden** sticht die Erscheinungs-Kathedrale im spätklassizistischen
russischen Stil hervor, von deren Glockenturm sich ein wunderschöner Blick über den Seliger(-See), die übrigen Inseln und das mit
Schilf bewachsene Ufer bietet.

★ ★
Klosterinsel
Nilowa Pustynj
Нилова
Пустыны

Ein kreisrundes Loch in einem Bretterboden, unter dem das Wasser
rauscht, umsäumt von einem Metallgeländer: So sieht die Quelle der
Wolga aus, die **in einer winzigen Holzkapelle** im Dorf Wolgowercho-
woje, 42 km nordwestlich von Ostaschkow, zutage tritt. Dass sich
das dünne Rinnsal auf seinem 3690 km langen Weg ins Kaspische
Meer zu einem mächtigen Strom
entwickeln wird, mag man hier
kaum glauben. Auf dem nahe gelegenen Hügel thront die Erlöser-
Verklärungs-Kathedrale aus rotem
Backstein, nebenan erhebt sich die
hölzerne Nikolaus-Kirche. Beide
sind Relikte eines Klosters aus dem
19. Jh., das der Fürstin Olga geweiht war, deren Enkel Wladimir
die Kiewer Rus 988 christianisieren

★ ★
Wolgaquelle

Baedeker TIPP

Getrockneter Aal
Als Spezialität am Seliger gilt getrockneter Aal,
der auf dem Bauernmarkt in Ostaschkow und in
vielen Privathäusern mit der Aufschrift »рыбы«
(ryby, dt.»Fisch«) feilgeboten wird.

ließ. Neben der Kathedrale ehrt das Nikolaus-Wundertäter-Denkmal
den Schutzpatron des Dorfes, zu dessen Namenstag die Wolgaquelle
alljährlich geweiht wird. Dazu pilgern um den 29. Mai herum Tausende von Gläubigen zum Ursprung von »Mütterchen Wolga«; einige
begeben sich gar auf eine wochenlange Pilgerreise flussabwärts.

Sie sollen den Tourimus ankurbeln: Maral-Hirsche in Laptjewo.

Hirschfarm
Laptjewo
Лаптево

Man hofft auf zahlreiche Touristen, die die 50 **Maral, eine Unterart des Rothirsches**, besuchen werden. Gäste des Erholungskomplexes Laptjewo, 60 km von Ostaschkow entfernt, können mit erfahrenen Jägern auf Fotosafari gehen und die mächtigen Tiere, die ursprünglich im Kaukasus und Altai lebten, aus der Nähe beobachten. Die Art ist gefährdet, denn ihr Geweih ist in der asiatischen Medizin begehrt (zentrale Buchung in Moskau: Tel. 495 / 941 65 68, www.laptevo.ru).

Ufa

Ec 18

Region: Respublika Baschkortostan   **Einwohner:** 1 Mio.
Höhe: 77 m ü.d.M.   **Kyrillisch:** Уфа

Interessant an der Industriestadt Ufa ist das friedliche Nebeneinander von Moscheen und orthodoxen Kirchen sowie die gute baschkirische Küche.

Hauptstadt von
Baschkortostan

Die Hauptstadt der ölreichen autonomen Republik Baschkortostan erstreckt sich im westlichen Vorland des Südurals an der Mündung der Ufa in die Belaja. Sie ist nicht nur Industriestandort, sondern Bildungsmetropole mit ca. 150 000 Studierenden.

In ganz Russland bekannt: das Theater von Ufa

Die Siedlungsgebiete der baschkirischen Völker fielen im Zuge der Eroberung Kasans zwischen 1554 und 1557 an Moskau. 1574 entstand ein Kreml mit einer Eichenumzäunung, die der Stadt zunächst ihren Namen gab: Imenskala, (Eichenfestung); zeitgleich prägte sich der Flussname Ufak ein. Im 17. Jh. war Ufa eine wichtige Handelsstadt und Festung gegen die Angriffe kriegerischer Steppenvölker. 1759 wurden der Kreml und weite Teile der Stadt zerstört. Bis zum Pugatschow-Aufstand (1773–1775) blieb die wiedererrichtete Wehranlage erhalten. Im 18. Jh. war Ufa geistlicher Sitz der Muslime im südlichen Ural. 1932 wurde Erdöl entdeckt, das die wirtschaftliche Entwicklung ankurbelte. Im Zweiten Weltkrieg wurden etwa 40 Industriebetriebe aus dem westlichen Russland nach Ufa evakuiert, nach dem Krieg begann der **Ausbau der Erdölindustrie**. 1990 erklärte die Republik Baschkortostan ihre Unabhängigkeit, Ufa blieb Hauptstadt der inzwischen autonomen Teilrepublik im neuen Russland.

Sehenswertes in Ufa

Das Kaufhaus Gostinny dwor mit seinen Säulengängen wurde komplett saniert und erstrahlt in neuem Glanz. Es ist das Herz der Stadt und von der zentralen ul. Lenina nur durch einen Vorplatz getrennt. Entlang der dicht befahrenen ul. Lenina reihen sich die Geschäfte aneinander.

Innenstadt

▶ UFA ERLEBEN

ESSEN

▶ Erschwinglich

Tichaja Gawan
ul. Lenina 65/3 (Jakutow-Park)
Tel. (347) 292 70 23
Das Restaurant »Stiller Hafen« liegt
auf einer Insel im Jakutow-Park;
frischer Karpfen oder Stör werden vor
den Augen der Gäste zubereitet. Gute
Auswahl an Weinen.

Tinkoff
ul. Lenina 100
Tel. (347) 273 19 09
Naturtrübes Bier zu Sushi, Wurst und
Huhn.

▶ Preiswert

Schinok solocha
ul. Kommunisticheskaja 47
Tel. (347) 273 53 33
http://www.ufamenu.ru/soloha/main/
Ukrainische und russische Hausmannskost in heimeliger Hütten-
atmosphäre.

ÜBERNACHTEN

▶ Komfortabel

Azimut Hotel Ufa
prospekt Oktjabrja 81
www.azimuthotels.ru
185 Z. Angenehmes Drei-Sterne-
Hotel in zentraler Lage mit Business-
Zentrum, Sauna und Restaurant mit
baschkirischer Küche.

Hotel Turist
ul. R. Sorge 17
Tel. (347) 282 46 72
www.amaks-hotels.ru
187 Z. Gemütliches Hotel unweit des
Flusses Belaja mit Bar und Nachtklub
Agawa.

Salawat-Julajew-Denkmal
Ein im Sommer üppig blühender Park, den Studenten aus den um-
liegenden Hochschulen bevölkern führt zur Belaja und endet fast am
Präsidentenpalast, über dem die baschkirische Flagge weht. An den
Freiheitskämpfer und Dichter Salawat Julajew (1752–1800) erinnert
ein monumentales Reiterdenkmal.

Nationalmuseum der Republik Baschkortostan
Eine umfangreiche Sammlung mit Silber- und Goldschmuck, eine
Originaljurte, baschkirische Kleidung, mehr als 3000 arabische und
altkirchenslawische Bücher sowie ein Modell des nicht mehr existie-
renden Kreml von Ufa sind im Nationalmuseum zu sehen. Eine weitere Ausstellung hat das heutige Baschkortostan zum Thema, zu dem
auch der Personenkult um Präsident Rachimow gehört (Nazionalnyj
musej Respubliki Baschkortostan, ul. Sowjetskaja 14).

Ethnologisches Museum
Bunte Teppiche, aufwändig bestickte Trachten, Umhänge, Schürzen
sowie Alltagsgegenstände der Völker des Ural und der Wolgaregion
(Baschkiren, Tataren, Tschuwaschen, Mari u.a.) werden hier gezeigt.
Zu den Höhepunkten zählen Funde der Samarten, z.B. ein goldener
Hirsch aus dem 4. Jh. v. Chr. (Zentr etnologitscheskich issledowanij
Ufimskogo nautschnogo zentra RAN, ul. Aksakowa 7).

✶ ✶ Uglitsch (Uglič)

Region: Jaroslawskaja oblast   **Einwohner:** 40 000
Höhe: Höhe: 113 m ü.d.M.   **Kyrillisch:** Углич

Die Geschichte des altrussischen Städtchens an der Wolga ist eng mit der Ermordung von Zarewitsch Dmitrij verbunden, dem Sohn Iwans des Schrecklichen. Neben den vielen Kirchen lohnt ein Besuch im Museum des Uhrenherstellers Tschaika.

In der Laurentius-Chronik wird »Ugletsche polje« 1148 erwähnt, doch einer örtlichen Chronik zufolge soll das Städtchen bereits 937 von Jan Pskowskij, einem Verwandten der Kiewer Fürstin Olga, gegründet worden sein. Mongolen-Khan Batu zerstörte die Stadt 1238 vollständig, erst zwei Jahrzehnte später begann der Wiederaufbau. 1326 kam das Fürstentum zu Moskau.

Geschichte

Im 15. Jahrhundert wuchs die Bedeutung der Stadt, so dass sie ihre eigenen Münzen prägen durfte, aber nach Fürst Andrejs Tod 1491 verödete der Kreml und große Teile der Stadt brannten nieder. Während der polnisch-litauischen Invasion wurde der Kreml zerstört, der 50 Jahre später angesichts eines drohenden Kriegs mit Polen wieder errichtet wurde. Im 17. Jahrhundert entstanden zahlreiche Kirchen; im 19. Jahrhundert entwickelte sich die Leder- und Papierindustrie.

_i_   Verschwörung oder Unfall?

■ Als Iwan der Schreckliche 1584 starb, wurde seine Gattin Marija Nagaja mitsamt dem Zarensohn Dmitrij nach Uglitsch verbannt. Als der Thronfolger 1591 unter ungeklärten Umständen beim Spielen im Garten ums Leben kam, erlosch die Dynastie der Rjuriken und die Zeit der Wirren begann. Für den Tod des Zarewitsch machte man auch den Moskauer Bojaren Boris Godunow verantwortlich. Seine Statthalter in Uglitsch wurden ermordet, was er mit der Enthauptung von 200 Uglitschern vergalt. Die Glocke von Uglitsch, die den Aufstand eingeläutet hatte, brachte man, nachdem der Klöppel entfernt worden war, ins sibirische Tobolsk. Erst 1892 kehrte sie nach Uglitsch zurück. Alljährlich Ende Mai veranstaltet die Stadt eine feierliche Prozession, bei der eine dem Thronfolger geweihte Ikone gezeigt wird.

Sehenswertes in Uglitsch und Umgebung

Der Kreml von Uglitsch am Steilufer der Wolga stammt aus dem 15. bis 19. Jh.; sein monumentalstes Bauwerk ist die Erlöser-Verklärungs-Kathedrale mit einer hervorragenden Akustik, da der Innenraum ohne Pfeiler errichtet wurde. Großflächige Fresken mit Szenen aus dem Evangelium schuf zu Beginn des 19. Jh.s der Ikonenmaler Timofej Medwedew. Die prächtige Ikonenwand stammt von 1860. Wo der Zarewitsch ums Leben kam, entstand zunächst eine Holzkirche, die 1683 durch das heutige Gotteshaus ersetzt wurde. Auffällig sind die fünf blauen Kuppeln mit den goldenen Sternen so-

✶ ✶
Kreml
🕙
Öffnungszeiten: tgl. 9.00 – 17.00, im Winter bis 15.00

✶ ✶
◀ Dmitrij-Blutskirche

wie das weiße Reliefdekor auf der weinroten Fassade. Der Glockenturm ist niedriger als die Kirche und durch ein Refektorium mit dem Kirchengebäude verbunden. Im Innenraum erinnern Fresken an die Ermordung des Zarensohnes; auch die legendäre »verbannte« Glocke wird seit ihrer Rückkehr aus Tobolsk hier aufbewahrt.

★
Gemächer des Zarensohns ▶ Wo einst Dmitrij lebte, dokumentiert heute ein Kunsthistorisches Museum die für Russland bis in die Gegenwart traumatischen Ereignisse. Die Gemächer sind erstaunlich gut erhalten und gelten als herausragendes Baudenkmal aus dem ausgehenden 15. Jahrhundert.

★
Besondere Museen
🕐 Die Häftlinge eines örtlichen Gefängnisses stellen selbstgefertigte zierliche Puppen her, die u.a. im **Puppen- und Gefängniskunstmuseum** ausgestellt werden (Musej-galereja kukol i Musej tjuremnogo iskusstwa, ul. Berggolza 1/2; Öffnungszeiten: im Sommer tgl. 9.00 bis 21.00, im Winter 11.00 – 16.00 Uhr).

Wodka-Museum ▶ Östlich des Kreml gefällt das Wodka-Museum sicher nicht nur Liebhabern des russischen »Wässerchens«. In Uglitsch begann **der russische Wodkakönig Pjotr Smirnow** seine »Karriere«, denn hier half er bereits als Kind in einem örtlichen Wirtshaus am Himmelfahrtsplatz aus. Später wurde sein Name amerikanisiert und als »Smirnoff« bekannt (Biblioteka russkoj wodki, ul. Berggolz 9).

Museumstheater »Familienglück« ▶ Das Museumstheater »Familienglück« in der ehemaligen Teestube des Kaufmanns Kaschinow stellt nicht nur historische Alltagsgegenstände aus; man wird auch mit duftendem Tee und Piroggen bewirtet. Dazu singen folkloristische Ensembles Volkslieder und führen kurze Theaterstücke auf – auf Bestellung (Musej-teatr »Semejnoje schtschastje«, Uspenskaja ploschtschad 5, Tel. (4 85 32 / 244 14).

Tschaika-Uhrenmuseum ▶
🕐 Die schönsten Tschaika-Uhren sind im firmeneigenen Museum ausgestellt (Musej istorii tschasowogo sawoda Tschaika, Krasnoarmejskaja ul. 3; Öffnungszeiten: Mo. – Fr. 9.00 – 18.00 Uhr).

Das Wasserkraftwerk von Uglitsch wurde von Häftlingen gebaut.

Die russische Waldhexe Baba Jaga trifft im kleinen Museum der Mythen und des Aberglaubens auf allerlei Wesen aus der Welt der Märchen und Mythen – doch keine Sorge, die Figuren sind nur aus Wachs (Musej mifow i suewrii russkogo naroda, ul. 9-go Janwarja 40, kwartira 2; Öffnungszeiten: tgl. ca. 11.00 – 16.00 Uhr).

◀ Museum der Mythen und des Aberglaubens
🕐

Dem großartigen Architekturensemble (Woskressenskij monastyr) westlich des Kreml am Wolgaufer liegt die Idee eines Klosterstädtchens zugrunde. Die Kathedrale wirkt mit ihren dicht nebeneinander gesetzten geschuppten Kuppeln sehr elegant. Im Inneren sind Fresken aus dem 19. Jahrhundert zu sehen. Über eine Galerie erreicht man die Glockenwand im Nowgoroder Baustil mit drei markanten Bögen und einer winzigen schlanken Kuppel auf der Zeltüberdachung. Die Hodigetrija-Kirche mit Refektorium stößt direkt daran an.

✱
Auferstehungskloster

Die Schleuse der Uglitscher Staustufe ist über einen Damm mit dem Wasserkraftwerk (Uglitschskij gidrousel) verbunden – das leider nur von außen besichtigt werden kann. Dafür hat man vom Damm aus einen schönen Blick auf das Panorama der Stadt. Am Bau waren ab 1935 Häftlinge eines GULag beteiligt. Heute wird das Wasserkraftwerk vom nationalen Energieversorger EES Rossija betrieben.

Wasserkraftwerk

✶ ✶ Myschkin (Мышкин)

Die Maus gilt als Wahrzeichen der nördlich von Uglitsch liegenden Stadt (6000 Einw.) und prägt nicht nur den Namen und das Stadtwappen. Hier befindet sich das **einzige Mäusemuseum der Welt**. Ungewöhnliche Ausstellungen wie die über Wodka-Pionier Pjotr Smirnow (»Smirnoff«) oder die traditionellen Filzstiefel (»Walenki«) scheinen typisch für das Städtchen an der Wolga.
Einer Legende zufolge soll sich Fürst Fjodor Mstislaw nach der beschwerlichen Jagd am Wolgaufer zum Schlaf gebettet haben und schon bald von Mäusen geweckt worden sein, die ihm so das Leben

ℹ Hier kommt die Maus

■ Derzeit entsteht in Myschkin ein Mäusepalast mit Zoo; geplant sind auch eine Ausstellung über Versuchsmäuse in Laboren, ein Kino, eine Kunstausstellung sowie ein Thronsaal, in dem künftig der Mausorden verliehen werden soll. Auch Nagetier-Konferenzen werden demnächst hier stattfinden, angelehnt an die Internationalen Maus-Festspiele der Vergangenheit.

retteten, da sich ihm eine Schlange gefährlich genähert hatte. Aus Dankbarkeit ließ der Fürst eine Kirche errichten, die heute nicht mehr erhalten ist. Die umliegende Siedlung nannte er Myschkin, in Anlehnung an das russische Wort für Maus. Wer mit dem Auto unterwegs ist, muss die Wolga bereits im 30 km entfernten Städtchen Uglitsch überqueren, denn Myschkin hat **keine eigene Brücke**. Mehrmals täglich verbindet eine Fähre die Uferseiten.

Nikolaus-Kathedrale

Auf dem Hauptplatz (Nikolskaja ploschtschad) dominiert die 1766 errichtete Nikolaus-Kathedrale. Sie wurde Mitte des 19. Jh.s umgebaut und erhielt eine flache Kuppel. Die Mariä-Himmelfahrt-Kirche wurde nach Plänen des österreichischen Architekten Johannes Manfrini errichtet; ihre recht flache Haupttrommel ist mit auffällig großen Fenstern verziert. Den Innenraum schmücken reiche Wandmalereien. In der Nähe der Kathedrale sind zwei Kaufmannshäuser erhalten, die heute als Schule bzw. Krankenhaus genutzt werden.

Das Mäusemuseum von Myschkin

Myschkin gilt als ein einzigartiges **Freilichtmuseum**. Mehrere Sammler trugen ab 1966 eifrig Schätze zusammen, woraus im Lauf der Zeit immer mehr **Mini-Museen** (Myschkinskij narodnyj musej) entstanden sind, die sich über das Städtchen verteilen und zum Teil in malerischen alten Bauernhäusern untergebracht sind. Auch eine Windmühle, mehrere Kapellen und alte Villen gehören dazu. Einzigartig ist das **Mäusemuseum**, in dem man Miniatur-Nager aus aller Welt finden kann (Musej Myschy, ul. Uglitschnaja 18, neben der gelben Kathedrale). Dazu gehört auch ein Mäusetheater (Teatr Myschy). Im gleichen Haus ist zudem ein **Leinenmuseum** untergebracht (Musej ljon). Nebenan beschäftigt sich eine Ausstellung mit dem bekanntesten russischen **Wodka-Hersteller Pjotr Smirnow** (1831 – 1898), der in der Nähe von Myschkin geboren wurde (ul. Alexejewskaja/ul. Uglitschnaja). Im **Filzstiefel-Museum** sind typische »Walenki« aus der örtlichen Manufaktur zu sehen. Diese verhalf Myschkin zu seinem Ruf, die »Walenki-Hauptstadt Russlands« zu sein. Hier werden sogar discotaugliche Filzstiefel produziert (Musej russkije walenkij, Nikoljskaja ul. 18a).

🕐
Öffnungszeiten:
tgl. außer Mo.

✱

Museum der Familien-kollektionen

Liebevoll zusammengetragene Kleinodien, aber auch Gebrauchsgegenstände gibt es im Museum der Familienkollektionen (Musej semejnych kollekzii, ul. Nikolsjaka 5, etwa 3 Min. vom Mäusemuseum entfernt; keine festen Öffnungszeiten).

Uljanowsk (Uljanovsk)

Dk 18

Region: Uljanowskaja oblast
Höhe: 134 m ü.d.M.

Einwohner: 680 000
Kyrillisch: Ульяновск

Einst Pilgerstätte für Kommunisten aus aller Welt, hat Uljanowsk heute zumindest an ideologischer Bedeutung verloren. Majestätisch erstreckt sich Lenins Geburtsstadt am westlichen Steilufer der Wolga. Hier werden UAZ-Autos und Antonow-Flugzeuge gebaut und weiterhin wird unverdrossen der Lenin-Kult gepflegt.

Zu Sowjetzeiten war Uljanowsk Pflicht für jeden braven Kommunisten, um sich die Gedenkstätte zu Ehren des Revolutionsführers anzuschauen. Heutzutage verirren sich v. a. Schulklassen und Wolgakreuzfahrer auf Landgang hierher. Nach wie vor wirkt Uljanowsk wie eine verstaubte Sowjetstadt, die einige Boutiquen und Handyläden nur spärlich aufpeppen können. Ihr Pluspunkte sind Strand und Park an der Wolga

Lenins Geburtsstadt

Seit 1648 sollte die hölzerne Festung Sinbirsk am rechten Wolgaufer aus dem Osten vordringende Nomaden vom Russischen Reich fernhalten. Ende des 18. Jh. bürgerte sich der Name **Simbirsk** für die Stadt ein. Mit der russischen Expansion nach Sibirien und der Verlagerung der Außengrenzen verlor sie ihre militärische Bedeutung und stieg zur typischen Provinzstadt ab, die sich im 19. Jh. zu einem Handelsplatz entwickelte. 1870 wurde Wladimir Iljitsch Uljanow hier geboren, der später als **»Lenin«** in die Geschichte eingehen sollte.

▶ ULJANOWSK ERLEBEN

AUSKUNFT

www.welcometoulyanovsk.com
(auch Englisch)

ESSEN

▶ Erschwinglich

Wostok-sapad (»Ost-West«)
ul. Minajewa 15
Tel. (84 22) 20 20 06
Sushi und Pizza

▶ Günstig

Café Staryj gorod (»Altstadt«)
Gontscharowa ul. 30, 1. Stock
Tel. (84 22) 41 74 71
Freundliches Café mit aromatischem Cappuccino.

ÜBERNACHTEN

▶ Komfortabel

Hotel Wenez
Sowjetskaja ul. 19/9
Tel. (84 22) 44 18 80
www.venetz.region73.ru
284 Z. Zentral gelegenes Hotel mit traumhaftem Blick auf die Wolga.

Oktjabrskaja
ul. Plechanowskaja 1
Tel. (84 22) 42 12 65
www.hotel.mv.ru
54 Z. Trotz Sanierung weht auch hier noch der Geist der Delegationen, die früher zu Lenin strömten.

Sehr bescheiden: Lenins Geburtshaus

Flugzeugbau Die Entwicklung von Uljanowsk ist eng mit dem Flugzeugbau verbunden, nachzuvollziehen im Museum für Zivile Luftfahrt. Wer dort
eine thematische Exkursion bucht, kann auf dem Flughafen Wos-
totschnjy eine Maschine vom Typ Antonow An-124 Ruslan besichtigen, beim Erstflug 1982 das größte Flugzeug der Welt. In den Awia-
star-Werken wurde mit der 2006 eingestellten Tupolew Tu-154 eine
Legende der sowjetischen Zivilluftfahrt montiert.

Sehenswertes in Uljanowsk

★ ★
Lenin-Memorial-
komplex

Ein wuchtiger Bau aus karelischem Marmor – dahinter versteckt sich
eine der Hauptsehenswürdigkeiten von Uljanowsk: das kleine, sehr
bescheidene Holzhaus, in dem Lenin geboren wurde. An der Wand
hängt noch eine Pfanne, in der Lenins Mutter Maria Alexandrowna
dem kleinen »Wolodja« immer Warenje (Konfitüre) zubereitete; in
der Ecke steht Lenins Kinderbett. Mutter und Sohn ehrt ein Denkmal im Innenhof (Öffnungszeiten: tgl. außer Mo. 9.00 – 17.00 Uhr).

★ ★
Park der
Völkerfreund-
schaft

Wenige Meter hinter dem Memorialkomplex beginnt der Park der
Völkerfreundschaft (Park druschby narodow), der bis ans Ufer der
Wolga hinabfällt. Wem der Weg bergab zu steil ist, nimmt die Drahtseilbahn, die einen faszinierender Blick auf die Wolga garantiert, die
südlich in den gewaltigen Kujbyschewer Stausee übergeht. Die Promenade führt nach Süden zum Badestrand, wohin sich im Sommer
das Leben verlagert.

Zwei Museen unter einem Dach: Im schmucken Gontscharow-Ge-denkhaus (Oblastnoj krajewetscheskij musej imeni I.A. Gontscharo-wa) mit seinem barocken Türmchen sind ein Heimatmuseum sowie eine Kunstgalerie untergebracht. Reich ist die Auswahl an archäologi-schen Funden, Stoffen, Stickereien und Trachten vieler Völker, die an der Wolga siedeln. Das Museum für Bildende Künste im Oberge-schoss zeigt Werke russischer Maler (bulwar Novyj wenez 3/4).

✴ Heimatmuseum / Kunstmuseum
◷ Öffnungszeiten: tgl. außer Mo. 10.00 – 16.30

Das einzige Literaturmuseum Russlands, das an den Romancier Iwan Gontscharow (1812 – 1891) erinnert, wurde 1982 in seinem Geburts-haus eröffnet. Die Ausstellung schildert sein Leben und erinnert an die Entstehungsgeschichte seiner beiden bekanntesten Werke »Eine ganz normale Geschichte« und »Oblomow« (ul. Gontscharowa 20; Istoriko-literaturnyj musej I.A. Gontscharowa).

Gontscharow-Hausmuseum
◷ Öffnungszeiten: tgl. außer Mo. 10.00 – 17.00

Im Jungengymnasium (Simbirskaja klassitscheskaja gimnasija) von 1790 reiht sich heute noch Holzbank an Holzbank. Bei einer Füh-rung erfährt man alles über die Zeit, als Lenin hier die Schulbank drückte (ul. Sowjetskaja 18).

Klassisches Jun-gengymnasium

In einer Länge von 4,5 km überspannt die stählerne Bogenbrücke die Wolga. 1916 für die Eisenbahn gebaut, wurde sie Ende der 1950er-Jahre um zwei Spuren für den Straßenverkehr erweitert. In den 1980er-Jahren begann der Bau einer zweiten Brücke, doch mit dem Zerfall der Sowjetunion gingen die Mittel für das gigantische Projekt aus. Heute erinnern massive Betonpfeiler in der Wolga an die sowje-tische Gigantomanie. Sollte sie dennoch jemals verwirklicht werden, dürfte sie mit einer Länge von über 5 km zu einer der längsten in ganz Europa gehören – darauf hoffen die Uljanowsker nach wie vor.

✴ Wolgabrücke

✴ Walaam-Inseln (o. Valaam)

      Da 15

Region: Respublika Karelija   **Einwohner:** 21 000
Höhe: 0 m ü.d.M.   **Kyrillisch:** Валаам

Am nördlichen Ufer des Ladogasees erstreckt sich das gemütliche Städtchen Sortawala mit skandinavischen Häusern. Von hier aus setzt die Fähre über auf die Klosterinsel Walaam – eine Reise in ei-ne andere Zeit.

Die Klosterinsel Walaam, die wie das 40 km entfernte Sortawala selbst lange Zeit zu Finnland gehörte, ist seit dem Ende des Kommu-nismus wieder ein beliebtes Pilgerziel. Die dicht bewaldete Insel auf leicht felsig-hügeligem Terrain gilt als die größte von 600 Inseln im Ladogasee. Die weitläufige Klosteranlage **zählt zu den bedeutendsten Touristenattraktionen in Nordwestrussland** und ist von kleinen Ein-

✴✴ Walaam-Klosterinsel

▶ WALAAM ERLEBEN

AUSKUNFT

Kloster Walaam
186756 ostrow Walaam
Tel. (8 14 30) 3 82 33
http://valaam.ru/en/ (auch Englisch)

Walaam liegt in einem Grenzbezirk, weshalb die Insel nur mit einer speziellen Genehmigung betreten werden darf. Es empfiehlt sich daher die Buchung des Ausflugs über ein Reisebüro, das diese Genehmigung besitzt (z. B. Reisebüro Nordic Travel, www.nordictravel.ru; auch Deutsch).

ANREISE NACH WALAAM

**Städtische Anlegestelle
(Gorodskoj pritschal)**
ul. Pristanskaja 2
Tel. (8 14 30) 4 24 81

Linienverbindungen zwischen Sortawala und der Walaam-Klosterinsel; unregelmäßig legen auch Ausflugsschiffe zum Ladogasee hier an.

Anreise von St. Petersburg
Viele Veranstalter bieten Pauschaltouren an, die meist eine Übernachtung auf dem Schiff beinhalten (Reisezeit ca. 10 h).

EXKURSIONEN ZU DEN WALAAM-INSELN

Umweltschutzbehörde des Walaam-Archipels
E-Mail: zakaz@ticrk.ru
Tel./Fax: (8142) 76 48 35
Exkursionen zu mehreren Inseln des Archipels; Robbenbeobachtung.

Ein Paradies im Ladogasee: die Walaam-Inseln

ESSEN/ÜBERNACHTEN

Essen auf Walaam
Einige Stände in der Nähe der Anlegestelle verkaufen Kwas, Tee, Kaffee und Piroggen. Ein Restaurant gibt es auf der Insel nicht.

► Komfortabel
Pijpun Picha
ul. Promyschlennaja 44
186790 Sortawala
Tel. (8 14 30) 2 32 40
www.kolmaskarelia.ru

Hier beginnt der Urlaub in Karelien: 13 Holz-Ferienhäuser und eine finnische Sauna direkt am Ufer eines Sees, mit Restaurant.

ÜBERNACHTEN

► Günstig
Simnaja
ehem. Klosterhotel (1. Stock)
Tel. (8 14 30) 3 82 48
Unterkünfte mit oder ohne Gemeinschaftstoiletten – je nach Kategorie.

---

siedeleien geprägt. Auf Walaam gedeihen v. a. Kiefern und Birken, aber auch Eichen und Zedern prägen die Vegetation. Beim Spaziergang auf einsamen Wanderpfaden kann man Eichhörnchen, Füchse oder Hasen sehen; zudem nisten hier mehr als 200 Vogelarten.
Schon im 11. Jh. soll ein Mönch aus Nowgorod ein Steinkreuz auf der Insel errichtet haben. Das Kloster wurde Anfang des 17. Jh. von den Schweden zerstört, sein heutiges Aussehen hat das Bauensemble während seiner Blütezeit im 19. Jh. erhalten. Nach der Oktoberrevolution 1917 fiel Walaam an Finnland, wohin die Mönche 1940 flohen, als Walaam der Sowjetunion zugeschlagen wurde. Zu kommunistischen Zeiten diente das Kloster als Behindertenheim; erst Ende der 1980er-Jahre kehrten die Mönche wieder zurück.

Schiffe aus Sortawala legen in der Klosterbucht an, wo eine winzige Kapelle die Ankömmlinge begrüßt. Eine Straße führt zum Zentralhof vorbei an einer Stele, die an berühmte Besucher erinnert. Gegenüber steht eine kleine Kapelle mit einer Ikone der Verkündigung Mariä. Die Hauptkathedrale des Klosterkomplexes thront auf einem kleinen Hügel. Der weißgetünchte Steinbau hat **mehrere blaue Rundkuppeln**, die von der zeltförmig zulaufenden Spitze des Glockenturms überragt werden. Fresken zieren die Wände und Pfeiler der Kirche. Von den einst 13 Glocken ist heute nur noch die Hauptglocke übrig geblieben. Zwei Gebäudereihen in Form eines Hufeisens mit Mönchszellen und zwei kleineren Kirchen umschließen die Kathedrale. Auf dem Mönchsfriedhof, der bis Mitte des 19. Jh.s genutzt wurde, ist auch der Igumen Damaskin bestattet, der an der Wiedererrichtung des Klosters maßgeblich beteiligt war.

Klosterkomplex

◄ Erlöser-Verklärungs-Kathedrale

Typisch für Walaam sind die weit auseinander liegenden Einsiedeleien (»Skit«), in denen sich die Mönche auf ihr Eremitendasein vorbereiteten. Vom Hauptkloster zur Nikolaus-Eremitage sind es 1,5 km, bis zur Dreifaltigkeits-Eremitage ist es doppelt so weit. Der

Einsiedeleien

Kulinarisches Karelien

■ Zur traditionellen karelischen Küche gehören Wild- und Fischgerichte, vor allem Ucha (Fischsuppe) und mit Fisch gefüllte Piroggen (Teigpasteten). Rüben und Rettich kommen hier gerne als Beilage auf den Tisch. Im Winter liefern Moos- und Heidelbeeren Vitamine, meist in Form von selbstgemachtem Gelee oder Konfitüre (warenje).

Hauptwanderweg führt nach etwa 6 km zur kleinen Auferstehungs-Einsiedelei, auch Neu-Jerusalem genannt. Das Ensemble aus rotem Ziegelstein umfasst mehrere Gebäude. In der Mitte eines Doppelbogens an der Hauptfassade hängt ein schmückendes Zapfenelement, eine Girka.

Sortawala
Сортавала

Rund um den Hauptplatz (Wjajn-jajmenjskaja ploschtschad) stehen einige sehenswerte Gebäude, u.a. das Rathaus und das Leander-Haus, ein prächtiges Bankgebäude. Interessant ist auch das **Runensänger-Denkmal** (Skulptura runopewza), das einen bärtigen Alten mit bodenlangem Gewand zeigt, der eine Kantele auf dem Schoß hält. Die gusseiserne Skulptur wurde 1935 anlässlich des 100. Jahrestages des finnischen Nationalepos Kalevala enthüllt; und ist dem Runensänger Pedro Schamejkka gewidmet.

★ ★ Welikij Nowgorod (Velikij Novgorod)

Da 16

Region: Nowgorodskaja oblast	**Einwohner:** 250 000
Höhe: 19 ü.d.M.	**Kyrillisch:** Великий Новгород

Ein Sprichwort sagt, dass Welikij Nowgorod der Vater, Kiew die Mutter und Moskau das Herz aller altrussischen Städte sei. Für die Stadt sollte man sich Zeit nehmen, denn ihren beiden Teile – die Sophienseite und die Marktseite – bieten mehrere Dutzend Kirchen und Klöster. Seit 1992 stehen die Baudenkmäler in der Innenstadt unter dem Schutz des UNESCO-Weltkulturerbes.

Wiege des Russischen Reiches

Welikij Nowgorod gilt als »Wiege des Russischen Reiches«. Die 859 erstmals urkundlich erwähnte Stadt war fast sechs Jahrhunderte lang das wichtigste Handelszentrum im Land. Hier siedelten bereits im 8. Jh. slawische, baltische und finno-ugrische Stämme. Die skandinavischen Waräger nannten die Stadt **Holmgard**.

Mit dem Zerfall der Kiewer Rus entwickelte sich der so genannte Gospodin Nowgorod ab 1136 zu einer mächtigen Bojarenrepublik. Die Lage am Fluss Wolchow öffnete Russland das Tor nach Europa: Von Nowgorod aus wurden Pelze, Honig, Wachs, Holz und Leinen in die Ostseestädte verschifft. Ab 1192 ließen sich deutsche Kaufleute im Peterhof nieder, einem Kontor mit Wohnhäusern und eigenen Bäckereien, der bald zentraler Umschlagplatz der Fernkaufleute wurde und seine eigenen Gesetze pflegte, die Schra. Die Nowgoroder Feudalrepublik galt als recht fortschrittlich und wurde von einer

Welikij Nowgorod Orientierung

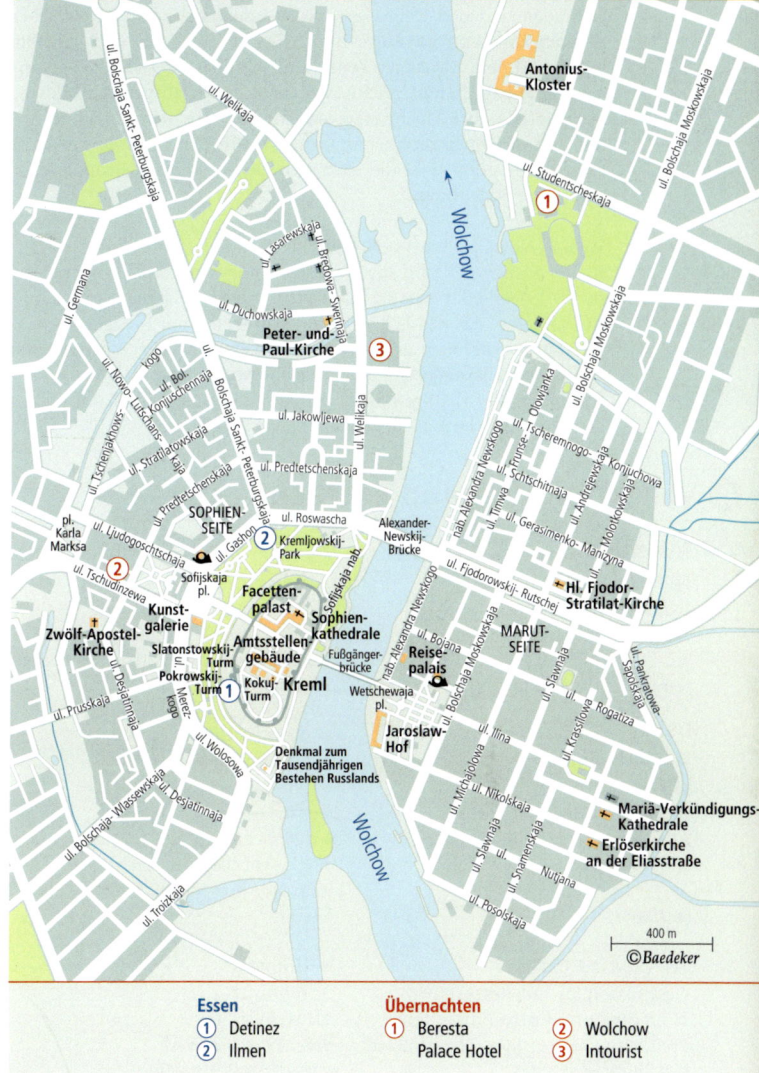

Essen
1. Detinez
2. Ilmen

Übernachten
1. Beresta Palace Hotel
2. Wolchow
3. Intourist

Volksversammlung, dem Wetsche, regiert, die als oberste juristische Instanz fungierte, Fürsten und Erzbischöfe wählte und auch wieder absetzen konnte. Nowgorod **zählte zu den reichsten Städten Europas** und besaß riesige Gebiete vom Weißen Meer bis an den Ural.

Auf dieser Basis konnte die Stadt sich gegen das Tatarenjoch, die Schweden und den Deutschen Orden erfolgreich wehren, war aber Moskau ein Dorn im Auge: Iwan III. griff 1477 an und verleibte Nowgorod dem Moskauer Zentralstaat ein; das deutsche Hansekontor wurde bald darauf geschlossen. 1578 ließ Iwan der Schreckliche die Stadt für ihre Unabhängigkeitsbestrebungen weitgehend zerstören und 60 000 Einwohner umbringen. Mit der Gründung von St. Petersburg verlor 1703 die einst glorreiche Handelsmetropole endgültig ihre Bedeutung.

Stadtname   Welikij Nowgorod bzw. Nowgorod Welikij bedeutet »große Neustadt«. Manchmal wird die Stadt auch nur Nowgorod genannt, wie sie bis 1999 hieß, bevor sie ihren ursprünglichen Namen wieder offiziell annahm. Als nämlich sich Gorkij in ▶Nischnij Nowgorod rückbenannt wurde, kam es oft zu Verwechslungen. Wer mit der Bahn fährt, muss allerdings eine Karte nach **Nowgorod na Wolchowje** kaufen, um in der richtigen Stadt anzukommen, denn die Bahn nimmt den Fluss Wolchow als Beinamen!

▶ WELIKIJ NOWGOROD ERLEBEN

AUSKUNFT
Red Isba
(Krasnaja Isba)
Sennaja ploschtschad 5
Tel. (81 62) 77 30 74
www.tourism.velikiynovgorod.ru

ESSEN
▶ Erschwinglich
① *Detinez*
Kreml, Pokrowskji-Turm
Altrussische Küche in den alten Kremlmauern.

② *Ilmen*
Gason 2
Tel. (81 62) 77 71 92
Gastrokomplex mit Restaurant Holmgard und Bistro Ilmen; im Sommer wird gegrilltes Schaschlik auf der Terrasse serviert.

ÜBERNACHTEN
▶ Luxus
① *Beresta Palace Hotel*
ul. Studentscheskaja 2a

Tel. (495) 363 25 49
www.besteastern.com
226 Z. Gehobener Standard mit Swimmingpool, Sauna, Solarium, Tennisplätzen und gutem Restaurant am Ufer des Wolchow.

▶ Komfortabel
② *Wolchow*
ul. Predtetschenskaja 24
Tel. (81 62) 933 55 48
www.novtour.ru
128 Z. Mit Bar, Restaurant, Sauna und Massage. Nur 3 Min. Fußweg zum Kreml.

▶ Günstig
③ *Intourist*
ul. Welikaja 16
Tel. (495) 363 25 49
www.besteastern.com
118 Z. Touristenhotel am Fluss in der Nähe der Sehenswürdigkeiten.

✴ ✴ Kreml und Sophienseite

Den Kreml, das Herz der Stadt, nennen die Nowgoroder meist nur liebevoll »Detinez« (»kräftiger Bursche«). Das passt: Zwar war er bei seiner Entstehung 1044 nur aus Holz und wesentlich kleiner als heute, doch 1422 baute man ihn mit bis zu 10 m hohen Mauern aus Stein aus. Hier lebte die geistliche Elite, allen voran der Erzbischof, hier tagte das Wetsche, hier suchte die Bevölkerung Schutz bei Angriffen auf die Stadt. Zwei Tore, eines vom Wolchow her und eines vom Hauptplatz, führen auf das Gelände.

Von ehemals 15 Türmen sind neun noch erhalten. Vom 30 m hohen Kokuj-Turm überblickt man **das gesamte Kremlgelände**. Der Pretschistenskaja-Turm stürzte 1745 unerwartet ein und begrub die Familie des Wärters unter sich; später wurde hier die Haupteinfahrt von der Stadtseite her errichtet. Im Pokrowskij-Turm ist das **Restaurant »Detinez«** untergebracht. Der Slatoustowskij-Turm war von 1780 bis 1832 in ein Männergefängnis umfunktioniert worden; später in ein Museum und eine Bibliothek.

Kremltürme
🕐
Öffnungszeiten:
tgl. außer Mo. u.
Do. 10.00 – 18.00

Die Tür der Sophienkathedrale wurde in Magdeburg angefertigt.

★ ★
**Sophien-
kathedrale**

Die Sophienkathedrale (Sofijski sobor) ist das bedeutendste Bauwerk auf dem Gelände und gilt als **eines der ältesten Denkmäler der russischen Kirchenbaukunst**. Fürst Wladimir, Sohn Jaroslaw des Weisen, ließ die fünfschiffige Kathedrale zwischen 1045 und 1052 aus Stein errichten. Zuvor hatte an dieser Stelle eine Holzkirche gestanden, die bald nach der Annahme des Christentums der Rus 988 erbaut worden war. Sehenswert ist v. a. die romanische Bronzetür, die im 12. Jh. in Magdeburg angefertigt worden war. 48 Reliefplatten mit biblischen Motiven verzieren die Flügeltür, die eine Kriegstrophäe aus Schweden sein soll. Im unteren Teil des linken Flügels sind die drei Meister abgebildet, die das Kunstwerk schmiedeten. Über dem Eingang ziehen einige Fresken die Blicke auf sich. Die sechskupplige Kathedrale wurde im Lauf der Geschichte baulich kaum verändert, an der Ostseite sind noch Fragmente der Grundmauern zu sehen. Im Inneren dominiert die Auferstehungs-Ikonostase als größte von insgesamt drei Bildwänden. Gegenüber vom Altar ließ sich Iwan der Schreckliche 1572 die Gebetstätte der Zaren errichten. Zu Sowjetzeiten war hier ein Museum untergebracht.

★ ★
**Denkmal zum
Tausendjährigen
Bestehen
Russlands**

Das monumentale Denkmal (Pamjatnyk tysjatscheletje Rossiji) an der Hauptallee des Kreml wurde 1862 anlässlich des tausendjährigen Bestehens Russlands eingeweiht. Damals setzte man noch den Amtsantritt von Warägerfürst Rjurik als Datum der Staatsgründung fest. Das Objekt hat die Form einer gusseisernen Glocke und ist in drei Abschnitte unterteilt: Auf der Kuppel thronen Mutter Russland und der Schutzengel, die Figuren im Mittelteil stellen die Herrscher Rjurik, Wladimir von Kiew, Iwan II, Dmitrij Donskoj und Zar Peter den Großen dar. Der Sockel mit 109 Figuren bildet herausragende Persönlichkeiten der russischen Geschichte ab. Die Rote Armee verhinderte im Zweiten Weltkrieg, dass das Denkmal nach Deutschland transportiert wurde.

Weitere Gebäude
🕐
Öffnungszeiten:
tgl. außer Mo.
10.00 – 18.00

An der Entstehung des gotischen **Facettenpalastes** (Granowitaja palata) gegenüber der Sophienkathedrale waren 1433 auch deutsche Baumeister beteiligt. In dieser einstigen Residenz des Erzbischofs kann heute eine reiche Sammlung alter Juwelier-, Textil- und Handwerkskunst des 11. – 19. Jh.s bewundert werden. Hinter der Sophienkathedrale, in der Nähe der Kremlmauer, ragt die **Glockenwand** auf. Architekt der unscheinbaren **Einzug des Herrn in Jerusalem-Kirche** soll Bartolomeo Rastrelli sein, der sich später mit dem Bau des Winterpalasts und des Smolny-Klosters in St. Petersburg einen Namen machte. **Museum für Geschichte und Architektur** im Amtsstellengebäude zeichnet sich durch eine Sammlung von Ikonen der Nowgoroder Schule aus, die sich von anderen Richtungen v. a. durch ihre intensivere Farbgebung unterscheiden (Öffnungszeiten: tgl. außer Di. 10.00 – 18.00 Uhr).

🕐

Die kleine Kapelle zu Ehren des Hl. Märtyrers Andrej Stratilat soll nur an einem Tag erbaut und eingeweiht worden sein: an einem 19.

August, Mitte des 15. Jh.s, dem Gedenktag des Märtyrers. Gleich neben dem Slatoustowskij-Turm direkt an der Kremlmauer befindet sich die Ewige Flamme.

Auch außerhalb des Kremls lohnt die Sophienseite eine Entdeckungstour: Die Peter-und-Paul-Kirche wurde 1406 erbaut und gilt als **eines der schönsten Gotteshäuser von Nowgorod**. Ihre Fassade schmücken ungewöhnliche Kreuzformen und Rosetten (Zerkow Petra i Pawla, ul. Bredowa-Swerina/ul. Duchowska).   **Peter-Paul-Kirche**

Marktseite

Eine Fußgängerbrücke führt vom Kreml über den Wolchow auf die Marktseite der Stadt. Gleich rechts am Marktseitenende fallen die weißen Handelsarkaden aus dem 17. Jh. auf.   **Handelsarkaden**

Im Jaroslawl-Hof (1113 – 1136), dem mittelalterlichen Handelszentrum, sind noch mehrere Kirchen aus dem 13. bis 16. Jahrhundert erhalten, die reiche Kaufleute aus Dankbarkeit für die guten Geschäfte errichten ließen. Zu den schönsten gehört die **Nikolaus-Kathedrale** (sobor Nikolo-Dworischtschenskij), die stark an die Georgius-Kathedrale im außerhalb der Stadt gelegenen Jurjew-Kloster erinnert, tragen doch beide die Handschrift des Baumeisters Pjotr. Im zweistöckigen, mit zwei Einfahrtsbögen ausgestatteten **Torturm des Handelszentrums** kann eine herrliche Sammlung restaurierter Fresken besichtigt werden (Öffnungszeiten: Mi. – So. 10.00 – 16.30 Uhr). ⊙   **Jaroslawl-Hof**

Die ul. Ilijna führt vom Ufer aus zum ehemaligen **Mariä-Verkündigungs-Kloster**, von dem heute allerdings nur noch die gleichnamige Kathedrale erhalten geblieben ist (Öffnungszeiten: tgl. außer Mi. 10.00 – 17.00 Uhr). Der Bau gilt als untypisch für Nowgorod und erinnert eher an die Gotteshäuser von Moskau oder jene aus dem Wolga-Gebiet. Hier wurde die Verkündigungs-Ikone der Gottesmutter aufbewahrt, die heute in der Sophienkathedrale zu sehen ist. Nebenan steht die **Erlöserkirche an der Eliasstraße**, die einzigartige Fresken von Theophanes dem Griechen (Feofan Grek) von 1378 enthält, wobei jedoch ein Großteil bei einem Brand zerstört wurde (Öffnungszeiten: Mi. – So. 10.00 – 17.00 Uhr, nur im Sommer). Sehenswerte Fresken finden sich auch in der **Kirche des Fjodor-Stratiat** von 1361 weiter nördlich der beiden zuvor genannten Gotteshäuser (Öffnungszeiten: tgl. außer Do. u. Fr. 10.00 – 17.00 Uhr). ⊙   **Weitere Kirchen auf der Marktseite** ⊙

Ein besonders schönes Panorama des Kremls bietet sich vom Wolchow aus. In den Sommermonaten legen regelmäßig Schiffe in der Nähe der Kremlbrücke zum Ilmensee ab. Auf der Fahrt passieren sie das Jurjew-Kloster, die Ruinen der Mariä-Himmelfahrts-Kirche sowie die altrussische Siedlung Gorodischtsche. An Bord werden Getränke, Snacks und gegrillte Schaschlik-Spieße angeboten. Die Fahrt   ★ **Bootsfahrt**

Vom Jurjew-Kloster geht der Blick über den Ilmensee.

🕐 dauert etwa zwei Stunden (Mai – September: werktags ab 18.00, am Wochenende ab 14.00 Uhr).

Umgebung von Welikij Nowgorod

✱ **Jurjew-Kloster**

Eines der ältesten Klöster Russlands, das Jurjew-Kloster (Jurjew monastyr), wurde 1030 auf Anweisung von Jaroslaw dem Weisen am linken Ufer des Wolchow, an dessen Mündung in den Ilmensee, gegründet. Durch den 52 m hohen Glockenturm hindurch führt der Weg auf das Klostergelände, wo man über die Hauptallee zur Kirche von Georg dem Siegbringer kommt, deren alte Fresken seit Jahren restauriert werden. In der Kirche ist Fjodor begraben, der Bruder des Nowgoroder Fürsten Alexander Newskij. Die blau-goldenen Kuppeln der Kreuzerhöhungs-Kathedrale leuchten bereits aus der Ferne.

Peryn-Einsiedelei Über eine asphaltierte Straße erreicht man vom Jurjew-Kloster aus nach etwa 1 km das malerisch am Illmen-See liegende Peryn-Kloster.

✱ **Freilichtmuseum** Im Witoslawlitzy-Freilichtmuseum (Musej Witoslawizy) für Holzarchitektur in einem Waldstück in der Nähe des Jurjew-Klosters veranschaulichen hölzerne Kirchen und Bauernhäuser die Bauweise in der Region. Als Glanzstück gilt die Mariä-Himmelfahrt-Kirche mit zeltförmigem Dach, dem eine Holzkugel aufgesetzt wurde. Die älteste Kirche, die Christi-Geburt-Kirche in dem Dorf Peredki, stammt aus dem 15. Jahrhundert.

🕐 Öffnungszeiten: tgl. 10.00 – 17.00, im Sommer bis 18.00

Staraja Russa
Старая Русса

Der heute vernachlässigte Kurort Staraja Russa, 95 km südlich von Welikij Nowgorod, rühmt sich immerhin mit seiner Vergangenheit, denn im 19. Jh. lockten seine Heilquellen die Zarenfamilie und Künstler an, u. a. auch Fjodor Dostojewski, der hier ab 1872 die Sommermonate mit seiner Familie verbrachte. Später erwarb er ein Häuschen am malerischen Ufer des Flusses Porusja, wo er seine Romane »Die Dämonen«, »Der Jüngling« und große Teile von »Die Brüder Karamasow« verfasste. In dem grünen Landhaus ist heute ein Museum untergebracht (nabereschnaja Dostojewskogo 42/2).

◀ Dostojewski-Haus

🕐 Öffnungszeiten: tgl. außer Mo. 10.00 – 17.00

Dostojewski lässt seinen Roman »Die Brüder Karamasow« im fiktiven Skotoprigonjewsk spielen – das ist nichts anderes als Staraja Russa. An einigen Häusern hat die Stadtverwaltung deshalb Hinweistafeln angebracht: So lebte Gruschenjki in der nabereschnaja Glebowa 25, Jekaterina Werchowzewa in der heutigen ul. Karla Marksa 5 und der Kaufmann Plotnikow bot seine Ware auf dem jetzigen Revolutionsplatz an.

✱ Waldaihöhen (Валдай)

Sanfte Hügel, malerische Seenlandschaft, dichte Kiefernwälder und lichte Birkenhaine prägen die Waldaihöhen (ca. 140 km südöstlich von Welikij Nowgorod). Mehr

_i_ Waldai-Nationalpark

■ Touristeninformation, ul. Gogolja 11, Tel. (8 16 66) 251 07, valdaray@mail.ru oder valdpark@novgorod.net

als 200 Seen und 20 Flüsse durchziehen das 160 000 ha große Gebiet, das seit 1990 besonderen Schutz genießt. Vom Verwaltungszentrum **Waldai** an der Bahntrasse Moskau – Pskow legen Ausflugsschiffe zu den 20 Inseln in 4 km breiten und 7 km langen See ab (Abfahrt tgl. 17.00 Uhr, Anlegestelle Stadtpark).

Im Glockenmuseum in der Kirche der Märtyrerin Hl. Katharina sind auch deutsche Glocken aus dem 17. Jh. ausgestellt; ein Exponat gedenkt der Opfer des Terroranschlags in New York 2001. Man kann sich auch **selbst im Glockenspiel üben** – um eine Mindestkombination von sieben Glocken einigermaßen zu beherrschen, sind allerdings drei Wochen intensives Üben erforderlich (ul. Truda 2a).

✱
◀ Glockenmuseum
🕐 Öffnungszeiten: tgl. außer Di. 10.00 – 18.00

Das Iwerskij-Männerkloster der Hl.-Muttergottes-Ikone wurde 1652 auf der Seljwitskij-Insel im Waldaiskoje osero (Waldai-See) gegründet. Mit seinen weißen, von Türmen überragten Mauern **erinnert es an eine Festungsanlage**. Neben der mächtigen Mariä-Himmelfahrts-Kathedrale steht links die Epiphanias-Kirche mit einer Kopie der Muttergottes-Ikone. Das Original von 1648 war mit 25 Pfund reinem

✱

Iwerskij-Klosterinsel

Gold, Silber, Brillanten, Saphiren und anderen Edelsteinen geschmückt und verschwand 1927, als die sowjetische Regierung das Kloster schließen ließ. Die Mönche verkaufen hausgemachten Käse, Quark, Brot und andere Produkte (Schiffe ab Waldai Ende Mai – Anfang Sept. 10.00 – 16.00 Uhr 4 x tgl.)

Stalin-Datscha Stalin soll das Landhaus, das für ihn am Waldaisee errichtet wurde, nur 1939 genutzt haben und das für gerade mal zwei Stunden, denn als er erkannte, dass die Datscha zwischen zwei Seen mit nur einem Zufahrtsweg liegt, habe er die Lage als Falle empfunden.

✶✶ Welikij Ustjug (Velikij Ustjug)

Dj 15

Region: Wologodskaja oblast	**Einwohner:** 33 000
Höhe: 89 m ü.d.M.	**Kyrillisch:** Великий Устюг

Welikij Ustjug gehört zu den ältesten russischen Städten. Seit hier 1999 Postamt und Residenz von Väterchen Frost offiziell eingezogen sind, kann sich das Städtchen in der kalten Jahreszeit kaum vor Besuchern retten. Wer nicht selbst kommen kann, schickt einfach einen Brief an »Väterchen Frost, Welikij Ustjug« (▶Baedeker Special S. 560).

Hier lebt Väterchen Frost Hier, am Ufer der Suchona, lebt er also, der Weihnachtsmann – zumindest der russische. Doch auch ohne die Publicity von Djed Moros lockt Welikij Ustjug Touristen an, dank seines Kremls und der vielen Klöster und Kirchen, die vor allem im Winter tiefverschneit recht romantisch wirken. Das denkmalgeschützte historische Zentrum läßt sich am besten zu Fuß erkunden.

▶ WELIKIJ USTJUG

AUSKUNFT
www.v-ustug.ru
(nur Russisch)

ÜBERNACHTEN

▶ **Komfortabel**
Cottage-Dorf Wotschina
Djeda Morosa
Mardengskij selsowjet
Tel. (8 17 38) 521 40
29 Z. Moderne hölzerne Ferienhaussiedlung mit Bar, großem Kaminsaal, Sauna.

Sehenswertes in Welikij Ustjug

Das **Erzengel-Michael-Kloster** (Michajlo-Archangelskij monastyr) ist das älteste sakrale Bauwerk der Stadt. Es wurde 1212 vom Mönch Kiprian gegründet, doch stammen die meisten Gebäude aus dem 17. und 18. Jahrhundert. Da das Kloster nicht bewohnt ist, kann es i.d.R. nur von außen besichtigt werden (ul. Krasnoarmejskaja).

Auf dem ältesten Platz im Zentrum, dem **Kathedralenhof**, versammelt sich an der Suchona ein besonders malerisches Ensemble aus mehreren Kirchen. Als deren schönste gilt die **Mariä-Himmelfahrts-Kathedrale** (Uspenskij sobor), zwischen 1619 und 1659 an Stelle einer Holzkirche errichtet, die Ikonen von Priester Basil Aljenew besitzt, dem Begründer des **Ikonenstils von Welikij Ustjug**. Im Sommer darf man den Glockenturm über eine ziemlich enge Treppe besteigen, doch entschädigt der schöne Ausblick auf die Kirchen und den Fluss für die Strapazen.

Die dem **Heiligen Prokopius von Ustjug geweihte Kathedrale** erinnert an den ersten heiligen **»Narren um Christi Willen«**. Der 1313 verstorbene Prokopius, angeblich einst reicher Kaufmann in Nowgorod, wanderte ruhelos umher, verspottet und verachtet. Er soll Welikij Ustug durch seine Gebete vor schwerem Steinhagel bewahrt haben und ist deshalb Schutzpatron der Stadt (Nabereschnaja 57).

> **! Baedeker TIPP**
>
> **Post an Väterchen Frost...**
>
> ... adressiert man an
>
> 162390, Россия / Rossija
> Вологодская область / Wologodskaja oblast
> город Великий Устюг / gorod Welikij Ustjug
> дом Деда Мороза / dom Djeda Morosa
>
> Wer es nicht nach Welikij Ustjug schafft, kann seine Wunschliste auch in einen speziellen Briefkasten vor dem Hauptbahnhof in ▶Wologda einwerfen. Er ist mit Почта Деда Мопоza bezeichnet (Potschta Djeda Morosa). Und nicht vergessen: eine Postkarte mit dem Original-Stempel von Väterchen Frost an die Lieben daheim abschicken (Postamt, Oktjabrskij pereulok 8).

Im **Haus des Kaufmanns Usow**, einem klassizistischen zweistöckigen Bau direkt am Ufer der Suchona (zwischen Sobornoje dworischtsche und Nikolaus-Kirche), informiert eine Ausstellung über Geschichte und Kultur der Stadt, während im Seitengebäude die regionale Flora und Fauna thematisiert wird (Welikoustjugskij gosudarstwennyj istoriko-architekturnyj i chudoschestwennyj musej-sapowednik, ul. Nabereschnaja 64).

Nikolaus-Kirche / Ethnografisches Museum

Am Ufer der Suchona thront eine der ersten zweistöckig gebauten Kirchen der Stadt. Der untere Abschnitt des in den 1720er-Jahren vollendeten Gebäudes diente als Winterkirche, im oberen, kleineren Abschnitt, wurden im Sommer die Gottesdienste gefeiert. Nebenan im Glockenturm ist das Ethnografische Museum untergebracht (zerkow Nikoly/musej Etnografii, Nabereschnaja 67).

Umgebung von Welikij Ustjug

★★
Landgut von Väterchen Frost

Der Alte mit dem weißen Rauschebart hat sich in den vergangenen Jahren etwa 5 km südlich der Stadt niedergelassen. In der kalten Jahreszeit empfängt er Kinder und Erwachsene aus dem ganzen Land in seiner Residenz in einem Waldstück (Wotschina Djeda Morosa). Für gemeinsame Fotos auf seinem Thron steht er gerne bereit. Kinder

◀ weiter auf S. 562

VÄTERCHEN FROST

In Russland bringt Djed Moros (Väterchen Frost) den Kindern nicht an Heiligabend, sondern am 31. Dezember die Geschenke.

»Djeduschka« wird stets begleitet von seiner **Enkelin Snjegurotschka** (Schneeflöckchen), die traditionell in Weiß gehüllt ist und oft eine Krone aus Perlen und Silber auf dem Kopf trägt. Die beiden reisen mit einer Pferde-Trojka durch den Schnee und hin und wieder flitzt auch ein kleiner Jungen namens **Nowyj God** (Neujahr) auf einer Rakete vor dem Dreigespann einher. Mit seinem weißen Rauschebart, den typisch russischen Walenki-Filzstiefeln, Pelzmütze und dem bodenlangen Mantel erinnert Djed Moros ein wenig an den Nikolaus – wobei seine Kleidung nicht unbedingt rot-weiß sein muss, sondern auch blau-weiß daherkommen kann. Außer einem schweren, mit Geschenken prall gefüllten Sack hat er auch einen dicken Eiszapfen als Wanderstab dabei. Wer nicht artig war, wird nicht mit der Rute bestraft, sondern bekommt einfach kein Geschenk. Oft verkleiden sich die Kinder als Schneeflöckchen und tanzen um den geschmückten Tannenbaum, den »Jolka«. Scherz und Schabernack ist erlaubt und das beste Kostüm wird oft belohnt. Meist schlüpft ein Bekannter der Familie ins Kostüm. Ist er unsicher, kann er auch Kurse für angehende Weihnachtsmänner besuchen, in denen das richtige Schminken, Auftreten und Verhalten vermittelt wird als Väterchen Frost.

Bescherung an Neujahr

Väterchen Frost und seine Begleiterin haben ihre Ursprünge in alten Legenden, aber auch in der russischen Literatur des 19. Jahrhunderts. Erstmals trat Djed Moros 1910 in Erscheinung, verschwand zwischendurch von der Bildfläche, wurde aber Mitte der 1930er-Jahre wieder rehabilitiert. In der UdSSR symbolisierte Väterchen Frost eines der wichtigsten weltlichen Feste des Jahres – die Neujahrsfeier, die im atheistisch geprägten Staat Weihnachten ersetzen sollte. Auch wenn viele orthodoxe Gläubige Weihnachten heute wieder feiern – am 6. Januar –, hat sich die Neujahrsnacht traditionell erhalten. Väterchen Frost aus Welikij Ustjug hat inzwischen Konkurrenz bekommen: ein auf die Region beschränkter Kollege arbeitet in Archangelsk und im nordsibirischen Jakutien soll künftig ein eigener Weihnachtsmann die Kinder bescheren.

Immer viel zu tun: Väterchen Frost bei lästiger Büroarbeit.

können um den geschmückten Tannenbaum herum Reigen tanzen, Geschenke basteln oder auf einem kleinen Hügel in der Nähe Schlitten fahren. Zum Komplex gehört auch ein kleines Museum. Im Sommer kann man in der Nähe angeln, Pilze oder Beeren sammeln, auch wenn zur warmen Jahreszeit Touristen eher selten anzutreffen sind. Wem der Weg zur Residenz pereulok Oktjabrskij (zwischen Erzengel-Michael-Kloster und Kathedralenhof) zu weit ist, kann in Welikji Ustjug das Postamt, die Stadtresidenz und einen Souvenirstand besuchen – Sonderzüge bringen Reisende aus Moskau, St. Petersburg oder Wologda alljährlich zur kalten Jahreszeit in die Stadt.

✶ ✶ Wladimir (Vladimir)

Df 17

Region: Wladimirskaja oblast	**Einwohner:** 340 000
Höhe: 133 m ü.d.M.	**Kyrillisch:** Владимир

In Wladimir, einer der bedeutendsten historischen Städte Russlands, hat man das große touristische Potenzial längst erkannt: Überall wird saniert, im Internet präsentiert man sich auf Englisch. Die berühmten weißen Steinbauten von Wladimir haben ihren Platz auf der UNESCO-Liste des Weltkulturerbes bekommen.

Sitz der Kiewer Großfürsten

Der Kiewer Großfürst Wladimir Monomach wollte ab 1108 die südöstlichen Grenzen des Fürstentums Rostow-Susdal befestigen und gründete deshalb hier an der Kljasma eine Stadt, die seinen Namen trug. Unter Fürst Andrej Bogoljubskij (1111 – 1174), der den Sitz des Großfürsten von Kiew hierher verlegte, entwickelte sich Wladimir im 12. Jh. gemeinsam mit Susdal zum unabhängigen Fürstentum Wladimir-Susdal. Hier erlebte die Kultur der untergegangenen Kiewer Rus eine neue Blüte, bis Khan Batu mit seinen Tataren 1238 die Gegend stürmte und die Stadt zerstörte. Im 14. Jh. begann der Wiederaufbau und altrussische Baukunst und Kirchenmalerei erlebten ihren Höhepunkt. Das 20. Jh. veränderte das Gesicht der Stadt, als einige Industriebetriebe im Zuge der Industrialisierung der jungen Sowjetunion angesiedelt wurden.

> **! Baedeker TIPP**
>
> **Ein typisches Mitbringsel aus Wladimir?**
> Traditionell für den altrussischen Goldenen Städtering sind Kunsthandwerk aus Birkenrinde, Holz, Stoff, Stein, aber auch Lackminiaturen oder Kristall.

Sehenswertes in Wladimir

Die meisten Kirchen, Hotels, Restaurants und Sehenswürdigkeiten befinden sich an der Hauptstraße ul. Bolschaja Moskowskaja (Große Moskauer Straße), die parallel zur Kljasma verläuft.

Wladimir Orientierung

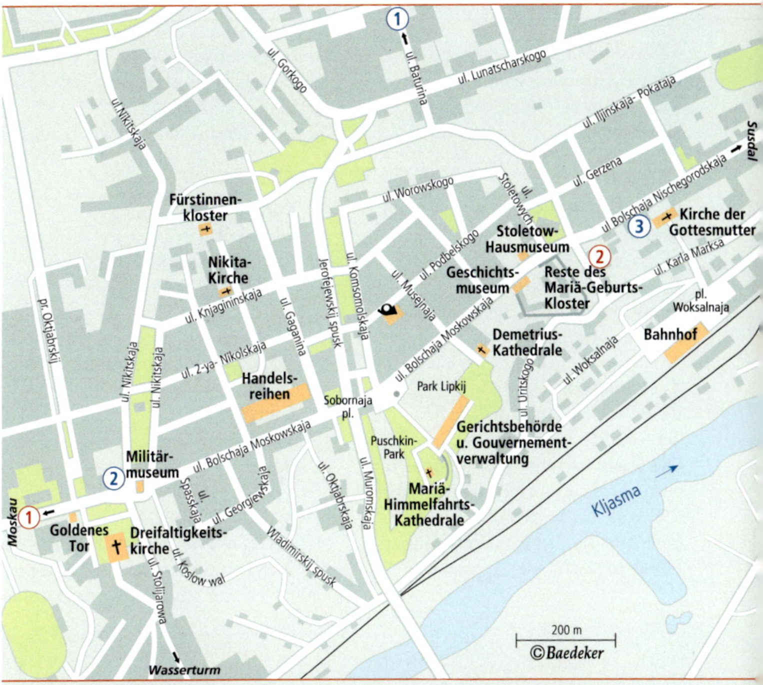

ul. Gorkogo
ul. Baturina
ul. Lunatscharskogo
ul. Iljinskaja- Pokataja
Susdal
ul. Nikitskaja
ul. Gerzena
ul. Worowskogo
ul. Stoletowych
ul. Bolschaja Nischegorodskaja
Fürstinnen-kloster
Kirche der Gottesmutter
Stoletow-Hausmuseum
ul. Podbelskogo
Nikita-Kirche
Geschichts-museum
Reste des Mariä-Geburts-Kloster
ul. Karla Marksa
pl. Woksalnaja
ul. Knjagininskaja
Jerofejewskij spusk
ul. Komsomolskaja
ul. Museinaja
ul. Gagarina
ul. Bolschaja Moskowskaja
Demetrius-Kathedrale
Bahnhof
pr. Oktjabrskij
ul. 2-ya- Nikolskaja
ul. Woksalnaja
ul. Nikitskaja
Handels-reihen
Park Lipkij
ul. Uritskogo
Sobornaja pl.
Gerichtsbehörde u. Gouvernement-verwaltung
Puschkin-Park
Militär-museum
ul. Bolschaja Moskowskaja
ul. Oktjabrskaja
ul. Muromskaja
Mariä-Himmelfahrts-Kathedrale
Moskau
ul. Spasskaja
ul. Georgiewskaja
Kljasma
Goldenes Tor
Dreifaltigkeits-kirche
ul. Koslow wal
Wladimirskij spusk
ul. Stoljarowa
200 m
©Baedeker
Wasserturm

Essen
① Alexandria
② U Solotych worot
③ Tri peskarja

Übernachten
① Solotoje kolzo
② Wladimir

★★ Goldenes Tor

Bester Ausgangspunkt für einen Stadtspaziergang ist einer der wenigen Reste der mittelalterlichen Befestigungsanlagen: Nur durch das Goldene Tor (Solotyje worota) konnten Reisende die Stadt betreten, da Wladimir landwärts von wuchtigen Erdwällen umgeben war, während die Südseite zum Kljasma hin abfiel. Den wuchtigen Bau hatte Fürst Andrej Bogoljubskij 1164 errichten lassen (ul. Dworjanskaja).

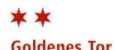

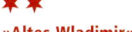

★★ »Altes Wladimir«

Öffnungszeiten:
tgl. 10.00 – 17.00,
Mi. u. Fr. bis 16.00

Vom Goldenen Tor führt ein Abstecher auf dem Koslow-Wall Richtung Fluss zum ehemaligen Wasserturm, der im ausgehenden 19. Jh. errichtet wurde. Das rote Backsteingebäude mit dem eckigen Zeltdach beherbergt die interessante Ausstellung »Altes Wladimir« (»Staryj Wladimir«), die über den städtischen Alltag an der Wende des 19. / 20. Jh. informiert. Von der Aussichtsplattform überblickt man den Kljasma und den Georgijew-Wald, in dem die Fürsten gerne zur Jagd gingen.

⏵ WLADIMIR ERLEBEN

AUSKUNFT

www.vladimir-russia.info
www.vladimir-city.ru/welcome
(auf Englisch)

ESSEN

▶ Erschwinglich

① *Alexandria*
ul. Baturina 33
Tel. (49 22) 33 07 94
Traditionelle russische Küche in
antikem Ambiente.

② *U Solotych worot*
ul. Bolschaja Moskowskaja 15
Tel. (49 22) 32 31 16
Die Speisekarte ist für russische und
europäische Gourmetzungen zusam-
mengestellt, die gelegentlich auch
Live-Musik dazu genießen können.
Hotel angeschlossen.

③ *Tri peskarja*
ul. Bolschaja Moskowskaja 88
Tel. (49 22) 32 54 01
Einziges Fischrestaurant der Stadt.

ÜBERNACHTEN

▶ Komfortabel

① *Solotoje kolzo*
ul. Tschajkowskogo 27
Tel. (49 22) 24 72 08
www.amaks-hotels.ru
240 Z. Modernes Hotel mit Restaurant, Nachtclub und Kasino.

▶ Günstig

② *Wladimir*
ul. Bolschaja Moskowskaja 74
Tel.: (49 22) 32 44 47
www.vladimir-hotel.ru
81 Z. Das älteste Hotel Wladimirs; im
historischen Stadtkern mit Souvenirladen, Friseur und Kiosk im Haus.

Nur durch das Goldene Tor konnten Reisende Wladimir betreten.

Die Hauptstraße hinab erreicht man die klassizistischen Handelsreihen, wo bis heute kleine Geschäfte auf Kundschaft warten (Gostinnyj
dwor, Bolschaja Moskowskaja ul.).

Handelsreihen

Zum 850. Jubiläum schenkte sich die Stadt 1958 ein Denkmal auf
dem Kathedralenplatz. An dem weißem Obelisken sitzt u. a. ein gusseiserner Wladimir auf seinem Thron (Monument w tschest 850-letija
goroda Wladimira).

**Jubiläums-
denkmal**

Der mächtigste Bau von Wladimir thront auf einem Hügel am Südende des Puschkin-Parks. Hoch über dem Kljasma demonstrierte die
majestätische Silhouette vorbeikommenden Schiffen bereits von
weitem den Reichtum der Stadt. Fürst Bogoljubskij ließ die massiv
wirkende Mariä-Himmelfahrts-Kathedrale (Uspenskij sobor) zwischen 1158 und 1160 erbauen; schon die Laurentius-Chronik schildert sie als schönste und prächtigste Kirche der altrussischen Zeit.
Architektonisch lehnt sie sich an das berühmte Höhlenkloster von
Kiew an. Hauptikone wurde das Heiligenbild der Muttergottes, das
den Fürsten auf seinem Weg von
Kiew in die Salesje-Region rund
um Wladimir geleitet hatte. Er
plante sogar den Metropolitensitz
hierher zu verlegen, doch lehnte
Konstantinopel zunächst sein Ge-
such ab, da man durch eine Tei-
lung des Metropolitentums Feind-
schaft unter den Fürsten fürchtete.
Erst 1299 wurde die Metropoliten-
residenz tatsächlich aus Kiew in die
Mariä-Himmelfahrts-Kathedrale
verlegt. Als Hauptsehenswürdigkeit
gelten die **Fresken von Andrej
Rubljow und Daniil Tschjornyj** un-

★ ★

**Mariä-
Himmelfahrts-
Kathedrale**
🕐
Öffnungszeiten:
tgl. außer Mo.
10.00 – 16.45

ℹ️ Ikone der Muttergottes

■ Viele Legenden ranken sich um die Ikone der
Muttergottes von Wladimir: Geschaffen von
byzantinischen Meistern, gehört sie zu den
bekanntesten der russischen Kunstgeschichte.
Einst hatte sie dem Fürsten Andrej Bogoljubskij aus Kiew den Weg nach Wladimir gezeigt
und wurde jahrhundertelang in der Mariä-
Himmelfahrts-Kathedrale im Moskauer Kreml
aufbewahrt; derzeit ist sie in der Tretjakow-
Galerie in Moskau zu sehen (s. S. 392).

ter der Empore im Westteil des südlichen Seiten- und des Mittel-
schiffs. Im Bogen der Chorgalerie sind Szenen des Jüngsten Gerichts
abgebildet: Jesus als Weltenrichter begleitet von zwei Engeln, die die
Toten zum Gericht rufen; vor ihnen knien neben den Aposteln auch
Adam und Eva und die himmlischen Heerscharen. Einige Ikonen der
25 m hohen Ikonostase von 1774 stammen wohl vom legendären
Ikonenmaler Dionysos.

Steigt man eine kleine Treppe links von der Himmelfahrts-Kathedrale hinab, passiert man auf halbem Weg zur Demetrius-Kathedrale
das klassizistische ehemalige Gerichtsgebäude, das nun in ein schönes Kindermuseum und eine Kunstgalerie umgewidmet ist. Seine
Südseite ist der Kljasma, die Nordseite dem Park zugewandt (Sdanije
pristustwennych mest, ul. Bolschaja Moskowskaja 58; Öffnungszeiten: Do. – So. 10.00 – 17.00, Di. u. Mi. 10.00 – 16.00 Uhr).

**Gerichtsbehörde
und Gouverne-
mentverwaltung**

🕐

Der Bruder von Fürst Andrej Bogoljubskij, Fürst Wsewolod III. Großes Nest (Bolschoje Gnesdo) – der Name soll auf seine große Familie
zurückgehen –, ließ 1194 zur Geburt seines Sohnes Dmitrij eine Art
Hofkirche bauen. Zum Zeitpunkt ihrer Entstehung war die im Stil
einer einkuppeligen Vierpfeilerkirche ausgeführte Kathedrale noch in
den Fürstenhof eingebettet, doch steht sie heute isoliert. Sie gilt als
**eine von sieben vormongolischen Kirchen entlang des Goldenen
Rings** und ähnelt der Mariä-Schutz-und-Fürbitten-Kirche an der
Nerl. Drei halbrunde Apsiden mit halbrundem Mauerabschluss verleihen dem schlicht wirkenden Steinbau ein elegantes Aussehen. Der
helle Innenraum überrascht mit prunkvollem Schmuck: Über den
Emporen im westlichen Abschnitt hat man Fresken aus der Anfangs-
zeit der Kirche freigelegt, die das Jüngste Gericht, Christus, die zwölf
Apostel, die himmlischen Heerscharen und das Paradies darstellen.
Doch in erster Linie berühmt ist das Gotteshaus für seine mehr als
1000 Hochrelief-Figuren an der Fassade. Von 50 Steinmetzen geschaffen, stellen sie Gestalten des Alten Testaments, der Antike, aber
auch der Märchenwelt dar, sodass entgegen dem kirchlichen Kanon
auch Ungeheuer oder Helden der griechischen Mythologie abgebildet
sind. An der nördlichen Fassade erkennt man Wsewolod III. Großes
Nest mit seinen Söhnen, im Westen kämpft Herakles mit dem Löwen
von Nemea (Dmitrowskij sobor, ul. Bolschaja Moskowskaja 60).

✶ ✶
**Demetrius-
Kathedrale**

Die Ausstellung im roten Backsteingebäude im pseudorussischen Stil
erinnert an Wladimir über die Oktoberrevolution und bietet Kindern
das **Kindermuseum »Die Höhle des Steinzeitmenschen«** (Istoritscheskij musej, Bolschaja Moskowskaja 64; Öffnungszeiten: Mi. – Mo.
10.00 – 17.00, Mo. u. Do. bis 16.00 Uhr).

**Geschichts-
museum**

🕐

Der Weg zum Fürstinnenkloster neben den Nordwestwällen führt
von der Hauptstraße vorbei an malerischen Holzhäusern auf dem Jerofejewskij Spusk zum Steilufer der Lybed hinab. Fürstin Maria
Scharnowa – Gattin von Wsewolod III. Großes Nest – gründete das
Kloster um 1200; sie wurde hier bestattet, ebenso ihre Schwester Anna, Wsewolods zweite Gattin, sowie Frau und Töchter von Alexander
Newskij. Die Klosterkirche, die Mariä Himmelfahrt-Kathedrale, errichtet an der Wende zum 16. Jh., wirkt durch ihre Kokoschniki-Rei-
hen sehr elegant (Uspenskij Knjaginin monastyr, ul. Knjagininskaja).

**Fürstinnen-
Kloster**

Die Gebrüder Stoletow machten unterschiedliche Karrieren: Während Nikolaj (1834 – 1912) als Armeegeneral für seine Heldentaten
im Russisch-Türkischen Krieg bekannt wurde, entdeckte Alexander
(1849 – 1896) als Physiker den fotoelektrischen Effekt. In ihrem
Wohnhaus wird an sie erinnert (Dom-musej bratjew Stoletowych,
ul. Stoletow 3).

**Stoletow-
Hausmuseum**

← *Über 1000 Relieffiguren schmücken die Fassade*
  der Demetrius-Kathedrale.

Gus-Chrustalnyj
Гусь-Хруста́льный

Kristallmuseum ►

🕐

In der **Hauptstadt der russischen Glasindustrie** (»Kristallgans«), 70 km südlich von Wladimir, produziert die örtliche Kristallfabrik von schlichten Fenstern bis hin zu kitschigen Kronleuchtern alles nur Erdenkliche aus Glas. Einzige Sehenswürdigkeit im Städtchen ist das Kristallmuseum der Kaufmannsfamilie Malzjow, wo man sich im Museumsladen gleich mit Kristallwaren eindecken kann (Musej chrustal im. Malzjowych, ul. Kalinina 1a; Öffnungszeiten: tgl. außer Mi. 10.00 – 17.00 Uhr).

✳ Bogoljubowo (Боголюбово)

Die Architekturdenkmäler von Bogoljubowo und seiner näheren Umgebung, 11 km nordöstlich von Wladimir, gehören zu den Perlen des Goldenen Rings. Das alte Gemäuer des Klosters birgt eine düstere Geschichte: Hier wurde **Fürst Andrej Bogoljubskij Opfer einer Verschwörung**, von seiner Ermordung zeugen heute noch Jahrhunderte alte Wandmalereien.

Die Gründung von Bogoljubowo ist eng mit der wundertätigen Ikone der Mutter Gottes von Wladimir verbunden: Maria war Fürst Andrej Bogoljubskij (1111 – 1174) im Traum erschienen und bat ihn, ihr Bild in die Gegend um Wladimir zu bringen. Der Legende zufolge stoppten die die Ikone tragenden Pferde wenige Kilometer vor der Stadt, da sie den Fluss Kljasma nicht überqueren konnten. Der Fürst, dessen Beinamen sich mit »der von Gott Geliebte« übersetzen lässt, sah dies als Fingerzeig des Himmels und beschloss, seine Residenz genau an diesem Ort zu gründen, wo die Nerl in die Kljasma fließt. Hier konnte er zudem die Wasserwege gut kontrollieren und damit die Macht der Bojaren von Rostow und Susdal einschränken. Die stolze Residenz, zwischen 1158 und 1165 erbaut, konnte ihn allerdings vor Feinden aus den eigenen Reihen nicht schützen: Er fiel einer Verschwörung der Bojaren zum Opfer. Seine Residenz wurde später in ein Kloster umgewandelt.

✳
Kathedrale zur Geburt der Gottesmutter

Das Zentrum der Klostersiedlung bildet die Kathedrale zur Geburt der Gottesmutter (sobor Roschdestwa Bogorodizy), von der jedoch nur ein Teil der Mauer erhalten blieb, den der Treppenturm stützt. Denn nachdem der Igumen Ippolit eine Vergrößerung der Fenster und Änderung des Chors angeordnet hatte, bekam das Gotteshaus Risse und stürzte 1722 schließlich ein. Das alte Fundament wurde in den Wiederaufbau (1751 – 1756) einbezogen. An der Westseite des barocken Neubaus sind noch drei Löwenmasken der alten Kathedrale erhalten.

Treppenturm ►

Vom früheren Fürstenpalast ist nur noch der Treppenturm (Lestnitschnaja baschnja) mit einer Wendeltreppe und einem Bogengang in die Kathedrale zu sehen. Von hier aus konnte der Fürst seine Gemächer erreichen, die sich an Stelle der heutigen Mönchszellen befanden. An den gewaltsamen Tod von Fürst Andrej erinnern die Wandbilder im Bogengang.

Bogoljubowo, Schauplatz einer Bluttat

Konstantin Thon errichtete 1866 die neue Hauptkirche (sobor Bogoljubowskoj ikony Boschej Matery) mit fünf massiven Kuppeln. Sie wurde zu Ehren der Muttergottes-Ikone benannt, die Fürst Andrej mitgebracht hatte. Die Ikone ist im 5. Jh. in Jerusalem entstanden und verblieb bis Mitte des 12. Jh.s in Konstantinopel. Von dort aus gelangte sie zu Fürst Jurij Dolgorukij nach Wischgorod bei Kiew, dessen Sohn Andrej sie 1155 mit in die Region von Wladimir nahm. Heute allerdings wird sie Moskauer Tretjakow-Galerie aufbewahrt.

Kathedrale der Muttergottes-Ikone

Fürst Andrej ließ 1165 auch eine Kirche an der Mündung der Nerl in die Kljasma errichten (zerkow Pokrowa na Nerli). Diese sollte zum einen an seinen im Feldzug gegen die Wolgabulgaren gefallenen Sohn Isjaslaw erinnern, zum anderen den auf dem Wasser vorbeiziehenden Kaufleuten den Reichtum und die Macht seiner Herrschaft demonstrieren. Die einkuppelige Vierpfeilerkirche mit schlanken Bogenfenstern gilt als **das schönste Denkmal altrussischer Baukunst des 12. Jahrhunderts**. Allerdings litten die Fresken beim Umbau im 19. Jh., ebenso der bunte Majolika-Fußboden. In der russischen Literatur wird das Gotteshaus an der Nerl oft mit einem weißen Schwan verglichen. Seit Jahrhunderten lockt die Idylle an der Flussmündung Landschaftsmaler an – die meisten Straßenkünstler, sei es in Wladimir oder auf dem Moskauer Arbat – haben sicher ein Motiv dieser Kirche im Angebot.

★ ★
Mariä-Schutz-und-Fürbitten-Kirche

★ **Jurjew-Poljskij (Юрьев-Польский)**

Das altrussische Städtchen am Goldenen Ring liegt 37 km nordwestlich von Wladimir. Der Susdaler Fürst Jurij Dolgorukij ließ hier 1152 eine Siedlung am Zusammenfluss von Gsa und Kolokscha anlegen und sie durch einen 7 m hohen Erdwall sichern. 1212 wurde sie Machtzentrum eines Teilfürstentums, 1238 jedoch – wie die meisten Orte im Gebiet Susdal / Wladimir von Tataren weitgehend zerstört.

Provinzstädtchen mit sehenswerten Kirchen

Erzengel-Michael-Kloster

Auf dem zentralen Stadtplatz steht das imposante, im frühen 13. Jh. gegründete Erzengel-Michael-Kloster, in seiner heutigen Gestalt aus dem 16. bis 18. Jh. Das wohl schönste Baudenkmal ist der achteckige reich verzierte **Glockenturm** von 1688. Daneben erhebt sich die **Erzengel-Michael-Kathedrale** von 1729, ein im Grundriss viereckiger Bau mit fünf Kuppeln auf recht schlanken Trommeln.

Weiteres Klostergelände ►

Die Torkirche des Gelehrten (Bogoslowskaja zerkow) von 1674, mit vier Bögen und Freitreppe, ist im Stil des Moskauer Barock gehalten. Im Südteil befinden sich das Refektorium und die Mariä-Verkündigung-Kirche (Snamenskaja zerkow) von 1625. Die aus Holz errichtete Georgskirche wurde aus einem nahen Dorf hierher versetzt. Das Kloster ist heute Museum (Michailo-Archangelskij monastyr, ul. 1. Maja 4; Öffnungszeiten: Mi. – So. 9.00 – 17.00 Uhr).

Georgs-kathedrale

Die Georgskathedrale (Georgijewskij sobor) fast unmittelbar hinter dem Erzengel-Michael-Kloster wurde 1254 an Stelle eines Vorgängerbaus in auffällig schlichter Bauweise erbaut: Auf dem würfelförmigen Baukörper thront eine wuchtige Zwiebelkuppel auf breiter Trommel, die das relativ kleine Bauwerk fast zu erdrücken droht. Die Last der Kuppel führte im 15. Jh. wohl zum Einsturz der Kirche; sie wurde mit demselben Material wiederaufgebaut. Fein gearbeitete Figuren zieren die Fassaden; bei genauem Hinsehen entdeckt man sogar einen Elefanten, ein an Kirchen äußerst seltenes Motiv.

Eifriger Glöckner in Murom

✱ ✱ Murom (Муром)

Eine der ältesten Städte des Goldenen Rings ist vor allem mit dem legendären russischen Recken **Ilja Muromez** verbunden. Dank seiner Kirchen und Klöster galt Murom, 150 km südöstlich von Waldimir gelegen, in der Vergangenheit als bedeutender Wallfahrtsort der Orthodoxen, die nun wieder in die Stadt pilgern.

Zu den schönsten klassizistischen Gebäuden von Murom gehören der Wasserturm (ul. Sowjetskaja) und die Handelsreihen in der Altstadt. Beide entstanden als Teil eines Generalbauplans von 1778, den Zarin Katharina für das Städtchen vorgesehen hatte.

Im **Dreifaltigkeitskloster** verschmelzen Moskauer Barock mit der Architektur von Susdal und der Wolgaregion: Die würfelförmige Kirche ist mit aufwändig gestalteten Friesen, Blendarkaden, Kokoschniki sowie fünf schlanken Kuppeln geschmückt; die Kasaner Kirche ebenso reich mit Ornamenten.

Zwei achteckige Glockentürme und das Sergej von Radonesch geweihte Holzkirchlein ergänzen das Ensemble. Die **Relikte des Fürstenpaars Pjotr und Fewronija,** die Schutzpatrone für Liebe und Ehe, ruhen hier im Kloster, das heute als Waisenkinderhaus genutzt wird (ul. Kommunistitscheskaja).

Das **Mariä-Verkündigungs-Kloster** gegenüber ist 1533 von Iwan dem Schrecklichen zur Aufbewahrung der Gebeine des Fürstenpaars Konstantin und seiner Gattin Irina errichtet worden. Sie sind an der Mauer der Hauptkathedrale des Klosters bestattet (Blagoweschtschenskij monastryr, ul. Pjerwomajskaja).

> **i Ilja Muromez**
>
> ■ Ilja Muromez, geboren im Dörfchen Karatschajewo bei Murom, wird in den Bylinen, mittelalterlichen russischen Heldensagen, wegen seiner übernatürlichen Kräfte besungen, mit denen er die besetzte Stadt Kiew befreit haben soll. Er ist als einzige Sagengestalt von der russisch-orthodoxen Kirche heilig gesprochen worden! Alljährlich Ende Mai ehrt man den legendären Recken beim Altrussischen Heldenfestival (Festival Bogatyrskoje rasdolje).

Nahe der Oka erhebt sich diese weißgetünchte Klosteranlage (Woskressenskij monastyr), die den vorbeifahrenden Schiffen den Reichtum von Murom demonstrieren sollte.

✴
Auferstehungskloster

Die umfangreiche Sammlung altrussischer Kunst hat dem Museum seinen Beinamen »Kleine Eremitage« eingebracht. Das Gebäude gegenüber vom Auferstehungskloster gehörte der Kaufmanns-Dynastie Sworykin, deren Spross Wladimir (1889 – 1982) als einer der »Väter des modernen Fernsehens« gilt. Er erfand 1923 die Ikonoskopröhre, die Bilder abtasten und in elektrische Signale zerlegen konnte, und 1929 die Kineskopröhre, eine Vorläuferin der heutigen Bildröhre (Muromskij Istoriko-chudoschestwennyj i memorialnyj musej, ul. Perwomajskaja 4).

✴
Historisches Kunstmuseum

✴ Wolgograd (Volgograd)

Region: Wolgogradskaja oblast
Höhe: 51 m ü.d.M.

Einwohner: knapp 1 Mio.
Kyrillisch: Волгоград

Mit erhobenem Schwert wacht Mutter Heimat über Wolgograd: Das monumentale Denkmal auf dem Mamajew-Hügel ist zum Sinnbild der Erinnerung an die grausamste Schlacht des Zweiten Weltkriegs geworden. Das frühere Stalingrad ist Mythos und Mahnmal zugleich.

Wolgograd Orientierung

Essen
① La Bamba
② Steak House

Übernachten
① Juschnaja
② Wolgograd

Ausgehen
① Maxsim

Wer nach Wolgograd reist, muss sich mit dem Zweiten Weltkrieg auseinandersetzen. **Hier tobte im Winter 1942/1943 die erbittertste Schlacht des Zweiten Weltkriegs**, die die unvorstellbare Zahl von ca. 700 000 Toten forderte und die Wende des Kriegs einläutete. Erinnerungsstätten und Denkmäler beherrschen heute die damals völlig zerstörte Stadt, die sich buchstäblich aus der Asche erhob. Entsprechend dominiert nüchterne Sowjetarchitektur. Im Sommer gibt sich Wolgograd, das sich über 70 km entlang der Wolga erstreckt, mit seiner Promenade und den Grünanlagen recht freundlich.

Geschichte Ob es nun der »gelbe Sand« oder das »trübe Wasser« war, das der 1589 gegründeten Festung **Zarizyn** ihren Namen verlieh, ist nicht geklärt. Auf alle Fälle sollte das Bollwerk Russland nach Süden absichern und den Handelsweg auf der Wolga freihalten. Nach der Einverlei-

⏵ WOLGOGRAD ERLEBEN

AUSKUNFT
www.volgograd.ru (nur Russisch)

ESSEN
► Erschwinglich
① *Latino-Café La Bamba*
ul. Tschujkowa 4a
Tel. (84 42) 91 93 35
Original Schweizer Fondue in tropischem Ambiente.

② *Steak House*
ul. Sowjetskaja 11
Tel. (84 42) 50 39 50
Uriges Restaurant mit Ziegelsteinwänden.

ÜBERNACHTEN
► Komfortabel
① *Juschnaja*
ul. Rabotsche-Krestjanskaja 18
400074 Wolgograd
Tel. (84 42) 90 11 11
www.hotel-ug.ru
170 Z. Modernisiertes Sowjet-Hotel

► Günstig
② *Hotel Wolgograd*
ul. Mira 12
Tel. (84 42) 40 80 30
www.hotelvolgograd.ru
187 Z. Monumentaler fünfstöckiger Bau in der Innenstadt.

AUSGEHEN
① *Club Maxsim*
ul. Newskaja 2a
Die Nachfolgerin des populären Ibiza-Tanzklubs verspricht ebenso angesagte Partymusik von der Urlaubsinsel.

bung von Krim und Kuban-Region verlor Zaryzyn seine strategische Bedeutung. Der Bürgerkrieg (1918 – 1920) sollte sich als Vorbote für die späteren Ereignisse herausstellen: Bereits damals tobten erbitterte Kämpfe um die Verbindungen von Süden nach Moskau und St. Petersburg. Stalin organisierte dabei die Lebensmittelversorgung der Stadt, was zum Erfolg der Roten Armee beitrug und so erhielt sie 1925 seinen Namen. Rasch wurde im nunmehrigen **Stalingrad** die Industrialisierung vorangetrieben, etwa mit dem ersten Traktorenwerk der Sowjetunion »Dserschinskij«, wo später der legendäre T-34-Panzer vom Band rollte. Die Stahlgießerei Roter Oktober beschäftigte 20 000 Arbeiter; auch die Ölraffinerie beschäftigte Tausende. Traurige Berühmtheit erlangte Stalingrad im Zweiten Weltkrieg (► Baedeker-Special 568). Kurz nach Ende der Kämpfe begann der Wiederaufbau und schon 1945 verlieh man Stalingrad den Beinamen Gorod geroj (»Heldenstadt«). Im Zuge der Entstalinisierung kam es 1961 zur Umbenennung in **Wolgograd**. Zu Sowjetzeiten besuchten jährlich 4 Mio. Menschen die Stadt, heute ist das Interesse deutlich gesunken. ◄ weiter auf S. 578

WENDEPUNKT DES WELTKRIEGS

Stalingrad ist zum Synonym für die erbittertste Schlacht des Zweiten Weltkriegs geworden: Sie war der Wendepunkt des Kriegs, denn hier wurde der Vormarsch der deutschen Truppen erstmals gestoppt und die Wehrmacht verlor den Nimbus der Unbesiegbarkeit.

Hitler trieb die Einnahme von Stalingrad aus mehreren Gründen voran: Die Stadt war eine industrielle Hochburg, lag an einer der Hauptversorgungsadern des Landes, der Wolga, und sie war eine weitere Etappe auf dem Weg zu den kaukasischen Ölfeldern. Nicht zuletzt hatte sie für ihn aber einen großen symbolischen Wert – war sie doch **die Stadt Stalins, die es zu bezwingen galt**.

Aussichtslose Situation

Demzufolge sollte die 4. Panzerarmee zum Kaukausus vorstoßen, während die von General Paulus geführte 6. Armee, unterstützt von italienischen, rumänischen und ungarischen Verbänden und einer spanischen Freiwilligen-Division –280 000 Mann – Stalingrad einnehmen sollte, was eine Zersplitterung der Kräfte bedeutete. Ende August 1942 griff die Wehrmacht an und hatte gute zwei Monate später 90 % der Stadt erobert. Doch am 19. November startete die Rote Armee den Gegenangriff und kesselte schon drei Tage darauf die deutschen Truppen ein. Hitler sicherte, den

leeren Versprechungen Görings folgend, die Versorgung aus der Luft zu, die jedoch zu keinem Zeitpunkt auch nur annähernd ausreichte. Zur **katastrophalen Versorgungslage** – die Tagesration betrug zwei Scheiben Brot, erste Hungertote wurden ab Dezember gemeldet – kamen eisige Temperaturen von bis zu -40 C. Entsatzversuche von Südwesten her scheiterten am Widerstand der Sowjetarmee, nachdem Hitler zuvor schon einen Ausbruchsversuch untersagt hatte. Er hatte für die 6. Armee nur noch einen am 23. Dezember ausgegebenen **Durchhaltebefehl** übrig und gab sie damit praktisch auf. Als das sowjetische Oberkommando General Paulus am 8. Januar 1943 eine ehrenvolle Kapitulation anbot, lehnte dieser ab. Das Ultimatum lief zwei Tage später aus und die Rote Armee begann mit dem Generalangriff und teilte Stalingrad in einen Süd- und einen Nordkessel.

Am 30. Januar, während in Stalingrad noch gekämpft wurde, verkündete Göring in seiner »Leichenrede« im Berliner Luftfahrtministerium be-

Sowjetische Soldaten im Häuserkampf

reits, dass alle Angehörigen der 6. Armee gefallen seien. Paulus kapitulierte erst am 31. Januar 1943 im Südkessel, der Nordkessel folgte zwei Tage später.

Die Folgen

Rund 150 000 deutsche und verbündete Soldaten waren direkt im Kampf getötet worden, verhungert oder an Erschöpfung gestorben. Die sowjetischen Verluste werden mit ca. 500 000 angegeben, hinzu kommen Zehntausende von toten Zivilisten durch Luftangriffe und Artilleriebeschuss, denn Stalin hatte die Evakuierung zunächst verboten. 91 000 deutsche Soldaten gingen in Gefangenschaft. Nur 6000 von ihnen sollten zurückkehren, manche erst 1955.

Nach Stalingrad diktierte die Rote Armee zunehmend das Geschehen an der Ostfront. Doch die Schlacht war weit mehr als eine militärische Niederlage für Hitlerdeutschland, denn erstmals erkannten große Teile der deutschen Bevölkerung die **Lügen der nationalsozialistischen Kriegspropaganda** und war der Glaube an den »Endsieg« nachhaltig erschüttert. Auch die Ausrufung des »totalen Kriegs« durch Goebbels am 18. Februar 1943 im Berliner Sportpalast konnte daran nichts mehr ändern. Stalingrad war der Wendepunkt des Kriegs geworden.

Als die Kämpfe im Februar 1943 eingestellt wurden, lebten nur noch 1500 Menschen in der Stadt, die vor der Schlacht mehr als eine halbe Million Einwohner hatte und von der nun so gut wie nichts mehr übrig war. Wolgograd wurde buchstäblich auf Skeletten neu erbaut und bis heute sind menschliche Knochenfunde immer noch keine Seltenheit. Zum 60. Jahrestag der Schlacht von Stalingrad wurden Stimmen laut, die eine Rückbenennung von Wolgograd forderten – was allerdings nicht geplant ist.

91 000 deutsche Soldaten gingen in Gefangenschaft.

GEDENKSTÄTTE MAMAJEW-HÜGEL

★★ Unübersehbar reckt 3 km nördlich des Zentrums von Wolgograd »Mutter Heimat« ihr Schwert in die Höhe. Die riesige Skulptur ist der Mittelpunkt der Gedenkstätte für die Schlacht von Stalingrad, deren Bau 1959 begonnen wurde und 1967 vollendet war. Mag der Sowjetmonumentalismus heute vielleicht befremdlich erscheinen, so sollte man nicht vergessen, dass dies die wichtigste Kriegsgedenkstätte desjenigen Landes ist, das im Zweiten Weltkrieg, dem »Großen Vaterländischen Krieg«, 20 Mio. Tote zu beklagen hatte.

🕐 Öffnungszeiten:
tgl. 9.00–18.00 Uhr
http://mamayevhill.volgadmin.ru
(auch auf Deutsch)

① »Bis zum Tode stehen«
Die Skulptur »Bis zum Tode stehen« symbolisiert das Durchhaltevermögen der Sowjetsoldaten in der schwierigsten Phase der Schlacht.

② Ruinenmauern
Zu beiden Seiten des Aufgangs haben Bildhauer auf Ruinenmauern aus Stalingrad Reliefs angebracht: links der Schwur der Verteidiger und rechts die Schlacht. Aus Lautsprechern ertönen Kriegslieder und authentische Frontberichte.

③ Heldenplatz
Das 26 x 86 m große Wasserbecken symbolisiert die Wolga. Es wird links von einer 112 m langen, eine Fahne darstellenden Wand begrenzt. Rechts stehen sechs jeweils 6 m hohe Skulpturen, die den Heldenmut der Verteidiger Stalingrads verkörpern.

④ Reliefwand
Die 125 x 10 m große Reliefwand unterhalb der Ruhmeshalle zeigt u. a. den Jubel der Soldaten nach dem Ende der Schlacht.

⑤ Ruhmeshalle
In der Ruhmeshalle hält eine überdimensionale Hand die Fackel mit dem Ewigen Feuer in die Höhe. Soldaten halten die Ehrenwache, dazu ertönt Schumanns »Träumerei«.

⑥ Trauerplatz
Bei der Skulptur »Trauernde Mutter« ist Wassilij Tschuikow (1900 – 1982) begraben, Marschall der Sowjetunion und Oberbefehlshaber der 62. Armee, die die Schlacht von Stalingrad auf sowjetischer Seite schlug.

⑦ »Mutter Heimat ruft«
Die inkl. Schwert 86 m hohe Frauengestalt »Mutter Heimat ruft« stellt Nike dar, die Göttin des Sieges. Die Skulptur wiegt 8000 t und steht in einem 16 m tiefen Fundament. Zu ihren Füßen sind 34 505 sowjetische Soldaten begraben.

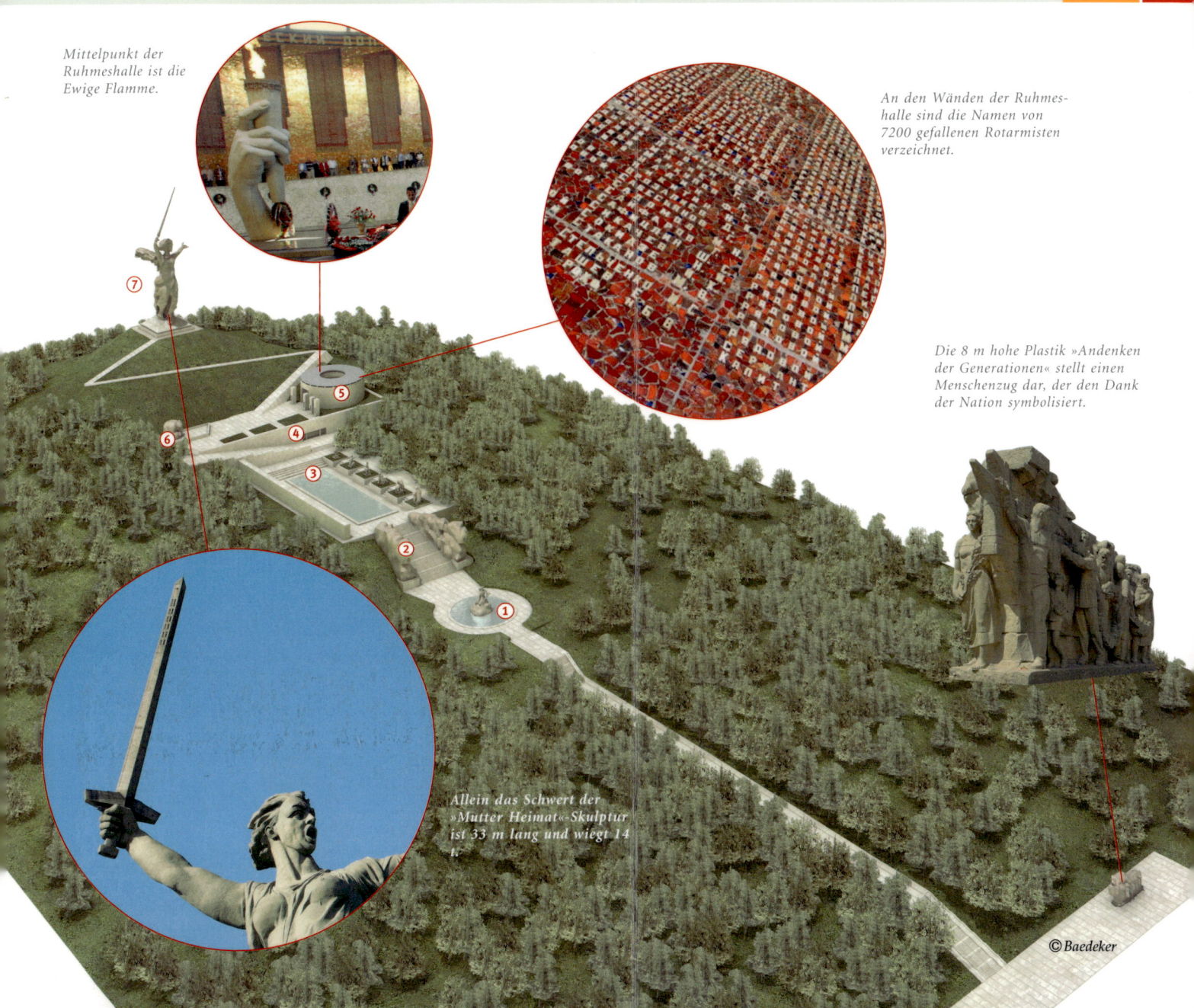

Mittelpunkt der Ruhmeshalle ist die Ewige Flamme.

An den Wänden der Ruhmeshalle sind die Namen von 7200 gefallenen Rotarmisten verzeichnet.

Die 8 m hohe Plastik »Andenken der Generationen« stellt einen Menschenzug dar, der den Dank der Nation symbolisiert.

Allein das Schwert der »Mutter Heimat«-Skulptur ist 33 m lang und wiegt 14 t.

© Baedeker

Sehenswertes in Wolgograd

Wolga und Innenstadt

Siegespark ▶

Wer am Flusshafen anlegt, muss die 100 Stufen der imposant weitläufigen Treppe erklimmen, um in die Innenstadt zu gelangen. Dorthin führt der Weg geradeaus durch die Alleja Gerojew (Heldenallee) zu einem monumentalen Denkmal in den Siegespark. Linkerhand steht die Musikalische Komödie, die nicht immer als Theater genutzt wurde, denn im Zweiten Weltkrieg hatte hier die Wolga-Kriegsflotte ihren Kommandostab. Stadteinwärts ragen auf dem ploschtschad Pawschych Borzew (Platz der gefallenen Krieger) ein 26 m hoher Obelisk und die Ewige Flamme empor.

★

Museum im Kaufhaus ▶

General Paulus, Kommandeur der 6. Armee, hatte im Keller des **Kaufhauses Univermag** seinen Befehlsstand, in dem er bis zum 31. Januar 1943 mit seinem Stab ausharrte. In den Räumen dokumentiert ein kleines Museum die Kriegsereignisse. Im Gegensatz zu anderen Museen in der Stadt wird der sowjetische Heldenkult hier weit weniger gepflegt, vielmehr lässt man die Räumlichkeiten und Filmsequenzen auf die Betrachter wirken (Eingang durch das Kaufhaus).

Geschichtsmuseum

🕐

Hier wird die Zeit dokumentiert, als die Wolgograd noch Zaryzin hieß, v. a. die Geschichte des Bürgerkriegs (Wolgogradskij memorialno-istoritschewskij musej, ul. Gogolja 10; Öffnungszeiten: tgl. außer Di. 10.00–18.00 Uhr).

Museum der Bildenden Künste

Das einzige Kunstmuseum der Stadt bietet eine interessante Sammlung russischer Werke mit Schwerpunkt auf den Künstlern der Stadt und der Wolgaregion (prospekt Lenina 21).

Panorama-Museum »Schlacht von Stalingrad«

Im Panorama-Museum veranschaulicht ein monumentales Gemälde die Schlacht von Stalingrad, wie sie der Betrachter vom Mamaj-Hügel aus erlebt haben könnte. Mit seinen Ausmaßen von 16 x 120 m gilt es als **eines der größten Gemälde in Russland**. Eine Porträtgalerie sowjetischer Heerführer der Schlacht sowie vier weitere Panoramabilder ergänzen die Ausstellung. Im Museum erhält man auch Einblick in erschütternde Feldpostbriefe von Wehrmachtsoldaten. Seit der Perestrojka gibt es außerdem einen Saal zum (russischen) Afghanistan-Krieg. Im Außenbereich stehen Panzer, Raketenwerfer und Geschütze.

Mühlen-Ruine

🕐

Zum Museumskomplex gehört auch die Ruine der Stalingrader Stadtmühle. Sie wurde als einziges zerstörtes Gebäude nach dem Krieg stehen gelassen – als Mahnmal (Melniza, ul. Tschujkowa 47; Öffnungszeiten: tgl. 10.00–18.00, Nov.–April bis 17.00 Uhr).

★★

Mamajew-Hügel und Mutter Heimat *s. 3 D zuvor*

Hauptsehenswürdigkeit Wolgograds ist natürlich die **monumentale Gedenkstätte** auf dem Mamajew-Hügel (Mamajew Kurgan) über der Wolga 3 km nördlich außerhalb der Stadt. Um die von der Wehrmacht so bezeichnete »Höhe 102« lieferten sich deutsche und

![Das Panorama-Museum ist Wolgograds zentrales Museum über die Schlacht von Stalingrad.](Panorama-Museum)

Das Panorama-Museum ist Wolgograds zentrales Museum über die Schlacht von Stalingrad.

sowjetische Truppen monatelang mörderische Kämpfe, denn sie war als höchste Erhebung Stalingrads von großer strategischer Bedeutung.

Umgebung von Wolgograd

Mitglieder der Herrnhuter Brüdergemeine aus der Niederlausitz gründeten 1765 südlich des heutigen Wolgograd inmitten der Kalmückensteppe das evangelisch-lutherische Dorf Sarepta. In einem kleinen Museum sind alte Möbel und Gebrauchsgegenstände der deutschen Kolonisten zu sehen; zum **Freilichtmuseum** gehören auch eine deutsche Bibliothek und eine Orgel, beides Geschenke des Landes Nordrhein-Westfalen. Die Stelen-Komposition »Equilibrio« war ein Geschenk von Sareptas Partnerstadt Köln anlässlich des 60. Jahrestages des Kriegsendes. In der Stadt wird Senf nach altem deutschem Rezept hergestellt (Haltestelle Krasnoarmejskaja, etwa eine Stunde Fahrzeit ab Zentralbahnhof Wolgograd-1).

Alt-Sarepta
Сарепта
Öffnungszeiten:
Mo – Fr.
8.00 – 17.00

Wer eine Schiffsfahrt von ►Rostow am Don nach Wolgograd unternimmt, fährt hier entlang: Südlich von Wolgograd beginnt der 101 km lange Wolga-Don-Kanal (Wolgodonskij kanal), der nicht nur Wolga und Don, sondern auch das Schwarze mit dem Kaspischen Meer verbindet. Das Bauwerk ist ein weiteres **Beispiel für die stalinistische Gigantomanie**, mit dem bereits vor dem Zweiten Weltkrieg begonnen wurde. Der Preis für den 1952 eingeweihten Kanal: Mehr als 15 000 GULag-Häftlinge starben an Entkräftung, Unterernährung und Krankheit. 13 Schleusen überwinden 88 Höhenmeter auf der Wolga und 44 m auf dem Don und können Schiffe bis zu 5000 BRT passieren lassen. An der Mündung des Kanals in die Wolga begrüßt **die größte Lenin-Statue Russlands** die Reisenden.

Wolga-Don-Kanal

Kriegsgräber-
stätte
Rossoschka
Россошка

Wo sich, 30 km nordwestlich von Wolgograd, bis 1942 das Dorf Rossoschka ausdehnte, liegen heute inmitten einer weitläufigen Steppenlandschaft die **Grabfelder russischer und deutscher Gefallener**. Die Zahlen sind erschütternd: Auf russischer Seite sind 500, auf deutscher 50 000 Soldaten begraben! Eine Ringmauer umgibt den zentralen Teil des Friedhofs; ein Weg führt als Achse zu einem Hochkreuz aus Metall. Auf 107 großen Granitwürfeln sind die Namen von 103 234 vermissten deutschen Soldaten verewigt.

Flugplatz
Gumrak ▶

Der in der Nähe liegende Flugplatz Gumrak war während der Einkesselung Stalingrads die einzige Verbindung der deutschen Truppen nach draußen.

✱ Wologda (Vologda)

De 16

Region: Wologodskaja oblast	**Einwohner:** 294 000
Höhe: 106 m ü.d.M.	**Kyrillisch:** Вологда

Fragt man einen Russen, was er mit Wologda verbindet, dürften die meisten zuerst die traditionelle Spitzenklöppelei und die leckere Butter nennen. Doch auch das Kreml-Ensemble mit den silbernen Türmchen lohnt die Anreise in den hohen Norden.

Das alte Russland
erleben

Das Stadtbild prägen Kirchen, Holzhäuser und niedrige Bürgerhäuser aus dem 19. Jahrhundert. Wologda gehört zu den alten Städten des russischen Nordens: Erstmals taucht es 1147 in den Chroniken auf, als der heilige Mönch Gerasimus »Wundertäter« den Grundstein für das Dreifaltigkeits-Kloster und somit auch für die Stadt legte. Wologda sollte wegen seiner Anbindung an das Weiße Meer das »Tor zu Europa«, aber auch zum Ural und zu Sibirien werden, aber es lockte auch Händler aus England und Holland an, die Holz aus der waldreichen Umgebung bezogen. Mit der Gründung von St. Petersburg 1703 verlor Wologda seine Bedeutung. Die abgeschiedene Lage trug allerdings dazu bei, dass Wolgoda von Kriegen nahezu verschont blieb – mit Ausnahme des Bürgerkriegs (1918–1920), als der Generalstab von Wologda aus die Militäroperationen im Norden koordinierte – und entsprechend gut ist die Altstadt erhalten. Mitte des 1920er-Jahre setzte die Industrialisierung ein und viele fanden eine Beschäftigung im neuen Holzkombinat Sjewernyj kommunar. Der Flugzeugkonstrukteur **Sergej Iljuschin** wurde in der Nähe von Wologda geboren.

Sehenswertes in Wologda und Umgebung

Kreml

Im Lauf von vier Jahrhunderten entstand der wundervolle Kreml, dessen Kirchen, Glockentürme und sonstige Gebäude zu einem harmonischen Ganzen verschmelzen. Auf dem Hauptplatz, außerhalb

► WOLOGDA ERLEBEN

AUSKUNFT
www.vologda-oblast.ru (auch Deutsch)
www.vologda-city.ru (nur Russisch)

ESSEN
► Fein & Teuer
Moon Café
ul. Mira 82
(Einkaufszentrum Oasis, 5. Etage)
Tel. (81 72) 37 04 11
Stylisches Lounge-Café mit Steaks, Pasta, Salat und hausgemachten Trüffeln.

► Erschwinglich
Kyoto
ul. Lermontowa 19
Tel. (81 72) 72 06 27
Vorzügliche japanische Küche, zuvorkommende Bedienung.

ÜBERNACHTEN
► Komfortabel
Nikolajewskij Klub
ul. Kostromskaja 14
Tel. (81 72) 76 58 88
http://hotel.nikolaevskiy.ru/

57 Z. Aristokratisch anmutendes Haus; im Restaurant Blini in allen Variationen (mit Sauerrahm, Kaviar oder Orangensauce).

Angleterre
ul. Lermontowa 23
Tel. (81 72) 76 24 36
Fax 72 16 87
www.angliter.ru
25 Z. Klassisch-elegantes neues Hotel im Zentrum.

► Günstig
Monastyrskije kely (Mönchszellen)
Auf dem Gelände des Sumorina-Klosters bei der Siedlung poseljonok Lesotechnika etwa 700 m westlich des Zentrum von Totma
Tel. (8 17 39) 2 27 96
Eine Nacht in einer ehemaligen Mönchszelle (für jeweils zwei bis vier Personen) wird zum unvergesslichen Erlebnis; Das Kloster liegt in einem kleinen Waldstück am Ufer der Pesja Denga. Gegen einen geringen Aufpreis bekommt man auch einen Fernsher ins Zimmer.

---

der Mauern, thront die weiße Sophienkathedrale mit ihren gräulich-silberfarben schimmernden Zwiebelkuppeln – nicht nur das schönste, sondern auch das älteste Gebäude des Areals. 1571 geweiht, war sie die erste Steinkirche der Stadt. Innen schmücken Fresken des Jaroslawler Meisters Dmitrij Plechanow die Wände; die Ikonostase wird Meister Maxim Iskritskij zugeschrieben. Sehr schöne Melodien erklingen vom achtgeschossigen Glockenturm. ◄ Sophien-kathedrale

Der 1676 fertig gestellte Hof des Erzpriesters nebenan umfasst mehrere Gebäude. In einem zeigt das **Museum für Geschichte und Architektur** u. a. ein Skelett aus dem 2. Jh. v. Chr. und eine Auswahl der berühmten Spitzen aus Wologda. Im ehemaligen Wirtschaftsgebäude gibt es einen Souvenirladen, während man sich im Südwest-Turm bei einem Tee stärken kann. Es schließt sich an das Haus des Erzpriesters mit Archiven und einer Bibliothek. ◄ Hof des Erzpriesters

Kunstgalerie Die barocke Auferstehungs-Kathedrale (Woskressenskij sobor) nimmt den Platz des nordöstlichen Kreml-Eckturms ein und ist heute Kunstgalerie. Neben altrussischen Ikonen zeigt sie bekannte Werke russischer Maler wie Lewitan, Wrubel, Nesterow oder Benua und auch westeuropäische Malerei des 17. bis 19. Jh.s (Kremljowskaja ploschtschad 3; Öffnungszeiten: Mi. – So. 10.00 – 17.00 Uhr).

> ! **Baedeker** TIPP
>
> **Wologdaer Spitze**
>
> Die Spitzen von Wologda zeichnen sich durch gleichmäßige, klare Linien und symmetrische Windungen aus. Traditionell wird in Paartechnik gearbeitet, bei der Motiv und Hintergrund gleichzeitig geklöppelt werden, oder in die Trenntechnik, bei der einzelne Applikationen hergestellt und später verbunden werden. Auch mit Gold- und Silberfäden wird bis heute gerne gewebt, auch wenn es nur noch die Farbe und nicht das Edelmetall ist, das verwendet wird. Größter Hersteller ist »Sneschinka«.

Ein ungewöhnliches lindgrünes Holzhaus in der Altstadt birgt eine liebevoll gestaltete Ausstellung: In der »**Welt der vergessenen Dinge**« wird das Alltagsleben der Stadtbewohner vor der Gründung der Sowjetunion geschildert (Wystawotschnyj kompleks/Mir sabytych weschtschej, ul. Leningradskaja 6, Tel. 81 72 / 25 14 17)

★
Museum des diplomatischen Corps Ein ungewöhnliches Museum, das man wohl kaum in der russischen Provinz vermuten würde: Als die westlichen Botschafter 1918 gezwungen waren, ihre diplomatischen Missionen im Zuge des Bürgerkriegs aus Petrograd zu evakuieren, wählte US-Botschafter David Francis auf der Karte einfach einen neuen Standort – heraus kam Wologda. Und tatsächlich bot die Stadt den ausländischen diplomatischen Missionen für einige Monate Exil (Musej diplomatitscheskogo korpusa, ul. Gerzena 35).

Lenin-Stätte In einer Wohnung im Haus des Kaufmanns Samarin lebte ein Teil der Familie Uljanow zwischen 1912 und 1914 in der Verbannung ⊙ (Wystawotschnyj sal, Sowjetskij prospekt 16a; Öffnungszeiten: Di. bis Sa. 10.00 – 17.00 Uhr).

★
Museum Peters des Großen Im einstöckigen Häuschen mit dem grün-weißen Dach, das anlässlich des Besuchs einer holländischen Familie Anfang des 18. Jh.s errichtet wurde, erinnert das älteste Museum der Stadt seit 1885 an Zar Peter den Großen und seine Zeit (Dom-musej Petra I, Sowjetskij ⊙ prospekt 47, nahe dem Flusshafen; Öffnungszeiten: Di. – Sa. 10.00 bis 17.00 Uhr).

Freilichtmuseum Semjonkowo Семьонково Auf dem Weg nach ▶ Kirillow, 12 km nordwestlich von Wologda, liegt das Dörfchen Semjonkowo. Einige schöne Holzbauten aus dem später 19. und frühen 20. Jahrhundert wurden aus der Region zusammengetragen und sind in diesem Freilichtmuseum zu sehen (Architekturno-etnografitscheskij musej; Öffnungszeiten: tgl. 9.00 bis ⊙ 17.00 Uhr).

Totma (Тотьма)

Dass das provinzielle russische Städtchen Totma (11 000 Einw., 220 km nordwestlich von Wologda) auch in Amerika bekannt ist, verdankt es seinem Bewohner **Iwan Kuskow**, der in Kalifornien den Handelsplatz Fort Ross gründete. Mit der Entdeckung großer Salzvorräte im 13. Jh. entwickelte sich Totma rasch zu einem Zentrum der Salzsiederei und dank der Lage am Suchona-Fluss auch zur Handelsmetropole, doch setzte im 18. Jh. der Niedergang ein. Beliebt ist Kunsthandwerk aus Totma, vor allem Holzschnitzerei, wie man überhaupt von der Holzverarbeitung und auch von der Nahrungsmittelindustrie lebt. Zudem gibt es einige Kursanatorien.

Auf dem zentralen Platz thront die aus zwei Gotteshäusern bestehende Christi-Geburt-Kathedrale (Zerkow Roschdestwa Christowa). Gleich nebenan befinden sich die Mariä-Himmelfahrts-Kathedrale und das moderne Hotel Rasswjet.

Christi-Geburt-Kirche

Die Mariä-Himmelfahrts-Kathedrale von 1808 dient heute als **Museum für Sakralkunst**; einige der ausgestellten Ikonen aus dem späten 15. Jh., die Johannes den Täufer sowie den Heiligen Nikolaus darstellen, gelten als besonders wertvoll (Musej zerkownoj stariny / Zerkow Uspenja, naberescheknaja Kuskowa 7). Archäologische Funde, Münzen, Waffen sowie russische Kunst des 19. und 20. Jh.s findet man im **Heimatmuseum** im ehemaligen Priesterseminar (Totemskij krajewedscheskij musej, ul. Woroschilowa 44).

An einen der bekanntesten Bürger der Stadt erinnert die Kuskow-Gedenkstätte. Iwan Kuskow (1765–1823) gründete 1812 als Mitarbeiter der Russisch-Amerikanischen Handelsgesellschaft die Siedlung **Fort Ross** nördlich von San Francisco. Bis heute pflegt man dort die Erinnerung an den Handelsplatz und die »russische Festung« (Fort Ross) in Form eines historischen Parks. Mehr als 30 Jahre war Kuskow fern seiner Heimat; er starb nur drei Monate nach seiner Rückkehr nach Totma und wurde im Erlöser-Sumorin-Kloster beigesetzt (Dom-musej I. A. Kuskowa, Tschkalowskij pereulok 10).

Kuskow war nicht der einzige Bürger Totmas, der über die Weltmeere segelte. Die Seefahrer Grigorij und Pjotr Panow ließen die barocke Kirche des Einzugs des Herrn in Jerusalem errichten, in der seit einigen Jahren ein **Seefahrer-Museum** untergebracht ist (Musej Morechodow/Wchodoierusalimskaja zerkow, ul. Lenina 1).

Museen
🕐
Öffnungszeiten: tgl. außer Sa. 10.00 – 17.00

◀ Kuskow-Gedenkstätte

Der Verwalter der Salzsiederei von Totma, Feodossij Sumorin, stiftete 1554 auf einer kleinen Landzunge am Zusammenfluss von Kowja und Pesja Denga das seinen Namen tragende Kloster, von dem nur noch Teile erhalten sind. In der Christi Verklärung-Kirche zeigt heute ein Museum russische Gemälde des 19. und 20. Jh.s, kunstgewerbliche Erzeugnisse, Möbel und altes Arbeitsgerät (Kompleks Spasso-Sumorina monastyrja, Poseljonok Lesotechnika).

Erlöser-Sumorin-Kloster

Woronesch (Voronež)

De 20

Region: Woroneschskaja oblast
Höhe: 154 m ü.d.M.

Einwohner: 850 000
Kyrillisch: Воронеж

Von den hiesigen Kartoffeln heißt es, dass sie schmackhafter seien als anderswo. Dafür ist der Ackerboden verantwortlich: Woronesch am Fluss gleichen Namens ist die größte Stadt des fruchtbaren Schwarzerdegebiets im Südwesten Russlands..

Geschichte

Auch wenn die Chroniken Woronesch bereits 1177 erwähnen, wird die offizielle Stadtgründung mit 1585 angegeben, als mit dem Bau einer hölzernen Festung gegen die Tataren begonnen wurde. Zar Peter der Große bescherte der Stadt den wirtschaftlichen Aufschwung, denn am Ufer des gleichnamigen Flusses ließ er 1698 eine Flotte bauen. Über den mächtigen Don, der nur 10 km entfernt fließt, gelangten die Seefahrer des Zaren ins Asowsche und weiter ins Schwarze Meer. Bald ließen sich auch ausländische Händler in einer eigenen Siedlung nieder. Galt Woronesch im ausgehenden 17. Jh. noch als eine der wichtigsten Städte Russlands, verlor es mit der Gründung St. Petersburgs jedoch seine Bedeutung. Im Zweiten Weltkrieg belagerte die deutsche Wehrmacht ab Herbst 1942 mehr als 200 Tage lang die Stadt. Zu Sowjetzeiten siedelten zunehmend Industriebetriebe an, die noch heute prodizieren, u. a. Verkehrsflugzeuge von Iljuschin. Unweit der Stadt, in Nowoworonesch, wurde 1957 das erste zivile Kernkraftwerk der Sowjetunion in Betrieb genommen.

❓ WUSSTEN SIE SCHON …?

■ »Sowjetische Wissenschaftler haben die Landung eines unbekannten Flug-Objekts in einem Park in der russischen Stadt Woronesch bestätigt. Sie haben auch die Landestelle identifiziert und Spuren von Außerirdischen gefunden, die einen kleinen Spaziergang im Park gemacht haben.« So die TASS-Meldung vom 27. September 1989 – die erste amtliche Nachricht über eine UFO-Landung. Weitere Meldungen: Fehlanzeige.

Sehenswertes in Woronesch

Mariä-Verkündigungs-Kathedrale

Die bedeutendste Kathedrale der Stadt wurde erst 1999 fertiggestellt. Als Standort für die mächtige weiße Kirche wählte man den Park des 1. Mai, einen beliebten Treffpunkt für die Woronescher. Ihre zentrale Lage sollte dazu beitragen, die Einstellung der Menschen nach 70 Jahren Atheismus zur Kirche zu verändern (Blagoweschtschenskij sobor, prospekt Rewoljuzii, Perwomajskij sad).

Hl. Alexejew-Akatow-Kloster

Eines der ältesten Klöster der Region, 1620 geweiht, war nach dem Sieg über die Litauer und Tscherkessen errichtet worden. Der erste Igumen Kyrill hatte 20 Jahre zuvor das Himmelfahrts-Kloster eben-

▶ WORONESCH ERLEBEN

AUSKUNFT

http://vrnplus.ru
www.voronezh.ru
(nur Russisch)

ESSEN

► Fein & Teuer

Parma
prospekt Patrijotow 24
Tel. (47 32) 70 78 77
Italienische Küche.

► Erschwinglich

Dwe chischiny (»Zwei Hütten«)
prospekt Patriotow 24
Tel. (47 32) 47 61 21
Gleich nebenan: Terrasse, uriges
Ambiente und russische Gerichte.

ÜBERNACHTEN

► Luxus

Art Hotel
ul. Dserschinskogo 5b
Tel. (47 32) 39 92 99
Fax (47 32) 55 28 13
www.arthotelv.ru
56 komfortable Zimmer; das Restaurant Portofino mit guter Weinkarte
sorgen für Entspannung.

Benefit Plaza Congress Hotel
ul. Wladimira Newskogo 29
Tel. (47 32) 69 52 52
www.benefitplaza.ru
133 Z. Business-Hotel mit pfirsichfarbener Fassade und italienischem
Restaurant, 3 km vom Zentrum.

falls in Woronesch gegründet. Das Ensemble erhielt 1674 seine erste
Steinkirche, von der nur noch der Glockenturm erhalten ist. 1931
geschlossen, wurde das Kloster 1989 der orthodoxen Kirche zurückgegeben und ist heute ein Nonnenkloster. (Swjato Aleksejewo-Aka-
towskij monastyr, ul. Oswoboschdenija Truda 6a).

Auf dem Petersplatz (Petrowskij skwer) an der Kreuzung von prospekt Rewoluzii und ul. Stjepana Rasina erinnert eine 1860 in St. Petersburg gegossene Bronzestatue an Zar Peter I. Das Original wurde
im Zweiten Weltkrieg jedoch nach Deutschland verschleppt und
kehrte 1956 wieder zurück; bei der Restaurierung entschied man sich
wohl für eine Verjüngungskur und modellierte einen jünger wirkenden Herrscher als ursprünglich. Seit 2007 teilt er sich den Platz mit
einem Vergnügungszentrum.

Petersplatz

Im **Heimatmuseum** ist die Geschichte der Stadt komprimiert: Die
Epoche unter Peter dem Großen und die industrielle Entwicklung
der Stadt werden hier anschaulich dargestellt. Archäologische Funde,
Trachten, alte Ansichtskarten u.a. runden die Exposition ab (Krajewedscheskij musej, ul. Plechanowskaja 29).
Inm heutigen **Durow-Museum** lebte der Clown und Dompteur Anatolij Durow, Begründer der bekanntesten russischen Zirkusdynastie,
von 1901 bis 1916. Fotos und persönliche Gegenstände zeichnen sein
Nomadenleben nach (Dom-musej A.L. Durowa, ul. Durowa 2).

Museen

🕐
Öffnungszeiten:
Mi. – So.
10.00 – 17.00

Umgebung von Woronesch

**Ramon
Рамон**

Ein Schloss im altenglischen Stil würde man 40 km nördlich von Woronesch eher nicht vermuten. Großherzog Maximilian von Leichtenberg erwarb das Anwesen inmitten der malerischen Landschaft. Seine 1845 in Russland geborene Tochter Eugenia, erzogen von der Tochter Zar Nikolaus' I. Großherzogin Maria, und ihr Mann Prinz Max von Oldenburg führten in Ramon einige Neuerungen ein wie einen kleinen Zoo, eine Schule und eine Klinik. Die Zuckerfabrik im Ort erzeugte einst ein Fünftel des gesamten russischen Rübenzuckerts. Nach der Oktoberrevolution emigrierten die Oldenburgs nach Frankreich.

**Höhlenkloster
und Naturschutz-
gebiet
Diwnogorje
Дивногорйе**

Die **Auenlandschaft des Don geht hier in die Steppenlandschaft über,** was den besonderen Reiz des Naturschutzgebiets Diwnogorje ausmacht. Diwnogorje bedeutet »das wunderbare Gebirge«, denn die Kreidefelsen färben bei Regen oder Schneeschmelze die Flüsse weiß! 120 km südlich von Woronesch umschließt es das Einzugsgebiet von Don und Tichaja Sosna. Vom Reich der Chasaren zeugen die Ausgrabungsstätten von Diwnogorje und von den Alanen, die Wallanlagen hinterließen. Ganz in der Nähe lockt das Höhlenkloster Touristen an: Um 1650 hauten ukrainische Mönche die Muttergottes-Kirche in den leicht zu bearbeitenden Stein.

Ein edler Orlow-Traber – ausnahmsweise in vollem Galopp

Vom Gestüt Chrenowoje (80 km südöstlich von Woronesch) stammen die berühmten **Orlow-Traber**, eine der ältesten und beliebtesten Pferderassen Russlands. Das Gestüt wurde 1776 von Graf Alexej Orlow-Tschesmesniskij gegründet, der es von Katharina der Großen erhalten hatte. Das noch erhaltene Herrenhaus stammt von 1818.

✶
Gestüt
Chrenowoje
Хреновое

Der Wallfahrtsort Sadonsk, 110 km nordöstlich von Woronesch gelegen, wird wegen seiner Klöster **das »russische Jerusalem«** genannt. Besonders schön ist das Ensemble des Sadonsker Muttergottes-Männerklosters, in dem heute wieder eine Bruderschaft lebt. Von weitem glänzen die goldenen Kuppeln der hellblau-weißen Wladimir-Kathedrale, in der die Reliquien des Wundertäters Tichon von Radonskij aufbewahrt werden. Auf dem Klostergelände sprudelt direkt neben einer winzigen Ziegelstein-Kirche eine als heilig geltende Quelle.

✶
Kloster Sadonsk
Садонск

✶ ✶ Wyborg (Vyborg)

Ck 1580

Region: Leningradskaja oblast
Höhe: 25 m ü.d.M.

Einwohner: 80 000
Kyrillisch: Выборг

In Wyborg wartet eine baltisch-mitteleuropäisch geprägte Altstadt mit Kopfsteinpflaster auf. Das beschauliche Städtchen auf der Karelischen Landenge gehörte über 400 Jahre zu Schweden, doch auch aus der finnischen Periode ist viel erhalten.

Mit dem Fall des Eisernen Vorhangs hat sich ein **florierender Grenztourismus** entwickelt, der v. a. Ausflügler aus dem nur 40 km entfernten Finnland anlockt, sei es um die Altstadt zu erkunden, billiger zu tanken oder wegen der vergleichsweise läppischen Alkoholpreise in Russland. Bedeutendster Arbeitgeber ist heute die Kvaerner-Werft. Einen wirtschaftlichen Aufschwung erhofft man sich künftig durch den **geplanten Bau der Ostsee-Pipeline**: Wyborg soll Ausgangspunkt für den Unterwasser-Abschnitt nach Deutschland werden. Schon heute ist die Stadt via Saimaa-Kanal mit der Ostsee verbunden.

Nachdem Schweden-Fürst Torkel Knutsson 1293 seine Burg hatte errichten lassen – bis heute das Wahrzeichen der Stadt –, herrschte mehr oder weniger vier Jahrhunderte lang Ruhe. 1403 erhielt Wyborg das Stadtrecht; es kamen Kaufleute aus Nowgorod und betrieben Handel. Im Nordischen Krieg spielte Wyborg dann eine bedeutende Rolle: Da Zar Peter sein 1703 gegründetes St. Petersburg gegen die Schweden abschirmen wollte, schien ihm die Einnahme der Stadt naheliegend, doch scheiterte er 1706. Vier Jahre später allerdings kapitulierte Wyborg und wurde dem Russischen Reich einverleibt. Nach dem Ersten Weltkrieg fiel **Viipuri**, wie die Finnen die Stadt nannten, an das nun unabhängige Finnland. Zwischen 1939 und

Schwedische
Gründung

▶ WYBORG ERLEBEN

AUSKUNFT
www.vyborg.ru
(Russisch und Englisch)

ESSEN
▶ **Erschwinglich**
Kruglaja baschnja
ploschtschad Rynotschnaja
Traditionelle russische Küche in ur-
igem Ambiente: Das Restaurant im
Runden Turm am Marktplatz ist der
Klassiker in Wyborg.

ÜBERNACHTEN
▶ **Komfortabel**
Letuschtschaja mysch
ul. Nikolajewa 3
Tel. (8 13 78) 345 37
www.bathotel.ru
20 Z. Die »Fledermaus« ist dank ihrer
zentralen Lage und ihrer gemütlichen
Ausstattung auch bei Ausländern
populär. Visumunterstützung,
klassisches Café.

MARKT

Baedeker-Empfehlung

Auf dem Markt auf dem ploschtschad
Rynotschnaja gibt es nicht nur die saftigsten
Äpfel und Birnen, sondern auch die
günstigsten Souvenirs wie Chochloma-
Lackminiaturen und Matrjoschkas.

AKTIVITÄTEN UND EVENTS
Parusa Wyborga
Alljährlich Ende Juni findet eine
internationale Segelregatta in der
Bucht von Wyborg statt.

Wyborg Filmfestival
Im August treffen sich Filmemacher,
Stars und Sternchen zu dem großen
Filmfestival; traditionell bietet das
Schloss ein schönes Panorama bei der
Abschlussveranstaltung.

1945 wechselte die Stadt dreimal ihren Besitzer: Im März 1940 eroberten sie finnische Truppen, dann marschierte die Rote Armee ein,
die Wyborg im August 1941 wieder verließ, um es im Juni 1944 erneut einzunehmen. Die deutschstämmige, finnische und schwedische
Minderheit wurde dabei vertrieben.

✳ ✳   Burgfestung

Geschichte Die mittelalterliche Burg (krepost) wacht seit 1293 auf der kleinen
Insel Linnan Saari über die Bucht von Wyborg. Das felsige Eiland,
durch eine Brücke mit der Altstadt verbunden, misst an seiner brei-
testen Stelle gerade mal 122 Meter. Eine sehenswerte Ausstellung, die
sich auf mehrere Gebäude verteilt, erzählt, dass die Burg einst von
den Schweden als Bollwerk gegen Osten errichtet wurde. Im Laufe
der Jahrhunderte ist die Burg mehrfach umgebaut worden, zuletzt
nach einem Großbrand 1856, den ein Feuerwerk zur Einweihung des
Saimenskij-Kanals ausgelöst hatte. Bis 1964 benutzte auch die Rote
Armee die Burg.

Ein Bummel über den Markt lohnt auf jeden Fall.

Durch ein wuchtiges Eisentor am Fuße des Kommandogebäudes kommt man zu einem zweiten Tor an der Südmauer. Linkerhand schließt sich der einstige Kerker an, an den wiederum die in einem Halbkreis angeordneten Wirtschafts- und Verwaltungsgebäude stoßen. **Besichtigung**

Die Burg wird von dem weiß getünchten Olafturm (baschnja Swjatogo Olafa) überragt. Im unteren Abschnitt quadratisch, geht er nach oben in eine achteckige Form über, die sich im kuppelförmigen Dach mit Spitzen widerspiegelt. Steigt man die morschen Holztreppen zu einer Plattform hinauf, wird man mit einem **prächtigen Blick auf den Hafen und die Altstadt** belohnt. Bei gutem Wetter sind auch viele kleine Inselchen in der Bucht von Wyborg zu sehen. ◄ Olafturm

Rund um die Altstadt

Die beschauliche Altstadt ragt auf einer Landspitze in die Wyborger Bucht hinein. Kopfsteinpflaster und alte finnische Villen schaffen eine heimelige Atmosphäre. Ein Spaziergang auf der ul. Juschnogo Wala und der ul. Sjewernogo Wala (Südliche und Nördliche Wallstraße) führt an einigen schönen Bürgerhäusern vorbei. Unweit der beiden Straßenzüge lohnt die russisch-orthodoxe Christi-Verklärungs-Kirche von 1787 einen Besuch. **★ ★**
Altstadt

Ab 1470 zog man eine steinerne Mauer mit Wehrtürmen um Wyborg, das damit erst als vierte schwedische Stadt eine solche Einfriedung erhielt. Das Mauerwerk wurde Mitte des 16. Jh.s erstmals erweitert. **Verteidigungs-anlagen**

Wer seine Uhr nach dem »zifrblat« (Ziffernblatt) des Wyborger Uhrenturm stellt, dem wird das Glück lachen – heißt es. Auch wenn der graue Turm ein wenig marode wirkt, zeigt er doch recht genau die Zeit an. Er gehört zur Wyborger Kathedrale und lange Zeit blickte von ihm aus die Brandwache über die Stadt. Zarin Katharina die Große schenkte ihm 1793 eine Glocke, die bis heute erklingt (Tschasowaja baschnja, Krepostnaja ul. 5). **Uhrturm**

Der mächtige Rundturm (Kruglaja baschnja) steigt als ein **Wahrzeichen Wyborgs** über dem quirligen Marktplatz (Rynotschnaja ploschtschad) auf. Das Turmrestaurant verwöhnt die Gäste mit exzellenter russischer Küche.

»Dicke Katharina«

Der finnische Architekt **Alvar Aalto** lieferte die Pläne für die in einen schönen Park eingebettete öffentliche Bibliothek (1927 – 1935).

★ Stadtbibliothek

★ Priosjorsk (Приозёрск)

Die Festung Korela erinnert an die unruhige Vergangenheit von Priosjorsk (19 000 Einw., ca. 120 km östlich von Wyborg) am Westufer des Ladogasees. Finnische Gebäude aus dem vorigen Jahrhundert lohnen eine Erkundungstour durch die Innenstadt; anziehend auch wie die Wälder und Seen in der Umgebung v. a. für Angler.

Den Marktplatz prägen das Denkmal für Zar Peter den Großen, der die Stadt von den Schweden zurückeroberte, und die obligatorische Lenin-Statue. Ungewöhnlich ist hingegen die Skulptur, die die Protagonisten von Kiplings Klassiker »Das Dschungelbuch«, Baghira und Mogli, darstellt. Sie wurde bereits 1969, nur wenige Jahre nach Erscheinen der russischen Übersetzung, auf dem Petrowskij skwer gleich hinter dem Marktplatz aufgestellt.
Sehenswert sind auch einige **finnische Häuser**, gebaut zu Beginn des 20. Jh.s: die turmartige lutherische Kirche aus grauem Naturstein (Ljuteranskaja zerkow, Leningradskaja ul. 8), das Gebäude der ehemaligen Bank der Nordischen Länder mit Spitzdach (ul. Lenina 18a) und das Haus des Sägewerkbesitzers Kalle Reunanen (ul. Lenina 10).

Innenstadt

Wie viele russische Festungen oder Kremlanlagen wird auch Korela oft nur »Detinez« (dicker Bursche) genannt. Unter den Schweden war der 1585 errichtete mächtige Rundturm mit rotem Spitzdach nach einem gewissen Lars Torstensson benannt, unter russischer Verwaltung nach Kosaken-Anführer Pugatschow, der hier Zuflucht gesucht haben soll. Heute sind beide Namen gebräuchlich (Baschnja Larsa Torstenssona / Pugatschowskaja). Von der Aussichtsplattform öffnet sich ein schöner Blick auf den See. An den Turm schließen das Alte Arsenal, ein Steinhaus mit rotem Spitzdach und der kleine Pulverturm an. Das Neue Arsenal an der Wehrmauer lohnt einen Blick, denn hier dokumentiert eine Ausstellung die Geschichte der Festung (Staraja krepost Korela, Leningradskoje schosse 3).

★ Alte Festung Korela
🕐 Öffnungszeiten: Di. – So. 10.00 – 19.00 Uhr, im Winter bis 17.00

Die neue Festung (Nowaja krepost) ist in schlechterem Zustand als die alte. Erhalten geblieben sind noch Erdwälle, das Korela-Tor auf nordöstlicher Seite sowie ein Ravelin der Südmauer.

Neue Festung

← Mittelalterliches Spektakel in der Festung von Wyborg

GLOSSAR

Chram Kathedrale, Tempel, auch: Kirche
Christus Pantokrator Orthodoxe Darstellung Jesu als Weltenrichter
Duma Rat, Versammlung
Igumen Klostervorsteher, Abt
Ikonostase Bilderwand (▶S. 75 / 76)
Isba Blockhaus
Klet Raum im Blockhaus
Kokolnja Glockenturm
Kokoschnik Halbkreisförmige, um die Trommel angeordnete Blend-
    oder Ziergiebel
Kreml Befestigtes (Macht-)Zentrum altrussischer Städte
Lawra Ehrentitel eines Hauptklosters
Monastyr Kloster
Nabereschnaja (nab.) Uferstraße
Nadwratnaja zerkow Torkirche
Oklad Meist aus Silber getriebene Verkleidung einer Ikone
Pereulok (per.) Seitenstraße, Gasse
Ploschtschad (pl.) Platz
Possad Kaufmanns- und Handwerkersiedlung außerhalb der Kremlmauern
Prospekt (pr.) Prospekt, breite Straße
Raskol Altgläubige
RSFSR Russländische Sozialistische Föderative Sowjetrepublik (kyrill. РСФСР,
    Rossijskaja sowetskaja federatiwnaja sozialistitscheskaja respublika)
Schossee (sch.) Chaussee
Skit Einsiedlerkloster
Swonniza Glockenwand
(katedralnyj) Sobor Kathedrale
Tschasownja Kapelle
UdSSR Union der Sozialistischen Sowjetrepubliken (kyrill. CCCP,
    Sojus Sowjetskitsch Sozialistitscheskitsch Respublik)
Ukas Verordnung des Zaren
Uliza (ul.) Straße
Zeltdach Dach in Form einer Pyramide
Zerkow Kirche

REGISTER

VERZEICHNIS DER KARTEN & GRAFISCHEN DARSTELLUNGEN

BILDNACHWEIS

IMPRESSUM

Ausstattung:
233 Abbildungen, 53 Karten und grafische
Darstellungen, eine große Reisekarte

Text:
Veronika Wengert; mit einem Beitrag von
Reinhard Zakrzewski (Klima)

Bearbeitung:
Baedeker Redaktion
(Rainer Eisenschmid, Helmut Linde, Beate
Szerelmy, Andreas Raff)

Kartografie:
Christoph Gallus, Hohberg; Franz Huber,
München, MAIRDUMONT, Ostfildern (Reisekarte)

3D-Illustrationen:
jangled nerves, Stuttgart

Gestalterisches Konzept:
independent Medien-Design, München
(Kathrin Schemel)

Sprachführer in Zusammenarbeit mit Ernst
Klett Sprachen GmbH, Stuttgart, Redaktion
PONS Wörterbücher

Chefredaktion:
Rainer Eisenschmid,
Baedeker Ostfildern

1. Auflage 2009

Urheberschaft:
Karl Baedeker Verlag, Ostfildern

Anzeigenvermarktung:
MAIRDUMONT MEDIA
Tel. 0049 711 4502 333
Fax 0049 711 4502 1012
media@mairdumont.com
http://media.mairdumont.com

Printed in China
Gedruckt auf 100% chlorfrei gebleichtem Papier

i atmosfair: Handeln statt reden

nachdenken • klimabewusst reisen

atmosfair

- Reisen bereichert und verbindet Menschen und Kulturen. Doch wer reist erzeugt auch CO_2. Der Flugverkehr trägt mit bis zu 10% zur globalen Erwärmung bei. Wer das Klima schützen will, sollte nach Möglichkeit schonend reisen, z. B. mit der Bahn. Wenn keine Alternative zum Fliegen besteht, kann man mit *atmosfair* handeln und klimafördernde Projekte unterstützen. atmosfair ist eine gemeinnützige Klimaschutzorganisation unter der Schirmherrschaft von Klaus Töpfer. Die Idee: Flugpassagiere spenden einen kilometerabhängigen Beitrag für die von ihnen verursachten Emissionen und finanzieren damit in Entwicklungsländern Projekte, die den Ausstoß von Klimagasen verringern helfen. Dazu berechnet man auf **www.atmosfair.de** mit dem Emissionsrechner, wieviel CO_2 der Flug produziert und was es kostet, eine vergleichbare Menge Klimagase einzusparen (z.B. Berlin – London – Berlin 13 Euro). atmosfair garantiert die sorgfältige Verwendung Ihres Beitrags. Auch die Mitarbeiter des Karl Baedeker Verlags fliegen mit *atmosfair*. Unterstützen auch Sie unser Klima. Alle Informationen dazu auf www.atmosfair.de.

BAEDEKER VERLAGSPROGRAMM

LIEBE LESERINNEN, LIEBE LESER,

ein herzliches Dankeschön, dass Sie sich für einen Baedeker Allianz Reiseführer entschieden haben. Er wird Sie zuverlässig auf Ihrer Reise begleiten und Sie nicht im Stich lassen.

Natürlich beschreibt er die wichtigen Sehenswürdigkeiten, aber er empfiehlt auch die nettesten Kneipen und Bars, dazu Hotels für den großen und kleinen Geldbeutel, gibt Tipps für Restaurants, Shopping und für vieles mehr, was eine Reise zum Erlebnis macht. Dafür hat unsere Autorin Veronika Wengert Sorge getragen. Sie ist für Sie regelmäßig nach Russland gereist und hat all ihre Erfahrungen und Kenntnisse in diesen Reiseführer gepackt.

Trotzdem: Die Erfahrung zeigt, dass Fehler und Änderungen nach Drucklegung, für die der Verlag keine Haftung übernehmen kann, nicht ausgeschlossen werden können. Für Kritik, Berichtigungen und Verbesserungsvorschläge sind wir Ihnen außerordentlich dankbar. Schreiben Sie uns, mailen Sie uns oder rufen Sie an:

▶ **Verlag Karl Baedeker GmbH**
Redaktion
Postfach 3162
D-73751 Ostfildern
Tel. (0711) 4502-262, Fax -343
E-Mail: info@baedeker.com

Besuchen Sie uns auch im Internet unter www. baedeker.com. Hier finden Sie jeden Monat den aktuellen Reisetipp der Redaktion und das gesamte Verlagsprogramm. Hier können Sie auch lesen, wer Karl Baedeker war und wie er seinen ersten Reiseführer geschrieben hat. Mit seinen über 180 Jahren ist der Karl Baedeker Verlag der älteste Reiseführer-Verlag der Welt.

www.baedeker.com

▷ ZU GEWINNEN: STADTREISE NACH LONDON

Unter allen Einsendungen verlost der Verlag am Jahresende – unter Ausschluss des Rechtswegs – eine Städtekurzreise für zwei Personen nach London.
Freuen Sie sich auf ein spannendes Wochenende in London. Natürlich ist ein Baedeker Allianz Reiseführer London auch dabei!